红谷滩年鉴

2023

《红谷滩年鉴》编辑委员会　编

方志出版社
Publishing House of Local Records

图书在版编目（CIP）数据

红谷滩年鉴. 2023 / 《红谷滩年鉴》编辑委员会编.
北京 ：方志出版社，2023.11
ISBN 978-7-5144-5913-5

Ⅰ. ①红… Ⅱ. ①红… Ⅲ. ①区(城市)－南昌－
2023－年鉴 Ⅳ. ①Z525.64

中国国家版本馆 CIP 数据核字(2023)第 236412 号

责任编辑：王娜
责任校对：张玉霞
责任印制：梅中英
出 版 者：方志出版社
地　　址：北京市朝阳区潘家园东里 9 号（国家方志馆 4 层）
邮　　编：100021
网　　址：http://www.zgfzcb.cn
发　　行：方志出版社图书营销中心（010-67110500）
印　　刷：江西龙莹印务有限公司
开　　本：889 毫米×1194 毫米　1/16
印　　张：21
字　　数：822 千字
版　　次：2023 年 11 月第 1 版
印　　次：2023 年 11 月第 1 次印刷
定　　价：268.00 元

▲ 2022 年，九龙湖喷泉广场
（区文广新旅局供图）

2022 年数字红谷滩

总面积:395.05 平方千米(行政区划)

年末常住人口:64.45 万人

年末户籍人口:45.53 万人

地区生产总值:802.27 亿元

第一产业:10.49 亿元

第二产业:85.06 亿元

第三产业:706.72 亿元

一、二、三产业构成:1.3∶10.6∶88.1

财政总收入:82.99 亿元

人均地区生产总值:125988 元

地方公共财政预算收入:33.74 亿元

地方公共财政预算支出:81.54 亿元

社会消费品零售总额:321.43 亿元

实际利用外资:2019 万美元

房屋施工面积:590 万平方米

房屋竣工面积:90 万平方米

商品房销售面积:434.97 万平方米

医院、卫生院床位数:4281 张

医生数(在册医师):2444 人

全社会用电量:26.07 亿千瓦时

总供水量:5150 万立方米

绿化覆盖面积(建成区):3608.58 公顷

城区绿化覆盖率:47.1 %

本外币各项存款余额:3018.94 亿元

本外币各项贷款余额:3660.91 亿元

城镇居民人均可支配收入:54721 元

城镇居民人均消费性支出:33947 元

农村居民人均可支配收入:24164 元

农村居民人均生活消费支出:18231 元

(资料来源于区统计局等单位)

红谷滩区荣誉

荣誉称号
获得荣誉单位(项目)
荣誉颁授部门

2022年全国投资竞争力百强区
红谷滩区
赛迪顾问城市经济研究中心

全国优秀公安局
南昌市公安局红谷滩分局
党中央、国务院

全国青少年普法教育先进集体
红谷滩区红角洲管理处关心下一代工作委员会
中国关工委、中央政法委、司法部、共青团中央

2022年度全国检察宣传先进单位
红谷滩区人民检察院
最高人民检察院

国家虚拟现实创新中心
南昌虚拟现实研究院
工业和信息化部

2022年度国家小型微型企业创业创新示范基地
中国(南昌)虚拟现实VR产业基地
工业和信息化部

国家级充分就业社区
卫东街道世纪中央城社区
人力资源和社会保障部

生活垃圾分类示范教育基地
红谷滩区生活垃圾科普体验馆
住房和城乡建设部、中国城市环境卫生协会

示范性老年友好型社区
凤凰洲街道凤凰花园社区
国家卫健委 全国老龄办

第八批"中国侨联新侨创新创业基地"
南昌市归国留学人员创业园(红谷滩园区)
中国侨联

全国科普教育基地(2021—2025)
南昌虚拟现实主题乐园
中国科学技术协会

中国商务区综合竞争力20强(2022)
红谷滩金融商务区
中国楼宇经济研究中心

全国消防安全专项整治三年行动工作先进大队
红谷滩消防救援大队
国家消防救援局

2022年度江西省文化产业重点县(市,区)
红谷滩区
省政府

2022年度江西省全面深化改革先进县(市、区)
红谷滩区
省委全面深化改革委员会

2022年度全省城乡环境综合整治工作先进县区
红谷滩区
省城乡环境综合整治工作领导小组

江西省社会保障工作先进集体
区人力资源和社会保障局
省委、省政府

全省统战工作高质量发展综合绩效考核先进县区统战部
区委统战部
省委统战部

江西省第七次全国人口普查先进集体
区统计局、生米街道
江西省第七次全国人口普查领导小组办公室

青年志愿服务站建设优秀集体
区政务服务数据管理局
共青团省委、省政务服务管理办公室

中小学幼儿园红色绿色古色文化教育活动先进单位
区教育体育局
省教育厅

家庭教育工作先进集体
区教育体育局
省教育厅关心下一代工作委员会

2022年度全省财政系统信息宣传工作优秀单位
区财政局
省财政厅

全省民宗系统信息工作先进集体
区民宗局
省民宗局

全省优秀公安基层单位
南昌市公安局红谷滩分局法制案审大队
省公安厅

全省公安机关情报信息工作成绩突出集体
南昌市公安局红谷滩分局情报指挥中心
省公安厅

(李龙龙)

▲ 2022 年 1 月 11 日，中国人民政治协商会议南昌市红谷滩区第一届委员会第二次会议开幕

（区委宣传部　供图）

▲ 2022 年 1 月 12 日，南昌市红谷滩区第一届人民代表大会第二次会议开幕　（区委宣传部　供图）

▲ 2022 年 1 月 14 日，红谷滩区 2021 年度基层党建工作述职评议会召开　　（区委宣传部　供图）

◀ 2022 年 1 月 29 日，中国共产党南昌市红谷滩区第一届纪律检查委员会第二次全体会议召开　　（区纪委　供图）

▶ 2022 年 8 月 25 日，红谷滩区红角洲街道、凤凰洲街道、九龙湖街道、龙兴街道揭牌仪式举行
（区委宣传部　供图）

▲2022 年 10 月 26 日，红谷滩区召开全区领导干部会议，传达学习党的二十大精神

（区委宣传部　供图）

◀2022 年 11 月，红谷滩区委组织部举办全区组织员（党务工作者）学习贯彻党的二十大精神暨业务能力提升培训班

（区委组织部　供图）

▶2022 年 12 月 1 日，市委宣讲团到红谷滩区宣讲党的二十大精神

（区委宣传部　供图）

◀ 2022 年 10 月 1 日，卫东街办新时代文明实践所开展“喜迎二十大 国庆颂党恩”我们的节日·国庆文艺汇演下基层活动 （卫东街办 供图）

◀ 2022 年 10 月 20 日，凤凰洲街办天赐良园社区联合区检察院在天赐良园小区开展“学习二十大、永远跟党走、奋进新征程”签名寄语活动 （凤凰洲街办 供图）

◀ 2022 年 11 月 12 日，红谷滩区文广新旅局新时代文明实践文化志愿服务队开展党的二十大精神文艺宣讲活动——“我的中国梦”文化进万家活动暨“红色文艺轻骑兵”下基层优秀文艺节目展演 （区文广新旅局 供图）

◀ 2022年5月19日，红谷滩区元宇宙·VR数字农业示范基地项目开工

（区委宣传部　供图）

◀ 2022年10月1日，南昌万象城盛大启幕　（区委宣传部　供图）

▶ 2022 年 6 月 28 日，南昌市红谷滩区数字经济商会成立大会暨第一次会员大会举行。图为部分参会人员合影

（区工商联　供图）

◀ 2022 年 10 月 26—28 日，第十九届中国国际检验医学暨输血仪器试剂博览会（CACLP）、第二届中国国际 IVD 上游原材料暨制造流通供应链博览会（CISCE）在南昌绿地国际博览中心举行。图为会展现场

（区文广新旅局　供图）

▶ 2022 年 12 月 14 日，红谷滩区召开 2023 年重大重点项目谋划工作会暨红谷滩区重大项目推进调度会

（区重大重点项目推进中心　供图）

▲2022 年 9 月 21 日，厚田乡万亩水稻丰收

（区委宣传部 供图）

◀2022 年 10 月 20 日，红谷滩区元宇宙·VR 数字农业示范基地试开园，迎来了首批 49 名五年级的研学“体验官”

（生米街办 供图）

▲2022 年 11 月，投资 4000 余万元打造厚田闸上村“乡村振兴示范村”

（区农业农村局　供图）

▲ 2022 年，流湖镇莲塘村种粮大户陈新生高标准农田项目

（流湖镇　供图）

▲ 2022 年 11 月 12 日，2022 世界 VR 产业大会在南昌绿地国际博览中心召开

（九龙湖街办　供图）

▲ 2022 年 11 月 12 日，国家虚拟现实创新中心揭牌仪式举行

（区委宣传部　供图）

▶ 2022 年 11 月 13 日，2022 年世界 VR 博览会现场

（区文广新旅局　供图）

▶ 2022 年 11 月 13 日，2022 虚拟现实产业创新大赛项目意向落地红谷滩区签约仪式举行

（区委宣传部　供图）

▶ 2022 年 11 月 13 日，2022 虚拟现实产业创新大赛决赛在红谷滩区举行

（区委宣传部　供图）

▲ 2022 年 5 月 25 日，红谷滩区落实市容环卫大提升行动，全面推行标准化、机械化、立体化、综合式环卫保洁作业
（区住建局　供图）

◀ 2022 年 6 月 4 日，红谷滩生态环境局联合凤凰洲管理处在丰和新城社区开展六五环境日宣传活动
（区生态环境局　供图）

▲ 2022 年 6 月 10 日，2022 年全区深化全国文明城市创建工作部署会召开 （区创建办　供图）

▲ 2022 年 6 月 22 日，红谷滩区固化“洗城”机制，全面提升城市精细化管理水平 （区住建局　供图）

▲ 2022年9月，赣江北大道下穿京九铁路通道通车 （区住建局 供图）

▲ 2022年12月，改造后的碟子湖大道 （区住建局 供图）

▲ 2022 年，建设中的现代服务产业园项目　　（区城投公司　供图）

► 2022 年，已建成的 VR 展示中心和体验中心

（区城投公司　供图）

▼ 2022 年 7 月 1 日，改造后的前湖

（区文广新旅局　供图）

▲ 2022 年 3 月 9 日，红谷滩区与丰城市“大南昌都市圈”战略合作协议顺利签约（区委宣传部　供图）

▲ 2022 年 4 月 7 日，红谷滩区“同心战疫 共促发展”第一批次云签约活动举行

（区商务局　供图）

▲ 2022 年 6 月 29 日，南大二附医院与红谷滩区院地合作仪式举行 （区委宣传部　供图）

▲ 2022 年 10 月 19 日，江西中智经济技术合作有限公司落户红谷滩区

（区金融办　供图）

▲ 2022 年 8 月 12 日，南昌市红谷滩区 2022 年政银企对接会召开

（区中小企业服务局　供图）

▲ 2022 年 9 月 2 日，红谷滩区金融办与南昌大学经管学院校地合作签约仪式举行

（区金融办　供图）

▲ 2022 年 9 月 22 日，红谷滩区金融办深入“三区一圈”开展金融支持稳企业保就业融资对接会活动

（区金融办　供图）

▲ 2022 年 12 月 9 日，2022 年数字经济产融对接会召开　（区金融办　供图）

▲ 2022 年 1 月 27 日，“才聚红谷 智引未来”2022 年红谷滩区返乡学子代表座谈会召开

（区人社局 供图）

▲ 2022 年 2 月 11 日，红谷滩区残联携手市残疾人就业创业服务中心在新吉花园酒店承办残疾人就业招聘会活动

（区残联 供图）

▲ 2022 年 7 月 5 日，红谷滩区公开竞聘校长演讲活动在江西师大附中滨江分校顺利举行

（区教体局　供图）

◀ 2022 年 7 月 6 日，红谷滩区首届学生运动会暨南昌市“滕王阁杯”青少年体育联赛（红谷滩区预选赛）启动仪式举行

（区教体局　供图）

▶ 2022 年 8 月 11 日，红谷滩区碟子湖教育集团潆江路校区揭牌仪式举行

（区教体局　供图）

▲ 2022 年 7 月 30 日晚，为纪念八一南昌起义 95 年周年、庆祝中国人民解放军建军 95 周年，600 架无人机排列的大型方阵在红谷滩区建军雕塑广场进行飞行表演

（区委宣传部　供图）

▲ 2022 年 8 月 31 日，红谷滩区人社局在九龙明珠小区开展被征地农民参保政策宣传活动

（区人社局　供图）

▲ 2022 年 9 月 17 日，红谷滩区科协在九龙湖音乐喷泉广场开展“喜迎二十大，科普向未来”全国科普日红谷滩区主场活动 （区科协　供图）

▲ 2022 年 12 月 10 日，红谷滩区首届机关职工运动会在腾龙学校举行
（区委宣传部　供图）

▶ 2022 年 6 月 25 日，红谷滩区委全面依法治区委员会 2022 年第一次会议召开

（区司法局　供图）

▲ 2022 年 9 月 3 日，全区警示教育大会召开

（区纪委　供图）

◀ 2022 年 2 月 15 日，“红谷连心会”优化营商环境暨中小企业专场座谈会召开

（区委宣传部　供图）

▶ 2022 年 9 月 15 日，红谷滩区矛盾纠纷多元调解中心揭牌仪式举行

（区委政法委　供图）

▲ 2022 年 11 月 22 日，南昌市红谷滩区人民法院防范金融风险法官工作站揭牌仪式在招商银行大厦举行

（区法院　供图）

编 辑 说 明

一、本年鉴以马克思列宁主义、毛泽东思想、邓小平理论、“三个代表”重要思想、科学发展观、习近平新时代中国特色社会主义思想为指导，坚持辩证唯物主义和历史唯物主义的立场、观点和方法，全面、真实地记录红谷滩区经济建设和社会发展的基本情况，为红谷滩区打造全省“五个中心”提供决策依据，为实现红谷滩区经济和社会快速、持续发展提供借鉴，为社会各界人士了解红谷滩区提供资料和信息。

二、本年鉴记述时限为2022年1月1日至12月31日。全书采用分类编辑法，设类目、分目、条目三个层次，条目为基本记述层次。类目划分在2022年卷的基础上略有调整。全书设：(1)特载；(2)特辑；(3)大事记；(4)区情概览；(5)中国共产党红谷滩区委员会；(6)红谷滩区人民代表大会；(7)红谷滩区人民政府；(8)中国人民政治协商会议红谷滩区委员会；(9)中国共产党红谷滩区纪律检查委员会·红谷滩区监察委员会；(10)民主党派·工商联；(11)群众团体；(12)法治；(13)军事；(14)经济管理与服务；(15)农业农村；(16)产业发展；(17)城乡建设与管理；(18)重大重点工程建设；(19)改革开放创新；(20)社会生活；(21)教育·体育；(22)卫生健康；(23)文化；(24)乡镇、街道(管理处)；(25)人物·荣誉；(26)附录；(27)索引。

三、本年鉴统计资料由红谷滩区统计局供稿。凡涉及红谷滩经济和社会发展的主要数据，以红谷滩区统计局公布的数据为准。每个条目中出现的“同比”或“比上年增长”时，保留第一次出现的“同比”或“比上年”，其余均省略。

四、本年鉴数字用法、标点符号用法分别采用国家标准《出版物上数字》(GBIT 15835—2011)、《标点符号用法》(GBIT 15834—2011)，计量单位采用国家技术监督局1993年12月发布的《量和单位》系列国家标准。

五、本年鉴资料信息由全区各部门及驻区单位熟悉情况的人员撰写，并经撰稿单位负责人审核，由《红谷滩年鉴》编辑部精选精编。为方便读者，本年鉴设目录、索引检索方式。

《红谷滩年鉴》编辑委员会

《红谷滩年鉴（2023）》编辑人员

各撰稿单位审稿人名单

（排名不分先后）

万小平	万春萍	方玫娜	毛文全	毛益畴	王　军
王　杞	王　林	王宇恬	王丽兰	邓　文	邓　聪
付平平	占　童	卢寿明	卢雄辉	卢瑾萍	叶小群
田　艳	田志刚	任　彦	伍　辉	刘　钊	刘　筠
刘文皓	刘绘芳	刘锡纲	孙彦龙	朱永平	何曦玮
吴梦琼	张　菁	张三怀	张雯霄	李　祯	李敏俊
李琳娜	杨　贞	杨　薇	杨文广	杨国庆	汪卫锋
汪海燕	沈洪禹	肖洪钰	肖蕾芳	邹选兵	邹景波
陈　啸	单小健	周惠泽	昌增波	欧阳玉珍	罗　敏
罗亚清	姜　涛	洪海滨	胡乃嘉	胡帅华	胡汉明
胡信斌	胡剑峰	贺学风	饶接华	唐清源	徐　峰
徐　强	徐府李	徐慧鹏	涂李竹芸	聂　华	贾　潇
贾永龙	陶秋慧	高　勤	高　群	曹　彬	谌鲤强
黄　平	黄　芳	黄文强	黄水根	黄建新	龚晓琳
程　婷	舒慧慧	雷　明	廖小萍	熊　威	蔡泽文
魏丽丽					

目　　录

特　　载

中共红谷滩区委常委会2022年度工作报告
——在红谷滩区委一届七次全体(扩大)会议上的报告 …………………………… (1)
政府工作报告
——在红谷滩区第一届人民代表大会第三次会议上 ……………………………… (7)

特　　辑

红谷滩区学习贯彻党的二十大精神综述 ………… (11)

大事记

1月 …………………………………………………… (13)
2月 …………………………………………………… (13)
3月 …………………………………………………… (14)
4月 …………………………………………………… (14)
5月 …………………………………………………… (14)
6月 …………………………………………………… (15)
7月 …………………………………………………… (15)
8月 …………………………………………………… (16)
9月 …………………………………………………… (16)
10月 …………………………………………………… (16)
11月 …………………………………………………… (17)
12月 …………………………………………………… (17)

区情概览

综　述 …………………………………………………… (18)
自然地理 ……………………………………………… (18)
地理位置
气候特征
地形地貌
土地资源
水资源
城区环境 ……………………………………………… (19)
概况
空气环境质量
水环境质量
土壤环境质量
行政区划 ……………………………………………… (19)
概况
区划调整历程
流湖镇
厚田乡
沙井街道
卫东街道
生米街道
红角洲街道
凤凰洲街道
九龙湖街道
龙兴街道
人口发展 ……………………………………………… (20)
概况
人口分布结构
少数民族分布
城乡居民生活水平 ……………………………… (21)
概况
常住人口情况
城镇居民收入情况
城镇居民消费情况
农村居民收入情况
农村居民消费情况

风景名胜 ………………………………………………（21）
概况
秋水广场
建军雕塑广场
牛行车站
南昌舰主题公园
南昌 VR 主题园
南昌融创文化旅游城
九龙湖公园
绿地卢塞恩小镇
绿地 303 观光厅
凤凰洲市民公园
厚田沙漠景区
南昌工学院工艺美术博览园（南昌市中国工艺美术大师博物馆）
江西省文化中心

中国共产党红谷滩区委员会

综　述 ………………………………………………（24）
区委常委会会议 ………………………………………（25）
概况
第一届区委第十五次常委会会议
第一届区委第十六次常委会会议
第一届区委第十七次常委会会议
第一届区委第十八次常委会会议
第一届区委第十九次常委会会议
第一届区委第二十次常委会会议
第一届区委第二十一次常委会会议
第一届区委第二十二次常委会会议
第一届区委第二十三次常委会会议
第一届区委第二十四次常委会会议
第一届区委第二十五次常委会会议
第一届区委第二十六次常委会会议
第一届区委第二十七次常委会会议
第一届区委第二十八次常委会会议
第一届区委第二十九次常委会会议
第一届区委第三十次常委会会议
第一届区委第三十一次常委会会议
第一届区委第三十二次常委会会议
第一届区委第三十三次常委会会议
第一届区委第三十四次常委会会议
第一届区委第三十五次常委会会议
第一届区委第三十六次常委会会议
第一届区委第三十七次常委会会议
第一届区委第三十八次常委会会议
第一届区委第三十九次常委会会议
第一届区委第四十次常委会会议
第一届区委第四十一次常委会会议
决策部署 ………………………………………………（32）
概况
贯彻落实“三重一大”事项集体决策制度
强化重要工作督办
构建新招商引资格局
深化水环境治理
推进新时代“勤廉红谷滩”建设
持续优化营商环境
深入推进数字经济发展
学习宣传贯彻党的二十大精神
推进楼宇经济发展
加快推进社会主义现代化建设
区委中心组理论学习 ……………………………（33）
概况
召开党史学习教育专题民主生活会
学习贯彻党的十九届六中全会精神
聚焦“赶考”主题，牢记“两个务必”
学习数字经济
学习贯彻习近平总书记关于营商环境、安全生产和法治思想的重要论述
学习习近平总书记关于全面从严治党和关于政治监督重要论述
专题学习《习近平谈治国理政》第四卷
区委理论学习中心组（扩大）学习会暨法治思想大学堂
召开区委作风建设专题会
专题学习党的二十大精神
南昌市基层模范人物先进典型事迹进红谷滩专题党课
举行学习贯彻党的二十大精神市委宣讲团报告会
学习习近平总书记关于加强和改进民族工作的

重要思想
召开乡村振兴专题学习会
督查与信息 …………………………………………（35）
概况
开展督查督办工作
编报党委信息
全面深化改革 ………………………………………（36）
概况
全面深化改革委员会第四次会议召开
全面深化改革委员会第五次会议召开
全面深化改革委员会第六次会议召开
推进经济体制和生态文明体制改革
推进民主法治领域改革
推进文化体制改革
推进社会体制改革
推进党的建设制度改革
推进纪律检查体制改革
推进农业和农村体制改革
组织工作 ……………………………………………（37）
概况
推进城市基层党建工作
党建引领乡村振兴
科学应对新冠疫情
抓好党员教育管理工作
领导班子和干部队伍建设
提升干部教育培训质效
加强干部监督管理
推进人才强区建设
综合考核开篇布局
宣传思想 ……………………………………………（39）
概况
开展重大主题宣传
做好疫情防控宣传工作
做大做强主流思想舆论
提升融媒体传播力和影响力
深化党的创新理论武装
意识形态工作
加强和创新网上正面宣传
筑牢网络安全屏障
网络安全和信息化 …………………………………（40）
概况
承办2022年南昌市第九届“国家网络安全宣传周”活动
加强网络安全管理
构建高效网络安全风险发现、报告等机制
加强党对网信工作的领导
开展网站和应用系统IPv6升级改造工作
开展“清朗”系列专项整治行动
推动数字化建设
统一战线 ……………………………………………（41）
概况
深化大统战工作格局
进一步发展多党合作事业
夯实党外知识分子工作基础
加强新时代非公有制经济统战工作
新的社会阶层人士统战工作成效显著
港澳台工作务实推进
侨务工作务实推进
“侨梦苑”品牌持续擦亮
促进各民族交往交流交融
进一步夯实党外人士队伍建设
淬炼过硬统战队伍
讲好统战故事聚合力
对台工作 ……………………………………………（44）
概况
开展对台经贸活动
深化对台交流合作
强化对台服务意识
加强涉台联络服务宣传工作
政策研究 ……………………………………………（44）
概况
重要文稿起草
会议纪要撰写
老干部服务 …………………………………………（44）
概况
强化思想引领
全面落实待遇
抓好党建示范创建工作
关工委工作
区老年大学工作

机构编制 …………………………………………… (45)
概况
建立健全机构编制管理机制
推进镇(街道)管理体制改革工作
落实优化机构职能配置工作
做好重点领域机构编制需求保障工作
创新事业编制周转池使用制度
简化优化事业单位登记管理工作
保密工作 …………………………………………… (47)
概况
保密工作责任制落实
保密宣传教育
保密日常管理
保密督促检查
保密技术监管
基层保密室建设
区直机关党的建设 …………………………………… (47)
概况
思想政治建设
机关党组织建设
党员队伍建设
史志编研 …………………………………………… (48)
概况
编纂《红谷滩年鉴(2022)》
编纂《红谷滩大事记》
推动史志宣传教育走深走实
档案编研 …………………………………………… (49)
概况
档案资源体系建设
档案安全体系建设
档案利用体系建设
档案信息化建设
档案法治建设
党校工作 …………………………………………… (51)
概况
培训办班
突出主业主课
深化教学改革
理论研讨和调查研究
党建引领
党史学习教育
党风廉政建设
精神文明建设 ………………………………………… (52)
概况
突出思想引领
宣传先进典型
开展文明实践活动
传承红色基因
深化文明城市创建
信访工作 …………………………………………… (53)
概况
信访情况分析
信访工作组织领导
治理重复信访、化解信访积案专项工作
学习宣传贯彻落实《信访工作条例》
化解信访突出问题百日攻坚行动
做好重要时期信访安全保障工作

红谷滩区人民代表大会

综　述 …………………………………………… (54)
重要会议 …………………………………………… (55)
概况
红谷滩区第一届人民代表大会第二次会议
区一届人大常委会会议
区一届人大常委会主任会议
重要活动 …………………………………………… (58)
概况
开展“传承红色精神 帮助身边‘谢大娘’”
实践活动
贯彻落实双“一号工程”
召开全区人大工作会议
决定行政区划调整事项
参加南昌市第十六届人民代表大会一次会议
加强人大工作宣传力度
监督工作 …………………………………………… (59)
概况
围绕中心大局开展监督
围绕重点领域开展监督
围绕财经审计开展监督

围绕法治建设开展监督
代表履职 …………………………………………… (59)
概况
启动人大代表的增补选工作
落实“双联”工作制度
组织开展代表培训
开展“人大代表集中进站履职”活动
搭建代表履职平台
高度重视人大代表建议办理
民生实事票决 ………………………………………… (60)
概况
十大民生实事票决名单
推进民生实事项目建设落地
开展专项视察活动

红谷滩区人民政府

综　述 ………………………………………………… (61)
区政府党组(扩大)会议 …………………………… (63)
概况
区政府党组第1次(扩大)会议
区政府党组第2次(扩大)会议
区政府党组第3次(扩大)会议
区政府党组第4次(扩大)会议
区政府党组第5次(扩大)会议
区政府党组第6次(扩大)会议
区政府党组第7次(扩大)会议
区政府党组第8次(扩大)会议
区政府2022年第1次全体(扩大)会议
区政府常务会议 …………………………………… (65)
概况
区政府第1次常务会议
区政府第2次常务会议
区政府第3次常务会议
区政府第4次常务会议
区政府第5次常务会议
区政府第6次常务会议
区政府第7次常务会议
区政府第8次常务会议
区政府第9次常务会议
区政府第10次常务会议
区政府第11次常务会议
区政府第12次常务会议
区政府第13次常务会议
区政府第14次常务会议
区政府第15次常务会议
区政府第16次常务会议
区政府第17次常务会议
区政府第18次常务会议
区政府第19次常务会议
区政府第20次常务会议
区政府第21次常务会议
区政府第22次常务会议
区政府第23次常务会议
区政府第24次常务会议
区政府第25次常务会议
区政府第26次常务会议
区政府第27次常务会议
区政府第28次常务会议
区政府第29次常务会议
区政府第30次常务会议
区政府第31次常务会议
人事管理 …………………………………………… (73)
概况
事业单位公开招聘
事业单位岗位设置
事业单位人员聘用
工资福利审核审批
规范办理退休程序
随军家属安置
专业技术人员职称评定
专业技术职务聘任(续聘)
博士工作站管理
区划调整人员转隶
以乡情吸引学子“归巢”
做好新时代“侨文章”
强化人才队伍建设
外事工作 …………………………………………… (74)
概况
涉外疫情防控

开展海外企业涉外安全排查工作
APEC 商务旅行卡审核转报工作
申报 VR 主题乐园为涉外参观点
合作交流 ……………………………………… (75)
概况
红谷滩区与丰城市战略合作协议签约
赴杭州、上海招商考察
赴杭州、苏州、嘉兴等地调研考察
政务服务 ……………………………………… (76)
概况
推动政务服务升级
推进数字基础设施建设
提升窗口作风效能
保障政务信息安全
加快惠企政策兑现
有序运行中介超市
精准比对溯源信息
机关事务管理 ………………………………… (78)
概况
成立机关支部
严格遵守财务制度
清查调剂办公用房
加强公务用车管理
公共机构节能宣传周
严格接待标准
完善安全管理制度

中国人民政治协商会议 红谷滩区委员会

综　述 ……………………………………… (79)
重要会议 ……………………………………… (80)
概况
政协红谷滩区第一届委员会第二次会议召开
政协红谷滩区第一届委员会第二次常委会召开
政协红谷滩区第一届委员会第三次常委会召开
政协红谷滩区第一届委员会第四次常委会召开
政协红谷滩区第一届委员会第五次常委会召开
政协红谷滩区第一届委员会第六次常委会召开
政协红谷滩区第一届委员会第 10—20 次主席会议召开
提案工作 ……………………………………… (82)
概况
围绕经济高质量发展出实招
为提升社会治理效能建言献策
为提升城市品质主动建言
为增进民生福祉履职尽责
社情民意信息及宣传工作 ……………………… (83)
概况
加强组织领导
抓好队伍建设
严把信息质量关
强化工作机制
建立健全制度
优化宣传体系
主题教育走深走实
做好新时代政协宣传思想工作
调研视察 ……………………………………… (84)
概况
调研视察乡村振兴暨委员联络服务站工作
调研视察“三有”“三风”工作
组织到上高县学习考察“书香政协”
接待赣州市章贡区政协到区考察
协商民主 ……………………………………… (85)
概况
搭建协商平台
开展协商活动
民主监督 ……………………………………… (85)
概况
开展民主评议监督工作
打通民主监督“最后一公里”

中国共产党红谷滩区纪律检查委员会·红谷滩区监察委员会

综　述 ……………………………………… (86)
重要会议 ……………………………………… (87)
概况
党史学习教育总结会议召开
区纪委一届二次全会召开

新任领导干部任前廉政谈话会召开
全区警示教育大会召开
理论学习中心组(扩大)集体学习会召开
重要活动 ………………………………………………（89）
概况
打造“勤廉窗口”
建设“勤廉工程”
建设“勤廉村居”
“大抓落实年”专项整治
“四风”专项整治
监督执纪 ………………………………………………（90）
概况
履行监督工作的主体责任
“小微权力一点通”平台试点监督
公安派驻监督试点
审查调查 ………………………………………………（90）
概况
“室·组·地”协作办信办案
一体推进“三不腐”
每月一座谈和回访教育
巡察工作 ………………………………………………（91）
概况
科学谋划巡察工作
精心组织开展巡察工作
开展社区巡察试点工作
切实做好巡察“后半篇文章”

民主党派·工商联

综　述 ………………………………………………（92）
中国国民党革命委员会南昌市红谷滩区总支部……（93）
概况
开展政治理论学习宣传
加强组织建设
履行建言献策职责
开展社会服务活动
中国民主同盟南昌市红谷滩区支部 ………………（93）
概况
思想建设有强化
阵地建设出规模
社会服务有创新
参政议政见影响
中国民主建国会南昌市红谷滩区支部 ……………（94）
概况
学习教育
组织建设
参政议政
服务社会
中国民主促进会南昌市红谷滩区支部 ……………（96）
概况
思想建设
组织建设
参政议政
社会服务
中国农工民主党红谷滩区支部 ……………………（97）
概况
组织建设
参政议政
理论学习
党员风采
社会服务
九三学社南昌市红谷滩区支社 ……………………（98）
概况
思想建设
组织建设
参政议政
社会服务
红谷滩区工商业联合会 ……………………………（99）
概况
开展“复工复产,化危为机”主题系列课程
区数字经济商会成立大会召开
区“红谷连心会”暨第三季度“政企恳谈会”召开
区工商业联合会(总商会)一届二次执委(扩大)会议召开
区女企业家商会成立大会召开
举办民营经济人士培训班

群众团体

红谷滩区总工会 …………………………………（100）

概况
全面加强工会党的建设
推动“产改”工作走深走实
助力双“一号工程”增速提效
实施职工劳动技能提升工程
实施职工生活品质提升工程
加强工会组织建设
全力打造职工服务综合体
共青团红谷滩区委员会 ……………………………（101）
概况
筑牢理想信念根基
积极服务中心大局
严格规范基础团务工作
关心关爱留守儿童
深化未成年人法治教育
助力青年成长成才
红谷滩区妇女联合会 ………………………………（102）
概况
疫情防控彰显巾帼担当
强化妇女思想引领工作
推进家庭文明新风建设
维护妇女儿童合法权益
关心关爱留守儿童困难儿童
关心关爱“两癌”困难妇女
加强妇联基层组织建设
红谷滩区科学技术协会 ……………………………（103）
概况
完成省市高质量考核工作
出台首个全民科学素质规划纲要
持续做好疫情防控工作
广泛开展科普宣传活动
开展科普教育基地建设
推进校园科技馆建设
加强企业科协组织建设
建立惠农科技服务站
开展首届农民技能大赛
迎接第十二次全国公民科学素质调查
红谷滩区归国华侨联合会 …………………………（104）
概况
壮大侨联队伍
创建侨胞之家示范点
搭建为侨服务新平台
用心用情为侨服务
组织公益普法活动
助力文明创建和疫情防控
助推招商引资工作
举办侨界主题活动
扩大对外联谊提升吸引力
强化侨界思想政治引领
“勤廉侨联机关”建设
红谷滩区文学艺术界联合会 ………………………（105）
概况
书法协会
戏剧协会
诗词协会
作家协会
舞蹈协会
红谷滩区残疾人联合会 ……………………………（106）
概况
提升精准康复服务水平
推进残疾人教育就业
加强残疾人基层组织建设
多举措落实残疾人政策保障
残疾人宣传文化体育活动
红谷连心会“红谷手译”
红谷滩区红十字会 …………………………………（107）
概况
开展群众性应急救护培训
加强基层阵地建设
投放 AED
高效调拨疫情捐赠款物
网络众筹工作获好评
开展人道救助工作
推动无偿献血、造血干细胞和人体器官捐献工作
设立“红谷滩区红十字会”微信公众号
开展志愿服务活动
新冠疫情防控工作
监事会工作

法 治

政法委与综治 …………………………………… (109)
概况
维护社会大局稳定
推进市域社会治理现代化
常态化扫黑除恶斗争
深化政法领域改革
加强政法队伍建设
夯实基层基础
法治政府建设 …………………………………… (110)
概况
夯实法治政府建设基础
提高政务服务水平
巩固依法行政能力
提升行政执法质效
依法有效化解社会矛盾
公 安 …………………………………………… (111)
概况
政治建警铸忠诚
防范风险护稳定
联勤联战强打击
整体防控保民安
重拳整治除隐患
服务经济促发展
改革创新提战力
强基固本利长远
严优并举建铁军
检 察 …………………………………………… (113)
概况
党建与业务融合发展
坚决维护政治安全和社会安定
刑事检察提质增效
民事行政检察精准高效
公益诉讼检察工作成效显著
营造法治化营商环境
参与市域社会治理
助力企业持续健康发展
落实“少捕慎诉慎押”刑事司法政策
加大电信网络犯罪打击力度
关爱保护未成年人健康成长
加强对特殊群体的司法保护
用心讲好检察故事
压紧压实全面从严管党治检主体责任
挂牌成立侦查监督与协作配合办公室
法 院 …………………………………………… (115)
概况
优化营商环境
防范金融风险
惩处刑事犯罪
妥善处理民事纠纷
破解执行难题
便民服务暖民心
畅通渠道听民意
凝心聚力解民忧
深化诉源治理工作
加强审判监督管理
升级智慧法院建设
加强政治建设
强化能力建设
推进廉政建设
司法行政 …………………………………………… (117)
概况
深入推进依法行政
完善法治红谷滩建设体系
优化法律服务供给
完成红谷滩区社区矫正中心建设
强化法治宣传

军 事

人民武装 …………………………………………… (119)
概况
筑牢思想政治建设根基
健全领导机构
干部队伍建设
提升征兵工作质效
加强练兵备战
高质量开展民兵整组工作

加强基层党组织建设
狠抓营区安全管理
乡村振兴工作成效突出
人防工作 ……………………………………………（121）
概况
人防工程设施维护
项目及专业队伍储备
发挥基层人防组织的作用
开展国际民防日宣传活动
落实维管责任

经济管理与服务

宏观经济调控 ……………………………………（122）
概况
市场活力持续上升
科技要素加快集聚
现代服务业日益增效
数字经济势头强劲
农业生产提质生效
重点项目推进有力
商贸消费提质扩容
招商引资成效显著
重点领域改革深入推进
营商环境持续优化
开放合作水平提高
城市功能日益完善
城市管理提档升级
环境质量持续改善
民生保障坚实有力
社会事业优质发展
社会治理成效凸显
自然资源管理 ……………………………………（125）
概况
扎实推进土地供应
依法开展土地征收
强力推动存量土地消化
做好建设用地报批工作
严格落实耕地保护政策
保障耕地占补平衡
高效推进耕地流出问题整改
完成全国第三次国土调查
开展国土资源执法监察
做好国土信访工作
财　政 ……………………………………………（126）
概况
多举措夯实财政收入
抓征管保财政平稳运行
优化支出改善民生
抓改革提升财政管理水平
强监管提高资金使用绩效
税　务 ……………………………………………（127）
概况
学习贯彻党的二十大精神
发挥税收职能作用
提升税收治理效能
优化办税缴费体验
强化干部队伍建设
审　计 ……………………………………………（128）
概况
审计成果
创新审计管理
重大政策措施落实情况跟踪审计
经济责任审计
自然资源资产审计
财政金融和行政事业审计
政府投资建设项目审计
民生资金专项审计
村级财务收支审计
国有企业审计
加强审计整改
统　计 ……………………………………………（130）
概况
履行统计部门职责
强化统计预警分析
开展统计法治宣传活动
“五上”企业升规入统
市场和质量监督与管理 ……………………（131）
概况
市场主体培育

企业年报率
加强企业事中事后监管
守合同重信用公示
构建智慧市场监管平台新格局
反不正当竞争工作
开展打击传销行动
特种设备经营许可证办理
强化特种设备安全监管
推进扫黑除恶专项斗争长效常治
强化电动自行车市场监管
加强水产品市场监管
推进消费维权工作
开展知识产权执法检查专项行动
开展产品质量抽检和宣传工作
强化市场计量监管
加强认证检测市场监管
标准化试点项目
食品药品监督管理 …………………………………（133）
概况
开展食品经营许可核查工作
国家食品安全示范城市创建
加强食品安全监管
推进食品安全快速检测工作
开展冷链食品核酸检测
保障重大活动食品安全
开展药品安全专项整治行动
价格管理 ……………………………………………（134）
概况
转供电环节价格监管
开展涉企违规收费整治行动
加强节日市场价格监管
做好疫情防控期间价格稳定工作
落实价格补贴联动机制政策
开展涉企违规收费专项整治行动
落实民生用能价格政策
强化涉案物品价格认定
扎实开展价格监测
中小企业服务 ………………………………………（135）
概况
组建中小企业服务机构
专精特新中小企业培育
惠企奖补资金兑现
中小企业应收账款清欠
创业创新平台建设
惠企政策宣传
企业管理者培训
中小企业服务专窗
安全生产监督管理 …………………………………（136）
概况
落实安全生产责任
深入开展专项行动
开展安全生产专项整治三年行动
推进重点领域专项整治工作
严格监管执法检查
落实安全生产责任制
加强基层应急管理体系和能力建设
开展党建＋应急管理工作
突出抓好防汛物资保障
开展宣教培训活动
开展防灾减灾工作
加强应急值守和信息报送工作

农业农村

综　述 ………………………………………………（139）
种植业 ………………………………………………（139）
概况
落实相关惠农政策
指导开展抗旱救灾工作
推进冬种油菜种植工作
农村工作 ……………………………………………（140）
概况
开展“两整治一提升”三年行动计划
打造乡村振兴示范村
做好猪肉市场保供稳价工作
发展高效设施农业
组建农机管理组织
农村生态保护 ………………………………………（141）
概况
保护森林资源

夯实水利建设基础
堤坝蚁排查处置工作
加强主汛期河道采砂管理工作
加大水生生物资源养护力度
脱贫攻坚 ……………………………………………（142）
概况
成立机构压实责任
拓展脱贫攻坚成果长效机制
加强产业就业帮扶

产业发展

数字经济 ……………………………………………（143）
概况
召开全区数字经济发展大会
完善体制机制保障
高规格成立数字经济工作领导小组
省大数据示范企业
加快推进园区载体建设
落实南昌智算中心落户红谷滩区
政府管理服务数字化水平提升
数字基础设施建设
元宇宙农业示范基地
产业赛道有新突破
产业布局有新篇章
产业集群有新支撑
出台科技创新扶持政策
数字经济与金融实战大讲堂
重大重点项目简介
加快数字化人才队伍建设
多项数字相关产业政策兑现
李克强考察南昌跨境电商创业园区
南昌未来科学城
世界 VR 产业大会
商贸服务业 ……………………………………………（146）
概况
开展促消费活动
“乐购红谷·悦享生活”促消费系列活动
金秋消费季启动仪式
兑现市级奖励政策
出台商贸消费提质扩容政策
华润万象城开业
第二届中国米粉节举办
省级高品高质特色街区
完善城市一刻钟便民生活圈
入选省级绿色商场创建企业名单
推进农贸市场提质改造工程
打造高品质首店品牌经营载体
做好商贸领域疫情防控工作
开展安全生产专项督查行动
开展创建全国文明城市工作专项督查
金融业 ……………………………………………（148）
概况
搭建融资对接平台
推动金融和产业协同发展
全面提升金融服务水平
持续防范化解金融风险
加大人才引进力度
深化校地战略合作
《红谷滩区加快推进企业上市“映山红行动”的若干扶持政策》出台
一亿中流上市加速器蓬勃发展
国旅联合股份有限公司落户红谷滩
引入高质量拟上市后备企业
人才招聘专场直播活动
“奋进新征程·共谱金融新篇章”主题征文活动
楼宇经济 ……………………………………………（151）
概况
楼宇各产业发展现状
未来科学城建设
VR 科创城
现代服务产业园
流量经济产业园
沙井街道楼宇
卫东街道楼宇
凤凰洲街道楼宇
红角洲街道楼宇
九龙湖街道楼宇
文旅产业 ……………………………………………（154）
概况

政策体系建设
文化企业入统工作
绿色旅游饭店创建
旅游商品工作
参加南昌十大网红打卡地评选
江西百城百夜文旅消费季红谷滩活动
会展业 …………………………………………（155）
概况
2022 南昌国际汽车交易会暨新能源车展
中国智能家居产业博览会
第十九届中国国际检验医学暨输血仪器试剂博览会
兑现会展业发展奖励资金
第十七届南昌国际汽车展览会
2022 世界 VR 产业大会
第二届中国米粉节
2022 中国（南昌）国际大健康产业大会暨博览会
2022 中国（中部）工业博览会
江西省第一届职业技能大赛
第四届江西“生态鄱阳湖·绿色农产品”博览会

城乡建设与管理

城乡规划 …………………………………………（157）
概况
《南昌未来科学城概念规划》国际竞赛项目工作启动
编制《九龙湖竖向工程（优化）专项规划》
编制《南昌 VR 科创城二期控制性详细规划》
编制村庄规划
城乡建设 …………………………………………（158）
概况
“胡子工程”攻坚行动
未来科学城路网建设再加速
“打通断头路畅通微循环”攻坚专项行动
深化“路地”合作
构建综合交通体系
谋划未来科学城用电规划
城乡土地收储 ……………………………………（159）
概况
科学编制土地储备计划
推动全口径收储
开展国有土地临时租赁工作
开展“两公一住”地块土壤污染状况调查
履行耕地占用税申报纳税义务
探索市区两级联合收储模式
发挥桥梁纽带作用助力区级民生需求落地见效
城乡综合管理 ……………………………………（159）
概况
机制建设愈加完善
前湖水系整治大见成效
水环境持续向好
开展环卫保洁大提升行动
垃圾分类成效进一步提升
开展城区围墙围挡大整治行动
开展文明创建大清零行动
市政养护安全有效
老旧小区改造惠及更广
厕位、车位建设更加优化
休闲空间功能更贴民心
道路增亮降噪更暖民心
主要道路完成彩化提升
“物管城市”建设更具创新
推进“城管进社区”工作
规范执法办案流程
改善城市生态环境质量
高效处置投诉举报案件
房屋征收与补偿 …………………………………（162）
概况
超计划完成城中村改造任务
推动路网升级
解决“急、难、久”问题
统筹推进安置房建设管理工作
生态文明建设 ……………………………………（163）
概况
制度建设
大气环境管理
水生态环境管理

土壤生态环境管理
环保督察整改
生态环境监管
生态环境宣传
交通运输管理 ……………………………………（164）
概况
“打非治违”联勤联动
交通运输行业“百日攻坚”行动
“两无”企业专项整治
安全生产常抓不懈
铁路沿线整治初见成效
农村公路整治持续推进
探索交通畅通治理模式
夯实道路交通安全治理效果
持续推进文明交通治理
西站综合管理 ……………………………………（166）
概况
地铁 4 号线接入南昌西站枢纽实现“无缝换乘”
圆满完成春运保障工作
李红军、孙菊生检查疫情防控工作
暖心举措让“遗失证件回家”
万广明检查疫情防控工作
巡查组检查指导疫情防控工作
全国铁路新的列车运行图实行
西站枢纽“AR”实景导航上线
开展“微宣讲 + 创建文明城实践”活动
城市建设投资 ……………………………………（167）
概况
推进项目提速增效
生米街道朱岗村拆迁安置房建设项目
生米街道南路村拆迁安置小区建设项目
生米街道生米花园二期拆迁安置房建设项目
岭口路集租房项目
赣江市民公园五期工程项目
红谷滩区元宇宙 · VR 数字农业示范基地项目
现代服务产业园项目
流量经济产业园项目
城乡电力供应 ……………………………………（168）
概况
加快区域电网建设
强化电力供应保障
优化电力营商环境
提升供电服务品质
城乡自来水供应 ……………………………………（169）
概况
定期检查供水设施
多措并举应对赣江超低水位
举办“珍惜生命、关爱健康”安全知识讲座
保障 VR 产业大会供水
城乡燃气供应 ……………………………………（170）
概况
持续优化用气环境
开展燃气安全宣传活动
压实企业主体责任
整治违章压占隐患
安全检查深入校园
开展瓶装液化气专项整治
提升燃气突发事故应急处置能力
全面加装安全装置
全国文明城市创建 ……………………………………（171）
概况
完善文明城市创建[3]常态长效工作机制
文明城市创建工作培训
文明城市创建实地督查
强化创建考核问效
开展系列整治行动
大力营造文明氛围

重大重点工程建设

综　述 ……………………………………（173）
产业项目建设 ……………………………………（173）
概况
保利文化艺术中心
现代服务产业园
VR 科创城
国家职业教育虚拟仿真示范实训基地
城市项目建设 ……………………………………（174）
概况

南昌 VR 科创城市政基础设施项目一期
九龙湖新城抚州大街涉枫生快速路立交及配套改造工程
九龙湖新城上饶大街涉枫生快速路立交及配套改造工程
赣江市民公园四期景观绿化工程
红谷滩区雨污管网及污水处理综合改造工程
民生福祉项目建设 ……………………………… (174)
概况
保利高尔夫花园小学建设项目
红谷滩区综合康养中心
岭口路集租房
项目督查调度 …………………………………… (175)
概况
实行科学的推进机制
多措并举强化督查力度
实施台账销号管理制度
“四函催办”“亮红黄灯”督办制度实行
全区经济运行分析会召开
区第二次重大重点项目专题调度会召开
重大重点项目复工调度会召开
4 月实地调研全区部分重大项目疫情防控和复工情况
第二季度重大项目集中开工活动
5 月实地调研全区部分重大重点项目推进情况
6 月实地调研督导全区部分重大重点项目建设情况
7 月实地调研全区部分重大重点项目推进情况
7 月区重大重点项目专题调度会召开
8 月区重大重点项目专题调度会召开
8 月实地调研全区部分重大重点项目推进情况
挂点重大重点项目调度会召开
9 月实地调研重大项目不停工和工地安全生产情况
10 月实地调研全区部分重大重点项目推进情况
10 月区重大重点项目专题调度会召开
11 月实地调研全区部分重大重点项目建设情况
11 月区重大项目推进调度会召开
区城市建管项目调度会召开
调研市委党校迁建项目建设情况
南昌医学院新校区项目建设专题调度会召开
12 月实地调研督导挂点项目建设情况
集中开工重大项目调度会暨 2023 年区级民生实事人大代表票决项目征集情况汇报会召开
区供而未用项目调度会暨 2023 年重大重点项目谋划工作会召开

改革开放创新

优化营商环境 …………………………………… (180)
概况
健全组织和政策体系
打造公平竞争的市场环境
打造便捷高效的政务环境
打造平等保护的法治环境
打造更高水平的区域软环境
打造风清气正的社会环境
招商引资 ………………………………………… (183)
概况
坚持招商引资工程一把手负责制
高水平开展招商
中国国际进口博览会首进江西
重大活动签约项目
VR 产业招大引强
“同心战疫 共促发展”云签约活动
谋划产业新方向
建立全周期服务工作机制
搭建招商新平台
开创招商新路径
快节奏促进协议签约
加大招商引资力度
促进协议、政策兑现落地
蓝城五星级标准酒店项目土地摘牌
江山云著商办综合项目土地摘牌
华宏高端企业商业综合体项目土地摘牌

省国控千亿基金产业园项目
市工控沿江天际线总部项目
南昌铜锣湾广场三期项目
科技创新 ……………………………………………（186）
概况
出台《红谷滩区支持科技创新高质量发展奖励办法》
培育高新技术企业
科技金融结合
科技创新氛围进一步浓厚
争取市级以上科技计划项目经费支持
实施创新主体培育行动
培育科技创新载体
配合组织实施“双百计划”科技人才项目
持续推动创新平台建设
区域协作（校地合作） ……………………………（188）
概况
成立“校地融合智库”
智库活动
合作开展校园疫情防控工作

社会生活

劳动就业 ……………………………………………（189）
概况
就业民生指标任务全面完成
创新就业帮扶形式
打造就业创业新品牌
落实各项补贴政策
“百场校招”聚才引才
失业保险支持稳岗就业
保障新就业形态劳动者权益
劳动监察执法硬件优化
根治欠薪工作
劳动监察行政执法
高标准建设劳动仲裁办案平台
高效办理劳动争议案件
创新多元调解模式
探索线上庭审活动
企业薪酬调查工作
集体合同审查全程网办
做好工伤认定工作
社会保障 ……………………………………………（191）
概况
社会保险征缴发放
社会保险缓缴
帮扶困难群体
城乡居民养老保险业务划转
被征地农民参加养老保险工作
推进工伤保险参保扩面
社保基金安全管理
优化社保服务手段
构建多层次社会保障体系
新增卫东街道社保卡制卡网点
构建社保基金防控体系
医疗保障 ……………………………………………（192）
概况
提升医保经办服务效能
筑牢医保基金安全防线
增进医保民生福祉
住房保障 ……………………………………………（193）
概况
公租房管理
保障性租赁住房建设
社会救助 ……………………………………………（193）
概况
做好城乡居民最低生活保障工作
推进特困人员供养保障工作
开展低收入人口认定救助
加强临时救助工作
推动城镇困难群众解困脱困
社会福利 ……………………………………………（194）
概况
提升改造养老机构
开展家庭护理型养老床位建设
儿童关爱活动
儿童福利保障
残疾人福利保障
社区建设 ……………………………………………（195）
概况

社区优化调整
开展基层政权和社区治理系统录入工作
社区治理服务创新
基层自治建设
社区工作者队伍建设
社会组织管理 ……………………………………（196）
概况
登记管理
启动社会组织年检工作
加强对社会组织的日常监管
培育发展社区社会组织
引导社会组织参与稳岗就业工作
退役军人事务 ……………………………………（196）
概况
加强退役军人组织领导工作
完善退役军人服务保障体系
完成退役军人安置就业工作
落实退役军人拥军优抚工作
强化退役军人褒扬激励和权益维护工作
推动退役军人开展志愿服务活动
消防救援 ……………………………………（197）
红谷滩区消防救援大队
概况
高效完成安保抢险救援工作
提高监督检查和随机抽查质效
开展消防安全专项整治工作
优化营商环境
提升全民消防安全意识
南昌市消防救援支队大院大队
概况
消防救援
全面提升党建工作
消防安全基础工作
推进消防安全专项整治
保障省行政中心消防安全
优化营商环境
开展消防宣传教育

教育·体育

综　述 ……………………………………（200）
教育管理 ……………………………………（200）
概况
坚持党对教育工作的全面领导
加大教育体育投入力度
优化学校网点布局
改善学校办学条件
加强平安校园建设
整治校园安全卫生工作
履行督政、督学和评估监测教育督导工作职责
完善教育考试工作
学前教育 ……………………………………（202）
概况
推进学前教育民生实事项目
幼儿园招生工作科学、有序、公平开展
普惠水平持续提升
稳妥推进标准化幼儿园认定工作
扎实推进无证园治理工作
义务教育 ……………………………………（204）
概况
抓严抓实义务教育学校招生入学工作
推进校内课后服务管理工作
助力思政育人
创新思政育人新模式
强化意识形态工作主动权
推动义务教育优质均衡发展
民办教育 ……………………………………（206）
概况
有序开展民办学校年检工作
规范民办学校管理
强化校外培训机构整治
素质教育 ……………………………………（207）
概况
推进“一校一品”建设进程
开展游泳教育试点工作
开展“选星计划”选拔
加强学生劳动教育
巩固近视防控工作成效
开展美育系列主题活动
提升国防科技教育实效
队伍建设 ……………………………………（208）

概况
加强教师队伍建设
全力保障教师待遇
开展学科带头人和骨干教师选拔培养工作
教育科研 …………………………………………（209）
概况
强化教学管理
名师工作室建设
组织个人课题立项申报工作
作业管理与教学常规有机结合
体育工作 …………………………………………（210）
概况
举办首届学生运动会暨南昌市“滕王阁杯”青少年体育联赛（红谷滩区预选赛）
组队参加南昌市第八届校园体育节暨南昌市“滕王阁杯”青少年体育联赛
积极参加江西省百县青少年运动会
组织参加江西省第十六届运动会（学校部）比赛
举办 2022 年红谷滩“迎新杯”篮球比赛
举办 2022 年首届“鸿鹄杯”红谷滩区教职工运动会
组队参加江西省第十六届运动会（社会部）比赛
加强体育安全检查
体育组织发展日渐完善
开展免费游泳培训公益活动
推进体育设施基础建设
加快体育产业项目建设
开展体育设施面积摸排统计工作
做好经营高危险性体育项目审批工作

卫生健康

综　述 …………………………………………（212）
疾病防控 …………………………………………（212）
概况
法定传染病疫情
开展免疫相关疾病日常监测工作
卫生应急演练
重大会议公共卫生安全保障
艾滋病防治与宣传
结核病防治与宣传
职业病防治
儿童口腔疾病综合干预
学生常见病和健康影响因素监测
城市癌症早诊早治筛查
公共场所环境和物品监测
优化健康证办理流程
老龄健康 …………………………………………（214）
概况
推进医养结合工作
建设老年友善医疗机构
加强涉老反诈防骗宣传
创建老年友好型社区
妇幼健康 …………………………………………（215）
概况
出生医学证明管理
保障疫情期间妇幼健康
母婴保健技术服务培训
保障妇女健康
提升妇女儿童管理水平
妇幼重大公共卫生项目
家庭发展 …………………………………………（215）
概况
托育服务工作
落实惠企政策
母婴设施标准化建设
家庭发展能力建设
计划生育宣传引导
全力推进计生项目建设
爱国卫生 …………………………………………（216）
概况
落实医院创建标准情况
开展爱国卫生月宣传活动
全面开展病媒生物防制工作
开展健康教育宣传活动
卫生监督 …………………………………………（217）
概况
卫生监督

“双随机”监督抽查工作
医疗乱象专项整治
职业健康领域监督执法工作
生活饮用水监督检查
开展校园卫生专项监督工作
医政管理 …………………………………………… (218)
概况
开展“优质服务基层行”活动
推进家庭医生签约服务
紧密型医联体项目建设
国家基本公共卫生服务项目
加强病原微生物实验室备案管理
举办基层医务人员业务培训
关心关爱医护人员
医疗纠纷处置
医疗卫生领域突出问题专项治理
医药卫生体制改革
帮助市场主体纾困解难
推进健康红谷滩专项行动
精神卫生网络建设
医疗救治
中医药管理 ………………………………………… (220)
概况
热敏灸建设
中医馆项目建设
中医特色科室建设

文　化

综　述 ……………………………………………… (221)
文化场馆 …………………………………………… (221)
概况
牛行车站
红谷滩大剧场
鸿鹄里文化艺术空间
未来空间·未时合集馆
红书屋
凤凰洲街道综合文化活动中心
南昌中山艺术博物馆
南昌金九福钱币博物馆
南昌市中国工艺美术大师博物馆
文化工程 …………………………………………… (223)
概况
孺子书房·南昌西站分馆
孺子书房·T16 分馆
孺子书房·厚田乡分馆
孺子书房·凤凰洲分馆
孺子书房·摩天轮分馆
孺子书房·桥郡社区分馆
文化活动 …………………………………………… (224)
概况
“腊八传温情”活动
庆元宵活动
世界读书日活动
快闪合唱《领航》
百馆百场文化大讲座
开展“童心向党”主题活动
“我的中国梦”文化进万家活动
百姓大舞台文艺演出活动
云端复古集市活动
文化市场管理 ……………………………………… (226)
概况
加强文化市场监管
开展“扫黄打非”行动
维护文旅市场安全稳定
全面落实扫黑除恶专项斗争各项工作
开展创建文明城市宣传工作
加大非法卫星地面接收设施整治力度

乡镇、街道(管理处)

流湖镇 ……………………………………………… (228)
概况
政治建设
经济发展
社会治理
民生工程
实施乡村振兴战略
稳定粮食生产
“五型”政府建设

镇一届人大一次会议召开
厚田乡 ……………………………………………… (229)
概况
政治建设
经济发展
社会治理
民生工程
全面推进乡村振兴
高质量抓防贫监测和帮扶工作
巩固脱贫成果
夯实乡村振兴基础
加强项目资金管理
生米街道 ……………………………………………… (232)
概况
政治建设
经济发展
社会治理
民生工程
大力推进项目征迁
提升城市精细化管理水平
创新打造人大站点
推进乡村振兴走深走实
沙井街道 ……………………………………………… (234)
概况
政治建设
经济发展
社会治理
民生工程
城市管理
开展基层政务公开建设工作
开展全国文明城市创建工作
完善财务制度》
提升人大代表履职实效
卫东街道 ……………………………………………… (238)
概　况
政治建设
经济发展
社会治理
民生工程
城市管理
打造"红色物业"品牌
打造嵌入式养老院和中央城食堂项目
打造示范性退役军人服务站
建设非机动车停车棚项目
改造小区居住环境
提升辖区停车环境
开创志愿服务工作新局面
红角洲街道 ……………………………………………… (241)
概况
政治建设
经济发展
社会治理
民生工程
开展文明城区创建工作
夯实法治宣传和阵地建设
"四个精准"落实退役军人工作
落实财务精细化管理
凤凰洲街道 ……………………………………………… (244)
概况
政治建设
经济发展
社会治理
民生工程
推进机关效能建设
落实网格化管理
提升城市管理精细化水平
做好社会救济工作
扎实开展妇幼健康工作
健全退役军人服务保障体系
做好就业创业帮扶工作
推进社会保险办理应保尽保
协同做好辖区居民社保工作
做好劳资纠纷调解工作
优化营商环境
全面提升生态环境质量
做好防汛各项准备工作
农业工作
林业工作
水利工作
全力创建全国文明城市

助力爱心公益活动
九龙湖街道 …………………………………………（249）
概况
政治建设
经济发展
社会治理
民生工程
党建引领网格治理
打造“就近办”示范点
治理体系智能化
安全生产网格化
龙兴街道 ……………………………………………（251）
概况
政治建设
经济发展
社会治理
民生工程
龙兴街道组建
加速完善交通路网建设
开展各类新时代文明实践活动

人物 · 荣誉

2022 年红谷滩区全国“五一劳动奖章”获得者 ……………………………………………（253）
2022 年红谷滩区江西省“五一劳动奖章”获得者 ……………………………………………（253）
2022 年红谷滩籍获二等功以上退役军人 ………（253）
2022 年红谷滩区南昌市“五一劳动奖章”获得者 ……………………………………………（253）
2022 年度红谷滩区南昌市“五一劳动奖状”获得单位 ………………………………………………（254）

附 录

红谷滩区人民代表大会常务委员会工作报告（摘要） ……………………………………………（255）
中国人民政治协商会议南昌市红谷滩区第一届委员会常务委员会工作报告（摘要） ………（258）
红谷滩区人民法院工作报告（摘要） ……………（260）
红谷滩区人民检察院工作报告 ……………………（263）
红谷滩区 2022 年国民经济和社会发展计划执行情况与 2023 年国民经济和社会发展计划 ……………………………………………………（266）
关于红谷滩区 2022 年全区和区级财政预算执行情况与 2023 年全区和区级财政预算草案的报告 …………………………………………………（272）
红谷滩区 2022 年国民经济和社会发展统计公报 …………………………………………………（278）
组织机构及负责人名录 ……………………………（280）
经济社会统计资料 …………………………………（287）

索 引

数字索引 ……………………………………………（295）
字母索引 ……………………………………………（295）
主题索引 ……………………………………………（295）

特　载

中共红谷滩区委常委会2022年度工作报告

——在红谷滩区委一届七次全体(扩大)会议上的报告

红谷滩区委书记　吴江辉

(2022年12月18日)

2022年是党的二十大胜利召开的政治大年,也是深入推进全面建设社会主义现代化红谷滩新征程的开局之年。一年来,面对错综复杂的国际形势和艰巨繁重的改革发展稳定任务,区委常委会团结带领全区广大干部群众,始终坚持以习近平新时代中国特色社会主义思想为指导,深刻领悟“两个确立”的决定性意义,大力弘扬伟大建党精神,在省委、省政府和市委、市政府的坚强领导下,全面、完整、准确贯彻新发展理念,坚持稳中求进工作总基调,按照“疫情要防住、经济要稳住、发展要安全”的重要要求,科学应对多轮疫情冲击和极端恶劣天气影响,纵深推进“六大战略”,扎实做好“六稳”工作,全面落实“六保”任务,开创了经济社会高质量发展新局面。

一、对标对表,筑牢了对党忠诚的政治根基

区委认为,对党绝对忠诚是最重要的政治纪律,必须作为一项系统工程和长期任务持之以恒抓实抓好抓到位,坚持把严守党的政治纪律和政治规矩摆在首位,坚决捍卫“两个确立”,做到“两个维护”,争当对党绝对忠诚的践行者、示范者、引领者。

一是坚定理想信念厚植忠诚。坚持把学习贯彻习近平新时代中国特色社会主义思想作为首要政治任务,落实区委常委会“第一议题”制度,第一时间跟进学习习近平总书记重要讲话和重要指示批示精神,着力在学懂弄通做实上下功夫。围绕《习近平谈治国理政》第四卷、《习近平经济思想学习纲要》、习近平法治思想等主题,组织区委理论中心组学习研讨,不断增进对习近平新时代中国特色社会主义思想的政治认同、思想认同、理论认同、情感认同。召开全区领导干部大会、区委常委会议,原原本本传达学习党的二十大报告,第一时间审议通过《关于认真学习宣传贯彻党的二十大精神的通知》,创新开展“党员课堂”“身边课堂”“先进课堂”“实践课堂”等活动,坚决做到真学真懂、以思促学。坚持用习近平新时代中国特色社会主义思想凝心铸魂,组建“红心向党”宣讲队伍,县级领导带头深入基层一线,面对面宣讲党的二十大精神,全区开展宣讲610余场,受众人数约2.5万人次,推动党的创新理论进机关、进企业、进学校、进农村、进社区、进工地、进网络。

二是坚持政治引领践行忠诚。坚持把党的政治建设摆在首位,牢牢把握旗帜鲜明讲政治的根本要求,紧扣“两个确立”“两个维护”,做深做实政治素质考察,扎实开展政治谈话,不断提高政治判断力、政治领悟力、政治执行力。把“坚决维护以习近平同志为核心的党中央权威和集中统一领导”转化为具体行动,聚焦“三新一高”、疫情防控、优化营商环境“一号改革工程”等“国之大者”,扎实推进政治监督,做到凡是党中央和省委、市委有决策、有部署,红谷滩区第一时间对标对表,不折不扣贯彻落实。时刻绷紧政治纪律和政治规矩这根弦,严肃党内政治生活制度,加强民主集中制建设,认真执行“三会一课”、民主生活会、组织生活会等党内政治生活基本制度。始终保持零容忍的警醒、零容忍的力度，召开区委全面从严治党形势分析会，对“七个有之”“小圈子”“小团伙”等行为，做到露头就打、决不姑息，推动中央纪委国家监委关于肖毅案、龚建华案以案促改纪检监察建议整改工作落到实处。坚决落实意识形态工作责任制和网络意识形态工作责任制，防范化解风险隐患，坚决守住意识形态安全防线。

三是大兴落实之风诠释忠诚。坚持学思践悟、以学促行，立足红谷滩区情实际，研究部署具体贯彻落实措施，不折不扣推动习近平总书记作出的决策部署在红谷滩落细落实。围绕省第十五次党代会确定的“六个江西”建设，制定出台《红谷滩区在全面建设“六个江西”中充分彰显首府首区作为实施方案和2022年工作计划》，细化实化工作举措，建立健全调度机制，着力推动各项目标任务如期完成。对照党的二十大报告提出的宏伟目标、总体任务、战略决策、重大部署，结合省委、市委《决定》要求，研究起草《中共南昌市红谷滩区委关于深入学习宣传贯彻落实党的二十大精神 加快全面建设社会主义现代化南昌“红谷滩样板”的实施意见》，推动党中央和省委、市委决策部署在红谷滩区落地见效、开花结果。

2022年12月14日，红谷滩区召开2023年重大重点项目谋划工作会暨红谷滩区重大项目推进调度会

（区重大重点项目推进中心 供图）

二、善作善成，迈出了经济运行的稳健步伐

区委认为，面对国内外复杂经济发展形势和疫情、旱情冲击，必须完整、准确、全面贯彻新发展理念，按照“稳住、进好、调优”的经济工作思路，科学研判，加强调度，精准施策，在常态化疫情防控前提下，扎实做好“六稳”“六保”工作，牢牢稳住经济发展“基本盘”。

一是紧盯经济运行“指标数”。加强党对经济工作的领导，牢牢把握发展主动权，每月召开全区经济运行分析会，加强对重要指标运行情况的监测分析，推动经济平稳健康发展。前三季度，全区GDP完成594.19亿元，增长3.7%，总量全省第3；预计全年突破800亿元，同比增长4.5%左右。社会消费品零售总额完成288.87亿元，同比增长5.6%，总量全省第8、全市第4；全年预计完成322.69亿元，增长5.8%左右。城镇居民人均可支配收入完成42677元，同比增长5.8%，全市排名第3；农村居民人均可支配收入完成17988元，同比增长6.3%，全市排名第4。1—11月，全区一般公共预算收入完成31.98亿元全市，排名第2，预计全年同口径增长5%左右；固定资产投资上报数完成648.87亿元，同比增长1.4%，预计全年完成761.17亿元，总量全市第1。建筑业总产值预计全年完成985.8亿，增长30.0%左右，全市排名第1。

二是紧牵项目建设“牛鼻子”。坚持项目为王，深化“四级调度”工作机制，大力开展项目攻坚行动，常态化推进节假日“重大项目不停工、重点企业不停产”，持续扩大有效投资。保利文化艺术中心、海康威视南昌科技园等一批重点项目有序推进，华润万象城综合体、联泰酒店、明园九龙湾商业综合体、元宇宙+VR数字农业示范基地等一批产业项目顺利竣工，全区186个重大重点项目建设稳步推进，27个省市重大重点项目均提前超额完成年度投资额。全力做好项目服务保障，累计征收土地4585亩，消化批而未用土地624亩、批而未供土地2750亩，处置闲置土地1892亩，有力保障南昌医学院、VR科创城市政基础设施等省、市重大重点项目和区市政基础设施项目用地。坚持采取集中调度与日常调度、专题调度与现场调度相结合的方式，扎实开展“胡子工程”攻坚专项行动，华南大道“胡子工程”完成销号，赣江北大道下穿铁路桥用时10个月完成工程主路建设，是全市涉铁路项目中耗时最短、建设最快的攻坚工程；仅用15天全面剥除九昌樟石油管道迁改，铲平了盘踞长达9年的“网红坡”。

三是紧抓招商引资“生命线”。坚持把招商引资作为高质量发展的突破口，充分发挥楼宇、园区、会展招引作用，注重以商招商、以企引企。举办两次“同心战疫 共促发展”云签约活动，积极参加市重大招商引资项目云签约、2022世界VR产业大会等活动，成功招引上海威派格、上海思贤、蚂蚁集团科技产业园等一批重点产业项目，推动蓝城五星级标准酒店、华宏高端汽车商业综合体、红谷滩基金产业园、江山云著金融中心等项目摘牌落地，促进华景全国营销总部、蚂蚁金服南昌中心、中铁投资江西总部、中建三局江西总部等项目开业运营。1—11月，新引进入统签约项目80个（投资额556.47亿元），新立项项目78个（投资额247.40亿元），新开工项目41个（投资额180.20亿元），新投产项目20个（投资额41.5亿元）。全年预计引进“152”项目6个，入统签约项目总额突破680亿元，同比增长4.6%左右。

四是紧筑市场主体“蓄水池”。坚持把培育壮大市场主体作为经济发展添活力、加马力、增动力的有效抓手，以“五经普”筹备工作为契机，扎实开展市场主体清查，大力扶持“个转企”“小升规”，重点培育“五上”企业，今年新增“五上”企业141家，全市排名第2，全年预计净增293家；净增企业4064户，全市排名第2；总量达37188户，列全市第1。以打造“亿元楼宇”和“特色楼宇”为抓手，出台楼宇经济高质量发展奖励措施，鼓励支持楼宇经济转型升级。扎实开展“暖心护企”行动，严格落实应对疫情、帮助市场主体纾困解难“20条”，兑现惠企资金1.77亿元，及时协调解决企业生产经营的痛点、堵点和难点问题及政策诉求，助力企业稳定生产、增产增效。

三、敢想敢为，促进了产业发展的提质增效

区委认为，产业兴则城市兴，产业强则经济强，必须坚持把做实做强做优实体经济作为主攻方向，挖掘利用优势资源，持续推动特色优势产业提质增效，为高质量发展提供有力支撑。

一是聚势推进数字经济“一号工程”。紧扣全省数字经济创新引领核心区发展定位，科学谋划未来科学城建设，启动规划元宇宙试验区、智能制造工业园区建设。落户华为南昌研究所、浙江大学南昌研究院、中国移动虚拟现实创新中心等一批VR产业关键技术研发平台，以及智算中心、省军民融合大数据中心等一批数字基建项目。成功举办2022世界VR产业大会，签约项目23个，投资总额163亿元。全区数字经济企业从年初的4002家增至5079家，成为全省数字经济企业聚集度最高、增长量最大的县区。新增数字经济规上企业18家，增幅达67%，在全市遥遥领先。1—11月，全区规上数字经济企业营收总量达61.2亿元，同比增长23.6%，是全市平均增速的2倍；其中软件和信息技术服务业实现营收15.7亿元，同比增长73.1%，是全市平均增速的3倍，全省的6倍。

二是聚能推进金融商务“升级工程”。聚焦打造金融商务区“2.0版”，加速聚集各类优质金融资源，全年新引进金融机构和企业57家（总数达到1291家），汇集全省90%以上的法人金融机构和省级区域性总部，金融从业人才突破8万人，区级金融业增加值预计完成260亿元，占全市金融业增加值比重近40%。江西产业金融发展研究院签约运营，金融智库再添新军，“百亿”交通强省基金注册落户。纵深推进企业上市“映山红”行动，制定出台《加快推动企业上市“映山红行动”的若干扶持政策》，探索建立“园区+政策+基金”助推企业上市新模式，有效壮大资本市场“红谷滩板块”。南昌一亿中流上市加速器新引进企业11家，园区企业总数达28家。全区新增上市企业1家，“映山红企业”1家，完成股改企业2家，新四板挂牌展示企业23家。建立了多领域、多行业融资对接会活动机制，常态化开展“银企对接”活动，帮助重点项目、重点企业解决融资需求近5000万元。

三是聚力推进商贸文旅“提优工程”。积极推进商贸消费提资扩容行动，出台《促进商贸消费提质扩容的若干政策措施》，深入挖掘消费潜力。统筹3000万元购房补贴，投入1300万元开展“乐购红谷·悦享生活”系列活动，拉动消费10亿元。赣江新天地美食街区获评全省高品质餐饮美食街区；华润万象城于国庆期间盛大开业，引入首进江西品牌151家、首进华中品牌13家、城市旗舰店6家。全区限额以上零售额大幅度提升至225亿元，排名全市第1，成功荣获全省开放型经济利用外资先进单位。澳世汇、欧罗巴年轻力中心等大批重点文旅项目积极推进，赣剧院、红谷滩大剧场即将迎来首秀首演，鸿鹄里文化艺术空间成为热门网红打卡地。我区选送的芯原智光·寐趣鸟小夜灯系列，荣获2022年中国旅游商品大赛健康主题金奖。前三季度，我区新增规上文化企业8家，总数达到37家，实现营业收入93亿元，排名全市第2，连续两年荣获全省文化产业重点县（市、区）。

四是聚智推进现代农业“增效工程”。抢抓区划调整有利契机，着力补短板、强弱项、树品牌，大力发展农业特色产业，积极推动爱园现代农业产业园、上房食用菌基地菌包流水线等一批农业项目投产。农业发展持续向好，新增市级以上农业龙头企业15家，省级龙头企业4家。强化科技赋能，按照高端智慧、产学研一体的高效设施农业发展思路，高效推进元宇宙·VR数字农业示范基地建设，在全国率先将元宇宙技术应用到农业生产、管理、经营等全过程，得到央视新闻、江西日报等中央和省市媒体竞相报道。

四、先行先试，激荡了改革创新的源头活水

区委认为，改革创新是时代发展的不竭动力，必须坚持把改革创新作为引领经济社会高质量发展的“源头活水”，深入推进国资国企改革创新等十大攻坚行动，促进改革与发展深度融合、高效联动。

一是优化营商环境。深入推进营商环境优化升级“一号改革工程”，坚持把优化营商环境作为促进经济行稳致远的切入点，深化“放管服”改革，在全省率先实现企业登记网络服务平台与“一窗式”综合服务平台的政务数据互联共享，1096项依申请政务服务事项100%网上可办、90%全程网办。在全市率先开展政务服务“就近办”和上线智慧政务地图，实现政务服务便捷办、精准办。

探索上线"红谷智小二"帮办代办服务平台，快速定位咨询事项、预审前置、错峰分流，提高办事效率。

二是深化科技创新。坚持创新驱动发展战略，引进舜宇光学(浙江)研究院有限公司、龙旗集团、上海摩勤智能技术有限公司等一批国内先进技术公司，集聚华为南昌研究所等全国领先的 VR 关键技术研发平台 17 家，VR 创新中心成功授牌全国首个国家虚拟现实创新中心。深入实施高新技术企业量质"双提升"行动，着力构建"科技型中小企业—高新技术企业—创新型领军企业"梯次培育机制，全区新认定科技型中小企业 254 家。突出企业创新主体地位，出台《支持科技创新高质量发展奖励办法》，132 家规上企业研发费用同比增长近 40%。深入实施人才强区战略，申报省"双千计划"人才项目 36 个，申报数量及项目质量创历史新高。加快完善科技成果转移转化机制，全区有效发明专利 2665 件，同比增长 33.05%，有效发明专利拥有量排名全市第二；每万人发明专利拥有量达 47.95 件，排名全市第二。

三是激发改革活力。坚持用好改革关键一招，积极推动顶层设计与基层探索有机结合，全面铺开财税体制改革、招商体制改革、"三合一"环卫保洁市场化改革、数字经济发展、医保经办服务下沉等 94 项改革举措，有序推进利用集体建设用地建设租赁住房、基层小微权力"监督一点通"平台建设等改革试点，在更高起点上推动改革走深走实、落地落细。深入推进国资国企改革，积极推进国有企业负责人薪酬制度改革，推动区城投公司战略重组，子公司数量压缩超 1/3，营业收入大幅增长 324%，企业信用获评 AA +。强化改革经验运用，充分挖掘创新性举措、总结可复制可推广经验，积极宣传推介智慧巡控、物业纠纷集中管辖等改革经验做法，打造一批具有红谷滩辨识度、在全省全市有影响力的标志性改革成果。

五、精细精致，绘就了魅力城区的崭新画卷

区委认为，城市品质是经济社会发展的关键竞争力，也是人民群众最直接、最深切的感受，必须认真践行"人民城市人民建，人民城市为人民"的理念，不断提升城市品质、扩充城市能级、精细城市管理，着力打造现代化魅力都市。

一是城市功能更加完善。坚持高水平规划、高标准建设，枫生快速路立交及配套改造、抚州大街、南斯友好路综合改造、明月山大道南延、市委党校周边配套路网等扎实推进，碟子湖大道及其沿线改造提升即将收尾，四纵五横快速路、十三纵十八横主干路体系不断完善，内畅外联交通格局加速形成。赣江南大道改造工程顺利完成，拥堵指数明显下降。打造 2 条窨井盖提升改造样板路，完成 8 条背街小巷增亮补齐，实现建成区范围内灯亮路明。新增 22 座公厕、1429 个停车位，累计建设分类投放亭(点)537 个、智能分类屋 3 个，居民生活更加便利。赣江市民公园 5 期建设基本完成，赣江西岸 28 千米的绿色生态廊道基本形成。中央 CBD 绿轴公园、祥云大道休闲公园等 5 大城市休闲空间，风筝广场等 6 处示范性景观小品精美呈现，城市绿化、美化水平持续提升。

二是城市管理更加精细。坚持建设与管理并行，全面铺开洁城行动、拆墙透绿等城市管理"十大提升课题"，扎实推进环卫保洁"三合一"养护市场化改革，持续深化"马路本色"行动，拆除新增违章 206 处、存量违章 247 处，整治围墙围挡 148 处。常态化开展文明城市创建，持续巩固铁路及城市主要通道沿线环境整治成果，实施 12 个重点节点提升改造工程，着力扮靓城市"外在美"，涵养文明"内在美"。大力推进智慧城管，全年累计采集、整改问题超 20 万个，完成 5 个小区的"物管城市"试点改造，推动城市管理与物业服务同频共振，实现城市治理主体多元化、城市服务品质大提升。深化开放式居民区(城中村)围合服务管理，积极探索引进物业服务，不断完善进出门禁、市政道路、消防配套等基础设施，着力推动 13 个开放式居民区(城中村)摇身一变成为"幸福大院"。

三是生态环境更加优良。坚定不移走生产发展、生活富裕、生态良好的文明发展道路。全面展开水环境综合整治，排水单元综合整治、市政管网缺陷修复、碟子湖大道污水干管改造等项目工程全面铺开。深化水系治理，创新控源截污、底泥清淤、固土护坡、生态治理、引水活化、执法监管等六大措施，实现前湖水系水质量显著提升、水环境明显改善、水生态持续向好。紧盯城市扬尘、餐饮油烟、露天焚烧等重点污染源，安装颗粒物扫描雷达和 6 个高空瞭望摄像头，将无人机航拍和人工巡查充分结合，实时监测、第一时间整治施工及渣土运输扬尘等问题。压实责任、标本兼治，380 件环保督查历年交办问题及信访件全部销号。

六、倾心倾力，提升了人民群众的幸福质感

区委认为，民生福祉温度是群众获得感、幸福度持续提升的底气，必须深入践行以人民为中心的发展思想，把实现好、维护好、发展好最广大人民根本利益作为发展的出发点和落脚点，更好满足人民对美好生活的向往。

一是高标准打造公共配套。投入资金 4.39 亿元，新改扩建中小学校、幼儿园 12 所，新增学位 7100 余个；投入 7000 余万元对区属学校、幼儿园进行改造提升；积极推进"南昌市智慧教育示范区"创建，启动智慧教育项目建设，实施高质量优质均衡示范校工程和因材施教示范校工程，教育经费投入全省领先。创新出台《实施银龄教育管理人才及银龄教师教学计划》，全省率先为编外聘用教师缴纳企业年金，持续强化名师力量，打造教育人才全省制高点。持续巩固"双减"成果，城区义务教育学校课后服务"5 +2"实现"全覆盖"，138 家合规校外培训机构全部纳入国家平台规范管理，资金监管率达100%。建成33个社区邻里中心健康小屋，新设置1个社区卫生服务中心（卫东）和4个社区卫生服务站，实施“公立医院+社区”的医联体模式，积极打造“15分钟医疗服务圈”，促进优质医疗资源上下贯通。高标准建成6个孺子书房，精心打造红书屋阅览室和未来空间·未时图书馆城市书房，强力推进三级公共文化服务网络建设，村（社区）文化活动中心覆盖率达100%，“书香红谷滩”文化特色标签更加凸显。

二是高效率推进民生实事。坚持把民生项目作为回应群众关切、解决“急难愁盼”问题的重要载体，高质高效推进20件市区人大代表票决民生实事，32台既有住宅加装电梯工程提前完工，12条“断头路”建成通车，4个老旧小区改造顺利完工，2个嵌入式养老院投入运营，切实以一个个民生项目的接续实施，推动民生福祉稳步提升。按照“四化”“八有”的标准，投资4000余万元开展“两整治一提升”行动，打造了1个“乡村振兴示范村”和6个“共同富裕样板村”，农村“颜值”和“气质”不断提升，打造乡村振兴新引擎。

三是高水平落实社会保障。积极应对疫情影响，深入实施就业优先战略，全面落实减负稳岗扩就业政策，先后开展107场“百场校招”，建立13个“赣才归巢”人才工作站，设立农民服务专窗，新增城镇就业3174人，累计帮扶返乡农民工783人。成功创建国家级充分就业社区——世纪中央城社区、省级充分就业特色社区——万达星城社区，南昌留学人员创业园红谷滩园区荣获第八批“中国侨联新侨创新创业基地”。组建根治欠薪工作专班，积极探索劳资纠纷多元调处新模式，处理欠薪案件508起，处理根治欠薪线索3028件，办结率为100%，追回农民工工资1.39亿元。健全安置房屋建设、分配制度，积极探索“图纸分房、交付即住”“货币回购”新模式，大幅缩短安置过渡周期，高效完成3个小区、2249套房屋分配。不断完善社会救助制度体系，持续提高救助标准，及时将符合政策的困难群众纳入救助保障范围，全力保障困难群众基本生活。积极推进30个村（社区）退役军人服务站示范创建，深化拓展尊崇工作法，退役军人服务保障水平有效提升。积极打造10分钟医保服务圈，12项高频服务事项下沉至社区办理，创新开设4个驻点银行的医保一体化服务中心，打通服务群众“最后一千米”，医保电子凭证结算率53.79%，排名全市第1。

七、共建共享，构建了和谐有序的社会环境

区委认为，安全稳定是一切工作的基础和前提，必须统筹好发展和安全，牢固树立“人民至上、生命至上”的理念，着力防范化解重大风险，加强基层社会治理，推动“平安红谷滩”建设。

一是坚守安全生产底线。严格落实安全生产责任制，扎实开展安全生产大检查、“打非治违”等专项行动，加强对建筑施工、能源用电、特种设备、消防安全等重点领域安全监管，深入开展危化品、城镇燃气、自建房集中治理，对高层建筑、文娱场所、大型商业综合体进行覆盖式联合执法检查。积极推进“水美家安—全民防溺水”专项行动，督导整治问题100余个，有效遏制重特大事故发生。统筹做好森林防灭火工作，建立健全火灾隐患自查自纠长效机制，对农事用火、林事用火、祭事用火等易引发火灾的主要顽疾进行集中治理，获评全省森林防灭火“平安春季”行动平安县区。积极应对超历史旱情，及时启动抗旱应急响应，大力协调保障农村生产生活用水。“党建+应急”管理平台推广工作受到全省推广，凤凰洲街道荣获“省级综合减灾示范街道”。

二是勇攀社会治理高线。推动“智治”在县域社会治理现代化改革中先行先试，创新打造了“鸿鹄之智”治理品牌，经验案例荣获全省5个优秀试点成果奖第1名，并作为全市唯一县区在全省新时代政法工作创新交流会上进行发言。持续打造项目精品，助力治理提质增效，建成全国首个防范金融风险法官工作站，得到省委常委、政法委书记罗小云批示肯定；建成全省首个“公安派出所+社区”一体化综合服务大厅，群众办证效率提升了40%以上；建成全市首家区矛盾纠纷多元调解中心，矛盾纠纷排查数和化解数均居全市各县区之首；高标准完成了75个智慧平安小区、12所智慧平安校园和3所智慧平安医院的建设；劳动人事争议仲裁院、“党建+平安建设”、红色名村等14个市域社会治理项目，亮点纷呈。以常态化扫黑除恶为牵引，大力开展了打击整治电信网络诈骗、养老诈骗等专项行动，办理的“金三江”案件打响了全市打击整治养老诈骗专项行动“第一枪”，协助市纪委全力侦破“2·9”专案，得到省委常委、市委书记李红军批示肯定。今年上半年，我区公众安全感全省同比进位36位，排名全市第3名，中央信访联席办交办我区的两批信访事项，化解质效位列全市第一方阵。区公安分局荣获“全国优秀公安局”（全省仅3个、全市唯一）；区法院荣获“全省优秀法院”；区检察院荣获“全国检察宣传先进单位”。

八、从严从实，巩固了管党治党的丰硕成果

区委认为，全面建设社会主义现代化红谷滩，关键在党、关键在人，必须坚持党的全面领导，深入贯彻新时代党的建设总要求，严格落实全面从严治党主体责任，营造干事创业、风清气正的良好政治生态。

一是基层基础全面夯实。以增强政治功能和组织功能为重点，补短板、抓规范、创特色，持续推进基层党建“三化”建设，不断推进各领域基层党建工作全面进步、全面过硬。建立三级党群服务体系，扩充党群服务中心、邻里中心服务内容，推进党群服务综合体建设。高标准打造秋水广场"红色驿站"等一批党组织服务阵地,实现"15 分钟服务圈"广覆盖。大力推进城市基层党建引领基层社会治理,做实做细"党建 + 网格管理",建立建强"洪城红管家"队伍,将服务送到群众家门口。大力推进"两新组织"党建"两个覆盖",抢抓新业态党建先机,成立区"小个专"综合党委,在仟得文化、美团外卖、顺丰快递等企业打造一批党建示范点。精心打造"红色物业"、楼宇党建、"零工"经济等一批党建品牌阵地。坚持党建引领,在疫情防控、抗旱救灾、乡村振兴、项目建设等工作中充分发挥基层党组织战斗堡垒作用和党员先锋模范作用,全力保障群众生命健康安全。

二是干部素质有效提升。坚持新时代好干部标准,树立重实绩、重基层、重公认的鲜明导向,着力建设忠诚干净担当的干部队伍。坚持把政治标准放在首位,把政治素质考察和政治把关贯穿选人用人全过程、各环节,对政治不合格的一票否决。坚持在一线培养选拔干部,选派干部到疫情防控、重点项目建设、招商引资、信访维稳等急难险重一线培养锻炼。对在基层一线敢担当、善作为、业绩突出的干部大胆提拔使用,选人用人导向进一步树立,全区广大干部干事创业氛围进一步浓厚。注重严管厚爱,用好用活职务与职级并行,扎实开展干部谈心调研走访,纵深推进"4 + X"干部作风专项整治,查处基层干部作风问题 133 个,批评教育帮助和处理干部 180 人次。用好容错纠错、澄清正名机制,为担当作为、干净干事的党员干部撑腰鼓劲。

三是正风肃纪持续加强。持续巩固拓展落实中央八项规定精神成果,大力整治隐形变异"四风"问题,及时传达学习中央、省、市纪委系列典型问题《通报》,强化警示教育。制定规范政商交往"正负面清单",着力构建亲清政商关系,督促有关部门查摆问题 85 个,查处涉营商环境问题 61 起,批评教育帮助和处理 125 人次。强化政治巡察,社区巡察试点工作经验在全省推介,勤廉建设、"室·组·地"片区协作监督联动等系列工作得到市领导批示肯定。1—11 月,全区纪检监察机关共立案 60 件,处分 58 人次,拍摄制作《作风建设永远在路上》《将自我革命进行到底》等多部警示教育片,充分发挥身边人身边事的警示教育作用,营造了风清气正政治生态。

一年来,区委常委会高度重视自身建设,带头加强政治理论学习,深学笃行习近平新时代中国特色社会主义思想,严守政治纪律和政治规矩,以更高标准捍卫"两个确立"、做到"两个维护"。带头贯彻民主集中制,落实加强和维护党中央集中统一领导若干规定,自觉维护班子团结,严格遵守请示报告制度。带头严肃党内政治生活,召开党史学习教育专题民主生活会,加强党性分析,积极开展批评和自我批评。带头落实中央八项规定精神及其实施细则,严守廉洁自律准则,深入贯彻党的群众路线,主动接受各方监督。

此外,区委充分发挥总揽全局、协调各方的领导核心作用,支持人大及其常委会依法履行职能,加强人大监督工作,发挥人大代表的作用,帮扶身边"谢大娘"实践活动成为一张响亮名片。支持政协围绕团结和民主两大主题履行职能,持续开展"三有"活动,不断提高协商监督、参政议政实效。巩固和壮大最广泛的爱国统一战线,加强同各民主党派、工商联和无党派人士的团结合作,切实做好民族和宗教工作,促进民族团结进步,"侨梦苑"品牌不断擦亮。更好地发挥工会、共青团、妇联等人民团体的作用。积极推进依法治区,加强普法教育和社会主义法治理念教育,形成学法守法的良好氛围,切实维护公民合法权益。关心支持国防和军队建设,加强后备力量建设,做好拥军优属工作,密切军政军民团结。

这些成绩来之不易,最根本在于习近平新时代中国特色社会主义思想的科学指引,在于习近平总书记作为党中央核心、全党核心的掌舵领航,是党中央的坚强领导和省委、市委关心厚爱的结果,也是全区各单位、全体干部群众共同奋斗、拼搏奉献的结果。

在看到成绩的同时,区委常委会清醒地认识到,全区在高质量发展的进程中还存在不少困难和挑战:经济发展方面,经济总量不大、经济增速不快、产业结构不优、发展后劲不足;改革创新方面,全面深化改革还不够深入,重点领域重点环节突破攻坚还不够有力,重大科技创新平台还不够多,人才聚集效应还不够明显;城市建管方面,管理体制机制不够顺畅,功能品质不够完善,城市特色不够明显;民生领域方面,基础设施仍然不足,公共服务领域还存在薄弱环节,农村发展短板明显;少数干部干事创业劲头和能力不足,思想不够解放,准确识变科学应变主动求变能力还需加强;全面从严治党责任压得还不够实,党的建设还需持续加强。下一步,区委常委会将团结带领全区广大干部群众,深入学习贯彻党的二十大精神,进一步理清发展思路,坚持干字当头、问题导向、重点发力,坚决贯彻省委、市委决策部署,聚焦"作示范 勇争先"目标,以"自信、发奋、齐心"的精神状态,凝心聚力、真抓实干,坚定不移推动高质量发展,奋力开创全面建设社会主义现代化红谷滩新局面。

政府工作报告

——在红谷滩区第一届人民代表大会第三次会议上

红谷滩区人民政府区长　刘光荣

（2023 年 1 月 6 日）

2022 年是党和国家历史上极为重要的一年，是党的二十大召开之年，也是红谷滩开局奋进之年。全区上下紧扣迎接和学习宣传贯彻党的二十大这条主线，按照“疫情要防住、经济要稳住、发展要安全”的重要要求，主动对标“一枢纽四中心”发展定位，全面落实“六大战略”，强劲开局一季度、奋力强攻二季度、负重拼搏三季度、决战决胜四季度，推动各项工作取得新成效、迈上新台阶。预计地区生产总值增长 4.5% 左右，总量突破 800 亿元；一般公共预算收入同口径增长 5.6%；固定资产投资增长 5% 左右；社会消费品零售总额增长 5.8% 左右；外贸出口增长 10% 左右；城乡居民人均可支配收入分别增长 6.2% 左右、6.5% 左右。

一年来，我们千方百计战疫情、稳预期，经济运行企稳向好

一是疫情防控科学有效。

二是项目投资扩大有力。全力推进 186 个重大重点项目，及时出台“重大项目不停工、重点企业不停产”奖补措施，争取各类项目资金 12.54 亿元，省市重大重点项目提前 2 个月完成年度投资目标，完成率位列全市第 1。总投资 50 亿元的保利文化艺术中心、21 亿元的现代服务产业园、18 亿元的流量经济产业园等一批引爆性项目集中开工，总投资 34 亿元的华润万象城、15 亿元的联泰万悦汇、12 亿元的明园九龙湾等一批示范性项目顺利竣工。

三是商贸复苏强势有劲。投入 1300 万元开展 6 场“乐购红谷·悦享生活”系列活动，拉动各类消费超 10 亿元。统筹 3000 万元购房补贴提振商贸消费。推动华润万象城提前 10 个月竣工，在“十一”假期盛大开业，落户了全球第 6 家华为旗舰店，集聚了 151 家首进江西品牌、13 家首进华中品牌，“早 C 晚 A”[②]成为新时尚。赣江新天地商业街获评“省级高品质美食街区”。承办第二届中国米粉节、中国（中部）工业博览会等 26 场大型会展活动，接待参展人员超 60 万人次，实现总销售额 770 亿元。

四是招大引强精准有方。高水平协办 2022 世界 VR 产业大会，积极参加“进博会走进江西”、南昌电子信息产业发展大会等活动，大力组织“同心战疫、共促发展”云签约，持续深化与广东七市合作交流，与丰城市签署“1+7”全面战略合作协议，新引进入统签约项目 67 个，总投资额超 650 亿元。总投资 50 亿元的华夏艺术谷、25 亿元的江山云著综合体、20 亿元的蓝城五星级标准酒店等 6 个“152”项目[③]落地见效。

一年来，我们千方百计促转型、提质量，产业发展集聚升级

一是数字经济日益强劲。持续深化数字经济做优做强“一号发展工程”，新增数字经济核心企业 880 家，总量达 4890 家；新增规上数字经济企业 18 家，位列全市第 1，是全省数字经济企业新增量最大、集聚度最高的县区。规上软件和信息技术服务业营收同比增长 70%，稳居全市第 1。139 平方千米的未来科学城、700 亩的九龙大道数字经济产业园核心引领区、416 亩的 VR 科创城二期工业园启动规划。中国移动虚拟现实创新中心、元宇宙 VR 数字农业示范基地建成运营，江西求是高等研究院（浙江大学南昌研究院）即将运行。江西省 VR 制造业创新中心授牌成为全国首个国家虚拟现实制造业创新中心，VR 产业基地获评国家小型微型企业创业创新示范基地，江西省工业园区智慧云平台入选省区域性重点培育名单。

二是科技基础日益夯实。新开通 5G 基站 246 个，累计开通 3135 个，均居全市第 1，在全省率先实现 5G 网络连片覆盖，基本建成千兆光网城市。新增省级专精特新中小企业[④]10 家，总量达 20 家。新增瞪羚企业[⑤]4 家，总量达 11 家。新增高新技术企业 51 家，总量达 168 家。科技型中小企业达 254 家。启动建设江西人才数智产业园。与江西财经大学、华东交通大学开展 VR 专业人才培育。每万人有效发明专利拥有量达 47.95 件，居全市县区第 1。

三是金融体系日益成熟。聚焦打造全省金融商务区 2.0 版，新引进金融类机构 62 家，总量达 1296 家，持牌金融机构近 300 家，股权投资基金规模近 1000 亿元，金融业增加值占全市近 40%，集聚了全省 90% 以上的法人金融机构和省级区域性总部，汇聚了 8 万余名金融从业人员。企业上市改革创新模式纳入全省重点改革项目，新增上市企业 1 家、IPO 在审企业 1 家、股改企业 2 家、新四板挂牌展示企业 23 家。一亿中流企业上市加速器引进企业达 28 家，总营收超 6 亿元。

四是现代服务业日益增效。新增3家建筑央企子公司,建筑业总产值预计达1000亿元。统筹5600万元鼓励楼宇经济转型升级,创新开展商务楼宇等级评定。大力实施培育壮大市场主体三年行动计划,细化培育奖励办法,新增“五上”企业[6]295家,同比增长1.4倍,总量达771家。新增市场主体25830家,总量达72760家,市场主体、“五上”企业新增均创历史新高,为第五次全国经济普查打下坚实基础。

一年来,我们千方百计疏堵点、畅路网,枢纽建设蹄疾步稳

一是强力贯通大动脉。洪州大桥、复兴大桥加快推进,南昌绕城高速西二环、昌樟高速改扩建(二期)、320国道提升改造等重大路网全力促进,复兴大道西延、明月山大道南延、上饶大街涉枫生快速路立交改造等主干路网陆续开工,高教园区、VR科创城等片区路网逐步成型。

二是奋力打通中梗阻。奋进路、慧谷路、圭峰大道、花园南路、狮子山大道等8条断头路提前贯通。九昌樟石油管道迁改“胡子工程”仅用15天全面剥除,铲平了盘踞长达9年的“网红坡”,建起了市民出行的“幸福路”。赣江北大道下穿京九铁路仅用10个月高效贯通,疏通了长达60年的“堵塞口”,成为全市最快通车的涉铁道路。

三是全力畅通民心路。赣江南大道由5车道改成7车道,江报路、翠林路单行道恢复双向通行,碟子湖大道、南斯友好路提升改造工程启动实施,畅通了一批“出行路”。省人民医院“凤蝶路、熙凤路”、省儿童医院“怡康路”等道路建成通车,畅通了一批“就医路”。潼溪村道、胜利村道、闸上村道、梅花村道等农村公路改造完成,畅通了一批“乡间小路”。

一年来,我们千方百计补短板、强功能,城乡能级扩容增效

一是大空间格局持续凸显。圆满完成厚田乡、流湖镇区划调整,高效推进5个街道组建,“一乡一镇七街道”格局焕然一新,辖区面积扩大到403.2平方千米,常住人口扩充到62.9万人。推动编制《南昌未来科学城概念规划》等系列规划,九龙湖西部组团、生米南片区和厚田、流湖东北部等56平方千米基本确定纳入城市开发边界,南昌市委党校(八一干部学院)、南昌医学院、南昌健康职业技术学院、南昌技师学院开工建设。扎实推进存量土地消化处置三项工作,分批出让11宗737亩商住用地。

二是大生态环境持续改善。制定领导干部自然资源资产离任审计细则,出台污染天气应急预案、突发环境事件应急预案,空气优良率为88.1%,PM2.5平均浓度30微克/立方米。中央及省环保督察反馈380个问题及信访件全部销号。424个排水单元基本完成整治。前湖水系水质达到Ⅳ类水标准,提前完成“一年内大见成效”的治理目标,得到社会各界纷纷点赞。乌沙河水质达到Ⅳ类水标准,赣江干流7个断面水质达到地表水Ⅱ类标准,黑臭水体全面消除,饮用水源水质达标率100%,海绵城市建设取得新成效,“河畅、水清、岸绿、景美”新画卷徐徐铺开。

三是大治理体系持续健全。深化城市更新,整治围墙围挡148处,拔除违章建筑477处,拆除超期临时工棚7万平方米。新建7个公共停车场,新增1429个停车泊位。改造4个老旧小区。打造2条窨井盖样板路。完成8条背街小巷增亮补亮,实现全区范围灯亮路明。靓化城市环境,新增彩化面积5.6万平方米,打造6处示范性景观小品,建成5大城市休闲空间。中央绿轴公园、赣江市民公园四期、雨阳公园、水天消防广场全面对外开放,赣江市民公园五期仅用9个月精彩绽放,赣江西岸呈现长达28千米的“江南水乡”美景。智化城市服务,全省首创“物管城市”模式[7],试点改造5个小区。设置垃圾分类投放亭534个、智能分类屋3个,居民垃圾分类参与率超95%。非居民用户燃气安全报警器安装率100%。智慧城管系统采集、化解问题超20万个。

四是大乡村建设持续推进。扎实开展农业农村“两整治一提升”[8]行动,持续深化乡村振兴战略。大力整治农村人居环境,按照“四化”“八有”标准[9],投资4000余万元打造了厚田闸上村“乡村振兴示范村”、生米街道谢家垅自然村“共同富裕样板村”等7个示范点,为40个自然村安装了571盏路灯。大力整治农村路域环境,改造昌樟生米立交桥、厚田艾家桥2座危桥,安装20千米农村道路临水临崖护栏。大力提升农业特色产业,新培育省级农业龙头企业4家、市级农业龙头企业15家、规上农业企业4家,带动农户就业5994户。村集体经济年收入均突破30万元,最高达4000万元。全力应对夏秋冬连旱极端天气,统筹各类涉农资金超6000万元,修建超千个抗旱设施,建成1.1万亩高标准农田,完成水稻总产量9250万千克、冬种扩面超10万亩,粮食安全保障有力。

一年来,我们千方百计促改革、优环境,动力活力竞相迸发

一是营商环境有温度。全力推进营商环境优化升级“一号改革工程”,及时落实应对疫情、帮助市场主体纾困解难“20条”,相继出台数字经济、商贸消费、企业上市、游戏、会展等“一产一策”,兑现惠企资金3亿元,减税降费20亿元。组建中小企业服务局,大力开展“暖心护企”行动,普惠金融服务平台企业授信超4.6亿元,对接落实企业融资金额超5000万元,为36家企业放贷“财园信贷通”1亿元。

二是政务服务有速度。全面推行“网上办”模式,网上可办率达100%,全程网办率达90%。全省率先打造“无证办理”政务大厅,首创“红谷智小二”帮办代办服务平台,受理390项常办高频政务事项。全省率先推出政务服务智能导航地图,实现“随时随地、想办就办”。全

市率先试点街道(派出所)就近办事项144项、社区就近办事项55项,“就近办”在全市复制推广。积极打造“赣服通”前端受理、“赣政通”后端办理的“前店后厂”政务服务新模式。区政务服务数据管理局获评“全省政务服务中心青年志愿服务站建设优秀集体”。

三是重点改革有力度。深入推进国有企业负责人薪酬制度等系列改革,区城投公司子公司缩减至13家,资产总额达到468亿元,营业收入完成65.54亿元,企业信用获评AA+。深入推进财政投资评审改革,最快可缩短项目预决算期3个月。深入推进拆迁安置改革,强力完成4585亩土地征收、24.68万平方米房屋征迁,积极探索“图纸分房、交付即住”“货币回购”等安置新模式,完成3个小区分配,安置住房3720套。

一年来,我们千方百计办实事、保安全,民生福祉增进增厚

一是民生福祉不断增进。民生实事落实落地,民生支出68.52亿元,占一般公共预算支出84%。20件市区人大代表票决民生实事件件落地。32台既有住宅加装电梯投入运行,卫东街道鹿璟名居社区、九龙湖街道鸿玺社区2个嵌入式养老院对外开放,生米街道农贸市场改造完成,0—3岁婴幼儿照护服务托位达到每千人3.5个。就业创业高质高效,组织校园招聘活动111场,发放创业担保贷款8728万元,新增城镇就业3703人,帮扶返乡农民工就业660人,吸纳2.7万名大学生和技能人才来区创业就业。卫东街道世纪中央城社区、万达星城社区分别获评国家、省级充分就业社区。江西南昌留学人员创业园红谷滩园区获评全省首家“中国侨联新侨创新创业基地”。兜底救助织密织牢,城镇企业职工养老保险新增参保18259人,累计参保66086人。低保标准提高至855元,特困人员供养标准提高至1120元。认定医疗救助人员6992人,拨付救助资金441.86万元。医保电子凭证结算率位列全市第1。

二是公共服务不断普惠。教育均衡发展,新改扩建中小学校、幼儿园12所,新增学位7100余个。智慧教育项目加快推进,城区义务教育学校课后服务“5+2”实现全覆盖。招聘、选调259名优秀教师,公开引进10名教育人才,安家费补贴最高达40万元/人。获评“全省青少年业余训练十强区”“全省平安校园建设优秀区”。医疗优质升级,重庆医科大学附属儿童医院江西医院、中南大学湘雅医院江西医院、浙江大学医学院附属第一医院江西医院等3个国家级区域医疗中心启动建设。南昌大学附属口腔医院投入运营。卫东街道社区卫生服务中心、九龙湖街道鸿玺社区卫生服务站对外开放。3个卫生院、4个社区卫生服务中心中医馆全面建成。文旅丰富多彩,连续2年获评“江西省文化产业重点区”。南昌西站、凤凰洲志愿服务集散中心等6个孺子书房对外开放,红谷滩大剧场、鸿鹄里投入运营,南昌澳世汇文化艺术博览园等一批文旅项目加快建设。

三是基层治理不断夯实。安全生产持续向好,全力打好安全生产专项整治三年行动收官战,逐步健全基层应急管理体系,全面排查整改经营性自建房、防溺水、危化品、消防、燃气、交通等重点领域安全隐患,未发生较大及以上生产安全事故,获评“全省消防工作先进单位”“全省森林防灭火‘平安春季’行动平安县区”。凤凰洲街道获评全市唯一的“全省综合减灾示范街道”,卫东街道世纪中央城社区获评“全省综合减灾示范社区”。卫东街道红谷春天社区、万达西区社区获评“全市综合减灾示范社区”。社会风气持续向善,深入开展“八五”普法,巩固提升“法律明白人”培养工程,九龙湖街道礼庄山社区获评“江西省民主法治示范社区”。高效落实“治重化积”信访专项行动,建成首个矛盾纠纷多元调解中心、75个智慧平安小区。常态化推进扫黑除恶斗争,组建公安分局食药环侦大队,深入打击电信网络诈骗、养老诈骗等违法犯罪,“鸿鹄之智”斩获“全省市域社会治理现代化优秀试点成果奖第一名”,区公安分局荣获五年一评的“全国优秀公安局”称号。为民服务持续向优,新增14个社区,新聘156名社区干部。新建9个社工站,覆盖率100%。积极创建国家食品安全示范城市,区市场监督管理局、红角洲街道获评“南昌市食品安全工作先进集体”。深入推广退役军人“尊崇工作法”⑩,升级打造30家示范型村(社区)退役军人服务站,组建红谷滩“洪城红”退役军人应急大队。区人力资源和社会保障局被省委、省政府评为“江西省社会保障工作先进集体”。区统计局、生米街道获评“江西省第七次全国人口普查先进集体”。凤凰洲街道凤凰花园社区入选“全国示范性老年友好型社区”。南昌西客站AR智慧管控平台荣获全省“天工杯”一等奖。风险化解持续向稳,全面防范化解金融、房地产等重点领域矛盾风险,推动“大干30天”保交楼攻坚行动取得成效。

与此同时,各项事业全面进步。国防教育、国防动员和后备力量建设、拥军优属持续加强。“侨梦苑”建设取得实质性进展。工会、青少年、妇女、儿童、老龄、残疾人、红十字、慈善志愿等事业健康发展。监察、审计、统计、普法宣传、国家安全、人民防空、防灾减灾、科学普及、民族宗教、外事、对台、档案史志等各项工作取得新成效。

一年来,我们深入推进“五型”政府建设,“问政江西”“12345”热线办结率达100%,荣获全省政府系统“五型”政府建设先进集体。认真办结68件市区人大代表建议、78件市区政协委员提案,满意率达100%。政务公开专业化、规范化水平显著提高,政府作风效能持续优化。

各位代表!看似寻常最奇崛,成如容易却艰辛。过去一年取得的成绩,最根本在于习近平总书记掌舵领航,在于以习近平同志为核心的党中央坚强领导,在于习近平新时代中国特色社会主义思想科学指引,在于省委、省

政府，市委、市政府和区委正确领导，在于区人大、区政协监督支持，在于全区广大人民群众团结奋斗。

在此，我谨代表区人民政府，向在各行各业、各条战线辛勤工作的广大干部群众，向给予政府工作大力支持的人大代表、政协委员、各民主党派、工商联、无党派人士、人民团体和社会各界人士，向所有关心、支持、参与红谷滩建设和发展的各级驻区单位、驻区部队、武警官兵、消防救援队伍指战员，以及老领导、老同志，表示衷心的感谢！特别是，向在疫情防控期间众志成城、守望相助的广大人民群众和挺身而出、昼夜奋战的广大医务工作者、社区（村）干部、政法干警、志愿者，致以崇高的敬意！

在充分肯定成绩的同时，我们也要清醒地看到，当前我区还面临一些困难挑战和短板弱项：一是产业结构依然单一；二是财政压力依然较大；三是农村发展依然不足；四是基层力量依然薄弱。对这些问题，我们一定敢于面对、勇于担当、善于作为，尽心竭力加以解决。

名词解释：

1.“三公（工）一大”协同作战：公安、工信、公共卫生、大数据的资源力量协同配合。

2.“早C晚A”：早上饮咖啡（coffee），夜晚品酒（alcohol）。

3.“152”项目：投资额为100亿、50亿、20亿以上的重大重点产业项目。

4. 专精特新中小企业：指具备专业化、精细化、特色化、新颖化特征的中小企业。

5. 瞪羚企业：跨越死亡谷、进入高速成长期的创新创业企业，认定需同时满足增长率与创新能力条件。

6.“五上”企业：规模以上工业企业、限额以上批发零售住宿餐饮企业、有资质的建筑业企业、房地产开发经营企业、规模以上服务业企业。

7.“物管城市”模式：以街道为范围，将环卫、绿化等所有城市管理业务“统一发包”给专业物业管理企业。

8.“两整治一提升”：农村人居环境整治、农村路域环境整治、农业特色产业提升。

9.“四化”“八有”标准：“四化”即道路硬化、村庄绿化、污水净化、路灯亮化；“八有”即要有村庄建设规划、要有农村颐养中心、要有文体活动广场、要有公共卫生厕所、要有污水处理设施、要有农业特色产业、要有长效管护机制、要有乡村治理机制。

10.“尊崇工作法”：主要内容包括“七个一”，即：打造“一域一队伍”、建立“一人一台账”、落实“一家一对接”、组织“一周一活动”、开展“一月一堂课”、实施“一季一走访”、举办“一年一评选”。

2023年1月6日，红谷滩区第一届人民代表大会第三次会议开幕　　（区委宣传部　供图）

特　　辑

红谷滩区学习贯彻党的二十大精神综述

党的二十大是在全党全国各族人民迈上全面建设社会主义现代化国家新征程、向第二个百年奋斗目标进军的关键时刻召开的一次十分重要的大会。红谷滩区委深刻认识党的二十大的重大意义、重大成果、重大部署，深刻领悟党的二十大提出的新观点、新论断、新思想，坚持把学习好、宣传好、贯彻落实好党的二十大精神作为当前和今后一个时期的首要政治任务，不断增强学习宣传贯彻的政治自觉、思想自觉和行动自觉，迅速掀起学习热潮，营造浓厚氛围，持续在全面学习、全面把握、全面落实上下功夫，坚定不移地推动党的二十大精神落实到统一思想上、落实到具体行动中。

一、始终在深学细悟中永葆绝对忠诚

坚决贯彻“在全面学习上下功夫”要求，完整、准确、全面领会党的二十大精神。全区各级党组织精心谋划、周密部署，坚持原原本本学、联系实际学、集中培训学、全员广泛学，不断增强学习的系统性、精准性、实效性，真正在学思践悟中进一步坚定信仰信念信心，更加深刻领悟“两个确立”的决定性意义，坚决做到“两个维护”。

一是示范引领带动学。充分发挥区四套领导班子“关键少数”的示范引领作用，全区县处级领导干部坚持以更高政治站位、更严标准要求，深刻理解、准确把握党的二十大精神的内涵和外延，勇当学习宣传贯彻党的二十大精神的表率。10月16日，区四套领导班子集中统一收听收看党的二十大开幕盛况，聆听习近平总书记的报告；10月26日，区委召开全区领导干部大会，进一步传达学习党的二十大精神，研究部署贯彻落实举措，在全区上下迅速掀起学习宣传贯彻的热潮；10月29日，区委常委会议专题传达学习了党的二十大会议精神，审议并通过了《中共红谷滩区委关于认真学习宣传贯彻党的二十大精神的通知》《学习宣传贯彻党的二十大精神阶段性安排》；10月29日，区委组织开展理论学习中心组学习党的二十大精神专题研讨交流会，区委常委同志就学习贯彻党的二十大精神谈感受、提建议、献良策、说打算。同时，区委主要负责人带头，全区县级领导第一时间深入基层、深入企业、深入项目，面对面向群众宣讲党的二十大精神，与干部群众交流互动，把党的创新理论、惠民政策传递到干部群众的身边。

二是全员覆盖广泛学。全区各级党组织坚持线上、线下融合，持续深入开展党的二十大精神大学习、大研讨活动，切实用党的二十大精神统一思想、补钙壮骨、凝聚力量。线上，在“掌上红谷滩”App开设“二十大时光”等专题专栏，及时转载发布《人民日报》、新华社等权威媒体关于党的二十大精神的系列文章，通过“指尖学习”引导全体党员干部强化学习理解，进一步扩大党的二十大精神宣传广度。设置线上“党的二十大”报告应知应会答题活动，增强干部学习的主动性和积极性，全区超18万人次参加线上学习。广泛运用网络视频、网络交流等形式，开设“微课堂”、提供“微学习”，推动党的二十大精神入脑入心、融会贯通。线下，通过召开党组（党委）扩大会、理论学习中心组学习会、支部党员大会等方式，以专题授课、学习研讨、交流汇报等多种形式，精读原文、领会精神，引导全体党员干部学深悟透党的二十大精神。针对老干部学习实际，汇总理论刊物、报纸等学习资料组成“学习礼包”，开展送书到家、送学上门活动，确保退休党员不掉队、不漏学。同时，在全区所有新时代文明实践所（站）印发党的二十大精神学习“口袋书”，通过学习“金句”、“数”读二十大报告、“图”说二十大精神等生动表现方式，推动党的二十大精神走进社区群众、走入百姓心里。利用辖区 LED 屏等宣传载体，大力宣传党的二十大报告核心内容和精神实质，进一步推进党的二十大精神在干部群众内心扎根。

三是创新方式多样学。坚持学思用相贯通、知信行相统一，开展全方位、立体化、多角度学习宣传。开展“党员课堂”，举办全区组织员（党务工作者）学习贯彻党的二十大精神暨业务能力提升培训班，切实做到真学真懂、以思促学。开展“身边课堂”，动员党的二十大代表李军、周海平，中国好人蒙邦雷、道德模范刘建平等群众身边的先进模范，用小切口、话家常的方式，把党的二十大精神送到干部身边、群众身边，送进科技企业，带动身边群众、科技工作者、企业员工共同学习。开展“先进课堂”，邀请党的二十大代表杨辉利等 7 名南昌市基层先进模范，走进红谷滩区讲专题党课，进一步教育引导广大党员干部坚定为民初心、树牢为民情怀。开展“实践课堂”，充分利用“三会一课”、主题党日等形式，结合“红谷连心会”活动，组织党员干部、志愿者进小区、进网格、进楼栋，在深学细悟过程中做好结合转化工作。

二、迅速在兴起热潮中凝聚磅礴力量

坚决贯彻“在全面把握上下功夫”的重要要求，充分发挥“红心向党”宣讲团作用，持续加大力度、拓宽深度、延伸广度，帮助党员干部群众深刻理解把握党的二十大精神的核心要义。

一是突出高质量“谈”。党的二十大报告深刻阐释了新时代坚持和发展中国特色社会主义的一系列重大理论和实践问题，描绘了全面建设社会主义现代化国家、全面推进中华民族伟大复兴的宏伟蓝图。全区各级党组织坚持将学习贯彻党的二十大精神，与学习贯彻习近平总书记视察江西重要讲话精神，与学习贯彻省、市、区党代会精神紧密结合起来，聚焦经济运行、产业发展、项目建设、城市建管、民生保障、党的建设等重点领域，组织开展形式多样的研讨交流，科学分析当前全区经济社会发展面临的新机遇、新挑战、新任务、新要求，全面总结优势、查找短板弱项，畅谈下步打算，着力夯实防风险、迎挑战、抗打压的实力，努力赢得优势、赢得主动、赢得未来。

二是突出高水平“讲”。坚决扛起宣讲工作的政治责任，精心筹备区委宣讲团，成立以区委常委、区直各单位主要负责人为主的区委宣讲团，部署开展党的二十大精神进企业、进农村、进机关、进校园、进社区、进网站宣讲活动。召开全区党外人士学习贯彻党的二十大精神座谈会，面向党外人士开展宣讲工作，增进党外人士对党的二十大精神的认知认同。卫东街道理论宣讲“大课堂”、沙井街道“石凳课堂”、凤凰洲街道“路边交流会”等特色宣讲品牌，通过贴近基层、贴近群众、贴近生活的方式，全方位、多角度、深层次地开展宣讲。各人民团体充分发挥广泛联系群众的优势，组建特色行业宣讲团，开展各具特色的学习宣讲活动。

三是突出高频次“宣”。积极参与配合中央、省、市新闻媒体开展学习宣传贯彻党的二十大精神大型主题采访报道活动。10 月 12 日至 11 月 21 日，围绕党的二十大主题上稿 54 篇，其中央媒上稿 13 篇、省媒上稿 8 篇。央视新闻联播、新闻直播间、《人民日报》《经济日报》等中央媒体广泛报道党的二十大代表谢明勇对党的二十大的感想反映。深入宣传全区各地各部门贯彻落实党的二十大精神的新思路、新举措、新进展、新成效，《人民日报》整版刊发“江西红谷滩 绘制高质量发展新画卷”，讲述红谷滩的“好故事”，发出红谷滩“好声音”。特别做好了 2022 年世界 VR 产业大会的宣传报道，在中央、省级传统媒体和新媒体累计报道 2022 年世界 VR 产业大会稿件 79 篇。

三、切实在胸怀全局中强化担当作为

坚决贯彻“在全面落实上下功夫”的重要要求，进一步细化、实化、具体化落实举措，切实把党的二十大的部署和要求落实到全区经济社会高质量跨越式发展各领域全过程，推动党的二十大精神在红谷滩落地生根、开花结果。

一是积蓄发展动能。全力推进 186 个重大重点项目建设，重点围绕产业发展、城市建设、城市管理、社会事业和民生实事等方向，认真做好 2023 年区重大重点项目的谋划、储备，编制出台《2023 年红谷滩区重大重点项目库》。坚持“走出去”与“引进来”相结合，党政主要负责人到上海、江苏、浙江等地实地开展招商活动。成功举办 2022 世界 VR 产业大会，签约项目成果 23 个，签约总金额 163 亿元。加快推进赣剧院、文演中心、保利文化艺术中心、澳世汇、欧罗巴年轻力中心等大批重点文旅项目，着力打造“红谷滩大剧场 + 华润万象城 + 鸿鹄里文化街区 + 欧罗巴年轻力中心”商贸文融合高品质消费经济圈。

二是提升城市品质。坚持问题导向，强化源头管控，紧盯建筑工地、渣土运输、餐饮油烟等污染源，开展“大干 50 天”攻坚行动，保持大气污染防治的高压态势。持续深入推进前湖、乌沙河水系治理，大力推进排水单元综合整治、市政管网缺陷修复、碟子湖大道污水干管改造等项目。深入推进城市品质提升，加快推进赣江市民公园五期项目建设，谋划建设马咀山生态公园，着力呈现精美生态空间。

三是增进民生福祉。紧盯人民群众最关心最直接最现实的利益问题，坚持尽力而为、量力而行，加快推进老旧小区改造、社区卫生服务中心建设等人大票决民生实施项目建设，纵深推进“优质教育全面覆盖工程”，专题调度、主动服务重庆医科大学附属医院江西省儿童医院、湘雅医院江西医院等重点医疗项目建设；多措并举促就业，持续开展“百场校招”“江西籍学子见面会”等活动，不断提升人民群众幸福质感。

（杨文涛）

大事记

1 月

1 日 省公安厅党委委员、南昌市副市长、市公安局局长肖铁军一行，赴红谷滩区秋水广场，现场督导音乐喷泉展演安保工作。

6 日 在南昌政府投资类建设项目“胡子工程”攻坚专项行动动员大会召开之际，省委常委、市委书记李红军，市委副书记、市长万广明，市委常委、常务副市长胡晓海，市委常委、高新区党工委书记王万征，市委常委、政法委书记、小蓝经开区党工委书记熊运浪，市委常委、经开区党工委书记梅峰，市委常委、市委宣传部部长李松殿，副市长赵捷、江新洪一行，赴红谷滩区赣江北大道，实地察看赣江北大道下穿京九铁路通道工程项目情况。

8 日 2021 年全市高质量发展率先“作示范、勇争先”现场会活动走进红谷滩。红谷滩区经济稳、产业兴、环境优、城市美、治理好、党风正，聚焦“全省示范领先、中部比肩赶超、全国进位争先”目标，强力攻坚。

11 日 省委宣传部常务副部长郭建晖一行，赴红谷滩区的南大附小红谷滩分校、红岭花园，走访慰问困难群众。

同日 副省长陈小平一行，赴红谷滩区的前湖干渠入前湖口、城北污水处理厂、云溪水渠入湖口等地，调研前湖水系等整治工作情况。

13 日 省委改革办协调督导处处长李静华、省委改革办督导处三级主任科员成沛锦一行，赴红谷滩区行政审批局、悦城西社区、外国语学校九龙湖初中部，调研改革工作情况。

14 日 省委常委、市委书记李红军，副市长龙国英，市委秘书长、办公室主任赵晓毛，市卫健委主任朱世鸣一行，赴红谷滩区南昌西站、沙井卫生服务中心，调研疫情防控工作情况。

同日 市减灾委员会办公室发布《关于拟命名 2021 年度市级综合减灾示范单位的公示》，红谷滩区卫东街道世纪中央城社区、九龙湖管理处广源南社区、红角洲管理处阿尔法社区“上榜”。

20 日 丰城市委书记徐结强、市长张书基率丰城市党政代表团一行，赴红谷滩区 VR 科创城展示中心、泰康之家·赣园医养社区、赣江市民公园四期景观绿化工程等地考察，并交流探讨经济社会发展情况及产城融合、城市建设管理的相关经验。

2 月

4 日 省委常委、市委书记李红军一行，赴红谷滩区的红谷滩万达广场、新华文化广场，专题调研春节市场消费和群众文化生活情况。

6 日 省委常委、市委书记李红军一行，赴红谷滩区的老街闸、前湖大坝出水口和南航闸等地，调研前湖水系治理工程进展情况。

7 日 省委副书记、省长叶建春一行，赴红谷滩区的华为南昌研究所，调研数字经济创新体系建设、南昌市 VR 产业千亿目标推进情况。

10 日 南昌虚拟现实主题乐园（南昌 VR 主题乐园），成功入选全国科普教育基地。南昌 VR 主题乐园场馆由红谷滩城投集团下属南昌虚拟现实主题乐园有限公司运营，是 2018 年、2019 年两届世界 VR 产业大会期间，面向全世界展示南昌 VR 产业创新发展和江西 VR 产业建设成果的窗口。场馆位于南昌九龙湖新区九龙大道与上饶大街交汇处，与南昌国际博览城相邻，是江西省重点打造的国家级 VR 产业基地核心项目之一，是国内首个将 VR 前沿机台整合技术与文化、旅游、娱乐、休闲体验相结合的实境式 VR 主题乐园。

14 日 VR 科创城入选全省数字经济集聚区清单（第一批）。

16 日 洪州大桥项目正式启动建设。项目总投资约 20.81 亿元，工程东起南昌县东祥路西侧，西至红谷滩区三百山路，主线全长约 3.94 千米，其中跨江段 1.5 千米。项目断面采用主、辅路相结合形式，主线双向八车道，设计时速桥上主线 80 千米、地面主路60千米、辅道60千米。

24日　国家发改委就业司司长哈增友一行，赴红谷滩区的华为南昌研究所、红谷滩区天同医养院等地调研。

27日　江西省2021年生产总值总量十强县榜单出炉。红谷滩区以730.26亿元的生产总值总量，在江西100个县（区、市）中排名第三。

3　月

3日　泉州市德化县委书记黄文捷一行，赴红谷滩区的南昌VR科创城展示中心、新琚花园邻里中心等地，考察调研城市建设情况。

5日　泉州市惠安县委书记王春雷一行，赴红谷滩区的南昌VR科创城展示中心、赣江市民公园四期、新琚花园邻里中心等地，考察调研产业发展和城市建设情况。

9日　红谷滩区与丰城市战略合作协议签约仪式举行。签约仪式上，红谷滩区委书记吴江辉、丰城市委书记徐结强分别致辞，红谷滩区区长刘光荣和丰城市市长张书基签署合作协议。红谷滩区领导万晓娟、吴韶宸、仇海泉、邓越峰出席活动。

10日　红谷滩区召开全区领导干部（扩大）会议，部署全区2022年经济社会发展重点工作，对辖区2021年度高质量发展先进企业、先进集体和先进个人进行表扬。区委书记吴江辉出席并讲话，区委副书记、区长刘光荣部署2022年重点工作，区委副书记万晓娟主持会议。区人大常委会主任吴韶宸、区政协主席陶国强等区委、区人大常委会、区政府、区政协班子领导，区法院、区检察院主要负责人出席会议。全区副科级以上领导干部、各村（社区、站、场）书记、各区属学校校长，在2021年度全区高质量发展考评中受表扬的企业、先进个人，及受表扬的先进集体代表参加会议。

12日　区委书记吴江辉带队赴上饶，举办南昌市10万人才来昌留昌创业就业百场校招——江西医学高等专科学校专场招聘会。此次招聘会精心组织南昌市医药相关企业50家，提供临床医学、预防医学等岗位1300余个，累计收到简历732份，意向人数258人，现场签约34人。

同日　省委常委、市委书记李红军一行，赴红谷滩区的前湖大坝、清远渠等地，调研前湖水系治理情况。

22日　省委书记易炼红一行，赴红谷滩区的融创施柏阁酒店，检查服务保障工作情况。

30日　省委书记易炼红一行，赴红谷滩区的红谷滩金街，调研常态化疫情防控和有序推进生产生活秩序恢复工作情况。

4　月

2—8日，红谷滩区联合天津工业大学、天津理工大学、天津石油职业技术学院、天津国土资源和房屋职业学院4所高校共同开展“百场校招”省外引才——天津高校巡回第一场招聘活动，活动共组织南昌市重点企事业单位48家参与，其中包括北京航空航天大学江西研究院、江西江铃集团新能源汽车有限公司等，提供岗位260余个。

5日　省委常委、市委书记李红军一行，赴红谷滩区赣江南大道岭北一路至生米大桥段提升改造、九龙大桥主线桥梁、洪州大桥等重点项目建设现场，实地察看各项目施工进度，详细检查安全生产、疫情防控措施落实情况，听取有关工作汇报。

7日　红谷滩区举行“同心战疫　共促发展”云签约活动。区委书记吴江辉出席并见证签约，区委副书记、区长刘光荣出席并致辞，副区长熊飞主持。此次共签约招商引资项目4个，分别是蓝城五星级酒店项目、明源云VR业务总部项目、中铁广州局江西分公司项目、中航安盟江西分公司项目，涉及金融、数字经济、区域总部、商务配套相关领域，项目总投资达50亿元。

10日　省委常委、市委书记李红军一行，赴红谷滩区用友产业园调研。

11日　南昌市红谷滩区消防救援大队与生米街道办签订南昌市首张乡镇（街道）消防执法赋权协议，在南昌市率先实行乡镇（街道）消防执法赋权，打通了基层消防执法“最后一公里”。签订消防执法赋权协议之后，乡镇（街道）便可对赋权的消防违法行为进行处罚，红谷滩区其他乡镇（街道）的消防执法赋权将于4月全部完成。

26日　省委常委、常务副省长梁桂一行，赴红谷滩区的VR产业基地、国家职业教育虚拟仿真实训示范基地等地，听取数字江西公司情况介绍，调研数字经济创新发展引领区建设情况。

28日　红谷滩区举办“百场校招”（天津/安徽）学子到南昌创业就业“云签约”活动。面对疫情，红谷滩区坚持招才引智“不减速”“不掉线”“不降温”，积极创新人才招引工作机制，开启“云上”招才新模式。至4月底，红谷滩区在天津理工大学建立赣籍学子工作站1个，开展校招活动24场，其中安徽省8场、天津市6场、省内地市1场、南昌市内9场，收到简历3120份。特别是在安徽省、天津市高校开展的校招活动，覆盖高校63所，收集简历1236份，达成意向473人，已签订就业协议103份。

29日省委书记易炼红一行，赴红谷滩区红岭花园社区等地，走访慰问一线社区工作者和志愿者。

5　月

3日　南昌市“洪城红”机关党员应急队出征仪式在红谷滩区秋水广场举行。

4日　省委常委、市委书记李红

军一行，赴红谷滩区的华润万象城，调研重点项目建设推进情况。

5日　为进一步巩固全域全面动态清零成果，提高红谷滩区疫情应急处置能力，充分发挥党建引领作用，动员社会力量参与到全区疫情防控工作中来，形成政府主导、各方参与、协调联动的工作格局，红谷滩区召开全区“洪城红”应急队伍成立大会。区委书记吴江辉出席并为应急队伍授旗，区委副书记、区长刘光荣讲话，区委副书记万晓娟主持，区委常委、组织部部长胡军宣读有关决定。

同日　省住房和城乡建设厅公布江西省第一批绿色社区名单。其中，红谷滩区的安丰花园社区、怡园社区、茶园街社区、牛行社区、世纪中央城社区、万达星城社区、同乐社区、桥郡社区、红谷春天社区、红谷雅苑社区、凤凰花园社区、悦城西社区、江信国际花园社区、香域尚城社区“榜上有名”。

13日　省委常委、宣传部部长庄兆林一行，赴红谷滩区的华为（江西）VR/AR软件中心、江西省虚拟现实创新中心、高通影创联合创新中心、慧谷产业园，调研文化科技融合和文旅产业发展等工作。

19日　南昌市举行2022年第二季度重大项目集中开工活动，红谷滩区在元宇宙·VR数字农业示范基地项目现场同步设立视频连线分会场。

24日　红角洲管理处关心下一代工作委员会等12个集体被授予“全国青少年普法教育先进集体”称号。

26日　2022年江西省文化强省建设推进大会在上饶举行，会上公布文化产业重点县（市，区）、省级文化和科技融合示范基地、文化企业20强及提名企业名单。其中，红谷滩区等10个县（市，区）荣获2021年度江西省文化产业重点县（市、区）称号。

29日　全国公安系统英雄模范立功集体表彰大会在北京举行，南昌市公安局红谷滩分局获评“全国优秀公安局”荣誉称号。

6　月

1日　红谷滩区召开全区经济运行研判会。会议全面总结1—4月经济运行情况，分析研判当前的经济形势和存在问题，安排部署下一步重点工作。

2日　红谷滩区召开民进南昌市委会对口开展优化营商环境民主监督工作启动会。

5日　中交四公局第二建筑工程有限公司揭牌剪彩仪式在红谷滩区成功举行。

6日　省委常委、统战部部长黄喜忠一行，赴红谷滩区的“侨梦苑”、慧谷产业园、VR产业基地，调研侨资企业情况。

8日　中国科学院深圳先进技术研究院院长樊建平一行，赴红谷滩区的VR产业基地、华为南昌研究所、江西省虚拟现实创新中心、南昌虚拟现实主题乐园，调研数字经济发展工作情况。

10日　红谷滩区召开2022年深化全国文明城市创建工作部署会。

12日　红谷滩区举办“同心战疫 共促发展”第二批次云签约活动。活动签约江西华景全国营销中心、凤凰数字产业园、生米智慧农业、路虎捷豹江西旗舰店4个项目，项目投资来自海南、广西、九江等。

14日　全区扫黑除恶斗争推进会召开。会议听取有关工作情况汇报，部署全区扫黑除恶斗争重点工作。

27日　市委、市政府授予90个单位“平安南昌建设先进集体”称号，授予229人“平安南昌建设先进工作者”称号。其中，红谷滩区委政法委、红谷滩公安分局红谷滩派出所、红谷滩区人民检察院、红谷滩区人民法院、红谷滩区司法局、沙井街道社会综合治理办公室荣获“平安南昌建设先进集体”称号。

28日　全省首家县区级数字经济商会——红谷滩区数字经济商会成立。成立大会暨第一次会员大会在南昌国际博览城绿地铂瑞酒店举行。区委书记吴江辉出席会议并讲话。区领导员邱胜、陈敏、吴一建等出席。大会审议通过《南昌市红谷滩区数字经济商会章程（草案）》《南昌市红谷滩区数字经济商会会费缴纳及管理办法（草案）》，并选举产生商会第一届领导班子。会上，进行商会揭牌仪式，商会与中国建设银行股份有限公司南昌红谷滩支行、江西豫章律师事务所分别签订战略合作协议。

7　月

1日　民进中央副主席、长江生态环境保护民主监督工作领导小组成员朱永新等民进中央调研组成员，赴红谷滩区的阳光枫情小区，调研排水单元整治情况。

4日　省委常委、市委书记李红军，副市长江新洪一行，赴红谷滩区的西二环高速TJ1标段项目现场，调研项目建设情况。

5日　红谷滩区基层小微权力“监督一点通”服务平台正式试点运行。平台覆盖国家、省、市，区、乡/街/处、村/社区等六级用户体系，实现群众问题反映一键通达、过程可追踪、结果可查询。

6日　新疆维吾尔自治区政协党组书记、主席努尔兰·阿不都满金，自治区党委常委、自治区政府副主席玉苏甫江·麦麦提，自治区党委常委、自治区总工会主席伊力扎提·艾合买提江，兵团党委副书记、副政委，宣传部部长刘见明等新疆党政代表团成员，赴红谷滩区的南昌虚拟现实（VR）产业基地，调研虚拟现实产业发展情况。

同日　红谷滩区首届学生运动会暨“滕王阁杯”青少年体育联赛（红谷滩区预选赛）启动仪式在红谷滩区青少年足球训练基地举行。

7日　全国人大常委会委员、社

会建设委员会副主任委员江小涓一行，赴红谷滩区的江西仟得文化传播有限公司，调研数字经济发展情况。

11 日 红谷滩区政府荣获“2021 年度全省政府系统‘五型’政府建设先进集体”称号。

19 日 2022 年江西省“天工杯”劳动和技能竞赛在主会场江西交通职业技术学院举行启动仪式，在中国（南昌）VR 产业基地设立南昌分会场。

25 日 省委“双减”督察组组长、省教育评估监测研究院党委副书记、院长丁国华一行，赴红谷滩区的红角洲九橡教育等地，实地督查全区全面落实“双减”政策措施情况。

26 日起 南昌市公安局交管局红谷滩大队分别在红谷滩区属街道、乡镇、管理处设置 36 个电动自行车上牌流动服务站，方便群众就近办理电动自行车上牌业务。同时，该大队精心组织，科学部署，采取定点缉查与流动巡逻相结合的方式，对过往电动车做到逢车必查，重点检查无牌无证、逆行、不戴安全头盔等交通违法行为，对发现的违法行为一律按上限处罚，着力提高检查密度，保持严管的高压态势。

27 日 为全面贯彻落实党的人才优先发展战略，加快红谷滩区优质教育发展步伐，切实提升教育教学质量，红谷滩区决定面向全国公开引进教育人才。公开引进人才工作按照报名、资格审查、面试、体检、政审、公示、录用等程序进行。

8 月

2 日 省委常委、市委书记李红军，赴红谷滩区的赣江市民公园五期工程现场、赣江北大道下穿京九铁路通道工程现场等地，调研重点项目规划建设情况。

11 日 红谷滩区碟子湖教育集团濠江路校区揭牌成立。

16 日 中宣部《党建》杂志社副总编辑张振明一行，赴红谷滩区的慧谷产业园、绿地双子塔，调研新经济组织党建及党建 + 工作、楼宇经济党建情况。

17 日 由省商务厅、市政府联合主办的“2022 江西金秋消费季”暨南昌市悦享金秋 · 乐购洪城活动启动仪式在红谷滩万达广场举行。

22 日 江西省高级人民法院发布《关于表彰 2020—2021 年度全省优秀法院（法庭）优秀法官（工作人员）的决定》，红谷滩区人民法院荣获“全省优秀法院”荣誉称号，区人民法院民事审判第一庭庭长张世民荣获“全省优秀法官”荣誉称号。

26 日 红谷滩区政协机关离退休干部党支部荣获全市离退休干部“示范党支部”称号。

31 日 国务院第九次大督查第八督查组组长、商务部副部长钱克明一行，赴红谷滩区的红谷滩万达、万达金街开展调研。国务院第九次大督查第八督查组副组长、商务部政策研究室副主任李莉，全国人大代表、中国通信协会副秘书长欧阳武，全国政协委员、中南财经政法大学教授刘惠好，国务院参事、中国政法大学法学院院长、教授，中国法学会宪法学研究会副会长、香港澳门基本法研究会副会长焦洪昌，商务部政策研究室二级调研员张俊、商务部办公厅副处长彭伟，省商务厅厅长谢一平、省政府办公厅副主任何波生，市委常委、副市长肖云，市商务局局长戴琼，区委书记吴江辉、副区长熊飞陪同。

9 月

4 日 南昌市第九届“网络安全宣传周”启动仪式在红谷滩区的南昌虚拟现实产业基地举行。

5 日 省委宣传部二级巡视员罗远东一行，赴红谷滩区的阳明书店、西西弗文化传播有限公司红谷中大道店等地，督导检查“扫黄打非”工作。

7 日 国务院发展研究中心党组成员、国务院发展研究中心副主任王安顺率国研中心调研组成员，赴红谷滩区的华润万象城等地，调研房地产工作等情况。

8 日 在江西省第三届中小学（幼儿园）100 门出彩校本课程评选活动中，红谷滩区红岭幼儿园《“一主两翼 · 三角联动”科艺融合》荣获一等奖，南昌大学附属小学前湖分校《点点陶泥》荣获二等奖。

15 日 红谷滩区矛盾纠纷多元调解中心正式成立。该中心于 2 月开始立项施工，7 月底完成场地建设，占地 1440 平方米。将由区法院，区司法局等多家单位派员常驻，市第一金融法庭、市大成公证处等机构支撑，融合多种信息化资源，并将金融、物业管理类专业调解作为主攻方向，构建起集多元化解、指挥决策、预警预测于一体的矛盾纠纷大联动体系。

20 日 由市委宣传部、市社科联主办，红谷滩区委宣传部承办的 2022 年江西省社会科学普及宣传周南昌市启动仪式在红谷滩区举行。

21 日 生态环境部水生态环境司一级巡视员黄小赠一行，赴红谷滩区的长江经济带八一桥站点、国考断面，调研赣江水环境质量情况。

24 日 红谷滩区“强国复兴有我”主题演讲比赛决赛在红谷滩区碟子湖学校举行。经过激烈角逐，区退役军人事务局喻立猷荣获一等奖，区教体局吴双，区委宣传部俞靓荣获二等奖，卫东街道余燕、生米街道谭皓，区退役军人事务局江柯荣获三等奖。

10 月

2 日 省公安厅党委委员、副市长、市公安局局长肖铁军一行，赴红谷滩区的华润万象城、“南昌之星”摩天轮、九龙湖公园，参加国庆期间巡逻防控工作。

10 日 省红十字会党组书记、

常务副会长龚建辉，秘书长陈建平一行，赴红谷滩区的天同医养院、普贤社区、卫东街道新时代文明实践中心红十字服务站，调研养老服务论坛现场考察点位工作。

11日 华润置地南昌万象城盛大开业。南昌万象城综合体项目位于红谷滩新区，前湖大道以北，学府南大道以南，国展路以东，赣江南大道以西，拥享立体交通，紧邻南昌之星，直面赣江江景。华润万象城是省、市重大重点项目，也是南昌市、红谷滩区的重点招商引资项目。项目总建筑面积约27万平方米，分为地上4层、地下2层，设置停车位1597个，是集服饰、电子产品、餐饮、休闲娱乐于一体的城市高端商业综合体。

13日 由市委统战部、市党外知识分子联谊会主办，区委统战部，区文广新旅局，区知联会（筹）承办的“喜迎二十大 同心跟党走”南昌市首届“秋水·知心”诵读晚会在南昌市电视台举行。

20日 红谷滩区生米街道人大代表联络站举行揭牌仪式。

同日 红谷滩元宇宙·VR数字农业示范基地“试开园”，并成功接待首批研学学子。基地致力于将航天科技成果转化应用到农业领域，以太空育种的草莓、辣椒等农产品以及中国科学院培育的菊苣、蛹虫草等药用植物作为培育对象，保证农作物的高质、高产。同时，率先采用了将现实世界替换为元宇宙世界的场景，实现了基地科普研学板块虚拟与现实的全场景交互。

25日 省委常委、市委书记李红军一行，赴红谷滩区的鹿璟名居社区，宣讲党的二十大精神。

11 月

1日 省红十字会党组书记、常务副会长龚建辉，中国红十字会总会事业发展中心老龄事业部部长李强胜一行，赴红谷滩区卫东街道普贤社区天同养老服务中心、卫东街道新时代文明实践所红十字服务站，现场调研第八届中国养老服务业发展高层论坛参观考察点位情况。

11日 2022年华侨华人高层次人才国情考察江西行启动式暨招商推介会在红谷滩“侨梦苑”——南昌用友产业园举行。

同日 中央网信办信息化发展局副局长王江，赴红谷滩区的南昌VR科创城展示中心调研VR产业发展。

12日 主题为“VR让世界更精彩——VR点亮元宇宙”的2022世界VR产业大会在南昌盛大开幕。

13日 江西省虚拟现实产业科技创新联合体在南昌红谷滩区正式成立。科技创新联合体是江西省委、省政府落实创新驱动发展战略，推进产业链、创新链、人才链、资金链、政策链五链融合的重大战略举措。

同日 2022世界VR产业大会江西省产业对接会在省行政中心会议中心举行。

19日 南昌市红谷滩区2022—2023年度吸引10万名大学生和技能人才来昌创业就业“百场校招”在南昌大学召开。活动现场，组织用人单位102家，其中20余家重点国有企业，包括驻赣央企、省属国企和市属国企、70余家民营企业，涉及信息技术、医药医疗、地产建筑、食品工程、零售等多个行业，包含顺丰速运、铁塔股份、阳光财险、国信证券等红谷滩区重点企业。现场分流分时段组织学生进场咨询求职，共吸引2000余名毕业生进场，现场收到简历412份，初步达成就业意向159人，为用人单位与高校毕业生搭建了良好的沟通平台。

25日 红谷滩区举行2022红谷滩区“砥砺奋进红谷滩，唱响时代最强音”网络名人行活动。各新媒体平台的网络名人和中央、省、市媒体记者，赴红谷滩区的鸿鹄里文化艺术空间、南昌西站、元宇宙·VR数字农业示范基地，实地参观调研。

12 月

1日 学习贯彻党的二十大精神市委宣讲团报告会在红谷滩区举行。市委宣讲团成员、市委常委、常务副市长胡晓海作宣讲报告。区委书记吴江辉主持会议，区委副书记、区长刘光荣，区委副书记万晓娟，区政协主席陶国强等四套班子领导出席会议。

2日 南昌市红谷滩区政协开展首次“委员区长面对面专题协商会”，就“推动文旅产业深度融合发展”进行专题协商。

10日 由区总工会，区教体局，区直属机关工作委员会联合举办的“贯彻二十大建功新时代”红谷滩区首届机关职工运动会在腾龙学校开幕。此次运动会设置拔河、集体跳绳、步调一致、巧渡“金沙江”、勇往直前、趣味足球、定点投篮等10个比赛项目，来自37支队伍的1000余人参加比赛。

14日 省委宣传部副部长、省新闻出版局（省版权局）局长黎隆武一行，赴红谷滩区的卫东街道孺子书房摩天轮分馆、凤凰洲街道孺子书房T16分馆调研南昌市城市书房建设情况。

16日 浙商发展研究院副院长、浙江省委政策研究室原正厅级副主任郭占恒一行，赴红谷滩区的生米街道、厚田乡、流湖镇调研乡村振兴工作。

18日 红谷滩区女企业家商会成立。红谷滩区举行女企业家商会成立大会暨第一次会员大会，对红谷滩区女企业家商会进行揭牌，会议采取线上直播和线下参会结合的形式举行，共计100余人参会。

（钟 萍）

区情概览

综　述

红谷滩区是南昌市为拓展城市规模，构建“一江两岸”城市发展格局而设立的城市新区，地处南昌市西北部，赣江下游西岸，东与东湖区、西湖区、南昌县隔江相望，西与新建区接壤，南与丰城市毗邻，北至新建区和南昌经开区，是全省的“五个中心”（省行政中心、金融中心、商务中心、文化旅游中心、创新中心）。区域面积395.05平方千米，常住人口64.44万人，辖1个镇（流湖镇）、1个乡（厚田乡）、7个街道（沙井街道、卫东街道、生米街道、红角洲街道、凤凰洲街道、九龙湖街道、龙兴街道），设107个社区居民委员会、79个行政村、3个管理站，1个农场，区政府驻沙井街道绿茵路669号。2022年全区地区生产总值达802.27亿元，财政总收入82.99亿元。

区位优越。红谷滩拥有全省最大综合交通枢纽——南昌西站，可实现高铁、地铁、公交、长途汽车无缝衔接，105国道、320国道、昌樟高速公路、南流公路、南昌西外环线等公路线路过境，与周边沟通密切。区内交通便利，南昌地铁1号线、2号线、4号线穿区而过，全区公路总里程达到355.4千米，形成四纵五横快速路和十三纵十八横主干路体系。

生态宜居。红谷滩建成区绿化率达47.13%（位居全市第一），人均公园面积达16平方米（高出全市人均25%，居全市前列）。打造五期赣江市民公园，形成赣江（南昌）最美28千米滨江绿道，建设全省首个3D打印休闲空间——会展路游园，拥有秋水广场、“南昌之星”摩天轮、南昌VR主题乐园、九龙湖公园音乐喷泉等网红打卡点。

配套齐全。红谷滩辖区内有南昌大学等高校8所，拥有师大附中、南昌二中、南师附小、南大附属学校、红谷教育集团等中小学、幼儿园138所，学位共计6万余个。已建成投入使用的三甲医院6家（江西省人民医院、南昌大学第二附属医院、江西省儿童医院、江西省妇幼保健院、南昌大学附属口腔医院、南昌市第一医院）。

（帅　嵩）

自然地理

【地理位置】　红谷滩区位于江西省中北部、南昌市西北部，赣江下游西岸、鄱阳湖南岸，北接青山湖区、昌北经济技术开发区，东临东湖区、西湖区，西南靠新建区，北纬28°55′10″—28°74′50″、东经115°55′—115°70′。区内交通便利，105国道、320国道、昌樟高速公路、南流公路、南昌西外环线等公路线路过境，南昌地铁1号线、2号线、4号线穿区而过。辖区内设有南昌西站，昌九城际铁路在此始发。

【气候特征】　辖区四季分明，气候暖湿，雨量充沛，日照充足，无霜期长，冰冻期短，属中亚热带湿润季风气候型气候湿润温和、雨热充足，年均气温17℃，年降雨量1600—1700毫米。1月多刮偏北风，7月多刮偏南风。春末夏初，天气温湿而多雨；秋末冬初，天气干爽而少雨雪。一年的四季中，夏冬季长，春秋季短，年平均气温比相似纬度邻省地区略高，有利于农作物繁育生长。

【地形地貌】　区境狭长，呈南北走向，总面积395.05平方千米。辖区常态地貌以冲积平原、滨湖为主。傍依赣江沿线，拥有前湖、九龙湖、黄家湖、碟子湖等湖泊；多条水渠、池塘遍布全区。

【土地资源】　辖区土地面积约395.05平方千米，土壤主要是赣江的冲积平原土壤，可开发利用的丘陵、山岗地较多。

【水资源】　辖区年降水量充沛，地表水、地下水资源丰富。境内现有外河2条（赣江、乌沙河），内河3条（流湖河、夹河、青山河），湖泊2座（前湖、九龙湖），水系4条（石埠水系、华南城水系、云溪水系、红角洲水系),小(1)型水库3座(霞源坊水库、潼溪水库、铁路水库)。境内河流总长66.2千米。水系长45.8千米,湖泊岸线长30千米。

(段建坤)

城区环境

【概况】 2022年,红谷滩区生态环境局深入打好污染防治攻坚战,巩固提升生态环境质量。加强大气污染防治,巩固和改善全区空气环境质量;加大饮用水水源保护力度,有效防控水源地环境风险;严格危险废物管理计划的备案审核,加强危险废物监督管理。

【空气环境质量】 2022年,全区PM2.5(大气中空气动力学当量直径小于或等于2.5微米的颗粒物,也称为可入肺颗粒物)平均浓度为30.7微克/立方米,同比下降4.4%,在全市12个县区中排名第10;PM10平均浓度为58.4微克/立方米,同比改善9.5%,优良率为87.4%,下降5.8%。国控点PM2.5平均浓度为30.5微克/立方米,同比恶化2%,在全市8个国控点中排名第6;PM10平均浓度为56微克/立方米,同比改善17.8%,优良率为85%,下降7%。

【水环境质量】 2022年,红谷隧道断面、朝阳水厂断面、西湖生米桥断面、生米断面、经开风顺码头、八一桥断面、红谷滩胜利村断面平均达到地表水Ⅱ类标准,主要饮用水水源地水质优良率达100%。

【土壤环境质量】 2022年,土壤环境质量总体良好,未发生因耕地土壤污染导致农产品污染物超标且造成不良社会影响的事件,未发生因疑似污染地块或污染地块再开发利用不当且造成不良社会影响的事件。

(张翼曼)

行政区划

【概况】 红谷滩区东临赣江、西靠枫生快速路和西外环高速,北接英雄大桥和孔目湖大街、南与丰城市接壤。2022年,经行政区划调整后,下辖1个镇(流湖镇)、1个乡(厚田乡)、7个街道(沙井街道、卫东街道、生米街道、红角洲街道、凤凰洲街道、九龙湖街道、龙兴街道)。区域面积395.05平方千米,常住人口64.44万人,户籍总人口45.53万人。区政府驻沙井街道绿茵路669号。全区设107个社区居民委员会、79个行政村、3个管理站、1个农场。

【区划调整历程】 2021年12月24日,省政府批复同意将新建区厚田乡划归红谷滩区管辖,12月27日,省民政厅批复同意红谷滩区生米镇撤镇设街道。2022年1月16日,红谷滩区生米街道挂牌成立;1月25日,红谷滩区厚田乡挂牌成立;6月27日,省政府批复同意将新建区流湖镇划归红谷滩区管辖;7月17日,市政府批复同意红谷滩区新增设立凤凰洲街道、红角洲街道、九龙湖街道、龙兴街道;8月6日,红谷滩区流湖镇挂牌成立;8月25日,凤凰洲街道、红角洲街道、九龙湖街道、龙兴街道在九龙湖街道(原九龙湖管理处)集中挂牌成立。

【流湖镇】 流湖镇地处红谷滩区南部、赣江西岸,东连厚田乡,南临锦江,与新建区松湖镇相邻,西接新建区西山镇、石岗镇,北依生米街道。下辖27个行政村、2个城市居民社区、2个农村社区。全镇区域面积122.29平方千米,户籍人口5.71万人。

【厚田乡】 厚田乡位于红谷滩区南部,地处赣江与锦江交汇处,东与南昌县冈上镇隔江相望,南与丰城市同田乡相邻,西接流湖镇,北连生米街道。下辖18个行政村、1个农村社区。全乡区域面积81.59平方千米,户籍人口3.4万人。

【沙井街道】 沙井街道地处红谷滩中心,是南昌市政治中心。东临赣江,南至世贸路,西靠昌九快速路和乌沙河,北至庐山南大道。下辖1个行政村、15个社区居民委员会。区域面积6.78平方千米,户籍人口4.9万人。

【卫东街道】 卫东街道位于红谷滩区中心区域南部,管辖范围为世贸路以南、前湖大道以北、枫生快速路以东、赣江以西围合区域。下辖3个行政村、32个社区居民委员会。区域面积14.81平方千米,户籍人口9.82万人。

【生米街道】 生米街道位于富山赣江特大桥西桥头,东临赣江,南与厚田乡为邻,西与新建区石埠乡相邻、与龙兴街道相接,北连九龙湖街道。下辖13个行政村、7个社区居民委员会。区域面积61.75平方千米,户籍人口5.6万人。

【红角洲街道】 红角洲街道东临赣江,南至沪昆铁路线,西至昌西大道和武功山大道,北至前湖大道。下辖6个行政村、1个管理站、18个社区居民委员会。区域面积36.67平方千米,户籍人口5万人,其中原籍村民约1.9万人。

【凤凰洲街道】 凤凰洲地处红谷滩区最北端,是红谷滩连接赣江新区和经开区的"桥头堡",红谷滩"北端重邑"。东临赣江,南、西至庐山南大道,北至孔目湖大道和英雄大桥西连接线。下辖1个行政村、1个农场、18个社区居民委员会。区域面积12.95平方千米,户籍人口4.8万人。

【九龙湖街道】 九龙湖街道隶属于江西省南昌市"一江两岸、双城拥江"核心的红谷滩区,是世界VR产业大会永久会址所在地，是全省数字经济创新引领示范区。东滨赣江，南邻南龙蟠街，西至狮子山大道和枫生快速路，北至沪昆铁路线。下辖4个行政村、2个管理站、13个社区居民委员会。区域面积21.22平方千米，户籍人口4.5万人。

【龙兴街道】 龙兴街道东至枫生快速路，南至南昌绕城高速，西与新建区石埠镇相邻，北至沪昆铁路线。下辖6个行政村（璜溪村暂由新建经开区代管）、2个居民委员会。区域面积36.99平方千米，户籍人口约1.8万人。

（吴让秋）

人口发展

【概况】 至2022年11月末，全区户籍总人口445687人，比上年末增加109963人。其中，男性225714人，女性219973人；城镇人口311881人，比上年末增加32192人；乡村人口133806人，因区划调整，厚田、流湖划入红谷滩区后，人口比上年末增加77771人；户籍人口城镇化率为69.98%，同比下降13.33%。全年全区出生人数5012人，出生率为11.2‰；死亡人口481人，死亡率1.1‰。

【人口分布结构】 2022年，从人口的年龄分布看，全区常住人口主要年龄段人数分别为：0—17周岁人数132420人，占户籍人口总量的29.71%；18—34周岁人数104710人，占户籍人口总量的23.49%；35—59周岁人数158670人，占户籍人口总量的35.6%；60岁及以上人数49887人，占户籍人口总量的11.19%。

（王 莉 黄淑婧）

【少数民族分布】 红谷滩区统战工作以城市民族工作为主，城市民族工作又以少数民族流动人口服务管理为主，红谷滩区现有少数民族户籍人口2973人，少数民族流动人口6740余人，主要分布在各大高校和社会面。高校有少数民族5430余人，社会面少数民族流动人口1310余人，主要经营清真拉面馆73家和新疆牛羊肉（烧烤）经营户31家。流动人口来源地越来越广，流动人数也呈较快增长趋势。以前，红谷滩区的少数民族流动人口主要来自新疆和甘肃，民族成分主要是维吾尔族和回族。2022年，还有青海、藏区（四川）、内蒙古、广西、云南和贵州，来源地广泛，民族成分越来越多。

（区委统战部）

2022年红谷滩区人口及其变动情况统计年报表

表1

公安单位	年末总户数（户）	年末总人口（人）									本年度人口变动（人）									
		合计	城镇人口	乡村人口	性别		年龄				出生			死亡			迁入		迁出	
					男	女	0—17岁	18—34岁	35—59岁	60岁及以上	合计	男	女	合计	男	女	省内迁入	省外迁入	迁往省内	迁往省外
合计	145706	445687	311881	133806	225714	219973	132420	104710	158670	49887	5012	2729	2283	481	267	214	19660	2005	5242	1733
凤凰洲派出所	13774	43215	43215	0	21357	21858	12501	7959	17963	4792	375	205	170	42	21	21	2431	203	875	225
红谷滩派出所	14481	48203	48203	0	24242	23961	12265	9672	19053	7213	419	252	167	62	33	29	1884	245	1141	209
红角洲派出所	18580	56793	56793	0	28954	27839	18386	13572	19859	4976	878	484	394	39	23	16	3205	512	1000	524
生米派出所	21366	56420	18819	37601	28415	28005	17727	15074	17642	5977	707	378	329	57	28	29	1518	184	192	89
九龙湖派出所	10773	28244	24905	3339	13795	14449	9457	7290	9210	2287	888	449	439	26	16	10	5898	390	472	172
卧龙派出所	16	392	392	0	266	126	81	185	106	20	9	6	3	0	0	0	50	22	0	0
沙井派出所	33129	102193	102193	0	50383	51810	31637	20195	40110	10251	503	273	230	31	20	11	2395	240	1139	350
龙兴派出所	7190	18944	5611	13333	9391	9553	5768	5590	5645	1941	384	200	184	15	9	6	2101	168	231	66
厚田派出所	10566	34059	0	34059	18055	16004	9242	9229	11032	4556	331	189	142	117	58	59	60	14	73	30
流湖派出所	15831	57224	11750	45474	30856	26368	15356	15944	18050	7874	518	293	225	92	59	33	118	27	119	68

城乡居民生活水平

【概况】 2022年,城镇居民人均可支配收入54721元,比上年增长4.4%;农村居民人均可支配收入24164元,增长6.0%。城镇居民年人均生活消费支出33947元,增长5.7%;农村居民年人均生活消费支出18231元,增长7.7%。

【常住人口情况】 2022年末,全区常住人口644489人,比上年增加50291人,同比增长8.46%。其中,城镇常住人口592435人,增加16621人;乡村常住人口52054人,增加33670人。常住人口城镇化率(城镇常住人口占总人口的比重)91.92%,比上年的96.91%下降4.99个百分点(厚田、流湖划入红谷滩区)。全区常住人口中,0—15岁人口91906人,占总人口的14.26%;16—59岁人口496636人,占77.06%;60岁及以上人口55947人,占8.68%,其中65岁及以上人口38703人,占6.01%。与2021年相比,0—15岁人口增加1329人,占比下降了0.98个百分点;16—59岁人口增加42856人,占比提高了0.69个百分点;60岁及以上人口增加6106人,占比提高了0.29个百分点;65岁及以上人口增加4276人,占比提高了0.22个百分点。

【城镇居民收入情况】 2022年,全区城镇居民人均总收入56372.7元,其中可支配收入54721元。其中,工资性收入30062元,财产性收入19336.8元,转移性收入6973.9元。

【城镇居民消费情况】 2022年,全区城镇居民人均总支出40945.1元。其中,转移性支出1190.7元,购置资产及非经常性转移支出5156.8元,借贷性支出218.7元,消费性支出33946.6元,其他支出432.3元。在消费性支出中,食品烟酒消费支出9701.7元,衣着消费支出2250.6元,居住消费支出9408元,生活用品及服务消费支出1902.1元,交通和通信消费支出5716.5元,文化教育和娱乐用品及服务消费支出2196.5元,医疗保健消费支出1235.5元,其他商品和服务消费支出1535.7元。

【农村居民收入情况】 2022年,全区农村居民人均总收入24726.3元。其中,农村人均工资性收入为21699.4元,同比增长2.82%;农村人均转移性收入为3009.3元,同比增长79.87%。

【农村居民消费情况】 2022年,全区农村居民人均总支出18995.3元。农村人均生活消费支出平稳增长。农村人均生活消费支出18231.2元,增长7.69%。其中,食品烟酒消费支出5707.3元,增长62.3%;衣着消费支出295.9元,下降29.2%;居住消费支出10274.2元,下降3.0%;生活用品及服务支出350.2元,增长11.5%;交通和通信消费支出288.3元,下降12.6%;文化教育和娱乐消费支出735.8元,下降38.0%;医疗保健消费支出552.2元,增长2.6%;其他商品和服务消费支出27.3元,下降19.7%。

(侯聪 吴曦)

风景名胜

【概况】 红谷滩区各类人文、生态景观20余处,有绿地中心303观光厅、融创主题乐园两个国家AAAA级旅游景区,南昌工学院工艺美术博览园、融创海洋馆、南昌舰凤凰园景区、厚田沙漠4个国家AAA级旅游景区;1个省级旅游度假区——融创文化旅游城、1个省级旅游风情小镇——绿地卢塞恩小镇;1条红色旅游线路,包括南昌瓷板画艺术博物馆、廉文化展馆、建军雕塑广场、牛行车站、南昌舰等;还有传说中的许真君得道成仙之地——千年古镇生米镇。赣江西岸,从南到北的各大景点串联成滨江生态长廊,让繁华都市徜徉在“山、江、湖”的自然风光中,尽显生态底色,锻造出一张张闪亮的旅游名片。

【秋水广场】 位于赣江中大道沿江,是一座以音乐喷泉为主题,集旅游、观光于一体的大型休闲广场,于2004年1月1日对外开放。广场倚江而立,总体平面呈月牙形,长1100米,宽110米,总面积10万平方米,其中水池面积1.2万平方米,长450米。音乐喷泉分布于水池之中,使之成为亚洲最大的音乐喷泉群之一。喷泉水景运用当今世界先进的球面数码多维旋转技术、数控气爆技术、超高喷技术、变频技术,通过498套多种泵喷、20套高压气爆、1套激光水幕设备,形成“腾蛟起凤”“繁华锦绣”等14种水型,诠释了“一江之水,汇聚古今”的主题。通过气爆表演、灯光表演、激光表演等多种表演方式,将音乐、喷泉、灯光进行高科技的组合,使声、光、电等各种元素交相辉映、变幻万千,使之成为国内一流的音乐喷泉。

【建军雕塑广场】 位于红谷滩区凤凰洲市民公园赣江西岸,闽江路与赣江大道交汇处附近。广场整体面积为1.6万平方米(南北向92米,东西向82.8米)。中心雕塑矗立圆心,通过19级同心圆台阶,高2.7米。五角星大门8.1米高正好对应了1927年8月1日南昌起义。建军雕塑广场东西轴线上设置3组雕塑,以“集结、渡江、起义”为重点和主体,突出八一南昌起义的鲜明特色;南北两侧设置6组雕塑,分别展示土地革命时期、抗日战争时期、解放战争时期、社会主义建设时期、改革开放时期以及强军兴军新时期六个不同阶段的人民军队形象,简明又系统地反映了人民军队90年的光辉发展历程。2017年7月31日,南昌建军雕塑广场正式对外开放。

【牛行车站】 “牛行车站”即“南昌车站”位于红谷滩区凤凰洲，是江西第一条客运铁路——南浔铁路通车初期在南昌的终点站。1927 年，八一南昌起义部队从牛行车站进入南昌。依托牛行车站旧址建成的牛行车站及南昌起义展示馆主要展览内容为牛行车站、南浔铁路、八一南昌起义等相关历史。展示馆大门处有一组表现起义军抵达牛行车站的大型雕塑，雕塑中的火车头造型在多媒体演示设备的辅助下，冒出一股股白烟。从左边进入展示馆内部，按照时间脉络展示“南浔铁路　百年沧桑”“起义部队　挺进南昌”“南昌起义　牛行战斗”“红衣军团　八一示威”4 个单元的展览内容。此外，展示馆内还设置体感互动游戏和知识问答游戏。2017 年 7 月 30 日，牛行车站与南昌起义展示馆对外开放。

【南昌舰主题公园】 位于红谷滩区凤凰洲。南昌舰是国产第一代导弹驱逐舰。1977 年 12 月 28 日，广州造船厂开工制造；1979 年 12 月 22 日，下水；1982 年 11 月 15 日，服役于南海舰队；2004 年 6 月 25 日，转隶北海舰队；2016 年 9 月 8 日，在旅顺军港退役降旗后正式移交南昌市人民政府。南昌市人民政府以南昌舰为主体，建成军事主题公园，作为国防教育和爱国主义教育基地。南昌舰共有大小相似约 240 个舱室，满编时舰上可容纳 300 余名官兵，为迎接南昌舰的开放，部分住宿舱室进行了复原，为全面展示南昌舰的辉煌历史，南昌舰上的展板图文并茂地展示了南昌舰辉煌的历史。

【南昌 VR 主题园】 位于红谷滩区九龙湖片区南昌 VR 产业基地，是红谷滩区着力打造的文旅 + 科技融合发展的新业态，是一扇面向全球的 VR 旅游体验的窗口，主要包括南昌 VR/AR 科技馆、南昌 VR 主题乐园两大室内场馆。南昌 VR/AR 科技馆建筑面积达 1.7 万平方米，是全国首个具备 VR/AR 展示的科技馆，全国唯一的 VR/AR 专业科普基地，全国最大的 VR/AR 用户体验数据采集中心。该馆主要以参观展示为主，通过 VR/AR/MR 多重虚拟现实技术，展示 VR 前沿科技，展现江西 VR 产业建设成果。南昌 VR 主题乐园规划面积 13 万平方米，是国内首个将 VR 前沿技术与文化、旅游、娱乐、休闲体验相结合的 VR 体验馆，也是世界上最大的室内 VR 体验馆。乐园结合南昌本土元素，放眼全球，引进国际顶级 VR 游乐设备，给体验者带来全新感受，完美呈现虚拟与现实零误差的游乐环境。

【南昌融创文化旅游城】 坐落于红谷滩区九龙湖畔，占地 160 公顷。该项目于 2013 年 6 月动工建设，2016 年 5 月 28 日正式开业，拥有大型室外主题乐园、国内顶级海世界、电影世界、融创茂、国际度假酒店群、滨湖酒吧街六大业态，是省级旅游度假区。南昌融创乐园（国家 AAAA 级旅游景区）是江西最大规模赣鄱文化主题乐园。项目占地面积 80 余公顷，致力于打造世界级主题乐园。园区以赣鄱文化为主题，规划世外桃源、竹海秘境、云霄仙阁、鄱阳渔家、仙女奇缘、五彩瓷都六大主题区域，建有世界最高、最快、最长的三大过山车，以及 35 项世界顶级游乐设施。南昌融创茂总建筑面积 20 万平方米，由 26 个青花瓷建筑组成，兼具大气鲜明的雕塑感造型和青花瓷传统的丰富意蕴和审美，是世界最大的青花瓷建筑商业体。南昌融创海世界（国家 AAA 级旅游景区）占地 3.6 万平方米，拥有 300 余种海洋生物，2.8 万尾鱼，拥有蒙特利湾、海洋剧场、冷水海洋、水母馆、热带雨林、360°球幕电影等主题展区。南昌融创酒店群由 5 家酒店组成，有近 2000 间客房、5000 平方米多功能宴会厅、10 万平方米草坪花园，是江西唯一六星级领衔酒店集群。南昌融创电影世界是以“飞越江西”为核心内容，浓缩江西人文地理精华的江西唯一的仿真实景飞行影院。

【九龙湖公园】 位于红谷滩区九龙湖街道南龙蟠街与三清山大道交叉口东北侧，九龙湖公园总面积 100 万平方米，环湖驳岸线总长 10 千米。九龙湖公园在设计上遵循生态、低碳、智慧的理念，突出滨湖特色，彰显新城魅力，形成“缤纷的浪漫主题，探幽的童趣主题，休闲的运动主题，商务的时尚主题”四大主题总体规划布局，打造南昌最璀璨的滨水公园。全园分布多处特色景点：主入口区有主题雕塑，3D 水秀缤纷园有五色花海、深情玫瑰园、婚庆广场，真趣园有彩虹沙滩、多主题儿童游乐场地、阳光大草坪，运动园有森林湿地及适合各年龄层次的运动休闲场地，还打造了拥有多项休闲服务功能的未来空间 · 未时图书馆。

【绿地卢塞恩小镇】 位于红谷滩区九龙湖北，秉承欧洲瑞士卢塞恩小镇的建筑风格，融合九龙湖公园的原生态自然景观，围绕“以文带旅，以旅兴商，以商成文”的打造思路，集文化、旅游、商业、花园、办公于一体，涵盖零售、餐饮、儿童体验、休闲娱乐、文化、酒店等业态，形成全业态、全时段、全客层的品质生活目的地。绿地卢塞恩小镇已创建江西省旅游度假区，是南昌休闲旅游的一张名片。

【绿地 303 观光厅】 设于绿地中央广场双子塔 A1 栋 60 层，是国家 AAAA 级旅游景区。绿地中央广场双子塔高达 303 米，是中部地区最高双塔地标。303 观光厅被誉为南昌“城市观光厅”，集智能、观光、文化、娱乐、展示功能于一体，可以 360 度无死角游览南昌美景，感受“会当凌绝顶，一览众山小”的意境。

【凤凰洲市民公园】 位于红谷滩区凤凰洲片区。该公园南起八一大桥，北至赣江大桥，全长3.7千米，规划总面积约34.5公顷，总投资约1.6亿元。绿化种植面积约21万平方米，设计种植桂花、樟树、朴树、樱花等乔灌木76种，共5800株，矮灌木总面积约3.3万平方米。广场铺装面积约9万平方米。设计公厕4座，小火车仓库、咖啡厅等配套设施面积约660平方米。在规划设计上，按照结合地域特点，彰显地方文化特色，打造魅力滨江景观的思路，形成三横四纵总体规划布局，可概括为“三条脉络，三大节点”。

三条脉络：第一条脉络即以流动的公共空间为特色的绿脉，强化滨河地区界限特色，创造改善周边市民活动的公共空间。第二条脉络即以流动的火车轨道为特色的动脉。以凤凰洲原有的南昌牛行车站为设计灵感，修建了一条全长3.5千米的观光火车铁轨，以此串起南昌发展的历史。火车从赣江大桥出发，沿途经过春夏秋冬四季分明的景观带，缓缓开往流动的、观赏多元化的文化景观。第三条脉络即以沿江滨水慢步道为特色的河脉，强化滨河地区景观特色，创造滨河连续景观与参观专用道，形成有序的滨水景观带。

三大节点：第一大节点——牛行车站。以八一南昌起义发生在牛行车站的历史故事为背景，形成以红色文化为特色的接受革命传统教育的基地。第二大节点——亲水广场。充分发挥该节点场地较为开阔、便于集散的特点，形成以市民休闲娱乐广场，四季特色鲜明的花坛为主题的滨水景观节点。第三大节点——沿江绿地。因地制宜，将该狭长的景观带打造成一流线型带状绿地空间，形成沿岸绿带中树木林立、景观错落、林荫步道蜿蜒其中的滨水景观节点，并在河滩地建设栽种近4万平方米的滨江湿地公园。

2022年3月，江西省文化中心　（区文广新旅局　供图）

【厚田沙漠景区】　位于红谷滩区厚田乡丰厚收费站旁，是国家AAA级旅游景区。拥有沙山沙地，是亚热带最大的风沙化土地，景区东临奔流不息的赣江，西临锦江，集金沙、碧水、蓝天、草原独特景观于一体，全国仅此一处。在这里既能感受北方大漠的粗犷、奔放，又能领略江南水乡的温婉、细腻，是名副其实的“绿洲中的沙漠”“江南第一大漠”。景区内有20余个休闲游乐项目。

【南昌工学院工艺美术博览园（南昌市中国工艺美术大师博物馆）】　坐落于南昌工学院，是国家AAA级景区，创建于2016年，占地1.8万平方米，是中国唯一一座为640位由国家评定的中国工艺美术大师专门建造的特色博物馆，已将640位中国工艺美术大师的精品力作尽揽囊中。由8个展馆组成，分别为雕塑工艺馆、陶瓷工艺馆、织绣印染工艺馆、金属工艺馆、漆器工艺馆、综合工艺馆、第七届大师专题馆、第八届大师专题馆，各展馆的展示内容集科学性、文化性、体验性、知识性于一体，是集传承中华优秀传统文化与应用型人才培养于一体的重要基地。博物馆致力于打造成中国工艺美术大师的精品展示基地、绝技传授基地、学术交流基地、教学观摩基地和大师跨界交谊基地。

【江西省文化中心】　位于红谷滩区凤凰洲，由省博物馆、省图书馆、省科技馆组成，总占地面积13.29万平方米，建设总规模24.75万平方米，是一座全省投资最多、规模最大、档次最高、功能最强、内容最丰富的公共文化设施。从场馆建设来看，新省博物馆总面积8.6万平方米，由8个常设展览和3个临时展厅构成，全图景展现江西大历史格局和文化特色；省图书馆总面积9.6万平方米，藏书量1000万册，阅览座位6000个，日接待读者2万人次；省科技馆总面积8万平方米，设有全新的儿童科学乐园、特效影院、科普剧场、常设展厅、科学教育活动室、临时展厅，实现了江西文化硬件建设的跨越式发展。省文化中心作为赣江两岸文化生态轴线的核心节点，使赣江西岸的景观通廊更为丰满，并与对岸的滕王阁等文化建筑群隔江呼应。省博物馆、省图书馆、省科技馆由北向南排列开来，分别隐喻历史、现在与未来，描绘出文化发展、探索知识的故事与旅程。

（钟　鹤）

中国共产党红谷滩区委员会

综　述

2022年，红谷滩区聚焦“保持领先领跑姿态，彰显首府首区担当”目标，紧扣“一枢纽四中心”建设，深入实施“六大战略”，战疫情、抗旱灾、稳增长、强党建、惠民生、促和谐，奋力开创经济社会高质量发展新局面。

经济运行。积极克服疫情防控和经济下行双重压力，全力以赴抓项目、促投资、强企业，全区生产总值首次突破800亿元，连续两年获评全国投资竞争力百强区，是全省唯一入围的市辖区。坚持“项目为王”的理念，严格落实四级调度机制，扎实推进保利文化艺术中心、现代服务产业园等186个重大重点项目建设，27个省市重大重点项目均提前超额完成年度投资额。扎实推进招商体制改革，依托楼宇、园区、会展等载体，注重以商招商、以企引企，成功招引上海威派格、上海思贤、蚂蚁集团科技产业园等一批重点产业项目，全年新引进入统签约项目67个，总投资额超650亿元。成功举办2022世界VR产业大会，签约项目23个，总金额163亿元，位列全省各县区之首。坚持“保、增、活、强”并重，大力实施培育壮大市场主体三年行动计划，鼓励扶持“个转企”“小升规”，净增企业5876户，全市第3；总数达38865户，全市第一。新增“五上”企业289户，增量全市第二。

产业发展。坚持把做强主导产业作为强区之基，加快构建创新引领、协同发展的现代产业体系。扎实推进数字经济“一号发展工程”，落户华为智算中心、省军民融合大数据中心等数字基建项目，全国首个国家级虚拟现实创新中心落户揭牌，建成运营全省首个“元宇宙”数字农业示范基地，新增数字经济企业1361家，增量全市第1，是全省数字经济企业聚集度最高、增加量最大的县区。聚焦打造金融商务区2.0版，引入各类金融机构和企业68家，总数突破1300家，汇集全省90%以上的法人金融机构和省级区域性总部，全省各县区第一；成功入选“2022中国商务区综合竞争力20强”，全省唯一。聚焦楼宇经济，奋力培育“亿元楼宇”，至年底，全区共有亿元楼21幢、10亿元楼2幢，是全省企业总部最多、楼宇经济最为活跃的县区。统筹3000万元购房补贴，投入1300万元开展“乐购红谷·悦享生活”系列活动，拉动消费10亿元。华润万象城是全市首个实现品牌签约即开业、首进江西品牌超150家的大型商业综合体；南昌绿地国际博览中心上榜2022年中国最佳会展中心20强。扎实推进澳世汇、欧罗巴年轻力中心等文旅项目，精心打造鸿鹄里文化艺术空间网红打卡地，连续两年荣获全省文化产业重点县（市、区）称号。

城市建管。坚持高起点规划、高标准建设、高水平管理，着力打造省市“形象窗口”，彰显红谷滩魅力。全速推进复兴大道西延、明月山大道南延等主次路网建设，高标准完成赣江南大道、碟子湖大道提升改造工程，内畅外联交通格局加速形成。仅用15天全面“剃除”九昌樟石油管道迁改“胡子工程”，用时10个月贯通赣江北大道下穿京九铁路通道，是全市最快通车的涉铁道路。坚持建设与管理并行，全省率先试点推广“物管城市”模式，完成名门世家、凤凰花园、富源花园等5个点位综合改造，推动城市管理与物业服务同频共振。全市率先完成13个开放式居民区（城中村）围合任务，探索引进物业服务，有效提升城市精细化管理水平。大力推进城市“美化工程”，建设全省首个3D打印休闲空间——会展路游园，仅用9个月实现赣江市民公园五期精彩绽放，打造最美28千米滨江绿道。高标准完成中央和省环保督察反馈的380个问题、信访件销号，纵深推进水环境综合整治，全面消除黑臭水体，提前实现“一年内大见成效”的治理目标。

民生保障。坚持以人民为中心

的发展理念，不断提升居民群众获得感、幸福感、安全感。深入实施就业优先战略，扎实开展122场“百场校招”，新增城镇就业3703人，帮扶返乡农民工就业660人，吸纳2.7万名大学生和技能人才来区创业就业。世纪中央城社区、万达星城社区成功获评国家级、省级充分就业社区。健全安置房建设、分配制度，积极探索“图纸分房、交付即住”“货币回购”新模式，高效完成3个小区、2240套房屋分配。全省率先启动“优质教育全面覆盖工程”，全市率先启动“智慧教育”项目，积极探索义务教育入学量化积分制度，新改扩建学校（幼儿园）12所，新增学位7100余个，推动义务教育优质均衡发展。持续布局扩容南昌大学第二附属医院等省、市优质卫生资源，3个国家级区域医疗中心建设项目成功落户，深化“公立医院＋社区”的医联体模式，“15分钟医疗服务圈”逐步成型。创新打造“鸿鹄之智”治理品牌，荣获全省5个优秀试点成果奖第1名，并在全省新时代政法工作创新交流会上发言。率先建成全市首家区矛盾纠纷多元调解中心，红谷滩公安分局荣获“全国优秀公安局”称号，全区公众安全感指数创历史新高，居全市城区第一，首次进入全省“第一方阵”。

党的建设。深入贯彻新时代党的建设总要求，抓基层、打基础，营造干部干净干事、群众群策群力的好生态、好局面。围绕学习宣传党的二十大精神主线，组建“红心向党”宣讲团，开展宣讲610余场。创新开展党员课堂、身边课堂、先进课堂、实践课堂等活动，持续推动党的二十大精神“飞入寻常百姓家”。持续推进基层党建“三化”建设，高标准打造秋水广场“红色驿站”等一批党组织服务阵地，创新推动“两新”党建，打造丛一楼装饰有限公司、仟得文化有限公司、莱蒙物业公司等示范点位，得到中央和省市领导一致肯定。创新打造“红谷连心会”党建服务品牌，县级领导干部“以上率下”，不定期下一线、下基层、下企业开展“连心”活动，有效破解企业发展、城市建管、民生服务等领域体制机制障碍。纵深推进“4＋X”专项整治，大力践行“脚上有土、心中有谱”工作作风，严厉查处133个“不想落实、不急落实、不全落实、不利落实、不会落实、不敢落实”等作风问题，推动干部工作作风、精神面貌全面提升。持续巩固拓展落实中央八项规定精神成果，大力整治隐形变异“四风”问题，以零容忍态度惩治邓斌、丁玉斌等腐败，一体推进不敢腐、不能腐、不想腐体制机制建设，着力构建风清气正政治生态。

（李龙龙）

区委常委会会议

【概况】　2022年，中共红谷滩区第一届委员会共召开27次常委会会议，区委书记吴江辉主持。会议传达贯彻有关会议精神，听取并审议区委各部门有关工作情况报告、汇报，研究讨论有关工作意见、办法、计划规划、方案、预案，部署落实区委各项工作等。

【第一届区委第十五次常委会会议】

2022年1月5日，第一届区委第十五次常委会会议召开。会议传达学习中共中央政治局专题民主生活会会议精神、习近平总书记二〇二二年新年贺词，传达学习近期中央、省关于巡视巡察工作系列讲话精神及《〈关于十四届省委巡视整改和成果运用抽查发现普遍性典型性问题的通报〉文件精神》《关于当前我市意识形态领域有关情况的通报》；审议并原则同意区委宣传部提交的《党委（党组）理论学习中心组学习列席旁听实施细则（试行）》，区委办公室提交的《中共红谷滩区委一届三次全体（扩大）会议方案》《中共红谷滩区委常委会工作报告（审议稿）》《吴江辉同志在区委一届三次全体（扩大）会议上的讲话（审议稿）》，区政府党组提交的《红谷滩区2021年政府工作报告（送审稿）》，区法院党组提交的《南昌市红谷滩区人民法院2021年工作报告》，区检察院党组提交的《南昌市红谷滩区人民检察院2021年工作报告》，区委组织部提交的《关于成立区“两会”第二次会议临时党委及临时党支部的请示》；审议并原则同意区人大常委会党组提交的《南昌市红谷滩区第一届人民代表大会第二次会议筹备工作方案（草案）》《红谷滩区人民代表大会常务委员会工作报告》《红谷滩区第一届人民代表大会第二次会议邀请在主席台就座人员名单（草案）》《红谷滩区第一届人大第二次会议各代表团临时党支部书记、副书记名单（草案）》《红谷滩区第一届人民代表大会第二次会议各代表团团长、副团长建议名单（草案）》《各代表团总监票人、监票人、计票人建议人选名单（草案）》《红谷滩区第一届人民代表大会第二次会议列席人员名单》《红谷滩区第一届人民代表大会第二次会议表决议案办法》《红谷滩区第一届人民代表大会第二次会议议案截止时间（草案）》《红谷滩区第一届人民代表大会第二次会议议案办法（草案）》《红谷滩区第一届人民代表大会第二次会议选举办法（草案）》《红谷滩区第一届人民代表大会第二次会议民生实事项目人大代表票决办法（草案）》《关于推荐邹晓东同志为南昌市第十六届人民代表大会代表候选人的通知》，区委组织部提交的《红谷滩区推荐遴选江西省出席党的二十大代表候选人推荐人选》《关于卫东街道、城投公司设立纪律检查机关的请示》，区政协党组提交的《政协南昌市红谷滩区第一届委员会第二次会议筹备工作方案》，区政府党组提交的《2022年红谷滩区人民政府人大票决民生实事候选项目（审议稿)》《刘光荣同志在部署全区经济工作会议的讲话(送审稿)》《关于红谷滩区2021年国民经济和社会发展计划运行情况与2022年国民经济和社会发展计划(草案)的报告》《关于红谷滩区2021年财政运行情况和2022年财政总预算(草案)的报告》,区委组织部提交的《关于进一步激励干部新时代新担当新作为的实施意见(审议稿)》《红谷滩区退出领导岗位干部管理办法(试行)》,区政府党组提交的《关于恳请同意南昌市九龙湖新城抚州大街工程(明月山大道—三清山大道)相关事宜的请示》《关于恳请同意南昌市九龙湖新城上饶大街涉枫生快速路立交及配套改造工程相关事宜的请示》,区委办公室提交的《关于省委巡视整改抽查反馈意见整改情况汇报》。区委书记吴江辉主持。区委副书记、区长刘光荣,区委副书记万晓娟,区委常委仇海泉、邓越峰、帅志、胡军、陈敏、唐武出席。区人大常委会主任吴韶宸,区政协主席陶国强,副区长杨雨晨、熊锋、张莲波、熊飞、吴梅萍、皮斌,区法院院长姜卫民,区检察院检察长杜迎春列席。

【第一届区委第十六次常委会会议】

2022年1月25日,第一届区委第十六次常委会会议召开。会议传达学习习近平总书记在省部级主要领导干部学习贯彻党的十九届六中全会精神专题研讨班开班仪式上的重要讲话精神、李克强总理在研究分析当前经济形势和部署下一步经济工作时的讲话精神、《中华人民共和国数据安全法》、《中华人民共和国个人信息保护法》、"十四五"国家信息化规划和中央、省委政法工作会议精神;传达学习省十三届人大六次会议、省政协十二届五次会议、市十六届人大二次会议、市政协十五届二次会议精神、十九届中央纪委六次全会精神及红谷滩区贯彻落实意见;审议并原则同意区纪委区监委提交的《中共红谷滩区纪委一届二次全会会议方案(审议稿)》《中共红谷滩区纪委一届二次全会工作报告(审议稿)》《关于贯彻落实〈"三重一大"事项集体决策制度的实施办法(试行)〉的有关说明》,区委依法治区办提交的《法治红谷滩建设规(2021—2025)》,区检察院党组提交的《中共南昌市红谷滩区人民检察院党组2021年度工作报告》,区政府党组提交的《红谷滩区镇(街道、管理处)财政管理体制调整方案(试行)》,生米街道党工委提交的《关于恳请拨付生米镇2021年下半年拆迁资金的请示》,区政府党组提交的《关于呈请审定红谷滩区购买耕地占补平衡指标的请示》,区委编办提交的《南昌市红谷滩区政务服务数据管理局职能配置、内设机构和人员编制规定(送审稿)》《南昌市红谷滩区中小企业服务局职能配置、内设机构和人员编制规定(送审稿)》;听取区活动联席办提交的《全区"红谷连心会"活动开展情况汇报》;审议区委办提交的《中共红谷滩区委关于省委巡视整改抽查反馈意见整改工作情况报告》《红谷滩区重大重点工作督办办法(试行)(审议稿)》;审议区委组织部有关人事议题。区委书记吴江辉主持。区委副书记、区长刘光荣,区委副书记万晓娟,区委常委仇海泉、邓越峰、帅志、胡军、陈敏、唐武、沈平出席。区人大常委会主任吴韶宸,区政协主席陶国强,副区长杨雨晨、熊锋、熊飞、吴梅萍、皮斌,区检察院检察长杜迎春列席。

【第一届区委第十七次常委会会议】

2022年2月19日,第一届区委第十七次常委会会议召开。会议传达学习习近平总书记在中国文学艺术界联合会第十一次全国代表大会、中国作家协会第十次全国代表大会上的重要讲话精神,全国统战部长会议精神、全省统战部长会议暨"发挥统战作用 助力'六个江西'"动员大会及全市统战部长会议精神,中共中央办公厅《关于加强巡视整改和成果运用的意见》的精神,全国、全省、全市信访工作会议精神,《省纪委省监委党风政风监督室〈工作提示〉》文件精神,省纪委十五届二次全会精神、市纪委十二届二次全会精神及红谷滩区贯彻落实意见,李红军在文化强市建设推进大会上的重要讲话精神;审议并原则同意区纪委区监委提交的《中共南昌市红谷滩区委关于推进新时代勤廉红谷滩建设的意见》,审议并原则同意区纪委区监委、区委组织部提供的《红谷滩区机关事业单位借用人员清退工作方案》,区委组织部提交的《全市2021年度乡村振兴模范党组织推荐名单》《关于调整部分单位党组织设置的方案》,区纪委区监委提交的《关于基层纪检监察机构设立和更名相关事宜的请示》,区政府党组提交的《关于调整红谷滩区生态环境保护委员会组成人员和十个生态环境保护专业委员会的请示》《关于区城投公司参与设立南昌市VR产业母基金(有限合伙)的汇报》《关于城投公司受让南昌盛趣时代伯乐股权投资合伙企业(有限合伙)份额的汇报》。区委书记吴江辉主持。区委副书记、区长刘光荣,区委副书记万晓娟,区委常委仇海泉、邓越峰、帅志、胡军、陈敏、唐武、沈平出席。区人大常委会主任吴韶宸,区政协主席陶国强,副区长杨雨晨、熊锋、熊飞、吴梅萍、皮斌,区检察院检察长杜迎春列席。

【第一届区委第十八次常委会会议】

2022年3月7日,第一届区委第十八次常委会会议召开。会议传达学习习近平总书记在中央党校(国家行政学院)中青年干部培训班开班式上的重要讲话精神、中央深改委第二十四次会议和省委深改委第二十次会议精神、《江苏省委省政府调查组关于"丰县生育八孩女子"事件调查处理情况的通报》精神、《中共中央办公厅国务院办公厅关于印发〈地方党委和政府领导班子及其成员粮食安全责任制规定〉的通知》精神；传达学习全国、全省、全市宣传部长会议精神；审议并原则同意区委巡察办提交的《一届区委第一轮巡察工作情况综合报告》《一届红谷滩区委巡察工作规划（试行）》，区委宣传部提交的《南昌市红谷滩区2022年宣传思想文化工作要点》《关于第一届红谷滩区文明村镇、文明单位、文明校园复查情况的通报》，区人大常委会党组提交的《南昌市红谷滩区人大常委会2022年监督工作计划》《中共红谷滩区委关于建立区人民政府向区人大常委会报告国有资产管理情况制度的意见》，区委组织部提交的《红谷滩区排查整顿农村发展党员违规违纪问题处理意见的情况说明》，区政府党组提交的《红谷滩区普法宣传教育工作领导小组关于在全区公民中开展法治宣传教育的第八个五年规划（2021—2025年）（审议稿）》《南昌市红谷滩区贯彻落实中央生态环境保护督察报告整改方案》《关于恳请同意红谷滩区慧谷路（华南大道—敏学路）道路排水工程相关事宜的请示》《红谷滩区2022年开放型经济工作考核办法（送审稿）》，区委办公室提交的《全区领导干部（扩大）会议方案》《关于2021年全区高质量发展奖评选表扬事项的汇报》《关于进一步规范开展“红谷连心会”的通知》，区政府党组提交的《红谷滩区人民政府与丰城市人民政府战略合作框架协议及7个子协议》。区委书记吴江辉主持。区委副书记、区长刘光荣，区委副书记万晓娟，区委常委仇海泉、邓越峰、帅志、胡军、陈敏、唐武、沈平出席。区人大常委会主任吴韶宸，区政协主席陶国强，副区长杨雨晨、熊锋、张莲波、熊飞、吴梅萍、皮斌，副区长提名人选罗国亮，区法院院长姜卫民，区检察院检察长杜迎春列席。

【第一届区委第十九次常委会会议】

2022年4月2日，第一届区委第十九次常委会会议召开。会议传达学习3月17日中共中央政治局常务委员会会议精神和全国、全省、全市网信办主任会议精神；传达学习全国、全省、全市安全生产电视电话会议精神，全省、全市防汛工作会议精神，市纪委通报的有关事项；审议并原则同意区政协党组提交的《2022年度红谷滩区政协协商工作计划（送审稿）》，区法院党组提交的《中共南昌市红谷滩区人民法院党组2021年度工作报告》，区政府党组提交的《红谷滩区关于深入推进优化营商环境“一号改革工程”全力打造区域性标杆城区行动方案（审议稿）》。区委书记吴江辉主持。区委副书记、区长刘光荣，区委副书记万晓娟，区委常委仇海泉、邓越峰、帅志、胡军、陈敏、唐武、沈平出席。区人大常委会主任吴韶宸、区政协主席陶国强，副区长杨雨晨、熊锋、张莲波、熊飞、吴梅萍、皮斌，副区长提名人选罗国亮，区法院院长姜卫民，区检察院检察长杜迎春列席。

【第一届区委第二十次常委会会议】

2022年4月11日，第一届区委第二十次常委会会议召开。会议审议区委组织部有关议题。

【第一届区委第二十一次常委会会议】　2022年4月19日，第一届区委第二十一次常委会会议召开。会议传达学习全省基层党建工作重点任务推进会会议精神、省委书记易炼红《以干部创先激发全社会创新创业活力》署名文章精神；审议区委组织部有关人事议题。区委书记吴江辉主持。区委副书记、区长刘光荣，区委副书记万晓娟，区委常委仇海泉、邓越峰、帅志、胡军、陈敏、沈平出席。区人大常委会主任吴韶宸、区政协主席陶国强列席。

【第一届区委第二十二次常委会会议】　2022年4月29日，第一届区委第二十二次常委会会议召开。会议审议区委组织部有关议题。

【第一届区委第二十三次常委会会议】　2022年5月4日，第一届区委第二十三次常委会会议召开。会议传达学习4月29日中央政治局会议和中央全面深化改革委员会第二十五次会议精神、《习近平总书记、李克强总理对湖南长沙居民自建房倒塌事故作出的重要指示批示》并听取红谷滩区贯彻落实意见；传达学习《信访工作条例》主要精神并听取红谷滩区贯彻落实意见；审议并原则同意区疫情防控综合组提交的《红谷滩区疫情防控工作阶段总结》，区委统战部提交的《中共红谷滩区委统战部2022年工作要点》《中共红谷滩区委2022年度政党协商计划》，区政府党组提交的《红谷滩区2022年VR产业招商工作方案》；审议区纪委区监委提交的有关事项。区委书记吴江辉主持。区委副书记、区长刘光荣，区委副书记万晓娟，区委常委仇海泉、邓越峰、帅志、胡军、陈敏、唐武、沈平出席。区人大常委会主任吴韶宸，区政协主席陶国强，副区长杨雨晨、熊锋、张莲波、熊飞、吴梅萍、皮斌，副区长提名人选罗国亮，区法院院长姜卫民，区检察院检察长杜迎春列席。

【第一届区委第二十四次常委会会议】　2022年5月13日，第一届区委第二十四次常委会会议召开。会议传达学习5月5日中共中央政治局常务委员会分析部署疫情防控工作会议精神、《全省关于深入实施强省会战略推动南昌高质量跨越式发展的若干政策措施》文件有关精神，5月7日全国、全省、全市自建房安全专项整治视频会议精神，《关于2021年全国窃密泄密案件情况的通报》《关于做好我市党的二十大保密工作的通知》；审议并原则同意区政府党组提交的《红谷滩区建立校地融合智库工作方案》《关于红谷滩区增设街道行政区划调整的请示》；审议区委组织部报送的有关议题。区委书记吴江辉主持。区委副书记、区长刘光荣，区委副书记万晓娟，区委常委仇海泉、邓越峰、帅志、胡军、陈敏、唐武、沈平出席。区人大常委会主任吴韶宸，区政协主席陶国强，副区长熊锋、熊飞、吴梅萍、皮斌、罗国亮，区法院院长姜卫民，区检察院检察长杜迎春列席。

【第一届区委第二十五次常委会会议】 2022年5月28日，第一届区委第二十五次常委会会议召开。会议传达学习习近平总书记在庆祝中国共产主义青年团成立100周年大会上的重要讲话精神、易炼红调研文章《关于提升基层治理水平的调研和思考》；传达学习《彩云长在有新天——习近平总书记指引清朗网络空间建设纪实》《江西省党政机关新媒体舆情风险管理规定》并听取红谷滩区贯彻落实举措；传达学习《推动贯彻落实党中央〈关于加强地方人大对政府债务审查监督的意见〉的工作建议》的文件精神、《关于省委贯彻落实中央人大工作会议精神》、全国稳住经济大盘电视电话会议精神、《市委市政府关于进一步规范招商引资工作的通知》精神、2022年全国巡视工作会议暨十九届中央第九轮巡视动员部署会、2022年全省巡视巡察工作会议暨十五届省委第一轮巡视动员会部署会主要精神、《市纪委办公室〈批示抄清〉文件精神》；审议并原则同意区纪委区监委提交的《2021年度落实党风廉政建设责任制考核工作方案》；传达学习全国全省全市组织部长会议、省委市委人才工作会议、全省全市人才工作专项述职会议、全省全市老干部局长会议和全省公务员工作推进会议精神；审议并原则同意区委组织部提交的《中共南昌市红谷滩区委综合考核工作委员会工作规则》《中共南昌市红谷滩区委综合考核工作委员会办公室工作细则》，区委办提交的《区委常委会2022年工作要点》，区委统战部提交的《关于成立红谷滩“侨梦苑”建设工作领导小组的通知》，区公安分局党组提交的《红谷滩公安工作主要情况汇报》，区依法治区办提交的《全面依法治省实地督察整改方案》，区政府党组提交的《红谷滩区生态环境保护责任清单》《关于呈请审定成立红谷滩区土地和规划协调推进领导小组的请示》；审议区政府党组提交的《关于呈请审定红谷滩区土地征收地上附着物补偿改革事宜的请示》。区委书记吴江辉主持。区委副书记、区长刘光荣，区委副书记万晓娟，区委常委仇海泉、邓越峰、胡军、陈敏、唐武、沈平出席。区政协主席陶国强，副区长杨雨晨、熊锋、张莲波、熊飞、吴梅萍、皮斌、罗国亮，区法院院长姜卫民、区检察院检察长杜迎春列席。

【第一届区委第二十六次常委会会议】 2022年6月9日，第一届区委第二十六次常委会会议召开。审议区委组织部有关议题。

【第一届区委第二十七次常委会会议】 2022年6月22日，第一届区委第二十七次常委会传达学习有关《电话通知稿》。

【第一届区委第二十八次常委会会议】 2022年6月26日，第一届区委第二十八次常委会会议召开。会议传达学习习近平总书记在四川考察时的重要讲话精神、省市经济运行会议精神、《关于加快建设南昌元宇宙试验区的调查与建议》文件精神、《关于更加有效发挥统计监督职能作用的意见》文件精神、全省清查整治突出问题规范党务工作部署培训会议精神、吴浩同志在全省党史部门主要负责人会议上的讲话等会议文件精神、党的二十大安保维稳动员部署会暨推进更高水平的平安江西建设工作会议精神；听取区政府党组报送的《红谷滩区经济运行情况报告》；审议并原则同意区委办提交的《红谷滩区贯彻落实中共江西省第十五次代表大会精神分工方案》《关于成立红谷滩区贯彻落实省第十五次党代会确定目标任务工作领导小组的通知》《关于印发〈红谷滩区贯彻落实省第十五次党代会确定目标任务工作领导小组工作规则〉〈红谷滩区“在全面建设‘六个江西’中充分彰显首府首区作为”专项工作组工作规则〉〈红谷滩区贯彻落实省第十五次党代会确定目标任务工作领导小组办公室工作细则〉的通知（送审稿）》《关于印发〈红谷滩区“在全面建设‘六个江西’中充分彰显首府首区作为”专项工作组人员名单〉〈区委落实办组成人员、各专项工作组相关人员名单及联系方式〉的通知（送审稿）》《省委提升基层治理水平的调研指出问题整改工作台账》，区委政法委提交的《红谷滩区做好党的二十大维稳安保工作总体方案》《2022年全区政法工作要点》《红谷滩区群租房管理办法（试行）》《红谷滩区群租房专项整治方案》《红谷滩区网约房管理办法（试行）》《红谷滩区网约房专项整治方案》《关于明确区委政法委员会组成人员的请示》，区政府党组提交的《红谷滩区农业农村“两整治一提升”三年行动计划（2022—2024年）》《红谷滩区2022年村庄亮灯工程项目实施方案》《红谷滩区农村人居环境整治和农业特色产业提升督导专班工作方案》《红谷滩区农业农村“两整治一提升”行动工作导则》《2022年红谷滩区重大重点项目库》《关于恳请同意成立红谷滩区政府投资类及片区开发项目建设工作指挥部的请示》；听取区应急管理局提交的《红谷滩区2022年上半年全区安全生产形势分析》；审议并原则同意区纪委区监委提交的《关于进一步加强对“一把手”和领导班子监督的责任清单》，区委组织部提交的《关于区直机关打造让党放心、人民满意的模范机关的工作方案》《区委党建工作领导小组2022年工作要点》《关于2022年度全市乡村振兴担当作为好支书人选》。区委书记吴江辉主持。区委副书记、区长刘光荣，区委副书记万晓娟，区委常委仇海泉、邓越峰、胡军、陈敏、唐武出席。副区长杨雨晨、熊锋、张莲波、熊飞、吴梅萍、皮斌、罗国亮，区法院院长姜卫民，区检察院检察长杜迎春列席。

【第一届区委第二十九次常委会会议】 2022年7月10日，第一届区委第二十九次常委会会议召开。会议传达学习习近平总书记在武汉和香港考察时的重要讲话精神、《中国共产党政治协商工作条例》、2022年江西省"扫黄打非"工作领导小组第一次全体成员会议精神；传达学习省委整改工作推进会议精神、市委贯彻落实情况；审议《红谷滩区关于落实中央纪委国家监委纪检监察建议（龚建华案）整改工作方案》；审议并原则同意区委宣传部提交的《红谷滩区服务保障党的二十大网络安全应急指挥协调预案》《2022年上半年红谷滩区意识形态领域有关情况的通报》，区政府党组提交的《关于恳请同意签订南昌市红谷滩区人民政府与江西省就业创业服务中心、江西人力经济技术合作集团有限公司三方〈项目合作协议〉的请示》《关于提请审议区城投公司2022年债券发行计划的请示》《关于恳请批准区城投公司投资建设搅拌站项目的请示》《红谷滩区事业单位管理岗位职员等级晋升制度工作实施方案》《关于中共红谷滩新区工委书记周亮同志、管委会原主任毛顺茂同志任职期间经济责任审计整改情况的汇报》；审议有关人事议题。区委书记吴江辉主持。区委副书记、区长刘光荣，区委副书记万晓娟，区委常委仇海泉、邓越峰、帅志、胡军、陈敏、唐武出席。区人大常委会主任吴韶宸，区政协主席陶国强，副区长杨雨晨、熊锋、张莲波、熊飞、吴梅萍、皮斌、罗国亮，区检察院检察长杜迎春列席。

【第一届区委第三十次常委会会议】 2022年7月31日，第一届区委第三十次常委会会议召开。会议传达学习习近平总书记在分析研究当前经济形势和经济工作会议上的讲话精神、习近平总书记在省部级主要领导干部专题研讨班上的讲话精神、中共中央政治局第三十九次集体学习精神、《国务院关于加强数字政府建设的指导意见》、中共中央《关于加强和改进新时代市县政协工作的意见》和省委《关于加强和改进新时代市县政协工作的二十条措施》文件精神；传达学习《关于建立健全审计查出问题整改长效机制的实施意见》《南昌市减轻中小学教师负担十九条措施》主要精神及红谷滩区贯彻落实意见的汇报，全省、全市统计造假不收手不收敛问题专项纠治工作总动员部署会议精神；听取区政府党组报送的《关于红谷滩区义务教育优质均衡发展推进工作情况汇报》；审议并原则同意区考核办提交的《2022年度省对县区综合考核指标责任分工表》《2022年度市对市县综合考核指标责任分工表》，区委办公室提交的《关于调整区委领导班子成员分工的通知》，区委统战部提交的《红谷滩区2022年1—7月统战工作开展情况和下阶段工作打算》，区委政法委提交的《2022年上半年全区政法工作汇报》，区总工会提交的《红谷滩区新时代产业工人队伍建设改革实施方案》，区委信访局提交的《关于进一步落实责任推动化解信访突出问题的专项工作方案》，区政府党组提交的《红谷滩区加快推进企业上市"映山红行动"的若干扶持政策》《关于加强基层应急管理体系和能力建设的意见》《红谷滩区支持科技创新高质量发展奖励办法》《南昌市红谷滩区2022年度公开选调事业单位工作人员实施方案》《关于恳请同意红谷滩区红角洲片区HJZ402－A08地块土地出让设置业态条件的请示》，区"六个江西"专项工作组提交的《红谷滩区在全面建设"六个江西"中充分彰显首府首区作为实施方案和2022年工作计划》；审议有关人事议题。区委书记吴江辉主持。区委副书记、区长刘光荣，区委副书记万晓娟，区委常委邱胜、仇海泉、邓越峰、帅志、胡军、唐武、沈平出席。区政协主席陶国强，副区长杨雨晨、熊飞、吴梅萍、皮斌、罗国亮，区检察院检察长杜迎春列席。

【第一届区委第三十一次常委会会议】 2022年8月5日，第一届区委第三十一次常委会会议召开。会议学习习近平总书记在中央统战工作会议上的讲话精神；传达学习《中央文明办领导讲话摘编》，全省推进新时代文明实践中心建设提质增效暨志愿服务先进典型表彰电视电话会议精神和全省、全市推进移风易俗乡风文明三年专项行动动员部署会议精神，市委、市政府《关于南昌市平安建设"一票否决"试行办法的通知》；听取区委组织部提交的《2022年1—7月工作小结和下阶段工作打算》；审议并原则同意区政府党组提交的《云上（江西）数字经济产业园项目合作协议书》《红谷滩部分行政区划调整组织实施方案》《红谷滩区疫情防控工作总结》；审议区纪委区监委有关事项。区委书记吴江辉主持。区委副书记、区长刘光荣，区委副书记万晓娟，区委常委邱胜、仇海泉、邓越峰、帅志、胡军、陈敏、唐武、沈平出席。区人大常委会主任吴韶宸，区政协主席陶国强，副区长熊锋、吴梅萍、皮斌、罗国亮，区法院院长姜卫民列席。

【第一届区委第三十二次常委会会议】 2022年8月24日，第一届区委第三十二次常委会会议召开。会议审议并原则同意区委编办提交的

《南昌市红谷滩区红角洲、凤凰洲、九龙湖、龙兴街道职能配置、机构设置和人员编制规定》,区委组织部提交的《2021年度区管领导班子和领导干部年度考核结果》;审议有关人事议题。区委书记吴江辉主持。区委副书记、区长刘光荣,区委副书记万晓娟,区委常委邱胜、仇海泉、邓越峰、帅志、胡军、陈敏出席。区人大常委会主任吴韶宸,区政协主席陶国强列席。

【第一届区委第三十三次常委会会议】 2022年8月27日,第一届区委第三十三次常委会会议召开。会议学习习近平总书记等领导对开展困难群众救助补助资金审计发现问题专项治理工作有关批示精神、《全市学习〈习近平谈治国理政〉第四卷工作方案及面向基层宣讲方案》;审议区委宣传部提交的《全区学习工作方案及面向基层宣讲方案》;学习省委全面依法治省委员会第五次及市委全面依法治市委员会第四次会议精神和《省委组织部关于坚决防范和整治任人唯亲、任人唯圈问题的通知》《省委巡视办关于十五届省委第一轮巡视发现普遍性问题的通报》;听取区纪委2022年上半年全区纪检监察工作情况汇报;审议并原则同意区考核办提交的《2021年度红谷滩区镇、街道、管理处高质量发展综合绩效考核评价实施意见》,区政府党组提交的《关于恳请处置西客站南北广场资产的请示》;听取区整改办提交的《2022年红谷滩区落实省委巡视反馈意见(违章建筑问题整改)工作推进情况汇报》。区委书记吴江辉主持。区委副书记、区长刘光荣,区委副书记万晓娟,区委常委邱胜、邓越峰、帅志、胡军、陈敏、唐武、沈平出席。区政协主席陶国强,副区长吴梅萍、皮斌、罗国亮,区法院院长姜卫民,区检察院检察长杜迎春列席。

【第一届区委第三十四次常委会会议】 2022年9月18日,第一届区委第三十四次常委会会议召开。会议传达学习习近平总书记在中央全面深化改革委员会第二十七次会议上的讲话精神、省委书记易炼红调研文章《以正确的方法做正确的事情 下最大的功夫求最好的效果》、江西省服务党的二十大网信保障工作推进会会议精神;听取红谷滩区二十大网络安全保障情况汇报;审议并原则同意区委办公室提交的《关于调整区领导挂点联系指导乡镇、街道及村、社区、管理站场的通知》,区政府党组提交的《红谷滩区2022年地方政府债务限额以及2022年区级预算调整方案》《关于红谷滩区2021年财政收支情况以及2022年上半年预算执行情况的报告》《成立区发展数字经济工作领导小组的通知》《红谷滩区深入推进数字经济"一号发展工程"全力打造全省数字经济创新发展高地行动方案》《红谷滩区深入推进数字经济"一号发展工程"2022年度工作计划》《关于调整世界VR产业大会红谷滩区筹备工作领导小组成员的通知》《2022年世界VR产业大会红谷滩区筹备工作实施方案》《南昌市VR产业母基金新合作方案》,生米街道提交的《关于恳请拨付生米街道2022年度下半年拆迁资金的请示》,区委组织部提交的《红谷滩区离退休干部慰问办法补充说明》;听取区委组织部关于红谷滩区老干部工作开展情况的汇报;审议区委组织部有关人事议题。区委书记吴江辉主持。区委副书记、区长刘光荣,区委副书记万晓娟,区委常委邱胜、邓越峰、帅志、胡军、陈敏、唐武、沈平出席。区人大常委会主任吴韶宸,区政协主席陶国强,副区长杨雨晨、吴梅萍、皮斌、罗国亮,区检察院检察长杜迎春列席。

【第一届区委第三十五次常委会会议】 2022年10月16日,第一届区委第三十五次常委会会议召开。会议传达学习《中国共产党第十九届中央委员会第七次全体会议公报》精神、《关于加快推进全市重大重点项目建设形成更多实物工作量的通知》及省市有关批示精神;研究部署全区四季度抓项目稳增长工作;传达学习中共中央办公厅《推进领导干部能上能下规定》、全省干部监督工作推进会暨十五届省委第二轮巡视选人用人专项检查动员部署会精神、全省公务员管理业务骨干培训班精神、《调研反映当前纪检监察系统对"一把手"和领导班子监督工作中存在的部分问题》文件精神、《马森述同志在省委巡视组巡视萍乡市情况反馈会暨萍乡市警示教育大会上的讲话》;听取区纪委区监委关于《一届区委第一轮巡察反馈意见整改进展情况的综合报告》《一届区委第二轮巡察情况综合报告》;审议并原则同意区政府党组提交的《关于提请追加征地补偿费和耕地占补平衡指标预算资金的请示》《关于全面加强生态环境保护 持续深入打好污染防治攻坚战的实施方案》《关于实现巩固拓展脱贫攻坚成果同乡村振兴有效衔接的实施方案》《红谷滩区促进商贸消费提质扩容的若干政策措施(试行)》《审计发现问题整改情况专题汇报》,区政协党组提交的《贯彻落实〈中共江西省委办公厅关于加强和改进新时代市县政协工作的二十条措施〉责任分工方案》《区政协今年以来工作总结暨下步工作思路》;审议并原则同意区考核办提交的《红谷滩区年度综合考核办法》《红谷滩区2022年度综合考核实施意见》《2022年度红谷滩区乡镇(街道)综合考核实施方案》《2022年度红谷滩区公办学校综合考核实施方案》《2022年度南昌市红谷滩区属医疗机构综合考核方案》《2022年度红谷滩区属国有企业综合考核实施方案》《2021年度红谷滩区直机关服务高质量发展综合绩效考核评价实施意见》《2022年度区直机关综合考核实施方案》。区委书记吴江辉主持。

区委副书记、区长刘光荣，区委常委邱胜、仇海泉、邓越峰、帅志、胡军、陈敏、沈平出席。区人大常委会主任吴韶宸，区政协主席陶国强，副区长杨雨晨、张莲波、熊飞、吴梅萍、皮斌、罗国亮列席。

【第一届区委第三十六次常委会会议】 2022年10月29日，第一届区委第三十六次常委会会议召开。会议传达学习党的二十大和二十届一中全会、10月25日中央政治局集体学习及中央政治局常委赴延安学习有关精神、《马森述同志在设区市纪委书记座谈会上的讲话》精神，并听取红谷滩区有关贯彻落实意见汇报；听取区委统战部《“侨梦苑”工作进展情况汇报》；审议并原则同意区委宣传部提交的《关于认真学习贯彻党的二十大精神的通知》《学习贯彻党的二十大精神阶段性安排》，区政府党组提交的《江西南昌红谷滩区“侨梦苑”专项发展规划(2022—2025)(送审稿)》《南昌市红谷滩区楼宇经济管理办法(送审稿)》《恳请同意处置西客站南北广场资产资金支付的请示》《结算清华紫光智慧教育全国总部项目2021年4月至2022年4月研发补贴和人员奖励的请示》；审议区委组织部有关人事议题。区委书记吴江辉主持。区委副书记、区长刘光荣，区委副书记万晓娟，区委常委邱胜、仇海泉、帅志、胡军、陈敏、唐武、沈平出席。区人大常委会主任吴韶宸，区政协主席陶国强，副区长熊飞、吴梅萍、罗国亮列席。

【第一届区委第三十七次常委会会议】 2022年11月24日，第一届区委第三十七次常委会会议召开。会议传达学习中央政治局常委会专题研究部署新冠肺炎疫情防控工作会议精神、习近平总书记对河南安阳市凯信达商贸有限公司火灾事故的重要指示精神、省委十五届三次全体(扩大)会议精神、地方投融资平台有关批示和文件精神、《关于当前省、市意识形态领域有关情况的通报》、文化强省文化强市及全市旅游产业发展大会精神、《防范和惩治统计造假、弄虚作假重要文件汇编》；听取区落实办提交的关于《红谷滩区全面建设“六个江西”工作情况汇报》，区防疫指挥部提交的《关于疫情防控工作有关情况汇报》；审议并原则同意区委宣传部提交的《中共南昌市红谷滩区委关于深入推进红色基因传承的实施意见》《红谷滩区贯彻落实〈2022年建设全国红色基因传承示范区重点工作安排〉实施方案》《中共红谷滩区委关于建立深入推进红色基因传承联席会议制度》，区政府党组提交的《2021年度全区国有资产管理情况综合报告》《2021年度行政事业性国有资产管理情况的专项报告》《关于对前湖迎宾馆债转股的请示》，区人大常委会党组提交的《红谷滩区关于增补选区第一届人民代表大会代表工作实施方案》，区委组织部有关人事议题。区委书记吴江辉主持。区委副书记、区长刘光荣，区委副书记万晓娟，区委常委邱胜、仇海泉、邓越峰、帅志、胡军、陈敏、唐武出席。区人大常委会主任吴韶宸，区政协主席陶国强，副区长熊飞、吴梅萍、皮斌、罗国亮列席。

【第一届区委第三十八次常委会会议】 2022年12月3日，第一届区委第三十八次常委会会议召开。会议传达学习市委十二届五次全体(扩大)会议精神，《关于省文化和旅游厅原党组书记、厅长李小豹严重违纪违法案的通报》的文件精神，市委常委、常务副市长胡晓海对区党政主官开展政治谈话时的讲话精神；审议并原则同意区委宣传部提交的《关于加强和改进新时代全民国防教育工作的实施方案》、《红谷滩区全民国防教育2022年工作要点》、《红谷滩区全民国防教育工作领导小组工作规则》、《红谷滩区全面国防教育“十四五”规划》(密件)、《红谷滩区第二届文明村镇、文明单位、文明校园和第一届文明家庭的表扬通报》，区政府党组提交的《关于启动红谷滩区智慧教育项目建设的请示》；审议区纪委区监委提交的有关事项。区委书记吴江辉主持。区委副书记、区长刘光荣，区委副书记万晓娟，区委常委邱胜、仇海泉、邓越峰、帅志、胡军、陈敏、唐武、沈平出席。区政协主席陶国强，副区长熊锋、张莲波、熊飞、吴梅萍、皮斌、罗国亮列席。

【第一届区委第三十九次常委会会议】 2022年12月11日，第一届区委第三十九次常委会会议召开。会议传达学习12月6日中共中央政治局会议精神、《中国共产党纪律检查委员会工作条例》《江西省贯彻落实中央八项规定精神实施办法》文件精神、《中共江西省委关于坚决维护以习近平同志为核心的党中央权威和集中统一领导的规定》《中央生态环境保护督察整改工作办法》；听取区委巡察办报送的《一届区委第三轮巡察综合报告》，区政府党组提交的《红谷滩区2022年巩固拓展脱贫攻坚成果同乡村振兴有效衔接工作情况汇报》；审议并原则同意区委办公室提交的《关于召开中共红谷滩区委一届七次全体(扩大)会议方案》《在区委一届七次全体(扩大)会议上关于区委常委会工作的报告》《区委书记在区委一届七次全体(扩大)会议上的讲话》《中共红谷滩区委关于深入学习贯彻落实党的二十大精神 加快全面建设社会主义现代化南昌“红谷滩样板”的实施意见》，区人大常委会党组提交的《关于召开红谷滩区第一届人民代表大会第三次会议的请示》，区政协党组提交的《关于召开政协红谷滩区第一届委员会第三次会议的请示》，区政府党组提交的《红谷滩区2022年巩固拓展脱贫攻坚成果同乡村振兴有效衔接工作情况汇报》，区考核办提交的《2022年度红谷滩区区属国有企业综合考核实施方案》；审议区委组织部有关议题。区委书记吴江辉主持。区委副书记、区长刘光荣,区委副书记万晓娟,区委常委邱胜、仇海泉、邓越峰、帅志、胡军、陈敏、唐武出席。区人大常委会主任吴韶宸,区政协主席陶国强,副区长杨雨晨、熊锋、熊飞、皮斌、罗国亮列席。

【第一届区委第四十次常委会会议】 2022 年 12 月 29 日,第一届区委第四十次常委会会议召开。会议传达学习中央经济工作会议和中共中央政治局民主生活会会议精神;听取区委宣传部《2022 年网络安全和信息化工作的汇报》《2022 年对外宣传工作的汇报》;审议并原则同意区人大常委会党组提交的《关于调整红谷滩区第一届人民代表大会第三次会议召开时间的请示》《南昌市红谷滩区第一届人民代表大会第三次会议筹备工作方案》《红谷滩区人民代表大会常务委员会工作报告》《红谷滩区第一届人民代表大会第三次会议各代表团临时党支部书记、副书记名单(草案)》《红谷滩区第一届人民代表大会第三次会议邀请主席台就座人员名单(草案)》《红谷滩区第一届人民代表大会第三次会议各代表团团长、副团长建议名单(草案)》《红谷滩区第一届人民代表大会第三次会议列席人员名单(草案)》《红谷滩区第一届人民代表大会第三次会议临时党委名单(草案)》《关于汪伟等代表资格的报告》《红谷滩区第一届人民代表大会第三次会议主席团、秘书长、副秘书长、主席团常务主席、主席团执行主席分组名单(草案)》《红谷滩区第一届人民代表大会第三次会议代表、列席人员分团名单(草案)》《关于提请符强等职务任免的请示》,区政协党组提交的《政协南昌市红谷滩区第一届委员会第三次会议筹备工作方案》,区政府党组提交的《红谷滩区人民政府 2022 年度工作报告》《2023 年红谷滩区人民政府人大票决民生实事候选项目》《红谷滩区 2022 年国民经济和社会发展计划执行情况与 2023 年国民经济和社会发展计划(草案)的报告》《关于处置西客站南北广场资产资金支付的请示》《关于江西华天虚拟仿真示范基地有限公司股权调整的请示》《关于红谷滩区属企业负责人薪酬制度改革的意见》《红谷滩区 2022 年地方政府债务限额以及 2022 年区级预算调整方案》《关于红谷滩区 2022 年财政预算执行情况和 2023 年财政总预算(草案)的报告》《关于红谷滩区 2022 年 1—11 月财政预算执行和 2023 年财政预算初步安排情况的报告》,区法院党组提交的《红谷滩区人民法院 2022 年度工作报告》,区检察院党组提交的《红谷滩区人民检察院党组 2022 年度工作报告》,团区委提交的《红谷滩区共青团基层组织改革工作实施方案》;审议区纪委区监委、区委组织部提交的有关事项。区委书记吴江辉主持。区委副书记、区长刘光荣,区委副书记万晓娟,区委常委邱胜、仇海泉、邓越峰、帅志、胡军、陈敏、唐武出席。区人大常委会主任吴韶宸,区政协主席陶国强,区人大常委会委员汤长才,副区长杨雨晨、熊锋、熊飞、吴梅萍、皮斌、罗国亮列席。

【第一届区委第四十一次常委会会议】 2022 年 12 月 30 日,第一届区委第四十一次常委会会议召开。审议区委组织部有关议题。

(燕晶晶)

决策部署

【概况】 2022 年,红谷滩区常务委员会始终坚持以习近平新时代中国特色社会主义思想为指导,围绕迎接党的二十大胜利召开和学习宣传贯彻大会精神工作主线,深入学习习近平总书记系列重要讲话精神,特别是对江西和南昌工作的重要要求,坚持稳中求进工作总基调,按照“疫情要防住、经济要稳住、发展要安全”的重要要求,就贯彻落实“三重一大”事项集体决策制度、强化重要工作督办等进行讨论研究,作出重要决策部署,推动全区各项事业高质量发展。

【贯彻落实“三重一大”事项集体决策制度】 2022 年 1 月 30 日,经区委、区政府同意,区委办公室、区政府办公室印发《〈关于贯彻落实“三重一大”事项集体决策制度的实施办法(试行)〉的通知》。要求对凡属“三重一大”(重大决策、重要人事任免、重大项目安排和大额资金使用)事项必须坚持集体领导、民主集中、个别酝酿、会议决定,确保科学决策、民主决策、依法决策和效率决策,同时全区各级党委(党组、工委)要建立完善“三重一大”事项集体决策制度具体实施方法,落实全面从严治党要求。

【强化重要工作督办】 2022 年 1 月 30 日,经区委、区政府同意,区委办公室、区政府办公室印发《红谷滩区重要工作督办办法(试行)》的通知。督办办法将区四套班子主要领导和区委、区政府分管领导作为督办主体,成立领导小组,对区管科级干部及驻区各单位科级干部就重大决策部署、重要会议精神、重要工作等落实情况进行督办,并将督办结果作为干部日常管理考核的重要依据,有效助推红谷滩区各项工作高效运转,推动经济社会高质量跨越式发展。

【构建新招商引资格局】 2022 年 2 月 9 日,区委办公室、区政府办公室印发《红谷滩区构建新招商引资格局 完善项目全生命周期服务工作机制》的通知。进一步完善招商引资工作体制机制,转变工作方式、下沉工作重心,加大各属地、部门对项目招引和服务保障的力度,坚持“条块结合”“上下联动”，构建全区“一盘棋”的大招商格局。按照洽谈引进、落地服务、跟踪问效、履约兑现等环节，建立完善工作机制，成立红谷滩区开放型经济领导小组，设立4个工作领导小组，推动红谷滩区实施更大范围、更宽领域、更深层次的全面开放。

【深化水环境治理】 2022年2月15日，区委、区政府印发《南昌市红谷滩区中央环保督察典型案例整治行动实施方案》的通知。坚持以习近平新时代中国特色社会主义思想为指导，围绕“改善水质、修复生态、人水和谐”目标，加强中央环保督察典型案例曝光问题整改，理顺城区水环境治理工作体制，按照“源头—过程—末端”体系，着力推进重点领域和重点片区污染整治，推动依法治理、科学治理、社会治理，努力构建生态文明建设示范区。

【推进新时代“勤廉红谷滩”建设】 2022年2月19日，区委印发《关于推进新时代“勤廉红谷滩”建设的意见》，从“建设‘勤廉红谷滩’的指导思想、主要目标和基本原则”“强化政治建设，构建风清气正健康向上的政治生态”“压实政治责任，发挥全面从严治党引领保障作用”“坚持好干部标准，建设勤廉有为的干部队伍”“坚持严管厚爱，营造发奋齐心的干事环境”“培育勤廉理念，树立崇勤尚廉的价值导向”“坚持全面推动，形成齐抓共管的工作格局”7个方面，提出27条工作意见，为坚定不移推动全区全面从严治党向纵深发展，全面打造勤廉江西“红谷滩样板”提供有力支撑。

【持续优化营商环境】 2022年4月12日，经区委、区政府同意，区委办公室、区政府办公室印发《2022年红谷滩区关于深入推进优化营商环境“一号改革工程”全力打造区域性标杆城区行动方案》的通知。要求坚持把优化营商环境作为“一号改革工程”，持续提升营商环境水平，实施五大专项行动，在打响“江西办事不用求人、江西办事依法依规、江西办事便捷高效、江西办事暖心爽心”营商环境品牌上率先“作示范、勇争先”，力争2022年度全区营商环境重点领域取得突破性成效，全省营商环境评价排名进入第一方阵。推进全链条优化审批、全过程公正监管、全周期提升服务，全面提升营商环境市场化、法治化、国际化、便利化水平，打响营商环境“红谷滩”品牌。

【深入推进数字经济发展】 2022年9月19日，经区委、区政府同意，区委办公室、区政府办公室印发《关于成立红谷滩区发展数字经济工作领导小组的通知》《红谷滩区深入推进数字经济“一号发展工程”全力打造全省数字经济创新发展高地行动方案》《红谷滩区深入推进数字经济“一号发展工程”2022年度工作计划》的通知。深入推进数字经济“一号发展工程”，全力打造全省数字经济创新发展高地，成立红谷滩区发展数字经济工作领导小组，围绕建设打造数字化科技先导区、数字化产业核心区、数字化融合引领区、数字化治理示范区和数字化建设标杆区，制定9个方面、39项具体任务，推动数字经济成为红谷滩区高质量发展的重要支撑。

【学习宣传贯彻党的二十大精神】 2022年11月15日，区委印发《中共红谷滩区委关于认真学习宣传贯彻党的二十大精神的通知》。要求把全区广大干部群众的思想统一到党的二十大精神上来，把力量凝聚到实现党的二十大确定的各项任务上来，从“充分认识学习宣传贯彻党的二十大精神的重大意义”“深刻领会和牢牢把握党的二十大精神”“大力营造学习宣传贯彻党的二十大精神的浓厚氛围”“切实在全面贯彻落实党的二十大精神上下功夫”“加强学习宣传贯彻党的二十大精神的组织领导”五个方面进行工作部署，在全区迅速掀起学习宣传贯彻党的二十大精神的浓厚氛围。

【推进楼宇经济发展】 2022年11月25日，经区委、区政府同意，区委办公室、区政府办公室印发《南昌市红谷滩区楼宇经济管理办法》，成立全区楼宇经济高质量发展工作领导小组，部署“建立‘六个一’楼宇管理机制”“建立楼宇企业对接服务机制”“建立楼宇招商联动机制”“建立楼宇经济发展联席会议制度”“建立楼宇等级评定制度”“建立楼宇经济发展促进会”6项工作任务，推动全区楼宇经济高质量发展。

【加快推进社会主义现代化建设】 2022年12月30日，区委印发《关于深入学习贯彻落实党的二十大精神加快全面建设社会主义现代化南昌“红谷滩样板”的实施意见》。围绕深入学习贯彻落实党的二十大精神，紧密衔接红谷滩区“十四五”规划，围绕打造“一枢纽四中心”的发展定位，结合红谷滩区“保持领先领跑姿态，彰显首府首区担当”目标定位，在经济社会发展方面作出系列部署，突出发展数字经济、智能制造、楼宇经济、现代金融、商贸文旅等产业，强调加快片区开发、完善城市路网、推进乡村振兴等战略，从12个部分部署50余项具体工作，在“强省会”战略中作示范、勇争先，全面建设社会主义现代化南昌“红谷滩样板”。

（帅　嵩）

区委中心组理论学习

【概况】 2022年，红谷滩区四套班子领导干部，区委领导注重政治理论学习，组织14次理论中心组学习会，深入学习领会习近平新时代中国特色社会主义思想、党的二十大精神、《习近平谈治国理政》第四卷，书面传达学习党的二十大报告，习近平总书记关于从严治党、政治监督、意识形态、数字经济、营商环境、安全生产等方面的重要论述，学习贯彻习近平总书记在党的十九届六中全会、庆祝中国共产党成立100周年大会、党史学习教育动员大会、全国脱贫攻坚总结表彰大会、省部级专题研讨班等的重要讲话精神和习近平总书记关于乡村振兴和"三农"工作等重要思想，重温习近平总书记视察江西重要讲话精神等。区委常委领导依次围绕主题进行中心发言。

【召开党史学习教育专题民主生活会】 2022年1月14日，红谷滩区召开区委班子党史学习教育专题民主生活会集中学习研讨会暨区委理论学习中心组会议，区委班子成员参加。区委书记吴江辉指出，要坚持把学习贯彻习近平新时代中国特色社会主义思想作为首要政治任务，做到主动学、及时学；要切实把经济工作作为重中之重，做好2022年工作的谋划布局，大干快干、苦干实干；要巩固拓展党史学习教育成果，做好总结评估工作，高标准高质量开好党史学习教育专题民主生活会，以实际行动迎接党的二十大胜利召开。

【学习贯彻党的十九届六中全会精神】 2022年2月25日，红谷滩区组织召开区委理论学习中心组（扩大）会议，区四套班子成员、法检两长；区委各部门、区直各单位、各人民团体、区属企事业单位主要负责人，乡、镇（街道、管理处）党政主要负责人参加会议。会议聆听省委常委、市委书记李红军在县处级主要领导干部专题研讨班动员讲话和辅导报告，部分区领导，各乡、镇（街道、管理处）党政主要负责人作交流发言。与会人员围绕"学习贯彻党的十九届六中全会精神、提高政治判断力政治领悟力政治执行力"主题，聚焦省委常委、市委书记李红军在全市县处级主要领导干部专题研讨班上的辅导报告精神，积极发言、分享体会、交流研讨。

【聚焦"赶考"主题，牢记"两个务必"】 2022年4月27日，红谷滩区组织召开区委理论学习中心组学习会议，区四套班子成员、法检两长；区委办、区人大办、区政府办主任，区政协秘书长；区纪委区监委副书记、副主任，区委组织部、区委宣传部常务副部长参加。会议集中观看警示教育专题片《"赶考"路上的迷失者》，刘光荣、吴韶宸、陶国强、帅志作交流发言。吴江辉指出，要深入学习贯彻习近平总书记视察江西重要讲话精神，牢记"两个务必"，保持"赶考"清醒，奋力走好新时代的赶考之路。

【学习数字经济】 2022年5月31日，红谷滩区组织召开区委理论学习中心组学习会议，区委书记吴江辉主持并讲话。区委副书记万晓娟、区人大常委会主任吴韶宸、区政协主席陶国强等四套班子领导、区检察院检察长参加学习。市委宣传部理论科科长徐小虎一行列席旁听。吴江辉强调，要以专业化的眼光谋划数字经济发展，不断提高站位，深化产业认知；以特色化的定位引领数字经济发展，全力推进数字产业化；以精细化的保障护航数字经济发展，强化组织保障。相关区领导围绕学习数字经济作交流发言。

【学习贯彻习近平总书记关于营商环境、安全生产和法治思想的重要论述】 2022年6月21日，红谷滩区组织召开区委理论学习中心组学习会议，深入学习贯彻习近平总书记关于营商环境和安全生产的重要论述和重要批示，认真学习习近平法治思想和新修订的《中华人民共和国安全生产法》，切实增强对优化营商环境和安全生产责任重要性认识，深入推进优化营商环境"一号改革工程"，奋力打造区域性营商环境标杆城市，抓紧抓实抓细安全生产各项工作。区四套班子成员、法检两长；区委办、区人大办、区政府办主任，区政协秘书长；区纪委区监委副书记、副主任，区委组织部常务副部长、区委宣传部常务副部长参加。

【学习习近平总书记关于全面从严治党和关于政治监督重要论述】 2022年7月23日，红谷滩区组织召开区委理论学习中心组学习会议，集体学习《中国共产党章程》，重温习近平总书记在庆祝中国共产党成立100周年大会上的重要讲话精神，重点学习习近平总书记关于全面从严治党重要论述和关于政治监督重要论述，学习《习近平谈治国理政》第四卷和《习近平经济思想学习纲要》。深刻领悟"两个确立"的决定性意义，增强"四个意识"、坚定"四个自信"、做到"两个维护"，深入理解伟大建党精神是党的"精神之源，奋力在新时代新征程上团结奋斗、勇毅前行。

【专题学习《习近平谈治国理政》第四卷】 2022年8月27日，红谷滩区组织召开区委理论学习中心组学习会议，市委党校（行政学院）副校长邓裕斌作《习近平谈治国理政》第四卷宣讲报告。深入学习贯彻《习近平谈治国理政》第四卷，深刻领悟"两个确立"的决定性意义，增强"四个意识"、坚定"四个自信"、做到"两个维护"，真正做到虔诚而执着、至信而深厚，不断提高政治判断力、政治领悟力、政治执行力，把红谷滩区打造成最讲党性、最讲政治、最讲忠诚、最讲担当的地方。

【区委理论学习中心组（扩大）学习

会暨法治思想大学堂】 2022年9月24日，红谷滩区组织召开区委理论学习中心组（扩大）学习会暨法治思想大学堂，学习贯彻习近平总书记在省部级专题研讨班上重要讲话精神。学习贯彻习近平法治思想、习近平总书记关于加强和改进人民政协工作的重要思想，认真学习《习近平法治思想学习纲要》、习近平总书记关于中国特色社会主义法治体系建设理论文章和关于加强党内法规制度建设的重要指示精神、《信访工作条例》和民族宗教政策法规，增强贯彻落实的思想自觉、政治自觉、行动自觉，牢牢把握推进法治建设的重点工作、重点任务，在法治轨道上推进市域治理现代化，建设更高水平的平安红谷滩、法治红谷滩。

【召开区委作风建设专题会】 2022年9月29日，红谷滩区组织召开区委作风建设专题会暨区委理论学习中心组集体学习研讨会。会议主题为“看变化、找差距、强使命”。坚持以习近平新时代中国特色社会主义思想为指导，深入学习贯彻习近平总书记关于作风建设的一系列重要论述和视察江西重要讲话精神，深刻认识作风建设在“两个革命”中的重要作用，深入总结党的十八大以来作风建设历史性成就、历史性经验，准确把握作风建设阶段性特点、地域性特征，深刻领悟“两个确立”的决定性意义，进一步增强“四个意识”、坚定“四个自信”、做到“两个维护”，不忘初心、牢记使命，永远地、不断地吹冲锋号，激发“保持领先领跑姿态，彰显首府首区担当”的昂扬斗志，凝聚奋进新征程的磅礴力量，为红谷滩区经济社会高质量跨越式发展提供坚实的纪律保障，以各项工作的新成效向党的二十大献礼。

【专题学习党的二十大精神】 2022年10月29日，红谷滩区委理论学习中心组专题学习党的二十大精神，深入学习党的二十大精神和习近平总书记在党的二十大开幕会上的报告，深入学习习近平总书记系列重要讲话精神，深刻领会报告中对新时代坚持和发展中国特色社会主义的重大理论和实践问题新的论断、对习近平新时代中国特色社会主义思想的丰富发展新的概括阐述、对中国式现代化的实现路径新的布局规划，自信自强、守正创新，踔厉奋发、勇毅前行，切实把学习成果转化为奋进新征程、建功新时代的工作举措和实际成效，为全面建设社会主义现代化红谷滩打下坚实的思想基础。

【南昌市基层模范人物先进典型事迹进红谷滩专题党课】 2022年11月21日，组织前往省图书馆举行红谷滩区委理论学习中心组（扩大）学习会议暨南昌市基层模范人物先进典型事迹进红谷滩专题党课活动，生米街道同乐社区党支部书记、居委会主任夏君玲等6位先进典型人物分别进行授课。深入学习贯彻党的二十大精神，坚持以人民为中心的发展思想，教育引导广大党员干部坚定为民初心，坚定理想信念，树牢为民情怀。

【举行学习贯彻党的二十大精神市委宣讲团报告会】 2022年12月1日，红谷滩区举行学习贯彻党的二十大精神市委宣讲团报告会暨区委理论学习中心组会议。市委宣讲团成员，市委常委、常务副市长胡晓海宣讲党的二十大精神。胡晓海强调，红谷滩区作为南昌经济发展的主阵地，必须拿出打头阵、作表率的雄心壮志，紧紧围绕市委要求，抓好党的二十大精神的落实。把“首要任务”时时扛在肩上，把民生福祉始终装在心里，努力在省会崛起、英雄城复兴过程中彰显硬核担当，作出“首区”贡献。

【学习习近平总书记关于加强和改进民族工作的重要思想】 2022年12月3日，红谷滩区举行区委理论学习中心组（扩大）学习会，省民宗局党组成员、副局长廖敏围绕“以党的二十大精神为指引 牢牢把握‘主线’和‘方向’，推动新时代民族宗教工作高质量发展”主题进行授课。吴江辉强调，要聚焦深入学习领会习近平总书记重要讲话精神，持续抓好贯彻落实；要聚焦“铸牢中华民族共同体意识”主线，持续促进民族团结进步；要聚焦“坚持我国宗教中国化方向”要求，持续维护宗教和睦和顺。

【召开乡村振兴专题学习会】 2022年12月17日，红谷滩区举行区委理论学习中心组（扩大）学习会议，浙商发展研究院副院长、浙江省委政策研究室原副主任、研究员郭占恒围绕“八八战略”“千万工程”和乡村振兴主题进行授课。与会人员深入学习贯彻党的二十大精神，认真学习习近平新时代中国特色社会主义思想和习近平总书记关于乡村振兴及“三农”工作重要思想，把握历史主动、胸怀两个大局，牢牢把握乡村振兴工作主动权，稳住农业基本盘、守好“三农”基础，抓稳守牢底线任务，维护粮食安全重大责任，保持农村社会稳定，在巩固拓展脱贫攻坚成果、全面推进乡村振兴中作示范、勇争先。

（付俊炜）

督查与信息

【概况】 2022年，红谷滩区委办公室全力聚焦“作示范、勇争先”的目标定位和“五个推进”的重要要求，精准把握习近平总书记重要讲话的核心要义和精神实质，始终坚持稳中求进工作总基调，按照“疫情要防住、经济要稳住、发展要安全”的具体要求，全面贯彻中央、省市区委决策部署和区委各项目标任务，坚持政治督查定位，聚焦中心大局，紧盯目标节点，在精准督查上持续发力、久久为功，以高质量督查助推全区经济社会高质量发展。

【开展督查督办工作】 2022 年，区委督查室坚持把围绕中心、狠抓落实作为工作主旋律，充分发挥督查抓落实、促发展的“利器”作用，有力助推上级党委和区委各项决策部署落地见效，为全区经济社会高质量发展提供重要保障。围绕省市领导重点关心、关注的问题，如城市道路环境整治、窨井盖及防撞护栏整治、客运站乱象治理、“胡子工程”、“两整治一提升”等事项的落实工作紧跟不放，采取实地督查、书面检查等多种督查形式，将工作抓实抓牢；高质量督办区委主要领导批交办事项、区委常委会会议议定事项，第一时间立项跟踪，坚持一督到底、办结销号，并编报好每周一期的“区委书记批示指示件进展情况周报表”，加密督查频次、优化督办形式，确保区委书记批示指示意见及时纳入到督办事项。全年共办理省市督函 44 件，其中涉及中央和省委领导批示指示事项 2 件，涉及市委主要领导批示指示事项 42 件；完成市委督查室口头交办事项 90 件；全年共梳理督办区委书记吴江辉批示指示 450 件、会议纪要 84 件；滚动督办区委书记走访省厅、高校、国企等 20 家；全年督办民声通道 703 件、人民网区委书记留言 392 条，口头交办 43 条，其中人民网区委书记留言工作获评“2022 年度人民网网上群众工作民心汇聚单位”，有效推动一批涉及人居环境改善、群众办事方便等民生实事落地见效。

【编报党委信息】 2022 年，区委办公室围绕区委中心工作及重点难点问题，及时、全面、准确采编信息，不断提高信息质量和水平。全年累计编发《红谷滩每周要情》40 期。上报省委办公厅 260 条、市委办公厅党委信息 492 条，完成省委办公厅、市委办公室信息约稿及上报问题建议类信息 116 篇。其中，2 篇稿件被中央办公厅采用，37 条稿件被省委办公厅采用，84 条稿件被市委办公室采用；3 篇稿件被省领导批示。全年红谷滩区党委信息报送总得分 2767.5 分，同比增加 447.5 分，在县区中排名第三。

（杨　娟）

全面深化改革

【概况】 2022 年，红谷滩区委全面深化改革委员会坚持以习近平新时代中国特色社会主义思想为指导，深入学习党的二十大精神，坚决贯彻习近平总书记关于全面深化改革重要论述和中央、省委、市委关于全面深化改革的决策部署，聚焦重点抓改革、创新方式抓改革、注重落实抓改革，研究部署 92 项改革举措、27 项重点改革举措，加快实施全面深化改革攻坚行动，以更大决心、更强举措推动改革走深走实，着力形成更多原创性、引领性、标志性的红谷滩改革成果。首次获评全省全面深化改革工作先进县（区），连续两年获评全市全面深化改革工作先进县（区）。

【全面深化改革委员会第四次会议召开】 2022 年 5 月 13 日，区委书记、区委深改委主任吴江辉主持召开区委全面深化改革委员会第四次会议。区委深改委副主任、委员，各专项小组组长、副组长和牵头单位负责人参加会议。会议传达学习中央全面深化改革委员会第二十四次、二十五次会议，省委全面深化改革委员会第二十次、二十一次会议，市委全面深化改革委员会第七次会议精神及《江西省全面深化改革工作考核办法》；审议通过《中共红谷滩区委全面深化改革委员会 2022 年工作要点》《中共红谷滩区委全面深化改革委员会 2022 年重点改革举措》《七个专项小组 2022 年工作计划》《红谷滩区全面深化改革攻坚行动实施方案（2022—2024 年）》；部署当前和今后一个时期的全面深化改革工作。会议强调，要提高政治站位，做到改革有为；要明晰角色定位，做到改革有责；要强化攻坚克难，做到改革有力；要加强沟通联动，做到改革有序；要营造浓厚氛围，做到改革有声；要严格督促检查，做到改革有效。

【全面深化改革委员会第五次会议召开】 2022 年 8 月 8 日，区委书记、区委深改委主任吴江辉主持召开区委全面深化改革委员会第五次会议。区委深改委副主任、委员，各专项小组组长、副组长和牵头单位负责人参加会议。会议传达学习中央全面深化改革委员会第二十六次会议、省委全面深化改革委员会第二十二次会议、市委全面深化改革委员会第八次和第九次会议精神，以及《南昌市全面深化改革工作考核办法》；听取区金融办关于探索推动企业上市新模式工作推进情况汇报；审议通过《红谷滩区全面深化改革攻坚行动实施方案（2022—2024 年）》。会议强调，要深化思想认识，定心定力抓改革；要聚焦目标要求，高质高效抓改革；要抓住关键重点，突破突围抓改革；要强化协同联动，担当担责抓改革，推动形成层级清晰、协作有序、左右联动的改革工作网络格局，汇聚好“同频共振”力量。

【全面深化改革委员会第六次会议召开】 2022 年 12 月 3 日，区委书记、区委深改委主任吴江辉主持召开区委全面深化改革委员会第六次会议。区委深改委副主任、委员，各专项小组组长、副组长和牵头单位负责人参加会议。会议传达学习省委全面深化改革委员会第二十三次、第二十四次会议，市委全面深化改革委员会第十次、第十一次会议精神；听取各改革专项小组2022年工作计划推进情况汇报；审议通过《红谷滩区党外代表人士队伍建设规划（2022—2026年）》。会议强调，要满弓发力收好官，紧紧围绕年初部署的改革任务，专题攻坚、探索突破，切实收好官、结好账。要善于提炼总结，认真梳理总结经验做法，充分挖掘改革经验的创新点、提炼创新做法的闪光点，做到“开展一项创新，打造一个品牌”。要精雕细琢造好势，进一步拓展宣传推广深度，争取更多新闻报道，不断唱响红谷滩的改革最强音。要精心筹划谋好篇，紧盯中央和省市改革规划和部署，深入开展调查研究，探索更多原创性、差异化改革举措。

【推进经济体制和生态文明体制改革】 2022年，有序推进部分行政区划调整，纵深推进数字经济“一号发展工程”和优化营商环境“一号改革工程”，成功落户国家虚拟现实创新中心。在全市率先开展政务服务“就近办”并上线智慧政务地图，积极探索企业“园区＋政策＋基金”上市新模式，加快推进国企国资改革。

【推进民主法治领域改革】 2022年，创新搭建“红谷连心会”党建服务平台，扎实推进6个人大代表联络站建设，广泛开展基层民主协商“有事多商量、有事好商量、有事会商量”活动，制定出台《南昌市党外代表人士队伍建设规划（2022—2026年）》，巩固做实提升“法律明白人”培养工程。

【推进文化体制改革】 2022年，推动实现新时代文明实践站点全覆盖，培育打造“VR科普进校园”“情暖红谷滩 点亮微心愿”等特色志愿服务项目。积极探索数字赋能文化产业发展新模式，高标准完成6家“孺子书房”建设，制定出台《红谷滩区促进文化产业发展扶持办法》《红谷滩区文化产业园区认定及规范管理办法（试行）》等制度，持续推动文化产业高质量发展。

【推进社会体制改革】 2022年，创新搭建“鸿鹄之智”治理平台，获评2022年全省市域社会治理现代化试点实践案例“优秀试点成果奖”。建成全市首家区矛盾纠纷多元调解中心，推动公安政务服务“一网通办”“跨省通办”，在全国率先成立防范金融风险法官工作站，积极构建法院＋保险业人民调解委员会工作室机制。

【推进党的建设制度改革】 2022年，规范完善公职人员因私出国（境）管理机制和干部教育培训管理，打造一批先锋直播间，扎实推进“两新”组织党务工作队伍建设试点，探索建立区“校地融合智库”，率先成立全省首家县区级数字经济商会——红谷滩区数字经济商会，不断汇聚数字经济人才。

【推进纪律检查体制改革】 2022年，一体推进“三不腐”体制机制改革，深化“室组地”联动办信办案制度，扎实推进公安派驻改革试点，开展村（社区）巡察试点，扎实推进小微权力“监督一点通”平台国家级试点建设，紧盯“六类不落实”问题开展专项整治。坚持以“勤廉工程”“勤廉窗口”“勤廉村居”建设为抓手，推动“勤廉红谷滩”建设。

【推进农业和农村体制改革】 2022年，高标准推进元宇宙·VR数字农业示范基地建设，创新开展垂钓信息化管理试点，深入实施村级集体“三年强村计划”，扎实推进“两整治一提升”三年行动。

（李龙龙）

组织工作

【概况】 2022年，红谷滩区组织工作全面贯彻新时代党的建设总要求和新时代党的组织路线，聚焦“率先‘作示范、勇争先’”目标要求，紧扣政治建设、队伍建设、作风建设，着力建设忠诚干净担当“四有”干部队伍，夯实基层组织体系建设，凝心聚力广纳天下英才，用心用情开展老干部工作，统筹推进全区综合考核，为推进红谷滩“六大战略”开篇布局、奋力开创经济社会高质量发展新局提供了坚强组织保证。

【推进城市基层党建工作】 2022年，以区划调整为契机，统筹全区编制资源，对7个街道核增事业编制160个。用好大学生社区基层专干，达到每万名城镇常住人口拥有社区工作者18人要求。高位推动“红谷连心会”党群服务品牌建设。聚焦经济社会发展的重要问题、群众关切的实际问题、社会各界关注的焦点问题建立选题机制，由县级领导干部带头领题，推动问题限时有效解决。推进基层党建“三化”建设，对照“四个方面”定标准，“六个方面”立规范。加强基层“三化”建设，全面完成“三化”信息化平台建设。抢抓“两新”党建先机，串起新业态党建“红色链”。出台《关于进一步加强红谷滩区“两新”组织党建工作的激励办法（试行）》，选派103名机关和社区干部担任党建指导员。顺丰红谷滩区万达营业部党建工作得到省委组织部肯定点赞；仟得文化传播有限公司获评首批市级城市基层党建引领基层治理实训基地。

【党建引领乡村振兴】 2022年，常态化开展党建促乡村振兴“擂台比武”观摩交流活动，选树全省乡村振兴模范党组织1个、全市乡村振兴模范党组织3个，全市担当作为好支书2名、省级乡村振兴优秀驻村干部1名，建成全省首个“元宇宙”数字农业示范基地并投入运营，打造乡村振兴“红谷滩样板”。深入实施“三年产业强村计划”，全区村集体经济百万级村25个、千万级村4个,村级收入增长率排名全市第1。党建引领促凤凰洲街道凤凰村蝶变升级,该村立足区位优势,利用集体资产投资1.42亿元,建设"新凤凰大酒店",实现每年增收2500万元。

【科学应对新冠疫情】 2022年,建立健全五级联动工作体系,织密联防联控网络,畅通联络渠道,确保工作衔接有序,科学应对新冠疫情。牵头抓总,创建"无疫网格、健康家园"组织体系,压实"属地、部门、单位、社区、个人"五方责任。着眼于发挥党组织和党员"两个作用",深入推进"党建+"联防联控工作。组建党员先锋队51支,组建"党员志愿服务队"21支,设立党员先锋岗200余个。实行刚性约束,加强志愿服务管理,对志愿者情况进行动态更新;建立弹性机制,摸排辖区内党员志愿者,引导利用业余时间参与防控工作,为疫情防控常态化、长效化积蓄力量。建立督导督查机制,先后派出督查工作组12批次,组建巡回督导组4个,在全区各点位全方位开展日常督导,总结提炼的《党建引领疫情防控经验十条》获新华网等主流媒体报道。

【抓好党员教育管理工作】 2022年,组织全区各级党组织和广大党员干部集中收听收看党的二十大盛况。以党员教育工作体系化和基层党建信息化建设为抓手,统筹抓好各类各领域党员教育培训,抓实区级普遍培训、基层党委兜底培训,全区党员参加集中培训覆盖率达75%。印发《2022年全区党员教育培训工作要点》,坚持把学习贯彻习近平新时代中国特色社会主义思想作为首要政治任务,严格落实"第一议题"制度。认真做好党的十九届六中全会精神轮训工作。做好党的二十大精神学习宣传和培训工作,印发《关于认真做好学习宣传贯彻党的二十大精神有关工作的提示》,面向全区党员开展多形式、分层次、全覆盖的全员培训。落实老党员分类管理工作。向全区111名老党员颁发"光荣在党50年"纪念章。组织开展"七一"建党节、春节走访慰问困难党员、老党员活动。开展"三级书记讲党课"和百部优秀"微党课"评选工作,积极推介参与省市各级党课评选,选报的党课视频中11个作品获奖。做好2022年度"新时代赣鄱先锋"选树学工作,全区共选树7名"新时代赣鄱先锋"。其中,"担当作为好干部"1名,"一心为民好支书"4名,"群众身边好党员"2名。

【领导班子和干部队伍建设】 2022年,坚持把推进转隶干部融合作为重点工作来抓,力促转隶人员在思想、队伍、工作上深度融合,真正实现"进一家门、成一家人、说一家话、干一家事"的目标,达到"1+1>2"的效果。划转后第一时间将转隶干部分配至各管理处,作为"街道设立筹备组"成员,开展工作,尽力缩短转隶干部角色适应期、工作转轨磨合期,推动各项工作"无缝衔接、顺利过渡"。全面开展调研谈心,深入了解转隶干部的工作表现、特点及遇到的困难。围绕事业发展需要,将转隶干部妥善安排至各级领导班子,以领导班子成员优化配置提升干部队伍整体功能,助推经济社会高质量发展。

【加强干部监督管理】 2022年,出台《关于进一步规范红谷滩区公职人员因私出国(境)管理工作的办法(试行)》,将全区公职人员纳入管理范围,健全完善人员备案及证件管理台账,逐步形成"审批有依据、出境有批复、使用有记录、逾期有处理"的工作流程。全年共办理因私出国(境)新增登记备案424人次,其中146人为村(社区、场、站)书记,变更登记备案123人次,撤销登记备案18人次,新收缴225本因私出国(境)证件并统一保管,其中包含49名村(社区、场、站)书记84本证件。持续擦亮"阳光招录"品牌建设工作,严格执行新录用公务员政审考察制度,将招录重点放在基层乡镇街道,为基层建设增添新鲜力量;立足全区事业发展需要,有力有序开展公务员调任转任工作。按照最新标准,做好公务员工资标准调整审批工作。按照区划调整要求,稳妥有序做好公务员移交转接工作。顺利完成全年公务员统计工作及调入人员工资确定审批工作。

【提升干部教育培训质效】 2022年,围绕全区经济社会发展方向,有计划、分层次、分类别对干部进行培训,依托"学习强国"、"红谷滩党建"App、"江西干部网络学院"在线学习等学习平台,对全区公务员(参公人员)、事业编制人员及区属企业领导班子成员进行线上教育。出台《红谷滩区干部专题培训班管理办法(试行)》,进一步加强和改进各单位干部专题培训管理工作,有效提升全区干部培训工作的统筹性、针对性和实效性。把基层和一线部门作为培养干部的"练兵场",积极为干部提供实践锻炼的平台,选派1名新提拔科级干部到信访部门实践锻炼、1名干部到驻昌金融机构跟班学习,安排10名选调生到村任职,进一步拓宽干部培养锻炼渠道。

【推进人才强区建设】 2022年,牢固树立"人才是第一资源"理念,坚持党管人才,扎实推进人才强区建设。着力推动"区直接联系人才"队伍建设,充分考虑红谷滩各行业人才聚集的优势,兼顾高校、医院集群的特点,面向社会分类推荐"区直接联系人才",形成人人竞相成才的良好局面。支持创新创业平台建设,给予南昌虚拟现实研究院600万元资金支持,助推高端人才引进和技术革新,该院成功晋升为全国唯一国家级虚拟现实创新中心;南昌留创园（红谷滩园区）成为全省唯一入选 2022 年“中国侨联新侨创新创业基地”的园区。积极开展 10 万人才到南昌创业就业活动，组织 6073 家企业提供岗位 27.2 万个，开展校招 108 场，实名签约 2.7 万人，建立“赣才归巢”人才工作站 17 个，均居全市前列。全区先后共有江西海默技术股份有限公司等 19 家企业获评江西省 VR 产业创新创业优秀人才团队，位列全省第一。

【综合考核开篇布局】 2022 年，紧扣考核形势变化和发展要求，加强组织领导，强化分析研判，坚持问题导向，建立健全全区综合考核组织机构，构建“1+1+5”年度综合考核模式。研究制定《中共南昌市红谷滩区委综合考核工作委员会工作规则》等 11 个文件，召开考核工作相关会议 15 次，探索建立以检测、预警、督办、报告为内容，以蓝色、黄色、红色“三色预警”为抓手，以“三单两账两报告”为举措，推动全区综合考核工作日常动态监测。共下发工作提示 4 次，抄告单 3 次，激发干部内生动力，引导全区上下把智慧和力量凝聚到高质量完成区委、区政府年度工作任务上来，努力开创红谷滩区经济社会高质量发展新局面。

（曾彦汝）

宣传思想

【概况】 2022 年，红谷滩区委宣传部全面贯彻落实习近平总书记关于宣传思想工作的重要论述，围绕中心、服务大局，紧紧围绕迎接、学习、宣传、贯彻党的二十大工作主题主线，坚决克服疫情影响，在稳中求进、守正创新、敢于斗争中更好担当使命任务，以实际行动为全面建设社会主义现代化红谷滩提供坚实保障。

【开展重大主题宣传活动】 2022 年，聚焦“迎接、宣传、贯彻党的二十大”主线，开展形式多样的全媒体宣传。开展“党的二十大”报告应知应会线上答题活动，掀起全民参与的学习热潮。聚焦庆祝中国人民解放军建军 95 周年，策划制作红色宣传片《英雄城致敬英雄》，创新融入穿越机、3D 裸眼技术，以建军雕塑广场和南昌舰主题公园等本土红色文化地标为主体，展现英雄城南昌红色文化内涵。同步开展“我们的‘八一’”线上知识答题活动，弘扬永不退缩、冲锋在前、不怕牺牲的建军精神。聚焦 2022 世界 VR 产业大会，组织开展系列报道，全面准确发布大会信息，擦亮红谷滩区 VR 产业名片，唱响数字经济发展好声音。聚焦防旱抗旱工作，及时发动正面宣传，挖掘典型经验，回应群众关切。聚焦 2022 年国庆，开展《投出你的 NO.1！“迎国庆·颂祖国”青少年绘画作品大赛》活动，吸引全区青少年广泛参与。精心组织开展“南昌这十年”“乡村振兴”“移风易俗”“优化营商环境”“4+X 专项整治”等主题采访报道，在“报、网、端、微、屏”全媒体平台开设专题专栏专版，发挥全媒体宣传作用，助力工作推进。

【做好疫情防控宣传工作】 2022 年，面对南昌市突发疫情，坚持严谨、适时、适度报道，客观准确反映疫情和防范工作情况，做好舆论宣传。一方面，及时发布权威信息；另一方面，充分利用微信公众号、App 等新媒体平台，通过短视频、图文信息等形式，向社会公众普及疫情防护知识。开展防控政策和具体举措宣传，积极回应群众关切，引导群众了解防疫大局、支持配合防疫工作。

【做大做强主流思想舆论】 2022 年，坚持团结稳定鼓劲、正面宣传为主，统筹线上线下、内宣外宣。线下主动策划选题，加强与驻区中央、省市主流媒体的对接联络，积极报送选题线索、做好采访服务。全年红谷滩区在中央、省、市主要传统媒体共上稿 2100 余篇，其中中央、省级媒体 800 余篇。线上传播网络好声音，主动发布话题，在全国各大新闻网站上稿 2200 余篇，生动展现红谷滩区的新变化、新面貌、新气象和百姓的获得感、幸福感、安全感。激发广大干部群众自信自强、守正创新，投身于伟大事业，创造美好生活。发挥网络名人正能量作用，推动红谷滩区网络口碑向善向优。

【提升融媒体传播力和影响力】 2022 年，围绕学习宣传贯彻党的二十大精神，深入学习《习近平谈治国理政》第四卷、做大做强数字经济、优化升级营商环境等重大主题，开设专题专栏，精心策划活动，创作融媒精品，开展线上直播，不断加强形势政策宣传和社会民生热点引导，有效提升融媒体传播力和影响力。“红谷滩发布”微信公众号、“掌上红谷滩”App 在全省排行榜排名长期保持第一方阵，稳居全省前列。

【深化党的创新理论武装】 2022 年，坚持把学习宣传贯彻习近平新时代中国特色社会主义思想作为首要政治任务，紧跟中央和省委、市委重大决策部署及时学，聚焦全区经济社会发展重要问题跟进学，第一时间集体学习党的二十大精神，切实推动党的二十大精神在红谷滩落地生根、开花结果。科学安排“两个确立”、《习近平谈治国理政》第四卷等重大学习主题，组织集体学习研讨 14 次。完善党委（党组）理论学习中心组列席旁听制度，对乡（街道）党委（党工委）理论学习中心组开展旁听，不断提升中心组学习质量和成效。广泛开展理论宣讲活动，组建“1+9+N”红心向党宣讲队伍矩阵，区委常委发挥“关键少数”作用，带头宣讲党的二十大精神，“红心向党”宣讲团开展宣传宣讲

400 余场，央视《焦点访谈》《人民日报》报道关注红谷滩区宣讲活动，在全区营造学习宣传贯彻党的二十大精神的浓厚氛围。

【意识形态工作】 2022 年，认真贯彻落实党委（党组）意识形态工作责任制和网络意识形态工作责任制，坚持守土有责、守土负责、守土尽责，牢牢掌握意识形态工作领导权。区委主要领导旗帜鲜明站在意识形态工作第一线，带头履行意识形态工作第一责任人责任，深入开展“扫黄打非”“护苗”“净网”“秋风”等专项行动，切实维护人民群众文化权益。加强督导督查，对全区 8 个单位党委（党组）和 26 个社区党委开展意识形态专项检查，实现对意识形态工作责任制落实情况的巡察和专项检查常态化。

【加强和创新网上正面宣传】 2022 年，围绕“网络中国节”“江西是个好地方——天下英雄城”等网络主题开展宣传活动，制定下发《“江西是个好地方——天下英雄城”网络主题宣传推介月红谷滩执行方案》，在中央省市新闻媒体、“两微一端一抖”（“两微”指“智慧红谷滩”微博和“红谷滩发布”微信公众号；“一端”指掌上红谷滩 App；“一抖”指“红谷滩发布”抖音号）上开设专题、发布话题，发布视频、图文等稿件 400 余篇；配合省委网信办，开展纪念八一南昌起义 95 周年网络主题活动，邀请中央省市媒体对红谷滩区数字经济、政务服务等进行宣传报道。拓宽宣传平台，在新浪微博、今日头条等平台上设置涉区话题，引导网民关注、参与红谷滩区建设。“红谷滩公安分局获评全国优秀公安局”“南昌红谷滩区擦亮江西金融商务区名片”等话题陆续登上新浪微博同城热搜，得到广大网友的积极响应和参与，总阅读量达 2500 万人次，其中“南昌红谷滩区志愿者的浪漫投食”等话题在新浪微博同城榜上榜 5 次，设置的“我的老师成了大白和小蓝”“红谷滩抗疫日记”等单个话题最高阅读量达 2500 万人次；围绕疫情防控，推出“抗疫父子兵”“老师是大白”等正能量典型话题。

（杨文涛）

网络安全和信息化

【概况】 2022 年，红谷滩区网络安全和信息化委员会办公室（以下简称区委网信办）以习近平新时代中国特色社会主义思想特别是习近平总书记关于网络强国的重要思想为指导，深入贯彻落实省委、市委网信办工作要求，着力提高网络内容建设与管理、网络安全和信息化工作水平，以强大的网上舆论支持、可靠的网络安全保障和有力的信息化支撑，为全面建设社会主义现代化红谷滩提供思想保证和精神力量。

【承办 2022 年南昌市第九届“国家网络安全宣传周”活动】 2022 年 9 月 4 日，由红谷滩区承办的南昌市第九届“国家网络安全宣传周”启动仪式在南昌虚拟现实（VR）产业基地科技馆四楼举办。市、区和乡镇、街道有关负责人出席启动仪式，部分网络安全企业代表及媒体记者 120 余人出席活动。启动仪式由南昌新闻网全程直播，观看直播人数超过 23 万；9 月 4—9 日，在南昌 VR 产业基地科技馆四楼举办网络安全主题展。展板展示了习近平总书记关于网络强国的重要思想，《中华人民共和国网络安全法》等重点法规、政策和标准，网络安全防护新产品、新技术、新方案和打击网络违法犯罪重大成果，2021 年南昌市第八届“国家网络安全宣传周”以来各县区网络安全成果，红谷滩区 2022 年网络安全工作等。活动期间，以移动车厢为载体，打造“网络安全宣传车”，不间断播放中央省市网络安全视频、MG 动画，将“网络安全宣传车”开到南昌市主城区，打造“流动宣传站”；举办网络安全知识云展览，结合中央省市网络安全视频制作网络安全知识 MG 动画，通过全区政务新媒体、属地电子显示屏等平台广泛宣传网络安全相关知识，通过生动趣味地讲解网络安全知识，提高了群众网络安全防范意识，普及人数超过 10 万人；开展线上网络安全知识答题活动，通过在“红谷滩发布”微信公众号上发布有奖竞答活动信息，发动广大网民积极参与

2022 年 9 月 4 日，南昌市第九届“国家网络安全宣传周”活动启动仪式在红谷滩区举行（区委宣传部 供图）

有奖竞答活动，题库涵盖个人信息保护、防治电信网络诈骗、数据安全、关键信息基础设施安全保护、网络安全技术和应用等多个方向，参与答题突破4万人次；围绕活动主题开展网络安全宣传作品征集活动，征集与网络安全相关的宣传产品，通过广泛发动网民参与，共收到284套参选作品，最终选出16套优秀获奖作品，并在“掌上红谷滩”App上进行展播。

【加强网络安全管理】 2022年，贯彻落实中央、省委、市委关于做好服务保障党的二十大网络安全工作决策部署，印发《关于贯彻落实〈关于做好服务保障党的二十大网络安全工作的通知〉的意见》等文件，明确工作职责和要求。在区委常委会、区委网信委会等大会上多次部署网络安全工作。对全区网络资产进行摸底并建立台账，按照自查评估、现场检查、整改复测三个方面全面排查风险，坚决防范重大网络安全风险，坚决处置重大网络安全事件。指导全区党政机关开展网络安全自查工作，组织专业技术团队，对全区11家重点单位13个系统、网站等进行现场检查，全面涵盖党的二十大重点保障对象。针对检查中发现的问题和风险隐患，均下发网络安全检查情况通报，提出整改建议和整改时限。对相关单位进行督查，形成风险动态清零工作闭环；组织开展网络安全实战应急演练活动，首次采用“不打招呼”实网攻击模式，根据前期实网检测结果，抽取3个存在代表性高危风险漏洞的业务系统作为演练对象，进一步筑牢了全区网络安全“防火墙”，提高了网络安全风险防范能力。

【构建高效网络安全风险发现、报告等机制】 2022年，对标中央网信办《关于推进地市级网信办应急指挥中心规范化建设有关事项的通知》“四个有”的要求，全面推进应急指挥中心规范化建设；入选全省第一批县区网络应急指挥中心试点单位，全省共有17个单位入选；全力做好专班信息报送，至年底，共报送有害信息1.3万余条，在全市报送数量中排名第一；同时，不断规范全区网络通讯员队伍建设，完善《红谷滩区网络通讯员考核评比办法》，完善网络通讯员奖励机制，进一步发展和壮大网络通讯员队伍。

【加强党对网信工作的领导】 2022年，成立红谷滩区互联网行业综合委员会，督促辖区47家互联网企业成立党组织，实现互联网企业党组织全覆盖，更好地加强党对网信工作的领导；积极与属地互联网企业沟通交流，赴用友产业园、VR产业基地等园区开展调研走访活动，宣讲党的二十大精神和《习近平谈治国理政》第四卷等。

【开展网站和应用系统IPv6升级改造工作】 2022年，在全区范围内深入开展网站和应用系统IPv6升级改造工作，通过每周一调度、座谈走访、属地联动等形式推动升级改造工作。至年底，红谷滩区共有27家网站IPv6改造达标，47家商业网站完成首页IPv6改造，全面完成了省委网信办下发的改造任务；配合做好省、市各类业务培训，组织人员参加省市网络培训58次。11月10日，召开2022年全区网络安全和信息化工作培训会，对网络宣传和网络安全等工作进行实操培训，创新举办区、街道两级队伍联合处置演练活动，实现“1+1>2”的效果。

【开展“清朗”系列专项整治行动】 2022年，开展清朗·打击流量造假、黑公关、网络水军，清朗·规范网络传播秩序，清朗·严厉打击境内外网上非法宗教活动，清朗·网络暴力治理，清朗·2022年算法综合治理等“清朗”系列专项行动5次，规范网络传播秩序，全面清理负面有害信息，营造了风清气正的网络空间。

【推动数字化建设】 2022年，加强数字乡村发展统筹协调机制成员单位的协调配合，召开数字乡村发展统筹协调会，调度全区数字乡村工作；深入挖掘全区数字乡村运用场景优秀案例，通过“两微一端一抖”加强数字乡村宣传报道，组织新闻媒体、网络名人等到元宇宙·VR数字农村示范基地进行采风；通过数字经济专题培训、数字名师传帮带、“数字产业赋能新经济”沙龙等活动，实现数字化人才助力数字化发展；开设“网络文明”专栏，开展“市民文明素质提升群众评议活动”，提高网络文明素养。12月，开展区政务网异常IP专项检查工作，发现3家单位的IP存在流量异常情况，对这3家单位的主要负责人和工作人员进行约谈。全年共通报网络安全事件25起，已全部整改到位。

（陈亚军）

统一战线

【概况】 2022年，红谷滩区统一战线工作在区委的正确领导下，在市委统战部的精心指导下，紧扣“不忘初心、维护核心、服务中心、凝聚人心”工作定位，以思想政治引领为根本，以服务中心大局为取向，在大战中凝聚共识、在关键处彰显作为、在大考中锤炼队伍，为助力全区经济社会发展贡献统战力量。获评全省统战工作高质量发展综合绩效考核评价先进县区统战部、全市统战工作综合考核先进县区统战部，红谷滩区民宗局获评全省民宗系统信息工作先进集体，《紧扣“六高六新”着力打造红谷滩“侨梦苑”升级版》获评全省统战工作实践创新成果奖，获评全市民族团结进步示范区、全市统战系统招商引资专项行动先进单位、全市统战信息宣传工作先进单位、全市统战工作实践创新成果一等奖、全市统战工作理论政策研究创新成果二等奖。

【深化大统战工作格局】 2022年，区委常委会专题传达学习中央统战工作会议和全国、全省、全市统战部长会议精神和《中国共产党政治协商工作条例》精神，先后8次专题研究部署全区统一战线各项工作，听取全区统一战线工作汇报，审议并印发《中共红谷滩区委2022年度政党协商计划》《中共红谷滩区委统战部2022年工作要点》。召开区委统战工作领导小组会议2次、区委民族工作会议暨全区宗教工作会议、全区统一战线工作会议，传达学习中央、省市有关会议和文件精神，研究部署全区统一战线（民族宗教）工作。区委理论中心组学习统战（民族宗教）政策法规2次。

【进一步发展多党合作事业】 2022年，区委制定《中共红谷滩区委2022年度政党协商计划》，并按计划要求稳步实施，先后召开不同形式的协商会、座谈会、通报会，就水环境治理、全区经济社会发展情况、人才政策出台和落实情况、法院工作、检察工作等向党外人士进行通报。印发《2022年度红谷滩区“党委出题、党派调研、政府采纳、部门落实”活动方案》，各民主党派相继成立调研组，确定调研课题，开展调研工作，6篇调研成果在专题汇报会上进行了展示。民建红谷滩区支部调研报告《激活数据要素构建数字经济发展核心竞争力》获南昌市人民政府市长万广明同志批示肯定。在市、区“两会”期间，各民主党派提出有价值的提案、建议90余件，社情民意信息140余条。按照“一党派一特色”，完成民盟红谷滩区支部“盟员之家”和民建红谷滩区支部“会员之家”建设。

【夯实党外知识分子工作基础】 2022年，制定印发红谷滩区贯彻落实党外知识分子思想政治工作和无党派代表人士队伍建设有关文件精神的工作方案，举办无党派人士和党外知识分子培训班，组织党外知识分子召开中共二十大精神专题学习会、到小平小道陈列馆开展爱国主义教育，积极开展走访谈心活动，和无党派人士、党外知识分子联谊交友，切实强化思想政治教育。组织无党派人士和党外知识分子参加中共二十大精神学习座谈会、《政府工作报告》征求意见座谈会、红谷滩区经济社会发展情况座谈会和水环境保护工作与人才工作、优化营商环境等专题通报会，开展民生专题调研，撰写《油烟污染治理》专题调研报告，让无党派人士和党外知识分子多渠道知情明政、建言资政。承办“喜迎二十大　同心跟党走”南昌市首届“秋水·知心”诵读晚会，展现了全市党外知识分子和无党派人士“同心跟党走　共画同心圆”的生动局面。开展全区无党派人士政治面貌认定工作，至年底，已认定37名无党派人士政治面貌。全力推进党外知识分子联谊会的筹建工作。

【加强新时代非公有制经济统战工作】 2022年，召开“红谷连心会”暨“政企恳谈会”，听取促进非公有制经济发展的意见建议，协调落实企业诉求。全面落实红谷滩区政企面对面沟通机制，搭建“暖心护企”平台，在全区开展“暖心助企”大走访活动，与民营企业家面对面座谈，全年走访各类市场主体3.3万余户，收集企业各类建议、诉求3178条，处理回复率达95%。围绕服务高质量发展，成立全省首家县区级数字经济商会，成立女企业家商会。牵头落实《2022年全区统战系统招商引资专项行动工作方案》，大力开展统战系统招商引资专项行动，完成签约落地项目18个，投资金额21.38亿元。积极组织商会与会员企业参与全区疫情防控，会员企业发起《助力抗疫宣传倡议书》，制作《不负春光，同心战疫》等28个携手抗疫视频，区工商联会员企业、商会共捐赠财物115万余元，发动志愿者650余人。联合腾讯、混沌学园共同开播“复工复产，化危为机”主题系列课程，以线上数字课程形式面向民营企业分享疫情背景下的应对方法，吸引超2.9万人次观看，点赞量超10万人次。

2022年11月28日，红谷滩区委统战工作会暨区委统战工作领导小组（扩大）会议召开　（区委统战部　供图）

【新的社会阶层人士统战工作成效显著】 2022年，成立区新联会党支部，把政治学习作为“第一议题”。先后赴赣州于都、景德镇瑶里开展“凝聚新力量，筑梦新时代”主题教育；“七一”建党节活动期间，组织开展“七个一”系列红色活动。顺利完成一届二次理事会议，进一步优化组织人员结构，在省社会主义学院举办区新的社会阶层人士培训班，提高会员履职能力。注册上线“南昌市红谷滩区新联会”微信公众号，开辟线上宣传阵地。打造区新联会鸿鹄读书会和鸿鹄大讲堂两大学习型品牌。举办“寻美红谷滩”视频音频征文大赛、“喜迎二十大，凝聚新力量”书画摄影展；开展“喜迎二十大·新联益路行”法治宣传月活动。在VR产业基地通过共创共建，打造南昌市、红谷滩区新的社会阶层人士数字经济统战工作实践创新基地。提升打造区新联会营商服务基地，分别与“洪城调解委员会”“商事纠纷调解中心”“互联网纠纷调解中心”签订合作协议，畅通与工商联、法院、检察院等部门的沟通协调渠道，为全区新阶层人士创业创新提供智力支撑和政策服务平台。

【港澳台工作务实推进】 2022年，开展元旦春节走访港澳同胞活动。成立红谷滩区欧美同学会（红谷滩区留联会），召开省、市、区留学人员交流座谈会。组织区留联会班子成员和部分会员参加全市“弘扬五四精神，我向祖国诉心声”活动暨第七期党外知识分子“风采沙龙”活动、“传承中华传统优秀文化，喜迎党的二十大”观摩画展活动，组织香港同胞开展“学重要讲话·庆香港回归”活动，组织部分归国留学人员和在昌港人举办“海响之夜”音乐会，共同庆祝香港回归祖国25周年。

【侨务工作务实推进】 2022年，在“七一”建党节和“十一”国庆节重要节假日期间，走访慰问侨胞侨属、归国留学生、港澳台籍代表人士、少数民族流动务工经商人员。在“强省会·侨企大走访”活动中，走访28家侨企，收集反馈的8个问题均已解决，为各界统战人士排忧解难。

【"侨梦苑"品牌持续擦亮】 2022年，着力打造“侨梦苑”升级版，获得国务院总理李克强、省委书记易炼红和省委常委、统战部部长黄喜忠等中央、省级领导的好评和肯定。成立区委书记任组长的红谷滩区“侨梦苑”建设工作领导小组，制定下发《红谷滩区贯彻落实“侨梦苑”建设“十个一”工作要求分工方案》，制定“侨梦苑”专项发展规划。成功举办2022年华侨华人高层次人才国情考察江西行活动启动仪式暨红谷滩“侨梦苑”招商推介会，国务院侨务办公室《侨务工作研究》2022年第3期对红谷滩区侨梦苑建设工作进行了专题报道。《以“六高六新”为举措，着力打造红谷滩“侨梦苑”升级版》课题被评为全市统战系统实践创新课题一等奖。

【促进各民族交往交流交融】 2022年，唱响“红谷情·民族亲”民族工作品牌。深入实施铸牢中华民族共同体意识强基、引领、连心、共建、共治“五大工程”。建好普贤社区邻里中心“VR+民族”体验中心，红石榴志愿服务队常态化组织各族青少年开展交往交流交融活动共计36次。举办“喜迎二十大·红谷情民族亲”摄影绘画大赛、“红谷情·民族亲”民族舞林大赛。深入推进“红石榴610”项目，即打造10个“红石榴”之家、10个“红石榴”服务站、10个“红石榴”志愿服务队、10个“红石榴”民族团结示范店（企业）、10个“红石榴”宣讲团和10个“红石榴”孵化基地，拓展各民族交往交流交融渠道。

【进一步夯实党外人士队伍建设】 2022年，把培养选拔党外干部纳入全区领导班子和干部队伍建设总体规划，出台《红谷滩区党外代表人队伍建设规划（2022—2026年）》《关于建立党外干部培养选拔工作联席会议制度的意见》《2022年度红谷滩区统战系统教育培训计划》，坚持“四个注重”，有计划、有重点地推进党外干部培养选拔使用工作。完成法检两院领导班子党外干部配备，统筹安排新增人大代表、政协委员中的党外代表人士。提拔重用3名党外干部，1名党外干部担任政府组成部门正职。在全区6个民主党派主委和知联会会长中，有3个由副县级领导担任，其他均由科级干部担任。

【淬炼过硬统战队伍】 2022年，召开党外人士学习贯彻中共二十大精神专题座谈会，传达学习中共二十大精神；举办3期红谷滩“统战大讲堂”、2期“鸿鹄大讲堂”、1期党外人士培训班；举办宗教教职人员政策法规培训班，民宗干部和宗教教职人员40余人参加培训。推荐3名党外干部参加区委党校中青年干部理论培训班、2名党外干部参加市委统战部第5期中青年干部培训班学习。在区委党校增挂“红谷滩区社会主义学院”牌子，明确专职科室和专职教师。

【讲好统战故事聚合力】 2022年，统战工作信息宣传稿件采用数创历史新高，达到158篇。其中，在《侨务工作研究》、国侨办官网、《中国统一战线》杂志官方网站等中央媒体上稿8篇；在《江西日报》、“赣鄱统战”微信公众号、“江西统一战线网”等省级媒体上稿101篇；在《南昌日报》、“南昌统一战线”微博等市级媒体上稿49篇。《江西日报》单篇报道红谷滩“侨梦苑”经验做法。在“红谷滩统战”微信公众号上开设“同心抗疫——红谷滩区民主党派在行动”“统战成员抗疫故事”“同心文苑·抗疫篇”等专栏，展现红谷滩区统战成员“战”疫事迹及统战工作新成效。举办“‘喜迎二十大 同心跟党走’南昌市首届‘秋水·知心’”诵读晚会、“喜迎二十大　网络名人看南昌”网络主题宣传活动、红谷滩区统战系统“喜迎二十大·同心强省会”演讲比赛等系列活动。红谷滩区荣获全市统一战线“喜迎二十大同心强省会——纪念中国共产党统一战线政策提出100周年”主题演讲比赛二等奖和三等奖。

（曾　欣）

对台工作

【概况】　2022年，红谷滩区对台工作在区委的坚强领导和市委台办的精心指导下，认真贯彻落实中央对台工作方针政策，围绕中心、服务大局，聚焦重点、主动作为，推动对台招商、对台交流、对台服务、对台宣传持续健康发展，充分发挥经济促统、文化促统、思想促统、感情促统四个抓手的重要作用，顺利完成各项工作任务，社会影响力进一步增强。

【开展对台经贸活动】　2022年，立足区位、资源、政策优势，多渠道搜集台商投资信息，积极开展对台经贸活动。9月15日，参加第十八届赣台（上饶）经贸文化合作交流大会，精心安排客商到红谷滩区参访，并与国科创新研究院客商李岳龙、钟华应进行深入交流。11月16日，市台协常务副会长甘明和昆山台商苏育正到红谷滩区参访，双方就项目落户交换意见，下一步将持续加强沟通对接，深入合作，共享机遇，共谋发展。

【深化对台交流合作】　2022年11月1日，2022年台媒看南昌活动的采访团参访南昌VR科技馆。11月15日，第九届海峡两岸（南昌）青年学生交流营50余名台籍与大陆籍青年学生参观南昌VR主题乐园，感受科技魅力，让台湾青年深切感受到祖国大陆的发展变化。同时，积极参加南昌市台资企业协会的各种活动，彼此加深了解，增进友谊，促进交流。

【强化对台服务意识】　2022年，扎实开展“办实事精准服务台企月”主题活动，将中央、省、市惠台政策文件发至辖区内台企并做好详细讲解，了解企业发展情况，收集企业生产经营中的各类问题。协调解决COCO奶茶退租房押金问题；为威爱科技协调兑现落地协议；为康师傅公司协调咨询办理“应急保供”车辆通行证问题。

【加强涉台联络服务宣传工作】　2022年，对全区台胞、台属基本情况进行全面调查摸底，进一步加强对台胞台属的联络服务工作，充分挖掘涉台资源，积极搭建台胞台属关心家乡、提供信息、招商引资、招才引智的平台，借助调查摸底工作契机。同步开展涉台宣传教育进台企、进社区、进村落、进学校活动，通过发放对台知识宣传抽纸、环保袋等方式，向台胞、村民、居民、青少年学生宣传国家对台方针。

（肖　琴）

政策研究

【概况】　2022年，区委办始终坚持以习近平新时代中国特色社会主义思想为指导，聚焦全面建设社会主义现代化红谷滩奋斗目标，紧扣区委决策部署，全面学习、把握、落实党的二十大精神，不断提高理论素养，积极当好“参谋助手”，为促进全区政治、经济、社会、文化、生态文明和党的建设等高质量发展发挥决策服务作用。围绕全区中心工作，高质量完成一批重要文稿起草、方案拟制、纪要撰写等工作。

【重要文稿起草】　2022年，区委办承担区委书记、区委副书记的重要文稿起草工作，面对人员少、任务重、时间紧、要求高等实际困难，全体干部合理分工、互相配合、通力协作，高标准完成《红谷滩区稳增长、防风险、保稳定、惠民生工作方案》、区委一届七次全会讲话、区委经济工作会议讲话、务虚会讲话、区委书记党课等重要文稿的起草工作，充分发挥以文辅政作用，全年累计起草综合文稿200余份、会议纪要159份、备忘录19份。其中，《学思践悟守初心 细照笃行促发展》《打好改革组合拳 释放发展新动能 奋力打造改革创新引领区》文稿被市委党刊《决策参考》刊发。

【会议纪要撰写】　2022年，区委办全程旁听区委书记主持召开的各类会议，记录会议内容，整理、撰写、并下发178份会议纪要（含备忘录），助力全区各项重点工作有序开展。同时，围绕市委决策部署和全区中心工作，撰写的《关于九龙湖西部组团开发建设的思路与建议》《关于华润万象城项目开业筹备情况的专题报告》《关于红谷滩区金融业增加值有关情况分析报告》《红谷滩区雨污管网治理阶段性工作情况报告》等12篇专报获省委常委、市委书记李红军肯定性批示。

（钟　萍）

老干部服务

【概况】　2022年，红谷滩区老干部工作以习近平新时代中国特色社会主义思想为指导，深入贯彻党的二十大精神，突出政治引领、强化精准服务、注重人文关怀、激励作用发挥，脚踏实地、砥砺奋进，用心用情做好老干部服务工作，抓好离退休干部党支部示范创建工作，注重发挥离退休干部优势作用，做到疫情防控和老干部工作"双促进",在彰显省会担当中作表率、勇争先。

【强化思想引领】 2022年,坚持政治理论学习制度,重点学习《习近平谈治国理政》第四卷、"七一"重要讲话、党的二十大等系列精神,收集老干部感想、体会文章、意见建议。广泛组织离退休支部书记和老干部开展学习《关于加强新时代离退休干部党的建设工作的意见》《廉洁自律准则》《离退休干部党纪法规学习资料(摘编)》,谋划落实新思路、新举措。先后组织全区老干部深入开展"建言二十大"活动,举办老干部党的二十大精神理论学习班,扎实推进"我看中国特色社会主义新时代"活动。

【全面落实待遇】 2022年,落实政治待遇不留盲点。区委常委会专题听取全区老干部工作专题汇报,研究加强新时代全区老干部工作。组织县级以上退休老干部到元宇宙VR数字农业示范基地、国家职业教育虚拟仿真示范实训基地开展"礼赞二十大、永远跟党走"参观考察。组织区人大退休党支部到厚田乡开展"感受乡村振兴,我看新农村新变化"主题党日活动,参观视察新农村"两整治一提升"建设。组织区政协离退休党员开展"走访慰问暖人心,关怀帮扶聚党心"主题党日活动。落实生活待遇不打折扣。认真贯彻落实《红谷滩区离休干部医药费单独统筹管理实施细则》文件,切实加强离休干部医疗服务保障工作,精细开通离休干部看病就医绿色通道,精准做好离休干部一对一结对服务。

【抓好党建示范创建工作】 2022年,持续开展"示范党支部"创建工作。按照组织动员、创建实施、实地督导等方式,推广"示范党支部"创建经验、巩固建设成果,打造区人大、区政协两个思想政治素质高、规章制度健全、发挥作用显著的先进离退休党组织。推进"老党员之家"的运行,把"老党员之家"打造成集党建活动、文化养老、发挥作用于一体的区直离退休干部党建共享平台。党内活动激发老党员活力。开展"传承红色基因,纪念南昌起义九十五周年""奋进新时代,永远跟党走"等系列主题党日活动。定期开展春节、"七一"走访慰问离休老党员、困难老党员工作。

2022年11月24日,红谷滩区组织离退休干部到元宇宙VR数字农业示范基地开展"礼赞二十大 永远跟党走"参观考察活动

(区委组织部 供图)

【关工委工作】 2022年,充分发挥关工委500余名"五老"(离退休老干部、老战士、老教授、老专家、老模范)志愿者作用,鼓励、引导组织"五老"志愿者深入中小学校、社区、企业开展党史宣讲、科普宣传、健康咨询、文明倡导、疫情防控、防溺水巡防等活动。在全区开展"树家风、育新人"主题活动,宣讲316场,服务居民和青少年2万余人次,打造6个村(居)委会作为区级家风家训教育示范基地。全年全区"双百工程"结对帮扶困难家庭共7190对。其中,扶贫助学1920对,帮教帮学5270对。全区共投入帮扶资金188万元,区级财政帮扶贫困生656名。其中,大学生11名、特困生45名、贫困中小学生600名。

【区老年大学工作】 2022年,积极组织学员参加南昌市第七届老年文化艺术节,排演的《打靶归来》大合唱节目在"军歌永嘹亮、奋进新征程"学习贯彻党的二十大精神群众歌唱会演中获二等奖。派出调研组开展座谈16场,发放调查问卷1220份,撰写的老干部工作调研课题《红谷滩区基层老年教育现状与发展对策的调研报告》获全市第一名。全年区财政保障老年大学工作经费141万元,其中包括区本级61万元、社区教学点80万元。积极探索"寓教于乐"老年教育新模式,疫情期间开展网上教学,合唱团学员自发在家中"以艺战疫"献唱,并制作成视频,为疫情呐喊助威。

(朱 燕)

机构编制

【概况】 2022年,红谷滩区委机构编制委员会办公室(以下简称区委编办)在区委、区政府和区委编委的正确领导下,在市委编办的关心指导下,以务实创新为导向,立足本职,服务大局,注重开展思想政治引领工作,建立健全机构编制管理机制,扎实推进镇(街道)管理体制改革工作,积极落实优化机构职能配置工作,努力做好重点领域机构编制需求保障工作,大胆创新事业编制周转池使用制度,统筹优化事业单位登记管理工作。区委编办各项工作取得阶段性成效,机构编制管理得到进一步规范和加强。

【建立健全机构编制管理机制】 2022年,为推动机构编制工作更好地服务改革发展大局,区委编办制定出台《红谷滩区委编办“三重一大”议事决策制度实施细则(试行)》,明确“三重一大”事项的范畴、议事规则和办事流程。认真落实好编委会一支笔审批(即机构编制事项必须按规定权限和程序由机构编制部门专项办理)和归口管理相关规定,从体制机制上保证党总揽全局、协调各方,进一步完善并强化机关制度管理工作。区委编办严格按照《区委编委会工作规则》《区委编办工作细则》《机构编制监督检查工作办法》要求开展工作,以“三定”规定为依据在权限范围内履行职责,切实发挥好党委参谋助手作用;严格落实机构编制实名制管理工作要求,进一步规范核编、上编、下编程序,安排专人负责机构编制实名制系统和全区统计年报工作,做好信息数据及时更新维护,确保实名制信息的准确性、完整性、真实性;认真贯彻执行《机构编制监督检查工作办法》,加大对机构编制违规违纪违法行为严肃查处的力度,持续推进机构编制监督检查,强化机构编制刚性约束,实现机构编制监督检查全覆盖。

【推进镇(街道)管理体制改革工作】 2022年,红谷滩区涉改单位为1个乡2个镇4个街道,分别为厚田乡,流湖镇、生米镇以及红角洲、凤凰洲、九龙湖、龙兴4个街道,其中具体涉改事项为厚田乡和流湖镇划转为红谷滩区管理,生米镇撤镇设街道以及新增设红角洲、凤凰洲、九龙湖、龙兴4个街道。区委编办严格按照《关于红谷滩区部分区划调整相关机构编制事项的通知》精神,组织制定新增设的红角洲、凤凰洲、九龙湖、龙兴4个街道“三定”规定,其机构设置与沙井、卫东保持一致,并相应设立4个司法所。在推进镇(街道)管理体制改革工作中,区委编办以主动“敲门”的方式,深入各单位各部门开展实地调研,动态跟踪“三定”规定的落实情况、机构运行情况、职责关系、编制管理、法人登记以及编外用工管理情况等,及时了解掌握有关部门存在的问题以及涉机构编制方面的诉求,并结合实际向区委编委提出优化机构编制资源配置的意见建议,积极向上级编制部门请求支持,不断完善红谷滩区街道管理体制,确保改革平稳过渡。

【落实优化机构职能配置工作】 2022年,针对机构功能定位不准、名称与职能不匹配以及部门之间职责边界不清等问题,积极优化调整,抓紧落实。组建区政务服务数据管理局,以整合区行政审批局其他职责及政务数据管理职责;将区城市管理局更名为区城市管理和综合执法局,以规范城市管理行政执法机构名称;单独设立区中小企业服务局,以强化支持中小企业和民营经济发展的体制机制,突出中小企业服务工作。将区农业农村局的粮食管理职责划至区发改委;将区农业农村局承担的建成区内的城市供水、水面管理(除赣江、乌沙河外)职责划至区城管执法局,由区城管执法局统一行使建成区内的城市供水、城市排涝、排水排污管理、水面管理及污水处理职责;将科工局政务数据管理职责划入区政数局;将考核相关职责统一划至区委组织部,从而将分散在不同部门的同类职责交由一个部门承担,进一步厘清部门间的职责边界。

【做好重点领域机构编制需求保障工作】 2022年,按照“严控总量、统筹使用、有减有增、动态平衡、保证重点、服务发展”的原则,优化机构编制动态管理,强化机构编制刚性约束,严格执行机构限额、领导职数、编制种类和总量等规定,动态监测重点领域、民生领域的编制需求,推动编制资源向重点领域和基层倾斜。为做好全区人才工作,促进区域经济发展,接收市党政储备人才35名,妥善安置退役士兵和退出消防员9名。为推动教育事业高质量发展,重新核定全区中小学教职工编制,增设豫章初级中学;按程序做好教师招聘补录工作,并通过社会招聘、定向师范、人才引进等方式共引进安置教师111人。为推动全区卫生事业全面均衡发展,设立区计划生育协会、区妇幼保健院、卫东社区卫生服务中心,共核定全额拨款事业编制54名,同步调整区部分卫生医疗机构编制数。为充分发挥监督保障执行、促进完善发展作用,设立区纪委区监委驻区公安局纪检监察组。为推动区文物保护和考古事业持续发展,设立区文物保护中心。为加强动植物病虫害防治、林业技术推广,设立林业综合服务中心。为促进交通运输行业健康有序协调快速发展,设立区交通运输综合服务中心。为加快基层应急管理体系建设,在厚田、沙井、卫东职能机构“社会治理办”增挂“应急管理办公室”牌子。

【创新事业编制周转池使用制度】 2022年,为提高编制使用效益,围绕区直事业单位人才队伍建设,着力破解“空编不用”和“无编可用”并存的结构性矛盾,区委编办采取控制总量、盘活存量的方式,统筹区直事业单位存量编制管理与使用，经区委编委审定，印发《〈红谷滩区区直事业单位编制周转池制度实施方案（试行）〉的通知》（红谷编发〔2022〕25号），探索建立“总量控制、专编专用、动态调整、人走编收”的区直事业单位编制周转池制度。

【简化优化事业单位登记管理工作】 2022年，依托事业单位网上登记管理系统，持续推行事业单位登记管理事项“网上办”“马上办”工作模式。在确保材料齐全、程序正当的前提下，优化简化办事流程，切实提升机构编制部门服务效能和水平。3月底，按时保质完成97家事业单位法人年度报告公示工作，完成率100%。区划调整后，根据《关于红谷滩区部分区划调整相关机构编制事项的通知》精神，结合红谷滩区实际情况，设立登记事业单位23家，变更登记64家次，接收厚田、流湖划转事业单位15家，完成14个机关的统一社会信用代码法人变更工作。在公共信用信息平台报送“双公示”信用数据243条，以助力社会信用体系建设。

（段丽萍）

保密工作

【概况】 2022年，红谷滩区认真贯彻落实保密工作责任制，在保密日常管理、保密宣传教育、保密督促检查上狠下功夫、长抓管理，较为圆满地完成了全年工作任务，全区未发生失泄密事件。

【保密工作责任制落实】 2022年，区委主要领导、分管领导高度重视保密工作，先后6次对保密工作做出批示。区委常委会会议学习传达《2021年全国窃密泄密案件情况通报》等文件精神。及时召开区委保密委员会会议，传达学习上级保密委会议精神，统筹部署全年保密工作。做好重要会议的保密管理和重要文件的贯彻落实工作，制定印发《关于做好保密服务保障党的二十大工作的通知》，强化计算机网络保密管理、涉密人员保密管理。保密工作责任制落实、保密纪律执行等情况纳入区委巡察工作内容。

【保密宣传教育】 2022年，深入开展“4·15”全民国家安全教育日保密宣传活动，利用“红谷滩发布”公众号平台，结合微信失泄密整治重点推送主题文章，转发国家保密局主题宣传片；向全区各单位发放《印迹——中国红色保密故事（江西卷）》，在机关食堂播放保密宣传片，并指导各单位开展保密宣传活动。扎实开展全区保密工作专题培训，全区各单位保密工作分管领导、业务骨干共计98人参加此次培训。组织开展微信失泄密专项自查和专题学习活动，覆盖全区各单位。积极组织参与“2022年江西省百万网民学保密法专场竞赛活动”、全市“筑牢保密防线全力护航二十大”知识竞赛，增强干部职工对保密法律法规的学习和了解，提升保密意识。常态化做好保密日常提醒，印发《致全区机关干部的一封信》。

【保密日常管理】 2022年，制定下发《密级文件管理告知单》，督促、提醒各单位着力做好涉密文件的起草、印发、转办到保管、清退、销毁的全流程保密安全管理工作。将定密管理纳入保密专项检查的主要内容，重点检查是否存在“随意定密”“该定未定”“密级和保密期限标注不规范”等问题。

【保密督促检查】 2022年，根据市委、区委巡察工作安排，完成对区自然资源和规划分局、红角洲街道、沙井街道、区财政局、区金融办等8家单位和5个社区党组织的保密工作专项检查；结合各单位保密自查自评工作开展情况，组织对区委统战部、区委信访局等7家重点涉密单位开展督查检查，对于检查发现的问题现场反馈问题清单，并指导、督促被检单位做好整改提升工作，做到“保密检查到哪里，保密提醒和指导就覆盖到哪里”。

【保密技术监管】 2022年，紧跟上级保密部门的总体部署，努力适应形势发展的需要，推进保密技术监管工作。重点做好党的二十大期间保密技术平台协同监管工作。

【基层保密室建设】 2022年，进一步加强基层保密工作力量，打造上下贯通、左右联动、层层负责、执行有力的保密工作格局。从维护国家安全和利益的高度，把加强基层保密工作作为一项长期工作，抓紧抓实抓出成效。加大基层乡（镇）、街道工作经费保障力度，做好保密装备更新换代工作，确立“宁可花钱买安全，绝不省钱换教训”思想，增强保密工作技防能力。全年向辖区内9个乡（镇）、街道拨付基层保密工作室打造专项经费共18万元，基层保密工作室打造整体完成进度过半。

（罗　静）

区直机关党的建设

【概况】 2022年，红谷滩区直机关工委在区委的坚强领导下，锚定“率先‘作示范、勇争先’”目标要求，坚持高位推动、以上率下，着力打造让党放心、人民满意的模范机关，激发机关基层党组织整体活力，以高质量党建助推红谷滩区打造新时代创新发展高地。

【思想政治建设】 2022年，牢记政治机关属性，把讲政治、抓政治的要求贯穿机关党建各方面。第一时间跟进学习贯彻习近平新时代中国特色社会主义思想和最新指示批示精神，让每一位党员明白学什么、怎么学。充分利用"三会一课""主题党日""学习强国""双周大讲堂"等学习载体，促进机关干部提高政治素养、提升业务水平。在市委党校举办为期5天的2022年党的二十大精神专题培训暨机关党组织书记履职能力提升培训班，不断提高区直机关党组织书记履职能力。

【机关党组织建设】 2022年，聚焦中心大局，不断强化引领带动。以"打头阵、当先锋、作表率"的雄心壮志，扛起首府首区的责任和担当，全力打造让党放心、人民满意的模范机关。区委探索创新"红谷连心会"党建服务品牌，强化党建引领，持续抓好"为民办实事"，开展"红谷连心会"120场次，收集各类问题538个。南昌西站综合服务中心创建"美途"党建联盟，联合站场及周边15家基层党组织，通过"党建引领、区域联动、多方参与、共促和谐"，建立党建联盟，先后开展共建活动100余场次。区政数局推出"红谷智小二"帮办代办政务服务平台，整合353项常用政务事项，快速定位咨询事项、预审前置、错峰分流，为办事群众提供"保姆式"一对一贴心帮办代办服务，已成功帮办2545件事项。48个区直机关单位均成立党员先锋服务队，结合"三联三亮三服务"活动，党员干部带头进社区、进村组，深入一线开展志愿服务2000余次。疫情防控期间，全区799名机关在职党员干部下沉社区、卡口，100名机关党员干部成立5支"洪城红"机关党员应急队。将机关党建工作融入全区发展大局，营造"学、严、干"氛围，以机关党建高质量凝聚社会正能量、推动全区经济社会高质量发展。区政府办认真对待群众各类诉求，受理办结政府信息公开申请21条、领导信箱来信221条、"我向省长建言"转办单39条、《问政江西》转办单415条，受理"12345"政府服务热线群众诉求42525件，"互联网＋督查"平台受理群众各类诉求222件，架起政民沟通的"连心桥"，营造便民政务环境。区人民法院出台《南昌市红谷滩区人民法院执行流程集约化工作模式实施细则》等14项制度，速裁快审平均审限压减至10.69天，民商事案件结案率达90.37%。区人民检察院着力打造"小红团"新媒体工作室和"两微一端"宣传矩阵，各渠道宣传信息近800条，营造了良好法治环境。区委政法委以打造"鸿鹄之智"社会治理品牌为核心，加快推进社会治理重点项目建设，深度打造"矛盾纠纷联合调处中心"。区城管执法大队加强对建筑垃圾、施工围挡等方面的治理，为百姓打造了良好有序的城市环境，不断提高社会治理水平。

【党员队伍建设】 2022年，聚焦作风建设，不断强化服务水平。在全区机关创新开展"清廉机关"建设，通过制度保廉、作风促廉、教育倡廉、文化养廉、以案警廉、济困思廉、家庭助廉七项措施，营造浓厚廉政氛围，重点打造区法院、区政数局等一批示范点。印发《关于区直机关在深化干部作风建设中开展"4＋X"专项整治的工作方案》，紧盯机关干部"中梗阻"、脱离群众和漠视侵害群众利益等共性问题，以及机关中层突出问题等集中开展专项整治行动，全年累计谈心谈话808人次，自查摸排"油松痞""中梗阻""小鬼难缠"问题502个，中层突出问题117个，整改到位593个。深入推进区直机关党建工作督查任务，通过实地查看、查阅资料等方式，对模范机关建设、"三化六好"建设、在职党员进社区、"三会一课"、"洪城红"基层党建信息化平台、党费管理、党的组织生活制度落实等情况进行严肃督查，督促各机关党组织对标对表、举一反三、查漏补缺，按期将各类问题整改到位。同时，组织开展"回头看"活动，确保督查工作落实落地。

（徐俊君）

史志编研

【概况】 2022年，红谷滩区档案馆（史志研究室）坚持"党办姓党"原

2022年11月22日，区直机关工委在市委党校举办2022年党的二十大精神专题培训暨机关党组织书记履职能力提升培训班开班仪式

（区委组织部　供图）

则，紧扣市委、市政府决策部署和上级部门的工作要求，结合区情实际，以年鉴编纂为重点，为区存史、为民修志，较好地完成了全年各项任务。

【编纂《红谷滩年鉴（2022）》】 2022 年，根据全区经济社会发展实际以及特色亮点工作，编辑《红谷滩年鉴(2022)》。该书设立特辑、大事记，区情概览、中国共产党红谷滩委员会、红谷滩区人民政府等类目。其间，全体年鉴工作人员通过参加江西省精品年鉴品读会线上研讨会、市县年鉴业务线上及线下培训，以及自行学习借鉴往年其他省市精品年鉴和江西省其他精品年鉴等方式，学习精品年鉴在编纂角度、语言风格、表述方式等编纂技巧。最终，经过认真研讨、精心设计、内查外调，如期完成编写出版工作，年鉴字数达 80 余万字。

【编纂《红谷滩大事记》】 2022 年，通过部门联动等方式，每周收集区级重要接待、重大活动、重要荣誉、工作动态等，征集全区各单位月度大事记编辑素材，确定以领导视察、重要会议、重要活动、重要荣誉、重要发文、媒体关注为条目的大事记，逐月编辑 12 期，共 15 万余字，真实记载全区发生的大事、要事、特事。

【推动史志宣传教育走深走实】 2022 年，为深入学习宣传贯彻党的二十大精神，践行习近平总书记视察江西时提出的“推进红色基因传承”重要要求，红谷滩区成立由区委常委、宣传部部长担任召集人的红色基因传承联席会议制度。通过党委常委会、理论学习中心组专题研究红色基因传承工作，制定印发《建设全国红色基因传承示范区年度工作要点和责任分工》。结合重要时间节点，通过广泛开展“同上一堂思政课——走进红色场馆 汲取奋进力量”“红色文化主题宣传教育月活动”“红色研学”“红色走读”等各类红色基因主题相关活动，持续推动红谷滩区红色基因传承工作深入开展。

（钟　萍）

档案编研

【概况】 红谷滩区档案馆归口区委办公室管理，正科级事业单位，实有在职干部 9 人。2022 年 5 月 13 日，在区委办公室设档案管理股，加挂区档案局牌子，以档案局名义对外开展工作。12 月 30 日，下发文件任命档案局局长。红谷滩区全面履行“为党管档、为国守史、为民服务”的神圣职责，在服务党委政府决策、服务经济社会发展等方面较好地发挥档案工作的基础性、支撑性作用。

【档案资源体系建设】 2022 年，不断加大档案资源的接收力度，对接区疫情防控指挥部，指导疫情防控专项档案整理。2020 年、2021 年疫情防控档案合计 4363 件已接收进馆，为红谷滩区今后开展重大突发公共卫生事件防控、历史研究等提供借鉴参考。印发《关于进一步加强档案管理工作的通知》《红谷滩区档案全宗号序列表》，明确全区各单位档案工作职责，增强做好档案工作的责任感和使命感，举办全区档案业务培训 65 人次，提高干部业务素质。

【档案安全体系建设】 2022 年，红谷滩区认真贯彻习近平总书记对安全工作的重要指示和批示，按照要求更新完善设施设备，不断提高人防、物防、技防能力，确保档案实体安全和信息安全。狠抓档案安全检查，建立常态化档案安全检查工作运行机制，对发现的问题及时整改，以确保档案安全万无一失。狠抓档案数据安全，做好档案数据异质备份工作，有效提升档案信息数据安全等级。

【档案利用体系建设】 2022 年，规范完善档案查阅利用制度，配备档案管理软件，提供便捷、高效、安全的“一站式查档服务”，为全区各单位工作提供强有力的支持，充分发挥档案的凭证作用，取得良好的社会效益。全年接待档案利用查阅群众 27 人次，利用档案 43 件次。

【档案信息化建设】 2022 年，红谷滩区采取购买服务的形式开展馆藏档案数字化，并全面推行纸质档案及其数字扫描件“双套进馆”。至年底，馆藏档案 69463 件，档案数字化率达 100%。

【档案法治建设】 2022 年，将档案工作纳入年度考核内容，督促和指导各考核责任单位落实档案工作各项部署，确保全区档案工作整体推进。红谷滩区印发《关于开展档案监督检查的通知》，抽取 2 个乡镇、街道及 5 家区直单位开展实地检查，送达《档案监督检查意见书》7 份；与市档案局、档案馆联合举办“喜迎二十大·档案颂辉煌”国际档案日宣传活动；开展“12·4”国家宪法日档案法治宣传活动，累计受宣群众 1500 人次，不断扩大档案法治宣传覆盖面和影响力。区委办 2 名干部通过行政执法资格考试，获得行政执法证，增强全区档案行政执法力量。

（黄智超）

2022 年中国共产党红谷滩区委颁发文件选目一览表

表 2

文号	发文时间	文件标题
红谷发〔2022〕1 号	2022 年 1 月 7 日	区委发出《中共红谷滩区委关于成立红谷滩区第一届人民代表大会第二次会议临时党委和各代表团临时党支部的决定》
红谷发〔2022〕2 号	2022 年 1 月 7 日	区委发出《中共红谷滩区委关于成立政协红谷滩区第一届委员会第二次会议临时党委和各联络组成立临时党支部的决定》
红谷发〔2022〕3 号	2022 年 1 月 14 日	区委发出《中共红谷滩区委关于印发〈关于进一步激励干部新时代新担当新作为的实施意见〉的通知》
红谷发〔2022〕4 号	2022 年 1 月 17 日	区委发出《中共红谷滩区委关于印发〈中共红谷滩区委第一届委员会常务委员会工作规则〉的通知》
红谷发〔2022〕5 号	2022 年 2 月 14 日	区委发出《中共红谷滩区委关于印发〈法治红谷滩建设规划（2021—2025 年）〉的通知》
红谷发〔2022〕6 号	2022 年 2 月 22 日	区委发出《中共红谷滩区委关于调整厚田乡等单位党组织设置的通知》
红谷发〔2022〕7 号	2022 年 3 月 4 日	区委发出《中共红谷滩区委关于基层纪检监察机构设立和更名的通知》
红谷发〔2022〕8 号	2022 年 3 月 9 日	区委、区政府发出《中共红谷滩区委 红谷滩区人民政府关于表扬 2021 年度红谷滩区高质量发展奖先进集体和先进个人的决定》
红谷发〔2022〕9 号	2022 年 3 月 14 日	区委发出《中共红谷滩区委关于推进新时代勤廉红谷滩建设的意见》
红谷发〔2022〕12 号	2022 年 4 月 15 日	区委、区政府发出《中共红谷滩区委 红谷滩区人民政府关于区领导挂点联系指导乡（街道、管理处）“无疫网格、健康家园”创建工作安排的通知》
红谷发〔2022〕13 号	2022 年 4 月 30 日	区委发出《中共红谷滩区委关于成立红谷滩区新冠肺炎疫情防控应急现场指挥部临时党委及各工作组临时党支部的通知》
红谷发〔2022〕14 号	2022 年 2 月 15 日	区委、区政府发出《中共红谷滩区委 红谷滩区人民政府关于印发南昌市红谷滩区中央环保督察典型案例整治行动实施方案的通知》
红谷发〔2022〕15 号	2022 年 6 月 8 日	区委、区政府发出《中共红谷滩区委 红谷滩区人民政府转发〈红谷滩区普法宣传教育工作领导小组关于在全区公民中开展法治宣传教育的第八个五年规划（2021—2025 年）〉的通知》
红谷发〔2022〕17 号	2022 年 5 月 30 日	区委发出《中共红谷滩区委关于建立区人民政府向区人大常委会报告国有资产管理情况制度的意见》
红谷发〔2022〕21 号	2022 年 8 月 8 日	区委发出《中共红谷滩区委关于调整区委领导班子成员分工的通知》
红谷发〔2022〕22 号	2022 年 8 月 11 日	区委、区政府发出《中共红谷滩区委 红谷滩区人民政府关于印发〈红谷滩区事业单位管理岗位职员等级晋升制度工作实施方案〉的通知》
红谷发〔2022〕23 号	2022 年 8 月 11 日	区委、区政府发出《中共红谷滩区委 红谷滩区人民政府关于印发〈红谷滩区新时代产业工人队伍建设改革实施方案〉的通知》
红谷发〔2022〕24 号	2022 年 9 月 5 日	区委、区政府发出《中共红谷滩区委 红谷滩区人民政府关于表彰 2022 年全区教育系统先进个人的决定》
红谷发〔2022〕25 号	2022 年 9 月 26 日	区委、区政府发出《中共红谷滩区委 红谷滩区人民政府关于调整区领导挂点联系指导乡镇街道及村社区管理站农场的通知》
红谷发〔2022〕26 号	2022 年 11 月 10 日	区委发出《中共红谷滩区委关于印发〈红谷滩区年度综合考核办法（试行）〉的通知》
红谷发〔2022〕27 号	2022 年 11 月 15 日	区委发出《中共红谷滩区委关于认真学习宣传贯彻党的二十大精神的通知》

续表 2

文号	发文时间	文件标题
红谷发〔2022〕28 号	2022 年 12 月 6 日	区委发出《中共红谷滩区委关于深入推进红色基因传承的实施意见》
红谷发〔2022〕29 号	2022 年 12 月 27 日	区委发出《中共红谷滩区委关于印发〈南昌市红谷滩区党外代表人士队伍建设规划(2022—2026 年)〉的通知》
红谷发〔2022〕30 号	2022 年 12 月 30 日	区委发出《中共红谷滩区委关于深入学习贯彻落实党的二十大精神加快全面建设社会主义现代化南昌“红谷滩样板”的实施意见》

（徐　卓）

党校工作

【概况】　2022 年，红谷滩区委党校(区行政学校)坚持以习近平新时代中国特色社会主义思想为引领，以《中国共产党党校(行政学院)工作条例》为指导，坚持“党校姓党”、从严治校的工作原则，围绕中心、服务大局，一手抓党校建设发展、教学科研咨政、意识形态工作等主责主业，一手抓党风廉政建设、新冠疫情防控、文明城市创建等中心工作，较好地履行党校工作职能、完成全年的目标任务，为促进红谷滩经济社会高质量跨越式发展做出党校应有的努力。

【培训办班】　2022 年，为深入学习贯彻习近平新时代中国特色社会主义思想，深入落实新时代党的建设总要求和新时代党的组织路线，全年共完成主体班及其他培训班 8 期，培训学员 1660 余人。上半年，依托江西干部网络学院支持，首次以网络专题班的形式，采用在线学习、集中学习与结业考试相结合的方式，完成区管干部学习贯彻党的十九届六中全会精神的全员轮训，培训干部 812 人；下半年，针对疫情依然复杂多变、中心工作任务繁重、干部集中调学困难的实际，通过与组织部门共同分析研判，继续依托江西干部网络学院，以网络培训的形式承办全区村(社区)党组织书记、大学生基层专干、乡村振兴干部履职能力提升培训班，培训基层干部 356 名；针对党校自身无培训场地、市委党校培训档期紧张的实际情况，取得慧谷产业园培训基地、万达悦华酒店等社会资源支持，顺利完成两期入党积极分子培训班、一期党务工作者党的二十大精神暨业务能力提升班、一期机关党组织书记培训班等培训任务，培训学员 475 人；7—8 月，在南昌市委党校完成为期 1 个月的红谷滩区第 2 期中青年干部政治理论培训班，21 名学员毕业。

【突出主业主课】　2022 年，坚持科学构建理论教育和党性教育模块，确保理论教育和党性教育课时占总课时比例达 70%。把深入学习贯彻习近平新时代中国特色社会主义思想放在首位，通过专家辅导、现场教学、读原文、小组研讨、撰写学习心得等多种方式，全面系统学、及时跟进学、深入思考学、联系实际学。把深入学习习近平新时代中国特色社会主义思想列为主体班开班第一课，充分发挥其引领作用；分专题学习习近平总书记关于治国理政、依法治国、统一战线、生态文明、科技创新等方面的重要论述，确保学习的系统性、全面性；举办专题研讨班，通过集中授课、现场教学、分组讨论、外出调研等方式，帮助学员从历史与现实、理论与实践的双维视角，深刻把握习近平新时代中国特色社会主义思想深邃的理论源泉和深厚的文化底蕴。

【深化教学改革】　2022 年，综合运用讲授式、案例式、模拟式和体验式等多种教学方法增强培训实效，提升学员推动高质量发展的政治能力、战略眼光和专业水平。立足增强学员理想信念，设置党的百年奋斗历史经验、永葆共产党人初心本色等丰富的政治理论课程；立足拓宽学员工作视野，组织学员实地参观乡村振兴示范点和基层治理示范点；立足学员党性锤炼，组织学员参加革命传统教育和党风廉政教育。

【理论研讨和调查研究】　2022 年，坚持以习近平新时代中国特色社会主义思想为引领，扎实推进理论研讨和调查研究工作。组织开展理论探讨专题会，全年形成《为什么要坚持马克思主义中国化》《从八一起义看斗争精神》等理论研讨文章共 5 篇。紧紧围绕全区中心工作、社会热点难点问题以及新兴事物，与主体班学员一道深入开展调查研究，撰写《推进我区现代都市农业发展的思考与对策》《关于如何进一步加强基层社会治理的调研分析》《如何有序组织社会力量参与重大突发公共卫生事件治理的调研报告》《在“打造元宇宙数字经济体，培养数字经济发展新优势”方面“作示范、勇争先”》4 篇调研文章。

【党建引领】　2022 年，积极参与全区疫情防控、文明创建、安全维稳等中心工作，顾大局、听指挥、讲奉献。尤其在协助挂点社区疫情防控工作中，党员干部始终做到闻令而动，坚守岗位，遵守纪律，全力配合，顺利完成组织交办的每一次疫情防控任务。在社区帮创工作中，领导干部率先垂范，党员干部身先士卒，教职员工紧随其后，充分展示党校及干部教师良好形象。

【党史学习教育】 2022 年，从制度、教育和载体等方面入手，持续推动党史学习教育在真抓实抓中走深走实。建立长效机制。制定《2022 年机关党支部学习计划》，将党史学习教育纳入支部理论学习的必学专题；制定 2022 年党校主体班党史学习教育规划，将党史列入干部教育培训核心课程和常态化培训内容。丰富学习形式。将党史学习教育与日常学习相结合，通过教职员工大会、党支部"三会一课"和线上"学习强国""赣鄱党建云"等多种学习形式和平台，"线上"和"线下"一体推进党史学习教育；围绕讲好中国故事、讲好中国共产党故事，持续开展教师送课进社区活动，全年组织教师进挂点社区开展专题宣讲 8 次。创新学习载体。开展"主题党日 +"活动，通过"精品党课" + "政治生日"的形式，让党员在政治生日讲一堂"微党课"；利用红色故事感染和带动党员，组织党员干部到方志敏烈士陵园、牛行车站、廉文化馆等地接受革命传统教育和党风廉政教育，进一步传承红色基因，沐浴精神洗礼，激发奋进力量。

【党风廉政建设】 2022 年，健全和完善教职工出勤、廉政、绩效考核等内部管理制度，将其细化、量化后纳入平时考核指标，并做到经常性提示提醒、检查督促。严格执行财务收支、资产管理等相关制度，定期开展财务运行各个环节廉政风险点排查，持续健全财务管理、物资采购和基础设施建设等管理制度。制定"4 + X"作风整治实施方案，成立领导小组，明确工作职责，定期开展纪律作风督促检查。坚决落实意识形态责任制，在培训课程设置、批准教师外出授课、邀请专家学者到校授课、规范网上工作平台信息发布等方面严格把关，守牢意识形态阵地。

（李 莹）

精神文明建设

【概况】 2022 年，红谷滩区精神文明建设工作在区委、区政府的坚强领导下，坚持政治思想引领与精神文明创建同步，以习近平新时代中国特色社会主义思想为指导，认真贯彻落实党的二十大精神，增强"四个意识"、坚定"四个自信"、做到"两个维护"，贯彻落实"广泛践行社会主义核心价值观"及"提高全社会文明程度"要求，不忘初心、牢记使命，统筹规划，精心组织，广泛开展群众性精神文明建设活动，着力提升精神文明建设水平，彰显文明红谷滩形象。

【突出思想引领】 2022 年，坚持以习近平新时代中国特色社会主义思想为指导，全面贯彻落实习近平总书记关于宣传思想工作的重要论述，突出迎接党的二十大、学习宣传贯彻党的二十大精神主线。党的二十大召开后，通过各级领导干部带头讲、区委宣讲团集中讲、党校老师常态讲、各系统领域联动讲等多种形式，形成强大的宣讲声势，推动党的二十大精神进企业、进农村、进机关、进校园、进社区、进网络、进园区。把握"关键少数"领学，充分发挥区委理论学习中心组作用，围绕习近平新时代中国特色社会主义思想深入学，紧跟中央和省委、市委重大决策部署及时学，聚焦全区经济社会发展重要问题跟进学，组织集体学习研讨 14 场。

【宣传先进典型】 2022 年，通过树立典范弘扬正能量，不断培育文明和谐新风尚。配合市文明办对红谷滩区张敏、赵建军、李香仔、蒙邦雷、夏火生先进典型开展慰问帮扶活动，推荐的陶宇、郭欣荣获 2022 年上半年"江西好人"荣誉称号，推荐的饶和庆、熊明珀荣获南昌市首批受体彩鼓励的"抗疫青年"典型称号，推荐的刘建平荣获"南昌好人"称号。创建全国文明校园 1 个（南昌二中），全国文明校园先进学校 2 个（南昌市红谷滩区第一小学、豫章师范学院），省级文明校园 5 个，市级文明校园 22 个，区级文明校园 33 个；省级新时代好少年 2 名，市级新时代好少年 3 名，区级新时代好少年 40 名。结合"我们的节日"、道德模范三巡、身边好人推荐、"新时代好少年"典型事迹学习宣传等工作，依托新时代文明实践中心（所、站）等平台，每月组织一场向先进典型学习进机关、进社区、进企业、进学校活动，倡导文明生活方式，提升群众文明素养和社会文明程度。

【开展文明实践活动】 2022 年，红谷滩区坚持以新时代文明实践中心为载体，以群众需求为导向，发挥优势、突出特色，全面开展新时代文明实践中心建设工作，已建成新时代文明实践中心（1 个）、所（9 个）、站（175 个），基本实现了全区全覆盖。其中，"一所一站"入围全省五星级新时代文明实践中心（所、站），受到百姓的普遍认可。全区 200 余支文明实践队伍依托新时代文明实践各类阵地，开展理论宣讲、市民教育、文化文艺、移风易俗等各类活动 7000 余场，全区参与人次超 20 万，积极组织开展"VR 科普进校园""小小志愿者活动""情暖红谷滩 点亮微心愿"等形式多样的文明实践活动，已成为这座城市文明底色上最亮丽的一抹色彩。

【传承红色基因】 2022 年，建立红

谷滩区红色基因传承联席会议制度，为全区顺利开展红色基因传承工作提供强有力的保障。结合退役军人服务站、红色旅游景区建设，让红色阵地更加坚实；举办最美退役军人、最美军嫂评选活动，选树南昌市“最美退役军人”夏国良、红谷滩区“最美退役军人”晏兰等8名先进典型，发挥榜样引领效应，展现新时代退役军人风采；推动学校开齐开足红色文化课程，借助课程讲好红色故事，组织名师录制中小学红色文化精品视频课程，利用信息化手段同步开展线上教学；借助《红色文化》《爱国主义读书教育读本》等系列读物，各校开展红色故事分享会达500余场次，美篇推送、新闻报道100余篇，让爱国主义教育深入每一个学生心中。

【深化文明城市创建】 2022年，结合乡镇区划调整和人事变动等实际，调整挂点指导的区创建指挥部组成人员以及区领导，组织全区各单位挂点帮创各社区（村），落实各点位三级责任工作制，推行区级领导、区机关单位分片包抓责任制。在三级调度的基础上建立区纪委区监委、区委督查室、区政府督查室与区创建办联合督查机制，不断加大督查问效力度。

（李　琳）

信访工作

【概况】 2022年，红谷滩区信访工作围绕中央、省、市对信访工作的决策部署，深入学习贯彻党的二十大精神和习近平总书记关于加强和改进人民信访工作的重要思想，聚焦“作示范、勇争先”目标，坚持人民至上，坚持稳字当头，坚持底线思维，扎实开展学习宣传贯彻《信访工作条例》，强力推进信访积案化解、信访问题源头治理、基层基础建设等重点任务，被评为2022年度全市信访工作成绩优异集体。

【信访情况分析】 2022年，全区上访总量1216批6317人次。群众反映的信访问题主要集中在劳动保障、房地产、教育、征地拆迁4个领域，占来访总量的71%。其中，劳动保障领域问题占来访总量的27%，主要集中在反映拖欠农民工工资、市政项目拖欠工程款等方面；房地产领域问题占来访总量的17%，主要集中在项目停工、开发商虚假宣传、延期交房、房屋质量、办理产证、物业管理等方面；教育领域问题占来访总量的15%，主要集中在学区划分等教育资源配置、教育统筹管理等方面；征地拆迁问题占来访总量的12%，主要集中在房屋安置不到位、补偿标准过低、过渡费逾期未发放、安置房权属不明晰等方面。

【信访工作组织领导】 2022年，区委常委会、区政府常务会5次听取信访工作汇报，研究部署信访工作。区委书记吴江辉先后主持召开重点领域、百日攻坚行动、当前突出信访问题等专题调度会议，把关定向、示范引领。区委副书记、区长刘光荣经常听取信访工作汇报，上门走访信访群众、一线调度信访问题，以上率下、凝聚合力，高位推动信访工作落实落地。区信访工作联席会议召集人定期碰头、分析形势，商议工作举措，协调落实突出信访问题县级领导包案。其他区领导坚持“一岗双责”，根据领导分工，分级分口接访、调度包案信访事项，协调化解一大批分管领域信访事项。

【治理重复信访、化解信访积案专项工作】 2022年是治理重复信访、化解信访积案专项工作的收官之年。根据中央、省、市信访工作联席会议决策部署要求，全区深入推进治理重复信访、化解信访积案专项工作，全面落实县级领导包案、提级包案制度，按照“三到位一处理”原则，积极践行“三不限三重新”（不限原调查结论、不限原处理意见、不限原领导表态，重新听取上访人申诉、重新调查复议、重新研究处理）工作思路，专题研究分析，找准问题症结，因地因事制宜，采取针对性、实效性强的化解措施，逐案分类化解。国家信访局交办的第一批、第二批共116件信访积案全部化解，化解质量和进度位列全市第一方阵。

【学习宣传贯彻落实《信访工作条例》】 2022年5月1日，中央、国务院印发的《信访工作条例》开始实施。红谷滩区坚持先学一步、学深一层，区委常委会、区政府常务会深入学习条例，研究部署学习宣传贯彻活动方案，区信访工作联席会议办公室印发《关于开展〈信访工作条例〉宣传月活动实施方案》。各属地各部门结合工作实际，采取集中学习、个人自学、讨论交流、撰写心得体会等多种形式广泛地学习，进一步提高了全区干部职工做好信访工作的认识。在各村、社区悬挂宣传标语、张贴宣传海报，发放宣传资料3000余份，现场接受群众咨询和解读1300余人次。运用新型媒体开展线上有奖问答，提高全民学习条例的积极性，增强群众依法信访观念，引导群众依法、理性、有序、文明信访。

【化解信访突出问题百日攻坚行动】

2022年7—10月，全区开展化解信访突出问题百日攻坚行动，区信访工作联席会议办公室印发《关于开展“化解信访突出问题百日攻坚行动”工作方案》，建立全区重要访情跟踪督办台账，充分运用“四函”机制，实行动态销账、一抓到底。全年共发出工作提示函4件、风险警示函8件、信访督办函11件，推动劳动保障、教育、房地产、征地拆迁等领域两批疑难复杂信访问题妥善化解，市信访联席办交办的71件信访突出问题全部化解。

（易　理）

红谷滩区人民代表大会

综　述

2022年，红谷滩区人大常委会深入学习贯彻习近平总书记关于坚持和完善人民代表大会制度的重要思想、中央人大工作会议精神，坚持党的领导、人民当家作主和依法治国有机统一，认真履行宪法法律赋予的监督、决定、任免、代表等职责，积极作为，推动地方人大工作创新发展，圆满完成区人大及其常委会各项目标任务。

加强党的领导，集中学习、交流研讨、宣传宣讲、深刻领会习近平总书记围绕社会主义民主政治、人民代表大会制度、人大工作提出的一系列新理念新思想新要求，坚定不移拥护“两个确立”，增强“四个意识”、坚定“四个自信”、做到“两个维护”。协助区委召开贯彻落实中央人大工作会议和省委、市委相关会议精神部署会议，对加强和改进全区人大工作进行全面部署。

提升理论水平，参加省人大常委会办公厅、省人大工作理论研究会组织开展的2022年课题研究活动，报送研究课题。参加市人大“我与人大这些年——纪念南昌市人大设立常委会40周年”书画展及征文活动。其中，《走稳民主政治建设第一步长征路》获一等奖，多篇作品获三等奖、优秀奖，区人大常委会获优秀组织奖。

支持代表履职，办理一届二次会议收集到的代表建议60件，全部按照时间节点办结，满意和基本满意率达100%；开展视察调研，各级人大代表开展集中进站履职和视察调研活动80场次，收集群众意见建议324条；搭建履职平台，建成3个人大代表联络工作示范站，将生米街道人大代表联络工作站打造成为全省首个元宇宙示范站；提升代表履职能力，组织各级人大代表参加省、市人大举办的培训班2期，集中培训3期；推进“双联”制度，加强常委会组成人员与代表、代表与选民的联系，增补选区一届人大代表54名。

依法履职行权，建立健全讨论决定重大事项协调机制。规范人事任免，依法选举和任命国家机关工作人员。加强法治建设，印发《关于进一步加强规范性文件报送备案的通知》，向市人大常委会报送备案审查材料20件，备案审查区政府、乡镇人大主席团报送备案材料4件。建

2022年10月20日，全市首个应用元宇宙技术的人大代表联络站——红谷滩区生米街道人大代表联络站揭牌　　（区人大　供图）

立健全保证宪法全面实施的体制机制,加强对法律实施的监督。

开展视察监督,组织代表对高效设施农业基地建设情况、文化旅游新业态发展情况、区重大重点项目进行视察。推进红谷滩区预算联网监督平台建设,制定《关于推进红谷滩区人大预算联网监督工作的实施方案》,听取和审议行政事业性国有资产管理情况的专项报告。配合省、市人大常委会开展《中华人民共和国文物保护法》等法律法规贯彻落实情况的执法检查。全年开展视察、调研等各项活动86次,提出意见建议211条。

践行为民宗旨,区人大常委会全面融入疫情防控工作,机关全体干部下沉社区;全区各级人大代表捐赠防疫物资、争当疫情防控志愿者,共捐赠物资达140余万元。开展"传承红色精神 帮助身边'谢大娘'"实践活动,全区各级人大代表帮扶身边孤寡、残疾等困难群众360余人次,解决困难和问题310余件。

加强自身建设,配齐配强乡镇人大主席和主席团成员、各街道人大工委主任和工作人员,形成定期赴乡镇、街道调研指导人大工作的制度,指导厚田乡、流湖镇召开人大会议。完善"三重一大"事项集体决策机制,深入落实"七个有之"(搞任人唯亲、排斥异己的有之;搞团团伙伙、拉帮结派的有之;搞匿名诬告、制造谣言的有之;搞收买人心、拉动选票的有之;搞封官许愿、弹冠相庆的有之;搞自行其是、阳奉阴违的有之;搞尾大不掉、妄议中央的也有之)专项治理、集体政治谈话,开展"4+X"专项整治,持续整治"油松痞""怕慢假庸散"等不良风气。

重要会议

【概况】 2022年,红谷滩区人大常委会共召开1次人民代表大会、7次常务委员会会议、17次主任会议,传达学习贯彻党的二十大精神,听取和审议有关单位工作情况报告,讨论和决定全区政治、经济、文化等各方面重大工作事项,审议并通过全区有关情况议案,认真研究部署人大各项工作,切实履行工作职责。

【红谷滩区第一届人民代表大会第二次会议】 2022年1月12—14日,红谷滩区第一届人民代表大会第二次会议在前湖迎宾馆召开。会期2天半。会议选举红谷滩区出席南昌市第十六届人民代表大会代表;票决确定10项2022年区人民政府民生实事项目;表决通过大会各项工作报告决议;表决通过关于红谷滩区人民政府工作报告的决议,关于红谷滩区人大常委会工作报告的决议,关于红谷滩区2021年国民经济和社会发展计划运行情况与2022年国民经济和社会发展计划的决议,关于红谷滩区2021年财政运行情况及2022年财政总预算的决议,关于红谷滩区人民法院工作报告的决议,关于红谷滩区人民检察院工作报告的决议。区委书记吴江辉在闭幕大会上讲话。

【区一届人大常委会会议】 2022年,红谷滩区人大常委会共召开7次常务委员会会议。1月11日,区人大常委会召开第四次会议。会议审议通过《红谷滩区第一届人民代表大会第二次会议相关方案》《红谷滩区第一届人民代表大会第二次会议相关办法及通知说明》《红谷滩区人民代表大会常务委员会工作报告(送审稿)》《红谷滩区2021年政府工作报告(送审稿)》《关于确立红谷滩区2022年民生实事人大代表票决候选项目的议案》《关于红谷滩区第一届人民代表大会第一次会议代表意见建议办理情况的报告》《南昌市红谷滩区人民法院2021年工作报告》《南昌市红谷滩区人民检察院2021年工作报告》;表决通过人事任免议案。

1月20日,区人大常委会召开第五次会议。会议审议通过《关于提请接受杨晓波同志辞去南昌市第十六届人民代表大会代表职务请求的议案》《关于提请补选卢亮昊同志为南昌市第十六届人民代表大会代表的议案》《关于提请接受杨晓波同志辞去南昌市第十六届人民代表大会代表职务请求的决定(草案)》,补选南昌市第十六届人民代表大会代表。

2月25日,区人大常委会召开第六次会议。会议审议通过《南昌市红谷滩区人大常委会2022年监督工作计划(草案)》;审议《关于红谷滩区2021年1—11月财政预算运行情况和2022年财政预算初步安排情况报告审议意见研究处理情况的报告》,并进行满意度测评;听取《南昌市红谷滩区2021年法治政府建设年度报告》;听取和审议《关于红谷滩区厚田乡人大主席团更名的请示》《关于红谷滩区厚田乡人大代表身份转隶和乡人民代表大会届次确定的请示》;审议《关于选任人民陪审员名额的议案》;表决通过人事任免议案。

5月13日,区人大常委会召开第七次会议。会议审议《关于提请审议将新建区流湖镇划归红谷滩区管辖的议案》;传达学习《中国共产党第十九届中央委员会第六次全体会议精神》等讲话、会议精神;听取《关于2021年度规范性文件备案审查工作情况的报告(草案)》;审议区人民政府《关于提请审议红谷滩区增设街道行政区划调整的议案》;审议《关于提请接受丁玉斌辞去红谷滩区第一届人民代表大会职务请求的议案》;表决通过人事任免议案。

8月12日,区人大常委会召开第八次会议。会议传达学习《习近平在省部级主要领导干部"学习习近平总书记重要讲话精神,迎接党的二十大"专题研讨班上的重要讲话精神》等讲话、会议精神;听取《中华人民共和国安全生产执法检查的报告》《区人民政府2022年上半年工作完成情况和下半年主要工作安排》;审议通过《关于优化营商环境工作的情况汇报》《关于"七五"普法规划实施情况和"八五"普法工作安排情况报告》《区人民政府落实"双减"政策工作情况的报告》《区人民法院执行流程集约化改革工作情况的报告》《区人民检察院关于贯彻落实"少捕慎诉慎押"刑事司法政策工作情况的报告》《关于红谷滩区流湖镇人大主席团更名的请示》《关于红谷滩区流湖镇人大代表身份和镇人民代表大会届次确定的请示》《红谷滩区人民代表大会常务委员会关于开展第八个五年法制宣传教育的决议(草案)》《红谷滩区人大常委会代表好建议评选表彰暂行办法(草案)》《区人大常委会先进代表小组和代表履职先进个人评选及表彰暂行办法(草案)》;听取《区人民法院2022年上半年工作完成情况和下半年主要工作安排》《区人民检察院2022年上半年工作完成情况和下半年主要工作安排》;表决通过人事任免议案。

10月28日,区人大常委会召开第九次会议。传达学习《习近平在中国共产党第二十次全国代表大会上的报告》等讲话、会议精神;审议《区监察委员会关于整治群众反映强烈问题工作情况的报告》《区人民政府关于提请审议2022年地方政府债务限额以及2022年区级预算调整方案(草案)的议案》《我区2021年财政收支情况和2022年上半年财政预算执行情况的报告》《关于2022年上半年国民经济和社会发展计划执行情况的报告》《我区2022年上半年国民经济和社会发展计划执行情况的报告》《关于我区水环境治理工作情况的报告》;审议通过《区人民法院关于构建执行新模式,破解执行难,创新推进执行流程集约化改革工作情况报告的审议意见研究处理情况的报告》,并进行满意度测评;审议区人民检察院《关于贯彻落实"少捕慎诉慎押"刑事司法政策工作情况报告的审议意见研究处理情况的报告》,并进行满意度测评;审议区人民政府《关于落实"双减"政策工作情况报告的审议意见》,并进行满意度测评;表决通过人事任免议案。

12月12日,区人大常委会召开第十次会议。传达学习《中共中央政治局常务委员会会议听取新冠肺炎疫情防控工作汇报,研究部署进一步优化防控工作的二十条措施》等讲话、会议精神;审议《关于提请接受李丹等同志辞去红谷滩区第一届人民代表大会代表职务请求的议案》《红谷滩区人大常委会代表资格审查委员会关于杨先锋的代表资格的报告》;审议通过《〈中华人民共和国退役军人保障法〉实施情况的报告》《区人民政府关于我区数字经济产业推进工作情况的报告》《2021年度全区国有资产管理情况综合报告》《行政事业性国有资产管理情况的专项报告》《关于召开红谷滩区第一届人民代表大会第三次会议的决定(草案)的议案》;审议通过《红谷滩区人民政府关于红谷滩区老旧小区改造、物管城市大提升项目视察情况的审议意见研究处理情况的报告》《关于我区水环境治理工作情况报告的审议意见研究处理情况的报告》《关于检查〈南昌市房屋使用安全管理条例〉实施情况报告的审议意见研究处理情况的报告》《区人民政府关于优化营商环境工作情况报告的审议意见研究处理情况的报告》,并进行满意度测评;表决通过人事任免议案。

【区一届人大常委会主任会议】2022年,红谷滩区人大常委会共召开17次主任会议。1月4日,区一届人大常委会召开第七次主任会议。会议讨论提请审议《南昌市红谷滩区第一届人民代表大会第二次会议筹备工作方案》《红谷滩区人民代表大会常务委员会工作报告》《关于召开区人大常委会第四次会议的请示》《红谷滩区第一届人民代表大会第二次会议表决议案办法》《红谷滩区第一届人民代表大会第二次会议议案截止时间(草案)》《红谷滩区第一届人民代表大会第二次会议议案办法(草案)》《红谷滩区第一届人民代表大会第二次会议选举办法(草案)》《红谷滩区第一届人民代表大会第二次会议民生实事项目人大代表票决办法(草案)》《红谷滩区第一届人民代表大会第二次会议代表、列席人员分团名单(草案)》《红谷滩区第一届人民代表大会第二次会议邀请在主席台就座人员名单(草案)》《红谷滩区第一届人民代表大会第二次会议临时党委名单》《红谷滩区第一届人民代表大会第二次会议各代表团团长、副团长建议名单(草案)》《关于推荐邹晓东同志为南昌市第十六届人民代表大会代表候选人的通知》《红谷滩区第一届人民代表大会第二次会议各代表团总监票人、监票人、计票人建议人选名单(草案)》《红谷滩区第一届人民代表大会第二次会议列席人员名单》《红谷滩区第一届人民代表大会第二次会议主席团和秘书长名单(草案)》《红谷滩区第一届人民代表大会第二次会议主席团常务主席名单(草案)》《红谷滩区第一届人民代表大会第二次会议执行主席分组名单(草案)》《红谷滩区第一届人民代表大会第二次会议副秘书长名单(草案)》。

1月8日,区一届人大常委会召开第八次主任会议。会议讨论提请审议《关于红谷滩区第一届人民代表大会第一次会议代表意见建议办理工作情况的报告》《红谷滩区第一届人民代表大会第二次会议筹备工作调度安排》及人事议案。

1月12日,区一届人大常委会召开第九次主任会议。会议传达行政区划调整工作调度会精神。

1月13日,区一届人大常委会

召开第十次主任会议。会议讨论提请审议《关于提请接受杨晓波同志辞去南昌市第十六届人民代表大会代表职务请求的议案》《关于提请补选卢亮昊同志为南昌市第十六届人民代表大会代表的议案》《关于召开区一届人大常委会第五次会议的议案》。

2月18日，区一届人大常委会召开第十一次主任会议。会议讨论提请审议《红谷滩区人大常委会2022年监督工作计划（草案）》《关于召开红谷滩区第一届人民代表大会常务委员会第六次会议的请示（草案）》《红谷滩区第一届人大各专门委员会和常委会工作部门对口联系部门（草案）》《2022年红谷滩区人大宣传工作实施办法（草案）》《关于红谷滩区2021年1—11月财政预算运行情况和2022年财政预算初步安排情况报告审议意见研究处理情况的报告》《关于选任人民陪审员名额的议案》及人事议案。

2月23日，区一届人大常委会召开第十二次主任会议。会议讨论提请审议《红谷滩区人民政府2021年法治政府建设年度报告（草案）》；听取和审议《关于红谷滩区厚田乡人大主席团更名的报告》《红谷滩区厚田乡人大代表身份转隶和乡人民代表大会届次确定的报告》。

5月10日，区一届人大常委会召开第十三次主任会议。会议讨论提请审议《关于2021年度规范性文件备案审查工作情况的报告》《关于提请接受丁玉斌辞去红谷滩区第一届人民代表大会代表职务请求的议案》《关于提请审议红谷滩区增设街道行政区划调整的议案》《关于开展〈中华人民共和国安全生产法〉执行检查的实施方案》《南昌市红谷滩区人大代表活动经费管理使用办法（草案）》《关于开展聚焦“六个江西”建设，争当“四个表率”主题活动的实施方案》《关于召开红谷滩区第一届人民代表大会常务委员会第七次会议的请示（草案）》《关于拨付熊全进医疗补助经费的请示》《关于我区“七五”普法规划实施情况和“八五”普法工作安排情况报告，并作出相关决议后的方案（草案）》《关于构建执行新模式助力破解执行难创新推进执行流程集约化改革工作情况报告的工作方案（草案）》《我区优化营商环境工作情况报告的工作方案（草案）》及人事议案。

5月18日，区一届人大常委会召开第十四次主任会议。会议传达学习《省委贯彻落实中央人大工作会议精神推进会会议精神》；部署开展人大代表聚焦“六个江西”建设，争当“四个表率”主题活动相关工作；部署星级人大代表联络工作站创建及相关工作。

6月30日，区一届人大常委会召开第十五次主任会议。会议讨论提请审议《关于对我区老旧小区改造项目建设情况开展视察的工作方案》《关于检查〈南昌市房屋使用安全管理条例〉实施情况的方案》《关于我区“七五”普法规划实施情况和“八五”普法工作安排情况报告》《红谷滩区人民代表大会常务委员会关于开展第八个五年法治宣传教育的决议（草案）》《关于构建执行新模式助力破解执行难创新推进执行流程集约化改革工作情况的报告》《红谷滩区2022年地方政府债务限额说明以及2022年区级预算调整方案的议案》《关于2022年优化营商环境工作情况的报告》；听取和审议《我区2022年上半年国民经济和社会发展计划执行情况报告的工作方案》《我区2021年财政收支情况及2022年上半年财政预算执行情况报告的工作方案》《中华人民共和国安全生产法执法检查情况的报告》。

7月26日，区一届人大常委会召开第十六次主任会议。会议学习《习近平谈治国理政》第四卷第三章“始终坚持人民至上”、《习近平经济思想学习纲要》第二章“坚持以人民为中心的发展思想”、《中共江西省委关于深入贯彻习近平总书记视察江西重要讲话精神 以优异成绩迎接党的二十大胜利召开的决定》、《中共南昌市委办公室关于学习贯彻〈中共江西省委关于深入贯彻习近平总书记视察江西重要讲话精神 以优异成绩迎接党的二十大胜利召开的决定〉》；讨论提请审议《“一府两院”向区人大常委会通报上半年工作情况》《红谷滩区人大常委会2022年工作要点》《关于在区人大代表中开展“传承红色精神 帮助身边‘谢大娘’”实践活动的实施方案》《红谷滩区人民代表大会常务委员会关于开展第八个五年法治宣传教育的决议（草案）的说明》《区人民政府关于开展义务教育“双减”工作情况报告的方案（草案）》《区人民检察院关于贯彻落实“少捕慎诉慎押”刑事司法政策工作情况报告的方案（草案）》。

8月12日，区一届人大常委会召开第十七次主任会议。会议传达学习《习近平在省部级主要领导干部“学习习近平总书记重要讲话精神，迎接党的二十大”专题研讨班上发表的重要讲话》《习近平在中央统战工作会议上的重要讲话》；讨论提请审议《区人民政府落实“双减”政策工作情况的报告（草案）》《区人民检察院关于贯彻落实“少捕慎诉慎押”刑事司法政策工作情况的报告（草案）》《南昌市红谷滩区人大代表建议重点督办工作暂行办法（草案）》《关于红谷滩区流湖镇人大主席团更名的请示》《关于红谷滩区流湖镇人大代表身份和镇人民代表大会届次确定的请示》《区人民政府2022年上半年工作完成情况和下半年主要工作安排》《区人民法院2022年上半年工作完成情况和下半年主要工作安排》《区人民检察院2022年上半年工作完成情况和下半年主要工作安排》《关于赴浙江湖州市考察学习的请示》《关于赴内蒙古呼和浩特市培训学习的请示》《关于对我区高效设施农业基地建设情况开展视察的工作方案》《我区水环境治理工作情况报告的工作方案》及人事议案。

8月30日，区一届人大常委会召开第十八次主任会议。会议讨论提请审议《2022年“人大代表活动月”工作方案》。

10月9日，区一届人大常委会召开第十九次主任会议。会议讨论提请审议《区监察委员会关于整治群众反映强烈的问题工作情况报告的议案（草案）》《区人民政府关于我区数字经济产业推进工作情况报告的方案（草案）》《我区2022年上半年国民经济和社会发展计划执行情况的报告》《我区2021年财政收支情况和2022年上半年财政预算执行情况的报告》《我区2021年财政收支审计工作情况报告的工作方案（草案）》《我区2021年度国有资产管理综合报告及行政事业性国有资产管理专项工作报告的工作方案（草案）》《关于红谷滩区老旧小区改造、物管城市大提升项目视察情况的审议意见》；听取《关于成立红谷滩区人大预算联网监督工作领导小组的通知（草案）》《关于检查〈南昌市房屋使用安全管理条例〉实施情况的报告》。

10月21日，区一届人大常委会召开第二十次主任会议。会议讨论提请审议《关于区人民政府落实“双减”政策工作情况报告的审议意见研究处理情况的报告》《关于区人民法院构建执行新模式破解执行难创新推进执行流程集约化改革工作情况报告的审议意见研究处理情况的报告》《关于区人民检察院贯彻落实“少捕慎诉慎押”刑事司法政策工作情况报告的审议意见研究处理情况的报告》《区监察委员会关于整治群众反映强烈的问题工作情况的报告》《红谷滩区人民政府关于2021年财政收支审计工作的报告》《红谷滩区人民政府关于红谷滩区水环境治理情况的报告》《关于提请接受张云如辞去红谷滩区第一届人民代表大会代表职务的议案（草案）》《关于召开红谷滩区第一届人民代表大会常务委员会第九次会议的请示（草案）》。

11月15日，区一届人大常委会召开第二十一次主任会议。会议讨论提请审议《区人民政府关于我区数字经济产业推进工作情况的报告（草案）》《红谷滩区关于增补选区第一届人民代表大会代表工作实施方案（草案）》《全区2022年1—11月财政预算执行和2023年财政预算初步安排情况报告的工作报告的工作方案》《关于我区水环境治理工作情况报告的审议意见研究处理情况的报告》《关于检查〈南昌市房屋使用安全管理条例〉实施情况报告的审议意见研究处理情况的报告》《关于红谷滩区老旧小区改造、物管城市大提升项目视察情况的审议意见研究处理情况的报告》《关于优化营商环境工作情况报告的审议意见研究处理情况的报告》《审计查出问题和整改情况的报告》《关于中华人民共和国退役军人保障法实施情况报告的工作方案》。

12月2日，区一届人大常委会召开第二十二次主任会议。会议讨论提请审议《关于提请接受李丹等同志辞去红谷滩区第一届人民代表大会代表职务请求的议案》《关于红谷滩区第一届人民代表大会代表增补选举的决定（草案）》《关于〈中华人民共和国退役军人保障法实施情况的报告〉》《关于视察我区高效设施农业基地建设情况的审议意见》《2021年全区国有资产管理情况综合报告》（书面）《行政事业性国有资产管理情况的专项报告》《关于召开红谷滩区一届人民代表大会常务委员会第十次会议的请示（草案）》《关于召开红谷滩区第一届人民代表大会第三次会议的请示》，以及人事议案。

12月28日，区一届人大常委会召开第二十三次主任会议。会议讨论提请审议《关于调整红谷滩区第一届人民代表大会第三次会议召开时间的请示》《红谷滩区第一届人民代表大会第三次会议筹备工作方案》《红谷滩区人民代表大会常务委员会工作报告》《关于红谷滩区第一届人民代表大会专门委员会主任委员补选办法（草案）》《红谷滩区第一届人民代表大会常务委员会委员补选办法（草案）》《红谷滩区第一届人民代表大会第三次会议民生实事项目人大代表票决办法（草案）》《2022年区人民政府民生实事票决项目满意度测评办法（草案）》《红谷滩区第一届人民代表大会第三次会议各代表团临时党支部书记、副书记名单（草案）》《红谷滩区第一届人民代表大会第三次会议邀请主席台就座人员名单（草案）》《红谷滩区第一届人民代表大会第三次会议各代表团团长、副团长建议名单》《红谷滩区第一届人民代表大会第三次会议列席人员名单（草案）》《红谷滩区第一届人民代表大会第三次会议临时党委名单（草案）》《红谷滩区第一届人民代表大会第三次会议选举、票决工作总监票人、监票人、计票人建议人选名单（草案）》《关于汪伟等代表资格的报告》《红谷滩区第一届人民代表大会第三次会议主席团、秘书长、副秘书长、主席团常务主席、主席团执行主席分组名单（草案）》《红谷滩区第一届人民代表大会第三次会议代表、列席人员分团（草案）》及人事议案。

重要活动

【概况】 2022年，红谷滩区人大常委会始终坚持党的领导、人民当家作主、依法治国有机统一，紧扣党中央、省委、市委、区委和上级人大决策部署，依法履职，积极作为，开展一系列卓有成效的活动。

【开展“传承红色精神 帮助身边‘谢大娘’”实践活动】 2022年，人大常委会感悟毛泽东主席在瑞金苏区帮助身边困难群众“谢大娘”的精神伟力，发动全区各级人大代表，深入基层走访群众，开展帮助身边“谢大娘”实践活动。市政府主要领导及市政府、市人大相关领导，区四套班子主要领导等以代表身份开展实践活动。全区各级人大代表帮扶身边孤寡、残疾等困难群众360余人次，解决困难和问题310余件，为基层群众搭建“暖心桥”，筑牢“安稳墙”。

【贯彻落实双“一号工程”】 2022年，区人大常委会响应全省双“一号工程”推进大会部署，听取审议区人民政府专项工作报告，制定工作方案，组织全区各级人大代表对营商环境优化、数字经济发展、助企纾困政策落地等开展调研，了解企业发展中的困难和问题，共走访企业1343家，收集汇总意见建议367条。形成调研报告，为区委、区政府提供决策参考，督促职能部门解决。

【召开全区人大工作会议】 2022年6月26日，区委召开贯彻落实中央人大工作会议和省委、市委推进会精神部署会。区委书记吴江辉出席会议并讲话，强调全区上下要坚持以习近平新时代中国特色社会主义思想为指导，深入学习贯彻习近平总书记关于坚持和完善人民代表大会制度的重要思想，全面落实中央人大工作会议和省委市委推进会精神，大力发展和践行全过程人民民主，紧扣全区中心工作，拉升标杆、砥砺奋进，努力把红谷滩区打造成提升南昌发展首位度、彰显省会担当的排头兵。区委副书记、区长刘光荣主持会议。区人大常委会党组书记、主任吴韶宸讲话并强调，区乡两级人大及全区各级人大代表要以这次部署会为契机，抓好各项工作的贯彻落实。要坚持党的领导，把牢正确的政治方向；要紧扣中心大局，凝聚发展的强大合力；要保障代表履职，激发代表的履职热情；要加强自身建设，展示机关的优良形象。

【决定行政区划调整事项】 2022年，把党委意图转化为全区各级各部门和广大人民群众的统一意志和自觉行动，区人大常委会审议通过《关于提请审议将新建区流湖镇划归红谷滩区管辖的议案》《关于提请审议红谷滩区增设街道行政区划调整的议案》等议案，决定厚田乡、流湖镇划入红谷滩区管辖，决定设立红角洲、凤凰洲、九龙湖、生米、龙兴5个街道。

【参加南昌市第十六届人民代表大会二次会议】 2022年1月22日，南昌市第十六届人大二次会议在前湖迎宾馆国际会议中心开幕。红谷滩区代表团38名代表，肩负着人民的期盼与重托，满怀激情参加南昌市第十六届人民代表大会二次会议。市政府主要领导参加分组审议，讨论审议“一府两院”工作报告，共提出各类代表意见建议62条，提交大会提案3条。

【加强人大工作宣传力度】 2022年，区人大常委会将宣传报道作为增强人大工作影响力、提升代表凝聚力的重要抓手，聚焦疫情防控、双“一号工程”、帮助身边“谢大娘”实践活动进行宣传报道，共有240余篇稿件在《人民日报》、新华社、人民网、《江西日报》、《时代主人》等中央及省市媒体刊发，唱响红谷滩区人大声音。

监督工作

【概况】 2022年，红谷滩区人大常委会努力增强监督实效，做到正确监督、有效监督、依法监督，在推进深化改革、保障改善民生、实现共同富裕、建设法治红谷滩中积极发挥作用。

【围绕中心大局开展监督】 2022年，建立健全区人大常委会听取审议专项工作报告制度，听取审议《区监察委员会关于整治群众反映强烈问题工作情况的报告》《区人民政府关于开展“双减”工作情况的报告》等一系列专项报告，重视审议意见的跟踪督促落实，对审议意见研究处理情况开展满意度测评。

【围绕重点领域开展监督】 2022年，对红谷滩区金融业服务业发展情况、元宇宙康养产业发展情况、分级诊疗制度实施情况等开展专题调研，形成调研报告；组织代表对高效设施农业基地建设情况、文化旅游新业态发展情况、区重大重点项目进行视察。积极配合省、市人大开展“物业社区行”专题监督活动。全年开展视察、调研等各项活动86次，提出意见建议211条。

【围绕财经审计开展监督】 2022年，印发《关于推进红谷滩区人大预算联网监督工作的实施方案》，做好区级及部门预决算监督审查，摸清政府资产家底，听取和审议行政事业性国有资产管理情况的专项报告。加大对审计查出问题的整改跟踪监督力度，维护红谷滩区财政经济秩序，提高财政资金使用效益，保障全区经济社会持续健康发展。

【围绕法治建设开展监督】 2022年，配合省、市人大常委会，组织开展《中华人民共和国文物保护法》等法律法规贯彻落实情况的执法检查，严格对照法律法规条文指出问题，督促立行立改。在推动改进工作、完善制度、普及法律、促进发展等方面产生积极效果，取得良好社会反响。

代表履职

【概况】 2022年，红谷滩区人大围绕“人大代表聚焦‘六个江西’（创新江西、富裕江西、美丽江西、幸福江西、和谐江西、勤廉江西）建设，争当‘四个表率’（建言献策的表率、服务发展的表率、联系群众的表率、干事创业的表率）主题活动”，开展一系列人大代表履职活动。

【启动人大代表的增补选工作】 2022年，省人大常委会通过《江西省人民代表大会常务委员会关于重新确定南昌市新建区、红谷滩区人民代表大会代表名额的决定》后，区人大常委会第一时间启动人大代表的增补选工作，重新调整选区和增补选各代表团代表，共增补选区一届人大代表54名。加强对代表的管理，依法终止2名人大代表资格，接受11名代表辞去职务，补选2名市人大代表。

【落实“双联”工作制度】 2022年，区人大发挥人大代表来自人民、植根人民的特点，畅通民意表达渠道，加强常委会组成人员与代表、代表与选民的联系，落实每位区人大代表联系不少于5名选区选民，确保全区各级人大代表进站入室。共计有158位代表联系选民、群众853人次。

【组织开展代表培训】 2022年7月6—9日，区人大常委会在瑞金市举办“追根溯源——人民代表大会制度发源地”红色教育活动培训班。学习《学习苏区历史、牢记初心使命》《人民代表大会制度从这里走来》等内容，组织180名人大代表和机关干部到中华苏维埃共和国中央革命军事委员会旧址、中华苏维埃代表大会制度史陈列馆现场参观学习。

【开展“人大代表集中进站履职”活动】 2022年，结合“六个江西”建设，争当“四个表率”主题活动，充分发挥代表之家、代表联络工作站等平台作用，开展集中进站履职活动。代表深入企业、校园、田间地头，全方位、多角度、立体化宣讲党的二十大精神。共开展活动80场次，收集群众意见建议211条。

【搭建代表履职平台】 2022年，按照“六有”“四化”的星级标准，全年建设完成厚田乡、生米街道2个人大代表联络站。人大代表联络站架起代表与群众、企业沟通的桥梁。其中，生米街道人大代表联络工作站为全省首个元宇宙示范站，并被授予南昌市五星级人大代表联络工作示范站。

【高度重视人大代表建议办理】 2022年，区一届人大二次会议期间共收到代表建议61条。其中，转交区政府办建议58件，转交区委组织部建议2件，转交区法院建议1件。区政府办及相关承办单位高度重视人大代表建议办理工作，政府及其职能部门必须履行的法定职责，站在讲政治、讲大局的高度，虚心听取代表意见，积极采纳代表建议，立足实际，扎实抓好办理工作，取得较好的成效。所有代表建议全部在规定时限内办理完毕，办复率为100%。

民生实事票决

【概况】 2022年是红谷滩区民生实事项目实行人大代表票决制的第一年。经区人大一届二次会议大会票决，产生2022年10项民生实事项目。经过区政府各级部门推动建设，于12月份全部完成。

【十大民生实事票决名单】 2022年1月，经区人大代表票决，该区2022年十项区政府实事项目得到确定，即普惠性幼儿园建设项目、凤凰俊彩小学建设项目、奥林匹克体育公园建设项目、打通断头路项目、生米街道农贸市场提质改造项目、平安小区智能安防建设项目、物管城市大提升项目、生米街道村级道路新建扩宽项目、老旧小区改造项目、卫东街办社区卫生服务中心建设项目。围绕这十项民生实事，红谷滩区将重点做好落实文章，聚焦百姓关注的教育、交通、环境、安全、医疗、体育等方面，推进一大批民生项目建设，持续增进民生福祉。

【推进民生实事项目建设落地】 2022年，区人大常委会充分发挥人大代表在民生实事项目实施中的决策、监督和支持推动作用，通过调研督导、任务上墙、召开工作推进会等方式，全力推进市、区两级民生实事项目建设落地，形成关于人大代表票决民生实事项目“征集、票决、督办、满意度测评”的制度机制。

【开展专项视察活动】 2022年1月8日，红谷滩区人大常委会组织人大代表对泰康·赣园、VR实训基地、VR主题乐园、九龙湖公园等项目现场开展一届人大二次会议会前视察。代表们采取现场察看、听取汇报、与相关负责人交流等方式，深入了解各重点项目推进情况。9月16日，区人大常委会组织省、市、区人大代表，实地视察沙井街道纺织厂宿舍、红角洲街道龙岗花园两处老旧小区改造项目，生米街道融创B区物管城市大提升项目。红谷滩区政府通报关于老旧小区改造及物管城市大提升等民生实事项目建设情况。部分省、市、区人大代表提出有针对性的意见建议。10月12日，区人大常委会组织各级人大代表对生米街道村级道路新建扩宽项目潼溪村级道路、凤凰俊彩小学建设项目、赣江北大道下穿京九铁路通道（打通断头路项目）等民生实事人大票决部分项目建设情况开展专项视察，实地察看项目的建设情况及存在的问题。随后，召开专题汇报座谈会，听取区政府关于民生实事人大票决项目建设情况的汇报。

（梁玉祥）

红谷滩区人民政府

综　述

2022年是党和国家历史上极为重要的一年，是党的二十大召开之年，也是红谷滩开局奋进之年。全区上下紧扣迎接和学习宣传贯彻党的二十大精神这条主线，按照"疫情要防住、经济要稳住、发展要安全"的重要要求，主动对标"一枢纽四中心"发展定位，全面落实"六大战略"，强劲开局一季度、奋力强攻二季度、负重拼搏三季度、决战决胜四季度，推动各项工作取得新成效、迈上新台阶。全年地区生产总值增长4.5%左右，总量突破800亿元；一般公共预算收入同口径增长5.6%；固定资产投资增长5%左右；社会消费品零售总额增长5.8%左右；外贸出口增长10%左右；城乡居民人均可支配收入分别增长6.2%、6.5%左右。

经济运行企稳向好。疫情防控科学有效。全力推进186个重大重点项目，及时出台"重大项目不停工、重点企业不停产"奖补措施，争取各类项目资金12.54亿元，省市重大重点项目提前2个月完成年度投资目标，完成率位列全市第1。商贸复苏强势有劲。投入1300万元开展6场"乐购红谷·悦享生活"系列活动，拉动各类消费超10亿元。统筹3000万元购房补贴提振商贸消费。推动华润万象城提前10个月竣工，并于"十一"国庆节假期盛大开业，集聚了151家首进江西品牌、13家首进华中品牌，"早C晚A"成为新时尚。承办26场大型会展活动，接待参展人员超60万人次，实现总销售额770亿元。招大引强精准有方。高水平协办2022世界VR产业大会，积极参加"进博会走进江西"、南昌电子信息产业发展大会等活动，大力组织"同心战疫、共促发展"云签约，持续深化与广东七市合作交流，与丰城市签署"1+7"全面战略合作协议，新引进入统签约项目67个，总投资额超650亿元。

产业发展集聚升级。数字经济日益强劲。全年新增数字经济核心企业880家，总量达4890家；新增规上数字经济企业18家，位列全市第1，是全省数字经济企业新增量最大、集聚度最高的县区。规上软件和信息技术服务业营收同比增长70%，稳居全市第1。科技基础日益夯实。新开通5G基站246个，累计开通3135个，均居全市第1，在全省率先实现5G网络连片覆盖，基本建成千兆光网城市。新增省级专精特新中小企业10家，总量达20家。新增瞪羚企业4家，总量达11家。新增高新技术企业51家，总量达168家。科技型中小企业达254家。每万人有效发明专利拥有量达47.95件，居全市县区第1。金融体系日益成熟。聚焦打造全省金融商务区2.0版，新引进金融类机构62家，总量达1296家，持牌金融机构近300家，股权投资基金规模近1000亿元，金融业增加值占全市近40%，集聚了全省90%以上的法人金融机构和省级区域性总部，汇聚了8万余名金融从业人员。现代服务业日益增效。新增3家建筑央企子公司，建筑业总产值预计达1000亿元。统筹5600万元鼓励楼宇经济转型升级，创新开展商务楼宇等级评定。新增"五上"企业295家，同比增长1.4倍，总量达771家。新增市场主体25830家，总量达72760家。

枢纽建设蹄疾步稳。强力贯通大动脉。洪州大桥、复兴大桥加快推进，南昌绕城高速西二环、昌樟高速改扩建（二期）、320国道提升改造等重大路网全力促进，复兴大道西延、明月山大道南延、上饶大街涉枫生快速路立交改造等主干路网陆续开工，高教园区、VR科创城等片区路网逐步成型。奋力打通中梗阻。奋进路、慧谷路、圭峰大道、花园南路、狮子山大道等8条断头路提前贯通。全力畅通民心路。赣江南大道由五车道改成七车道，江报路、翠林路单行道恢复双向通行，碟子湖大道、南斯友好路提升改造工程启动实施，畅通了一批"出行路"。省人民医院“凤蝶路、熙凤路”、省儿童医院“怡康路”等道路建成通车，畅通了一批“就医路”。潼溪村道、胜利村道、闸上村道、梅花村道等农村公路改造完成，畅通了一批“乡间小路”。

城乡能级扩容增效。大空间格局持续凸显。完成厚田乡、流湖镇区划调整，高效推进5个街道组建，“一乡一镇七街道”格局焕然一新，辖区面积扩大到403.2平方千米，常住人口扩充到64.45万人。推动编制《南昌未来科学城概念规划》等系列规划，九龙湖西部组团、生米南片区和厚田、流湖东北部等56平方千米基本确定纳入城市开发边界。大生态环境持续改善。空气优良率为87.4%，PM2.5平均浓度30.7微克/立方米。中央及省环保督察反馈380个问题及信访件全部销号。424个排水单元基本完成整治。前湖水系水质达到Ⅳ类水标准，乌沙河水质达到Ⅳ类水标准，赣江干流7个断面水质达到地表水Ⅱ类标准，黑臭水体全面消除，饮用水源水质达标率100%。大治理体系持续健全。深化城市更新，整治围墙围挡148处，拔除违章建筑477处，拆除超期临时工棚7万平方米。新建7个公共停车场，新增1429个停车泊位。改造4个老旧小区。打造2条窨井盖样板路。完成8条背街小巷增亮补亮，实现全区范围灯亮路明。靓化城市环境，新增彩化面积5.6万平方米，打造6处示范性景观小品，建成五大城市休闲空间。智化城市服务，全省首创“物管城市”模式，试点改造5个小区。设置垃圾分类投放亭534个、智能分类屋3个，居民垃圾分类参与率超95%。非居民用户燃气安全报警器安装率100%。智慧城管系统采集、化解问题超20万个。大乡村建设持续推进。扎实开展农业农村“两整治一提升”行动，投资4000余万元打造了厚田闸上村“乡村振兴示范村”、生米街道谢家垅自然村“共同富裕样板村”等7个示范点，安装了40个自然村571盏路灯。改造昌樟生米立交桥、厚田艾家桥2座危桥，安装20千米农村道路临水临崖护栏。新培育省级农业龙头企业4家、市级农业龙头企业15家、规上农业企业4家，带动农户就业5994户。村集体经济年收入均突破30万元，最高达4000万元。全力应对夏秋冬连旱极端天气，统筹各类涉农资金超6000万元，修建超千个抗旱设施，建成1.1万亩高标准农田，完成水稻总产量9250万千克、冬种扩面超10万亩，粮食安全保障有力。

市场主体活力迸发。营商环境有温度。及时落实应对疫情、帮助市场主体纾困解难“20条”，兑现惠企资金3亿元，减税降费20亿元。组建中小企业服务局，大力开展“暖心护企”行动，普惠金融服务平台企业授信超4.6亿元，对接落实企业融资金额超5000万元，为36家企业放贷“财园信贷通”1亿元。政务服务有速度。全面推行“网上办”模式，网上可办率达100%，全程网办率达90%。全省率先打造“无证办理”政务大厅，首创“红谷智小二”帮办代办服务平台，全省率先推出政务服务智能导航地图，全市率先试点街道（派出所）就近办事项144项、社区就近办事项55项。积极打造“赣服通”前端受理、“赣政通”后端办理的“前店后厂”政务服务新模式。重点改革有力度。深入推进国有企业负责人薪酬制度等系列改革，区城投公司子公司缩减至13家，资产总额达到468亿元，营业收入完成65.54亿元，企业信用获评AA+。深入推进财政投资评审改革，最快可缩短项目预决算期3个月。深入推进拆迁安置改革，强力完成4585亩土地征收、24.68万平方米房屋征迁，完成3个小区分配，安置住房3720套。

民生福祉增进增厚。民生福祉不断增进。民生实事落实落地，民生支出68.52亿元，占一般公共预算支出84%。20件市区人大代表票决民生实事件件落地。就业创业高质高效，组织校园招聘活动111场，发放创业担保贷款8728万元，新增城镇就业3703人，帮扶返乡农民工就业660人，吸纳2.7万名大学生和技能人才来区创业就业。兜底救助织密织牢，城镇企业职工养老保险新增参保18259人，累计参保66086人。低保标准提高至855元，特困人员供养标准提高至1120元。认定医疗救助人员6992人，拨付救助资金441.86万元。医保电子凭证结算率位列全市第1。公共服务不断普惠。教育均衡发展，新改扩建中小学校、幼儿园12所，新增学位7100余个。城区义务教育学校课后服务“5+2”实现全覆盖。招聘、选调259名优秀教师，公开引进10名教育人才，安家费补贴最高达40万元/人。医疗优质升级，3个国家级区域医疗中心启动建设，3个卫生院、4个社区卫生服务中心中医馆全面建成。文旅丰富多彩，连续2年获评“江西省文化产业重点区”。基层治理不断夯实。安全生产持续向好，全力打好安全生产专项整治三年行动收官战，2022年度未发生较大及以上生产安全事故。社会风气持续向善，深入开展“八五”普法，巩固提升“法律明白人”培养工程，建成首个矛盾纠纷多元调解中心、75个智慧平安小区。常态化推进扫黑除恶斗争，组建公安分局食药环侦大队，深入打击电信网络诈骗、养老诈骗等违法犯罪。为民服务持续向优，新增14个社区，新聘156名社区干部。新建9个社工站，覆盖率100%。积极创建国家食品安全示范城市。深入推广退役军人“尊崇工作法”，升级打造30家示范型村（社区）退役军人服务站，组建红谷滩“洪城红”退役军人应急大队。风险化解持续向稳，全面防范化解金融、房地产等重点领域矛盾风险，推动“大干30天”保交楼攻坚行动取得成效。

（蔡　煜）

区政府党组(扩大)会议

【概况】 2022年,区政府共召开8次区政府党组(扩大)会议。会议传达学习党的二十大、党的二十届一中全会精神、省委十五届三次全体(扩大)会议及市委十二届五次全体(扩大)会议精神,要求全区政府系统各单位将会议精神融合到具体工作中,努力推动全区经济社会发展取得新成效。会议主持人为区政府党组书记、区长刘光荣。区政府党组成员、区政府组成人员及有关部门主要负责人出席。

【区政府党组第1次(扩大)会议】 2022年4月28日召开。会议审议并原则同意区人社局提交的《关于丁菠等40名同志职务任免的请示》。会议确定,根据中共红谷滩区委(红谷干字〔2022〕5号、红谷干字〔2022〕8号)文件要求,同意区人社局提交的《关于丁菠等40名同志职务任免的请示》,任职时间从2022年2月起算,由区人社局会同区政府办,依法依规办理相关手续。

【区政府党组第2次(扩大)会议】 2022年6月9日召开。会议审议并原则同意区人社局提交的《关于提请审议郭名弟等2名同志职务任免的请示》。会议确定,根据中共红谷滩区委(红谷干字〔2022〕16号、红谷干字〔2022〕24号)文件要求,同意区人社局提交的《关于提请审议郭名弟等2名同志职务任免的请示》,任职时间从2022年5月起算,由区人社局会同区政府办,依法依规办理相关手续。

【区政府党组第3次(扩大)会议】 2022年7月19日召开。会议审议《南昌市红谷滩区人民政府领导分工安排》,会议确定,鉴于人事安排调整,原则同意区政府办提交的《南昌市红谷滩区人民政府领导分工安排》,由区政府办负责,根据会议意见作进一步修改完善,以区政府党组名义报区委备案。

【区政府党组第4次(扩大)会议】 2022年9月19日召开。会议审议并原则同意区人社局提交的《关于李嫣丽等16名同志职务任免的请示》。会议确定,根据中共红谷滩区委(红谷干字〔2022〕35号、红谷干字〔2022〕46号)文件要求,同意区人社局提交的《关于李嫣丽等16名同志职务任免的请示》,由区人社局会同区政府办,依法依规办理相关手续。

【区政府党组第5次(扩大)会议】 2022年10月20日召开。会议审议并原则同意区人社局提交的《关于徐戎等5名同志职务任免的请示》。会议确定,根据中共红谷滩区委(红谷干字〔2022〕50号)文件要求,同意区人社局提交的《关于徐戎等5名同志职务任免的请示》,由区人社局会同区政府办,依法依规办理相关手续。

【区政府党组第6次(扩大)会议】 2022年11月7日召开。会议传达学习党的二十大、党的二十届一中全会及习近平总书记在广西代表团、在二十届中共中央政治局常委同中外记者见面会上、在瞻仰延安革命纪念地的重要讲话精神。会议指出,学习宣传贯彻党的二十大精神是当前和今后一个时期的首要政治任务,要深刻把握过去五年工作和新时代十年伟大变革的重大意义,深刻把握习近平新时代中国特色社会主义思想的世界观和方法论,深刻把握推进中华民族伟大复兴的使命任务,一步一个脚印把党的二十大作出的重大决策部署付诸行动、见之于成效。会议确定,各部门、各单位要认真学习党的二十大、党的二十届一中全会及习近平总书记在广西代表团、在二十届中共中央政治局常委同中外记者见面会上、在瞻仰延安革命纪念地的重要讲话精神,结合工作实际,抓好贯彻落实。一要全面坚决捍卫“两个确立”。要进一步深刻领悟和把握“两个确立”的决定性意义,增强“四个意识”、坚定“四个自信”、做到“两个维护”,自觉在思想上政治上行动上同以习近平同志为核心的党中央保持高度一致。二要全面深刻领会党的二十大的重大意义。要充分认识党的二十大科学谋划未来5年乃至更长时期党和国家事业发展的目标任务和大政方针,事关党和国家事业继往开来,事关中国特色社会主义前途命运,事关中华民族伟大复兴的重大意义,做到“五个牢牢把握”,珍惜新时代十年的历史性成就,牢记新时代新征程的使命任务。三要全面组织学习传达。各级领导干部要带头学习、带头贯彻,准确把握党的二十大报告提出的一系列新思想、新理念、新举措。政府系统各级党组织要第一时间学、反反复复学,准确把握思想精髓、核心要义和实践要求。全体党员要持续学、系统学,原原本本读原文、原汁原味悟原理,更好用党的创新理论武装头脑、指导实践。四要全面抓好贯彻落实。紧抓经济运行,锚定八大核心指标(国内生产总值、人均国内生产总值、一般预算收入、固投、社消、实际利用外资、外贸出口、城乡居民人均可支配收入)和市场主体、“五上”企业培育等重点工作,力争各大指标进入省市中上游。紧抓项目建设,加快推进抚州大街西延、全力支持八一干部学院、南昌健康职业技术学院、南昌技师学院、昌樟高速改扩建二期工程等重大重点项目建设。紧抓民生实事,持续加快既有住宅加装电梯、打通断头路等人大票决民生实事项目建设,确保在11月底全部完成承诺目标。紧抓城乡发展,扎实做好碟子湖大道沿线提升改造、水环境综合治理、农业农村“两整治一提升”工作。紧抓安全稳定,抓实抓好疫情防控、安全生产、根治欠薪和信访等工作,着力防范化解房地产、金融等领域重大风险。紧抓工作谋划,要做好重大重点项目投资计划、财政预算安排、人大票决民生实事项目征集、政府专项债和政策性开放性金融工具等资金争取、土地出让等工作谋划。五要全面强化政府建设。强化政治本领,坚决履行全面从严治党主体责任,坚持纵深推进党风廉政建设和反腐败工作,构建更加风清气正、健康向上的良好政治生态。强化争先本领,坚决扛起“首府首区首位首先”的责任担当,敢于向优者学、与快者比、跟强者争、朝高者攀,瞄准一流目标,对标一流标准,全力以赴争人才、争资金、争平台、争项目、争政策。强化落实本领,大力践行“脚上有土,心中有谱”的工作作风,坚持深入一线、深入基层、深入群众,坚持把民之所盼作为政之所为,做到发展为了人民、发展依靠人民、发展成果由人民共享。强化防控本领,全面统筹好安全与发展,增强忧患意识,树立底线思维,毫不放松抓好疫情防控工作,毫不放松推进房地产市场风险防范化解工作,坚决守住不发生区域性系统性金融风险的底线,做到守土有责、守土负责、守土尽责。

【区政府党组第7次(扩大)会议】 2022年12月1日召开。会议传达学习新党章、党的二十大、党的二十届一中全会及习近平总书记近期重要讲话精神,省委十五届三次全体(扩大)会议及市委十二届五次全体(扩大)会议精神。会议指出,新党章和党的二十大意义重大、影响深远,习近平总书记的讲话立意高远、思想深邃,省委十五届三次全会、市委十二届五次全会精神为全区上下学习宣传贯彻党的二十大精神、加快全面建设社会主义现代化红谷滩提供了方向指引,要持续深入学习领会,深刻把握其中蕴含的强大真理力量,推动各项工作取得新进展。会议确定,各部门、各单位要持续深入学习新党章、党的二十大、党的二十届一中全会及习近平总书记近期重要讲话精神,省委十五届三次全体(扩大)会议及市委十二届五次全体(扩大)会议精神,抓好贯彻落实。一要以高度的政治自觉领会重大意义。区政府班子和全区政府系统要深刻领会党的二十大的重大意义,把学习好、宣传好、贯彻好党的二十大精神作为当前首要政治任务,把坚决做到“两个维护”作为最高政治原则,把忠诚捍卫“两个确立”作为根本政治规矩,坚定不移信赖核心、忠诚核心、维护核心,确保各项工作始终沿着习近平总书记指引的方向前进。二要以高度的思想自觉做到学深悟透。切实弘扬宝贵经验,要倍加珍惜、承前启后、接续奋斗,坚定历史自信,增强历史主动,自觉运用党的历史经验来想问题、办事情、作决策。切实感悟真理伟力,要在学懂弄通做实党的二十大精神上再下功夫,读原著、学原文、悟原理,进一步夯实理论根基。切实增强前进动力,要对标看齐、对表作为,胸怀“两个大局”、心系“国之大者”,主动扛起责任,坚决顶起自己那片天,全力推动高质量跨越式发展,不断开创工作新局面。三要以高度的行动自觉抓好贯彻落实。要尽最大努力、挖最大潜力、争最好结果,全面完成年度目标任务,确保实现“全年胜”。要认真抓防疫,要坚持人民至上、生命至上,坚持动态清零总方针不动摇,全力做实做细疫情防控工作,保障广大群众生命健康。要及早谋思路,要提前做好下年工作的谋划,以未雨绸缪之姿,迎接党的二十大新征程的第一个开年新局。会议审议并原则同意区人社局提交的《关于提请审议王雯同志职务任免的请示》,由区人社局会同区政府办,依法依规办理相关手续。

【区政府党组第8次(扩大)会议】 2022年12月26日召开。会议传达学习习近平法治思想,会议确定,各部门、各单位要认真学习习近平法治思想,持续提升法治建设水平。一要聚焦法治为民,全力解决群众急难愁盼问题。始终把为民利民惠民作为法治政府建设工作的出发点和落脚点,重点围绕就业、教育、医疗、养老、扶幼等突出民生领域,改进工作方法,提升各项工作的规范化、法治化水平,推动严格执法、公正司法、全民守法,使群众在法治政府建设中收获更多发展红利。二要聚焦法治护航,全速营造一流标杆营商环境。深入推进营商环境优化升级“一号改革工程”,积极运用法治方式打通经济循环堵点,为“保市场主体、保就业、保民生”提供法治化支撑。把服务人民群众和市场主体作为执法活动的价值取向,依法平等保护各类市场主体产权和合法权益,让执法活动既有力度又有温度。三要聚焦法治队伍,全面提升法治建设工作力量。进一步加强在法治建设领域的人员、经费、技术配套保障,着力建立一支稳定的法治建设工作队伍,定期开展法治专业化能力培训,重点提高一线干部执法能力,努力打造政治过硬、素质过硬、能力过硬,适应新时代工作要求的法治队伍。会议审议并原则同意区人社局提交的《关于提请审议李丹同志职务任免的请示》,由区人社局会同区政府办,依法依规办理相关手续。

【区政府2022年第1次全体(扩大)会议】 2022年12月26日召开。会议审议并原则同意区政府办提交的《政府工作报告(送审稿)》,会议指出,《政府工作报告(送审稿)》从经济运行企稳向好、产业发展集聚升级、枢纽建设蹄疾步稳、城乡能级扩容增效、动力活力竞相迸发、民生福祉增进增厚等方面对2022年的工作进行系统总结,并科学提出大力提升产业高级化、发展循环化、区域一体化、要素创新化、服务均衡化、治理现代化水平等目标任务。《政府工作报告(送审稿)》是一个科学发展、追赶跨越、加快发展的报告,是一个顺应民愿、贴近民心、符合民意的报告。会议要求,全区政府系统在前期征求意见的基础上,召集班子成员和全体干部进行专题研究,对2022年的工作再梳理、再盘点,对2023年的工作再谋划、再研究,对报告中的数据再核准、对报告中的特点再梳理、对报告中的重点再聚焦,力求报告更加充实简练准确,全面客观、真实准确反映红谷滩区经济社会发展情况。会议确定,根据区一届人大第三次会议要求,原则同意区政府办提交的《政府工作报告(送审稿)》,由区政府办负责,根据会议意见进一步修改完善,履行审签程序后,报区委常委会审议,审议通过后提请区人大会议审议。

(彭依玲)

区政府常务会议

【概况】 2022年,区政府共召开31次区政府常务会议。区政府党组书记、区长刘光荣主持。会议学习习近平总书记系列重要讲话和批示精神,传达贯彻全国、省、市有关会议精神,听取和审议区政府各部门有关工作情况报告、汇报,研究讨论有关工作意见,办法、计划、规划、方案、预案、请示等,部署落实政府各项工作要求,作出各项相应决定。区政府主要领导班子成员出席。区委、区政府、区纪委监委职能部门主要负责人,乡镇、街道等主要负责人及区政府法律顾问列席。

【区政府第1次常务会议】 2022年1月4日,区政府第1次常务会议召开。会议审议并原则通过区政府办草拟的《政府工作报告(送审稿)》区发改委草拟的《全区经济工作部署讲话(送审稿)》《关于红谷滩区2021年国民经济和社会发展计划运行情况与2022年国民经济和社会发展计划(草案)的报告》、区财政局草拟的《关于红谷滩区2021年财政运行情况和2022年财政总预算(草案)的报告》。

【区政府第2次常务会议】 2022年1月26日,区政府第2次常务会议召开。会议传达学习《地方党政领导干部食品安全责任制规定》文件精神、省纪委《关于我省6起违反中央八项规定精神典型问题的通报》《关于进一步严肃会风会纪的通知》文件精神;审议并原则同意区司法局草拟的《红谷滩区普法宣传教育工作领导小组关于在全区公民中开展法治宣传教育的第八个五年规划(2021—2025年)(送审稿)》,区城管局草拟的《红谷滩区城市燃气突发事故应急预案(送审稿)》,区生态环境局草拟的《关于调整红谷滩区生态环境保护委员会组成人员和十个生态环境保护专业委员会的通知(送审稿)》,区发改委草拟的《关于同意红谷滩区企业经济服务平台立项及建设的请示(送审稿)》《关于拨付项目建设慰问金的请示(送审稿)》,区城投公司草拟的《关于受让南昌盛趣时代伯乐股权投资合伙企业(有限合伙)份额的请示(送审稿)》《关于参与设立南昌市VR产业母基金(有限合伙)的请示(送审稿)》,区金融办草拟的《关于恳请同意华夏银行南昌分行新办公大楼装修项目在红谷滩区立项和招标监管的请示(送审稿)》,区住建局草拟的《关于恳请同意调整新龙岗大道下穿向蒲铁路工程建设费用及签订补充代建协议的请示(送审稿)》《关于同意签订〈新琚花园E04-02号楼人才安置房装修项目回购协议〉并支付回购款的请示(送审稿)》《关于审议国网南昌供电公司申请重大活动保电奖励相关事宜的请示(送审稿)》,区法院、区检察院草拟的《关于确定聘用人员数额的报告(送审稿)》《关于恳请解决办案场所租赁和装修奖金有关问题的报告(送审稿)》,区商务局草拟的《关于拨付物联网产业创新中心项目服务费用的请示(送审稿)》;审议区财政局草拟的《关于预发2021年度奖励性补贴的请示(送审稿)》。

【区政府第3次常务会议】 2022年2月10日,区政府第3次常务会议召开。会议传达学习省委书记易炼红《关于抓工作落实的调研与思考》、全省深化发展和改革双"一号工程"会议精神,听取区人社局草拟的《红谷滩区人社局落实"南昌市10万人才留昌就业创业'百场校招'活动"情况报告》。审议并原则同意区政府办草拟的《红谷滩区2022年〈政府工作报告〉重点工作责任分工方案(送审稿)》、区生态环境局草拟的《红谷滩区贯彻落实中央生态环境保护督察报告整改方案(送审稿)》、区发改委草拟的《2022年红谷滩区重大重点项目储备库(送审稿)》、区城管执法局草拟的《红谷滩区中央环保督察典型案例整治行动实施方案(送审稿)》、区住建局草拟的《红谷滩区国有投资小型工程建设项目管理办法(送审稿)》《关于恳请同意红谷滩区慧谷路(华南大道—敏学路)道路排水工程相关事宜的请示(送审稿)》、区教体局草拟的《关于红谷滩区2022年招聘教师的请示(送审稿)》、区政数局草拟的《关于组建红谷滩区政务服务数据管理局所涉行政审批职能划转工作方案的请示(送审稿)》、区城投公司草拟的《关于提请审议免除江西省专用信息局占用红谷滩区通信管道费用的请示(送审稿)》。

【区政府第4次常务会议】 2022年2月19日,区政府第4次常务会议召开。会议听取区司法局草拟的

《2021年度南昌市红谷滩区法治政府工作情况报告》。审议并原则同意区商务局草拟的《红谷滩区2022年开放型经济工作考核办法(送审稿)》、区住建局草拟的《关于表彰D4、D6地块棚户区改造项目征迁扫尾攻坚先进单位先进个人的请示(送审稿)》《关于红谷滩区华南大道(祥云大道—320国道)道路排水工程相关事宜的请示(送审稿)》、区城管执法局草拟的《关于批准红谷滩区丰和中大道建筑立面综合整治工程规划设计方案的请示(送审稿)》、区应急管理局草拟的《关于给予区应急管理局符合县级救灾物资储备标准仓库拨付救灾物资采购经费的请示(送审稿)》。

【区政府第5次常务会议】 2022年2月26日,区政府第5次常务会议召开。会议传达学习《中共中央办公厅 国务院办公厅〈地方党委和政府领导班子及其成员粮食安全责任制规定〉的通知》文件精神和省委常委、市委书记李红军在全市县处级主要领导干部"学习贯彻党的十九届六中全会精神,提高政治判断力政治领悟力政治执行力"专题研讨班上的动员讲话和辅导报告精神。审议并原则同意区城投公司草拟的《关于同意赣江市民公园五期工程投资建设运营相关事宜的请示(送审稿)》《关于区城投公司终止与南昌大学第一附属医院合作开发国际医院项目的请示(送审稿)》、区卫健委草拟的《关于恳请同意省卫健委南昌医学院新校园(一期)建设项目和省疾病预防控制中心迁建项目采用EPC招标模式的请示(送审稿)》、区城管执法局草拟的《红谷滩区城市精细化管理考核工作方案(送审稿)》、区农业农村局草拟的《〈红谷滩区农业农村"两整治一提升"行动计划(2022—2024年)〉〈红谷滩区2022年村庄亮灯工程项目实施方案〉〈红谷滩区农村人居环境整治和农业特色产业提升督导专班工作方案〉〈红谷滩区农业农村"两整治一提升"行动工作导则〉(送审稿)》《2022年红谷滩区河道采砂计划及实施方案(送审稿)》、区医保局草拟的《关于区医疗保障局部分基本医保经办服务外包的请示(送审稿)》。

【区政府第6次常务会议】 2022年3月5日,区政府第6次常务会议召开。会议传达学习习近平总书记在中央党校(国家行政学院)青年干部培训班开班式上的讲话精神和省委常委、市委书记李红军在《江苏省委省政府调查组关于"丰县生育八孩女子"事件调查处理情况的通报》上的批示精神。审议并原则同意区发改委草拟的《红谷滩区关于深入推进优化营商环境"一号改革工程"全力打造区域性标杆城区行动方案(送审稿)》、区政府办草拟的《红谷滩区2021年度高质量发展奖评选表扬名单(送审稿)》、区城投公司草拟的《关于启动红谷滩中心区B－11－2地块地下空间人防地下停车场的请示(送审稿)》《关于区城投公司参与竞拍DAEJ2022005－1地块相关事项的请示(送审稿)》、区自然资源和规划分局草拟的《关于同意开展〈南昌·昌西南区域概念规划〉国际竞赛的请示(送审稿)》、区城管执法局草拟的《关于实施赣江南大道(南昌大桥—生米大桥)提升改造工程项目相关事宜的请示(送审稿)》《关于红谷滩中央商务区景观亮化项目运维电费及运维管护等事项的请示(送审稿)》《关于恳请拨付八大整治工作经费相关事宜的请示(送审稿)》,审议区城管执法局草拟的《关于明确"红谷滩区人大代表履职服务中心"选址工作相关事宜的请示(送审稿)》。

【区政府第7次常务会议】 2022年3月26日,区政府第7次常务会议召开。会议审议并原则同意区城管执法局草拟的《关于进一步规范城市管理问题督查督办工作实施意见的请示(送审稿)》、区教体局草拟的《关于凤凰洲体育公园项目的请示(送审稿)》《关于红谷南大道学校、石钟山路学校、阁皂山大道学校委托代建合同及支付代建管理费的请示(送审稿)》、区法院草拟的《关于区法院办案用房租赁地点、租金及支付方式的报告(送审稿)》、区科工局草拟的《关于红谷滩区2022年VR产业招商工作方案的请示(送审稿)》、区财政局草拟的《关于处置安置房源剩余商品房的请示(送审稿)》《关于拨付2020年专项债券资金到区住建局的请示(送审稿)》。

【区政府第8次常务会议】 2022年4月28日,区政府第8次常务会议召开。会议传达学习习近平总书记、孙春兰副总理、省委书记易炼红、省长叶建春、市委书记李红军就疫情防控作出的重要指示精神,传达学习全国、全省、全市安全生产电视电话会议精神,传达学习全省全市防汛工作电视电话会议精神、省委书记易炼红"以干部创先激发全社会创新创业活力"署名文章精神、全省一季度经济运行会暨"强攻二季度、确保双过半"动员会会议精神。审议并原则同意厚田乡草拟的《关于申请西二环项目涉及厚田乡土地、房屋等征收补偿款的请示(送审稿)》、区城投公司草拟的《关于提请审议投资建设高效设施农业示范基地项目的请示(送审稿)》《关于九龙湖JLH503－C06地块拆迁安置房建设项目所涉土方外运纳入项目工程概算的请示(送审稿)》、区资规分局草拟的《关于成立红谷滩区土地和规划协调推进领导小组的请示(送审稿)》《关于开展VR科创城二期控制性详细规划编制的请示(送审稿)》、区住建局草拟的《九龙湖新城市政基础设施三期工程施工招标实施方案(送审稿)》《关于南昌市九龙湖新城抚州大街工程(明月山大道—三清山大道)施工招标一标段实施方案的请示(送审稿)》、区统计局草拟的《关于区统计局招聘12名区聘统计工作人员的请示(送审稿)》。

【区政府第9次常务会议】 2022年4月30日,区政府第9次常务会议召开。会议传达学习省委常委、纪委书记、监委主任马森述在省政府第五次廉政工作会议上的讲话精神、副省长罗小云在2022年江西省科协第八届委员会全体会议暨省全民科学素质培训班上的讲话精神、《中共南昌市委办公室 南昌市人民政府办公室 关于进一步规范招商引资工作的通知》文件精神。审议并原则同意区科协草拟的《红谷滩区全民科学素质行动规划纲要实施方案(送审稿)》、区应急管理局草拟的《红谷滩区2022年安全生产工作要点(送审稿)》、区政数局草拟的《红谷滩区加快推进政务服务"网上办"专项行动工作方案(送审稿)》、区资规分局草拟的《关于红谷滩区土地征收地上附着物补偿改革事宜的请示(送审稿)》、厚田乡草拟的《关于乡村振兴示范点的请示(送审稿)》、区生态环境局草拟的《红谷滩区生态环境保护责任清单(送审稿)》、区发改委草拟的《红谷滩区建立校地融合智库工作方案(送审稿)》、红角洲管理处草拟的《关于申请开展森林"四化"提升项目建设的请示(送审稿)》、区城管执法局草拟的《关于实施红谷滩区水环境综合整治工程(二期)项目的请示(送审稿)》《关于2022年草花种植及养护采购单位的请示(送审稿)》、区城投公司草拟的《关于红谷滩区高效设施农业示范基地建设项目招标方式的请示(送审稿)》、区文广新旅局草拟的《关于促进会展业加快发展奖励办法实施细则的请示(送审稿)》。

【区政府第10次常务会议】 2022年5月11日,区政府第10次常务会议召开。会议审议并原则同意区民政局草拟的《关于红谷滩区增设街道行政区划调整的意见(送审稿)》。

【区政府第11次常务会议】 2022年5月22日,区政府第11次常务会议召开。会议传达学习5月5日中共中央政治局常务委员会分析部署疫情防控工作会议精神,传达学习《信访工作条例》主要精神及听取红谷滩区贯彻落实意见的汇报,传达学习全国、省、市自建房安全专项整治电视电话会议精神,传达学习深入实施强省会战略推动南昌高质量跨越式发展大会精神和省委书记易炼红《关于提升基层治理水平的调研和思考》的署名文章。审议并原则同意区发改委草拟的《红谷滩区应对疫情帮助市场主体纾困解难若干措施(送审稿)》《2022年红谷滩区"暖心护企"优化营商环境行动方案(送审稿)》、区城投公司草拟的《关于提请审议区城投公司2022年债券发行计划的请示(送审稿)》、区委政法委草拟的《红谷滩区网约房管理办法(试行)和红谷滩区网约房专项整治方案(送审稿)》《红谷滩区群租房管理办法(试行)和红谷滩区群租房专项整治方案(送审稿)》。听取区自然资源和规划分局草拟的《关于红谷滩区2021年度违法用地整改情况的报告(送审稿)》、区商务局草拟的《关于2022年红谷滩区"乐购红谷·悦享生活"促消费活动实施方案的请示(送审稿)》、区住建局草拟的《关于成立红谷滩区政府投资类及片区开发项目建设工作指挥部的请示(送审稿)》、红角洲管理处草拟的《关于红岭社区办公楼新增消防设施及门卫室的请示(送审稿)》、区教体局草拟的《关于"公参民"义务教育学校专项治理工作实施方案的请示(送审稿)》《关于审议豫章中学设备采购成本分摊的请示(送审稿)》、区纪委区监委草拟的《关于区纪委区监委谈话点建设改造工程的请示(送审稿)》、区卫健委草拟的《关于中南大学湘雅医院江西医院(国家神经系统区域医疗中心)一期建设项目实施属地管理的请示(送审稿)》、区民政局草拟的《关于为疫情防控一线城乡社区工作者发放工作补助资金的请示(送审稿)》、区城管执法局草拟的《关于实施红角洲启华学校周边完善道路路灯工程的请示(送审稿)》《关于启动文明城市创建智慧路口信号灯系统采购的请示(送审稿)》《关于采购祥云大道快速路声屏障的请示(送审稿)》、生米街办草拟的《关于明确生米街道共同富裕样板村建设相关事宜的请示(送审稿)》。

【区政府第12次常务会议】 2022年6月9日,区政府第12次常务会议召开。会议传达学习全国稳住经济大盘电视电话会议精神及听取"强攻二季度、确保双过半"情况报告、传达学习《关于更加有效发挥统计监督职能作用的意见》文件精神,传达学习2022年江西省"扫黄打非"工作领导小组第一次全体成员会议精神、市委办公室《关于进一步严肃会风会纪的提示》文件精神。审议并原则同意区政府办草拟的《红谷滩区人民政府督查工作推进考核办法(送审稿)》、区卫健委草拟的《红谷滩区促进3岁以下婴幼儿照护服务发展实施方案(送审稿)》、区政数局草拟的《红谷滩区政务服务大厅考核方案(送审稿)》、区退役军人事务局草拟的《红谷滩区促进新时代退役军人就业创业实施办法(送审稿)》、区人社局草拟的《红谷滩区被征地农民参加基本养老保险实施细则(送审稿)》、区民政局草拟的《红谷滩区社区优化调整方案(送审稿)》、区总工会草拟的《关于批准实施红谷滩区工人文化宫装修项目的请示(送审稿)》、区财政局草拟的《关于"财园信贷通"放贷企业名单及额度的请示(送审稿)》、区城管执法局草拟的《关于地下空间B－11－2地块人防地下工程立项的请示(送审稿)》、厚田乡草拟的《关于设立森林防火“三员”及野外火源管理哨卡的请示(送审稿)》《关于拨付厚田乡客运首末站装修项目的请示(送审稿)》、区司法局草拟的《关于打造红谷滩区智慧社区矫正中心的请示(送审稿)》、区检察院草拟的《关于确定区检察院办案过渡用房租赁地点、租金及支付方式和提升改造项目费用等问题的请示(送审稿)》、区法院草拟的《关于恳请解决过渡办公办案用房基础性装修及信息化建设资金的请示(送审稿)》、区委政法委草拟的《关于申请实施600路公共安全视频监控服务采购项目的请示(送审稿)》《关于申请实施70个智慧平安小区服务采购项目的请示(送审稿)》、区文广新旅局草拟的《关于建设孺子书房的请示(送审稿)》、区公安分局草拟的《关于购置6辆一般执法执勤车辆的请示(送审稿)》、区住建局草拟的《关于红谷滩区现代智能农业应用示范基地临时施工便道的请示(送审稿)》、区科工局草拟的《关于拨付资金支持南昌虚拟现实研究股份有限公司创建国家虚拟现实创新中心的请示(送审稿)》。

【区政府第13次常务会议】 2022年6月13日,区政府第13次常务会议召开。会议传达学习习近平总书记在中共中央政治局第三十九次集体学习时的讲话精神、全市经济运行分析会暨“五经普”筹备工作动员会议精神、《关于进一步强化安全生产责任落实坚决防范遏制重特大事故的实施方案》文件精神。审议并原则同意区商务局草拟的《红谷滩区生活必需品市场供应突发事件应急预案(送审稿)》、区发改委草拟的《2022年红谷滩区重大重点项目领导挂点计划方案(送审稿)》《红谷滩区落实加快打造全国构建新发展格局重要战略支点的工作方案(送审稿)》、区人社局草拟的《红谷滩区事业单位管理岗位职员等级晋升制度工作实施方案(送审稿)》、区商务局草拟的《关于红谷滩区人民政府与江西省就业创业服务中心、江西人力经济技术合作集团有限公司三方〈项目合作协议〉的请示(送审稿)》、区公安分局草拟的《关于恳请批准区公安分局反恐基地改造提升的立项请示(送审稿)》《关于恳请批准区公安分局反恐基地设备采购的请示(送审稿)》《关于恳请批准区公安分局红角洲派出所改造提升的立项请示(送审稿)》。

【区政府第14次常务会议】 2022年6月28日,区政府第14次常务会议召开。会议传达学习全省巩固拓展脱贫攻坚成果同乡村振兴有效衔接考核评估发现问题整改工作视频会议精神。审议并原则同意区农业农村局草拟的《红谷滩区2021年度巩固拓展脱贫攻坚成果同乡村振兴有效衔接考核评估反馈问题整改工作方案(送审稿)》、区应急管理局草拟的《红谷滩区“十四五应急体系规划”(送审稿)》、区退役军人事务局和团区委草拟的《关于解决南昌市“洪城红”红谷滩退役军人应急大队和青年应急大队社会招募队员务工补贴经费的请示(送审稿)》、区司法局草拟的《红谷滩区人民政府办公室关于印发2022年区政府常务会学法计划的通知(送审稿)》、区城投公司草拟的《关于区城管执法局和区城投公司续签公园广场“三合一”养护经费协议的请示(送审稿)》《关于处置西客站南北广场资产的请示(送审稿)》、区生态环境局草拟的《关于恳请同意更换红谷滩区省控点空气自动站仪器设备的请示(送审稿)》、区城管执法局草拟的《关于恳请批准中央绿廊绿化建设项目立项的请示(送审稿)》《关于恳请同意采购路灯控制箱的请示(送审稿)》、区财政局草拟的《红谷滩区2022年地方政府债务限额以及2022年区级预算调整方案(送审稿)》。

【区政府第15次常务会议】 2022年7月7日,区政府第15次常务会议召开。会议传达学习全国脱贫人口稳岗就业工作推进视频会议精神。审议并原则同意区政府办草拟的《关于恳请审议2022年红谷滩区

2022年7月7日,红谷滩区人民政府2022年第15次常务会议召开
(区政府办　供图)

落实国务院〈政府工作报告〉重点工作任务跟进落实分工方案的请示(送审稿)》《关于恳请审议红谷滩区落实2022年省〈政府工作报告〉方案的请示(送审稿)》、区金融办草拟的《红谷滩区加快推进企业上市"映山红行动"的若干扶持政策(送审稿)》、区文广新旅局草拟的《红谷滩区游戏产业扶持政策(送审稿)》《红谷滩区人民政府与江西文化演艺发展集团有限责任公司战略合作框架协议(送审稿)》、区城投公司提交的《关于恳请批准区城投公司投资建设搅拌站项目的请示》、区科工局草拟的《红谷滩区支持科技创新高质量发展奖励办法(送审稿)》、红角洲管理处提交的《关于申请拨付红角洲管理处润溪村、玲口村高铁沿线墓地迁移经费的请示》、区卫健委提交的《关于南昌大学附属眼科医院代建的社区卫生服务中心项目纳入属地管理并回购的请示》。

【区政府第16次常务会议】 2022年7月19日,区政府第16次常务会议召开。会议传达学习省纪委《关于我省6起公职人员酒驾醉驾背后"四风"问题的通报》文件精神、市政府《2022年国务院督查激励措施对接争取工作动员部署会》会议精神。审议并原则同意区金融办草拟的《红谷滩区深入"三区一圈"开展金融支持稳企业保就业专项实施方案(送审稿)》、区应急管理局提交的《关于加强基层应急管理体系和能力建设的意见》、区住建局草拟的《红谷滩区进一步加强安置房小区物业管理工作的指导意见(送审稿)》《关于恳请同意潼溪水库清淤及生态环境提升工程相关的请示》、区民政局草拟的《红谷滩区2022年面向社会公开招聘社区工作者实施方案(送审稿)》、区金融办草拟的《红谷滩区中小企业首贷续贷中心创建工作方案(送审稿)》、区城投公司提交的《关于区城投公司启动中国江西人才市场(江西国际人才港)项目装修立项的请示》、区商务局提交的《云上(江西)数字经济产业园项目合作协议书》《关于恳请兑现红谷滩区2021年度外贸事业发展专项资金的请示》、区教体局草拟的《关于面向全国公开引进教育人才工作方案(送审稿)》《关于恳请同意红谷滩区2所幼儿园变更立项等有关事宜的请示》《关于2022年红谷滩区属学校、幼儿园设备采购和维修改造计划的请示》《关于恳请支付南昌万达文化旅游城代建项目九年一贯制学校、小学及幼儿园建设工程款请示》、区城管执法局提交的《关于恳请批准新府路、雄州路路灯灯具采购和省政府周边道路中华灯维修的请示》《关于恳请批准南昌一江两岸新建增补建筑外立面景观亮化提升改造竣工结算经费的请示》《关于恳请实施红谷滩区前湖上游流域水污染防治工程相关事宜的请示》、区残联提交的《关于解决残疾人综合服务设施的请示》、区公安分局提交的《关于恳请批准区公安分局卧龙派出所改造提升的立项请示》《关于恳请批准区公安分局卧龙派出所设备采购的请示》、区交警大队提交的《关于恳请解决红谷滩区交通信号智能指挥服务项目经费的请示》、九龙湖管理处提交的《关于恳请明确九龙明珠、安丰花园二期商铺认购价格的请示》、沙井街办提交的《关于恳请下拨沙井街道公建配套设施相关经费的请示》、区科工局提交的《关于恳请结算VR基地紫光资源2019年10月至2021年10月两年度协议保底费用的请示》《关于恳请追加2022世界VR产业大会预算的请示》。

【区政府第17次常务会议】 2022年7月28日,区政府第17次常务会议召开。会议传达学习中央和省领导关于民政方面专项治理工作的批示精神、《中华人民共和国个人信息保护法》、2022年全国医改工作电视电话会议精神,传达学习省、市安全生产电视电话会议精神并听取红谷滩区2022年上半年安全防范形势的汇报。审议并原则同意区公安分局提交的《关于恳请批准红谷滩公安分局业务技术用房暨执法办案中心立项的请示》、区教体局提交的《关于恳请同意重庆医科大学附属儿童医院江西医院(二期)建设项目采用EPC招标模式的请示》、区城管执法局提交的《关于恳请同意红谷滩区卫东、凤凰部分老旧小区改造工作的请示》、凤凰洲管理处提交的《关于申请启动凤凰洲香江路"休闲空间"的请示》、区人社局草拟的《红谷滩区2022年度公开选调事业单位工作人员实施方案(送审稿)》、区自然资源和规划分局提交的《关于恳请开展九龙湖区域竖向工程优化专项规划编制的请示》、区城管执法大队提交的《关于恳请同意招聘8名公车驾驶员的请示》、区司法局提交的《关于恳请同意将全市统一招录分配我区两名司法辅助人员纳入统一管理的请示》。

【区政府第18次常务会议】 2022年8月20日,区政府第18次常务会议召开。会议传达学习省委全面依法治省委员会第五次会议精神及市委全面依法治市委员会第四次会议精神、全省营商环境优化升级"一号改革工程"视频推进会议精神、省委办公厅和省政府办公厅《关于更加有效发挥统计监督职能作用的若干措施》文件精神、市委书记李红军在全市城中村(开放式居民区)围合服务管理工作现场推进会上的讲话精神。审议并原则同意区文广新旅局提交的《关于恳请同意应急广播系统建设的请示》、区科工局草拟的《关于恳请同意〈成立区发展数字经济工作领导小组的通知〉〈红谷滩区深入推进数字经济"一号发展工程"全力打造全省数字经济创新发展高地行动方案〉〈红谷滩区深入推进数字经济"一号发展工程"2022年度工作计划〉的请示(送审稿)》、区发改委草拟的《红谷滩区进一步加强全区“五上”企业培育和申报入库工作的实施方案（送审稿）》、卫东街办提交的《关于恳请同意卫东村村级产业用地续建报批的请示》《关于恳请同意实施卫东街道名门世家小区外围凤凰中大道段街景改造提升项目的请示》、区城投公司提交的《关于恳请同意南昌市VR产业母基金新合作方案的请示》《关于恳请同意中国江西人才市场（江西国际人才港）装修项目招标方式的请示》《关于恳请同意江西华天虚拟仿真示范基地有限公司股权调整等相关事宜的请示》、区财政局提交的《关于恳请同意“财园信贷通”放贷企业名单及额度的请示》、区政数局草拟的《红谷滩区行政许可事项清单（2022年版）（送审稿）》、区检察院提交的《关于恳请同意区检察院办案用房和专业技术用房建设项目申请立项的请示》、区法院提交的《关于恳请同意区法院审判法庭建设项目立项的请示》《关于恳请解决原湾里办公大楼租赁有关问题的请示》、区卫健委提交的《关于恳请同意实施我区健康驿站建设项目的请示》《关于恳请同意南昌大学附属眼科医院有偿配建的九龙湖社区卫生服务中心在我区进行前期手续审批并回购的请示》、区城管执法局提交的《关于恳请支持驻区交通综合行政执法大队办公场所相关事宜的请示》《关于恳请实施红谷滩区碟子湖大道沿线绿化景观提升改造工程一期项目的请示》、生米街办提交的《关于恳请拨付生米街道2022年度下半年拆迁资金的请示》、区住建局提交的《关于恳请明确将九龙湖路网一期BT工程A标中路基填砂、夯实加固工作纳入工程结算的请示》、区教体局提交的《关于恳请安排南昌市第十九中学办学补助的请示》。

【区政府第19次常务会议】 2022年9月1日，区政府第19次常务会议召开。会议传达学习李克强总理在广东考察时的讲话精神、省长叶建春在全省数字经济做优做强“一号发展工作”推进会上的讲话精神、全省禁毒工作电视电话会议暨百日禁毒专项行动推进会议精神、《防范和惩治统计造假、弄虚作假重要文件汇编》文件精神。审议并原则同意区妇联草拟的《〈红谷滩区妇女发展规划（2021—2030年）〉（送审稿）〈红谷滩区儿童发展规划（2021—2030年）（送审稿）〉》、区发改委草拟的《关于2022年上半年国民经济和社会发展计划执行情况的报告》、区农业农村局草拟的《关于实现巩固拓展脱贫攻坚成果同乡村振兴有效衔接的实施方案（送审稿）》《关于恳请批准2022年财政衔接推进乡村振兴补助资金项目库、资金分配方案、年度项目实施计划的请示（送审稿）》、区市场监管局草拟的《红谷滩区2022年食品安全重点工作安排（送审稿）》、区城管执法局提交的《关于恳请同意成立红谷滩区治理货运车辆超限超载工作领导小组的请示》、区统计局草拟的《红谷滩区第五次全国经济普查筹备工作实施方案（送审稿）》、区生态环境局草拟的《红谷滩区扬尘污染专项整治工作方案（送审稿）》、区退役军人事务局提交的《关于恳请解决村（社区）退役军人服务和经费的请示》、区民政局提交的《关于恳请同意我区社区嵌入式养老院改造项目相关事项的请示》《关于恳请追加各乡镇（街道）社会工作服务站建设经费的请示》、区住建局草拟的《红谷滩区2022年既有住宅加装电梯实施方案（送审稿）》《关于恳请同意红谷滩区保障性住房加装电梯的请示》《关于恳请同意明月山大道南延（抚州大街—萍乡大街）道路排水工程相关事宜的请示》《关于恳请同意潼溪大道（龙兴大街—萍乡大街）道路排水工程相关事宜的请示》《关于恳请同意萍乡大街（枫生快速—三清山大道）快速化改造工程相关事宜的请示》、区应急管理局提交的《关于恳请解决厚田乡小型消防站、流湖镇小型消防站配置消防车辆及器材装备经费的请示》、区自然资源和规划分局提交的《关于恳请解决追缴联泰梧桐置业欠缴土地出让金财产保全担保费的请示》《关于恳请追加征地补偿和购买耕地占补平衡指标预算资金的请示》、区商务局提交的《关于申请兑现“阿里巴巴南昌客户体验中心”协议报告的请示》。

【区政府第20次常务会议】 2022年9月11日，区政府第20次常务会议召开。会议听取区审计局草拟的《关于审计发现问题整改情况专题报告（送审稿）》，审议并原则同意区住建局提交的《关于恳请将卫东花园三期73台电梯产权划拨至卫东街办的请示》、区卫健委提交的《关于恳请明确区公共卫生服务中心建设项目招标方式及招标方案的请示》、区金融办提交的《关于恳请同意南昌市红谷滩区江西金融科技产业园运营服务（5年）项目废标的请示》、区城管执法局提交的《关于恳请批准实施市行政中心屋顶改造项目的请示》《关于恳请批准实施会议中心生态停车场的请示》、区委统战部提交的《关于恳请追加统战工作经费的请示》、区机关事务管理中心提交的《关于恳请同意〈方大中心办公用房及配套附属用房、停车位租赁合同书〉的请示》、区公安分局提交的《关于恳请解决区公安分局采购2艘巡逻艇相关费用的请示》、区财政局草拟的《关于红谷滩区2021年财政收支情况及2022年上半年预算执行情况的报告（送审稿）》。

【区政府第21次常务会议】 2022年9月19日，区政府第21次常务会议召开。会议传达学习省纪委《关于7起违反中央八项规定精神典型问题的通报》。审议并原则同意区生态环境局草拟的《关于全面加强生态环境保护 持续深入打好污染防治攻坚战的实施方案（送审稿）》、区商务局草拟的《红谷滩区促进商贸消费提质扩容的若干政策措施（试行）》、区商务局提交的《关于恳请拨付物联网产业创新中心项目服务费用的请示》、区退役军人事务局提交的《关于恳请同意我区2022年度军队转业干部安置工作的请示》、区应急管理局提交的《关于恳请落实应急管理体系人员招聘的请示》《关于恳请落实应急管理体系建设经费的请示》、区城管执法局提交的《关于恳请批准实施市政府大院环境整治项目的请示》《关于恳请批准实施会展路周边生态停车位建设项目的请示》、生米街办提交的《关于恳请对生米街办办公区（含龙蟠街派出所）排水设施维修项目经费予以拨付的请示》、区检察院提交的《关于恳请解决原湾里区检察院办公楼有关问题的请示》。

【区政府第22次常务会议】 2022年9月22日，区政府第22次常务会议召开。会议传达学习习近平总书记关于“三农”工作的重要论述、省委书记易炼红调研文章《以正确的方法做正确的事情 下最大的功夫求最好的效果》，传达学习《江西省社会信用条例》。审议并原则同意区农业农村局提交的《关于恳请拨付节水型社会达标建设经费的请示》《关于恳请拨付五座小（一）型水库大坝安全设施经费的请示》、区民政局提交的《关于恳请同意为疫情防控一线城乡社区工作者发放工作补助资金的请示》、区卫健委提交的《关于恳请同意发放参与我区疫情防控工作人员补助经费的请示》、区城投公司提交的《关于恳请同意处置西客站南北广场资产资金支付的请示》《关于恳请同意对前湖迎宾馆债转股的请示》。

【区政府第23次常务会议】 2022年9月30日中午，区政府第23次常务会议召开。会议审议并原则同意区住建局草拟的《红谷滩区关于有效应对新冠疫情影响促进房地产市场健康平稳发展购房促消费活动实施方案（送审稿）》、区发改委草拟的《红谷滩区2022年“中秋”“国庆”期间重大项目不停工、重点企业不停产实施方案（送审稿）》。

【区政府第24次常务会议】 2022年10月12日晚上，区政府第24次常务会议召开。会议传达学习习近平总书记为《复兴文库》作的重要序言、习近平总书记在参观“奋进新时代”主题成就展时的重要讲话精神、《中华人民共和国食品安全法》、9月23日全国全省安全生产电视电话会议精神、中共南昌市委办公室和南昌市政府办公室《关于进一步规范有关重大事项请示报告工作的通知》。审议并原则同意区委统战部草拟的《江西南昌红谷滩“侨梦苑”专项发展规划（2022—2025年）（送审稿）》《关于恳请同意江西南昌红谷滩“侨梦苑”展示中心项目立项的请示》、区市场监管局提交的《关于恳请批准实施区市场监督管理局沙井、卫东分局办公楼装修建设项目的请示》、区发改委提交的《关于恳请调整红谷滩区工程勘察设计费控制标准的请示》、区商务局提交的《关于恳请同意流量引擎产业园2021年度兑现协议申请报告的请示》、区城管执法局提交的《关于恳请续签〈南昌市公共自行车服务系统项目建设运营管理服务协议〉相关事宜（有桩电子围栏）的请示》。

【区政府第25次常务会议】 2022年10月20日晚上，区政府第25次常务会议召开。会议审议并原则同意区发改委草拟的《南昌市红谷滩区楼宇经济管理办法（送审稿）》《南昌市红谷滩区培育壮大市场主体三年行动计划（2022—2024年）（送审稿）》、区科工局提交的《关于恳请同意申报红谷滩区2021年度数字经济产业扶持政策的请示》、区金融办草拟的《红谷滩区推进企业上市“映山红行动”三年工作计划（2022—2024年）（送审稿）》、厚田乡提交的《关于恳请实施厚田乡敬老院功能升级改造的请示》、龙兴街办提交的《关于恳请明确龙兴街道综合行政执法队聘用人员职数的请示》《关于恳请明确龙兴街道聘用人员职数的请示》、卫东街办提交的《关于恳请同意南昌市红谷滩区人民政府与江西龙源新能源有限公司合作框架协议书的请示》、区教体局提交的《关于恳请同意红谷滩凤凰体育公园项目的请示》、区财政局提交的《关于恳请同意“财园信贷通”放贷企业名单及额度的请示》《〈2021年度全区国有资产管理情况综合报告（送审稿）〉〈2021年度行政事业性国有资产管理情况专项报告（送审稿）〉》、区人社局提交的《关于恳请同意我区事业单位人员（含机关工勤人员）2021年度考核等次的请示》、区退役军人事务局提交的《关于恳请同意我区2022年度符合政府安排工作退役士兵和退出消防员安置的请示》、区城管执法局提交的《关于恳请实施会展路、世贸路周边非机动车棚项目的请示》、区科工局草拟的《红谷滩区人民政府与江西省军民融合服务中心战略合作协议（送审稿）》《关于恳请结算紫光智慧教育全国总部项目2021年4月至2022年4月研发补贴和人员奖励的请示》《关于恳请同意2022虚拟现实产业创新大赛有关事项的请示》、区文广新旅局提交的《关于恳请同意南昌市红谷滩区文化广电新闻出版旅游局与江西文演数字文化产业有限公司项目落地协议的请示》、区城投公司提交的《关于恳请同意区城投公司参与竞拍红谷滩区D－4－1、D－6－1地块相关事项的请示》。

【区政府第26次常务会议】 2022年10月27日晚上，区政府第26次常务会议召开。会议传达学习全市稳固投工作推进会议精神。审议并原则同意区生态环境局草拟的《红谷滩区污染天气应急预案（送审稿）》《红谷滩区突发环境事件应急预案（送审稿）》、区财政局草拟的《南昌市红谷滩区财政投资评审管理办法（试行）》、区人社局提交的《关于恳请同意购买劳动监察执法车辆的请示》、区公安分局提交的《关于恳请同意红谷滩公安分局招聘协管员的请示》、区城投公司提交的《关于恳请同意区城投公司发行类　REITs计划的请示》、区商务局提交的《关于恳请同意兑现海康威视南昌科技园项目2021年协议资金的请示》、区农业农村局提交的《关于恳请同意实施新建区流湖大堤涝区排涝能力建设项目的请示》《关于恳请同意实施红谷滩区迴栏圩涝区排涝能力建设项目的请示》。

【区政府第27次常务会议】　2022年11月8日晚上，区政府第27次常务会议召开。会议传达学习地方投融资平台有关批示和文件精神。审议并原则同意区中小企业局草拟的《红谷滩区加快推进"专精特新"中小企业高质量发展行动方案（2022—2025年）（送审稿）》、区中小企业局提交的《关于恳请同意红谷滩区企业经济服务平台立项及建设的请示》、区城管执法局草拟的《红谷滩区城镇老旧小区改造工作实施方案（送审稿）》《关于恳请同意对流湖镇、厚田乡农村道路临水临崖护栏缺失安装工程的请示》《关于恳请同意高速卡口聘请第三方公司工作人员的请示》、区住建局草拟的《红谷滩区"大干30天"保交楼攻坚行动方案（送审稿）》《关于恳请同意三清山大道南延（南外环—丰厚一级公路）及周边农村公路提升工程相关事宜的请示》、区农业农村局草拟的《红谷滩区2022年推进冬种扩面提质工作方案（送审稿）》《关于恳请同意实施红谷滩区农村水利基础设施提升改造工程的请示》《关于恳请同意将江西农业工程职业学院九龙湖校区规划、设计、建设招标纳入属地管理的请示》、区商务局提交的《关于恳请同意签订中顺商业综合体项目合作协议的请示》《关于恳请同意兑现阿里巴巴南昌客户体验中心项目投资合作协议的请示》、区教体局提交的《关于恳请同意启动红谷滩区智慧教育项目建设的请示》、区城投公司提交的《关于恳请同意处置西客站南北广场资产资金支付的请示》。

【区政府第28次常务会议】　2022年11月22日，区政府第28次常务会议召开。会议传达学习市纪委《关于我市6起营商环境领域腐败和作风典型问题的通报》。审议并原则同意区城投公司提交的《关于恳请同意区城投公司环卫作业车辆等资产评估价值及资产处置方式的请示》《关于恳请同意区城投公司以评估价收购江西华天虚拟仿真示范基地有限公司股权的请示》、区公安分局提交的《关于恳请同意加强全区社区戒毒及社区康复工作的请示》、区委宣传部提交的《关于恳请同意与江西广播电视台签署2022—2023年度合作协议的请示》、区住建局提交的《关于恳请同意红谷滩区供水管网共建项目相关事宜的请示》、区城管执法局提交的《关于恳请批准省三馆周边地块绿化建设工程立项的请示》《关于恳请批准中央商务区综合环境提升改造工程立项的请示》《关于恳请批准祥生府楼盘高边坡支护土方外运工程立项的请示》、区城投公司提交的《关于恳请同意区城投公司投资建设智算中心项目相关事项的请示》。

【区政府第29次常务会议】　2022年12月1日晚上，区政府第29次常务会议召开。会议传达学习全国文物工作会议精神、听取区卫健委汇报全区疫情防控工作。审议并原则同意区政府办提交的《红谷滩区人民政府办公室关于重大决策部署闭环管理抓落实的实施办法》、区住建局提交的《关于恳请同意成立红谷滩区征地拆迁工作指挥部的请示》《红谷滩区安置房建设分配管理办法》、区发改委提交的《关于恳请做好南昌农校1993—1997级非农经专业委培生、1996—1997级统招生信访化解工作的请示》、厚田乡提交的《关于恳请同意开展厚田乡村庄规划编制工作的请示》、区商务局提交的《关于红谷难区人民政府与科大讯飞股份有限公司补充协议书的请示》、区生态环境局提交的《关于红谷滩区人民政府与南昌经济开发区管理委员会赣江流域上下游横向生态环境保护补偿协议的请示》、区机关事务管理中心提交的《关于恳请同意实施2022—2023年度区公务用车服务项目及组建区级公车平台、购置公务用车的请示》、区卫健委提交的《关于恳请支付2022年3月至9月疫情期间南昌汇崎科贸有限公司消毒服务费用的请示》。

【区政府第30次常务会议】　2022年12月8日，区政府第30次常务会议召开。会议传达学习12月6日中共中央政治局会议精神。审议并原则同意区城管执法局草拟的《南昌市红谷滩区建筑垃圾和散装物料处置运输管理办法（送审稿）》、区退役军人事务局草拟的《红谷滩区贯彻〈江西省退役军人服务专干管理办法〉（送审稿）》、龙兴街办提交的《关于恳请启动红谷滩区龙兴街道便民服务中心（党群服务中心）建设的请示》、流湖镇提交的《关于恳请开展流湖镇村庄规划编制工作的请示》《关于恳请拨付流湖镇村庄规划编制费用的请示》、区财政局提交的《关于恳请同意红谷滩区属企业负责人薪酬制度改革意见的请示》、区金融办提交的《关于恳请同意兑现国旅联合股份有限公司上市企业异地迁入政策奖励的请示》、区教体局草拟的《红谷滩区银龄教育管理人才及银龄教师教学计划实施方案（送审稿）》、区土储分中心提交的

《关于恳请同意对JLH702－A06地块签订土地储备变更合同并支付收储资金的请示》、区城管执法大队提交的《关于恳请同意对区执法大队办公楼进行加固修缮的请示》、区卫健委提交的《关于恳请同意招聘6名司机的请示》、区公安分局提交的《关于恳请同意南昌市公安局红谷滩分局直属机动一大队卧龙派出所业务技术用房项目签订回购合同的请示》、区交警大队提交的《关于恳请同意部分路名优化变更指路标志牌道路名称的请示》。

【区政府第31次常务会议】 2022年12月26日，区政府第31次常务会议召开。会议传达学习习近平法治思想、中央经济工作会议精神、中央农村工作会议精神、市两会精神。审议并原则同意区发改委草拟的《关于红谷滩区2022年国民经济和社会发展计划运行情况与2023年国民经济和社会发展计划（草案）的报告（送审稿）》《2023年红谷滩区人民政府人大票决民生实事候选项目（送审稿）》、区审计局草拟的《关于建立健全审计查出问题整改长效机制的实施意见》、区农业农村局草拟的《红谷滩区农业产业发展专项资金使用办法（送审稿）》《关于恳请批准红谷滩区2023年巩固拓展脱贫攻坚成果和乡村振兴项目库、资金分配方案和年度项目实施计划的请示》《关于恳请同意红谷滩区渔舟湾小微湿地生态修复与生态科普示范点建设项目立项的请示》、区财政局提交的《关于恳请同意"财园信贷通"放贷企业名单及额度的请示》、区财政局草拟的《关于红谷滩区2022年1—11月财政预算执行情况和2023年财政预算初步安排情况的报告》《红谷滩区2022年地方政府债务限额以及2022年区级预算调整方案（草案）》《关于红谷滩区2022年财政预算执行情况和2023年财政总预算（草案）的报告》、区金融办草拟的《红谷滩区关于加快推进区域金融中心核心承载区建设的若干政策》、区市场监管局提交的《关于恳请批准实施区市场监督管理局智慧监管指挥平台二期项目的请示》、区城管执法大队提交的《关于恳请同意重新核定全区各街道城管执法中队、乡镇综合执法队协管人员编制数的请示》、区住建局提交的《关于恳请同意八一干部学院周边路网相关事宜的请示》、区科工局提交的《关于恳请支付江西讯飞公司1800万元启动资金的请示》、区城投公司提交的《关于恳请同意处置西客站南北广场资产资金支付的请示》。

（蔡　煜）

人事管理

【概况】 2022年，红谷滩区人力资源和社会保障局牢牢把握"民生为本，人才优先"工作主线，立足本职工作，不断深化人事制度改革，创新人才引进机制，优化人才发展队伍，推动人事工作稳步前进，为全区经济发展提供人才智力支撑。

【事业单位公开招聘】 2022年，严格审核招聘计划、规范资格审查内容、规范考试流程，认真做好事业单位公开招聘和公开选调工作，计划招聘10人，成功聘用9人；计划选调85人，成功聘用67人。开展2022年中小学、幼儿园教师招聘工作，计划招聘178人，成功聘用178人。落实政策性安置18人。招聘编外人员286人。其中，区直单位37人、街道37人、公安协管员137人、应急消防大队20人、社区退役军人专干55人。

【事业单位岗位设置】 2022年，进一步完善事业单位岗位设置，做好事业单位岗位设置政策指导、监督管理和核准备案工作。严格按照《事业单位岗位设置管理试行办法的通知》《南昌市中小学教师编制控制数人员岗位设置操作细则》等文件精神，审核各单位岗位设置实施方案文件，科学定岗，核准教育系统岗位设置。受理42家学校和幼儿园岗位核准变更工作。受理66家区直事业单位岗位设置工作。

【事业单位人员聘用】 2022年，根据《事业单位人员管理条例》等文件精神，为区直机关工勤、其他聘用人员共76人办理聘用合同续签鉴证、聘用合同解聘鉴证业务工作。

【工资福利审核审批】 2022年，办理区直单位人员调入、调出、等级晋升、职务晋升、辞职、解聘等工资审批项目共4500余人次。完成机关工勤晋级晋档57人。

【规范办理退休程序】 2022年，通过提前通知即将到龄退休人员、到龄退休次月停发在职工资及每月通报上月未及时办理到龄退休人员等多项措施，督促区直各事业单位严格按照到龄时间及时办理到龄人员退休手续，并主动与财政统发对接，确保区直事业单位到龄即退工作顺利进行，共办理区事业单位到龄退休手续24人。

【随军家属安置】 2022年，根据《南昌市退役军人移交安置工作领导小组办公室关于下达南昌市2022年退役军人及随调家属县区安置计划的通知》要求，结合退役军人事务工作实际，优先安置随军家属。

【专业技术人员职称评定】 2022年，开展中、高级职称评审申报推荐901人，其中439人通过中、高级职称评审。组织全区2021年中级专业技术资格考核认定资格网上审核工作，309人通过审核。完成初级职称评定657人。

【专业技术职务聘任（续聘）】 2022

年，根据《南昌市事业单位专业技术职务聘任工作实施方案》精神，下发《关于做好2022年南昌市事业单位专业技术职务聘任工作的通知》，统一规范全区专业技术职务聘任手续，按要求开展全区事业单位高（中）级专业技术职务聘任、续聘工作，为240人办理首聘、900余人办理续聘手续。

【博士工作站管理】 2022年，根据市人社局对博士后科研工作站要求，组织开展2022年博士后科研工作站综合评估工作。根据《南昌市博士后（博士）科研工作资助专项资金管理办法》，发放博士后科研资助29.5万元。

【区划调整人员转隶】 2022年，按照《中共南昌市委编制委员会关于厚田乡机构编制及人员划转的通知》要求，根据“编随事走、人随编走”原则，稳妥有序推进人员转隶划转工作，严把“入口关”，共接收306人，其中在职人员204人、退休人员75人、遗属补助人员27人。

【以乡情吸引学子“归巢”】 2022年春节前夕，开展“五个一”（一封推介书信、一轮学子家庭、一次交流座谈、一条活动信息、一场专场招聘）返乡学子对接活动，激发红谷滩户籍在外学子归乡发展、圆梦桑梓。通过电话、微信、实地走访的方式，到访区内返乡学子共计1716人，推介书信1837封，组织交流座谈9场，举办专场招聘会3场，为学子送去新年贺礼。组织返乡学子代表参观“红色记忆”驿馆，重温革命先烈开天辟地历程；走进辖区优质企业，对接学子就业诉求与企业揽才需求；参观国家职业教育虚拟仿真示范实训基地，通过实地畅游、沉浸式体验，让学子们看到家乡的变化，感受到家乡的发展。

【做好新时代“侨文章”】 2022年，留创园红谷滩园区新增入园企业16家，当年孵化毕业企业5家，至年底，园区内有企业26家。入园企业业务范围涉及流量经济、数字经济、文化创意、生态环保、生物科技、健康服务、VR/AR科技等多个领域。设立“为侨服务”综合窗口，从注册资金、租赁补贴、企业增值税和所得税等方面进行奖励，为侨商、侨资企业、侨资项目提供工商、税务、法律、政策等多方面的侨务信息咨询。帮助入园企业引进高端人才，打造留学人员回国创业和海外高层次人才聚集的重要基地。严格执行入园企业优惠政策管理规定，入园企业可以享受引进人才租房标准（博士学位不超过200平方米、硕士学位不超过150平方米、硕士学位以下不超过100平方米）的优惠政策。

【强化人才队伍建设】 2022年，红谷滩区牢固树立人才是第一资源和人才优先发展的理念，加强人才队伍建设，发挥人才资源优势。共引进建筑、电子信息、教育等领域省外人才1648名，其中博士18名、硕士394名、本科623名、大专613名。为18名博士创建省级人才信息库个人账户，推动人才队伍结构优化。

（徐昌柳　万戍瑞）

外事工作

【概况】 2022年，在区委、区政府的正确领导下，在省、市外事办的精心指导下，红谷滩区深入贯彻落实党的二十大和二十届一中全会精神，认真学习贯彻习近平外交思想，充分发挥外事工作在对外开放的前沿优势，常态化抓好涉外疫情防控，认真完成好省、市交办的任务，区外事工作取得了一定的成效。

【涉外疫情防控】 2022年，国内国外疫情防控形势严峻，外防输入、内防反弹压力持续增大，红谷滩区积极采取措施，切实保障在红谷滩区境外人士生命安全和身体健康。加强部署统筹谋划：通过及时召开涉外防疫工作组部署会、涉外防疫工作调度会，下发工作提示到各成员单位等方式，强化各成员单位思想认识，明确各成员单位责任分工，压紧压实各成员单位责任，及时研判分析解决涉外防疫工作开展过程中的问题，确保涉外疫情防控工作有力有效有序推进。

【开展海外企业涉外安全排查工作】

2022年，为贯彻落实好境外江西公民和机构安全保护工作电视电话会议精神，在市外事办的精心指导下，区外事办共排查、核实出约450名出境公民，统计到驻海外开展项目建设企业4家，为保障海外企业及人员利益风险防控、海外合法权益保护等提供了有力的信息支撑。

【APEC商务旅行卡审核转报工作】

2022年，在市外事办的有力指导下，成功在南昌市政务服务管理系统完成了红谷滩区APEC审核转报事目录的领取和发布，为红谷滩区APEC商务旅行卡的审核专报提供了极大便利。

【申报VR主题乐园为涉外参观点】

2022年，南昌虚拟现实主题乐园（南昌VR主题乐园）作为南昌市唯一场馆，入选为2021—2025年全国科普教育基地第一批认定名单。区外办为充分发挥侨界人士联系广泛的资源优势，搭建侨届人士与海外数字产业、VR产业人才和资源的有效对接，申报VR主题乐园作为红谷滩区涉外参观点。VR主题乐园成为涉外参观点后，将同其他参观点一起成为向来访的外国政府、政党、友好团组等展示红谷滩区文化发展、经济建设和社会成就的窗口，成为红谷滩区与世界交流的新平台。

（杨骐祯）

合作交流

【概况】 2022年，完成各级党政代表团、考察组到红谷滩区考察交流、政务接待工作9批次；县级以上领导干部带队外出招商考察、调研学习38批次，科级干部外出招商考察、学习培训54人次；配合市合作交流办完成2022年世界VR产业大会嘉宾接待相关工作。

【红谷滩区与丰城市战略合作协议签约】 2022年3月9日，省委常委、南昌市委书记李红军，市长万广明率队，带领南昌市党政代表团赴宜春丰城市学习考察，并举行大南昌都市圈有关县（市、区）结对合作——红谷滩区与丰城市战略合作协议签约仪式。签约仪式上，区委书记吴江辉、丰城市委书记徐结强分别代表两地致辞，区长刘光荣和丰城市市长张书基分别代表红谷滩区政府和丰城市政府签署合作协议。

【赴杭州、上海招商考察】 2022年11月3—4日，区委书记吴江辉带队赴杭州、上海进行招商考察，走访调研杭州海康威视数字技术股份有限公司、上海宝冶集团有限公司等相关企业，详细了解企业的发展历程、业务方向、经验情况，介绍红谷滩的区位优势、主攻方向以及投资环境，探索合作的切入点与契合点，进一步深化交流与合作。在沪期间，与Unity中国首席运营官兼战略官虞洋等人进行座谈交流，探索数字经济领域的合作机遇。

【赴杭州、苏州、嘉兴等地调研考察】 2022年11月16—18日，区委副书记、区长刘光荣带队赴杭州、苏州、嘉兴等地调研考察基金小镇建设运营的经验做法，通过实地考察、座谈交流，详细了解江浙地区基金小镇运行现状、发展成就、激励政策及运营管理体系等，并深入探讨产业互补、园区共建、项目合作等相关事项。

（吴　丹）

2022年红谷滩区政府颁发文件选目一览表

表3

文号	发文时间	文件标题
红谷府发〔2022〕1号	2022年1月12日	关于印发《红谷滩区关于深化与南昌大学校地融合工作方案》的通知
红谷府发〔2022〕2号	2022年1月20日	关于印发《红谷滩区促进文化产业发展扶持办法》的通知
红谷府发〔2022〕3号	2022年2月11日	红谷滩区人民政府　红谷滩区人民武装部关于表扬2021年度征兵工作先进个人的通报
红谷府发〔2022〕4号	2022年2月23日	红谷滩区关于调整区“五型”政府建设领导小组组成人员的通知
红谷府发〔2022〕5号	2022年2月23日	红谷滩区人民政府关于印发《红谷滩区2021年国民经济和社会发展计划运行情况与2022年国民经济和社会发展计划的报告》的通知
红谷府发〔2022〕6号	2022年3月2日	关于印发《红谷滩区人民政府办理人大代表建议政协提案工作细则》的通知
红谷府发〔2022〕7号	2022年3月21日	红谷滩区人民政府关于表彰D4、D6地块棚户区改造项目征迁扫尾攻坚先进单位和先进个人的决定
红谷府发〔2022〕8号	2022年4月7日	关于调整红谷滩区政府领导分工的通知
红谷府发〔2022〕9号	2022年3月16日	关于授予刘行晨同志“见义勇为先进分子”荣誉称号的决定
红谷府发〔2022〕10号	2022年4月18日	红谷滩区人民政府关于印发《红谷滩区生产经营租住村（居）民自建房重大火灾风险综合治理工作方案》的通知
红谷府发〔2022〕11号	2022年5月6日	红谷滩区人民政府关于丁菠等同志职务任免的通知
红谷府发〔2022〕12号	2022年5月11日	红谷滩区人民政府关于印发《红谷滩区全民科学素质行动规划纲要实施方案（2021—2025年）》的通知
红谷府发〔2022〕13号	2022年5月23日	红谷滩区人民政府关于印发《红谷滩区关于应对疫情帮助市场主体纾困解难若干措施》的通知
红谷府发〔2022〕14号	2022年5月23日	红谷滩区人民政府关于印发《2022年红谷滩区“暖心护企”优化营商环境行动方案》的通知

续表3

文号	发文时间	文件标题
红谷府发〔2022〕18号	2022年6月15日	南昌市红谷滩区人民政府关于郭名弟等同志职务任免的通知
红谷府发〔2022〕19号	2022年6月28日	关于印发《红谷滩区2022年度安全生产责任书》的通知
红谷府发〔2022〕20号	2022年6月23日	关于调整南昌市红谷滩区“新一代宽带无线移动通信网”国家科技重大专项成果转移化试点示范工作暨5G发展工作领导小组的通知
红谷府发〔2022〕21号	2022年6月28日	红谷滩区人民政府关于印发《红谷滩区“十四五”应急体系规划》的通知
红谷府发〔2022〕22号	2022年6月30日	红谷滩区人民政府关于印发《红谷滩区被征地农民参加基本养老保险实施细则》的通知
红谷府发〔2022〕23号	2022年7月9日	关于进一步加强区长批示件办理工作的通知
红谷府发〔2022〕24号	2022年7月22日	关于成立红谷滩区领导干部自然资源资产离任审计工作领导小组的通知
红谷府发〔2022〕25号	2022年8月3日	红谷滩区政府领导分工安排
红谷府发〔2022〕26号	2022年8月24日	红谷滩区人民政府关于公布《红谷滩区行政许可事项清单(2022年版)》的通知
红谷府发〔2022〕27号	2022年8月23日	红谷滩区人民政府关于印发《红谷滩区支持科技创新高质量发展奖励办法》的通知
红谷府发〔2022〕28号	2022年9月21日	红谷滩区人民政府关于印发《南昌市红谷滩区妇女发展规划(2021—2030年)和南昌市红谷滩区儿童发展规划(2021—2030年)》的通知
红谷府发〔2022〕29号	2022年9月26日	红谷滩区人民政府关于李嫣丽等同志职务任免的通知
红谷府发〔2022〕30号	2022年9月30日	红谷滩区促进房地产市场平稳发展购房促消费活动实施方案
红谷府发〔2022〕31号	2022年10月26日	关于印发《关于申报红谷滩区2021年度数字经济产业扶持政策的通知》的通知
红谷府发〔2022〕32号	2022年11月3日	红谷滩区人民政府关于徐戎等同志职务任免的通知
红谷府发〔2022〕33号	2022年12月21日	红谷滩区人民政府关于王雯同志职务任免的通知

（蔡　煜）

政务服务

【概况】 2022年,红谷滩区政务服务数据管理局(简称区政数局)坚持党建引领政务服务,围绕省双“一号工程”,强化数据赋能,增强政务服务能力,不断提升政务服务群众满意度,优化营商环境,打造领先领跑、彰显首府首区担当的政务服务品牌。先后荣获全省政务服务中心青年志愿服务站建设优秀集体、南昌市“五型”政府建设先进集体、南昌市最佳政务大厅、南昌市政务数据共享优秀单位、红谷滩区市域社会治理现代化试点工作优秀项目获奖单位、红谷滩区打造模范机关工作先进单位、红谷滩区“五四红旗团支部”等荣誉称号,在全省营商环境测评中位列第一梯队;收到企业、群众赠送的锦旗、表扬信309次,相关工作举措被中央、省、市各级媒体采纳303条。

【推动政务服务升级】 2022年,持续推动政务服务不断升级,提升政务服务的便利度和满意度。全面推广“就近办”。红谷滩区作为全市“就近办”工作唯一试点县区,试点工作取得圆满成功,试点经验在全市复制推广。全年办理“就近办”试点清单事项139项67643件,让群众实现“家门口办事”。大力推进“网上办”。在全省县区率先实现江西省企业登记网络服务平台与“一窗式”综合服务平台的政务数据互联共享,区本级依申请政务服务事项网上可办率100%,全程网办率达到90%。平台助力“加速办”。首创“红谷智小二”帮办代办服务平台,整合390项高频事项,围绕申报全流程,将预审前置,有效缩短办事群众的等候时间。全年受理服务工单共计4124件,群众满意度100%。持续升级“智慧办”。率先上线政务导航地图,汇集办理事项、办事指南、办事地址、办公电话、地图定位等信息,实现服务指南一键明了、咨询电话一键直拨、办事地点一键导航、在线网址一键直达。政务导航地图的上线,促使赣服通红谷滩分厅的活跃度在全市排名第一。

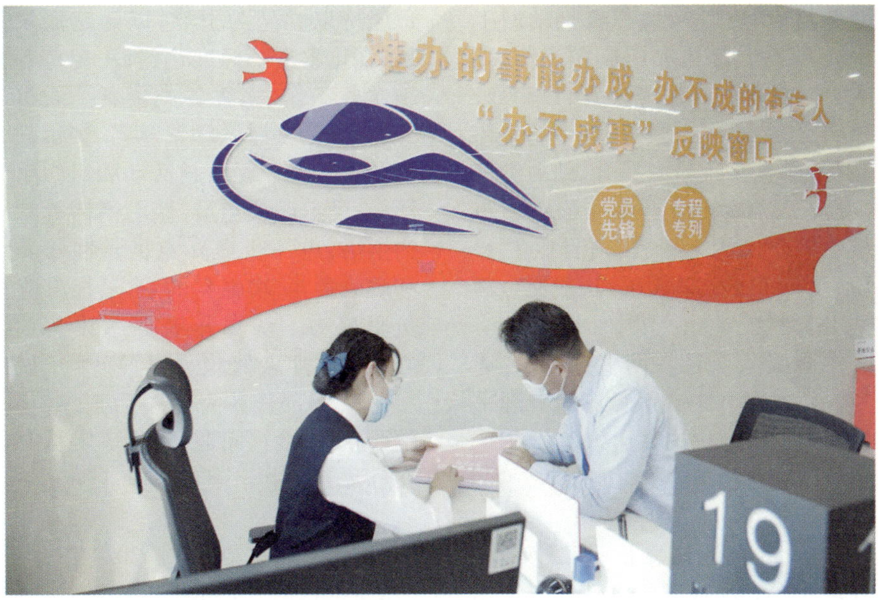

2022 年 5 月 12 日,红谷滩区政务服务大厅二楼“办不成事”反映窗口工作人员为企业群众服务

(区政数局 供图)

【推进数字基础设施建设】 2022 年,把握数字化发展趋势和规律,加快推进数字基础设施建设。实现政务网络全覆盖。完成全区 180 条政务网铺设,为推进政务服务向基层延伸做好线路支撑。推进政务数据资源共享。先后收集省级高频共享服务清单需求 94 条和国家级政务服务平台数据接口需求 29 条。在市数据共享交换平台注册数据资源目录共 506 个,挂接资源 3255 条。提升“赣政通”应用能力。实现区、乡、村三级平台组织架构全覆盖,建设 2 个特色应用和 2 个前店后厂事项应用,梳理并上线 5 个机关内跑事项。深化“免证办理”大厅建设。上线电子证照 50 种,共采集报送全区电子证照数据 12.49 万条,持续完善电子证照库。红谷滩区报送的《免证办理再升级 为民办事再提速》被评为 2022 年全省政务数据共享应用观摩“最佳创新案例”,是南昌市唯一获得该奖项的县区。

【提升窗口作风效能】 2022 年,狠抓窗口作风,提升服务效能。创新开展政务督查体验。邀请人大代表、政协委员、企业和群众代表组建政务督查体验队,通过暗访群众、模拟办事,零距离多角度排查窗口作风问题,全年开展政务督查体验活动共 6 期,发现问题 76 个,全部整改到位。严格政务大厅管理考核。实施每月一考核、每月一通报的工作机制,对区政务服务大厅各进驻单位及其派驻首席代表和工作人员进行考核,每月考核结果同步通报至区委、区政府主要领导,政务大厅窗口及审批人员工作作风进一步转变,工作效能进一步提升。举办政务“开放日”活动。9 月 23 日,举办政务服务“开放日”活动,邀请社会各界代表对红谷滩区政务服务大厅进行“沉浸式”参观体验、“零距离”交流互动,搭建起政民连心的沟通桥梁。升级“办不成事”反映窗口机制。优化形成“协商”“会商”“区长直通车”三大机制,共办结“疑难杂症”30 件,优化办事流程 3 个,群众满意度 100%。

【保障政务信息安全】 2022 年,强化网络安全防护,切实保障关键信息基础设施、重要网络和数据安全。强化硬件配置。通过购买下一代防火墙、上网行为管理等安全设备,改造升级区政府大楼网络环境,完成内外网的物理隔离和政务网上运行的系统迁移,完成机房二级等保测评,全面提升全区网络安全保护能力和水平。防范网络风险。节假日和重大会议期间安排安全技术人员 24 小时驻场保障,发现并处理名为“麻辣香锅”的高危病毒、木马程序和 23 个高危 IP,有效地保障了全区的网络安全。改造城域网核心。完成区政府政务外网三级主用广域网的改造工作及县区到村(社区)的二级组网到三级组网的改造工作,有效避免二级组网的广播风暴问题,进一步提高了网络的实用性和安全性能,为红谷滩区电子政务在“快车道”上健康发展保驾护航。运维区政府门户网站。对区政府网站提供 7×24 小时的技术运维服务,聘请第三方检测公司,利用“人工+智能”的手段,每日监测网站内容,特别是对不良信息、严重错别字等问题进行常态化检测预警。

【加快惠企政策兑现】 2022 年,深入推广“惠企通”平台,依托江西政务网和“赣服通”,率先设置“助企纾困服务专区”,让企业“随时随地、想办就办”。加大惠企政策宣讲力度,组织人员先后开展五期“惠企政策进园区、进楼宇、进企业”的宣讲活动。至年底,梳理省市区三级惠企政策 77 条、惠企事项 118 项,通过“惠企通”平台成功兑现 831 件、金额 28243.67 万元,其中免申即享兑现 199 件,金额为 1.89 亿元。完成全区涉税主体注册“惠企通”平台 22882 家,注册率 69.41%。

【有序运行中介超市】 2022 年,红谷滩区政数局依托江西省网上中介服务超市管理平台，积极推动网上中介服务运营和推广应用工作，下大力气规范中介服务体系，以高效、透明、公平的中介服务，为市场主体减负，推动营商环境提升，助力经济发展。至年底，网上中介服务超市核验中介机构 137 家，项目业主 13 份，发布 138 个采购项目，成交金额共 131.3 万余元。其中，11 月的一个中介服务项目在网上选取中，通过江西省网上中介服务超市管理平台报名的中介机构高达 962 家，创造了单个项目报名总数之最。

【精准比对溯源信息】 2022 年，区政数局作为红谷滩区疫情防控流调溯源组的成员单位之一，主要负责对市大数据专班、市疫情指挥部、区政府办公室等类型数据进行重复数据的筛选及人员信息的比对工作，在全年工作中始终坚持快字当头，不断优化配置流调力量，完善无缝衔接、高效运转的联动机制，提升流调溯源中信息比对工作的质量和速度，全区精准比对并分流数据约 90 万条。

（范厚信）

机关事务管理

【概况】 2022 年，区机关事务管理中心（以下简称区机管中心）紧紧围绕全区中心工作，积极贯彻习近平总书记对机关事务工作重要指示精神，精准把握机关事务管理定位，坚持以制度管人、制度管事，按照“勤俭办一切事务”的原则，不断促进机关事务管理市场化、社会化，推动机关事务管理工作高质量发展。在 2022 年江西省公共机构节能考评工作中获得“优秀县区”称号。

【成立机关支部】 2022 年 11 月，区机管中心成立机关支部，有普通党员 5 名，选举产生支部书记 1 名。支部坚持以党建为引领，以党建促发展，强化党支部标准化建设，规范各项党务工作，完善各类资料。通过开展“三会一课”、理论学习、警示教育和志愿服务等主题活动和组织生活会、民主评议党员、谈心谈话等党内生活，进一步提高党员党性修养和政治素养，增强党的意识，提升党员凝聚力。认真开展打造让党放心、人民满意的模范机关暨开展“4 + X”干部作风专项整治工作，将学习教育、检视问题、整改落实贯穿在日常工作中。

【严格遵守财务制度】 2022 年，严格依照相关财务制度开展工作，全年支付率达到 97% 以上。同时，进一步完善固定资产管理工作。至年底，固定资产总计 721 件，固定资产原值总计 1715.18 万元，固定资产累计折旧总计 415.46 万元，固定资产净值总计 1299.72 万元。

【清查调剂办公用房】 2022 年，为深入贯彻落实中央八项规定精神，进一步规范党政机关办公用房使用管理规定，区机管中心开展党政机关办公用房信息统计摸底工作，厘清区党政机关办公用房使用情况；牵头全区科级以上领导干部签订《区管领导干部规范使用办公用房承诺书》共计 422 份；本着开源节流，厉行节约的原则，整合调剂党政机关办公室 20 间，面积达 702.5 平方米。

【加强公务用车管理】 2022 年，加强公务用车平台人员和车辆管理，对驾驶员进行安全教育和各项管理制度培训。为解决红谷滩区公务用车紧缺的问题，向市级公车平台租用 10 辆公务车辆，按照南昌市公务用车核定的编制数，配备党政机关公务用车 66 辆、新增事业单位车辆 15 辆。切实履行统筹本级公务用车管理职责，指导区城投公司筹备搭建红谷滩区公务用车服务中心平台，为全区公车平台独立运行奠定良好基础。

【公共机构节能宣传周】 2022 年，开展以“绿色低碳，节能先行”为主题的公共机构节能宣传周活动，进一步在全区广大干部职工中积极倡导绿色出行、反对食品浪费、减少塑料污染。同时，通过合同能源管理模式在全区范围内推进一系列太阳能新能源、可再生能源节能改造项目。至年底，全区纳入管理的公共机构达 97 家，实现了公共机构节能工作全覆盖。全区公共机构单位面积能耗 1.88 千克标准煤/平方米，同比下降 2.08%；人均能耗 15.94 千克标准煤/人，同比下降 27.58%；人均用水 7.56 吨/人，同比下降 38.34%；较好地完成了省、市公共机构节能工作领导小组办公室下达的目标任务。

【严格接待标准】 2022 年，加强食堂管理，严格接待标准，努力推行节约型接待。严格按照中央八项规定精神，力求节俭，杜绝铺张浪费。完善接待审批机制，规范接待流程；同时为完善机关食堂管理制度，建立食堂督查机制，加强对承包厨房的管理，采取季度竞价机制，选定食材供应商。坚持高质量的服务水平，不断提升菜肴品质，提供多样化就餐选择，提高机关干部用餐满意度。

【完善安全管理制度】 2022 年，完善各项安全管理制度，坚持每月进行一次安全检查，严格执行 24 小时值班制度和来访人员登记制度，确保安全管理牢固无隙；坚持实施 12 小时不间断清扫保洁工作，确保垃圾拖运及时、彻底；本着节约原则，统一安排、调度、调配办公大楼会议室，确保各类会议顺利召开。

（吴晗丹　屈明华　张世亚妮
杨冬生　朱建平　徐鑫楚　胡春玲）

中国人民政治协商会议红谷滩区委员会

综述

2022年，中国人民政治协商会议红谷滩区委员会认真贯彻落实中央、省委、市委、区委关于加强和改进人民政协工作的各项要求，围绕全区中心工作，准确把握专门协商机构性质定位，坚持建言资政和凝聚共识双向发力，为全面建设社会主义现代化红谷滩贡献了政协智慧和力量。

强化政治引领。始终坚持和加强党对政协工作的全面领导。充分发挥区政协党组把方向、管大局、保落实作用，团结带领区政协机关、政协各参加单位和广大政协委员，把学习宣传贯彻党的二十大精神作为首要任务，做到深刻领悟“两个确立”的决定性意义，增强“四个意识”、坚定“四个自信”、做到“两个维护”，在思想上政治上行动上同以习近平同志为核心的党中央保持高度一致。切实把习近平总书记重要讲话指示精神作为传达学习的“第一议题”、贯彻落实的“第一遵循”。聚焦学习宣传贯彻党的二十大精神、习近平总书记关于加强和改进人民政协工作重要思想和省委、市委、区委各项部署，区政协党组成员带头讲党课、带头上讲台、带头当教员，形成主席、副主席、秘书长以党组会议和主席会议的形式集中学，政协常委会成员专题学，机关干部与支部党员同步学，委员相互促进学的大好局面。协助区委出台《中共红谷滩区委关于加强和改进新时代人民政协工作的意见》《关于进一步加强和改进民主监督工作的实施意见》。注重发挥区政协党组在政协工作中的领导作用，完善政协党组成员参加双重组织生活、重要活动设立临时党委临时党支部等工作机制。严格对标清廉机关示范点的创建标准，高质高效推进区政协“清廉机关”创建工作，推动党的建设与政协主责主业深度融合。

聚焦主责强协商。推动政协工作向下延伸，在全区各乡镇、街道成立政协工作联络组，所有委员在联络组“全落地”。高标准、高起点规划打造生米街道、流湖镇、厚田乡委员履职服务站。围绕党政领导高度关注、人民群众密切关心的问题，广纳群言、广集民智，确定“推进数字经济一号工程，助力高质量发展”“老旧小区改造及物业管理相关问题”“加快发展壮大文旅产业”“提升运营水平，促国有资产保值增值”等六大重点调研协商课题，扎实开展内涵丰富、形式多样、覆盖面广的调研协商。高度重视提案工作在政协履职中的全局性和基础性作用，引导委员撰写精品提案，推动提案由“数量型”向“质量型”转变。创新提案督办方式，首次将提案办理情况纳入政协民主评议区直（驻区）部门工作重要考核内容，持续推进提案建议的办理落实。全区政协委员进乡村、进社区，广泛开展“红谷连心会·‘三有’来协商”活动。全区新打造18个村级“三有”协商议事室，共开展“三有”协商活动272次，2000余人次参加协商，推动解决群众急难愁盼问题269件，国家、省、市级新闻媒体报道红谷滩区“三有”活动110余次，《赣事好商量》节目专栏四次专题报道红谷滩区“三有”协商活动。

履职为民做实事。充分发挥社情民意“直通车”作用，组成专题调研小组，紧扣当前经济社会发展热点难点，勤研究、建诤言，提出一系列针对性、操作性较强的意见建议。全年共编发社情民意信息212篇，被省政协采用40篇。其中，31篇被省政协报送至全国政协，9篇报送至省委。至年底，区政协社情民意信息工作位列全省第五、全市各县区第一。积极探索“三风”活动新路径，通过大力开展“学习二十大精神，传承好‘三风’”主题系列活动，深入推进“三风”六进，将“三风”活动有效地融入全区基层党建工作，打造“红谷连心会”党建品牌，以优良党风促民风带社风。积极助力疫情防控，第一时间向全区广大政协委员发出

《凝聚“政”能量,“协”手抗疫情——致全区政协委员的倡议书》,充分调动委员合力抗“疫”的积极性,班子成员全员上阵,机关干部尽锐出战,全体委员勠力同心,用心凝聚起社会各界抗击疫情的“政”能量,以实际行动践行了人民政协为人民的光荣传统。区政协委员参与疫情防控志愿服务活动3300余人次,捐赠款物,折合人民币800余万元。

苦练内功提质效。制定印发《政协工作联络组考核细则》《政协委员履职考核细则》等一系列规章制度,将委员履职情况与进退留转挂钩,全面激发委员履职积极性,大力提升委员“建言建在需要时、议政议到点子上、监督监在关键处”的水平。制定《贯彻落实〈中共江西省委办公厅关于加强和改进新时代市县政协工作的二十条措施〉责任分工方案》,并联合区委办公室、区政府办公室对贯彻落实情况进行督查,为政协事业发展提供有力保障。严格落实全面从严治党主体责任,政协党组成员带头开展家访和谈心活动。加强党风廉政教育,坚持把纪律挺在前面,政协各类会议经常强调廉政纪律要求,组织机关干部观看警示教育专题片、开展廉政专题讲座,确保党风廉政教育机关干部职工全覆盖。同时,将纪检监察工作作为清廉机关建设和打造模范机关的重要内容,做到与党建和业务工作同部署、同督查、同落实;党组班子成员切实履行“一岗双责”,主动把党风廉政建设融入业务工作。

(胡华峰)

重要会议

【概况】 2022年,区政协共召开全体委员会议1次、常务委员会会议5次、主席会议11次,学习传达党的二十大精神、习近平重要讲话精神、全国两会和中央、省、市政协工作会议等会议精神,听取有关工作情况报告,审议通过有关草案等,及时研究部署政协各项工作,推动工作贯彻落实,助推红谷滩区经济发展。

【政协红谷滩区第一届委员会第二次会议召开】 2022年1月11—12日,政协红谷滩区第一届委员会第二次会议召开。区委书记吴江辉、区长刘光荣等领导出席会议,听取大会交流发言,与委员们共商发展大计,共谋治理良策。吴江辉在闭幕会上发表讲话。会议审议批准区政协主席陶国强代表政协南昌市红谷滩区第一届委员会常务委员会所作的工作报告;审议批准区政协副主席吴一建代表政协南昌市红谷滩区第一届委员会常务委员会所作的提案工作情况报告。委员们列席了红谷滩区第一届人民代表大会第二次会议,听取、讨论并赞同刘光荣所作的区政府工作报告;讨论并赞同区人民法院工作报告、区人民检察院工作报告和其他报告。会议开得圆满成功,是一次团结民主、务实高效、风清气正的大会。

【政协红谷滩区第一届委员会第二次常委会召开】 2022年1月6日,政协红谷滩区第一届委员会第二次常委会召开。区政协主席陶国强主持。副主席邓万清、刘文皓、田艳、吴一建、刘国平、罗贤明、魏小根,秘书长熊健峰及区政协一届常务委员会委员出席,区政协各委办主任和各政协工作联络组组长列席。会议审议《中国人民政治协商会议南昌市红谷滩区第一届委员会第二次会议章程(草案)》《中国人民政治协商会议南昌市红谷滩区第一届委员会第二次会议议程(草案)》《中国人民政治协商会议南昌市红谷滩区第一届委员会第二次会议执行主席建议名单(草案)》《中国人民政治协商会议南昌市红谷滩区第一届委员会第二次会议秘书长、副秘书长建议名单(草案)》《中国人民政治协商会议南昌市红谷滩区第一届委员会第二次会议秘书处各组负责人建议名单(草案)》《中国人民政治协商会议南昌市红谷滩区第一届委员会第二次会议特邀人员和列席人员名单(草案)》《中国人民政治协商会议南昌市红谷滩区第一届委员会常务委员会工作报告(草案)》《中国人民政治协商会议南昌市红谷滩区第一届委员会常务委员会关于区政协一届一次以来提案工作情况报告(草案)》。

【政协红谷滩区第一届委员会第三次常委会召开】 2022年1月12日,政协红谷滩区第一届委员会第三次常委会召开。区政协主席陶国强主持。副主席邓万清、刘文皓、田艳、吴一建、刘国平、罗贤明、魏小根,秘书长熊健峰及区政协一届常务委员会委员出席,区政协各委办主任和各政协工作联络组组长列席。会议听取各组对政协“两个报告”、《政府工作报告》及其他报告讨论情况的汇报;审议《政协南昌市红谷滩区第一届委员会第二次会议决议(草案)》《政协南昌市红谷滩区第一届委员会第二次会议提案初步审查情况的报告(草案)》。

【政协红谷滩区第一届委员会第四次常委会召开】 2022年3月9日,政协红谷滩区第一届委员会第四次常委会召开。区政协主席陶国强主持。副主席邓万清、刘文皓、田艳、吴一建、刘国平、罗贤明、魏小根,秘书长熊健峰及区政协一届常务委员会委员出席,区政协各委办主任和各政协工作联络组组长列席。会议传达学习习近平总书记重要讲话精神、省政协十二届五次会议和市政协十五届二次会议精神;传达学习《中共中央办公厅印发〈关于加强和改进新时代市县政协工作的意见〉的通知》;审议《红谷滩区政协工作联络组考评细则(暂行)(草案)》《中国人民政治协商会议南昌市红谷滩区委员会全体会议工作规则(草案)》《中国人民政治协商会议南昌市红谷滩区委员会常务委员会工作规则(草案)》《中国人民政治协商会议南昌市红谷滩区委员会主席会议工作规则(草案)》《中国人民政治协商会议南昌市红谷滩区委员会专门委员会通则(草案)》《中国人民政治协商会议南昌市红谷滩区委员会委员履职工作规则(草案)》《红谷滩区2022年"赣事好商量·三有在洪城"工作安排(草案)》《红谷滩区政协常委会2022年工作要点(草案)》;审议通过有关人事议题。

【政协红谷滩区第一届委员会第五次常委会召开】 2022年12月2日,政协红谷滩区第一届委员会第五次常委会召开。区委副书记、区长刘光荣出席,区政协主席陶国强主持。副主席邓万清、刘文皓、吴一建、刘国平、罗贤明、魏小根,秘书长熊健峰及区政协一届常务委员会委员出席,区政协各委办主任和各政协工作联络组组长列席。首次召开的委员区长面对面专题协商会上,就"推动文旅产业深度融合发展"进行专题协商。

【政协红谷滩区第一届委员会第六次常委会召开】 2022年12月31日,政协红谷滩区第一届委员会第六次常委会召开。区政协主席陶国强主持。副主席邓万清、刘文皓、吴一建、刘国平、罗贤明、魏小根,秘书长熊健峰及区政协一届常务委员会委员出席,区政协各委办主任和各政协工作联络组组长列席。会议传达学习党的二十大精神;对区教体局、区自然资源和规划分局进行民主评测;通报区政协一届二次会议以来提案办理情况;审议《关于召开政协红谷滩区第一届委员会第三次会议的决定(草案)》《政协南昌市红谷滩区第一届委员会第三次会议议程和日程安排》《政协南昌市红谷滩区第一届委员会第三次会议有关建议方案》《中国人民政治协商会议红谷滩区第一届委员会第三次会议特邀人员和列席人员名单(草案)》《中国人民政治协商会议红谷滩区第一届委员会常务委员会工作报告(草案)》《中国人民政治协商会议红谷滩区第一届委员会第三次会议委员编组建议名单(草案)》;审议人事议题。

【政协红谷滩区第一届委员会第10—20次主席会议召开】 2022年1—12月,政协红谷滩区第一届委员会第10—20次主席会议召开。区政协主席陶国强主持,副主席邓万清、刘文皓、田艳、吴一建、刘国平、罗贤明、魏小根,秘书长熊健峰出席。区政协各委办主任列席。

第10次主席会议,1月4日召开。会议传达学习中央民族工作会议、全国宗教工作会议;传达学习南昌市委组织部《关于印发〈关于加强和规范我市新时代党的组织生活的意见的通知〉》文件精神;审议《政协南昌市红谷滩区第一届委员会第二次会议筹备工作方案(送审稿)》《红谷滩区政协信息宣传工作方案(讨论稿)》;讨论研究区政协一届二次大会有关项目及经费有关事项;审议有关人事工资事宜。

第11次主席会议,1月12日召开。会议审议《政协南昌市红谷滩区第一届委员会第二次会议决议(草案)》《政协南昌市红谷滩区第一届委员会第二次会议提案初步审查情况的报告(草案)》。

第12次主席会议,1月25日召开。会议传达学习省政协十二届五次会议和市政协十五届二次会议精神;传达学习《中华人民共和国监察法实施条例》;传达学习市新冠指办《关于进一步加强"两节"期间疫情防控工作的通知》《市指领导对〈关于进一步做好"两节"期间疫情防控舆论引导工作的通知〉的批示》文件精神;传达学习红谷滩区委《关于印发〈关于进一步激励干部新时代、新担当、新作为的实施意见〉的通知》文件精神。

第13次主席会议,2月9日召开。会议传达学习《中共中央办公厅印发〈关于加强和改进新时代市县政协工作的意见〉的通知》《区委办公室、区政府办公室关于全市农村工作会议暨两整治一提升三年行动动员部署视频会违反会风会纪问题的通报》文件精神;各工作联络组就2022年度工作思路交流发言;各专委办主任就2022年工作谈打算;各位副主席、秘书长就分管工作提要求;宣读区委提名决定。

第14次主席会议,3月3日召开。会议审议《2022年度区政协协商工作计划(草案)》《区政协常委会2022年度工作要点(草案)》《红谷滩区政协工作联络组考评细则(暂行)(草案)》《关于政协南昌市红谷滩区一届二次会议提案审查情况的报告(草案)》《红谷滩区2022年赣事好商量三有工作方案(草案)》《红谷滩区2022年"兴家风、淳民风、正社风"活动工作安排(草案)》《红谷滩区"兴家风、淳民风、正社风"点位提升改造方案》;审议人事事宜。

第15次主席会议,5月11日召开。会议传达学习《关于转发关于近期我市部分机关单位微信泄密案例的通报》《微信泄密行为处分建议标准(试行)》《保密违法违纪行为处分建议办法》文件精神;协商讨论区政府《关于将新建区流湖镇划归红谷滩区管辖的征求意见函》《关于红谷滩区增设街道行政区划调整的征求意见函》;审议《红谷滩区政协2022年民主评议工作实施方案》《红谷滩区政协主席会议成员联系常务委员、常务委员联系委员、委员联系界别群众工作制度(草案)》;专题研究文明单位创建工作事宜;传达学习《中国共产党统一战线工作条例》。

第16次主席会议,8月10日召开。会议传达学习《中国共产党政治协商工作条例》《关于加强和改进新时代市县政协工作的意见》《关于加强和改进新时代市县政协工作的二十条举措》；传达学习市政协十五届委员会常务委员会第五次会议精神；审议《红谷滩区“书香政协”建设实施方案（草案）》《红谷滩区政协“三重一大”事项集体决策制度（试行）草案》《关于解决赴外地调研考察期间市内交通出行问题工作方案（草案）》《关于开展区政协一届一次会议以来提案办理工作“回头看”活动工作方案（草案）》《关于红谷滩区2022年“三有”经费安排通知》《关于下达2022年“兴家风、淳民风、正社风”经费的请示》；审议机关落实《关于开展2022年“青英归巢”暑期社会实践活动的通知》事宜；审议红谷滩区政协数字经济课题组《红谷滩区数字经济发展思考与对策建议》。

第17次主席会议，9月22日召开。会议研究文明单位创建工作事宜；传达学习中共江西省委统一战线工作领导小组关于贯彻《中国共产党统一战线工作条例》的实施意见及责任分工。

第18次主席会议，11月10日召开。会议传达学习党的二十大精神；审议《2022年度红谷滩区政协暨党外代表人士培训班工作方案（草案）》《关于红谷滩区2022年度委员服务群众经费安排的方案（草案）》《政协南昌市红谷滩区委员会关于推进线上办文实施方案（草案）》《关于发放退休干部慰问金的请示》《关于发放2022年体检保障的请示》《政协南昌市红谷滩区委员会重点提案遴选与督办办法（草案）》《关于开展区政协2021—2022年度优秀提案先进承办单位和先进提案工作者评选表扬活动方案（草案）》《关于建立“红谷连心会·委员面对面”工作机制的实施意见（草案）》。

第19次主席会议，12月14日召开。会议传达学习新党章、党的二十大精神及市委十二届五次全体（扩大）会议精神；审议新增政协委员酝酿推荐名单；审议《关于田艳同志工伤情况的请示》《政协红谷滩区第一届委员会第三次会议筹备工作实施方案（草案）》。

第20次主席会议，12月31日召开。会议传达学习党的二十大精神；对区教体局、区自然资源和规划分局进行民主评测；通报区政协一届二次会议以来提案办理情况；审议《关于召开政协红谷滩区第一届委员会第三次会议的决定（草案）》《政协南昌市红谷滩区第一届委员会第三次会议议程和日程安排》《政协南昌市红谷滩区第一届委员会第三次会议有关建议方案》《中国人民政治协商会议红谷滩区第一届委员会第三次会议特邀人员和列席人员名单（草案）》《中国人民政治协商会议红谷滩区第一届委员会常务委员会工作报告（草案）》《中国人民政治协商会议红谷滩区第一届委员会第三次会议委员编组建议名单（草案）》；审议人事议题。

（胡华峰）

提案工作

【概况】 2022年，全区广大政协委员、政协各参加单位和政协各专门委员会紧紧围绕区委、区政府中心工作，把“全面建设社会主义现代化红谷滩”作为总目标总方向总遵循，积极通过提案履行政治协商、民主监督、参政议政职能，共提交提案98件，经审查，立案79件，占提案总数80.61%；转为其他方式处理19件，占提案总数19.39%。至年底，所有立案的提案已全部办复。在办复的提案中，提案所述意见建议被采纳和反映问题基本得到解决的54件，占68.35%；列入计划拟采纳或拟解决的20件，占25.32%；因政策或条件所限暂时难以落实、已作解释说明的5件，占6.33%，委员满意率达100%。全年提案质量稳步提高，办理成效逐步提升，在服务全区高质量发展、凝聚共识、增强合力中发挥了重要作用。

【围绕经济高质量发展出实招】 2022年，委员们把推动红谷滩区经济高质量发展作为履行职能的第一要务，围绕数字经济做优做强“一号发展工程”和营商环境优化升级“一号改革工程”、促进产业提档升级等问题开展调查研究，提出许多具有建设性和可行性的意见建议。关于加快数字经济发展的建议，区发改委在编制《红谷滩区“十四五”数字经济发展规划》和《红谷滩区数字经济“一城九园”发展规划》时积极吸收和采纳，并体现在区政府出台的有关政策措施中。区金融办试点建设红谷滩区普惠金融中心服务平台，开创性建设一亿中流企业上市加速器，为引进、培育一批优质的数字经济上市企业、拟上市企业打造了平台；区人社局实施“红谷VR智汇”计划，建立“校地融合智库”，举办“百场校招”活动，累计引进数字经济专家22人，为数字经济产业发展提供了智力支撑。关于优化营商环境的建议，在区政府出台的《2022年红谷滩关于深入推进优化营商环境“一号改革工程”全力打造区域性标杆城区行动方案》中得到体现；区政数局在全省县区中率先实现江西省企业登记网络服务平台与“一窗式”综合服务平台的政务数据互联共享；区金融办大力实施《红谷滩区推动企业利用资本市场加快发展的若干扶持政策》，积极降低企业融资门槛和负担，全年政府性融资担保机构担保余额达135.75亿元，平均担保费率下降0.42%。

【为提升社会治理效能建言献策】 2022年，委员们围绕全面依法治区、创新社会治理模式、加强基层党建等方面，为促进全区民主政治建设发挥了积极作用。关于加强小区业主委员会监督管理的建议，区住建局督促指导街道社区建立健全社区物业党建联建机制，加强党组织对业主委员会的指导，完善物业管理投诉受理制度，推荐符合条件的社区“两委成员”、退休干部党员通过法定程序兼任或担任业主委员会主任，对物业管理问题，实行“街道吹哨、部门报到”，由街道统一协调相关部门联动执法解决。关于加大餐饮服务业食品安全监管力度的建议，区市场监督管理局加大对餐饮企业、学校食堂等重点场所监督检查力度，全区安排2000批次的抽检计划，并及时公示抽检结果，对不合格企业严格处罚，并督促限期整改。

【为提升城市品质主动建言】 2022年，委员们围绕“四精”城市建设等方面开展深入调查研究，推动全区进一步提升城市建设管理水平，改善人居环境。关于积极解决餐饮行业油烟扰民问题的建议，区城市管理行政执法大队认真督促餐饮企业安装油烟净化装置、强化政策宣传力度、加强日常巡查监管、督促油烟净化设备正常使用，推动城市环境品质大提升。关于缓解居民小区停车难的建议，区城市管理局大力推进建筑立面与道路红线间停车场改造，新增916个停车位，同时通过在住宅小区周边合理选址，建设立体停车库或大型停车场，满足市民停车需要。区交警大队针对小区车辆停放问题，率先在全市推行“电话移车告知”，合理增划临时停车位，消除了停车乱象，逐步缓解了“停车难”问题。

【为增进民生福祉履职尽责】 2022年，委员们从解决好人民群众急难愁盼问题入手，助推了一批民生政策的落实和民生问题的解决。关于加快社区卫生服务中心建设的建议，区委编办同意红谷滩区卫东社区卫生服务中心机构设置，核定人员编制；区卫健委牵头做好卫东街道社区卫生服务中心筹备建设工作，积极推进红角洲社区卫生服务中心与南昌大学第二附属医院达成院地合作协议，建立双向转诊、人才培养等合作机制；区人社局加大卫生专业技术人员招聘力度，多渠道补充工作人员。关于加强红谷滩区市民健身设施建设的建议，区教育体育局以社区为基点，不断完善城市社区15分钟健身圈建设，满足人民群众就近健身的需要。关于积极应对人口老龄化、构建养老托育公共服务体系的建议，区卫健委、区民政局等推动全区80个居家养老服务机构与社区卫生服务机构签订合作协议，签约率达100%；着力实施养老服务人才“领头雁”计划，在2021年组织全区130余名养老护理员参加培训的基础上，2022年继续培训护理员70余名。

（梅彦武　杨　井）

社情民意信息及宣传工作

【概况】 2022年，红谷滩区政协向省政协办公厅、市政协提案委共报送社情民意信息227篇，其中市报省社情民意信息103篇，《关于推动手术机器人行业高质量发展》等32篇社情民意信息被省政协报送至全国政协，《警惕废弃口罩对生态环境的危害》等9篇社情民意信息由省政协报送至省委，《学习外地先进经验，优化“外防输入”措施》等3篇社情民意信息作为南昌社情民意专报被市政协采用。全年市级以上主流媒体报道宣传社情民意信息共计258篇，其中市级87篇、省级153篇、国家级18篇。在全市县区政协信息宣传考核中位列第一。区政协报送社情民意信息工作综合排名居全省前列，在市级排名中居各县（区）第一，被评为2022年度全省及全市反映社情民意信息工作先进单位。同时，宣传民主协商主业、宣扬政协协商文化、报道委员事迹，唱响了政协宣传信息工作的“主旋律”，进一步坚定政协制度自信，为全区政协事业创新推进、特色发展营造了良好氛围。荣获全市政协2022年宣传工作先进单位称号、“三风”宣传工作先进单位称号；委员徐菁荣获好新闻二等奖、秘书长熊健峰荣获好新闻三等奖、焦裕彬荣获宣传工作先进个人称号。莫讯荣获《江西政协报》优秀通讯员。

【加强组织领导】 2022年，高度重视反映社情民意信息工作，主要领导亲自调度、亲自安排，多次召开社情民意信息工作调度会，提出建议和要求并亲自动手撰写社情民意信息；分管副主席带头示范，反复强调社情民意信息工作的重要性，主动催稿约稿，约谈后进，压实责任；区政协办公室认真负责社情民意信息的收集登记、整理审核、编发报送工作，每月对社情民意信息报送及采用情况进行统计，社情民意信息工作稳步推进。

【抓好队伍建设】 2022年，要求各乡镇街道政协工作联络组、各民主党派及工商联明确社情民意信息工作分管领导并安排专人负责撰写、报送社情民意信息，确保信息工作有专人。充分发挥政协委员的主体作用，积极联系沟通委员，组织好委员培训并根据委员的工作岗位、个人专长和界别特点等主动约稿邀稿，引导委员主动反映社情民意信息。发挥专委会的基础作用，区政协各专委会把反映社情民意信息贯穿于专委会的各项工作之中，列入重要工作日程并作为体现和转化专委会工作成果的重要渠道。同时，区直相关部门和单位作为反映社情民意信息工作配合支持成员单位，要求其明确分管领导及信息员，定期报送社情民意信息，社情民意信息工作队伍不断壮大。

【严把信息质量关】 2022年，在保证社情民意信息报送数量的同时，提高信息报送质量，坚持质量优先。下发《关于进一步加强和改进反映社情民意信息工作的通知》，明确反映社情民意信息工作的报送任务和撰写要求，并附上优秀社情民意信息范例供参考参照。坚持每月公布信息报送要点，为各报送单位及委员提供信息撰写导向，要求聚焦选题、突出工作特色，真实反映人民群众关心关注的热点难点问题，提出具有实操性的意见建议，确保信息报送质量。

【强化工作机制】 2022年，为进一步加强和改进反映社情民意信息工作机制，区政协明确月度通报的工作机制并切实抓好落实。区政协办公室每月对社情民意信息报送及采用情况进行统计，并将采用情况抄送区委统战部及相关部门，严格抓好任务落实。同时，将反映社情民意信息情况列入优秀政协委员的评选标准，作为考核政协委员履行职责的重要内容，未完成社情民意撰写任务的委员取消评先评优资格。

【建立健全制度】 2022年，组建宣传工作小组，由政协主要领导担任组长，区政协领导班子成员担任副组长，制定《红谷滩区政协信息宣传工作办法(试行)》，加强全区政协宣传思想工作，明确争先赶超的进位目标，形成高位推动、具体执行的强大合力。分管副主席魏小根主持召开全区政协宣传工作会议，对宣传工作先进乡镇、街道政协工作组、优秀信息员、政协好新闻予以表扬，加强宣传激励。

【优化宣传体系】 2022年，组建基层信息宣传队伍，各乡镇街道政协工作联络组进一步彰显政协委员的主体作用，建立以委员为骨干力量的信息宣传员队伍。区委宣传部、区政数局、工商联、各民主党派等相关单位被纳入政协宣传信息工作体系，不断丰富政协宣传工作多样化要素。向广大政协委员发出《凝聚“政”能量，“协”手抗疫情——致全区政协委员的倡议书》。有序推出系列抗“疫”专题报道，全方位、多层次、多维度展现政协干部以实际行动，凝聚起政协战“疫”力量，为助力打赢疫情防控阻击战积极发挥政协作用。

【主题教育走深走实】 2022年，立足时代新起点，持续发扬革命精神，不忘时代所托，继续砥砺前行，用担当的精神、务实的作风、奋进的态度、创新的工作，传承红色基因，弘扬革命精神。形式多样，主题教育走深走实。在重要时期组织机关干部开展爱党爱国主义教育主题宣讲活动，“七一”前夕，开展“加强党性修养 牢记初心使命”红谷滩区政协主题党日活动，庆祝中国共产党成立101周年，弘扬伟大建党精神，激励干部群众传承红色基因、赓续红色血脉；8月，参加江西政协报社组织的“‘奋进新征程、建功新时代，迎接二十大、委员在行动——赣江沿线政协行’联合采访报道——政协行·红谷展翅冲云霄”活动，从牛行车站到南昌起义展示馆，从建军雕塑广场到九龙湖公园……一个个地标“串珠成链”(2022年是中国人民解放军建军95周年，走进打响了中国共产党武装起义第一枪的牛行车站，各种现代手段，把我们带进百年前峥嵘岁月。传承红色基因，弘扬“第一枪精神”，在“自信、奋发、齐心”中描绘好新时代红谷滩区最美图画)；9月，国庆前夕，开展“祖国生日我献歌唱支红歌献祖国”主题活动，全体机关干部用歌声吐露心声，用自己的方式歌唱祖国，厚植新时代爱党爱国主义情怀，砥砺强国之志。

【做好新时代政协宣传思想工作】 2022年，发挥委员主体作用，把镜头对准委员，把话筒递给委员，把版面留给委员，展示委员履职风采，讲好委员奋斗故事。充分调动委员的积极性，在“学习强国”、《江西政协报》、“赣事好商量”等媒体推出委员讲解《中华人民共和国民法典》、委员故事等系列作品，以生动的方式，让民法典法律条文从纸面上走出来，走进群众生活，响应社会热点、回应社会关切，取得良好宣传效果。

(莫 讯 古 杰 焦裕彬 尹逸飞)

调研视察

【概况】 2022年，红谷滩区政协紧紧围绕政协委员履职服务中心工作，积极履行职能，先后组织政协委员到企业、社区、村开展调研视察活动。

【调研视察乡村振兴暨委员联络服务站工作】 2022年5月24日，区政协党组副书记、副主席邓万清，秘书长熊健峰、农业农村委主任委员章炜等一行分别到生米街道、厚田乡指导政协委员联络服务站建设工作，并察看红谷滩区元宇宙VR数字农业示范点、厚田农村环境整治示范村——闸上村，听取生米街道副书记余作华对委员履职服务站建设工作情况的介绍，航天智联(海南)董事长刘立新对航天生态循环农法、航天立体循环农业、药食同源、基地数字化管控平台的详细介绍，厚田乡常务副乡长杨新彦对闸上村近年来环境整治取得的重大成效及后期工作的介绍。随后在厚田乡会议室座谈，座谈会上就厚田乡产业规划结合数字经济打造独有特色的厚田乡进行深入探讨，同时，就厚田乡委员联络服务站工作给予一定的指导性意见和建议。

【调研视察“三有”“三风”工作】 2022年6月14日，红谷滩区政协率队赴南昌县开展“三有”“三风”

(“三有”:有事多商量、有事好商量、有事会商量;“三风”:兴家风、淳民风、正社风)调研考察活动,南昌县政协相关领导及各委办负责人陪同。调研组一行先后到南昌县向塘镇山背村“三风”精品示范点、冈上镇蚕石吴家“三风”示范街区以及教授村视察,实地察看“三有”“三风”活动社会环境宣传及“三有”“三风”开展情况。调研组一行充分肯定了向塘镇、冈上镇“三有”“三风”所取得的成效,指出向塘镇“三风”工作开展得既有深度、也有广度、更有高度,为提高文明建设水平奠定了扎实基础。调研组要求随行的红谷滩区各委办主任多看、多记、多学,把南昌县“三有”“三风”作为一个工作典范和模板,学习借鉴好的工作经验,把“三有”“三风”活动不断推向深入。

【组织到上高县学习考察“书香政协”】 2022年6月29日,红谷滩区政协党组副书记、副主席邓万清,党组成员、秘书长熊健峰等一行3人赴上高县政协学习考察,共话两地情谊,交流工作经验。上高县政协党组副书记、副主席黄初元,党组成员、秘书长毛军花,教科卫体和文化文史学习委主任易理平等相关领导陪同考察。在交流座谈会上,大家围绕打造“书香政协”、委员工作室建设等工作进行交流,对加强和改进市县政协工作进行探讨。随后,考察组一行参观上高县行政综合办公大楼“读书吧”,实地考察上高县社法委、锦江镇及敖山镇委员工作室。上高县政协依托机关、委员单位、委员工作室等平台,从硬件和软件着力,夯实书香基础,营造书香文化,既彰显了地方文化特色,又丰富了政协履职内容,构建了上高政协事业发展新格局。

【接待赣州市章贡区政协到区考察】 2022年9月1日,章贡区政协副主席陈玉毅等一行到红谷滩区考察,学习交流返迁安置房管理工作先进经验。陈玉毅一行先后实地考察返迁安置房小区丰和花园社区、新琚花园社区,随后在红谷滩区政府11楼政协会议室进行座谈,双方对返迁安置房小区遇到的各种问题,及如何妥善解决安置房问题,进行深入交流。

(熊淑华)

协商民主

【概况】 2022年,红谷滩区政协切实把基层民主协商“三有”活动作为发挥政协专门协商机构作用的重要平台,提高站位、全力推动、健全机制、注重实效,推动政协协商与基层协商有机融合,广泛开展“红谷连心会·‘三有’来协商”活动。全年共开展“三有”协商活动272次,参加协商人数2000余人次,解决各类问题269件。

【搭建协商平台】 2022年,根据区划调整,及时指导完成厚田乡18个村级“三有”协商议事室的打造,实现了全区“三有”平台全覆盖。在全市率先推动“三有”协商与区直服务型部门深入融合,在前期指导区政数局设立“办不成事”反映专窗基础上进一步拓展,支持南昌西站综合服务中心、区委信访局搭建“三有”议事平台,服务群众。

【开展协商活动】 2022年,深入践行“人民政协为人民”的工作理念。区政协领导带头、部门参与、委员响应,通过“三有”协商平台,推动解决了许多老百姓“急难愁盼”的实际问题。如厚田乡农村地区接通自来水、凤凰花园三期23台电梯更换、富源花园小区沿街商户店租减免、开放式老旧小区提升改造等一系列难题。

(王明珠 吕梦萦)

民主监督

【概况】 2022年,红谷滩区政协为贯彻落实区委《关于进一步加强和改进人民政协民主监督工作的实施意见》文件精神,制定红谷滩区政协2022年民主评议工作实施方案,并召开区政协民主评议区直(驻区)部门动员大会。

【开展民主评议监督工作】 2022年,成立民主评议区直(驻区)部门工作领导小组,对区教育体育局和区自然资源和规划分局进行民主评议,评议过程坚持问题导向,瞄着问题去,追着问题走,做到了监督与党派协商相结合、与调研视察相结合、与提案办理相结合、与联系群众相结合,使政协的“软监督”达到推动被评议部门进一步优化作风、改进工作的“硬效果”。

【打通民主监督“最后一公里”】 2022年,政协沙井联络组向组内政协委员发出倡议书,号召委员们在深化全国文明城市创建工作中,深入基层、实地调研,多走一走,多看一看,充分发挥引领者、宣传员和监督员作用,并按照“结合特长,就近服务”原则,将辖区的红谷滩区政协委员分配进社区,通过“随手拍”的方式,打通民主监督的“最后一公里”。室外公益广告有无损坏,人行道和车行道有无明显坑洼不平,绿化带有无车辆乱停,消防通道有无堵塞……各种室外环境、公共设施方面的短板,都在政协委员们关注之列。

(胡华峰)

中国共产党红谷滩区纪律检查委员会·红谷滩区监察委员会

综　述

2022年，红谷滩区纪委区监委始终坚持以习近平新时代中国特色社会主义思想为统领，对标率先"作示范 勇争先"和"勤廉江西""勤廉南昌"建设要求，以"大抓落实年"活动为抓手，深入推进"六区"建设，全区纪检监察工作高质量发展和"勤廉红谷滩"建设不断取得新成效。红谷滩区的社区巡察试点工作、勤廉建设、"室·组·地"（监督检查室、派驻纪检监察组、乡镇纪委）片区协作联动监督、基层小微权力"监督一点通"平台试点等一系列工作，得到中央、省、市媒体的持续关注和深入报道。

抓实抓牢政治监督，践行"两个维护"有力有效。始终做到国之大者心中有数，严格落实"疫情要防住、经济要稳住、发展要安全"的政治要求，紧扣"三新一高"（立足新发展阶段、贯彻新发展理念、构建新发展格局，推进高质量发展）不偏移、疫情防控不松劲、区划调整不懈怠、政治谈话不走样，全年开展各类监督1800余次，发现问题1600余个，查处问题124起，批评教育帮助和处理176人次。既督也战，冲在一线，统筹抓好干部自身和全区疫情防控监督"三方"工作。扎实开展政治谈话工作，全年已完成县级领导政治谈话全覆盖，全区政治谈话516人次。

坚持强化政治引领，管党治党责任压紧压实。督促执行党委（党组）落实全面从严治党主体责任规定，牵头制定《关于对中共中央关于加强对"一把手"和领导班子监督的意见贯彻落实情况开展专项监督检查的工作方案》，建立责任清单、约谈提醒、履责报告等制度。协助区委出台加强区管"一把手"监督和区委区政府及其班子成员同级监督、"三重一大"等制度，全年共查处履行"两个责任"不力问题12起，处理14人，其中涉及党政主要领导2人。发现有关问题139个。创新出台"廉情抄告回告"工作实施办法，全年发出廉情抄告25份，回告25份，有效压实了主体责任，推进了"四责协同"（党委的主体责任、纪委的监督责任、党委书记的第一责任以及班子成员的一岗双责责任），推动了同级监督具体化、规范化、常态化。

保持主动出击姿态，新风正气不断充盈。持续巩固拓展落实中央八项规定精神成果，坚持以"大抓落实年"为抓手，紧盯"胡子工程""4+X"干部作风、基层干部"走读"问题等专项整治，有力警示并提振了全区干部作风。全年查处形式主义、官僚主义问题16起24人次，享乐主义、奢靡之风问题5起6人次。牵头拟定专项监督工作方案，助力优化营商环境"一号改革工程"，紧盯躲避责任"不想落实"、推诿拖沓"不急落实"、打折变通"不全落实"、机制不顺"不利落实"、能力不足"不会落实"、虚与委蛇"不敢落实"六类干部作风突出问题，严肃查处涉及行政执法、政务服务等领域问题23起，处理干部33人次。查处基层干部作风问题133起，批评教育帮助和处理干部180人次。

坚定不移肃贪惩腐，"三不腐"效应叠加释放。始终保持反腐败斗争高压态势，不断探索"三不腐"协同联动的有效途径。全年共处置问题线索62件，立案51件，结案49件，党纪政务处分54人次，留置4人。有力开展群众身边腐败和不正之风专项治理活动，累计查处有关干部作风问题9起12人，其中给予党纪政务处分4人，同时向区人大常委会围绕"整治群众反映强烈问题"作了专项工作报告。创新实施由常委（委员）牵头的"室·组·地"片区协作监督办案机制，全年通过"室·组·地"片区协作监督办案立案51件，成案率由同期28.63%上升至82.26%。认真开展回访教育工作，加强对受处分人员的教育管理和关心激励，全年共回访教育帮助60人。做深做实案件查办"前后半篇文章"。拍摄制作《作风建设永远在路上》《将自我革命进行到底》等多部警示教育片，充分发挥身边人身边事的警示教育作用，不让查办案件的成本和代价白付。

扎实推进“三个试点”，专项监督聚力聚焦。一是扎实开展村（社区）巡察试点工作。形成“5个1+7”工作模式。收集民生问题49个，发现各类问题共193个，问题线索3件，推动完善各类制度共计24个。全年开展两轮区委巡察，巡察反馈问题146个，有效止损挽损近2000万元。二是高标准推进“小微权力一点通”平台试点。统筹推进基层小微权力“监督一点通”平台试点建设，平台精准细化基础清单4大类22项，聚焦教育、医疗、住房、社保、民政等领域，形成“22+13”小微权力监督事项清单。受理群众投诉228件，已办结228件，群众评价满意度91%。三是有力推动公安派驻试点。试点以来，共受理信访件、问题线索4件，运用“第一种形态”提醒谈话、书面检查1人，退回第三方不再聘用1人；发出工作提示6份；围绕重点项目工程开展“两约谈两承诺一备案”工作，廉政谈话、廉洁谈话9人次，共开展专项监督检查2次，发现问题10个，督促通报4起，责令批评教育6人，努力试出经验、试出成效，有效补足县区层面公安派驻监督短板。

创新实施“三个勤廉”，勤廉建设有声有色。一是以“勤廉窗口”建设提升市场主体“满意度”。建立“协商”“会商”“区长直通车”三大机制，督促责任单位进一步优化工作流程，提升服务质效。全年共解决各类问题30件，群众满意度100%。二是以“勤廉工程”建设提升营商环境“软实力”。出台实施《“两约谈两承诺一备案”监督办法》，构建“纪委监委+职能部门+中介机构+建设施工单位”联防联控工作机制。全年共开展廉政谈话467人次，廉洁谈话299人次，对356个项目进行备案。三是以“勤廉村居”建设提升基层治理“新效能”。持续聚焦村级集体“三资”（资金、资产、资源）监督管理并建立明细台账，委派第三方审计公司对行政村“三资”情况开展专项审计。组织新任职村干部签订《廉政履职承诺书》，督促建立《财务支出审批制度》《资产资源台账和保管制度》集体资产资源登记、使用、处置等制度，着力推动村集体资产保值增值。

深入推进自我革命，队伍建设从严从实。坚持从自身做起，改进常委会学习“第一议题”，严格实行班子成员轮流领学机制，及时学习贯彻习近平总书记重要指示批示精神和上级重要会议精神。紧紧围绕“办精品案件、带精品队伍”目标，扎实开展“五个一”（要求每名纪检监察干部开展一次谈话、调查一个信访件、办理一个案件、制作一份谈话笔录、撰写一个调查报告）实战练兵活动，构建纪检监察干部能力指数评价机制，共开展3期，96名干部参与。不断拓宽人才引进思路，丰富队伍建设方式，培优建强纪检监察干部队伍，全年充实干部队伍11人，提拔重用3人。建立审查调查、文字综合、案件审理、巡视巡察四类业务人才库，首批上报21名人才培养计划。打造“一专多能”干部队伍，有计划、分批次选派15名优秀干部前往“杭培”中心参训。组织全体干部开展纪法知识竞赛和纪法知识、党的二十大应知应会测试。严格落实纪检监察干部“十严禁”行为规范，完善打探案情、过问案件、说情干预登记备案暂行办法，聘请首批28名特约监察员，不断强化内部监督管理工作。

（胡　翔）

2022年7月6日，红谷滩区小微权力“监督一点通”平台上线现场推介活动举行　（区纪委　供图）

重要会议

【概况】　2022年，全区纪检监察工作认真贯彻落实中央、省、市纪委全会精神，召开区纪委一届二次全会，部署党风廉政建设和反腐败工作。并召开多次相关工作部署会议，研究纪检监察工作，监督推动党中央重大决策部署、习近平总书记重要讲话精神和重要指示批示精神在红谷滩区落实落细，全力推进新时代红谷滩区纪检监察工作高质量发展，全区风清气正政治生态不断巩固发展，呈现积极向上向好态势。

【党史学习教育总结会议召开】 2022年1月17日，区纪委区监委机关召开党史学习教育总结会议，传达学习习近平总书记重要指示精神和中央、省委、市委、区委党史学习教育总结会议精神，认真总结区纪委区监委机关党史学习教育成效，巩固拓展党史学习教育成果。区委常委、区纪委书记、区监委主任帅志主持并讲话。区委党史学习教育第一巡回指导组副组长雷常月到会指导。区纪委副书记、区监委副主任姜昌松子传达了习近平总书记重要指示精神和中央、省委、市委、区委党史学习教育总结会议精神，区纪委副书记、区监委副主任陈勇通报了党史学习教育工作总结情况。会议要求，要增强理论自觉，持续学深做实习近平新时代中国特色社会主义思想。进一步感悟思想伟力，涵养政治定力，砥砺奋进动力，要以高度的政治自觉、思想自觉、行动自觉，学习好、领会好、落实好习近平总书记在党史学习教育动员大会上的重要讲话精神。区纪委区监委班子成员及区委巡察机构、各派驻纪检监察组、委机关全体干部参加会议。

【区纪委一届二次全会召开】 2022年1月29日，中共南昌市红谷滩区第一届纪律检查委员会第二次全体会议召开。区委书记吴江辉出席并讲话。他强调，要坚持以习近平新时代中国特色社会主义思想为指导，全面贯彻党的十九大和十九届历次全会精神以及十九届中央纪委六次全会精神，深入贯彻落实习近平总书记视察江西重要讲话精神，坚持全面从严治党战略方针，大力弘扬伟大建党精神，自觉运用好党的百年奋斗历史经验，按照省第十五次党代会、市第十二次党代会、区第一次党代会的部署要求，一体推进不敢腐、不能腐、不想腐，全面推进勤廉红谷滩建设，构建更加风清气正、健康向上的政治生态，为“保持领跑领先姿态，彰显首府首区作为”提供坚强的纪律作风保障。区长刘光荣、区委副书记万晓娟、区政协主席陶国强等区委、区人大常委会、区政府、区政协领导班子成员及区法检“两长”出席。区委常委、区纪委书记、区监委主任帅志代表区纪委常委会作工作报告。市纪委监委有关同志到会指导。区委常委、区纪委书记、区监委主任帅志代表区纪委常委会向大会作《勇于自我革命护发展 全面建设勤廉红谷滩 以优异成绩迎接党的二十大胜利召开》的工作报告。报告总结2021年全区纪检监察工作，部署2022年重点工作，强调要持续强化理论武装，抓紧抓实政治监督，坚定站稳人民立场，坚持严的主基调，着力完善监督体系，着力推进勤廉红谷滩建设，坚守政治巡察职能定位，打造高素质专业化的纪检监察铁军，以优异成绩迎接党的二十大胜利召开。会上，书面传达了十九届中央纪委六次全会、省纪委十五届二次全会、市纪委十二届二次全会精神，审议通过了区纪委一届二次全会工作报告和全会公报，4人作大会讨论发言。各镇街处党(工)委和行政负责人，区委各部门、区直各单位，驻区单位主要负责人，区纪委委员、区监委委员，区纪委监委机关、派驻、巡察机构副科级以上干部及各室(部)负责人参加。

【新任领导干部任前廉政谈话会召开】 2022年2月11日，全区新任科级领导干部任前谈话会召开，对46名新提任的领导干部进行集体任前廉政谈话。区委常委、区纪委书记、区监委主任帅志出席并讲话，区纪委副书记、区监委副主任陈勇主持会议，区纪委常委、区监委委员吕海参加。区委常委、区纪委书记、区监委主任帅志出席会议并指出，开展任前廉政谈话体现了对干部的严管厚爱，帮助大家进一步增强责任意识、自律意识，以良好的思想作风和崭新的精神风貌，走上新岗位、迎接新挑战、做出新业绩。要坚持忠心向党，让忠诚成为最亮底色。要坚持尽心履职，让担当成为最重标签。要坚持真心为民，让赢得民心成为最大政绩。要坚持凝心聚力，让干事成为最强导向。要坚持正心养廉，让勤廉成为最硬底气。会上，3名新任领导干部依次作表态发言，全体新任领导干部手写廉政承诺书一份并参加闭卷廉政知识测试。

【全区警示教育大会召开】 2022年9月3日，红谷滩区警示教育大会召开。会议主要目的是坚持以习近平新时代中国特色社会主义思想为指导，深入学习贯彻习近平总书记关于全面从严治党重要论述和党的自我革命战略思想，全面压实管党治党政治责任，引导全区党员领导干部深刻汲取典型违纪违法案件教训，充分发挥以案示警、以案明纪作用，推动以案促改、以案促建、以案促治，坚持不懈把全面从严治党向纵深推进，以实际行动迎接党的二十大胜利召开。区委书记吴江辉出席会议并讲话，区委副书记、区长刘光荣，区人大常委会主任吴韶宸，区政协主席陶国强等区四套班子领导，区法检“两长”出席。区委常委、区纪委书记、区监委主任帅志主持会议。会议要求，要提高政治站位，深刻领悟警示教育的深远影响、重要意义。要保持政治清醒，在以案为鉴中做到高度警醒、心存敬畏。要锤炼政治担当，不断推进红谷滩区政治生态向上向好。会议集中观看了警示教育片《永远吹冲锋号》《将自我革命进行到底》，传达了全市警示教育大会精神。参加会议的还有全区副科级以上领导干部。

【理论学习中心组(扩大)集体学习会召开】 2022年9月21日，区纪委召开理论学习中心组(扩大)集体学习会，深入学习《习近平谈治国理政》第四卷和习近平总书记近期系列重要讲话精神，传达学习中共中央政治局常委、中央纪委书记赵乐际在全国纪检监察系统表彰大会上的讲话精神及省市稳增长、防风险、保稳定、惠民生工作部署会精神，研究贯彻落实意见。区委常委、区纪委书记、区监委主任帅志主持会议并讲话。会议要求，要把学习贯彻《习近平谈治国理政》第四卷与第一卷、第二卷、第三卷和习近平总书记系列重要讲话精神贯通起来，与学习贯彻习近平总书记考察江西重要讲话精神结合起来，带着感情学、深入系统学，要从厚读到薄、从薄读到厚，进一步增强“四个意识”、坚定“四个自信”、做到“两个维护”，切实把学习成效转化为推动各项工作的强大动力和生动实践。各级纪检监察机关和纪检监察干部要做学思践悟的表率、履职尽责的表率、政治过硬的表率。要始终胸怀“两个大局”、牢记“国之大者”，落实好“疫情要防住、经济要稳住、发展要安全”的要求，紧紧围绕“保持领先领跑姿态，彰显首府首区作为”目标任务，充分发挥监督保障执行、促进完善发展作用，推动各项工作在红谷滩落地生根。会上，全体党员干部集中观看《习近平谈治国理政》第四卷导学视频，帅志以“感悟思想伟力 汲取奋进力量 永葆自我革命”为题进行专题党课宣讲。区纪委区监委班子成员，区委巡察机构、各派驻纪检监察组、委机关各室（部）全体干部参加会议。11 月 3 日，区纪委理论学习中心组集体学习（扩大）会召开，专题学习宣传贯彻党的二十大精神及中央、省、市相关会议精神，开展交流研讨，研究贯彻落实意见。区委常委、区纪委书记、区监委主任帅志主持会议并讲话。会议要求，要坚持不懈用习近平新时代中国特色社会主义思想凝心铸魂，努力掌握蕴含其中的立场、观点、方法，用以武装头脑、指导实践、推动工作。区纪委区监委班子成员，区委巡察机构、各派驻纪检监察组、委机关各室（部）负责人参加会议。

（胡　勤）

重要活动

【概况】 2022 年，红谷滩区纪委区监委始终坚持以习近平新时代中国特色社会主义思想为统领，对标率先“作示范 勇争先”和“勤廉南昌”建设要求，紧扣红谷滩区发展大局，以“勤廉窗口”“勤廉工程”“勤廉村居”三个建设为抓手，多措并举、精准施策，推进“勤廉红谷滩”建设走深走实，全区党风廉政建设和反腐败工作不断取得新成效。

【打造“勤廉窗口”】 2022 年，把打造“勤廉窗口”作为落实优化营商环境“一号改革工程”的着力点，推动全区营商环境优化升级。建立“协商”“会商”“区长直通车”三大机制，督促责任单位进一步优化工作流程，提升服务质效。全年推动各单位完善相关文件制度 2 个，优化办事流程3 个。监督跟进、督促解决各类问题累计 30 件，群众满意度 100%。

【建设“勤廉工程”】 2022 年，结合红谷滩区工程项目多、资源资金富集的实际，出台实施《“两约谈两承诺一备案”监督办法》，开展建设前廉政谈话和廉洁谈话，在项目推进中签订《廉政承诺书》和《廉洁承诺书》，规范项目相关程序完成后向区纪委区监委登记备案的“全流程”监督管理机制，把事前、事中和事后监督紧密结合起来，构建“纪委监委 + 职能部门 + 中介机构 + 建设施工单位”联防联控工作机制。全年共开展廉政谈话 159 人次、廉洁谈话 106 人次，对 110 个项目进行备案，有效防止了权力失控、决策失误和行为失范。

【建设“勤廉村居”】 2022 年，把打造“勤廉村居”作为优化基层治理的抓手，推动全面从严治党不断向基层延伸。督促乡镇建立“三资”明细台账，委派第三方审计公司对行政村“三资”情况开展专项审计，以村为单位出具审计报告，组织新任职村干部签订《廉政履职承诺书》，积极落实村（社区）级财务在线公开。督促建立《财务支出审批制度》《财务公开制度》《资产资源台账和保管制度》等集体资产资源登记、使用、处置等制度。全年备案项目 20 余个，挽回经济损失 1400 余万元，查处坐收坐支、违规处置等问题责任人员 21 人。

【“大抓落实年”专项整治】 2022年，以“大抓落实年”为抓手，紧扣基层干部作风整顿这条主线，围绕“不想落实、不急落实、不全落实、不利落实、不会落实、不敢落实”六类不落实干部作风问题，紧盯“双一号”工程、“三站一场”（混凝土搅拌站、沥青站、水稳站、砂场）、“胡子工程”、项目优化、自建房安全隐患排查整治等领域开展有效的专项监督，全区大抓落实、快抓落实、狠抓落实的氛围持续提升。

【“四风”专项整治】 2022 年，积极组织开展落实中央八项规定精神、纠治“四风”树新风专项治理工作。下发《红谷滩区关于开展公务接待“吃公函”问题专项整治工作方案》，通过自查整改、监督执纪、完善制度等方式纠治违规公款吃喝问题，进一步严格公函使用、规范公款支出，推动全区50 余个单位开展公务接待自查，形成排查整治工作报告。紧盯春节、端午、中秋、国庆等重要时间节点，严肃查处违规吃喝、违规收送礼品礼金、违规发放津补贴或福利、餐饮浪费等“节日病”，严防奢靡享乐歪风陋习隐形变异，加大违反中央八项规定精神、“四风”问题线索的办理力度，实行督办交办制度，落实首办责任制，对核查中发现有令不行、有禁不止、失职渎职和严重损害群众利益等问题行为，以“零容忍”的态度严肃查处、严肃处理。全年全区查处违反中央八项规定 5 起 6 人。

（胡　翔）

监督执纪

【概况】 2022 年，红谷滩区纪委区监委和全区各级纪检监察机关认真贯彻中央、省、市纪委和区委决策部署，不断增强“四个意识”、坚定“四个自信”、做到“两个维护”，围绕“国之大者”忠诚履职尽责，发挥监督保障执行、促进完善发展作用，全力推动新时代纪检监察工作高质量发展。

【履行监督工作的主体责任】 2022 年，紧盯“关键少数”。出台《红谷滩区关于进一步加强对“一把手”和领导班子监督的责任清单》，细化 5 个方面 89 项具体监督任务，督促全区各级党组织提高政治站位，切实履行监督工作的主体责任。坚持对区管干部政治谈话全覆盖，全年开展政治谈话共计 510 余人次。实施“廉情抄告回告机制”，下发提示单，督促解决全面从严治党“难点”“堵点”问题，压紧压实“一岗双责”。

【“小微权力一点通”平台试点监督】 2022 年，按照中央、省、市纪委的部署要求，聚焦“谋划部署、事项梳理、应用推广、信息公开、受理督办”5 个关键环节，形成“22 + 13”小微权力监督事项清单。平台上线以来，总访问量达到 5.94 万次，累计公示公开信息 1200 余条，发现并推动公示信息不规范等问题整改 94 条，自查自纠不规范信息 147 条。受理群众投诉 227 件，已办结 224 件，群众评价满意度 91%。

【公安派驻监督试点】 2022 年，按照市纪委市监委部署，有序推进派驻公安试点工作，有效补足县区层面公安派驻监督短板，形成一级抓一级，一级带一级，层层抓落实的工作格局。2022 年试点以来，驻分局纪检监察组共发出工作提示 6 份，督促党委开展典型案例学习 2 次、专题民主生活会 1 次，列席“三重一大”会议 2 次，提出建议 10 条。围绕重点项目工程开展“两约谈两承诺一备案”工作，廉政谈话、廉洁谈话 9 人次，共开展专项监督检查 2 次，网上督察一次，发现问题 10 个，提出整改建议 7 条，督促通报 4 起，责令批评教育 6 人。驻分局纪检监察组共受理信访件、问题线索 4 件，运用“第一种形态”提醒谈话、书面检查 1 人，退回第三方不再聘用 1 人。切实推动监督具体化、规范化、常态化。

（胡　翔）

审查调查

【概况】 2022 年，红谷滩区纪委区监委坚持以习近平新时代中国特色社会主义思想为指导，认真贯彻落实中纪委、省纪委、市纪委工作要求，依纪依法全面履行审查调查工作职责，不断提升工作质效。

【“室・组・地”协作办信办案】 2022 年，创新实施由常委（委员）牵头的“室・组・地”片区协作办信办案机制，一个纪检监察室对应 2 个乡镇街道纪委和 2 个派驻组，实行交叉组合联动核查，有效解决人力不足、人情不破、专业不够、质效不高等问题，这样既均衡了力量、快查了线索、提升了质效，锻炼了干部，更提升了干部“能监督、会办案”的能力。特别是针对一些重点信访件，成立 3 个由区纪委常委（监委委员）牵头的机动核查组，采取“一案一指定”的方式进行重点核查，全年“室・组・地”协作立案 29 件，成案率同比上升 93%。

【一体推进“三不腐”】 2022 年，始终保持反腐败斗争高压态势，坚持常抓不懈、紧抓不放，把握腐败阶段性特征和变化趋势，以系统施治、标本兼治理念治理腐败，不断探索“三不腐”协同联动的有效途径。全年共处置问题线索 41 件，其中谈话函询 2 件，初核 39 件。录入线索 54 件 67 人次，立案 21 件，结案 25 件。其中，党纪处分 22 人次，政务处分 7 人次，双重处分 3 人次，留置 2 人。科学运用“四种形态”处理 58 人次，第一至第四种形态处理人数分别为 32、17、2、7 人次，基本符合“常态、大多数、少数、极少数”的要求。有序开展群众身边腐败和不正之风专项治理，累计查处有关干部作风问题 9 起 12 人，其中给予党纪政务处分 4 人。同时，扎实做好警示教育，拍摄制作《作风建设永远在路上》《被“拆”毁的人生》警示教育片 2 部，充分发挥身边人身边事的警示教育作用，不让查办案件的成本和代价白付。

【每月一座谈和回访教育】 2022 年，创新开展“每月一座谈”工作，对受理的问题线索实行集中管理、深入探讨交流、精准研判、高效处置。强化对派驻纪检监察组和乡镇纪委（监察室）的联系指导力度，建立纪检监察室联系指导工作机制，对 19 件县乡两级纪委办理的案件进行质量审理的同时，对全区受党纪政务处分并在处分影响期内的人员案件进行质量评查，规范化办案迈出坚实步伐。同时，做好回访教育工作，加强对受到问责处理、党纪政务处分人员的教育管理和关心激励，全年共回访教育帮助 60 人。

（胡　翔）

巡察工作

【概况】 2022年，红谷滩区委巡察机构全面落实中央关于巡视工作决策部署和省委、市委、区委工作要求，积极谋划和推进一届区委五年巡察全覆盖工作，结合村(社区)巡察试点工作，稳步推进巡察工作提质增效，推动全面从严治党向纵深发展。全年在中央纪委国家监委网站、省纪委监委网站上稿1篇，在《江西巡视巡察参考》(2022年第4期)上刊发区委书记吴江辉署名文章1篇，在《市级巡察机构在上下联动中更好发挥作用》工作简报第7期刊发《红谷滩区关于村(社区)巡察工作有关经验》材料1篇，在南昌电视台每日新闻中播出红谷滩区"提升巡察质效 打通巡察监督'最后一公里'"相关工作情况。

【科学谋划巡察工作】 2022年，区委高度重视巡察工作，及时调整区委巡察工作领导小组成员。全年区委常委会开展巡察相关精神学习并部署研究巡察相关工作6次，召开书记专题会3次，召开区委巡察工作领导小组会4次，听取巡察工作情况汇报。区委巡察办已配3人，3个巡察组已配3名组长、2名副组长、2名正科级巡察专员，区委巡察工作联络中心通过选调到位4名联络员。通过部门推荐、定向选取等方式组建区委巡察人才库，在库副组长6人，各类专业人员及优秀干部88人。

【精心组织开展巡察工作】 2022年，以社区巡察试点工作为抓手，共开展3轮常规巡察和1轮省、市、区上下联动巡察。对1个驻区单位、6个区管单位、1个街道党组织分别开展联动巡察和常规巡察，对42个村、社区党组织开展直接巡察(社区巡察试点)。发现普遍性倾向性问题1249个、问题线索31个。在每轮集中巡察结束后，按要求在1个月内先后组织召开领导小组会、书记专题会，听取巡察工作情况汇报，并适时安排在区委常委会上听取上一轮巡察整改情况汇报和本轮巡察工作综合情况汇报。

【开展社区巡察试点工作】 2022年，根据省委巡视办、市委巡察办关于提升对村(社区)巡察质效工作要求，将红谷滩区列为社区巡察试点县区。区委巡察机构按照各社区特点和属性，综合社区监督重点10个方面因素，在原有四大分类基础上，创新增加以还建社区党组织为主的第五类监督类型。从6月开始，对41个社区、1个村开展三批社区巡察试点。通过试点，红谷滩区完善了巡察反馈问题整改质效评估、巡察整改督查、规范村(社区)巡察工作、村(社区)人才库建设、社区巡察整改"两委"班子专题民主(组织)生活会流程等相关制度27个。从"四个并重"(坚持有形覆盖与有效覆盖并重、坚持党内监督与群众监督并重、坚持常规巡察与转型巡察并重、坚持发现问题与整改落实并重)切入、以"六巡"(细化"巡的重点"、优化"巡的流程"、打通"巡的渠道"、汇聚"巡的合力"、开具"巡的良方"、彰显"巡的质效")做法发力，创新型提炼出"红谷滩区委社区巡察'5个1+7'"(制定1个方案、绘制1张图解、细化1域分类、定做1份问卷、整理1套台账，完善7项清单)工作模板。该做法得到省委巡视办高度肯定并作为典型向全省推广。

【切实做好巡察"后半篇文章"】 2022年，区委出台《关于监督推动巡察整改工作实施办法》，统筹做好巡察"后半篇文章"，把抓整改融入日常工作。坚持日常督导检查和集中督导检查相结合，直接督办重点问题整改，对在时限内未完成整改的党组织实行三单制，进行提示提醒，推动巡察监督和整改双向促进。同时，纪检和组织部门制定《区纪委区监委、区委组织部监督推动巡视巡察反馈问题整改联席会商机制》，联合推动整改工作。至年底，第一轮巡察3个单位，反馈问题145个，已整改138个，完成率95.17%；第二轮巡察8个单位5个社区1个村，反馈问题528个，已整改516个，完成率97.73%。第一轮发现的22个问题线索已全面进行处置，其中谈话函询6件，初步核实16件，立案3起，涉及6人，给予6人党纪政务处分，巡察成效初步彰显；第二轮发现的27个问题线索，已立案审查7人，对23人进行初核，对1人进行谈话函询。

(梁　丹)

民主党派·工商联

综　述

2022年，全区共有民主党派基层组织6个，即中国国民党革命委员会南昌市红谷滩区总支部（以下简称民革红谷滩区总支，下设2个支部）、中国民主同盟南昌市红谷滩区支部（以下简称民盟红谷滩区支部）、中国民主建国会南昌市红谷滩区支部（以下简称民建红谷滩区支部）、中国民主促进会南昌市红谷滩区支部（以下简称民进红谷滩区支部）、中国农工民主党南昌市红谷滩区支部（以下简称农工党红谷滩区支部）、九三学社南昌市红谷滩区支社（以下简称九三学社红谷滩区支社）。共有成员174人，其中，具有中级以上职称69人，占成员总数39.6%。各民主党派成员中，有县区人大代表13人、省政协委员1人、市政协委员10人、区政协委员55人（其中区政协副主席4人）。区工商联（总商会）共有成员104人。其中，有领导班子成员13人、常委23人、执委68人；任各区县、市人大代表17人，任各区县、市、省政协委员31人。

全区各民主党派、工商联结合学习贯彻中共二十大精神和中央统战工作会议精神，不忘合作初心，履行政治协商、民主监督、参政议政职责，推动多党合作事业发展。全年各民主党派、工商联参加区委、区政府召开的不同形式协商会、座谈会，对区委、区政府重要工作和一些重大问题等提出意见建议。8月24日，区委召开全区“水环境治理”党外人士情况通报会。9月21日，区委召开党外人士座谈会，通报全区经济发展情况，区委书记吴江辉主持会议并听取民主党派、工商联、新联会主要负责人、无党派人士代表的意见建议。10月14日，区委召开全区“人才政策出台和落实情况、优化营商环境情况”党外人士情况通报会。11月3日，区委召开全区“法院工作、检察工作和数字经济产业发展”党外人士情况通报会。12月16日，区政府召开《政府工作报告》征求意见座谈会。

各民主党派积极参与区委统战部组织的“党委出题、党派调研、政府采纳、部门落实”活动，围绕中心工作，聚焦重点领域，深入开展调研，全年形成8篇调研成果。12月3日，区委召开“党委出题、党派调研、政府采纳、部门落实”调研成果汇报会，区委书记吴江辉出席会议并讲话，区政府分管领导出席会议并点评，区直相关部门负责人参加会议，并对报告涉及本部门的问题进行积极回应。党外人士积极撰写提案、议案，为党委政府决策提供参考。在市区两会期间，各民主党派提出有价值的提案、议案90余件，社情民意信息140余条。

各民主党派开展“矢志不渝跟党走 携手奋进新时代”政治交接主题教育，积极参加区委统战部组织的学习贯彻中共二十大精神专题座谈会、谈心会、“统战大讲堂”活动，各基层组织召开专题学习会和工作推进会，结合各自界别特色，分别开展形式多样的主题教育，加大宣传力度，巩固教育成效。

在社会服务中，各民主党派发挥自身优势，形成各自不同的特色品牌活动。民革红谷滩区总支开展“送法进企业”“送法进社区”“关爱留守儿童”等“博爱·牵手”系列服务活动；民盟红谷滩区支部开展“普法进企业”及普法专题宣传活动；民建红谷滩区支部承办“喜迎党的二十大 平安江西志愿者在行动”活动；民进红谷滩区支部开展“1%工程志愿服务”活动；农工党红谷滩区支部开展“中医文化进校园”活动；九三学社红谷滩区支社开展“助力双‘一号工程’（营商环境优化升级一号改革工程和数字经济做优做强一号发展工程）”活动，深入社员企业进行走访调研，并积极开展招商引资考察等活动。全年全区各民主党派共开展50余次社会服务活动。

2022 年红谷滩区各民主党派基本情况一览表

表 4

党派	人数	基层组织情况	领导班子
民革	42	1 个总支(含 2 个支部)	主委:蔡泽文 副主委:周丽敏(女)、邓梓莹(女)、王志明
民盟	23	1 个支部	主委:肖洪钰(女) 副主委:王国强
民建	29	1 个支部	主委:田艳(女) 副主委:童燕华、张焕(女)
民进	40	1 个支部	主委:卢瑾萍(女) 副主委:刘康
农工党	18	1 个支部	主委:刘绘芳(女) 副主委:罗成
九三学社	22	1 个支社	主委:刘文皓 副主委:高群(女)、杨薇(女)

(贺新兴)

中国国民党革命委员会南昌市红谷滩区总支部

【概况】 2022 年,民革南昌市红谷滩区总支认真学习贯彻中共二十大会议精神,按照新时代参政党工作要求,立足民革界别特色,“不忘合作初心 携手奋进新时代”,各项工作服从服务于南昌市及红谷滩区重点工作部署,相关工作稳步推进并取得优异成绩。总支部以满分成绩获 2022 年度民革全市综合工作先进支部,下设第一、二支部分获 2022 年度民革全市主题教育工作、2022 年度全市示范支部先进集体,15 名党员分获 2022 年度南昌市“三风”榜样人物、南昌市五一劳动奖章等 20 项荣誉。

【开展政治理论学习宣传】 2022 年,开展“矢志不渝跟党走 携手奋进新时代”政治交接主题教育,以多种形式喜迎中共二十大胜利召开。开展政治理论学习宣传活动 15 次,重点组织党员学习《习近平在宁德》等习近平总书记在地方系列采访实录,开展“四史”教育,5 名党员撰写的学习心得在民革南昌市委会公众号上刊载。组织党员参加民革南昌市委会“喜迎二十大 同心强省会”演讲比赛、“学习宣传贯彻中共二十大精神”主题征文,均获得三等奖。凝聚共识,组织党员开展“七一”红色家属诵读活动、庆祝香港回归 75 周年促进两岸统一主题讨论。

【加强组织建设】 2022 年,共发展党员 3 人,平均年龄 36.67 岁。其中,具有民革界别特色 2 人,占 66.67%。选派党员 15 人次参加民革省委会、区政协和区委统战部培训班。强化廉洁自律,专题学习《民革中央纪律处分条例(试行)》。王志明、揭建刚、徐一新、熊建新等 15 名党员分别荣获南昌市 2022 年度“三风榜样人物”、2022 年度南昌市代表履职积极分子、南昌市政协优秀履职委员、南昌市“五一劳动奖章”等 20 项荣誉。党员徐一新当选江西省第十四届人大代表。

【履行建言献策职责】 2022 年,共开展集体调研 6 次,形成《关于在我区率先建立企业合规制度的建议》年度调研报告,向市、区两级人大、政协报送建议和提案 16 件,党员熊建新提交的《关于大力开展老旧小区环境专项整治,提升南昌市民生活幸福指数的建议》作为南昌市政协重点提案,由市政协副主席薛有旺亲自督办落实。党员蔡泽文、王志明提交的《关于加强红谷滩区科技企业孵化器、重创空间高质量发展的建议》,在区政协一届二次会议上作大会交流发言。王志明执笔的两篇集体提案、一篇个人提案分获区政协一届一次和一届二次会议优秀提案,王志明荣获提案办理先进个人。撰写提交社情民意 32 篇,党员李毅撰写的《关于统一办理“醉驾”刑事案件标准尺度的建议》层报至全国政协。王志明撰写的《关于加强我区物业公司管理的建议》等 24 篇社情民意被区政协采纳。

【开展社会服务活动】 2022 年,全年开展“送法进企业”“送法进社区”“关爱留守儿童”等“博爱·牵手”系列服务活动 15 次,持续为企业纾困解难,帮助群众妥善化解纠纷,受益群众 1200 余人、受益企业 30 余家。携手中共共抗疫情,20 余名党员分赴管理处、学校、社区、产业园等地开展扫码、测温等防疫工作。党员放弃端午休假,前往九龙湖高速路口增援防疫人员,保障市民顺畅返昌。

(王志明)

中国民主同盟南昌市红谷滩区支部

【概况】 中国民主同盟南昌市红谷

滩区支部委员会成立于 2021 年 8 月，现任主委肖洪钰。至年底，支部共有盟员 23 人，其中副科级 1 人、区人大代表 1 人、区政协委员 8 人。民盟南昌市红谷滩区支部始终坚持在中共红谷滩区委和民盟南昌市委的领导下，在红谷滩区委统战部的指导和帮助下，高举中国特色社会主义伟大旗帜，秉持“奔走国是、关注民生”的传统，围绕红谷滩区委、区政府的中心工作和决策部署，立足自身建设，切实履行政治协商、参政议政、民主监督职能，团结和带领全区广大民盟盟员，以同心同德精神，强化思想组织建设，增进政治共识，积极建言献策，紧密围绕中心，服务大局。荣获“南昌民盟 2022 年度盟务工作先进集体”称号。

【思想建设】 2022 年，组织盟员召开多次会议专题学习中共二十大、《统战工作条例》、民盟江西省第十五届代表大会等会议及文件精神，组织全体盟员采用多种形式观看中共二十大开幕盛况，开展“矢志不渝跟党走、携手奋进新时代”政治交接主题教育活动，同时积极组织盟员参加“喜迎二十大、同心强省会”多党合作故事演讲比赛，支部盟员郑昕、唐琦在民盟南昌市委会的选拔赛中荣获了二等奖。通过集中学习和主题教育，盟员在思想和行动上与中共保持高度一致，赓续与党同心、爱国为民的优良传统。

【阵地建设】 2022 年，在民盟市委会、红谷滩区委统战部的大力支持下，对支部“盟员之家”进行二期提升改造，提升改造后的“盟员之家”占地面积由原来的 80 平方米，扩充到可视面积 2000 平方米，总共由五部分组成，分别是民盟广场、同心讲堂、民盟长廊、盟史陈列室、民盟实训基地，是全市面积最大的“盟员之家”。“盟员之家”改造提升后，民盟省委会主委辜清、市委统战部部长饶绍清等领导到现场指导，并对“盟员之家”建设给予肯定。

【社会服务】 2022 年，积极投身到抗疫一线，支部盟员王国强、吴杨、唐琦等下沉各社区，投身到新冠肺炎疫情防控工作中，万绍英、姜浩等企业家盟员在疫情关键时期多方筹措医用防护服、N95 口罩等防护物资，无偿捐献至疫情一线。支部代表在酷暑时节到红谷滩区玲口村源溜小区慰问防疫工作人员，并为始终奋战在一线的医护人员和社区干部送上防暑降温物资。全力守住群众的“安全防线”，彰显新时代盟员的责任与担当。同时，支部开展了慰问困难群众、普法进企业等丰富多样的社会服务活动。结合红谷滩区市场主体丰富的实际，充分发挥支部优势，创新开展“普法进企业”活动，组织支部企业家盟员并邀请部分辖区企业代表参加，受邀支部盟员江西世慧律师事务所执行主任徐正作“买卖合同审查、签订、履行的 15 个法律风险防范要点”专题讲座，分享助力红谷滩区营商环境优化，获得企业一致好评。同时，徐正充分发挥专业知识特长，多次在掌上红谷滩平台作《中华人民共和国民法典》普法专题宣传，取得较好的社会效果。

【参政议政】 2022 年，支部政协委员在南昌市政协十五届二次会议及红谷滩区政协一届二次会议上提交的《关于解决邻里中心作用发挥不明显的问题的建议》等 9 个提案，得到市民政局的积极回应。申报的调研课题《推动江西智能制造产业高质量发展的研究》中标了民盟江西省委会参政议政调研课题，并顺利结题。提案《发挥资源集聚优势，打造全省智慧中央法务区》入选了市政协十五届三次大会书面发言。调研文章《打造现代都市农业 助力红谷滩乡村振兴》在红谷滩区党派成果调研会中向红谷滩区区委、区政府领导进行了汇报，并获评优秀调研报告。同时，支部全年共向市、区政协，民盟市委会报送社情民意 10 余条。

（吴 杨）

中国民主建国会
南昌市红谷滩区支部

【概况】 2022 年，民建红谷滩区支部在中共红谷滩区委、民建南昌市委的领导下，坚持以习近平新时代中国特色社会主义思想为指导，以学习宣传贯彻习近平总书记关于加强和改进统一战线工作的重要思想和视察江西重要讲话精神为主线，紧紧围绕南昌打造“一枢纽四中心”，实现两个“大幅提升”工作要求，深入推进“矢志不渝跟党走、携手奋进新时代”政治交接主题教育，积极投入到抗疫防疫活动中，认真学习贯彻中共二十大会议精神，按照“思想政治建设、组织建设、履职能力建设、作风建设和制度建设”五大建设要求，全面推进各项工作，进一步凝聚思想共识、树立争先意识、增强履职能力、提升工作效能，以实际行动贯彻落实中共二十大精神。民建省委会授予红谷滩区支部“民建全省先进集体”，支部主委田艳获评“民建全省先进会务工作者”，支部会员刘凯、张焕获评“民建全省优秀会员”，刘凯获评“民建全省反映社情民意信息工作先进个人”；民建市委会授予红谷滩区支部“2022 年度全市综合工作先进集体”，在组织建设、主题活动、思想建设、参政议政 4 个单项工作中授予红谷滩区支部“先进基层组织”，支部会员张焕、陈益学、万国华等 8 人荣获“全市优秀会员”。

【学习教育】 2022 年，以思想建设为核心，坚持正确的政治方向，采取多种形式加强思想政治建设，筑牢共同思想政治基础。深入开展“矢志不渝跟党走、携手奋进新时代”政治交接主题教育，开展集体政治生日活动畅谈“忆初心 话传承”感想，开展“新年第一课”教育活动。组织会员积极参与市委会“同心喜迎二十大 同步奋进新征程”系列活动及市区统战系统征文、主题演讲比赛等。支部主委田艳撰写的理论文章《以党为师 自我革命 永葆中国特色社会主义参政党政治本色》荣获“民建全省2022年重点理论研究课题优秀成果三等奖”。组织会员收听收看中共二十大开幕会、召开学习中共二十大精神座谈会、参加中共二十大精神专题学习等，把中共二十大精神学习好、宣传好、贯彻好。

【组织建设】 2022年，围绕“思想政治建设、组织建设、履职能力建设、作风建设和制度建设”五大建设要求，扎实开展各项工作。9月20日，召开民建红谷滩区支部全体会员会议，补选1名副科级干部为支部副主任委员。完成市委会新会员发展推荐任务，发展6名新会员，第一学历均为本科，其中硕士2人，进一步提高了支部队伍素质。完成会员之家建设，省政协副秘书长、民建江西省委会专职副主委陈朝清，省委会秘书长刘立新，市政协副主席、民建南昌市委会主委黄清玉，红谷滩区委常委、统战部部长陈敏等领导共同为支部“会员之家”揭牌。积极推荐会员参加各类培训学习活动，组织学习全国两会精神，学习政府工作报告，学习中央、省、市重要会议精神，进一步知情明政，提升履职能力。支部会员中，1人被聘任为市“五型”政府建设监督员，1人被聘请为红谷滩区监察委员会第一届特约监察员，1人被聘为区政务服务督查体验员，2人受邀担任“益心为公检察云平台”志愿者。

【参政议政】 2022年，民建红谷滩区支部班子成员和骨干会员参加区委统战部组织的协商会、情况通报会、座谈会等，根据会议主题发言，积极建言献策。“激活数据要素构建数字经济发展核心竞争力”课题入选民建省委会课题调研项目和民建市委会重点课题，分别形成面向市、区两级的调研报告，市政府主要领导对该报告给予批示肯定，并批转市里相关职能部门阅研。区级调研报告参加了红谷滩区“党委出题、党派调研、政府采纳、部门落实”调研成果汇报会并获评优秀调研成果，市级课题成果被省委会采纳并在省两会上用作民建界别的发言材料。“以VR为支点打造数字经济发展高地”调研成果获区委书记吴江辉批示，荣获2021年度红谷滩区“党委出题、党派调研、政府采纳、部门落实”活动调研成果一等奖，并被民建市委会采纳列为重点课题补充完善，由该课题成果形成的大会发言材料入选市政协十五届三次会议书面发言。提交集体提案2件、个人提案10余件，《发展科技金融支持创新驱动发展》入选区政协一届二次会议口头大会发言，《促进产融链通，提升金融商务区“含金量”》被区政协采纳并上报市政协，入选为市政协十五届二次会议口头大会发言。共提交社情民意信息14篇，其中被民建中央采用1篇、省政协采用上报全国政协3篇。

2022年9月20日，红谷滩区民建支部“会员之家”——红雁·建园揭牌

（区委统战部 供图）

【服务社会】 2022年，积极组织会员参与到服务社会活动中。承办市委统战部、市委会“喜迎中共二十大 平安江西志愿者在行动”活动，走进红谷春天社区开展“燃气安全进社区”活动，向居民宣传燃气安全，并入户帮助检查燃气器具安全性。响应号召积极参与疫情防控，会员们争当志愿者参与应急值守、防疫宣传、维护秩序等工作，向红角洲、卫东等地捐赠价值3万余元防疫物资，为疫情防控工作做出了积极贡献。开展迎新春走访慰问活动，先后到丰和花园、丽景、普贤、滨江豪园等社区，为困难群众送上慰问品和新春的祝福。捐建的生米中心小学“音乐教室”取得教学成果，录制的表演节目视频获“赣江文化杯童心向党百校喜迎

二十大”文艺表演比赛一等奖;得到民建省委会副主委、江西赣锋锂业股份有限公司董事长李良彬的充分肯定,并追加捐赠器材。落实民建省委会“智秦云图书馆”公益项目,联系红谷滩区教体局,组织18所学校申报办理。

(张 焕)

中国民主促进会南昌市红谷滩区支部

【概况】 2022年,民进红谷滩区支部坚持以习近平新时代中国特色社会主义思想为指导,以中共十九届六中全会和二十大精神为引领,坚持“脚上有土、心中有谱”的工作作风,不忘合作初心,继续携手前进,切实履行参政党的职能。在区委、区政府和民进市委会的领导下,紧紧围绕红谷滩区中心工作,狠抓支部建设,扎实开展各项活动,积极建言献策,建功立业,为红谷滩区的高质量发展做出应有的贡献。支部有会员43人,主要由从事教育(17人)、文化、新闻出版、法律等中高级知识分子和机关事业单位人员组成,其中具有中级以上职称23人,占会员总数的53%;担任区级人大代表2人;担任市级政协委员1人,区级政协委员15人。在市区“两会”期间,提出有价值的提案、建议19件,在各级平台提交社情民意信息32条。全年开展12次社会服务活动。支部主委卢瑾萍被提拔为红谷滩区民政局局长(正科级)、社会服务委员谢燕芳被提拔为区金融服务中心规划发展处处长(副科级)。卢瑾萍、肖亚军、徐菁获得“民进江西省委会优秀会员”荣誉称号,周翠获得“南昌市五一劳动奖章”;支部被评为“民进市委会反映社情民意信息工作先进集体”。

【思想建设】 2022年,始终把会员的思想政治教育摆在首要位置,牢牢把握正确的政治方向,坚决拥护中国共产党的领导。先后集中开展中共十九届六中全会精神、中共二十大精神、二十届一中全会精神学习活动,及《中国共产党统一战线工作条例》、《中国民主促进会会员工作条例》、习近平总书记在中央统战工作会议上的重要讲话精神、江西省民进第九次代表大会精神等系列学习活动;扎实开展中共党史和民进会史学习,同时鼓励会员以各种形式参加本单位组织的学习和自学。先后39人次参加“全省民进骨干会员培训班”“民进市委会学习贯彻二十大精神宣讲会”“全区党外知识分子培训班”“全区人大代表赴瑞金主题学习培训班”“红谷滩区政协委员暨党外人士培训班学习”“红谷滩区统战大讲堂”等各级相关理论知识培训班、宣讲会学习,开展“我为会员上一课”活动4次。会员们进一步加强了对政治理论知识、会史会章和民进优良传统的学习教育,参政议政意识、思想政治素质和理论水平显著提高。

【组织建设】 2022年,始终把组织建设放在核心位置。与绿地海域香廷社区共建共享,在该社区邻里中心打造新“会员之家”,设置会史馆、科普馆、阅读馆、活动空间、支部办公会议室等区域,拟将其打造成会员学习的阵地、开展活动的基地和相互交流的平台。先后完善《支部班子联系会员制度》《支部组织生活工作制度》《参政议政和社会服务工作制度》等制度,并在会员之家上墙。新发展会员2名,其中1名为高校出版集团编辑,填补了支部新闻出版界别人员的空白。3月2日,民进市委会专职副主委邹萍莉赴支部调研基层组织建设工作,支部班子及部分骨干会员10余人参加;5月10日,支委班子参加民进市委会“矢志不渝跟党走、携手奋进新时代”政治交接主题教育视频会议,会后召开学习讨论会;5月31日,民进市委会赴红谷滩区对口开展优化营商环境民主监督调研,卢瑾萍、肖亚军、徐菁、章耀民作为监督小组成员参加;6月21—22日,卢瑾萍、马正、章耀民、陶泽宇、徐菁5位会员作为代表参加民进江西省第九次代表大会;8月25日,民进市委会专职副主委邹萍莉带队赴红谷滩金控、云上(江西)、杉杉奥特莱斯广场等企业开展优化营商环境专项民主监督调研,卢瑾萍、谢燕芳等4人陪同。9—10月,承接区政协对区资源规划分局开展的民主评议活动,顺利完成任务并形成评议报告上报;10月16日,支委会召开集中学习中共二十大开幕会上习近平总书记讲话精神。

【参政议政】 2022年,鼓励会员积极建言献策、参政议政、双岗建功。支部社情民意工作在全区政协考核排名中位列全区第二、在全区党派中排名第一,谢燕芳撰写的《关于营商环境监督中发现的部分问题及对策浅见》、肖亚军撰写的《关于高效解决项目所涉高压电力线路迁改事宜的意见建议》获省政协采用并上报省委,龚培武撰写的《关于进一步做好“双减”政策下礼遇厚待教师的几点建议》被省政协采用,为市、区高质量发展建言献智。共提交到省、市、区相关平台的宣传信息60余篇,卢瑾萍在疫情期间撰写的疫情防控相关评论文章、意见建议、诗歌散文等分别在《人民日报》、“大江网”“民进江西省委会”公众号上投稿1篇、8篇、2篇;徐菁作为主编牵头撰写的书籍《少年读先贤》在北京大学出版社发表《一名小学老师的抗疫心语》等系列抗击疫情文章被13家主流媒体转载并被《新法制报》头版刊登,《一位政协委员的战疫日记:英雄城,我们的家》获市政协2022年度好新闻一等奖、市委统战系统好新闻二等奖,及时宣传支部动态亮点和会员风采。3月20日，卢瑾萍、谢燕芳被评为“民进市委会社情民意工作先进个人”；5月24日，卢瑾萍、肖亚军、徐菁获“民进江西省委会优秀会员”荣誉称号；5月9日周翠获“南昌市五一劳动奖章”；5月20日，曾鸿杰获“红谷滩区青年五四奖章”；7月25日，熊继萍获全区统战系统摄影绘画大赛三等奖；8月8日，涂翠平获“红谷滩区第三届中小学（幼）骨干教师”荣誉称号；8月10日，罗艳获民进市委会“喜迎二十大、同心强省会”多党合作故事会演讲比赛第一名，并于9月21日获全市统战系统演讲比赛第二名；9月10日，徐菁被评为市学科带头人，并被聘为市学科中心组成员。

【社会服务】 2022年，以“1%工程志愿服务”为主题，先后开展12次相关社会服务活动。与绿地海域香廷社区形成共建，利用会员的中医和教师资源先后三次为社区居民提供中医义诊、中小学生心理辅导等服务。6月24日，区政协党组副书记、副主席邓万清率部分区政协委员赴会员缪浪石所在企业开展“红谷连心会、委员进企业”调研座谈活动，支部会员6人参加；9月29日，主委卢瑾萍陪同副区长吴梅萍走访部分企业，开展红谷连心会“暖心护企”活动；10月12日，在江西金控举行“辉煌忆百年，喜迎二十大”支部主题日学习活动，支部会员20余人参加；10月19日，徐菁赴安义县长埠小学为学生们送上了一堂精彩生动的思政课——《我们神圣的国土》；11月14日，熊继萍参加“南昌民进名师送教下乡暨1%工程关爱农村学子助学金发放与放飞足球梦想公益活动”；11月1日，卢瑾萍率6名会员赴江西省鄱阳湖国家级自然保护区管理局交流学习；11月3日，联合区金融办赴厚田乡开展“红谷连心会”暨金融服务助力乡村振兴融资对接会活动，谢燕芳、陶泽宇参加；11月10日，联合区金融办举办区普惠金融服务推进会暨普惠金融服务平台宣传培训会，谢燕芳、章奉及沙井街道、辖区各银行网点共40余人参加。疫情期间，支部共36人次参加疫情防控志愿者服务，大家每日坚守岗位，落实志愿服务工作。同时，开展“不忘合作初心，继续携手前进”主题教育、“开明读书社·洪城悦读——好书分享”等系列活动。

（肖亚军）

中国农工民主党红谷滩区支部

【概况】 2022年，农工党红谷滩区支部坚持以习近平新时代中国特色社会主义思想为指导，在农工党南昌市委会与相关单位及中共党组织的悉心指导下，在红谷滩区委的正确领导下，在区委统战部的大力支持和关心下，紧紧围绕区委、区政府的中心工作，切实加强思想建设、组织建设、自身建设，广泛参与社会服务活动，积极建言献策发挥党派作用，为红谷滩区经济社会发展做出了积极贡献。至年底，支部有党员18人，其中研究生及以上学历3人，占17%；本科学历9人，占67%；中级职称3人，副高职称3人。市政协委员3人、区人大代表2人、政协委员6人。副县级干部1人、正科级干部1人、副科级干部1人。

【组织建设】 2022年，把严人才入口，压实组织发展。紧跟省委会、市委会、区委统战部要求，围绕农工党界别，坚决把紧新党员“入口关”，新发展党员3名，1名区直机关工作人员，1名教师，1名非公有制人士，组织发展程序符合相关规程，与相关单位及党组织沟通充分。选派8人次参加省委会、市委统战部的培训，均无不遵守培训纪律现象。支部荣获农工党江西省委会2022年“我为大方下一单”消费帮扶活动先进基层组织称号，荣获2022年度区政协“宣传工作先进单位”称号。

【参政议政】 2022年10月，农工党红谷滩区支部共有10名党员分别作为市区政协委员、区人大代表参加南昌市第十五届政协会议和红谷滩区第一届人民代表大会、政协会议。支部提案《推进文旅融合发展，打造生米发展新引擎的建议》被评为区政协优秀提案，支部调研报告《推进文旅融合发展，打造生米发展新引擎》荣获区委统战部二等奖。邱丽辉的提案《关于增设中小学游泳场地的建议》被列为市优秀提案。邱丽辉、李炳云两名党员分别撰写的社情民意《〈孤勇者〉成儿歌顶流，凸显少年儿童歌曲创作乏力》《弘扬优秀尊师文化，提升教师社会地位》被省政协采用报送至全国政协。《邱丽辉：从心底流淌出最美音符》《李炳云：千里援疆授业忙，架起赣新友谊桥》两篇文章在《江西政协报》上发表。至年底，形成调研文章1篇；提交省级个人提案2篇、社情民意2篇；市级个人提案7篇；区集体提案1篇、区书面发言1篇、个人提案8篇、人大建议2篇。开展社会活动8次，各类组织生活会10余次。

【理论学习】 2022年，始终将思想政治建设放在首要位置，利用多种方式开展学习活动，组织党员积极参加农工党中央组织的专题政治辅导。观看全国政协十三届五次会议开幕式；观看中共二十大开幕会，聆听习近平总书记所做的工作报告。积极组织党员参加农工党江西省委会组织的“非凡十年”主题征文活动，认真开展“矢志不渝跟党走 携手奋进新时代”主题教育。6月30日，召开专题学习会，传达学习农工党江西省第十三次代表大会精神；11月3日，开展党员活动日暨中共二十大报告专题学习会，传达学习《中共中央关于认真学习宣传贯彻党的二十大精神的决定》，并通报支部工作开展情况。

【党员风采】 2022年，支部党员们以“作示范，勇争先”的干劲在各自领域发挥党员的先锋模范作用，取得不俗成绩。胡翔荣获江西省五一劳动奖章、南昌市“最美科技者”、红谷滩区“青年五四奖章”，当选为南昌市总工会第十五届常务委员；邱丽辉荣获南昌市政协2022年度优秀履职委员、红谷滩区政协2022年度优秀政协委员、区政协宣传工作“先进个人”，荣获农工党南昌市委会2022年度全面先进个人称号；王自强荣获农工党南昌市委会“社会服务工作先进个人”称号，罗成荣获农工党南昌市委会“组织建设工作先进个人”称号、红谷滩区“青年五四奖章”；李炳云受聘为江西师范大学研究生校外导师；邱丽辉、刘莉琴、胡云获得红谷滩区“学科带头人”“骨干教师”学术称号。吴婷婷的教学课例获得红谷滩区特等奖。罗成撰写的《助力防疫，发展“齐步走”》、李炳云撰写的《千里援疆授业忙，架起赣新友谊桥》荣获区政协2022年度好新闻；关于邱丽辉的视频《坚守教育初心 践行新时代教师使命》在“学习强国”App刊登。

【社会服务】 2022年，加强与洪都中医院支部的交流与互动，10月21日，农工党红谷滩区支部与洪都中医院支部在生米中心小学开展中医文化进校园活动，“岐黄班”正式开班。7月，党员李炳云作为江西送教专家团队中的一员前往新疆克孜勒苏柯尔克孜自治州（简称克州）为当地乡村初中数学骨干教师作专题讲座。抗击疫情期间，10余名党员加入志愿者队伍，奋战在抗击疫情最前线。胡翔带领团队捐赠1万元；王自强捐赠3.8万元及价值1800元的3M口罩至江西省人民医院，捐赠200个N95口罩、2000个医用口罩、200个医用一次性手套至绿地悦城社区；蔡铭捐赠价值4000元的100套医用防护服至九江武宁县。

（邱丽辉）

九三学社南昌市红谷滩区支社

【概况】 2022年，九三学社南昌市红谷滩区支社坚持以习近平新时代中国特色社会主义思想为指导，在九三学社南昌市委会的悉心指导下，在区委、区政府的正确领导，在区委统战部的大力支持和关心下，紧紧围绕区委、区政府的中心工作，切实加强思想建设、组织建设、自身建设，广泛参与社会服务活动，积极建言献策发挥党派作用，为红谷滩区经济社会发展做出了积极贡献。至年底，九三学社南昌市红谷滩区支社共有成员22人。其中，省、市政协委员1人，区人大代表2人，区政协副主席1人，常委1人，委员8人；研究生学历5人，本科学历16人，大专学历1人，平均年龄35.25岁。

【思想建设】 2022年，九三学社南昌市红谷滩区支社始终将思想政治建设放在首要位置，利用多种方式开展学习活动。组织社员积极参加社中央组织的专题政治辅导，观看全国政协十三届五次会议开幕式，观看中共二十大开幕会、聆听习近平总书记所做的工作报告，社员杨薇、冯辰收听收看中共二十大开幕会的感想均被南昌九三公众号刊发。积极组织社员参加九三学社江西省委会组织的“非凡十年”主题征文活动，社员雷冲获得参与奖。认真开展“矢志不渝跟党走 携手奋进新时代”主题教育活动。9月，联合九三学社南昌市委会青工委开展“喜迎二十大 同心强省会”青年读书座谈会；10月，组织开展政治交接主题教育暨乡村生态振兴调研活动，以实际行动推动红谷滩区经济社会高质量跨越式发展。

【组织建设】 2022年，九三学社南昌市红谷滩区支社把严人才入口，压实组织发展。紧跟省委会、市委会、区委统战部要求，围绕科学技术界高、中级知识分子这一主界别，坚决把紧新社员“入口关”，新发展入社积极分子6名，新社员4名，其中1名公务员，1名区直机关工作人员，2名非公有制人士。非公人士高级职称比例达到100%，组织发展程序符合相关规程，与相关单位及党组织沟通充分。全年选派3人次参加省委会、市委统战部的培训，均无违反培训纪律现象。

【参政议政】 2022年，九三学社南昌市红谷滩区支社合计申报集体提案2篇、人大建议和政协提案9篇，内容涉及提升经济发展、推进养老服务、加强城市管理建设等方面。联合机关小组、新建支社申报的《关于南昌市VR产业发展的思考与对策建议》课题被列为南昌市委会重点课题，已按照要求完成调研报告。在红谷滩区“党委出题、党派调研”活动中，支社围绕老旧小区改造进行专题调研，撰写的《关于破解我区老旧小区改造及物业管理难点的建议》报告获优秀课题奖。九三学社社员、红谷滩区政协委员赵宁撰写的《关于在红谷滩区率先搭建数字人民币运用场景的建议》作为市政协集体提案报送。

【社会服务】 2022年，支社结合社员结构，助力“双一号工程”（数字经济一号工程和优化营商环境一号工程），深入社员企业进行走访了解，积极开展招商引资活动，社员杨薇获南昌市统战系统招商引资先进个人。

（杨　薇）

红谷滩区工商业联合会

【概况】 2022年,红谷滩区工商业联合会(以下简称区工商联)坚持把推动民营企业参与构建新发展格局作为中心工作,加强民营企业家教育培训,引导企业履行社会责任,着力提升维权工作质效,服务民营企业发展,充分发挥所属商会平台作用,为全区经济社会高质量发展贡献力量。至年底,区工商联(总商会)共有成员104人。其中,有领导班子成员13人、常委23人、执委68人;任各区县、市人大代表17人,任各区县、市、省政协委员31人。

【开展"复工复产,化危为机"主题系列课程】 2022年5月8日,为落实全省深化发展和改革双"一号工程",助力红谷滩区企业在疫情背景下缓解焦虑、提升信心,全力保障企业复工复产,确保就业局势总体稳定,由区工商联主办,省新联会网络人士服务团、市新联会网络人士分会、区新生代企业家商会、江西仟得文化传播有限公司、混沌学园(南昌分社)协办的"复工复产,化危为机"主题系列直播课程在"红谷滩发布"视频号直播。区委常委、常务副区长仇海泉对此次直播课进行开场致辞。此次活动以线上数字课程形式向创业者分享疫情背景下的妥善应对方法,特邀知名商业学者围绕疫情背景下的行业分析、企业组织、新媒体营销、线上营销4个方面进行专业分享,超2.9万人进入直播间观看,10万余人点赞。

【区数字经济商会成立大会召开】 2022年6月28日,全省首家县区级数字经济商会——红谷滩区数字经济商会成立,成立大会暨第一次会员大会举行。区委书记吴江辉出席会议并讲话,区委常委、统战部部长陈敏,区政协副主席、区工商联主席吴一建,区工商联领导班子成员,区相关部门、数字经济企业家代表等共计80余人参加会议。会议听取和审议红谷滩区数字经济商会第一次会员大会筹备工作报告,选举产生红谷滩区数字经济商会第一届理事会、监事会领导班子。

【区"红谷连心会"暨第三季度"政企恳谈会"召开】 2022年8月19日,为落实助企纾困、优化营商环境相关举措,全力推动全区民营经济稳步发展,区工商联组织召开红谷滩区"红谷连心会"暨第三季度"政企恳谈会,听取促进非公经济发展的意见建议。区委常委、统战部部长陈敏出席会议并讲话,区委统战部副部长、区工商联党组书记孙圆圆主持会议,区科工局、区财政局、区人社局、区商务局、区中小企业服务局等职能部门负责人及企业家代表参加会议。职能部门就科技创新惠企政策、服务外包产业发展政策进行宣讲,并就企业提出的诉求现场做出回应,经现场面对面交流沟通,企业反应的9条诉求全部得到有效解决。

【区工商业联合会(总商会)一届二次执委(扩大)会议召开】 2022年11月18日,红谷滩区工商业联合会(总商会)召开一届二次执委(扩大)会议。市工商联党组成员、副主席张晓伟,区委常委、统战部部长陈敏应邀出席会议并讲话,区政协副主席、区工商联(总商会)主席(会长)吴一建代表区工商联(总商会)一届常委会做工作报告。会议传达学习中共二十大会议精神,听取红谷滩区工商业联合会(总商会)一届三次常委会做出的决定,增补红谷滩区工商联(总商会)第一届执行委员会委员、常委、副主席(副会长)、常务副主席(副会长)。下发《红谷滩区工商联(总商会)第一届执行委员会会费收支管理办法(试行)》和《红谷滩区工商联(总商会)会员进退管理办法(试行)》。

【区女企业家商会成立大会召开】 2022年12月18日,红谷滩区女企业家商会成立大会暨第一次会员大会举行,市工商联党组成员、副主席张晓伟应邀出席并讲话,区政协副主席、区工商联主席吴一建致开幕词并主持会议。会议采取线上直播和线下参会的形式举行,听取和审议红谷滩区女企业家商会第一次会员大会筹备工作报告,选举产生红谷滩区女企业家商会第一届理事会、监事会领导班子。

【举办民营经济人士培训班】 2022年12月19日,红谷滩区2022年民营经济人士培训班在江西省社会主义学院开班。区委统战部副部长、区工商联党组书记孙圆圆,区中小企业局局长刘绘芳,区工商联党组成员、专职副主席欧阳玉珍出席开班式。培训班邀请江西师范大学马克思主义学院教授、硕士生导师,中国社科院马克思主义理论创新智库特约研究员王钰鑫作党的二十大精神专题授课,并实地参观牛行车站、南昌舰、建军雕塑广场。

(熊思齐)

群众团体

红谷滩区总工会

【概况】 2022年，红谷滩区总工会紧紧围绕“保持领先领跑姿态、彰显首府首区担当”的目标定位，深入推进“县级工会加强年”专项工作、产业工人队伍建设改革、职工劳动技能提升工程、职工生活品质提升工程等工作，踔厉奋发、勇毅前行，有效推动全区工会事业发展迈上新台阶。

【全面加强工会党的建设】 2022年，始终把学习宣传贯彻党的二十大精神作为首要政治任务，共开展党的二十大精神系列宣讲、劳模宣讲活动15场，不断引导职工群众听党话、感党恩、跟党走。广泛开展“中国梦·劳动美”主题宣传教育活动，大力弘扬劳模精神、劳动精神、工匠精神。在“健康南昌我行动”南昌市职工工间操比赛中荣获一等奖和三等奖；在“奋斗光荣·劳动最美”南昌市职工演讲比赛中荣获三等奖。深入构建多元化调解劳动争议长效机制，组织“三师一室”团队服务进基层，开展以“尊法守法·携手筑梦”“喜迎二十大、普法基层行”等为主题的法律宣讲活动，切实维护劳动领域政治安全。

【推动“产改”工作走深走实】 2022年，《红谷滩区新时代产业工人队伍建设改革方案》经区委常委会专题审议通过，由区委、区政府联合发文，高位推动组织召开全区新时代产业工人队伍建设改革专题会，区主要领导出席并讲话，把“产改”（产业工人队伍建设改革）工作列入区委专题督查工作，压茬推进一批企业开展“产改”试点。其中美华建设有限公司通过推进“四大工程”（政治强基工程、赋能成长工程、维权服务工程、合力保障工程），有效落实“产改”各项重点任务，得到市产业工人队伍建设改革协调小组第一督查考核组的高度肯定。红谷滩区“产改”经验做法在《南昌日报》刊登报道。

【助力双“一号工程”增速提效】 2022年，为切实助力营商环境大提升、数字经济大发展，举办2022年红谷滩区助力双“一号工程”职工数字技能培训专场，509名数字经济行业职工参训，助力打造高素质数字经济领域劳动者队伍。组织“健康大篷车”进VR产业基地，为500名数字经济企业职工和新就业形态劳动者开展免费健康体检。举办“营地探索青春有约”青年交友联谊活动，为100余名数字企业单身青年职工搭建一座缔结良缘、通往幸福的“红色鹊桥”。

【实施职工劳动技能提升工程】 2022年，为提升就业重点群体的职业技能水平，举办“携手小康”就业重点群体技能培训活动，组织190人参加“中医经络按摩专项能力”培训，超额完成了培训任务。打造数字经济领域胡翔工匠创新工作室，并推动其参加南昌市示范性劳模（工匠）创新工作室评选。连续四年承办由市总工会主办的南昌市虚拟（增强）现实职工职业技能竞赛，红谷滩区被授予省、市五一劳动奖荣誉称号共18个（含单位和个人）。虚拟（增强）现实职工职业技能竞赛成为江西省和南昌市劳动竞赛领域的特色品牌。

【实施职工生活品质提升工程】 2022年，联合举办“春送岗位”大型现场招聘会3场，组织143家企业提供就业岗位；“夏送清凉”省总、市总、区四套班子主要领导走访慰问户外一线职工、新就业形态劳动者2700余人；“金秋助学”共为14名困难职工子女发放助学金6.4万元；“冬送温暖”走访慰问困难职工、一线职工、新就业形态劳动者、劳模等共计354人，发放慰问款物合计33万元。另外为支持疫情防控发放各类防疫和慰问物资共计20万元，为300名新就业形态劳动者送上“冬日温暖包”。同时，积极实施引导企业提升生活品质、塑造幸福生活环境试点工作，推荐江西慧谷产业园作为市级提升职工生活品质的试点平台。

【加强工会组织建设】 2022年，深入落实新就业形态劳动者等群体入会，新增新就业形态劳动者工会会员1076人，超额完成全年目标任务。完善"小三级"工会组织体系，大力推行"重点建、行业建、兜底建"模式，全年全区新组建工会274家，新增会员5262人。推动基层工会组织"六有六规范"（"六有"：有依法选举的工会主席，有独立健全的组织机构，有服务职工的活动载体，有健全完善的制度机制，有自主管理的工会经费，有会员满意的工作绩效；"六规范"：队伍建设规范化、组织机构规范化、履行职能规范化、制度机制规范化、职工之家建设规范化、工作绩效规范化）建设工作，选树海欣地产、诚韬科技等6家"六有"工会示范点，美华建设、银湾物业2家"六规范"示范点，给予经费补助共20万元。推动基层职工活动场所三级覆盖，重点打造了卫东街道、红角洲天悦社区等职工之家活动场所。

【全力打造职工服务综合体】 2022年，全力推动红谷滩区工人文化宫建设项目，在省总、市总、区委、区政府的大力支持下，投资4000余万元购置凤凰中大道929号吉成大厦第三层总面积2100余平方米，作为区工人文化宫建设场所并隶属于区总工会独立资产，建设文化中心、教育中心、健康中心等服务场所，预计2023年下半年正式开放。同时与多家优质运动场馆合作挂牌成立红谷滩区职工篮球、羽毛球训练基地，在秋水广场打造"爱心妈咪小屋"，在盈创华兴产业园打造户外劳动服务者"爱心驿站"，为不同群体的职工提供舒适便捷的暖心服务。

（夏　卿）

共青团红谷滩区委员会

【概况】 2022年，共青团红谷滩区委在区委和团市委的坚强领导下，坚持以习近平新时代中国特色社会主义思想为指导，深入学习宣传贯彻党的二十大精神，紧紧围绕党政中心工作，聚焦思想引领、志愿服务、基础团务、创新创业等重点领域，服务大局、服务社会、服务青年，为全面建设社会主义现代化红谷滩贡献青春力量。

【筑牢理想信念根基】 2022年，坚持把学习宣传贯彻党的二十大精神摆在首要位置，深入学习习近平总书记关于青年工作的重要思想。组织开展"喜迎二十大 强国复兴有我"主题演讲比赛，激励新时代红谷滩青年要担当作为、砥砺奋进。举办"喜迎二十大、永远跟党走、奋进新征程"红谷滩区第一届"微团课"大赛，引导团员青年开拓理论学习新形式。举办"学习二十大 争做好队员"红谷滩区第一届红领巾讲解员大赛，教育引导少先队员们深刻感悟新时代党和国家事业发展的伟大成就。组织收听收看庆祝中国共产主义青年团成立100周年大会直播盛况，聆听习近平总书记的重要讲话。召开红谷滩区学习贯彻习近平总书记在庆祝中国共产主义青年团成立100周年大会上重要讲话精神座谈会，区委主要领导出席会议并与青年代表分享学习心得和体会。组织各区属学校开展寻访"六个江西"（创新江西、富裕江西、美丽江西、幸福江西、和谐江西、勤廉江西）少年儿童社会实践营活动，带领少先队员感知美丽江西，激发少年儿童从小爱家乡、爱祖国、爱人民的深厚情感。

【积极服务中心大局】 2022年3月疫情发生后，动员各属地建立青年志愿者服务微信群，利用"青春红谷滩"官方微信公众平台发布《红谷滩区疫情防控青年志愿者招募令》，构建起区、乡镇（街道、管理处）、村（社区）三级联动的志愿服务体系。青年团员科学有序参与疫情防控工作，充分发挥生力军和突击队作用，以实际行动诠释红谷滩青年的奉献与担当。成立南昌市"洪城红"青年应急总队红谷滩区大队。服务文明城市创建工作，先后组织四批次青年志愿者共1200余人次赴属地开展文明城市帮创工作。在南昌西站开展"青春志愿行，温暖回家路"春运暖冬行动，为过往旅客提供便捷服务并送上节日祝福。

【严格规范基础团务工作】 2022年，从严做好团员发展和少先队员入队工作，确保接受充分的团前和队前教育。规范化开展入团仪式、入队仪式，增强团员和队员的光荣感。持续推进社区少工委规范化建设，在2021年所有区属学校完成社区少工委成立的基础上，指导新划入的厚田、流湖等地学校成立社区少工委，实现"家门口的少先队"全覆盖。育新学校红谷滩分校参与全国少工委音乐思政课《声动童心》录制，与全国各地少先队员同唱《灯火里的中国》。全面开展"红领巾奖章"争章活动，构建起阶梯式激励评价体系，完成一星章、二星章的评选工作并积极申报市级三星章、省级四星章名单。扎实推进共青团基层组织改革工作，成立以区委主要领导为组长的改革工作领导小组，印发《红谷滩区共青团基层组织改革工作实施方案》。充分用好智慧团建系统平台，加强对团员的日常管理，"学社衔接率""升学衔接率"、团员教育评议完成率均达100%。

【关心关爱留守儿童】 2022年，积极推动"童心港湾"关爱农村留守儿童项目点位建设，让留守儿童充分感受到社会大家庭的温暖。已打造

5 个“童心港湾”项目点位。充分挖掘和争取各类资源，聚焦留守儿童在学习、生活、思想上存在的实际困难和问题，在亲情陪伴、课业辅导、科普教育、安全防护等方面给予关心关爱，营造呵护留守儿童健康成长的良好氛围。先后组织留守儿童走进江西省博物馆、月亮湾山体公园等地参观学习，开展“我和国旗合个影”“趣味小课堂”“经典诵读”“劳动小能手”等活动，丰富了留守儿童课外生活。“99 公益日”期间，开展“关爱红谷滩困境儿童”互联网公益活动，筹集善款 10 余万元。

【深化未成年人法治教育】 2022 年，聚焦未成年人法治教育，出台《关于加强和规范红谷滩区人民法院工作人员担任法治副校长工作的若干意见》《关于加强和规范红谷滩区人民检察院工作人员担任法治副校长工作的若干意见》，不断完善法治副校长工作机制。开展“关爱成长，法治护航”主题法治宣传教育活动、“青春自护 平安春节”青少年自护教育活动、“喜迎二十大，同心护未来”《未成年人保护法》宣传教育活动，引导青少年积极学法、懂法、守法、用法。暑假期间开展“珍爱生命，预防溺水”安全教育宣传活动，不断增强青少年防溺水安全意识和自救自护能力。

【助力青年成长成才】 2022 年，密切与高校、社会组织、非公企业的联系，凝聚工作合力，结合青年实际需求开展特色活动，在服务青年方面发挥更大作用。扎实推进“青英归巢”寒暑假社会实践活动，全年共发布需求岗位 157 个，为青年成长成才提供实践锻炼平台。召开落实《江西省中长期青年发展规划（2018—2025 年）》实施工作局际联席会议第二次全体会议，营造关心青年、支持青年发展的良好氛围。联合市委组织部、团市委、市中小企业服务局举办第十届“红谷滩杯”南昌市青英人才创业大赛，生动展示了新时代青年创新创业的激情活力和奋发向上的精神风貌，吸引更多优秀青年创业人才集聚洪城发展，有效激发青年的创新动力。

（彭　玲）

红谷滩区妇女联合会

【概况】 红谷滩区妇女联合会（简称区妇联）是中国共产党领导下的人民团体，是党和政府联系妇女群众的桥梁和纽带。内设机构为综合股，区妇女儿童工作委员会办公室设在区妇联，承担区妇儿工委日常工作。2022 年，区妇联以联系和服务妇女儿童为工作主线，围绕中心抓服务、重点突出抓特色、上下联动抓落实，团结带领各界妇女为“建设社会主义现代化红谷滩”贡献巾帼力量。

【疫情防控彰显巾帼担当】 2022 年，下沉基层助力疫情防控，招募 12 支疫情防控医疗应急志愿服务突击队，疫情期间保持“12338”妇女儿童维权服务热线畅通不“断线”，组织开展《和谐夫妻关系是家庭教育的根》《家庭教育促进法解读及心理热线涉法知识讲座》等线上讲座。

【强化妇女思想引领工作】 2022 年 3 月 8 日，举行纪念“三八”国际劳动妇女节 112 周年暨表彰大会，于婷婷等 65 人荣获“红谷滩区三八红旗手”称号；区委宣传部等 23 个单位荣获“红谷滩区三八红旗集体”称号。大力宣传区“三八红旗手（集体）”先进事迹，让更多的妇女群众崇尚典型、学习典型。开展“巾帼大宣讲”活动，组织巾帼宣讲队围绕“巾帼建新功、喜迎二十大”主题，面向基层妇女群众广泛开展“赣鄱红色娘子军”基层宣讲活动，内容涵盖党的十九届六中全会、《中华人民共和国家庭教育促进法》、《中华人民共和国民法典》、党的二十大精神等。开展“巾帼大服务”活动，发挥红谷滩区新时代文明实践志愿服务总队巾帼志愿服务队作用，广泛开展维权关爱、家庭教育、“两癌”（宫颈癌与乳腺癌）健康知识宣传、文明新风、环境保护、移风易俗等志愿服务活动 116 次，把党的声音传递到每一个妇女心中。

【推进家庭文明新风建设】 2022 年，注重家庭，深入挖掘、选树和宣传群众身边的先进家庭典型事迹，由区妇联选树推荐的 1 户家庭获评全国最美家庭，5 户家庭获评全省最美家庭，1 户家庭获评全省书香家庭，5 户家庭获评全市最美家庭，以实际行动为培育和践行社会主义核心价值观贡献“家”的力量。注重家教，大力开展《中华人民共和国家庭教育促进法》宣传周活动，常态化开展家庭教育公益讲座 16 场，举办“红谷巾帼荟——睦家”家庭教育指导服务技能培训班，与区检察院联合成立红谷滩区“小红伞”家庭教育指导服务中心等，为家庭教育赋能。注重家风，配合区纪委区监委分别于 2 月 28 日、9 月 16 日举办 2 期“廉内助”培训班，激发领导干部家属参与正风反腐的主动性，强化家庭助廉意识，筑牢家庭廉洁防线。组织开展“喜迎二十大、家风润万家”赣鄱红色娘子军宣讲、“少年儿童心向党”亲子阅读等活动，引导广大家庭诵读红色家书、红色故事，传承红色基因、赓续红色血脉。

【维护妇女儿童合法权益】 2022 年，突出源头维权，推动《南昌市红谷滩区妇女发展规划（2021—2030 年）》《南昌市红谷滩区儿童发展规划（2021—2030 年）》顺利出台。重点开展婚姻家庭矛盾纠纷大排查大化解有效预防“民转刑”案件专项行动，对贫困妇女、贫困儿童、残疾妇女、残疾儿童、留守妇女、留守儿童、流动妇女、流动儿童、单亲家庭、失亲家庭十类重点人群和家庭进行系统摸排、梳理和关爱。与区法院联合下发《关于进一步加强合作建立健全妇女儿童权益保护工作机制的通知》，切实加强对妇女儿童的司法保护。常态化开展"建设法治红谷滩·巾帼在行动"维护妇女儿童合法权益主题活动，加强男女平等基本国策宣传，加大《中华人民共和国民法典》《中华人民共和国反家庭暴力法》《中华人民共和国妇女权益保障法》等宣传力度。邀请省家教指导中心专家进学校开展"关爱女童·呵护成长"安全教育，普及如何防范性侵害等知识。10月19日，邀请江西华邦律师事务所律师为厚田乡、流湖镇所有村妇女小组长、村（社区）妇联干部和乡镇妇联干部开展妇女"法律明白人"培训班，进一步提升妇联系统法律明白人履职能力。

【关心关爱留守儿童困难儿童】 2022年，先后开展6次鸿鹄伴飞"系列主题活动，内容包括关爱儿童过大年、"六一"关爱留守儿童困难儿童走访活动、"我们的节日·端午"线上比赛、"鸿鹄伴飞、把爱带回家"主题活动，防溺水、防拐卖、防性侵、防诈骗、防校园暴力"五防安全教育"宣传等，共计36场。

【关心关爱"两癌"困难妇女】 2022年，切实做好全区低收入妇女"两癌"救助工作，开展关爱城乡"两癌"困难妇女活动。春节期间，对区属15名城乡"两癌"困难妇女进行救助慰问。7月7日，联合区卫健委开展"把爱带回家，健康中国行"关爱妇幼大健康"两癌"健康教育进基层活动，为135名环卫女工提供宫颈癌、乳腺癌义诊筛查服务。此外，开展两期城镇困难适龄妇女"两癌"免费检查活动，完成了年度工作任务。

【加强妇联基层组织建设】 2022年，区妇联持续深化妇联改革创新举措，全面落实省、市、区在"两新"组织（新经济组织和新社会组织）中建立妇联组织的工作要求，精心部署，以更大力度更实举措全面推进"两新"领域妇联组织建设工作。坚持问题导向，破解基层妇联组织覆盖不全、作用不明显的问题，做到"哪里有党组织，哪里就有妇联组织"，重点推进在"两新"组织中建立妇联组织工作。全年全面完成单建党组织的"两新"组织中"应建尽建"目标，共在52家"两新"组织中建立妇联组织。

（陈子康）

红谷滩区科学技术协会

【概况】 2022年，红谷滩区科学技术协会（以下简称区科协）在省、市科协的精心指导下，围绕区委、区政府中心工作，充分履行自身的职能职责，肩负起党和政府联系科技工作者桥梁和纽带的职责，助推公民科学素质提升，促进科技人才发挥作用，着力加强科协组织的改革与创新，全面强化为科技工作者服务意识。大力开展科普工作，推动红谷滩区科普事业的发展。

【完成省市高质量考核工作】 2022年，《2021年度江西省高质量考核综合绩效考评实施意见》中明确，在综合绩效考评指标（二）创新驱动类中新增科普和科学素质建设项目，项目分值2分。根据省全民科学素质领导小组办公室下发的《关于做好2021年度科普和科学素质建设考核评价工作的通知》《江西省2021年科普和科学素质建设考评实施细则（县级）》，经区领导密集调度，区科协密切跟踪、主动对接，各成员单位积极配合，红谷滩区在2021年度全省和全市科普和科学素质建设考核工作中获得满分。

【出台首个全民科学素质规划纲要】 2022年，为贯彻国务院《全民科学素质行动规划纲要（2021—2025）》和省市《全民科学素质行动规划纲要实施方案（2021—2025）》新要求，在广泛调研和征求意见的基础上，5月份以区政府名义印发《红谷滩区全民科学素质行动规划纲要实施方案（2021—2025）》，围绕五大提升行动、五大重点工程的任务要求，制定41项具体任务和举措，明确牵头单位和责任部门。纲要实施方案的出台，为红谷滩区近五年的全民科学素质工作提供了根本遵循和科学指导。

【持续做好疫情防控工作】 2022年，积极组织干部职工投身防疫一线，让党旗在一线飘扬。同时，加大防疫科普宣传工作力度，积极开展防疫宣传进社区、进学校、进企业等，为全区疫情防控工作贡献科协力量。

【广泛开展科普宣传活动】 2022年，结合"防灾减灾日""科技活动周""全国科技工作者日""全国科普日"等重要时间节点，谋划系列丰富多彩、群众喜闻乐见的科普活动，全年共开展科普活动200余场次。为进一步激发全区广大科技工作者创新争先的热情，在5月30日第六个"全国科技工作者日"（国务院于2016年11月25日设立每年5月30日为全国科技工作者日），邀请区委区政府主要领导走访慰问辖区内优秀科技工作者及创新团队代表，充分展现了对科技工作者的关心和关爱；推荐南昌虚拟现实检测技术有限公司董事长胡翔为南昌市"最美科技工作者"。6—7月，组织广大干部群众参加江西省全民科学素质网络大赛活动，全区广大干部群众及社会各界人士积极参与，累计7090人参与答题，答题总人次达22.44万人次。9月，在九龙湖公园开展以"喜迎二十大，科普向未来"为主题的全国科普日红谷滩区主场活动及50余场系列活动，系列活动覆盖社区、校园、企业、农村等场所，获江西省2022年"全国科普日"优秀组织奖。

【开展科普教育基地建设】 2022年，认真筛选，做好择优推荐科普教育基地申报工作，并指导辖区内相关单位做好科普教育基地申报工作。九龙湖公园、慧谷产业园、辰一机器人教育中心3家基地新申报为市级科普教育基地，傲天一号科普体验馆、VR主题乐园、区垃圾分类科普体验馆3家基地获评2022年市优秀科普教育基地。九龙湖公园新申报为省级科普教育基地，南昌工学院工艺美术大师博物馆、南昌市政公用主题公园成功创建为全国科普教育基地。至年底，全区共有市级科普教育基地20个、省级科普教育基地9个、国家级科普教育基地3个。

【推进校园科技馆建设】 2022年，校园科技馆是普及科学知识、营造科学氛围、增强科技创新意识的重要平台。对标2021年度红谷滩区高质量考核薄弱环节，针对红谷滩区农村片区没有校园科技馆的现状，经与区教体局协商，积极统筹省市转移支付和区级科普专项资金，投入30万元在厚田中学建设农村中学科技馆。

【加强企业科协组织建设】 2022年，科协积极发挥党和政府联系科技工作者的桥梁纽带作用，通过走访调研科技企业和企业园区，指导和帮助条件比较成熟、有一定工作基础的企业和企业园区成立企业科协。完成南昌融创主题文化旅游管理公司等14家企业科协及VR产业基地两家企业科协联盟组建。至年底，全区共有企业科协联盟5家，企业科协19个。

【建立惠农科技服务站】 2022年，在市科协的指导下，建立江西省农科院蔬菜花卉研究所驻南昌爱园农业发展有限公司科技服务站和江西省农业科学院农业应用微生物研究所驻江西省新赣食用菌科技有限公司科技服务站。通过“科技服务站+公司+基地+农户”的模式，围绕农业技术推广、种子种苗繁育、病虫害防治、农旅融合、规划服务、人才培训等方面开展协作，通过提升现代生态农业效益，推动农民增收致富，助力乡村振兴。

【开展首届农民技能大赛】 2022年11月，为贯彻落实党的二十大精神，传承优秀农耕文化，联合区农业农村局在流湖镇举办红谷滩区农民技能大赛。活动分为农村创业创新带头人职业技能提升培训和农民技能大赛两个环节，农民技能大赛设置大球盖菇种植、农家味道厨艺、农民网红直播3个比赛项目，有100余名农民朋友报名参与。本次活动旨在引导和激励广大农民学技能、练本领、做示范，提升农民技能人才队伍素质，助力红谷滩区乡村振兴和农业农村现代化。

【迎接第十二次全国公民科学素质调查】 2022年6月，为切实做好第十二次公民科学素质调查迎检相关工作，动员部署公民科学素质抽样调查迎检工作，红谷滩区共组织召开7场700余人参加的第十二次中国公民科学素质抽样调查专题培训会。公民科学素质是实施创新驱动发展战略的基础，是国家综合国力的体现，国家和民族的发展进步离不开科学素质的提升。

（黄　聪）

红谷滩区归国华侨联合会

【概况】 2022年，红谷滩区侨联坚持以习近平新时代中国特色社会主义思想为指导，深入学习贯彻党的二十大精神以及习近平总书记视察江西重要讲话精神，紧紧围绕“六大职能”，咬定“强基固本争创一流”工作目标，在五个“力”上深耕细作，自身建设逐步加强，大力推进为侨服务。

【壮大侨联队伍】 2022年3月，增设副秘书长1名。8月，召开区侨联一届二次全委会，补选副主席2名，使班子力量更足、结构更优。推选15名代表参加南昌市第十二次归侨侨眷代表大会，7人当选市侨联委员，其中5人当选常委，使红谷滩区侨界人士能够在更高舞台展现新作为。

【创建侨胞之家示范点】 2022年，出台《区基层侨联组织建设指导意见纲要》《区基层侨联组织建设资金奖补办法》等文件，全过程参与、服务、指导完成“鸿之家”侨胞之家改造提升工作，解决多个问题，使之获批2022年度南昌市侨联系统“侨胞之家”典型选树单位，并由省侨联推荐参评全国先进。

【搭建为侨服务新平台】 2022年2月、11月成立红谷滩区首家侨法、侨检服务组织——“红谷滩侨联京师侨法服务站”和“区检察院、区侨联联络站”，建立侨法服务“绿色通道”，实现了有问必答、有询必回、有求必应、有困必帮、接案必办，切实打通为侨服务“最后一公里”，努力做实“两个健康发展”工作。

【用心用情为侨服务】 2022年，关注侨界民生，传递组织温暖。实施“一季一帮扶”，在春节、“七一”建党节、重阳节等节日期间，走访慰问60余位侨属侨眷、20余位侨企人士和2家准贫困户，把党和政府的温暖送到困难群众手中。开展首届“侨界乐多星”评选活动，弘扬爱老、敬老好传统。开展“侨企服务月”暖侨护企活动，走访香格里拉等16家重点侨企，积极反映企业困难和诉求。拨付2万元，资助慧谷小镇等2家企业防疫稳产。协调启华双语学校、南昌澳中公司等侨企维权事宜，支持侨企及项目有序发展。

【组织公益普法活动】 2022年，立

足侨法特色，推进法治服务。发挥“侨法服务站”“检侨联络站”和“侨胞之家”阵地作用，围绕《中华人民共和国宪法》《中华人民共和国民法典》《中华人民共和国归侨侨眷权益保护法》《中华人民共和国劳动合同法》等法律法规和防诈骗、心理健康等方面知识，组织多场公益普法活动，其中大型专场活动4次。线下咨询调解援助30余人次。落实一系列暖侨心、稳人心、树信心工作，寻求最大公约数、画出最大同心圆，促进社会和谐稳定。

【助力文明创建和疫情防控】 2022年，模范遵守“社区吹哨、区直点到”制度，捐款2万元，助力社区创建全国文明城市工作。服从调配，全员上岗挂点小区和高速路卡口疫情防控工作。开展“八一”致敬老兵疫情防控慰问主题活动。区侨联委员和企业捐赠130万余元物资，支持全区疫情防控。

【助推招商引资工作】 2022年11月，组织开展新余招商推介活动。跟踪服务有价值招商信息4条、落地项目2个，获评红谷滩区统战系统招商引资先进单位。用好“红谷连心会”平台，贯彻红谷滩区海外统战工作协作机制，落实区政府“强省会·企业大走访”通知精神，3轮集中走访企业50余户，送达政策资料100余份，收集问题诉求18条并100%办结。发挥桥梁纽带作用，牵头帮助“南昌市归国留学人员创业园”，拓宽、做实为侨服务渠道，做优、做精留学生创业平台服务功能，获批“中国侨联新侨创新创业基地”称号，获全省唯一侨联“国字号”荣誉，受到省委书记易炼红的表扬。

【举办侨界主题活动】 2022年，以“侨心永向党 喜迎二十大”为主题，举办“喜迎二十大 幸福来‘侨’门”“践行二十大 德仁苑侨爱心行动”“喜庆二十大 香墨迎新年”等10余场活动，凝聚侨界力量奋进新时代。以“一起向未来”为主题，联合社区开展一系列迎冬奥（冬残奥）宣传动员、知识答题、视频祝福及文体活动，号召海内外侨胞支持冬奥、参与冬奥、共襄盛举。实施“一月一听音”计划，联合基层侨胞侨属联谊会，在传统佳节之际举办迎虎年贺新春、“送福包 庆福年 关爱老侨”“万水千山粽是情”“共赏一轮中秋月、侨联四海亲一家”“情暖侨胞、快乐同行”等多场侨界联谊活动，进一步增强了侨群归属感和侨联组织的凝聚力。

【扩大对外联谊提升吸引力】 2022年，用好传统文化这个“魂”，举办“侨梦苑”专场敬老活动和海外侨团侨胞云端庆中秋活动，组队开展新余考察和海外侨商游红谷滩活动，接待海外侨团视察3批次，唱响“根魂梦”主旋律，讲好红谷滩故事，做好“两个拓展”工作。做实侨联公众号，增加区侨联外宣的曝光量，其中在省市党媒及市级以上主要媒体上稿21篇，传播了红谷侨界好人好事，传颂了红谷侨联正能量，做到了强宣传、展形象、聚人气，提升了区侨联的吸引力。

【强化侨界思想政治引领】 2022年，认真落实党组会议“政治学习第一议题”和理论学习中心组学习制度，教育机关干部增强“四个意识”、坚定“四个自信”、做到“两个维护”，切实把住了建设忠诚机关的政治方向，凝聚了“作示范、勇争先”共识。通过举办委员学习会、侨企座谈会、主题党课、宪法日讲座、网络答题、红色观影、罗湖实践等活动，通过参加统战大讲堂系列活动等，把全区侨界群众的思想行动统一到党的二十大精神上来，做到“党有号召、侨有行动”。

【“勤廉侨联机关”建设】 2022年，制订《2022年重点工作责任推进表》、细化《廉能建设岗位清单》、落实《三重一大议事规则》，压实党风廉政建设主体责任。经常性开展警示教育，专题开展“4+X”作风整治、侨企服务月和“红谷连心会”活动，大力弘扬“脚上有土、心中有谱”的工作作风，树立“首任就要扛旗、开局就要发力、起步就要冲刺”的担当意识，清廉高效履职履责，当好海外侨胞和归侨侨眷的贴心人，成立不到2年就2次斩获国家荣誉。

（李嫣丽）

红谷滩区文学艺术界联合会

【概况】 2022年，红谷滩区文学艺术界联合会（以下简称区文联）在红谷滩区委、区政府的领导和关怀下，坚持党的文艺路线指引，区文联组织不断发展壮大，区文联团体会员已有10个文艺家协会。红谷滩区作为南昌市集行政、经济、文化三个中心为一体的重点城区，区文联在繁荣和发展红谷滩区文艺事业中起着独特的、不可替代的重要作用。先后开展“书画迎新春”“红谷滩故事”等文化惠民系列活动；开展当代漆画艺术作品展前期准备工作；开展“赣墨抒情怀”红谷滩区群众书画作品展、“童心向党”纸浆画《红船精神》儿童手工等活动；举办（承办）百馆百场文化大讲座等数十场画展活动。同时，在区文联支持和引导下，各协会会员积极参与各大文化活动赛事，获取良好成绩，其中获得市级以上宣传部和文联、文艺家协会组织的评奖、赛事奖励文艺作品21件，获得省市级以上文艺类奖项文艺人才15人次。

【书法协会】 红谷滩区书法家协会是隶属红谷滩区文联管理下的组织，主席团成员12人，主席雷轼生，常务副主席刘松兼秘书长，副主席有李康德、邹艳华、张明、陈旭东、周 铭、胡友根、查代华、祝越、殷勤、樊小军。有理事61人。协会为书法艺术的专业协会和有志于发展自己、开展协会活动的全区广大书法工作者提供了一个自我锻炼、自我成长的平台。

【戏剧协会】 红谷滩区戏剧协会会员均为在艺术领域有一定成就的剧作家、导演、演员、舞台美术家、戏剧音乐家、戏剧理论家、戏剧评论家、戏剧教育家等。在协会会员的推动下,成功举办六届"红谷滩全国优秀话剧展演季",成为南昌一张生动鲜活的文化名片。协会会员是江西省"高雅艺术进校园"的主力军,传播足迹遍布全省,培养出多位中国戏剧"小梅花"得主。"红谷话剧""话剧进社区""驻昌高校话剧展演""戏曲进校园""国粹润万家"等文化配送、艺术教育活动,得到大、中、小学的校园学子和单位、社区观众的欢迎。

【诗词协会】 红谷滩诗词协会成立于2020年6月,是红谷滩区文联领导下的人民团体。自成立以来,积极主动开展工作,以诗词积极介入和谐社会的建设,为本地区诗词事业的传播与发展,不断努力,致力提升本地区的文化与诗词修养。协会有理事9名、会员50余名,组织开展了诗词进社区活动、"百年风华 诗颂赣鄱"2021书香红谷滩·全民读书周活动、红谷之韵诗词大赛等有影响力的活动。

【作家协会】 红谷滩区作家协会前身是红谷滩新区作家协会,于2018年4月成立,法人代表是吴捍东(中国诗歌学会会员、江西省作协会员)。随着机构改革,2021年正式更名为"红谷滩区作家协会"。红谷滩区作协严格会员管理,现有会员50余人,90%以上具有江西省会员资格,是一支充满活力、有着深厚创作能力的队伍。红谷滩区作协积极投入到红谷滩区两个文明建设中,深入基层,面向广大居民,努力创作符合时代主旋律的作品,成功举办建党100周年及建国72周年系列征文活动,开展了各类学习讲座和作品研讨会,进一步提升会员的创作水平,进一步宣传红谷滩区历年来取得的巨大成绩。

【舞蹈协会】 红谷滩区舞蹈家协会是由个人会员自愿结成的全区性、行业性社会团体,是非营利性社会组织。协会坚持文艺为人民服务、为社会主义服务的方向和百花齐放、百家争鸣的方针,坚持创造性转化、创新性发展,坚持以人民为中心的工作导向,坚定文化自信,继承弘扬中华优秀传统文化。团结、动员南昌广大舞蹈艺术家和舞蹈艺术工作者,积极投身改革开放和社会主义现代化建设,为繁荣发展红谷滩区文艺事业、建设和谐宜居之都贡献力量。

(陈子璇)

红谷滩区残疾人联合会

【概况】 2022年,红谷滩区残疾人联合会(以下简称区残联)在区委区政府的坚强领导下,认真履行"代表、服务、管理"职能,以"精准助残、精细惠残、精心扶残"为工作主线,以打造"放心残联、贴心残联、活力残联"为抓手,着力解决残疾人最关心、最直接、最现实的康复服务、教育就业、组宣文体、信访维权、残疾人家庭无障碍改造等工作,强化服务意识,转变工作观念,主动对接服务,扶残助残取得较好工作成效。全区设区级残联1个,乡镇、街道残联9个,残疾人专门协会5个。全区现有持证残疾人5146人,其中视力残疾531人、听力残疾452人、言语残疾71人、肢体残疾2706人、智力残疾680人、精神残疾597人、多重残疾109人。

【提升精准康复服务水平】 2022年,围绕提升精准康复服务水平,努力实现残疾人"人人享有康复服务"目标。扎实推进康复工作,为151名0—7岁残疾儿童实施抢救性康复,发放补贴200余万元;为17名8—15岁残疾青年实施巩固性康复,发放补贴8万余元;为45人发放辅助器具补贴,共计26.96万元;对0—7岁残疾儿童开展人工耳蜗手术救助4例,补助4.8万元;肢体手术救助1例,补助1万元。精准康复采集率达100%,有效落实上门送药、上门评残、送辅具上门等各项工作。建设康养合一的残疾人照护康复站。采取资源共建共享方式,依托民政养老落地,残联融合跟进,全年已建设生米花园、长云社区等5所残疾人托养康复站,扩大了残疾人服务机构的覆盖面,解决了残疾人服务设施使用率低和无人管的问题。加强残疾预防工作。贯彻落实《残疾预防和残疾人康复条例》,通过"全国爱耳日""全国助残日"开展残疾预防宣传。

【推进残疾人教育就业】 2022年,为切实做好教育就业指导和服务工作,在继续实施现有惠残政策基础上,不断推进残疾人教育就业。区残联组织举办"就业援助月"援助活动、"春风行动""南昌市残疾人就业招聘会(红谷滩区专场)"等残疾人专场招聘会,全年累计提供70余个岗位,40人达成就业意向,8人实现就业。举办残疾人电脑实用技术培训、中式面点技能培训班,组织50名残疾人学习技能,解决日常所需,促进残疾人就业。落实《南昌盲人创新创业扶持办法》,扶持3家盲人按摩店,投入扶持资金10万元。积极扶贫助残,做好残疾人种养殖户扶持申报工作,扶持残疾人种养殖户6户,投入扶持资金13万元。为30人发放2022年度省级、市级贫困残疾学生和贫困残疾人家庭子女学生助学补助金,补助金额6.85万元。为全区70名重度失能残疾人提供照护和托养服务,积极引导社会力量参与日间照料和专业托养服务机构建设，提升残疾人托养服务水平。

【加强残疾人基层组织建设】 2022年，全区乡镇、街道残联及村、社区残协的成立工作全部完成，夯实了基层基础，加强了残疾人专职委员队伍建设。区残疾人五大协会全部完成注册登记，组建社会助残队伍，开展助残志愿服务，壮大助残社会组织力量，切实发挥专门协会主体作用。2021年底，组建专营专班“红萌艺术团”，丰富残疾人精神文化生活，经过一年的发展，小演员队伍从最初的6名发展到2022年底的30余名。贯彻落实中国残联关于做好全国残疾人基本服务状况和需求信息数据动态更新工作要求，扎实做好全区残疾人基本服务状况和需求信息数据动态更新工作。

【多举措落实残疾人政策保障】 2022年，积极落实残疾人政策保障，先后制定《困难重度失能残疾人的评估办法》《残疾人证办理实施细则》《遭遇重大变故残疾人救助办法》《残疾人家庭无障碍改造实施办法》《残疾儿童救助管理办法》等制度，保障残疾人权益，确保公平公正。扎实推进残疾人家庭无障碍改造。为50户残疾人进行入户坡道、室内扶手、卫生间等无障碍改造，实现了无障碍改造进家庭。优先将贫困残疾人纳入民生保障范围，全区1772残疾人享受“两项补贴”，发放补贴费156万元，实现“应保尽保”。结合“新春走基层”帮扶走访及“全国助残日”“扶残助残宣传月”等残疾人重要节日，邀请区党政领导走访困难残疾户，春节及全国助残日期间为514户困难残疾人送去慰问金23.25万元。为133名残疾人发放机动车燃油补贴3.46万元，多措并举加强残疾人基本生活兜底保障。

【残疾人宣传文化体育活动】 2022年，加强残疾人宣传工作，努力营造良好的社会氛围。建立残联微信公众号新媒体平台，大力宣传残联重点工作、残疾人创业就业典型，畅通渠道让广大残疾人及时了解到最新的救助政策及申请流程，不断营造关心关爱残疾人，支持残疾人事业的社会氛围。先后在各级报刊、网站及残联微信公众号推送各类宣传稿件120余篇，其中在市残联网站上稿56篇、区级融媒体上稿24篇。全年开展残疾人文化进家庭“五个一”之游园、观影、读书、观展、文体活动5次。

【红谷连心会“红谷手译”】 2022年1月，红谷滩区残疾人联合会专线专窗“红谷手译”正式上线，探索信息赋能助残。为红谷滩所有残疾人提供政策咨询平台、就业帮扶平台，为400余名聋人提供线上手语翻译服务，搭建起一座听障人士联系社会的桥梁。

（邓小婷）

红谷滩区红十字会

【概况】 2022年，红谷滩区红十字会在区委、区政府的坚强领导下，在省市红十字会的帮助指导下，弘扬“人道、博爱、奉献”的红十字精神，紧紧围绕区委、区政府中心工作，遵循“保护人的生命和健康”红十字运动宗旨，坚持依法建会、依法治会、依法兴会，聚焦“应急救援、应急救护、人道救助，无偿献血、遗体和人体器官捐献、造血干细胞捐献”主责主业，在关爱生命、扶危济困、疫情防控等方面做了大量富有成效的工作，不断开创全区红十字事业发展新局面。

【开展群众性应急救护培训】 2022年，为普及应急救护基础知识，提升群众应对突发情况的自救互救能力，落实“红心向党·惠民救护百千万”工程的部署，为群众普及生活日常急救技能，现场心肺复苏术、创伤急救基本技术，中毒、触电、溺水、烧伤等意外事故及家庭急救知识和技能，以及公共安全、防灾避险等基本知识技能；持续抓好群众性应急救护培训，举办持证救护员培训班26期、培训救护员853人，开展应急救护知识普及性培训17场次、培训

20222022年8月17日，红谷滩区红十字会在秋水广场下水口开展防溺水急救知识培训

（区红十字会　供图）

6706人,超额完成2022年度南昌市红十字会下达的培训指标任务。

【加强基层阵地建设】 2022年,加强红十字会基层组织建设,顺利推进总会城市社区博爱家园——鹿璟名居社区建设,打造卫东街道新时代文明实践所——红十字服务中心,顺利迎接参加第八届中国养老服务业发展高层论坛暨康养产品产业博览会与会者、2022年全国曜阳养老院院长培训班培训人员的参观考察。在育新学校、昌北小学等成立学校红十字会组织4个;在联泰香域滨江社区、丽景社区等成立社区红十字会6个;批复团体会员3个;发展个人会员326名、红十字志愿者66人。基层阵地的建设,打通了服务群众的"最后一公里"。积极利用基层阵地开展红十字知识传播、应急救护知识培训、健康安全教育、养老服务、人道救助、志愿服务等工作,为群众提供贴心服务。

【投放AED】 2022年,在南昌西客站、铜锣湾购物中心等人流密集场所投放AED(自动体外心脏除颤器)7台,同时为提高AED投放点管理人员急救技能,提升应对突发事件的应急处置能力,切实发挥好AED救命神器在公共场所的作用,开展重点教学AED投放点的救护员心肺复苏技巧、如何寻找AED及AED如何操作的专场培训。

【高效调拨疫情捐赠款物】 2022年,全区疫情发生以来,诸多爱心企业、爱心人士向红谷滩区红十字会自发捐赠,助力疫情防控,充分展现了强烈的社会责任与担当。红谷滩区红十字会累计接收社会各界线下捐款629402.61元(其中定向捐款326000元,非定向捐款303402.61元),接受企业捐物20批次。根据捐赠人意愿,及时高效调拨社会各界捐赠款物130余万元。

【网络众筹工作获好评】 2022年,区红十字会围绕"红十字救在身边""红十字生命教育"品牌活动,依托腾讯公益平台,组织开展"5·8"人道公益日、"99公益日"网络众筹活动,累计筹款240521.45元(其中获得腾讯公益配捐20638.11元)。在"5·8"人道公益日发起"红十字救在身边"和"红十字生命教育"活动,实现网络总筹款184946.01元(其中获得腾讯公益配捐14674.18元),6161人次参与捐赠。在"99公益日"发起"博爱红谷滩"项目实现网络总筹款38172.45元,"洪城红"项目实现网络总筹款17402.99元,(其中获得腾讯公益配捐5966.25元),2091人次参与捐赠。因成绩突出,红谷滩区红十字会被江西省红十字会表彰为全省2022年网络众筹较好单位,生米街道、红角洲街道被南昌市红十字会评为2022年乡镇(街道)红十字会网络众筹良好单位,云上(江西)大数据发展有限公司获得南昌市红十字会颁发的人道救助功勋单位铜牌。

【开展人道救助工作】 2022年春节期间,开展"博爱送万家"活动,发放温暖箱37个,价值10707.62元;落实落细2021年"99公益""红谷博爱·暖心助学"网络募捐项目的实施,对94名中小学生贫困家庭和7名贫困大学生实施2批次救助,资助助学金14.78万元。认真实施中国红十字基金会"中央专项彩票公益金大病儿童救助项目",帮助8名白血病患儿申请救助并获得救助金24万元。

【推动无偿献血、造血干细胞和人体器官捐献工作】 2022年,区红十字会积极推动无偿献血、造血干细胞及人体、器官捐献工作。组织开展"喜迎二十大 热血铸初心"活动,112人参与无偿献血,献血量约3.75万毫升;实现2例造血干细胞捐献,捐献造血干细胞混悬液414毫升;动员403人签下人体器官(遗体、组织)捐献志愿书。

【设立"红谷滩区红十字会"微信公众号】 2022年3月,设立"红谷滩区红十字会"微信公众号,积极开展红十字人道文化传播。全年推送工作动态、红十字相关知识文章131篇,其中在省市红十字会系统、区融媒体自媒体上稿31篇。

【开展志愿服务活动】 2022年,区红十字会志愿者积极践行"人道、博爱、奉献"的国际红十字精神,结合"5·12"全国防灾减灾日、世界急救日等节点,深入居民群众当中开展"生命教育·救在身边"志愿服务活动,为孤寡老人和困难群众送医药、普及健康知识、开展健康义诊。组织红谷滩区南丁格尔志愿服务队开展义诊、健康知识讲座等公益活动30场次,受益群众2400余人次。

【新冠疫情防控工作】 2022年,为响应全区疫情防控工作需要,快速应急反应,全体机关干部全员下沉天赐良园社区参与一线疫情防控工作,协助社区完成各轮次核酸检测,全年累计核酸检测20余万人次。

【监事会工作】 2022年,发挥监事会监督责任,依法依规对2021年"99公益日"、"红谷博爱·暖心助学"项目、总会城市社区博爱家园项目"卫东街道鹿璟名居博爱家园"建设情况开展专项监督。着力加强全体监事相关法律法规知识,特别是在学法、用法和制度建设方面的学习,加强知识体系构建,不断提升监事会成员业务政策水平。

(王　莉)

法　治

政法委与综治

【概况】　2022年，红谷滩区委政法委认真贯彻落实中央、省委、市委政法工作决策部署，聚焦建设更高水平的平安红谷滩、法治红谷滩，充分发挥牵头抓总、统筹协调、督办落实的职能作用，团结带领全区政法综治战线，围绕中心、服务大局，全力防风险、保安全、护稳定、促发展，扎实推进政法工作高质量发展，有力推进“四项建设”（综治中心实体化建设、市域社会治理现代化试点项目建设、智慧平安小区建设、社会治安防控体系建设），切实抓好“九项重点”（“战疫”“防疫”、维护社会稳定、创新社会治理、优化法治化营商环境、加强社会治安、矛盾纠纷排查化解、常态化扫黑除恶、执法司法体制改革、政法队伍建设），各项工作取得新突破、新进展，为全区高质量发展创造了更加安全稳定的政治社会环境。红谷滩区委政法委荣获“平安南昌建设先进集体”称号；公众安全感满意度全省排位第48名（同比进位32名），全市城区排位第1名（同比进位5名），取得历史最高水平。

【维护社会大局稳定】　2022年，围绕“做好党的二十大维稳安保”这条主线，狠抓重点目标跟踪、重要部位盯紧、重大节会安稳，建机制、优方案、强举措，完成了党的二十大、世界VR产业大会、南昌市迎新烟花晚会等重大活动的安保维稳任务160余个，中央交办信访事项化解质效位列全市第一方阵，确保了社会大局持续安全稳定。

【推进市域社会治理现代化】　2022年，聚焦建设更高水平的平安红谷滩，以推进市域社会治理现代化试点工作为主抓手，打造了一批特色亮点项目，调处了一批矛盾纠纷，开展了一系列专项打击整治行动。创新打造“鸿鹄之智”治理品牌，荣获全省5个优秀试点成果奖第一名，并在全省新时代政法工作创新交流会上，作为全市唯一县区，作交流发言；探索打造全流程无纸化办公、涉案企业合规改革、红谷滩派出所融合服务窗口、社区矫正中心等14个治理品牌项目；以“四化”为手段，扎实推进三级综治中心建设，建成全市首家区矛盾纠纷多元调解中心，构建起集多元化解、指挥决策、预警预测为一体的矛盾纠纷大联动体系，矛盾纠纷排查数和化解数均居全市各县区之首。

【常态化扫黑除恶斗争】　2022年，坚持常态化开展扫黑除恶斗争，聚焦非法采砂、围标串标、金融放贷、市场流通、教育、医疗六大行业领域的整治，部署专项整治行动。全年共立案寻衅滋事、聚众斗殴等九类案件84起，破获24起；破获非法吸收公众存款、妨碍信用卡管理、证券期货类非法经营等金融领域案件10起；受理网络裸聊敲诈类案件62起，破案6起，抓获犯罪嫌疑人10名；建立全省首个推进黑财清底“政法单位执行工作联席会议制度”，有效处置1个案件，所涉5项财产，持续释放依法严打高压信号。大力开展打击整治电信网络诈骗和养老诈骗等专项行动，办理的“金三江”案件打响了南昌市打击整治养老诈骗专项行动“第一枪”，得到中央督导组的肯定，协助市纪委全力侦破“2·9”专案，得到省委常委、市委书记李红军批示肯定。

【深化政法领域改革】　2022年，坚持推进优化营商环境“一号工程”和“六个江西”（创新江西、富裕江西、美丽江西、幸福江西、和谐江西、勤廉江西）建设“双轮驱动”，找准政法改革的“公约数”，着力提升执法司法效能，不断优化法治化营商环境，探索实践系列惠民惠企改革成果。区法院成立全国首个防范金融风险法官工作站；在全市率先建立企业破产处置府院联动工作机制；推广无纸化办案新模式，无纸化审理案件 22096 件。区检察院深入落实“少捕慎诉慎押”刑事司法政策，不捕率、不诉率、诉前羁押率均不同程度大幅提升。区公安机关打造了全省首个“公安派出所 + 社区”一体化综合服务大厅，群众办证效率提升了 40% 以上；在高铁西客站搭建 AR 智慧管控平台，大大提升了反恐防恐、治安防范、服务群众等工作效能。区司法局推进区级公共法律服务平台建设，完成了一个中心、八个公共法律服务站平台建设。

【加强政法队伍建设】 2022 年，按照中央、省、市关于巩固政法队伍教育整顿成果，推进全面从严管党治警的部署要求，系统性完善政治督察、纪律作风督查巡查、政治轮训、请示报告和政法干警交流轮岗、政治素质项目化考评等制度。认真完成了中央和省、市各类督导督察巡查反馈的 57 个问题整改落实工作，制定有针对性的堵漏洞强弱项举措 70 余项。结合“4 + X”干部作风专项整治，系统性开展违反防止干预司法“三个规定”，重温新时代政法干警“十个严禁”活动，推动涉法涉诉信访工作，大力整治“顽瘴痼疾”。全年运用执纪监督“四种形态”处理干部 81 人，集中评查完结 52 件涉法涉诉案件，开展谈心谈话、批评教育 115 人次。

【夯实基层基础】 2022 年，以平安江西基层基础建设提升年活动为契机，着力在配齐配强基础力量、落实落细重点任务、优化实化工作平台、建立健全制度机制上下功夫。超前完成 7 个一级乡镇（街道）综治中心、90 个一级社区综治中心、41 个一级村综治中心、14 个二级村综治中心等级化创评工作；探索与江西科技师范大学建立校地“两个网格融合”工作机制，得到省委常委、政法委书记罗小云的肯定；全力推进政法重大重点民生实事项目，高标准完成 75 个智慧平安小区、12 所智慧平安校园、3 所智慧平安医院和智慧矫正中心的建设，搭建融合行业管理、巡逻防控、智慧安保、智慧勤务等九大模块的“VR 智慧综合应用平台”，大力推进社区（村）警务室建设，累计建成 134 个社区（村）警务室，73 名社区（驻村）民警任社区（村）两委班子。

（王川川）

法治政府建设

【概况】 2022 年，红谷滩区始终坚持以习近平法治思想为指导，坚决落实中央、省、市各级关于建设法治政府的决策部署，全力推进法治政府建设，更好地为红谷滩区高质量发展提供坚强的法治保障。

【夯实法治政府建设基础】 2022 年，完善推进法治政府建设制度，制定《红谷滩区 2022 年法治政府建设工作要点》《红谷滩区政府常务会议学法制度》《红谷滩区争创新时代法治建设“第一等工作”法治政府建设“率先突破”攻坚行动方案（2022—2024 年）》等制度文件，明确各项工作任务。深入学习贯彻习近平法治思想，全区各地各单位采取中心组学习、专家授课、专题党课等多种形式组织开展“习近平法治思想大学堂”活动。严格落实党政主要负责人推进法治政府建设第一责任人职责，及时召开推进法治政府建设工作领导小组会议，将责任层层压实。研究制定《红谷滩区关于开展 2022 年全省法治政府示范创建活动实施方案》等工作文件，对标 100 项示范创建指标任务，不断完善政府行政行为。

【提高政务服务水平】 2022 年，紧盯“放管服”改革。设立“办不成事”反映专窗，建立“会商办”“协商办”“区长直通车”三项机制。上线“红谷智小二”帮办代办平台，全面推行“就近办”工作，整合 390 项常用政务事项。紧盯优化法治化营商环境。在线下“一窗通办”的基础上实现线上“一网通办”，压缩企业开办时限，在全省率先实现企业开办全流程、六环节、三小时办结。紧盯政务服务高质量发展。在慧谷产业园区、仟得文化数字引擎流量产业园和新生代企业家商会等企业机构开展专项法律服务活动，全年共开展法律服务进企业、进商会、进园区活动 10 余次。设置“南昌市红谷滩区行政复议联系点”26 处，召开联席会议 3 次。

【巩固依法行政能力】 2022 年，加强行政规范性文件审查备案工作，严格落实行政规范性文件合法性审查机制，全年全区共办理合法性审核材料 72 件，向市政府、区人大按期备案规范性文件 1 件，审查一般性政策文件 71 件。依法规范重大行政决策程序。制定 2022 年重大行政决策事项目录，实行重大行政决策公开制度，在区政府门户网站设立专栏公开相关事项。推动法律顾问和公职律师对重大行政行为提前介入、全程参与。加强突发事件处置能力建设。加强疫情防控依法处置能力建设，依法发布各类疫情信息，形成快速高效的疫情防控和处置机制。

【提升行政执法质效】 2022 年，着力落实行政执法制度。各行政执法单位在“双随机、一公开”平台录入行政处罚案件 494 件。对区本级 29 个行政执法单位的 36 个执法岗位进行严格审查，开展区本级新申领行政执法证件考试工作。着力加大行政执法监督检查。重点对各行政执法单位行政处罚自由裁量权标准落实情况进行专项监督检查，开展涉企行政执法检查“瘦身”行动，减轻企业迎检压力，营造法治化营商环境，12 家单位已出台“免罚清单”。

着力加强执法业务培训。举办乡(街办)基层综合行政执法培训班,对来自全区各乡(街办)的分管负责人和基层综合执法人员进行培训,基层执法人员执法水平进一步提升。至年底,全区共有40名行政执法监督人员和345名行政执法人员。

【依法有效化解社会矛盾】 2022年,抓实矛盾纠纷源头治理关,建成全市首家区矛盾纠纷多元调解中心。在全市各县区中第一个实现公共安全视频在社会治理领域的功能预警和共享应用。建设红谷滩区域社会治理地图的数据孪生模型,打造综合指挥调度平台。抓实行政复议化解争议关,全年共收到行政复议申请38件。其中,审结13件,不予受理2件,应补正而未补正视为放弃行政复议申请2件,21件转送有关机关进行处理。抓实公共法律为民服务关,全区建成公共法律服务工作站8个,公共法律服务工作室182个,结合线下中心(工作站)+线上"12348"公共法律服务热线、微信等"互联网+"平台,提供"一站式"公共法律服务。抓实普法与依法治理关,开展"法润童心 护航成长""喜迎二十大 普法进校园"等普法宣传活动。全区培养"法律明白人"共计1.7万余人。推动开展村(社区)法治文化阵地建设,礼庄山社区获评全省民主法治示范村(社区)。

(艾 菲)

公 安

【概况】 2022年,南昌市公安局红谷滩分局(以下简称分局)紧扣党的二十大安保维稳主线,聚焦首府首区首善目标,以防控体系建设为牵引,以"百日行动"为抓手,以细致、精致、极致的工作标准,从严从实从细落实防风险、保安全、护稳定、战疫情、促发展各项措施,有力地维护了省会核心城区安全稳定。辖区社会治安呈现"四升四降"的良好态势,即刑事强制787人,治安处罚1228人,抓获逃犯198人,移送起诉777人,同比分别上升15.23%、11.1%、98%、81%;刑事警情2472起,治安警情3617起,电诈类警情1396起,损失金额1.18亿,同比分别下降22.82%、10.89%、21.4%、6.81%。大案攻坚、养老诈骗、智慧警务等工作得到全国打击整治养老诈骗督导组和省市区领导的充分肯定,分局荣获公安部五年一度评选的"全国优秀公安局"称号,27个先进集体、123名民警辅警立功获奖。分局荣获全市、全区民族团结进步示范单位,西客站AR智慧管控平台荣获全省"天工杯"基层技术革新评比一等奖,法制案审大队荣获"全省优秀公安基层单位",西客站派出所荣获"全省公安系统爱民模范集体",九龙湖派出所、沙井派出所荣获集体二等功;红谷滩派出所三级警长陈国才荣获全省公安系统爱民模范和全市新时代赣鄱先锋称号,其妻子荣获全国公安机关好警嫂称号;红角洲派出所队长张绪光荣获全省优秀人民警察等称号。

【政治建警铸忠诚】 2022年,始终把政治建警放在首位,坚持不懈用党的创新理论武装全警,认真执行党委理论学习中心组学习、"第一议题"等制度,广泛开展政治轮训和政治教育、英模教育,持续加强对习近平总书记系列重要讲话、重要训词精神,以及党的十九届六中、七中全会和党的二十大精神的学习,引导全警深刻领悟"两个确立"的决定性意义,坚决做到"两个维护"。全面加强党对公安工作的绝对领导,严肃党内政治生活,严格执行《政法工作条例》,及时向市局党委、区委区政府请示汇报重要工作、重大案件。强化政治督察、政治谈话、政治考核,对科、所、队班子特别是"一把手",开展政治谈话134人次,履责约谈35个党支部,确保党中央决策部署在红谷滩公安落地见效。深化基层党组织"三化六好"建设,打造5个标杆派出所党支部。疫情期间,12支青年民警突击队、43个党员先锋岗坚守一线,冲锋在前。

【防范风险护稳定】 2022年,始终把维护政治安全置于首位,坚持总体国家安全观,深入开展反渗透、反颠覆、反恐怖,坚定维护国家政权安全、制度安全、意识形态安全,全面筑牢政治安全防线。深入开展"和谐2022"系列行动"六必上"和新一轮"百万警进千万家"活动,实行区矛调中心、派出所融调解中心、警务区三级联动,矛盾纠纷化解率达98%以上。先后获评全区、全市民族团结进步示范单位,成为全市唯一获此殊荣的区县公安机关。牢牢把握省市核心城区特殊要求,依托VR智慧综合管控平台和省行政中心智能周界预警系统,完善"情指行"一体化机制,做强三队一所(直属机动一、二、巡逻处突大队和卧龙派出所)维稳快反机动队,做精最小作战单元,层级响应、梯次跟进,妥善处置省市行政中心非访1700余批次3.2万余人次,得到省市领导和区机管局、区信访局的充分肯定。围绕冬奥会、全国两会、党的二十大等重大活动,以及春节、"五一"国际劳动节、"七一"建党节、"十一"国庆节等重要节点,加强组织领导,做实方案预案,叠加布防,细化分工,完善细节,强化督导,较好地完成了等级警卫任务15个和世界VR产业大会、生态文明论坛南昌年会等重大活动及政务性活动230余批次。分局情指中心荣获全省公安机关情报信息工作成绩突出集体称号。

【联勤联战强打击】 2022年,以公安部"百日行动"、省厅"和谐2022"系列行动为牵引,采取合成作战、挂账督办、张榜比武等措施,深入推进常态化扫黑除恶、"云剑""长风"

“断卡”以及养老诈骗、侵害弱势群体等一系列专项打击行动，全区刑事案件、传统“盗抢骗”案件同比分别下降24.65%、31.45%，深挖金三江非法吸收公众存款案，挽回经济损失730余万元，得到全国打击整治养老诈骗第13督导组高度评价。成功破获9年前命案，成为全市夏季打击整治“百日行动”期间破获的唯一命案积案，省厅发来贺电。电信网络诈骗案件实现“两降两升”的工作目标（电信网络诈骗案件977起，同比下降35%；损失数9362.51万元，下降38.11%；破获电诈案件159起，上升7.43%；采取刑事强制措施354人，上升33.58%），龙兴派出所研发的全市首个“反诈”App推广统计小程序，被市局推广。6月，在全市率先组建食品药品生态环境犯罪侦查大队，及时收网抓捕一个省督破坏森林资源、非法占用农用地的犯罪团伙，被评为“全省十大精品案例”和公安部挂牌督办案件。

【整体防控保民安】 2022年，以社会治安防控体系示范城市创建为载体，以夜间出行安全感专项行动为抓手，健全落实“135”（核心区域1分钟快速反应、重点区域3分钟赶到现场处置、人员密集场所5分钟赶到现场处置）快反、公安武警联防联巡等机制，采取车巡与步巡、人力与视频、定点与机动相结合的方式，设置巡逻线路81条、夜间震慑点12个、盘查点3个，持续开展“见警察、见警灯、见警车”行动，万达金街、西客站巡逻模式成为全省试点，红角洲派出所夜查缴获违法资金1982万元，成为全省公安机关巡查宣防集中统一行动经典案例。积极组建群防群治队伍，红谷滩派出所的“红谷义警队”、凤凰洲派出所的“凤凰家园义警队”、红角洲派出所的“南航附小义警队”被列为市局第一批试点建设队伍。深化“新型警力护校园”活动，组织一键报警测试460余次、警校联合应急演练30余场次，参加“护学岗”近万次，开展法治宣传教育250余次，培训安保人员2500余人次，提前完成市局部署的87所学校安防“四个一”（一个安检门、一键报警器、一组存储柜、一间会客室）工程整改提升任务。深入推进“水美家安——全民防溺水”专项行动，建成防溺水“四个一”（一块警示牌、一个救生圈、一根安全绳、一根毛竹竿）工程点位2000余个，在赣江水域沿线，生米、流湖、厚田农村水库池塘等14处水域重点部位，创新搭建防溺水智能喊话系统，省市区主要领导和媒体予以好评。

【重拳整治除隐患】 2022年，紧盯“黄赌”等群众反映强烈的治安乱象，突出重点区域、重点部位、重点场所，采取集中清查与分散清查、定期清查与随时清查相结合的方式，加大对酒店、网吧、酒吧、KTV、洗浴等娱乐场所的清查整治力度，共检查按摩场所62家，下发治安整改通知书26份，关停5家，检查宾馆176家，排查从业人员3000余名，发现整改问题206处，下达治安整改通知书150余份，办理涉黄涉赌刑事案件16起，查处涉“黄赌”类行政案件63起，扫除了社会丑恶现象，净化了社会治安环境。会同政府相关部门，着力抓好小学校或幼儿园、小医院、小商店、小餐饮场所、小旅馆、小歌舞娱乐场所、小网吧、小美容洗浴场所、小生产加工企业“九小”场所常态化消防安全监管，共检查“九小”场所6442个，发现整改消防隐患1314处，下发整改通知书1466份，查处违法违规行为24起。强化危爆物品、大型活动等领域的安全监管，深入推进打击整治枪爆违法犯罪专项行动，对2家危爆企业以及18家加油站等可能接触危险违禁物品的重点行业场所，开展全覆盖、地毯式安全检查，严格落实散装汽油销售实名登记和寄递物流收寄验视、实名收寄、过机安检“三个100%”措施。

【服务经济促发展】 2022年，紧紧围绕强省会战略、改革双“一号工程”，充分发挥公安职能作用，严厉打击金融、涉税、传销、工程领域等经济犯罪，成功侦破全省第一起全链条打击的新型期货领域犯罪案件，协同市纪委成功侦破“2·9”招投标专案，得到市委书记李红军批

2022年11月底，沙井派出所开展全省首个流动人口电子居住证试点工作
（区公安分局　供图）

示肯定。积极推进网上办、免证办、就近办，挂牌成立红谷滩区政务服务公安分厅，落实错时延时、非延时期间预约等举措，红谷滩派出所融合服务窗口、沙井派出所“四维一体”（融合民警、司法员、律师、调解员力量于一体）融调解中心，分别被评为2020—2022年度全区市域社会治理优秀项目一、二等奖。九龙湖、沙井、红角洲派出所开展全省首个流动人口电子居住证试点，1个工作日即可出证。

【改革创新提战力】　2022年，以派出所“三年行动计划”为抓手，深化派出所“八个一”（每日一调度、每日一巡查、每周一研判、每周一走访、每月一检查、每月一练兵、每月一谈心、每月一小结）警务运行机制改革，打造高校、商业、小区、农村等35个特色鲜明的警务区。顺利完成厚田、流湖派出所划转工作；11月15日，按时调整沙井、红角洲、九龙湖、生米和龙兴5个派出所的治安管辖范围、户籍管辖、“110”接处警等工作。完成“天网”建设复建任务，探头数量位列全市第一，织密四道管控圈，高空视频连片成网，实现主城区高空瞭望、低空管控、圈层防控。协助区委政法委推进12所“智慧平安校园”、5所“智慧平安医院”（省人民医院、二附院红角洲院区、洪都中医院建成，省儿童医院、省妇幼保健院正在招标）、75个“智慧平安小区”建设（共完成102个）。搭建西客站AR智慧管控平台，设置八大应用模块，实现区域视频覆盖、广播喊话、交通疏导，提升了反恐处突、治安防控、服务群众能力，荣获省公安厅和省总工会联合举办的江西省“天工杯”劳动和技能竞赛暨“智慧公安我先行”基层技术革新评比一等奖，是近年来全市在此类评比中荣获的最高奖，被《人民公安报》、省市改革办等广泛报道。联合南昌铁路公安处建立西客站路地公安联勤中心，重拳整治南昌西站“黑车”拉客乱象，依法处置扰乱公共场所秩序人员12人，得到市委书记李红军批示肯定。

【强基固本利长远】　2022年，持续推动重心下移、力量下沉、保障下倾，基本完成《加强新时代公安派出所工作三年行动计划（2020—2022年）》，完成新录用、特警锻炼归建、东湖区和西湖区划转的50余名民警到派出所的工作，社区民警占比42%，任社区（村）两委班子达标率90%；建有警务室162个，完成率94%；装备配备率达100%，打造了全省公安机关警务装备信息化示范派出所——红谷滩派出所。招聘250余名协管员，专门从事巡逻防控等工作。市政府批复同意分局建设占地2.67公顷（40亩）的现代化业务技术大楼暨执法办案中心。投入7050余万元建设反恐基地、卧龙派出所，完成西客站、凤凰洲、九龙湖等派出所改造任务，为分局长远发展奠定了坚实基础。

【严优并举建铁军】　2022年，始终坚持“严”的主基调，压实层级管理责任链条，推动落实各级党组织主体责任、书记第一责任人责任和班子成员“一岗双责”，严格落实“一案双查”。以驻局纪检监察体制改革为契机，扎实推进干部作风建设“4+X”专项整治，成立督察委员会，全面落实“三重一大”等党内监督制度，开展派出所所长经责审计和执法活动财物专项审计整改工作，对查处的违纪案件开展“一处分一通报、一案件一警示”活动，召开警示教育大会3次，开展纪法教育宣讲5场次，新入职民辅警岗前廉政谈话3场次；运用第一种形态处理71人次，占比97.26%。制定规范执法执勤文明用语、涉“两卡”慎用羁押性强制措施等执法制度，压实专职法制员职责，每周开展巡查督促整改，每月开展执法质量考评，健全完善“一站式”执法办案管理中心运行机制，未发生重大执法问题。坚持科学选人用人标准，畅通晋升渠道，提任转任科级干部40人，警员职务晋升73人，其中提前晋升58人，完成604名员额辅警签约和补发工资工作。投入435.6万余元，开展节日走访、困难慰问、体检休养等活动，开办首批民警子女暑期托管班，切实解决民警后顾之忧。

（万水云　杨长城）

检　察

【概况】　2022年，红谷滩区检察院能动履职，担当实干，政治建设全面加强，服务大局成效明显，法律监督提质增效，自身建设不断强化，检察工作群众满意度持续提升，各项工作取得新成效、实现新突破。全年共办理审查逮捕、审查起诉案件985件1533人，人数同比上升10.7%。检察业务质效稳居全省第一梯队，纳入最高人民检察院考核的60项核心业务指标中，18项排名全省第一，46项排名全省前十。荣获“全国检察宣传先进单位”“平安南昌建设先进集体”“全市普法工作先进单位”等荣誉称号6项，9名干警荣获“全省检察机关宣传舆论业务能手”“全市优秀政法干警”“全市检察机关公诉标兵”等荣誉称号13项。

【党建与业务融合发展】　2022年，严格落实党史学习教育、队伍教育整顿常态化长效化，开展集中理论学习42次、全员政治轮训6天。坚决执行一切检察工作“从政治上看”的要求，坚持把支部建在业务部门上，把政治效果体现在每一个司法案件上，把重大案件、重要事项的请示规范在向区委、市检察院党组的报告上，做到讲政治与抓业务相互融合、相互促进，用实际行动践行政治忠诚。

【维护社会安定】　2022年，依法打

击影响人民群众安全感的犯罪，起诉抢劫、强奸、故意伤害犯罪案件24件；起诉盗窃、抢夺、诈骗等侵财类犯罪案件133件；起诉“黄赌毒”案件32件。加强生态文明司法保护，落实“长江十年禁渔”要求，起诉非法捕捞水产品犯罪27人。完善监检衔接机制，抽调精干力量协助纪检监察机关办案，形成反腐工作合力，高效办理了南昌广播电视台原党组书记、台长张某贪污、受贿案等职务犯罪案12件。

【刑事检察提质增效】 2022年，注重发挥侦查监督与协作配合办公室的作用，提前介入196件案件，同比提升345%；就重大案件召开联席会议12次，组织检警同堂培训2次，推动办案质效和执法司法规范化水平进一步提升，案件比达1∶1.003，无捕后不诉、无罪判决和不捕复议案件。注重加强刑事审判监督，提出抗诉2件，对法院审判违法行为提出纠正意见2件，法院及时采纳并切实整改。注重加强刑罚执行监督，办理暂予监外执行审查案件3件；常态化做好社区矫正监督，对发现的脱管漏管问题及时予以纠正。

【民事行政检察精准高效】 2022年，坚持精准监督理念，办理民事行政检察案件39件，同比提升39.3%。办结民事生效裁判监督案1件，提出再审检察建议1件，法院裁定再审。加强对民事审判程序、民事行政执行活动的监督，提出检察建议3件。深入开展“促进行政争议实质性化解”专项活动，化解行政复议案3件，促进案结事了政和。

【公益诉讼检察工作成效显著】 2022年，坚持守护人民美好生活，办理公益诉讼检察案件38件，同比提升6%。助力生态环境保护，对接中央环保督察、省人大“环保赣江行”问题清单，对长期得不到解决的赣江堤岸畜牧散养引发的环境污染等问题，通过公益诉讼诉前磋商或检察建议，督促行政机关切实整改。用好“河长湖长＋检察长”工作机制，督促解决云溪水系污水管网渗漏问题，助力红谷滩区“碧水”保卫战。紧盯“舌尖上的安全”，对食品小作坊经营不规范、现制现售饮用水安全、违规销售处方药等食品药品安全问题，开展磋商或发出检察建议17件，推动开展行业治理。就一起销售有毒有害食品案件提起刑事附带民事公益诉讼1件，要求当事人支付10倍惩罚性赔偿金，并公开赔礼道歉。

【营造法治化营商环境】 2022年，严厉打击各类破坏社会主义市场经济秩序犯罪，起诉制假售假、非法经营、合同诈骗等案件42件。积极参与整治招投标领域乱象行动，重点惩治串通投标、行贿索贿、操纵招投标结果等犯罪行为，让企业竞争更加公平有序。审查起诉的社会人员陈某与某监理咨询有限公司总监理工程师龚某共同行贿评标专家，操纵招投标结果案等5起案件，被市纪委监委确定为招投标领域损害营商环境典型案件。常态化推进反洗钱工作，完善与行政监管部门信息共享、证据调取等方面的合作机制，对所有相关上游犯罪开展“一案双查”，办理洗钱犯罪案件7件，涉及金额659万余元，切实维护金融安全。

【参与市域社会治理】 2022年，结合司法办案，就安全生产、通信企业监管不严致使个人信息泄露等社会问题制发检察建议书5份，督促相关单位加强管理，堵塞漏洞。对收到的56封信访件，100%做到“7日程序性回复，三个月实体答复”；对13件首次申诉类信访件、6件重复访案件，均由院领导包案，已全部化解。坚持让检察担当更多些，离群众更近些，解民忧更快些。

【助力企业持续健康发展】 2022年，认真落实《江西省优化营商环境条例》，全力服务双“一号工程”，在全省率先启动涉案企业合规改革，办理此类案件4件，推动涉案企业管理机制进一步完善，经营质效进一步提升。增强对服务民营企业的“检察供给”，与区工商联、区侨联建立常态化沟通机制，在VR产业园、

2022年11月11日，红谷滩区检察院、区侨联举行“红谷连心会·服务侨资企业健康发展”座谈会

（区检察院　供图）

慧谷产业园设立检察联系点，积极开展“百名检察官进百企”“企业家学法”等活动，先后走访民营企业137家，举办企业家集中座谈5次。

【落实“少捕慎诉慎押”刑事司法政策】 2022年，刑事案件不捕率63%，同比提升12个百分点；不诉率37%，同比提升8个百分点；诉前羁押率21%，同比下降23个百分点。充分发挥政策效力，教育引导犯罪嫌疑人自愿认罪悔罪，积极退赃退赔，最大限度减少对立面，促进社会内生稳定。刑事案件认罪认罚率93.7%，同比提升4个百分点；追赃挽损工作率达98%，同比提升66个百分点；办理的故意伤害、交通肇事案，90%达成和解。抓实后端治理，针对罪行轻微已作不诉处理，但仍需接受行政处罚、处分的，主动加强与相关主管机关的沟通，提出检察意见203份，防止出现违法犯罪治理真空。

【加大电信网络犯罪打击力度】 2022年，抽调精干力量组建网络犯罪办案团队，高效办理电信网络诈骗案9件47人。办理涉“两卡”犯罪案259人，查处帮助电诈分子偷越国境犯罪案12人，坚决斩断黑灰产业链。积极推进新型网络犯罪案件办理，主动提前介入，引导取证固证。刘某编写代码有偿为他人在医院网站代抢九价HPV疫苗的犯罪行为被依法查处。快审快诉的龚某、熊某架设虚拟拨号设备为境外诈骗团伙提供非法服务一案，被省检察院列为打击电信诈骗犯罪工作典型案例。

【关爱保护未成年人健康成长】 2022年，落实最有利于未成年人原则，对侵害未成年人犯罪“零容忍”，全年共起诉此类案件13人。对涉罪未成年人坚持教育为主、惩罚为辅，不捕率89.5%，不诉率86.4%。开展联合帮教46人，封存犯罪记录37人。对全区6870余名教职工进行前科劣迹查询，为未成年人营造更加安全的成长环境。对存在管教不严、监护缺位等问题的监护人发出“督促监护令”19份。联合区教体局、妇联、关工委制定《在办理涉未成年人案件中建立家庭教育指导工作联动机制的意见》，进一步强化家庭监护责任，持续深入开展“检爱同行——法治进乡村”和“法治心育进千校”巡讲活动。

【加强对特殊群体的司法保护】 2022年，更加注重对妇女、老人、残疾人、农民工等群体的权益保障，起诉相关犯罪12人。对农民工讨薪、追索人身损害赔偿等情形予以支持，起诉案27件，帮助追回薪酬及赔偿款129万余元，切实解决好劳动者的“忧薪事”。积极参与打击整治养老诈骗专项行动，主动提前介入，依法办理养老诈骗案15人，督促退缴违法所得84万元。走访摸排全区养老机构，对部分养老院存在的食品安全、消防安全问题立案4件，以公益诉讼守护“夕阳红”。加大司法救助力度，对生活陷入困境的案件当事人开展救助109件，发放救助金69.2万元，充分体现检察关爱和司法温度。

【用心讲好检察故事】 2022年，着力打造“小红团”新媒体工作室和“两微一端”宣传矩阵，发布普法宣传作品584篇，多篇作品被“学习强国”学习平台及最高检、省市院微信公众号转发。与最高人民检察院联合制作保护未成年人题材的《孤勇者·未检版》MV，与共青团江西省委联合开展宪法宣传周直播活动，赢得广泛好评。区检察院被评为“全国检察宣传先进单位”“全市普法工作先进单位”。

【压紧压实全面从严管党治检主体责任】 2022年，狠抓“三个规定”落实，记录填报重大事项51件，筑牢防范人情案、关系案、金钱案的制度“堤坝”。坚持严的主基调，以深化干部作风建设专项整治为抓手，抓早抓小、刀刃向内，提醒谈话16人，通报批评1人，持续正风肃纪。自觉接受政治巡视“回头看”、政治督察及纪律作风督查巡察，紧盯查找出的问题，抓好整改落实。

【挂牌成立侦查监督与协作配合办公室】 2022年2月24日，为强化侦查监督与检警协作配合，提升检察监督和公安执法规范化水平，区检察院与区公安分局共同成立的侦查监督与协作配合办公室正式揭牌启用。区检察院立足检察监督职能，依托侦查监督与协作配合办公室，积极践行“在办案中监督，在监督中办案”“双赢多赢共赢”等工作理念，进一步深化检警协作。

（张亚忠）

法　院

【概况】 2022年，红谷滩区法院共受理各类案件42022件，已结案件41406件，人均结案1725件，收案数、结案数、人均结案数均为全省基层法院第一名；一审服判息诉率96.78%，一审改判发回重审率0.137%，均位居全省前列。荣获“全省优秀法院”“全省‘为群众办实事示范法院’第一批重点创建单位”“平安南昌建设先进集体”等集体荣誉18项，15名干警荣获“全国法院先进个人”“全省法院信息工作先进个人”“南昌市优秀政法干警”等荣誉称号18项。

【优化营商环境】 2022年，出台《关于深入推进营商环境优化升级“一号改革工程”“1+3”实施方案的通知》，全方位服务辖区营商环境。审结涉企案件23861件，涉案标的额129亿元。发挥府院联动机制，推动破产案件办理，发出南昌市首份破产案件《预罚款通知书》，全年共办结破产案件19件，立案数、结案数均位列全市第一。“营商服务法院工作站”入驻慧谷产业园，护航园区企业发展。实地走访企业61家，召开座谈会7次，解决实际困难12项，帮助辖区企业异地诉讼2件。1个案例入选江西法院服务保障民营经济发展典型案例，1篇论文获南昌市法学会“深入贯彻习近平法治思想，推进法治化营商环境建设”主题征文活动一等奖。

【防范金融风险】 2022年，审结金融案件17742件，占全市金融案件的67%，标的额67.48亿元。执结金融案件8342件，执行到位金额29.36亿元。应用智能科技平台，开启金融案件智能化审判模式，实现金融案件批量受理、批量送达、批量开庭，平均审理期限25.5天，金融诉讼进入“快车道”。凝聚多方力量共筑金融风险“防火墙”，召开金融司法联席会议4次，发送司法建议1份，实地走访调研金融机构15次，开展巡回审判1次。成立保险纠纷调解工作室，编制保险纠纷白皮书和典型案例。设立全国首个防范金融风险法官工作站，金融审判工作得到省委政法委、省法院主要领导批示肯定。

【惩处刑事犯罪】 2022年，共受理刑事案件447件，审结430件，结案率96.2%。严厉打击暴力犯罪，审结聚众斗殴、故意伤害、抢劫等暴力犯罪案件10件25人。依法严惩危害市场经济秩序罪，审结闻某合同诈骗、岑某和洪某等诈骗罪、非法吸收公众存款等犯罪案件20件46人，其中被告人刘某非法吸收公众存款罪一案，涉案金额达1.04亿元，涉及被害人1.4万余人。保持反腐败斗争高压态势，审结李某、郑某、丁某等职务犯罪案件8件8人。依法审理危害食品安全犯罪，审结生产、销售有毒有害食品犯罪案件3件3人。严厉打击电信网络诈骗犯罪行为，审结张某掩饰、隐瞒犯罪所得、侵犯公民个人信息等案件101件156人。认真贯彻宽严相济刑事政策，对129名罪行较轻且有悔罪表现的被告人依法适用缓刑。

【妥善处理民事纠纷】 2022年，共受理民商事案件27537件，审结27082件，结案率98.35%。审结借款、买卖、租赁、商品房预售、物业服务等合同类纠纷24468件，维护诚实守信，保障交易安全。审结提供劳务者受害责任纠纷、健康权、名誉权等侵权责任纠纷157件，保护公民生命健康。审结劳动争议纠纷435件，平衡劳资双方权益，优化企业发展环境。审结婚姻家庭、赡养继承纠纷336件，注重妇女儿童权益保护，维护家庭和睦。发出区法院首份《家庭教育令》，成功延续远隔千里断联7年的骨肉亲情。

【破解执行难题】 2022年，共受理执行案件13409件，结案13292件，结案率99.13%，执行到位金额35.41亿元，受理案件数及执行到位金额位列全省基层法院第一名。加大失信惩戒力度，对规避执行、拒不履行的被执行人罚款134人次84.5万元，运用查封、冻结、扣押、司法拘留等强制措施2万余次，公开失信被执行人信息8452人次。在区委政法委的组织领导下，推动出台全省首个区政法部门执行工作联席会议制度，通过协作联动，以拒执罪移送公安机关12案12人，公诉立案2案2人，刑事自诉5案5人。加大网络司法拍卖力度，提高财产变现率，成交金额3.33亿元，标的物成交率77%，节省拍卖佣金1081万元。创新执行机制，运用“滚动解冻”+“借新还旧”机制执结光大银行南昌分行与新力物业集团有限公司金融借款合同纠纷执行案，该案入选省法院发布的2022年涉金融执行案件十大典型案例。

【便民服务暖民心】 2022年，构建“立案窗口+线上服务+智能服务”立体化诉讼服务网络，实现“走进一个厅，事务一站清”。优化线下诉讼服务大厅设施设备，开通涉老诉讼绿色通道、涉中小投资者立案服务绿色通道，为群众参与诉讼提供便利。当场登记立案率达100%，跨域立案269件。推进在线诉讼服务工作，全年受理网上立案3898件、网上保全1815件、律师服务平台诉讼服务申请1351人次。全面推广电子送达，全年共完成电子送达12万次，占比77%。落实司法便民“三无需”（申请执行无需提交法律文书和生效证明、申请再审无需提交法律文书和生效证明、“退费专窗”退费无需多跑路）举措，无需生效证明立执行案件1.2万件，退费专窗服务1.5万人次，切实减轻群众诉累。

【畅通渠道听民意】 2022年，以“群众有需求，法院有回应”为目标，推动赣法民意中心与诉事速办平台走深走实，将赣法民意中心运用与执法办案结合起来，常态化分析研判群众诉求，共受理解决群众诉求1061件，满意率达100%，其中“延伸司法服务帮助企业解决案外诉求”案例入选省法院发布的赣法民意中心工作第三批典型案例，并作为全省仅有的三个案例之一入选江西卫视《落槌有声》。诉事速办平台对外公开10条专业通道、36个直连手机号码，共受理工单9325件，均得到及时反馈。做到电话打得通，法官找得到，诉求理得清，案子办得好，服务做得优。

【凝心聚力解民忧】 2022年，助力弱势群体维权，高效审结月嫂讨薪案等各类检察机关支持起诉案件16件，发出限期支付民工工资的支付令11个，审结拒不支付劳动报酬案件2件。全面对接弱势群体司法需求，为符合条件的当事人缓减免诉讼费234万元，办理国家司法救助案件29件，救助30余人，发放救助金59万元。关注青少年法治教育，实现区属中小学法治副校长全覆盖，开展法治授课

36次，判后帮扶2人次，打造"法护鸿鹄 守望未来"少年家事审判品牌。聚焦群众的急难愁盼问题，加大诉讼流程"七有七必"督查，做到办事不求人、办案不拖延、办公不空转。

【深化诉源治理工作】 2022年，坚持发展新时代"枫桥经验"，充分延伸审判职能，积极参与基层社会治理，全年通过诉源治理化解案件1.1万余件。主动参与红谷滩区矛盾化解和多元解纷工作，指派3名法院工作人员进驻区矛调中心。推动"法院+"多元解纷机制建设，先后与区妇联、区侨联、区总工会等建立矛盾纠纷联动调解机制，通过"法院+"机制调解或确认协议案件568件。聘请7名调解经验丰富、解纷能力突出的专职调解员开展诉前调解，通过诉前调解，成功调解1974件案件。健全类案强制检索、专业法官会议研讨、审判委员会讨论决定的统一法律适用工作机制，打造诉源治理典型案例库，加大宣传力度，以类案裁判促进基层治理能力提升，有效遏制案件增量。

【加强审判监督管理】 2022年，积极落实四级法院审级职能定位改革要求，推动重大疑难复杂案件提级管辖，全年报送市中院提级管辖案件5件。紧盯案件质效，开展涉企案件、发改案件等案件质量专项评查活动，评查案件579件；发布审判管理动态、案件质效通报等各类审判管理通报450余期。完善审判权力运行机制，发挥院庭长办案的示范引领作用，院庭长办结案件11623件，占员额法官结案数的32.81%。压实院庭长审判监督管理职责，精准识别、全程监管"四类案件"1953件，做到"放权不放任，监督不缺位"。加大繁简分流改革力度。简程序不减权利，在金融审判中推广适用无公告送达、支付令、小额诉讼等程序，高效便捷解决纠纷；简文字不减释理，制作金融借款、劳动争议等类型化文书模板12份，适用简式裁判文书案件7900件；简人员不减质量，明确可适用普通程序独任制审理的案件范围，适用独任制审结普通程序案件3090件。

【升级智慧法院建设】 2022年，牢固树立"平台+智能"理念，全面推进信息技术与司法规律深度融合。丰富电子诉讼应用场景，深度运用移动微法院，让"指尖诉讼"惠及更多当事人。推行全员全流程无纸化办案，全面推广"档案e管理"工作，完善以"收转发e中心"为枢纽的智慧法院体系，实现立案数字化、流转集约化、审理智慧化、归档流水化，让人民群众真正感受到法院的"数字红利"。扩大"类案批量智审系统"平台运行范围，覆盖金融案纠纷、物业纠纷、商品房买卖合同纠纷等类案件8500余件。

【加强政治建设】 2022年，严格落实"第一议题"制度，深入学习贯彻习近平新时代中国特色社会主义思想、习近平法治思想。坚持党对法院工作的绝对领导，认真贯彻落实《中国共产党政法工作条例》、省委实施细则和市委实施办法。扎实开展"两个确立"主题教育，将主题教育与巩固拓展党史学习教育成果、政法队伍教育整顿成效结合起来，把主题教育的成果转化为工作实效。打造党建责任"清单式"管理模式，以列清单明确目标任务、盯清单强化过程控制、销清单落实量化考核，大力推进党的建设。开展党组理论学习中心组学习14次、党支部集中学习48次、主题党日活动11次，举办政治轮训2次。

【强化能力建设】 2022年，结合审执工作实际，突出提升干警业务能力。开展分类分级培训考试，组织线上线下教育培训23次，考试10次，参训人员达3000余人次，内容涵盖党的二十大精神、党史学习教育、保密法、警示教育、司法礼仪、司法实务操作等课程，确保学习到位、覆盖到人。充分发挥考核工作"指挥棒"作用，将月考核、季考核与年终考核相结合，平时考核结果作为年终考核的重要依据，让全院干警在追赶超越中增添动力，创出实绩。

【推进廉政建设】 2022年，始终保持正风肃纪高压态势，严格执行防止干预司法"三个规定"、新时代政法干警"十个严禁"等铁规禁令。开展"司法作风突出问题""4+X"等专项整治活动，围绕司法工作纪律开展监督检查，日常督察150余次，对13名干警运用第一种形态处理，提醒谈话4次，通报批评9次。以"赣法廉韵"平台为依托，排查廉政风险点，对执法办案中121个风险点加强监督预警。传达学习上级文件精神和违纪违规案例通报14次，引导干警存戒惧、知敬畏、守底线，夯实廉洁司法的思想基础。

（陈恩赞　舒雅倩）

司法行政

【概况】 2022年，红谷滩区司法局积极适应工作大局，努力谋划工作举措、始终坚持争优创先，工作成绩得到上级部门肯定，在2022年度县区司法行政部门高质量发展绩效评价中位列全市第一，获评全市司法行政"优秀单位"，下辖4个司法所获评全市首批司法所规范化建设示范单位。

【深入推进依法行政】 2022年，持续推进落实行政执法"三项制度"，不断强化规范性文件审查工作，全年共收到规范性文件审查72件，出具一般性文件审核意见69件，出具行政规范性文件合法性审核意见3件，向市政府、区人大报送备案1件，报备率、报备及时率、规范率均达

100%。6月，开展为期半个月的行政执法专项检查，先后前往生米街道办事处、沙井街道办事处和卫东街道办事处开展专项监督检查。着力优化法治化营商环境，积极推行公正审慎执法，制定《南昌市红谷滩区落实优化营商环境“一号改革工程”推进行政执法工作实施方案》，为各类市场主体投资兴业营造稳定、公平、透明、可预期的法治环境。扎实推进行政复议工作，共收到行政复议申请38件。其中，办结11件，不予受理2件，未补正材料视为放弃申请2件，转送处理21件。积极完成行政应诉工作，严格要求行政机关负责人出庭应诉，全区行政机关负责人出庭应诉率达100%。全面提升规范执法水平，全年共组织执法证考试3场，全区28个单位参与，共发放行政执法证件383张，清理注销不符合要求的执法证件3张，暂扣执法证件2张，配备行政执法记录仪205台。举办执法人员业务培训2次，参训人员240余人。

【完善法治红谷滩建设体系】 2022年，充分发挥依法治区办协调抓总作用，科学制定《法治红谷滩建设规划(2021—2025)》《法治红谷滩建设规划(2021—2025)重要举措分工方案》《红谷滩区法治社会建设实施方案》等工作规划。协调召开红谷滩区委全面依法治区委员会会议，部分单位主要负责人就履行推进法治建设第一责任人职责情况进行现场述职。有序推进法治建设各项工作任务，推动开展“对标提升法治力，奋进喜迎二十大”主题实践活动，建立“对标提升法治力，奋进喜迎二十大”主题实践活动推进机制，成立专项工作领导小组与工作专班，确保各项工作高效实施。11月，召开2022年全面依法治区暨法治宣传教育工作推进会，协调推进重大工作任务。12月，制定印发《2022年法治督察工作计划》，并前往沙井街道、区农业农村局开展实地督查。

2022年9月19日，红谷滩区召开推进法治政府建设工作领导小组会议
（区司法局 供图）

【优化法律服务供给】 2022年，先后投入60余万元，对厚田、生米等4个司法所进行提升改造工程，在年底市司法局组织开展的基层司法所等级评定结果中，全区共4个司法所被评为“优秀”司法所，用实际行动展现了“红谷滩司法行政基层样板”。助力律师行业发展，4月，联合区工商联及所属商协会与红谷滩区优秀律师事务所普遍建立了“万所联万会”联系合作机制，组成法治体检团队19个，常态化推进民营企业“法治体检”。6月，完成辖区94家律师事务所、2283余名律师的2021年度年检考核初审工作。大力推进法律援助，全年共受理法律援助案件325件，解答法律咨询300余件，服务群众600余人；开展大小法律援助宣传、法律普法宣传活动50余场次，发放法律援助宣传书籍、手册1800余份。强化基层法治资源供给，至年底，建成公共法律服务工作站8个、公共法律服务工作室182个，全年录入工单11982条，群众满意度100%，沙井司法所获“全省公共法律服务工作站示范点”称号。发扬“枫桥经验”，深化基层人民调解工作，全年共调处矛盾纠纷461件，开展排查纠纷472次，排查发现纠纷201件，预防纠纷发生193件。

【完成红谷滩区社区矫正中心建设】 2022年4月，启动推进红谷滩区智慧矫正中心建设工作，建设资金110余万元，8月建设完毕，中心占地面积约400平方米，共有12间功能室，高标准配备了办公设备和执法装备。全面融入公共法律服务和行政复议职能，打造矫正中心、公共法律服务中心、行政复议中心三合一司法行政阵地，社区矫正工作进一步规范。至年底，全区共有在矫对象147人，其中缓刑142人、假释1人、暂予监外执行4人；全年共出具委托调查评估报告94份，无一人脱管漏管。

【强化法治宣传】 2022年，完善普法工作制度，及时制定包括《红谷滩区“八五”普法规划》《2022年红谷滩区国家机关普法责任清单》在内的各类制度文件20余件。结合国家安全教育日、国家宪法日等各类时间节点，开展各类法律宣传活动50余次，覆盖群众8000余人次。创新普法工作手段，利用网络竞赛答题、普法直播等手段开展法治宣传教育活动。全面推进“法律明白人”培养工程从农村向社区延伸，严格按照每个社区20名“法律明白人”的要求组建工作队伍，全年培养农村及社区“法律明白人”共计1.7万余人。积极开展“法治示范点”创建工作，6月下旬，区礼庄山社区荣获“全省民主法治示范村(社区)”称号。

（姜 涵 胡钰哲 陶端远 张 强 潘 超 周 璐）

军 事

人民武装

【概况】 2022年，红谷滩区人民武装部（以下简称区人武部）党委坚决贯彻习近平新时代中国特色社会主义思想和习近平强军思想，按照省军区、警备区党委部署要求，紧扣主题主线，着眼大事之年特殊政治要求，坚持稳字当头、稳中求进，锚定“一年开新局、二年打基础、三年上台阶”发展目标，科学统筹疫情防控和年度工作任务，聚焦主责主业，聚力练兵备战，圆满完成各项工作任务，国防动员和后备力量建设稳步推进，连续两年被评为全省“征兵工作先进单位”，征兵工作位列全省中等体量第一。同时，注重加强新闻宣传报道，全年被省级以上媒体用稿129篇、中央级媒体报道21条。

【筑牢思想政治建设根基】 2022年，区人武部学习贯彻落实党的十九届六中、七中全会精神主题，突出学习宣传贯彻党的二十大精神主线，突出向心凝聚、注重思想引领、回应群众关切，抓紧抓实抓出成效，着力推动党的二十大精神入脑入心。坚持落实党委中心组带机关理论学习制度，常态抓实专题学习、形势政策宣传、经常性教育，持续开展聚焦“忠诚维护核心、矢志奋斗强军”深化主题教育，利用理论夜校和每周三、周五交班后半小时，集中组织读书学习，坚持每天利用微信平台推送强军思想知识问答和要点，每月利用半天时间组织学习交流和领导宣讲，不断深化党的创新理论武装落地生根。常态落实“第一议题”，常态化长效化开展党史学习教育，运用红色资源铸魂育人这篇大文章，大力开展一人一事思想工作，深入调研在职人员思想情况，召开党委议教专题学习会，讨论上级文件要求，重温光辉历史、传承红色基因、弘扬革命精神、擦亮忠诚底色、唱响强军赞歌，确保绝对听党指挥、坚定理想信念、坚决维护核心、铸牢政治本色。

【健全领导机构】 2022年，区人武部建立健全领导机构，成立国防动员委员会、征兵工作领导小组、民兵工作领导小组等各类组织领导机构，建立完备的国防动员组织领导体系；依据基层人民武装部规范化建设标准，中共南昌市委 南昌市人民政府、南昌警备区先后调整成立了19个基层人民武装部。加大资金投入用于民兵工作、党管武装工作，有力保障了武装工作有效开展，在

2022年11月10日，区人武部在南昌外国语学校开展学生军训

（区人武部　供图）

转退干部军士安置、军人子女就学和随军家属安置等方面力度很大。

【干部队伍建设】 2022年，区人武部集中十余天时间，组织机关干部文职、专武干部、民兵干部骨干强化训练，突出加强政策法规、军事理论、职责业务等内容的学习，部领导授课辅导，做好传帮带工作，应急、支援"两支队伍"业务素质有效提升。结合教导员任职大会，组织本级机关、专武干部参会受教；结合工作部署、理论学习、业务培训等时机，帮助厘清工作思路，掌握工作方法；结合民兵整组点验、入队训练、专业训练等时机，让专武干部和民兵骨干跟班跟训，提高管理水平和组织指挥能力。针对专武干部、民兵干部兼职地方工作的实际，根据每个人情况制订自学计划，提供书籍、教案等学习资料，搞好在职学习。以考促学，激发学习的自觉性主动性。

【提升征兵工作质效】 2022年，区人武部执行"一年两次征兵两次退役"改革要求，着眼进一步提升区征兵工作质量效益，鼓励更多大学毕业生参军入伍，依据《中华人民共和国兵役法》《江西省人民政府征兵工作条例》等法规政策及《关于江西省事业单位公开招聘退役大学毕业生士兵的实施意见》《关于做好各级各类学校学生应征入伍的通知》等文件通知精神，制定鼓励大学毕业生参军入伍新政策，出台红谷滩区鼓励大学毕业生参军入伍措施办法，激发大学生参军入伍热情，持续为部队输送优质兵员。

【加强练兵备战】 2022年，区人武部坚持谋战研战向战为战，始终把练兵备战作为主责主业，摆到中心位置。扎实组织年度军事训练，首长机关业务技能、基础训练考核优良率达到100%。相继组织"八一"军事日活动、民兵分队集训、专武干部共同科目训练等训练活动。6月底，区人武部分2批次组织为期3天的共同基础训练，并作为警备区的一个团单位代表接受了省军区半年练兵备战检查考评，取得较好成绩，得到上级首长机关的一致肯定；7月中下旬，组织为期4天的专业训练，并派员参加跨区联训；9月、10月，分两批次组织为期5天的专项训练，完成年度训练任务。

【高质量开展民兵整组工作】 2022年，区人武部牵头联合区政府5家相关单位（发改委、区军融办、区退役局、区住建局、区应急局）和17个基层武装部对全区企业进行摸排，重点对规模以上企业中72类专业技术人员的数量质量情况进行调查统计、从退役军人管理系统中筛选退役军人，走访对接并在36家企事业单位中进行编兵，基干民兵经过潜力调查、任务部署、优化调整、政审体检、集合点验、集中训练、预征预储装备等阶段落实有关工作，各分队正式党员、退役军人、新质力量比例均符合上级规定要求，建成人员装备落实、专业对口率和人装结合率较高的民兵队伍，基本构建起红谷滩区民兵力量体系的四梁八柱。

【加强基层党组织建设】 2022年，区人武部从强化党管武装意识、浓厚党管武装氛围、提升武装工作水平入手，与镇（街道、管理处）党政班子成员正职谈心谈话，在警备区统一领导下，协调红谷滩区，全年共配备37名专武干部，召开武装部政治教导员任职大会，联合区委组织部和编兵单位核查全区基干民兵干部的党员身份，预建多个民兵党组织（民兵编组），搭建好民兵党组织工作架构，加强民兵预建党组织建设，有效提高基层党组织建设规范化水平。10月中旬，采取部领导挂钩帮抓基层武装部形式进行走访调研，依据上级下发的基层武装部规范化建设方案对照检查督导生米、流湖、凤凰洲等武装部的基础设施建设，并召开座谈会进行指导帮带，开展讲评通报，通过试点先行、先易后难、以点带面，全面有序推进基层规范化建设。

【狠抓营区安全管理】 2022年，区人武部始终紧盯"人、车、枪、弹、密、酒、财"等安全重点不放松，从严从紧规范日常管理。坚持一级抓一级，一级对一级负责，形成事事有人抓、人人都管事的浓厚氛围。落实安全工作制度，抓实经常性教育，落实精细化管理，抓好常态化整治，从细抓好疫情防控，确保事事有回应，件件有着落，不断加强规范化建设。常念党纪国法军规"紧箍咒"，利用保密专项整治、"四严四整"教育整训活动、民兵整组工作会议、民兵训练、征兵工作会议、预定新兵役前教育训练等契机，强化安全意识、保密意识、廉洁意识和法纪意识。注重加强党组织规范化建设，持续抓好巡视巡察反馈问题举一反三整改，切实营造风清气正的政治生态。以8月至10月份的经济责任审计为契机，滚动修订《红谷滩区人武部关于加强党委管财的若干规定》，发挥党委集体议财"指挥棒"作用。坚持廉洁奉公、厉行节约、科学决策，提高经费使用效益，确保经得起审计检查、经得起历史检验。

【乡村振兴工作成效突出】 2022年，区人武部接续助力开展湾里管理局太平镇南门分场产业帮扶援建，不断巩固脱贫攻坚成果、深化拓展乡村振兴工作。加大帮扶力度，先后投入经费43万余元帮扶南门分场脱贫攻坚和乡村振兴，经费主要用于：自主发展光伏发电、果桃种植、中草药种植产业，30千瓦光伏村站建成并网，每年为村集体带来3万余元的发电收入。建立动态监测机制，制定《防止返贫巩固提升脱贫质量工作方案》，按照一般监测户、重点监测户、边缘脱贫户三类，进行动态监测管理，在动态中不断完善“一村一案、一户一策”。帮扶产业发展，指导太平镇南门分场成立蟠桃果业农民合作社、引进中草药种植产业，在30千瓦光伏村站建设的基础上，重点按照“四个不摘”（摘帽不摘责任、摘帽不摘政策、摘帽不摘帮扶和摘帽不摘监管）的要求，持续巩固深化脱贫攻坚成果，尤其是在突出产业发展，推动乡村振兴上用心尽力。

（柯　易）

人防工作

【概况】 2022年，红谷滩区人民防空办公室（以下简称区人防办）坚持“长期准备、重点建设、平战结合”的工作方针，积极响应全省人防高质量发展主题，较好地完成了人防教育宣传、维护管理、人防力量储备、配合警报鸣放以及市、区领导交办的各项工作。

【人防工程设施维护】 2022年，落实人防工程标识标牌设置。与项目单位签订27份《人防工程维护管理责任书》《人防工程维护管理手册》，督促新建项目做好后期人防维护管理工作，并根据省、市要求落实人防工程区域标识标牌设置工作。至年底，全区人防工程已全部按要求完成人防工程标识张挂。开展人防工程检查。以日常巡查、季度性检查、带问题抽查的方式多次召开会议、下发通知，对全区人防工程开展检查，重点检查人防工程安全生产、设备维护、结构拆改等情况，建立人防工程维护管理情况台账，消除安全生产隐患。全年处理人防信访投诉问题53起，未发生1起安全事故，多次得到省、市人防办领导的表扬。

【项目及专业队伍储备】 2022年，根据人防专业队伍组建方案，按照政府统筹、部门指导、属地配合的原则，以社区为单位组建人防专业队伍1支，涵盖人防治安、抢险抢救、医疗救助、通信运输等功能，不断提高防空袭斗争和完成抢险救灾任务的能力。

【发挥基层人防组织的作用】 2022年，开展基层社区兼职人防工作人员业务培训，邀请专业老师进行授课，培训人民防空相关法律法规知识，培训掌握人防工程平时维护管理及战时使用管理要求，从而更好地发挥基层人防组织的作用。充分利用现有的基层社区网格化组织架构，贯彻落实好《关于加强基层人民防空规范化建设的意见》文件精神。督促做好对人防工程日常维护管理的监管工作。

【开展民防宣传活动】 2022年，在“九一八”事变91周年前夕，组织辖区17个单位开展以“9·18勿忘国耻”为主题的宣传活动。通过摆放宣传展板，发放宣传折页，悬挂条幅，运用LED显示屏、居民微信、QQ群，接受现场咨询等形式，在居民活动密集地段为居民朋友们重点介绍突发事件的种类特点、防灾减灾小常识、消防小常识等，帮助大家提高安全防范意识、法治意识，增强突发事件自救互救能力、科学逃生能力、防灾减灾能力。通过网络信息化宣传，发布民防知识，并通过通信公司发送宣传短信2000余条，共发放宣传资料6000余份，接受现场咨询1500余人次。

【落实维管责任】 2022年，根据《人民防空工程维护管理办法》文件的相关条款，鼓励企业事业单位、社会团体和个人投资建设、开发利用人防工程（住宅小区人防地下室工程属此类）。督促开发建设单位或管理使用单位做好人防工程维护，人防工程使用者应当依照使用合同承担工程维护管理责任，建立防火、防汛、治安、卫生等责任制度和安全设施检查、维修管理制度，落实维护管理费。按照上述要求，区住建局组织各镇、街道、管理处对辖区内人防工程使用管理单位进行指导，按照《人防工程维护管理手册》要求做好日常维护工作。

（葛　松）

2022年9月18日，区人防办在居民小区开展以“9·18勿忘国耻”为主题的宣传活动

（区住建局　供图）

经济管理与服务

宏观经济调控

【概况】 2022年，红谷滩区发展和改革委员会坚持稳中求进工作总基调，坚决做到“疫情要防住、经济要稳住、发展要安全”，高效统筹疫情防控和经济社会发展。全年地区生产总值完成802.2亿元，同比增长3.2%，总量保持全市前列；地方一般公共预算收入完成33.73亿元，同口径增长5.6%；社会消费品零售总额完成321.43亿元，增长5.2%；固定资产投资增长2.7%；规模以上工业增加值增长5.9%；城镇居民人均可支配收入完成54721元，增长4.4%；农村居民人均可支配收入完成24164元，增长6.0%；外贸出口总额完成46.65亿元，增长26.6%。

【市场活力持续上升】 2022年，全区三产结构比由2021年的0.2∶10.5∶89.3调整为1.3∶10.6∶88.1，一产占比进一步提高，二产、三产行业进一步完善。大力实施培育壮大市场主体三年行动计划，全年新增市场主体26442家，总量达到72645家，同比增长77.34%。大力扶持“个转企”“小升规”，重点培育“五上”企业（规模以上工业企业、限额以上批零住餐企业、有资质的建筑业企业、房地产开发经营企业、规模以上服务业企业），出台“五上”企业奖励办法，至年底，全区新增“五上”单位289户，增量位列全市第3，红谷滩区“五上”企业总数达772户，全市排名第6。统筹5600万元支持楼宇经济转型升级，打造“亿元楼宇”“特色楼宇”。深入开展“暖心护企”行动，走访服务3.3万户企业，答复解决3076个具体问题，严格落实应对疫情、帮助市场主体纾困解难20条“暖心”政策，及时协调解决企业生产经营的痛点、堵点和难点问题及政策诉求。

【科技要素加快集聚】 2022年，坚持创新驱动发展战略，江西省VR制造业创新中心授牌成为全国首个国家虚拟现实制造业创新中心，VR产业基地获评国家小型微型企业创业创新示范基地，江西省工业园区智慧云平台入选省区域性重点培育名单。全力推进高新技术企业量质“双提升”行动，全区新认定科技型中小企业253家，新增10家省级专精特新中小企业、4家瞪羚（潜在）企业。新增3家市级重点实验室、1家市级工程技术研究中心。深入实施人才强区战略，申报省“双千计划”人才项目36个。全区有效发明专利2776件，同比增长31.07%，每万人发明专利有效拥有量达49.95件，排名全市县区前列。有序推进信息化建设，新开通5G基站246个，累计建成5G基站3135个，总数均居全市第一，在全省率先实现5G网络连片覆盖，基本建成千兆光网城市。启动建设江西人才数字产业园。与江西财经大学、华东交通大学开展VR专业人才培育。

【现代服务业日益增效】 2022年，统筹1200万元专项资金支持文化旅游发展，顺利举办中国米粉节、中国（中部）工业博览会等27场高规格展会，实现总销售额770亿元。新增3家建筑央企子公司，建筑业总产值达到946.15亿元。聚焦区域金融中心核心承载区建设，推进各类优质金融资源聚集，新引进68家金融机构和企业，总数达到1302家，汇集全省80%以上的法人金融机构和省级区域性总部，金融从业人才突破8万人，区级金融增加值完成273.3亿元。一亿中流上市加速器项目纳入全省重点改革项目，一亿中流企业上市加速器新引进企业11家，总数达到28家，总营收超6亿元。全区新增上市企业1家、“映山红企业”2家，完成股改企业2家，新四板挂牌展示企业25家。秋水广场入选2022南昌市“十大网红打卡景区（点）（万寿宫历史文化街区、滕王阁景区、南昌八一起义纪念馆、秋水广场、凤凰沟景区、南昌玛雅乐园、梅岭时光亲子乐园、八大山人梅湖景区、磨盘山森林公园、鱼尾洲公园)”。

【数字经济势头强劲】 2022年,深入推进数字经济“一号发展工程”,扎实推进数字产业化、产业数字化,率先打造世界级VR中心,成功举办2022世界VR产业大会,签约项目23个、签约总金额163亿元,引进中国电信元宇宙应用示范产业园、南昌蚂答等头部企业项目。新增数字经济核心企业1361家,总数达到5380家,企业总量及增量均位列全省各县区之首。启动规划139平方千米的未来科学城、46.67公顷(700亩)的九龙大道数字经济产业园核心引领区、27.73公顷(416亩)的VR科创城二期工业园区建设。落户华为南昌研究所、浙江大学南昌研究院、中国移动虚拟现实创新中心等一批VR产业关键技术研发平台,以及智算中心等一批数字基建项目。中国移动虚拟现实创新中心建成运营。

【农业生产提质生效】 2022年,抢抓区划调整有利契机,加快产业结构调整。生猪存栏2.51万头、出栏6.01万头;蔬菜播种面积0.15万公顷、产量3.36万吨;粮食播种面积1.47万公顷,总产量9.1万吨;水产品产量0.42万吨。大力推进农村特色产业提升,推动爱园现代农业产业园项目、上房食用菌基地菌包流水线等一批农业项目投产。新增市级以上农业龙头企业15家,新增省级龙头企业4家,进一步带动就业农户5994户,村集体经济年收入人均突破30万元。统筹涉农资金超6000万元,修建超千个干旱设施,建成733.33公顷(1.1万亩)高标准农田,完成水稻总产量925万千克、冬种扩面超6666.67公顷(10万亩)。高效推进元宇宙·VR数字农业示范基地建设,在全国率先将元宇宙技术应用到农业生产、管理、经营等全过程,获《新华每日电讯》、央视新闻、《江西日报》等中央和省市媒体报道点赞。

【重点项目推进有力】 2022年,坚持项目为王,深入开展项目大会战,常态化推进“重大项目不停工、重点企业不停产”,积极争取地方政府专项债等各类资金12.54亿元,持续扩大有效投资。保利文化艺术中心、海康威视南昌科技园等一批重点项目有序推进,华润万象城综合体、联泰酒店、明园九龙湾商业综合体、元宇宙+VR数字农业示范基地等一批产业项目顺利竣工,全区186个重大重点项目建设稳步推进,省市重大重点项目均提前超额完成年度投资额。扎实开展政府投资类建设项目“胡子工程”攻坚专项行动,九昌樟石油管道迁改、赣江北大道下穿京九铁路等一批民心愁盼的“胡子工程”和断头路顺利完工。

【商贸消费提质扩容】 2022年,促消费引热潮,投入1300万元专项经费开展6场“乐购红谷·悦享生活”系列活动,拉动全区各类消费增长达10亿元。统筹3000万元购房补贴促进商贸消费。打造首店首发特色街区拉长消费产业链,华润万象城精彩亮相,引入首进江西品牌151家、首进华中品牌13家。全力打造万象城花园内街、赣江新天地商业街区等特色商业街,展现特色魅力,推动商贸消费高质量发展。积极开展江西“百城百夜”文旅消费季红谷滩分会场系列活动,在线上销售PK赛中荣获全省第2名。积极推进保利文化艺术中心、澳世汇、欧罗巴年轻力中心等大批重点文旅项目,赣剧院、红谷滩大剧场顺利开业,鸿鹄里文化艺术空间成为热门网红打卡地。

【招商引资成效显著】 2022年,坚持以商招商、以企引企,充分发挥楼宇、园区、会展招引作用。积极参加市重大招商引资项目云签约、2022世界VR产业大会等活动,成功招引上海威派格、上海思贤、蚂蚁集团科技产业园等一批重点产业项目,推动蓝城五星级标准酒店、华宏高端汽车商业综合体、红谷滩基金产业园、江山云著金融中心等项目摘牌落地,促进华景全国营销总部、中铁投资江西总部、中建三局江西总部等项目开业运营。全年新引进入统签约项目118个,总投资额690亿元。总投资50亿元的华夏艺术谷、25亿元的江山云著综合体、20亿元的蓝城五星级标准酒店等6个“152”(投资额为100亿元、50亿元、20亿元以上的重大重点产业项目)项目签约落户。

【重点领域改革深入推进】 2022年,紧盯产业发展、政务服务、社会治理、文化强区、党的建设等重点领域,谋划部署了94条改革举措,制定出台《红谷滩区科技体制改革三年攻坚行动实施方案(2022—2024年)》等十大改革攻坚行动方案。持续推进国有企业组织架构、薪酬制度等系列改革,推动区城投公司战略重组,资产总额达到468亿元,营业收入完成超80亿元,企业信用获评AA+。持续深入重点重大项目建设改革,实现最快可缩短项目预决算期3个月。以“基层首诊、双向转诊、急慢分治、上下联动”分级诊疗制度改革试点为契机,完善基层卫生服务网络,推动医药卫生体制改革走深走实。

【营商环境持续优化】 2022年,深入实施推进优化营商环境“一号改革工程”行动方案及可量化的任务清单,全力打造区域性标杆城区。红谷滩区连续两年成功入选赛迪投资竞争力百强区。全力化解企业融资困难,为39家企业放贷“财园信贷通”1.65亿元,普惠金融服务平台企业授信逾4.6亿元,通过6次政银企对接,为16家企业协调融资金额5000万元。全面强化政务服务,全省率先实现政务服务大厅全事项“免证办理”；首创“红谷智小二”帮办代办服务平台，受理390项常用政务事项，群众满意度100%。率先完成政务服务事项标准化建设和行政许可清单编制，实现100%事项“网上可办”；全省率先推出政务服务智能导航地图，实现“随时随地，想办就办”。

【开放合作水平提高】 2022年，连续举办2次“同心战疫共促发展”云签约活动，在省、市重大活动签约40个项目，投资总额达359亿元。积极邀请企业参加“进博会走进江西”、2022中国国际服务贸易交易会、第五届中国进出口博览会等大型招商活动。

【城市功能日益完善】 2022年，顺利完成圭峰大道、赣江北大道下穿京九铁路通道工程等重点项目，解决了一大批群众的出行难题。扎实推进枫生快速路立交及配套改造、抚州大街、南斯友好路综合改造、明月山大道南延、市委党校周边配套路网等，推进碟子湖大道改造及其沿线提升改造顺利竣工，加速形成内畅外联交通格局。打造2条窨井盖提升改造样板路，完成8条背街小巷增亮补齐，改造5500盏路灯。新增22座公厕、1429个停车位，累计建设分类投放亭（点）537个，全面提升居民生活便利度。新增彩化面积5.6万平方米，打造风筝广场等6处示范性景观小品，建成南昌大道休闲公园等5大城市休闲空间。2.7万平方米中央绿轴公园初现雏形。赣江市民公园四期、绿地国博雨阳公园全面对外开放，赣江市民公园五期仅用9个月精彩绽放，赣江西岸呈现长达28千米的“江南水乡”美景。

【城市管理提档升级】 2022年，完成纺机宿舍等4个老旧小区改造，整治围墙围挡148处，拆除违章建筑477处、中心区超期临时工棚近7万平方米。试点推广“物管城市”（指以街道为范围，将环卫、绿化等所有城市管理业务“统一发包”给专业物业管理企业）模式，完成丰和花园小区等5个小区的试点改造。非居民用户燃气安全警报器装置安装率实现100%。智慧城管系统采集、化解问题超20万个。着力推动13个开放式居民区（城中村）积极探索引进物业服务。持续深化“马路本色”行动，累计出动36.4万余人次对4.2万余条道路进行清扫保洁，常态化开展文明城市创建。持续巩固铁路及城市主要通道沿线环境整治成果，全面整治环境脏乱差现象，实施重点节点提升改造工程，大力改善沿线环境。

【环境质量持续改善】 2022年，赣江干流7个断面平均达到地表水Ⅱ类标准，主要饮用水水源地水质优良率达100%。前湖水系水质达到Ⅳ类水标准，提前完成“一年内大见成效”的治理目标。海绵城市治理取得新成效，乌沙河涉红谷滩区域达到Ⅳ类水标准，黑臭水体全面消除。PM2.5平均浓度为30.7微克/立方米，空气优良率为87.4%。加强建设用地土壤污染风险管控和修复治理，扎实开展“一住两公”（指土地使用性质变更为住宅居住用地、公共管理和公共服务设施用地）地块供地前土壤污染状况调查，全面完成24个地块第一阶段调查评审。中央环保督察典型案例及424个排水单元基本完成整治。大力整治农村人居环境，按照“四化”“八有”标准，投资4000余万元打造厚田闸上村“乡村振兴示范村”、生米街道谢家垅自然村“共同富裕样板村”等7个示范点。

【民生保障坚实有力】 2022年，全年民生类支出68.52亿元，占一般公共预算支出84%。牢牢兜住社会保障底线，提高低保标准至每人每月855元，为8.03万人次各类困难群众发放保障救济金和补贴3027.49万元。全力推进2022年全区6994套保障性租赁住房建设任务。全面落实退役军人优待抚恤政策，发放义务兵优待金1034万元。建成鹿璟名居和鸿玺2个社区嵌入式养老院，新建11个居家养老服务站点，安装完成第一批264张家庭养老床位。开展“千企万岗”“返乡农民工专场招聘会”等特色招聘活动共23场，共组织1117家企业提供岗位43426个。成功创建国家级充分就业社区——世纪中央城社区、省级充分就业特色社区——万达星城社区。受理各渠道线上欠薪线索5207件，累计为1.33万名劳动者追回工资1.42亿元。20件市区人大代表票决民生实事全部落地。

【社会事业优质发展】 2022年，新改扩建中小学校、幼儿园12所，投入资金4.39亿元，新增学位7100余个；全区35所义务教育学校课后服务“5+2”实现“全覆盖”。全区共建设完成各类托育机构55家，备案托育机构9家，总体可提供托位2005个。启动建设重庆医科大学附属儿童医院江西医院区域医疗中心。成功落户中南大学湘雅医院江西分院、浙江大学医学院附属第一医院江西医院等3家国家级区域医疗中心。全面建成3个卫生院和4个社区卫生服务中心中医馆。启动凤凰洲体育公园建设。全区建成全民健身路径97套，着力构建城市社区15分钟健身圈，实现全民健身体育设施100%覆盖。高标准建成6个孺子书房，精心打造红书屋阅览室和未来空间·未时图书馆城市书房，强力推进三级公共文化服务网络建设，村（社区）文化活动中心覆盖率达100%。持续完善医疗保障，打造10分钟医保服务圈，创新开设9个驻点银行的医保一体化服务中心。

【社会治理成效凸显】 2022年，创新打造“鸿鹄之智”社会治理品牌，荣获全省试点成果奖第一名，率先实现“5 + 2”农村雪亮工程全覆盖。完成75个既有小区、14个疫情围合智能安防建设，全区智慧平安小区覆盖率达到80%，建成12所智慧平安学校、3所智慧平安医院。常态化推进扫黑除恶斗争，全力推动“赣鄱霹雳夏季风暴”“打击整治养老诈骗”“长风4号”“和谐2022”等系列行动，圆满完成维稳安保任务。全面防范化解金融、房地产等重点领域矛盾风险，全力推进“大干30天”保交楼攻坚行动。深入打击黄赌毒、涉众经济犯罪等各类违法犯罪行为，“金三江”案件办理受到中央督导组肯定。建成全市首个矛盾纠纷多元调解中心。区公安分局荣获全国优秀公安局称号，西客站AR智慧管控平台荣获全省“天工杯”一等奖。凤凰洲街道和世纪中央城社区被评为“省级综合减灾示范街道”。“党建 + 应急”管理系统推广工作获全省推广。

（江子雯）

自然资源管理

【概况】 2022年，南昌市自然资源和规划局红谷滩分局（以下简称区自规分局）以“保资源、保发展”为主线，紧扣围绕中心工作和重点任务，扎实推进各项工作任务稳步前进，顺利完成全国第三次国土调查，全力做好耕地保护、土地征收、用地服务、执法监察等重点工作。全年累计获得农转用批复面积296.17公顷，征收集体土地约336.33公顷，供应土地750.27公顷，保障洪州大桥、南昌技师学校、南昌市健康职业技术学校、江西农业工程职业学校、抚州大街西延等多个重大重点项目落地。

【扎实推进土地供应】 2022年，根据土地市场调控政策和红谷滩区社会经济发展实际，科学编制土地供应年度计划，合理安排土地供应时序和节奏，提前谋划，精心部署，全力做好农转用报批和土地征收等各项前期工作。多宗经营性用地顺利出让，洪州大桥、绕城高速西二环、省疾控中心、市委党校迁建项目、南昌医学院等一大批省、市重大重点项目快速落地。全年全区累计供应土地41宗，面积750.27公顷，土地总价款93.36亿元。其中，出让土地12宗，面积52.21公顷，土地出让金66.40亿元；划拨土地29宗，面积698.06公顷，划拨土地价款26.96亿元。

【依法开展土地征收】 2022年，严格遵循合法、合理、公平、公开原则，依法依规开展土地征收工作，及时落实征地补偿，切实维护被征地农村集体经济组织和农民合法权益。全年累计征收集体土地约336.33公顷，及时足额拨付征地补偿款4.29亿元，高速有效地保障了各类项目用地需要。

【强力推动存量土地消化】 2022年，严格落实节约集约用地制度，切实盘活存量土地资源，全力推进批而未用、批而未供和闲置土地消化处置三项工作。全年累计消化批而未用土地250.06公顷，消化批而未供土地263.26公顷，处置闲置土地126.13公顷，完成省、市下达年度任务，多项相关指标考核结果位于全省前列，土地利用效率和效益得到有效提高。

【做好建设用地报批工作】 2022年，本着集约节约用地和少占用或不占耕地的原则安排项目用地，确需占用耕地的项目，必须先落实占补平衡后，方可组织材料上报审批。全年共取得11个建设用地批复，批复面积296.17公顷，保障了九龙湖过江大桥、洪州大桥、南昌技师学校、南昌市健康职业技术学校、江西农业工程职业学校、抚州大街西延等省市重大重点项目用地。

【严格落实耕地保护政策】 2022年，切实加强耕地保护宣传。积极利用“地球日”“土地日”等节点开展耕地保护政策宣传活动，特别是向各乡镇、街办、各部门和各村委会主要领导宣传耕地保护的意义和作用，充分调动广大群众依法保护耕地的积极性和主动性，增强对耕地以及基本农田保护的理念和责任意识。通过多种途径全方位进行宣传教育，在全社会营造一种珍惜土地、保护耕地的氛围。结合红谷滩区发展实际，科学划定“三区三线”，强化刚性约束，统筹好耕地和永久基本农田、生态保护红线、城镇开发边界“三条控制线”。除国家能源、交通、水利和军事设施等重点建设项目外，对超出法律规定占用基本农田的建设项目，一律不予受理用地申请，一律不予用地报批。会同区农业农村部门，探索完善区级农民建房及设施农用地相关管理制度，在保护耕地的同时依法依规助推乡村振兴。

【保障耕地占补平衡】 2022年，由于红谷滩区耕地占补后备资源不足，为保障项目用地及时实施，经与省市相关部门及兄弟县区对接协商，调剂耕地占补平衡指标134公顷（其中水田66.66公顷），指标完成入库并已安排使用，落实“占优补优、占水田补水田”的要求。

【高效推进耕地流出问题整改】 2022年，自耕地流出问题整改工作部署以来，多次组织召开专题推进会，区领导专门调度，相关责任部门参会，对耕地流出类型、面积进行分类，明确属地作为本次整改工作责任主体，落实专人对接、专人跟踪、专人推进，同时派出人员赴实地进行整改工作指导，对各属地整改工作提供一切必要的技术支持，边整改边举证，至年底，已整改面积约48.45公顷。

【完成全国第三次国土调查】 2022年4月15日，“三调”成果顺利启用，全面摸清了红谷滩区的自然资源“家底”，为国土空间规划和各类相关专项规划提供了统一基数和底线数据，也为实现国土空间治理现代化提供了重要基础依据。

【开展国土资源执法监察】 2022年，共接收上级下发疑似违法用地遥感影像图斑693个，扎实开展全区自然资源执法巡查工作，确保巡查覆盖率、巡查率达100%，下达《责令停止违法行为通知书》33份，及时做到早发现、早制止、早报告。

【做好国土信访工作】 2022年，受理群众来信来访30件、网络热点平台、问政江西、“12345”热线网上（转办）等咨询122件。信访（咨询）件中涉及的问题主要是反馈规划审批、征地补偿标准偏低等问题，通过强化组织领导，创新工作思路，梳理相关法律法规，认真推行首问负责制、限时办结制的同时，坚决做到信访人反映的矛盾如实记录、给予耐心解释，做到有据可查，尽可能地将矛盾化解在萌芽状态，按时依法妥善办理所有信访案件。

（彭欣欣　万　蕊　张艳飞　陈忠妹）

财　政

【概况】 2022年，红谷滩区财政局围绕区委、区政府总体部署，充分发挥财政职能作用，以“稳增长、促改革、调结构、惠民生、防风险”为目标，以改革创新为动力，以增收节支为重点，不断强化税收征管，积极筹措调度资金，较好地保障了各项重点支出，有力地促进了红谷滩区经济社会事业发展。全年全区财政总收入完成82.99亿元；一般公共预算收入完成33.73亿元，总量排全市第二，其中税收收入完成18.27亿元，占一般公共预算收入54.2%。一般公共预算支出完成81.54亿元，同比增长128.9%，增幅全市排名第1。

【多举措夯实财政收入】 2022年，坚持把财源建设摆在首位，进一步优化财政资源配置，创新财政支持方式，加大产业发展投入，引导产业结构优化升级，着力培育经济发展新动能。同时按照“稳住、进好、调优”原则，进一步加大助企纾困的力度，通过实施减税降费、促进消费、援企稳岗、帮助融资等多项措施，帮助企业渡过难关，有效地应对突发疫情、宏观经济下行等因素带来的影响，较好地促进了区域经济企稳回升。不折不扣落实留抵退税政策，以“真金白银”为市场主体“输血补气”。全年全区累计为企业办理增值税留抵退税23.11亿元，其中区级退税3.13亿元，有效地减轻了市场主体负担，激发了经济发展活力。及时兑现各类优惠政策，引领产业结构优化升级。全年累计兑现产业发展奖励扶持资金3.15亿元，有力地促进了VR、元宇宙等新兴产业发展。开展“暖心护企”行动，拨付0.13亿元支持商务部门开展促消费活动，激发消费活力，提振市场主体信心。同时，认真落实承租国有房产租金减免政策。全年为302户企业（商户）减免租金2665万元，为市场主体降低新冠疫情影响，帮助其渡过难关提供了有力支持。积极推进政银企合作，帮助企业解决融资难题。充分运用“财园信贷通”融资杠杆，帮助39家中小企业取得银行贷款财园贷1.64亿元，有效地解决了中小微企业融资难、融资贵问题。落实政府采购优惠政策，助力中小企业发展。严格执行政府采购规定，要求预算单位预留面向中小企业采购份额。全年全区面向中小微企业采购金额4.57亿元，占采购总额100%，位列南昌市第一，有力地促进了中小企业发展。

【抓征管保财政平稳运行】 2022年，面对新冠疫情、土地出让收入锐减、房地产市场持续低迷、减税降费政策等因素叠加影响，积极培育财源，稳住经济大盘。同时，进一步加大收入组织的力度，积极挖潜增收，确保财政收支平稳运行。及时调整区协税护税领导小组成员，由区主要领导挂帅，高位推动综合治税工作。建立政府主导、部门联动、专班推进的协同治税工作机制，充分发挥主管部门行业管理优势，运用清单式、网格化管理，优化涉企服务效果，强化协同治税。同时，密切关注财政收入进度，加强预算执行情况分析，强化重点企业、重点税源的监控。定期开展重点企业走访，及时掌握企业经营情况，全力协调收入组织中遇到的各类问题，防止重点企业外迁和重点基建项目税收流失。支持税务部门通过第三方税务咨询机构加快房地产项目土地增值税清算，最大限度挖掘存量税源。加强与税务部门协作，督促欠税企业尽快补缴税款。进一步加快土地报批和出让节奏，争取更多的耕地占用税和土地契税入库。同时，进一步强化非税收入征管，全面开展国有资产清查，规范国有资产出租、出借的管理，进一步盘活国有资产、资源，通过处置变现形成非税收入上缴财政。

【优化支出改善民生】 2022年，按照“兜底线，保重点”的原则，科学安排财政支出，大力压减非急需、非刚性支出，着力降低行政成本，集中有限财力用于保障全区重点支出，支出重点继续向民生领域倾斜。全年民生类支出达68.52亿元，占地方一般公共预算支出的84 %。教育投入7.94亿元，用于学前教育、生均公用经费、校园建设、落实“双减”政策等支出，推动了教育事业优质均衡发展。投入社会保障和就业支出4亿元,促进创业就业工作,切实保障了困难群众的基本生活需求。投入卫生健康支出5.1亿元,用于基本公共卫生、城乡居民基本医疗保险补助、改善基层医疗服务条件,其中疫情防控经费支出达3.1亿元,为防控疫情,守护人民生命健康提供了有力保障。投入农林水支出0.7亿元,用于落实国家支农惠农政策,发放种粮补贴,改善农村人居环境,有力地促进了农业生产,提升了农民的生活水平。

【抓改革提升财政管理水平】 2022年,积极推进区以下财政体制改革。会同相关部门顺利完成区划调整工作。同时,为适应行政区的管理要求,充分发挥财政体制的调节和引导作用,激发属地生财、聚财的积极性,稳步推进乡镇(街)财政体制改革。测算各乡镇(街)的收支基数,为下一步正式出台乡镇(街)财政管理体制方案奠定基础。深化政府采购改革。积极推动政府采购交易平台、预算一体化系统及江西省电子卖场系统实现互联互通,依托现代信息手段,规范采购程序,提高采购资金支付效率。全面推进政府采购意向公开,进一步提高政府采购透明度。积极实施“网上不见面开标”模式,推广使用全省统一的政府采购电子卖场,进一步提高企业参与政府采购的便利度,降低供应商投标成本。至年底,全区电子卖场渗透率100%,成交金额0.86亿元,单位平均交易额82.34万元,单位平均交易笔数60.6笔,居全市第一。全区政府采购规模5.37亿元,同比增长12.34%,累计节约资金0.8亿元,节支率14.9%。深化国资国企改革。为适应现代企业管理要求,推动区属国有企业市场化转型,出台《红谷滩区国资国企改革创新攻坚行动实施方案(2022—2024年)》《红谷滩区区属国有企业综合考核实施方案》《红谷滩区政府融资平台优化升级初步方案》《区级行政事业单位国有资产使用管理暂行办法》等一系列制度文件,加强国资国企监管。稳步推进区属国有企业战略重组,进一步优化城投集团公司组织架构,缩减子公司6家。积极推进国有企业负责人薪酬制度改革,加强对区属国有企业考核,充分调动国有企业积极性,提升红谷滩区国有资产运营效率和管理水平。充分运用上年资产清查结果,深入开展资产清理盘活工作,对68套剩余安置房按程序进行评估处置,形成国有资产收益1.11亿元。同时,督促区城投公司对资产二次转租问题开展自查自纠,进一步规范国有资产经营管理。积极推进数字财政建设。不断完善预算一体化平台,加强财政资金使用监管。持续深化财政票据电子化改革,全面启用财政电子票据,实现缴费、查询、打印、下载、查验电子票据“一条龙”自助服务。提升“财园信贷通”审批效率和监管水平,依托“智慧财园信贷通综合服务平台”,实现贷款“线上+线下”同步审批,把“人员上门”贷后监管模式改为“线上分析”贷后预警模式,为企业发展保驾护航。

【强监管提高资金使用绩效】 2022年,加强财政监督检查。开展财经秩序、“小金库”、2021年预决算信息公开、“吃公函”、“三公”经费等专项检查和2022年度会计监督检查等工作,发现相关单位存在违规问题24个,涉及资金2022万元。针对检查中发现的问题,向相关单位下发了处罚决定书,并下达了整改通知书,要求其限期整改到位。通过检查,进一步促进了财政资金的规范使用,有效地维护了财经秩序。加强预算绩效管理。制定红谷滩区《推进全区预算绩效管理提质增效工作方案》,组织对全区105个预算单位开展2022年部门整体支出和所有项目支出绩效运行监控。同时,通过政府购买服务的方式,委托第三方机构对随机抽取的10个项目支出和10个部门整体支出开展重点绩效评价,并对部分单位的部门整体自评报告和项目自评报告进行核查。充分运用绩效评价结果,优化财政资源配置,提升资金使用效益。优化投资评审。开展对历史遗留未审结项目的梳理,根据不同原因,提出有针对性的整改措施,进一步优化了评审工作流程,出台《红谷滩区投资评审管理办法(试行)》《红谷滩区财政投资评审中介机构管理办法》《红谷滩财政局聘用工程师管理办法》等管理制度,有效地提高了评审效率和评审质量。全年审核工程结算项目59个,核减成本2.27亿元,审核工程预算项目31个,政府采购项目83个,核减预算3.96亿元,有效地节省了财政资金。

(罗　莹)

税　务

【概况】 2022年,国家税务总局南昌市红谷滩区税务局(以下简称区税务局)主动发挥税收职能作用,深化税收征管体制改革,提高税收征管效能,落实减税降费政策,优化税收营商环境,以税收现代化服务中国式现代化。至年底,全局管理服务各类市场主体3.63万户,其中一般纳税人6748户,小规模纳税人2.97万户,个体工商户6198户。

【学习贯彻党的二十大精神】 2022年,高质量推进党建工作。理论学习更深入。积极开展“学习二十大 永远跟党走 奋进新征程”主题教育活动,认真贯彻落实党的二十大精神,组织召开5次党委理论学习中心组学习,并以“五个一”(组织一次集中收看、开展一场集中研讨、组织一轮知识测试、举办一次征文和演讲比赛、编印一本应知应会口袋书)为抓手,把学习贯彻党的二十大精神作为头等大事、首要任务，全方位掀起学习贯彻热潮，引导干部深刻领悟二十大报告的新思想新论断。党建活动更多样。组成“党员先锋队”“青年突击队”，积极开展乡村、社区党建联建，参与社区帮扶、交通治理、疫情防控、志愿服务等文明实践活动。20余人次走访慰问帮扶村困难群众。党建品牌更响亮。积极打造的“红鼓”党建品牌，在新华社、《江西日报》等媒体上报道，专报《以“四红”为棒，擂响党建引领税收工作的铿锵“战鼓”》获得区委区政府领导、市局领导肯定性批示6次。在全市税务系统“学习贯彻二十大 推进党建高质量”党建优秀成果评比中，区税务局获得第二名的好成绩。九龙湖税务分局党支部荣获2022年全市税务系统“四强”党支部称号，机关第一党支部、第一税务分局党支部经复查保留为“四强”党支部。

【发挥税收职能作用】 2022年，主动克服房地产行业持续不景气、经济下行和疫情影响，统筹抓好“减”和“收”，主动服务地方经济发展大局。积极发挥主观能动性抓好组织收入，持续做好稳企固税、挖潜增税、以评促税、招企培税、联动护税等工作。全年累计完成税收收入58.84亿元，非税收入33.88亿元。在抓实减税降费上持续加力，成立减税退税领导小组、组建退税减税办专班，精准实施政策辅导、强化数据资料审核、联合多部门协作等举措。全年累计新增减税降费、退缓税费19.56亿元，减税降费的“真金白银”为助力红谷滩区市场主体生存发展增添了巨大的动力和活力。积极撰写《关于南昌市红谷滩区和杭州市临平区经济发展的税收分析报告》《从税收视角分析南昌VR产业园产业状况》《南昌市红谷滩区近三年税源结构分析报告》《从税收视角看近年来红谷滩区经济发展质效》等多篇税收分析报告，获得区委区政府领导肯定性批示，并在《中国税务报》、《江西税务》（季刊）等报纸杂志刊发，充分发挥“以税咨政”作用。

【提升税收治理效能】 2022年，全面落实《进一步深化税收征管改革的意见》，接续推进改革工作，充分提升税收治理效能。结合实际，调整税源管理科职责，实行重点税源、重点行业集中管理，组建审核审批组并实施集中审核审批，实现依申请办税事项全流程“一站式”办结。充分落实行政执法公示制度、全过程记录制度、重大执法决定法制审核制度的“三项制度”。主动落实上级部门新修订的税务行政处罚裁量基准和两批“首违不罚”事项，进一步提升依法治税水平。创新推行“三灯两风”工作法，将“红黄绿灯”审查放行机制与“春秋风”执法服务机制结合使用，发现并成功破获南昌“6·3”虚开发票跨区域大案，查处涉嫌虚开发票企业319户，挽回税收损失近亿元。专报《创新“三灯两风”工作法 筑牢风险管理防线》获得市局领导肯定性批示。

【优化办税缴费体验】 2022年，主动对标推进营商环境优化升级“一号改革工程”，为全面助力南昌打造区域性营商环境标杆城市贡献红谷滩税务力量。结合税收宣传月活动，落实便民办税春风行动，开展“春雨润苗”专项行动，组织“万名税干访万企”活动，共走访辖区4500余户重点纳税人，积极助力各类市场主体发展。强化“税政”“税银”“税邮”合作，着力拓展扩围“10分钟办税便利圈”，形成办税服务厅、街道乡镇、产业园区、社区“四位一体”的自助办税全覆盖模式，创新打造具有红谷滩区域亮点的“鸿鹄馨税”纳税服务品牌，专报《“十分钟办税便利圈”扩围“鸿鹄馨税”品牌效应初显》获得区政府领导肯定性批示2次。持续提升为市场主体服务水平，积极推行落实延时服务，为纳税人提供智能化、精简化、个性化、高效化、温馨化的星级办税缴费服务。在全市办税服务厅星级考试中，正式干部总分平均分排名全市第一，聘用人员共13人被评为五星级人员，18人被评为四星级人员。

【强化干部队伍建设】 2022年，严管善待激活力，积极落实全面从严治党，推进落实以“三勤三廉”（勤奋学习、勤恳干事、勤勉服务，廉洁修身、廉明执法、廉政齐家）为核心内容的“勤廉洪税”建设，进一步增强队伍凝聚力战斗力。做好部分干部的交流、公务员职级晋升、事业单位人员岗位竞聘和转岗竞聘等工作。以开展五大专项行动为引擎，切实提升全局干部队伍专业素质，并坚持全员全岗练兵与税务总局、省税务局、设区市税务局三级业务比武相结合，突出以练为重和实战转型，以练促学、以比促练，在活动过程中不断总结提高，先后选派26人次参加市局竞赛；组织区税务局2名干部参加2022年全省税务系统青年才俊培训班。开展以案释纪警示教育，在重要节点、日常工作期间不定期开展进户执法和审批事项“廉情回访”；积极开展“青春诵廉”活动；做好党员干部“八小时之外”监督工作，开展“拒绝酒驾醉驾 遵守交通法规”专题警示教育等专题警示会，全年全局未发生一起酒驾醉驾事件；制作《清贫》宣传片，教育引导干部职工筑牢反腐倡廉工作防线。持续畅通“智慧监督”“‘码’上监督”等监督渠道，常态化公开举报渠道信息，做好内查外调，强化明察暗访及通报制度，定期邀请特约监察员和廉情监测点人员座谈。

（查莉莉）

审　计

【概况】 2022年，红谷滩区审计局认真履行审计监督职能，为全区经济社会高质量发展提供坚强审计保障。全年共完成审计项目21个，获评2021年度南昌市文明单位、“学习强国”学习平台“先进学习组织”、红谷滩区三八红旗集体、D4和D6地块棚户区改造项目征迁扫尾攻坚先进单位，2022年度南昌市三八红旗集体、红谷滩区首届机关职工运动会（巧渡金沙江）第二名，信息稿件采用量在全省审计系统100个县级审计局中排名第一。

【审计成果】 2022年，充分统筹协调审计资源，做细审前调查，明确审计重点和具体方向，采取融合式、嵌入式、“1+N”等方式，加强不同类型审计项目的统筹融合和相互衔接，努力做到“一审多项”“一审多果”“一果多用”，全年共开展8类21个审计项目，共审计发现问题308个，查出问题金额9279.75万元，提出审计建议66条。同时，结合红谷滩区工作实际，成立红谷滩区领导干部自然资源资产离任审计工作领导小组，出台制定《红谷滩区领导干部自然资源资产离任审计工作领导小组工作规则》《红谷滩区领导干部自然资源资产离任审计工作领导小组办公室工作细则》等制度规则，推动红谷滩区自然资源资产离任审计工作制度化、规范化、科学化；为推动红谷滩区审计整改制度化、规范化，更好发挥审计监督作用，草拟制定红谷滩区《关于建立健全审计查出问题整改长效机制的实施意见》；对现行行政事业单位相关法律法规和财经政策规定进行全面梳理，收集、汇总财务管理、资金资产管理等八大类共80个法律法规和规范性文件，制作编印《行政事业单位常用法律法规文件汇编》一书；牵头负责对国务院第九次大督查“2021年度中央预算执行和其他财政收支审计查出问题整改”专项任务，涉及红谷滩区需整改的问题已全部整改到位；对全区承租国有房产企业206户享受租金减免政策情况进行审查核实，发现问题3个，提出有操作性的建议3个，确保2022年疫情期间红谷滩区租金减免政策落地落实；成立专班，对市局下发的329条疑点数据进行全面核查，对全区53家单位5114位公职人员违规经商办企业、违规借贷谋利情况进行排查，上报86个违规经商办企业事项。

【创新审计管理】 2022年，统筹协调审计局机关、内部审计资源以及外部审计专业力量，充分发挥审计体系的整体力量，在审计过程中，注重“以审代训”，逐步提升审计质量；统筹创新审计方式方法，聚焦权力集中、资金密集、资源丰富、资产聚集的重点部门、重点岗位，运用审计数据分析方法，利用财务审计软件、自然资源GIS（地理信息系统）软件，比对相关财务及业务数据筛选出问题疑点，有效扩大财务类审计以及自然资源资产审计的可审范围。

【重大政策措施落实情况跟踪审计】 2022年，紧紧围绕国家和全省、市、区重大政策措施落实情况开展跟踪审计工作，通过揭示政策措施未落实以及不作为、慢作为、乱作为等方面突出问题，从体制、机制和制度层面分析问题产生的原因，进一步落实责任并督促整改。分别对红谷滩区2021年金融政策落实情况、就业专项资金、“三公”经费、河湖长制及林长制、红谷滩九龙湖初中建设项目情况等开展审计。积极发挥审计“治已病、防未病”作用，有针对性提出对策建议，助力打通政策措施贯彻落实的“最先一公里”和“最后一公里”，打破“中梗阻”，切实促进政令畅通、令行禁止。

【经济责任审计】 2022年，根据区委组织部《委托审计通知书》要求和年度审计项目计划安排，对2个街道（管理处）的3名领导干部开展任职期间经济责任审计。以领导干部任职期间公共资金、国有资产、国有资源的管理、分配和使用为基础，以领导干部权力运行和责任落实情况为重点，通过审计，客观评价领导干部任职期间经济责任履行情况。立足经济社会发展大局，既揭示问题强化监督，又积极推动解决问题，促进领导干部履职尽责、担当作为，促进权力规范运行，推进国家治理体系和治理能力现代化。全年共发现59个审计问题，查出违规金额12.48万元，管理不规范金额1337.71万元，提出审计建议9条。

【自然资源资产审计】 2022年，围绕领导干部履行自然资源资产保护、开发、利用等情况，对原生米镇镇长自然资源资产管理和生态环境保护责任履行情况进行审计。在自然资源资产离任审计中，发现在贯彻落实生态文明建设方针政策和决策部署、污染防治、水生态保护、耕地利用及相关建设项目等方面存在的问题。通过稳步开展自然资源资产离任审计项目，对领导干部履行自然资源资产管理和生态环境保护责任情况进行客观评价，督促审计发现问题的整改和纠正，推动领导干部履职尽责、牢固树立和践行绿水青山就是金山银山的绿色发展理念，为红谷滩区生态文明建设贡献审计力量。

【财政金融和行政事业审计】 2022年，对区教体局、区市场监督局、区公安分局以及区城管执法大队4个部门开展2020—2021两个年度的部门预算执行和财政财务收支情况审计，并延伸审计8个下属预算单位。区审计局通过核查相关部门决算数据、财务账套、内部控制制度、部门履职方面文件政策、政府采购数据信息、部门专项资金使用情况等资料，同时结合实地走访、问询相关人员等审计手段，共发现问题88个，查出问题金额3512.61万元。通过审计，促进相关部门和单位不断优化财政支出结构、科学进行预算编制、建立健全预算资金绩效评价体系、加强财务监管、严格落实重大政策执行以及完善内控机制等，拧紧“过紧日子”的思想开关。

【政府投资建设项目审计】 2022年，紧盯学校工程项目建设，开展九龙湖初中建设项目审计，揭示校建过程中建设单位管理漏洞、参建单位履职不到位以及学校建筑质量安全风险等问题；审查中心城区道路建设，开展红谷滩中心区、周边地区道路路面改造工程项目审计，反映建设单位管理混乱、规则意识欠缺等问题。全年共完成审计项目2个，查出管理不规范金额461.12万元，提出审计建议10条。

【民生资金专项审计】 2022年，对全区2020—2021年就业资金管理使用情况和2019—2021年金融商务区惠企政策落实情况进行专项审计，将优化营商环境和促进社会充分就业融入各类审计项目中。通过查阅历年延续性政策文件、核查政策申报归档材料、现场走访企业、问询政策受惠群众等方式，共发现问题12个，查出问题金额76.14万元；有效促进相关部门和单位及时清理长期滞留的专项资金、规范行政审批行为、追回违反政策规定发放的补贴等；推进落实“六稳六保”工作任务，在提高就业服务水平和优化企业营商环境等方面发挥积极作用。

【村级财务收支审计】 2022年，以维护村集体和村民的合法权益为重点，规范村级组织经济行为以及村干部的权力运行，揭示和纠正村级财务存在的违纪违法违规问题，对3个行政村开展村级财务收支审计，发现个别行政村存在村干部未严格落实财务管理规定、履责不到位问题，2名相关责任人员受到诫勉谈话处理，进一步促进建立健全村级财政财务管理制度，从源头上预防违纪违法问题的发生，促进基层党风廉政建设。

【国有企业审计】 2022年，紧紧围绕党中央、国务院对国有企业工作作出的决策部署，在摸清国有企业资产负债损益的基础上，深入揭示区城投公司在重大改革事项推进、重大经济决策制定和执行、债务风险管控和公司财务的真实合法效益等方面存在的突出问题，审计共发现问题28个，查出问题金额2136.17万元。针对审计过程中反映国有企业运行中的风险隐患和经营管理过程中存在的短板，提出健全对外投资项目的过程监管和投后管理机制、加强贸易业务风险防控、规范健全国有资产租赁行为等6条具体审计建议。

【加强审计整改】 2022年，认真贯彻落实区委、区政府和上级审计机关对审计整改工作的要求，把审计整改作为全面履行审计职能、发挥审计作用的重要工作，进一步加强审计整改督促指导工作，建立健全审计整改长效机制，持续推动审计整改工作，扎实做好审计监督“下半篇文章”。被审计单位强化责任担当，认真开展审计整改，全区整改工作有序推进，通过对发现问题督促边审边改、集中开展整改情况专项督导检查等方式，审计整改取得一定成效。2019—2022年区本级72个审计项目发现问题909个，已整改806个，整改完成率88.67%；上级审计项目发现问题96个，已整改87个，整改完成率为90.63%。通过整改，管理不规范资金74103.71万元，追回违规资金1032.4万元，上缴区财政国库资金15152.49万元、市财政资金23.76万元，催收租赁收益1824.97万元，出台内部管理制度62项。

（张　思）

统　计

【概况】 2022年，红谷滩区统计局紧紧围绕“数据质量”这一主线，坚持稳中求进工作基调，聚焦“作示范、勇争先”目标定位，不断提升数据监测实效，为各级领导和社会各界提供优质服务。红谷滩区统计局被评为江西省第七次全国人口普查先进集体，黄同佑和侯聪被评为江西省第七次全国人口普查先进个人。

【履行统计部门职责】 2022年，紧紧围绕全区经济社会发展大局，坚持“用数据说话、为决策服务”，及时发布《2021年红谷滩区国民经济和社会发展统计公报》，编辑《2021年红谷滩区统计年鉴》《2022年红谷滩区统计新增入库及各专业查询凭证材料要求》，按时印发《统计月刊》，形成专报呈区委区政府主要领导，撰写统计分析31篇、信息57条、专报10期。

【强化统计预警分析】 2022年，按月收集整理省、市及各县（区）主要经济指标数据、全区经济增长主要支撑指标数据，对支撑经济增长的行业指标完成进度进行研判分析，找差距、寻短板，及时发现经济运行中存在的问题和困难，快速向区委、区政府领导提供预警预测分析，并有针对性地提出对策建议，为区委、区政府决策提供参考，发挥统计参谋智囊作用。

【开展统计法治宣传活动】 2022年，联合沙井街道、生米街道开展大型统计法治宣传活动，结合业务培训提升基层统计人员业务素质和统计法律意识，形成全区统计工作守底线、知敬畏的良好态势。定期对相关部门、乡镇、街道、企事业单位进行检查指导,提高数据源头质量,并对在执法中发现的违规单位进行立案查处。针对统计数据质量有问题的企业开展"双随机、一公开"检查,坚决做到执法检查"两个全覆盖",实现执法检查、业务指导、跟踪服务同步进行,确保数出有据,抓牢数据质量。

【"五上"企业升规入统】 2022年,红谷滩区继续对全区范围内的企业进行摸排,建立完善市场主体库、企业储备库和企业培育库,梳理分析有发展潜力、可重点培育的企业名单。共有"五上"企业772户,同比净增257户,增长49.9%,总量排名位列全市第六;新增"五上"企业289户,同比增长140.8%,新增数排名位列全市第三。

(罗恒之)

市场和质量监督与管理

【概况】 2022年,红谷滩区市场监督管理局(以下简称区市场监管局)严格按照区委区政府和省市局要求,紧紧围绕"促发展拉高线、保安全守底线"工作目标,规范和维护市场秩序,营造诚实守信、公平竞争的市场环境。全年共办理个体工商户登记9040户,新设立企业10059户,报送企业年报28753户,办理特种设备注册登记118家1140台,受理消费投诉29633件,为消费者挽回经济损失80余万元。各项工作取得较好成效,获得南昌市食品安全工作先进集体称号。

【市场主体培育】 2022年,红谷滩区市场主体的发展尽管受到疫情影响,但总体发展平稳。深入优化营商环境,严格遵照负面清单要求,不私自设立门槛,落实跨部门"一照通办"平台改革,加快数字政府建设,实现多部门数据加速流转。通过"一窗受理、互联互通、信息共享",推动"多证合一、一照一码"登记制度改革,实行承诺制,取得可喜成效。全区市场主体总量达72645户,列全市第4,其中企业38865户,列全市第1。全年净增企业5876户,比上年增长17.81%;个体工商户33646户,列全市第5,净增个体工商户9203户,比上年增长37.65%。

【企业年报率】 2022年,充分利用政务公开栏、报纸、电视、广播、网络、微信、短信、楼宇广告等各类媒体媒介,有针对性地扩大宣传范围,将日常宣传与年报关键节点宣传相结合,着力扩大年报公示社会影响力。共发放宣传单2000份,电话提醒2.35万人次,短信提醒5.7万条,政务便民大厅和商场LED显示屏播放135个次。全区市场主体应报29063户,已报28753户,企业年报公示率达98.93%。

【加强企业事中事后监管】 2022年,为规范企业投资行为,维护公共利益和企业合法权益,加强对企业投资项目的事中事后监管。区市场监管局办理列入经营异常企业1285户,移出经营异常企业382户。录入行政许可、部门公告等各类型信息共60329条数据至企业事中事后监管系统,市场主体户均归集数8.39条。

【守合同重信用公示】 2022年,为加强社会信用体系建设,促进红谷滩区经济发展,积极开展红谷滩区企业信用体系建设,促进企业合同规范管理,洪沪港建设有限公司等22家企业被评定为2022年度红谷滩区"守合同重信用"公示单位。

【构建智慧市场监管平台新格局】 2022年,充分发挥红谷智眼监管系统功能,形成"一平台+多系统"的智慧市场监管新格局。平台数据总量达100余万条,通过远程监管模块,实现移动监管,并根据疫情工作需要,增加远程测温和冷链仓远程监控模块。至年底,已接入175家学校食堂、160家大型餐饮、194家药店、25家快检室调试。同时,强化移动执法终端"红谷智眼"App的使用,累计共完成12496户检查记录。联动智慧市场监管平台,对7477户食品经营业户、222家药店、544户医疗器械经营业户、13181台特种设

2022年3月11日,区市场监管局在南昌大学开展打击传销宣传工作

(区市场监管局 供图)

备、91534户市场主体信息实行入库管理,实现数据实时调取运用。

【反不正当竞争工作】 2022年,组织牵头,全面推进红谷滩区公平竞争审查工作,指导督促各成员单位开展公平竞争审查工作。委托江西南芳律师事务所(区政府聘用)对红谷滩区政府(相关部门)出台的涉及市场主体经济活动的规章、规范性文件、其他政策性文件以及"一事一议"形式的具体政策措施进行评估。对各成员单位报送的5件政策措施进行了审查,3件未发现问题,2件提出了修改建议。

【开展打击传销行动】 2022年,为进一步防范和打击传销行为,提高广大群众识别、防范传销能力,强化打击传销宣传工作力度,营造群防群治打击传销氛围,全年共组织打击传销宣传进社区、进市场、进商超、进学校活动9次,共开展打传专项执法行动172人次,悬挂宣传横幅9条,发放宣传资料3000余份,现场受理群众咨询350余人。

【特种设备经营许可证办理】 2022年,为有效加强特种设备监管,按照分类监督管理的原则,对特种设备使用单位实行许可制度。办理特种设备注册登记188家1140台,变更登记111家1590台,停用申请34家102台,报废(注销)35家95台,启用4家4台,补证8家69台,办理气瓶充装许可证换证2家。

【强化特种设备安全监管】 2022年,以习近平总书记安全生产重要讲话精神为指导,按照省、市、区安委会统一部署和市局的指导,牢固树立红线意识和底线思维,抓好学习、宣传、教育工作,保障全区特种设备安全无事故。开展专项整治,管控重点风险,先后开展党的二十大期间重点时段专项检查、三年行动"巩固提升"攻坚战、市场监管领域城镇燃气安全整治百日行动等13个专项整治,组织企业开展3次特种设备应急演练,提升了应急处置能力;针对薄弱环节和事故隐患开展安全检查,给予现场指正,当场指导整改落实。解决个性问题,推动制度建设,针对老旧小区电梯检验不合格、电梯脱保等问题,及时组织社区、物业、维保单位召开协调会,并与街办社区沟通,保障电梯能正常安全运行,消除老旧小区电梯隐患。积极协调解决还建房小区电梯运行矛盾,针对多个小区存在的电梯脱保、电梯责任主体不明、超期检验等问题,通过组织各职能部门召开协调会、督促使用单位切实履行安全主体责任、对街办开展安全工作责任约谈等方式降低电梯运行风险,确保人民群众乘梯安全。多措并举督查,形成监管合力,通过聘请专家检查、开展联合检查与领导督查、进行特种设备安全责任约谈、强化科技支撑等途径强化安全生产监管,切实保护人民生命财产安全。

【推进扫黑除恶专项斗争长效常治】 2022年,充分发挥部门监管执法职能作用,进一步提高扫黑除恶专项斗争长效常治工作实效,定期组织工作人员对辖区农贸市场、商超、餐饮单位等场所进行走访摸底排查,向群众广泛宣传打击黑恶势力的有关法律常识,共出动执法人员230人次,检查商超、餐饮单位等经营场所120余家,暂未收到群众举报涉黑线索。深化重点行业整治,开展民生领域案件查办"铁拳"行动,净化市场环境。

【强化电动自行车市场监管】 2022年,为保障群众出行安全,加大引导电动自行车经营户及其配件销售经营户和维修经营户加强行业自律、守法经营,开展电动自行车监管工作。共出动执法人员290余人次,检查电动车经营门店、销售市场190余处,对检查发现所销售电动自行车资料不全的行为予以警告并责令其限时整改。

【加强水产品市场监管】 2022年,加强对农(水)产品批发市场、农贸市场、商场、超市等水产品销售者监督检查力度,督促其严格落实食品安全主体责任。加大对赣江及抚河南昌水域辖区、鄱阳湖、水生生物保护区等周边农家乐食用水产品的原料控制和管理。全年共出动执法人员450人次,检查食品流通经营主体1200家次、餐饮服务经营主体1200家次、渔具经营主体20家次,张贴宣传画3000余份。辖区未发现售卖野生鱼等情况。

【推进消费维权工作】 2022年,共受理各类消费投诉2.96万件,办结率100%,为消费者挽回经济损失80余万元。其中,"12315"平台受理投诉举报1.81万件,"12345"热线受理量7970件,上门及电话投诉受理办结3500件,信件投诉举报受理办结52件,OA系统(办公自动化系统)受理信件42件,均已办结。大力开展"3·15"主题活动,共出动执法工作人员313人次,悬挂宣传条幅20条,张贴宣传单600余份。针对餐饮消费市场存在的违法收费现象,加强监管力度,告诫各餐饮经营者应当自觉遵守法律法规,督促经营者积极承担社会责任,进一步加强餐饮行业自律,真正做到"诚信经营,透明消费"。联合农业银行红谷滩支行在商业密集处设点,向现场群众发放宣传册、宣传单等,开展守住个人信息安全金融教育宣传活动,提高群众对信息保护的认知。组织开展"消费争议快速和解绿色通道成员单位"和"消费诚信经营示范店"申报工作,至年底,全区新申报绿色通道单位2家;有创建放心消费示范店2家,开通绿色通道单位10家;预计新增放心消费示范点28家。

【开展知识产权执法检查专项行动】 2022年，分别开展知识产权执法“铁拳”行动和专利专项执法检查行动，共出动监管人员269人次，检查各类市场主体398户次。联合南昌旭瑞知识产权代理事务所、南昌市科技成果转化协会共同举办“4·26”世界知识产权日线上培训会，百余家企业在线进行观看学习。建立红谷滩区知识产权微信交流平台，邀请企业、中介机构及银行知识产权质押融资工作人员积极参与，已有12家企业通过平台进行知识产权质押融资业务咨询。实地走访调研南昌航空大学，与高校相关负责人进行座谈，了解学校专利基本情况、专利成果转化应用情况及与企业相关合作等情况；对涉嫌存在662件不以保护创新为目的的非正常专利申请进行核查处理，采取实地上门和电话等多种方式与申请单位、个人或专利代理机构取得联系，责成对其申请的专利是否存在非正常申请行为进行认真细致的核查，已撤回485件。与南昌市科技成果转化协会一道走访南昌菱形信息技术有限公司、江西中直新经济产业发展有限公司等知识产权企业，深入了解企业知识产权状况和融资需求，面对面宣传讲解知识产权质押融资政府贴息政策，帮助企业梳理知识产权质押融资流程，助推企业将“无形资产”变现“有形资产”，更好地帮助企业通过知识产权做大做强、创新发展。通过宣传走访达成融资意向800万元。

【开展产品质量抽检和宣传工作】 2022年，开展流通领域产品质量抽检共计28批次，其中电工及材料2批次、轻工产品2批次、文体用品2批次、儿童用品2批次、机械与安防产品3批次、食品相关产品14批次、化肥3批次。开展“推动质量变革创新，促进质量强国建设”质量月宣传活动，通过制作多种宣传彩页进社区、进商超等形式进行宣传，工作人员现场为群众详细介绍产品质量安全、食品安全、药品安全、计量监管等方面法律法规，切实提升消费者权益保护意识。活动现场共发放宣传材料300余份，为30余名群众答疑解惑。

【强化市场计量监管】 2022年，对计量相关企业、商户开展专项整治行动，共出动执法人员125人次，检查计量器具358台，重点检查辖区内农贸市场、大型商超及药店等在用计量器具，检查过程中未发现使用超期未检和检定不合格计量器具等违法违规行为。同时，聘请南昌市计量检定站对辖区内2397台强制性计量检定器具进行计量检定工作，已全部完成。开展“测量守护健康”主题计量宣传工作，发放宣传单100余份，张贴宣传海报30张，接待群众咨询20余人次，提高了红谷滩区居民对计量工作的关注和重视。

【加强认证检测市场监管】 2022年，积极加强认证检测市场监管，发挥质量认证“传递信任，服务发展”本质属性和作用。全年共出动执法人员40人次，现场检查认证认可活动36起，检查检验检测机构8次、强制性产品认证企业2家、有机产品认证企业1家。前往江西乌乡基餐饮管理有限公司开展小微企业质量管理体系认证提升行动，已促成该企业与认证机构签订质量体系认证提升帮扶协议书，初步形成市场监管部门推进落实、认证机构主动作为、中小微企业积极参与的工作格局，助企纾困，切实打破企业发展瓶颈。现场监督1家建筑材料类检验检测机构的防水卷材和4家环境空气和废气类的氟化物检验检测能力验证，检测机构将检测的数据报送至省产品质量检测院评定，结果为检测能力合格。

【标准化试点项目】 2022年，向南昌市市场监管局推荐将南昌市红谷滩区天同医养院养老服务标准化项目纳入2022年度省级服务业标准化试点项目，经市局、省局层层推荐，国家标准委现已将南昌市红谷滩区天同医养院养老服务标准化项目纳入2022年度国家级服务业标准化试点项目；VR基地申报国家技术标准创新基地并已获批。

（冯 洁）

食品药品监督管理

【概况】 2022年，区市场监管局进一步提升食品安全治理水平，开展专项治理检查工作，推进大中型餐饮经营单位“互联网＋明厨亮灶”工作落地落实，负责流通环节药品、医疗器械和化妆品安全监督管理。全年核发食品经营许可2405家；累计对冷链食品采样检测48436批次，检测结果均为阴性；完成食品快检14.86万批次，检测出不合格样品429批次，销毁不合格食材2426.04千克；共完成重大活动食品安全保障工作19次。

【开展食品经营许可核查工作】 2022年，为了规范行政许可行为，保护公民、法人和其他组织的合法权益，有效实施食品、药品和医疗器械监督管理，开展食品经营许可核查工作。全年共核发食品经营许可2405家、江西省食品小作坊登记证13家、江西省食品小摊贩备案卡39家。

【国家食品安全示范城市创建】 2022年，以创建国家食品安全示范城市为总抓手，强化责任落实，突出问题导向，创新监管机制，扎实开展食品安全示范创建工作，不断提升食品安全治理和保障水平，较好地完成了全年的各项目标任务，全区没有发生一起食品安全事故，食品安全形势总体稳中向好，群众对食品安全的总体满意度较高。

【加强食品安全监管】 2022年，进一步加强食品安全工作，确保人民群众“舌尖上的安全”。开展面向未成年无底线营销食品专项治理检查工作，共检查食品经营者82家，其中校园周边食品经营者25家。开展农村假冒伪劣食品专项执法行动，共检查商超75家、小作坊4家、农贸市场1家。开展打击养老诈骗专项行动，检查56家相关经营单位，发现相关线索1条。完成全区955家餐饮服务单位风险等级排查工作；在春、秋季对高校、中小学、幼儿园开展食品安全培训，并在开学后、放假前对校园食品安全开展检查工作，检查高校食堂40家，中小学、托幼机构食堂167家，出动执法人员334人次。开展餐饮食品安全服务，推进大中型餐饮经营单位“互联网+明厨亮灶”工作，其中高校、中小学、幼儿园完成100%，大型餐饮单位完成100%，中型以上餐饮单位完成35%，较好地完成了省、市局下达的工作任务。建设全区标准化示范食堂2家，9家学校食堂进行了改造，有力地推动了红谷滩区食品安全工作。召开“两个责任”（属地管理责任和食品生产经营单位主体责任）部署会，与9所高校40家食堂签订《食品安全责任状》《食品安全承诺书》。按照《南昌市食品安全“守底线、查隐患、保安全”专项行动方案》文件要求，涉及餐饮监管工作任务，重点围绕“六个一”（即“一老一小、一冷一热、一药一非”，具体是涉老食品、校园食品，冷链食品、餐饮食品，药残超标、非法添加）监管工作及舆情热点开展专项整治行动，检查涉老食品156家、校园食品329家、超市16家、校园食堂456家、餐饮食品1896家。分别对网络餐饮服务平台饿了么和美团进行约谈，要求其严格把关，对无证，证照过期，脏、乱、差的网上餐饮单位进行下架或整改。开展疫情防控食品安全检查，并对餐饮配送单位进行督查。

【推进食品安全快速检测工作】 2022年，做好食品安全快速检测工作，邀请第三方专业机构进行检测。在学校、菜场建设快检室25个，全年共完成食品快检14.86万批次，检测出不合格样品429批次，销毁不合格食材2426.04千克。开展2022年度餐饮单位抽样检测工作，针对检测不合格的36家餐饮单位，召开食品安全风险预警交流会。对6所学校36个批次留样开展应急抽样检测，全部合格。

【开展冷链食品核酸检测】 2022年，累计对冷链食品采样检测48436批次，其中食品及外包装8470批次、环境15676批次、从业人员24290人次，检测结果均为阴性。红谷滩区进口冷链食品集中监管仓自2022年1月1日至2022年6月10日累计收到预约申请390条，累计核销预约346条，进库食品614批次，进库货重159.86吨，出具出库证明325份；开展核酸检测18756批次，其中食品及外包装17330批次，人员及环境1426批次，检测结果均为阴性。由于3月疫情发生以来，按照监管仓所在地管控要求，红谷滩区进口冷链食品集中监管仓自3月25日起停仓，未恢复运行，直至12月19日南昌市疫情防控指挥部正式通知停止运行全市进口冷链食品集中监管仓，正式取消进口冷链产品集中监管仓管理。

【保障重大活动食品安全】 2022年，为预防食品安全事故的发生，保障在重大活动期间就餐人员的饮食安全，坚持任务导向，强化分级监管，始终把重大活动食品安全作为重点政治任务来抓。完成南昌市十六届人大三次会议、2022江西省第一届职业技能大赛、2022第十七届南昌国际汽车展览会、中国第二届米粉节、中国生态文明论坛年会、2022世界VR产业大会、第十九届中国国际检查医学暨输血仪器试剂博览会等19次重大会议食品安全保障。

【开展药品安全专项整治行动】 2022年，在全区范围内开展药品安全专项整治行动，共检查药品零售和使用单位1070家次，出动执法人员2140人次，发现风险隐患点12个，责令整改8家次，责令停业整顿7家，查办“两品一械”（药品、化妆品、医疗器械）案件5起，处理52条涉嫌“挂证”的执业药师，已全部完成注销；完成江西省药品抽检任务40批次，南昌市医疗器械抽检任务3批次；开展医疗器械质量安全风险隐患排查治理工作，共检查医疗器械经营企业314家次，装饰性彩色隐形眼镜经营使用企业57家次，医疗美容药品医疗器械相关使用单位42家次；按照相关要求，对辖区内使用新冠病毒核酸检测试剂的5家医疗机构、1家市疾控中心、1家第三方检测机构、3家新冠病毒核酸检测试剂医疗器械经营企业、51家新冠病毒抗原检测试剂零售药店开展全覆盖检查；对全区2家疾控机构、16家疫苗（含新冠疫苗）接种单位开展每两个月不少于一次的监督检查，共监督检查疾控机构12家次，出动执法人员27人次，检查疫苗接种单位96家次，出动执法人员206人次；对辖区11家药品零售企业、28家医疗器械企业和20家化妆品企业开展“双随机”监督检查，开展美容美发机构和宾馆经营使用化妆品专项检查工作，共检查化妆品经营和使用单位144家次，出动执法人员341人次，责令整改5家次。

（冯　洁）

价格管理

【概况】 2022年，红谷滩区价格管

理工作以科学发展观为指导，以创先争优为动力，以“服务社会 关注民生、促进和谐”为主线，紧紧围绕区委、区政府工作中心，坚持把促进经济社会发展、切实解决好关系群众切身利益的价格问题作为工作的着力点，充分发挥价格杠杆作用，强化民生市场价格监管机制，改善价格公共服务，努力保持价格总水平基本稳定。依法监管不正当竞争等违法行为，开展打击传销工作，对价格行为实施监督检查，开展价格公共服务。全年对辖区内63家转供电主体进行实地走访，对政府部门（含下属单位）收费主体开展涉企收费专项检查，节假日期间对市场商品价格开展专项检查，为红谷滩区经济又好又快发展做出积极的贡献。

【转供电环节价格监管】 2022年，规范转供电加价行为，降低企业用电成本，大力开展加强转供电环节价格监管工作。出动工作人员96人次，对区域内63家转供电主体进行实地走访，督促转供电主体开展自查自纠并填写转供电主体电价收费自查自纠表。

【开展涉企违规收费整治行动】 2022年，按照南昌市市场监管局《2022年全市涉企收费专项检查工作方案》要求，督促政府部门（含下属单位）收费主体，全面梳理自查现行收费项目和标准，自查是否停止收取明令取消的收费项目，是否存在强制或变相强制服务并收费。共收到各政府部门的2022年涉企收费自查情况统计表13份，各政府部门自查表中均反馈无违规涉企收费行为。6月8日，对红谷滩区人力资源和社会保障局涉企收费进行专项检查，未发现违规收费行为。

【加强节日市场价格监管】 2022年，在元旦、春节、端午、中秋、国庆等节日期间，对市场商品价格开展专项检查行动。重点对辖区大型商场超市内与群众生活、节日消费密切相关的主副食品及其他相关商品的价格行为进行检查。节日期间商品总体价格平稳，货源充足，经营者能按要求明码标价，未发现囤积居奇、哄抬价格、串通涨价等违规行为。

（冯　洁）

【做好疫情防控期间价格稳定工作】

2022年疫情防控期间，密切关注红谷滩区重要民生商品价格变化，加强价格监测分析预警，及时发现苗头性、倾向性、潜在性问题并迅速预警。疫情期间第一时间启动价格应急监测，加大监测频次，做到日监测、日报告，及时掌握和报告市场价格动态，要求各平价商品要确保平价销售，联合市场监管部门开展重要民生商品市场专项检查，严厉打击捏造散布涨价信息、哄抬价格、囤积居奇等违法行为。

【落实价格补贴联动机制政策】 2022年，根据上级文件要求，认真执行社会救助和保障标准与物价上涨挂钩的联动机制，积极落实联动机制政策，及时足额将价格临时补贴发放到困难群众手中，确保困难群众基本生活水平不因物价上涨而降低，切实兜住困难群众基本生活底线。

【开展涉企违规收费专项整治行动】

2022年，为贯彻落实市委、市政府降费减负的决策部署，根据《南昌市发展和改革委员会 南昌市中小企业服务局 南昌市财政局 南昌市市场监督管理局关于印发〈涉企违规收费专项整治行动方案〉的通知》要求，区发改委牵头，会同区民政局、区财政局、区城管执法局，组织开展全区涉企违规收费问题专项整治工作。此次涉企违规收费专项整治工作重点在交通物流、水电气暖、地方财经、金融、行业协会商会等领域，通过开展全区五个领域涉企违规收费的自查自纠，整治落实降费减负政策不到位、借疫情防控名义违规设立收费项目、变相截留涉农资金等问题，切实减轻各类市场主体的不合理负担。

【落实民生用能价格政策】 2022年，为确保困难群众温暖过冬，切实解决困难群众冬季取暖问题，督促区燃气公司严格按照《南昌市物价局关于管输天然气暂定销售价格转为正式价格有关问题的通知》文件精神执行，对低保人员、困难群体家庭给予优惠补贴，用气量每户每月15立方米以内按每立方米3.00元计收；超出部分按每立方米3.20元计收，由相关部门与燃气企业共同落实。

【强化涉案物品价格认定】 2022年，始终把公平、公正、守规、守纪放在核心地位，强化价格认定工作“服务政府、服务司法、服务社会”的职能定位，围绕“党史学习教育”，积极践行“马上就办、真抓实干”精神，努力创新工作方式。全年共为司法机关办理价格认定业务135起，涉案金额128万元，办结率100%，无复核案件，为稳定社会秩序、改善投资环境做出了积极贡献。

【扎实开展价格监测】 2022年，严格执行《江西省价格监测规定》，对粮、油、肉、蛋菜等主要居民生活必需品市场的价格和供应情况进行监测，认真分析生活必需品价格走势，及时掌握重点监测品种的市场供应和价格变动情况，及时提出调控市场、稳定价格的政策建议，不断提高价格调控的前瞻性和预见性，为上级决策提供依据。

（李　娟）

中小企业服务

【概况】 2022年，红谷滩区中小企业服务局不断加强组织建设，着力推进机构组建，厘清工作职责，聚焦专精特新中小企业培育，抓实抓细中小企业应收账款清欠工作，大力促进中小企业高质量发展。

【组建中小企业服务机构】 2022年2月，区委、区政府根据工作需要，将与中小企业服务的相关职能从区科工局剥离，新组建成立区中小企业服务局，为区政府组成部门，正科级建制，核定行政编制4名，下设区中小企业服务中心（股级事业单位），核定事业编制5名。该局主要职责为拟定实施中小企业和民营经济政策，负责组织中小企业申报国家扶持中小企业发展的各类专项资金和专项基金，建立“小升规”重点企业培育库，引导融资性担保机构加大对中小微企业担保力度，做好专精特新中小企业申报、培育工作，协调推动维护民营企业及中小企业合法权益和拖欠中小企业应收账款的清欠工作，推动完善中小企业和民营经济监测与评价体系工作。

【专精特新中小企业培育】 2022年，牵头制定《红谷滩区加快推动专精特新中小企业高质量发展行动方案（2022—2025年）》，并以红谷滩区政府办公室名义正式印发。按照储备一批、培育一批、提升一批的原则，建立专精特新中小企业培育库，按照市级—省级—国家级梯度培育格局，对入库企业实施动态监测、动态管理。同时，根据重点行业、重点类别予以分类，指导企业申报省级专精特新中小企业。全年新增省级专精特新中小企业11家（含高新区迁入1家），总数达21家，同比增长75%，新增省级专业化小巨人企业1家。

【惠企奖补资金兑现】 2022年，全面梳理国家和省、市纾困稳岗政策涉及资金项目，通过发放纾困解难补助金、专精特新“小巨人”奖励和小微企业融资担保降费奖补等方式，帮助辖区企业第一时间享受“真金白银”的政策，确保惠企资金落实到位。采取“免申即享”方式，全年共为企业争取和落实各类奖补资金达1443.8万元。

【中小企业应收账款清欠】 2022年，依托区中小企业账款清欠工作领导小组，组织区直单位及街道（镇、管理处）对往来合同款项进行全面梳理，排查拖欠中小企业账款问题，建立排查问题动态台账，全年共排查走访企业110余家，排查出拖欠线索7件，涉及金额271.92万元。按照“投诉—核实—受理—交办—清偿—销号”工作流程，针对排查出来不同的情况，实施分类处置，确保整改到位。对排查中发现的无分歧欠款，发现一起清偿一起。对双方有分歧的欠款，督促拖欠主体主动与被拖欠企业沟通解决，排查出来的拖欠账款全部按时清偿完毕，完成率100%。

【创业创新平台建设】 2022年，加大创业创新平台建设工作力度，组织人员现场了解企业对荣誉申报、融资政策、技能培训、人才引进等需求，积极解决企业提出的问题，不断改善提升服务质量和水平。全年新增省级小型微型企业创业创新示范基地1家，总数2家；新增省级中小企业公共服务示范平台3家，实现零突破；新增市级小型微型企业创业创新示范基地1家，实现零突破；新增市级中小企业公共服务示范平台5家，总数6家。

【惠企政策宣传】 2022年，坚持常态化开展惠企服务，推动疫情防控与企业生产双线嵌合，走访重点企业167户，发放各类惠企宣传资料600余份。开展中小企业服务月、“一起益企”等专项活动，扎实做好纾困解难政策宣讲。开展减轻企业负担政策宣传周活动，举办6场减负专题宣讲会，面对面为400余家企业宣传各类惠企减负政策。开展“红谷连心会”“政企恳谈会”“暖心护企”等活动10余次，举办“政银企”对接会5次。建立惠企政策宣传微信群34个，发布各类信息1000余条。

【企业管理者培训】 2022年，按照市中小企业局统一部署安排，及时转发上级有关企业管理人员的培训文件，做好培训政策的解读和宣讲，成功推荐26位企业管理者参加市中小企业服务局线上课堂，其中专精特新企业管理者8人，重点培育企业管理者18人。组织企业参加2022年第四期“映山红行动”后备企业管理提升班、专精特新研讨会，成功推荐63位中小企业管理者参加2022—2023年南昌创业大学的学习，帮助企业家了解国家、省市的产业政策。

【中小企业服务专窗】 2022年，进一步深化“放管服”改革，不断优化营商环境，在红谷滩区市民中心二楼设立中小企业服务窗口，配置电脑、打印机、高拍仪等设施设备，并配备工作人员，同时在区市民服务中心大厅自助取号设备上开设“中小企业服务窗口”取号专栏，提供政策、融资、维权等服务，全年共接待企业咨询1218件。

（陈道新）

安全生产监督管理

【概况】 2022年，红谷滩区应急管理局全面贯彻落实习近平总书记关于安全生产工作重要指示精神及省、市、区的各项决策部署，牢固树立底线思维和红线意识，坚持疫情防控，抓牢安全生产，理顺应急管理，筑牢防灾减灾防线，全力以赴防风险、除隐患、遏事故，确保了全区安全生产形势平稳可控。凤凰洲街道和世纪中央城社区获“省级综合减灾示范街道(社区)”称号,红谷春天社区和万达西区社区获“市级综合减灾示范社区”称号。红谷滩区“党建+应急”管理平台工作受到全省推广。红谷滩区被评为2022年全省森林防灭火“平安春季”行动平安县(区)。全年全区共发生生产安全事故2起,死亡2人;道路交通领域安全事故10起,其中生产经营性道路交通事故1起,无人员伤亡,同比下降17%;一般道路交通安全事故9起,死亡9人,同比增加23%。

【落实安全生产责任】 2022年,区委常委会、区政府常务会专门听取、研究和部署安全生产工作18次,召开全区安全生产工作会议26次,区委理论学习中心组专题学习研讨3次,区各分管领导召开专项会议40余次,及时解决安全生产重点、难点问题。调整全区“两委三部”成员名单及职责分工,在原有安委会机制体制上调整为由区委书记任安委会第一主任,区委副书记、区长任安委会主任。

【深入开展专项行动】 2022年,区“三委三部”充分发挥综合协调作用,聚焦危险化学品、消防、城镇燃气、交通、特种设备、工贸、建筑施工等重点行业,深入推进监督检查执法。先后成立督导组25个,开展督导检查259次,督导检查企业256家,督导发现问题100个,有效倒逼各行业主管部门认真履行“三管三必须”的法定职责,推动各负有安全监管防范职能的部门依法落实责任。督促指导企业健全以风险辨识管控为基础的隐患排查治理制度,通过线上抽查和线下检查的方式,督促各类企业自觉开展隐患自查自改自报和上报企业主体责任履职报告。全年红谷滩区在省安全生产监管信息系统上注册的170家企业,99.8%按照“两个15天”的要求登录系统和登记隐患。至年底,企业共排查上报隐患2775条,整改2750条,整改率99.1%。

【开展安全生产专项整治三年行动】

持续开展三年行动“巩固提升”攻坚战。突出10个专题、40项集中攻坚阶段目标任务清单,细化制定问题隐患和制度措施“两个清单”,完善和落实责任链条、管理办法和工作机制,切实从根本上消除事故隐患、解决问题。2022年,累计成立检查组1126个,检查单位12330家,排查发现一般隐患22201条,已整改20780条,整改率93.6%。警示约谈96家。识别关键风险节点215项,制定313条重点管控措施,已全部落实到位。

【推进重点领域专项整治工作】

2022年,认真细致抓好重点领域整治提升工作,对照工作方案,细化工作推进措施,确保各项任务按照时间节点高质量完成。自建房领域,深刻吸取“4·29”长沙居民自建房倒塌事故教训,针对中心老城区的特点,对全区老旧建筑、自建房进行地毯式、无死角的排查整治。累计排查自建房屋12762栋,发现隐患房屋1025栋,关停经营性商铺970个,无证装修经营性场所3家,撤离居民和租住户1251户,组织实施安全检测鉴定909栋。合用场所领域,区安委办牵头成立合用场所整治工作专班,累计排查隐患场所396家,其中排查合用场所392处,发现隐患348处,高频次播放消防安全提示1000余次、公益广告2000余份。行政处罚单位13家,罚金4.5万元,拆除违章设施800余平方米。危险品领域,健全“一牌、一图、三清单”和风险公告制度,对全区18家加油站进行集中整治。江西省安全生产监管信息系统中危化品企业隐患排查治理登录率和整改率均达到100%。组织18家危化企业全面完成预案修编及备案。对重点监管的18家危险化学品企业和2处重大危险源落实每月一次全覆盖检查。防溺水工作。开展“水美家安——全民防溺水”专项行动,在赣江沿线和生米部分水库等易下水区域,试点建设9套防溺水智能喊话系统,配合智慧禁捕高空探头+下水滩头周界探头,24小时动态监控水域周边情况,对进入警戒区域的群众进行喊话提醒。每天发送提醒短信12万余条,每日问询家庭5万余户,每日参与问询教师2000余人;全区共排查防溺水风险点346处,购置406套防护救援设施;摸排造册重点学生1238人,建立学校教师、村(社区)干部、监管人“三包一”责任体系。60岁以上从事高风险岗位人员摸排清理工作。区安委办组织各乡(镇、街道)对所辖区域、行业内企业单位60岁以上从事高风险岗位工作人员进行全面摸排清理。共排查发现8名60岁以上从事高风险岗位工作人员,其中5名已调岗,剩余3名均为厚田乡零散务工人员(2名扎钢筋工、1名建筑木工),无具体工作单位,已要求属地加强日常安全宣教。

【严格监管执法检查】 2022年,严格落实年度监督检查计划,加大监管执法力度,实现重点生产经营单位监督检查覆盖率100%、年度监督检查计划完成率100%、执法检查发现事故隐患的整改率100%、按期复查率100%、已查实违法行为查处率100%、行政执法“三项制度”执行率100%“六个100%”,使用“互联网+执法”52次,全面实行“执法告知、现场检查、交流反馈”“企业主要负责人、安全管理人员、岗位操作员工全过程在场”和“执法+专家”的“三位一体”执法工作模式,积极使用全国统一的应急管理执法信息平台,加强统计分析,提高执法效能。充分用好社会第三方力量,聘请有资质、有能力的专家参与一线执法检查,提高执法质量。全年开展执法检查10余次,行政处罚2万余元。

【落实安全生产责任制】 2022年，出台安全生产访谈暂行办法，开展安全生产工作访谈工作。创新实施安全生产“三包”[县区领导干部包“片”、行业管理部门干部包“线”、乡镇（街道）干部包“点”]监管责任制，并融合“三色”预警（从高到低划分为：红色预警类、橙色预警类、黄色预警类，统称为“三色预警”）和“四单”（工作提醒单、风险警示单、问题督办单、问责建议单）推进。全年全区共划分安全生产“片区”9个，包片领导9人，安全生产“点位”174个，包点干部174人。发出黄色预警2次，下达工作提醒单8份、风险警示单9份、问题督办单23份。

【加强基层应急管理体系和能力建设】 2022年，加强应急预案实战化演练，扎实推进安全生产、防汛抗旱、自然灾害等专项应急预案分类实施。狠抓基层应急管理体系和能力建设，着力推进乡镇（街道）实现“八有”（有机构、有经费、有机制、有预案、有队伍、有物资、有培训演练、有示范创建）、村（社区）实现“六有”（有经费、有固定人员、有场地设施、有装备物资、有工作制度、有隐患台账）的应急管理体系，从区级防灾减灾资金中划拨180万元通过奖补的方式，用于基础设施和应急物资储备。招聘9个编外应急管理岗，由区应急管理局负责管理，分配到乡镇（街道）工作，支持乡镇（街道）应急管理体系和能力建设。全区9个乡镇（街道）“八有”建设完成率100%，186个行政村（社区）“六有”建设完成率99.5%，全面提升了基层应急管理能力水平，真正打通了应急管理“最后一公里”。组建20人的综合性专业应急队伍，按照定编定岗不定人的方式，作为区级综合应急力量配置，有力推动全区基层应急管理体系和能力建设整体提升。

【开展党建+应急管理工作】 2022年，依托“党建+应急管理”系统，提升基层治理和社区应急能力。区、街道、社区三级通过“党建+应急”系统与社区党员、居民相连，定期或随时发布预警信息、应急知识等，党员干部通过“赣鄱党建云”、居民群众通过“党群一家亲”微信小程序第一时间接收、处置和反馈信息，并可通过系统向区、街道、社区建言献策。

【突出抓好防汛物资保障】 2022年，区级层面建立包括消防队伍、武装民兵、党员应急队、青年突击队等多方面专业、半专业队伍共340余人，各属地均建立一支不少于30人的应急抢险队伍。全区共投入防汛经费350万余元购置各类应急抢险物资，科学合理布局在各乡（镇、街道）。为吸取郑州“7·20”事故教训，区政府投入156万元购置2台大功率排涝车，主要针对短时强降雨天气造成的内涝进行应急处置。

【开展宣教培训活动】 2022年，组织开展“5·12”全国防灾减灾日、“安全生产月”、“五进”等活动。全年入户宣传1.28万余次、发放各类宣传资料1.5万余份；通过手机短信平台、党建+应急管理平台、线上答题活动等形式向辖区内用户发送安全提醒短信36.8万余条，3万余人参与答题活动，覆盖率达到100%。举办全区应急管理行政执法检查工作培训和防灾减灾线上培训，全面提升防灾减灾救灾能力水平，共计1000余人次参加。

【开展防灾减灾工作】 2022年，进一步增强忧患意识、责任意识，坚持以防为主，防抗救相结合，扎实做好灾害防御和救灾救助工作。森林防灭火：区级层面建立一支24人的森林消防专业队伍，各乡（镇、街道）成立一支30人的半专业扑火队伍，实行全天候备勤。为厚田乡、流湖镇、生米街道和红角洲街办4个属地配置2台水泵和2千米的水带及配套装备。区本级和乡镇均合理配置消防水泵6台、风力灭火机60余台、防火阻燃服200余套、消防铲200余把等装备。在防火重点地段、重要区域的入口和重点火险地段张贴禁火令3000余份，发放宣传资料5300余份，悬挂宣传横幅1000余条，出动宣传车50余台次开展巡回广播宣传，开展火灾应急演练6次。在区政府网站通过区融媒体等渠道发布禁火令，营造全社会参与森林防火的良好氛围，进一步提高群众的防火意识。防旱抗旱：成立党政主要领导担任双组长的抗旱领导小组专班，全年发放抗旱宣传品600余份，张贴宣传横幅26条，编发宣传文章32条，发送提醒短信120余条，累计覆盖群众3000人。针对干旱极端天气的影响，全区累计投入抗旱资金1500余万元，疏通沟渠280余条、铺设抗旱线路1.4万余米，启用抽水泵机349台，修缮抗旱站18个，新投入使用抗旱站64个，新建抗旱机井268口，出动抗旱人员2000余人次，有效满足了厚田乡、流湖镇18个村的用水需求。防震减灾：利用防灾减灾日、国际减灾日、全国科普日等重点时段开展集中科普宣传活动。全年开展防灾减灾宣传活动70余场、大型线上答题1场，张贴海报1000余张、横幅400余条，发放各类宣传品1万余份，播放宣传标语、视频2万余次，3万余人参与答题活动。红谷滩区在参加防震减灾科普讲解大赛中荣获省级优秀奖。

【加强应急值守和信息报送工作】 2022年，在应急能力方面，建设完成区应急管理综合指挥中心并投入使用；引入370赫兹应急指挥窄带无线通信网和配置卫星便携通信、指挥设备，全面运用综合业务平台，提升值班值守、协同会商、研判分析、信息发布等能力。严格突发事件信息报送时效，要求突发事件紧急信息做到事发后30分钟内电话报告、2小时内书面报告，重特大灾害事故立即电话报告、1小时内书面报告。

（李铁立）

农业农村

综述

2022年，红谷滩区深入贯彻习近平总书记关于“三农”工作的重要论述和中央、省委、市委农村工作会议精神，以扎实开展“两整治一提升”行动为抓手，迅速改变全区农村环境面貌，切实提升特色农业发展质效，不断提高农民群众生活水平，在推进乡村振兴“彰显省会担当、树立南昌标杆”上贡献红谷滩区力量，全年农业农村工作取得阶段性成果。红谷滩区谨记“农为邦本，本固邦宁”，稳住农业基本盘、守好“三农”基础，以“守好米袋子”“拎稳菜篮子”“端好肉盘子”作为抓好农业生产的主轴线，践行习近平总书记关于“中国人的饭碗任何时候都要牢牢端在自己手上”的重要论述。

精细用好土地资源。盘活低效用地，加快处置“批而未用、批而未供、闲置土地”用地，集中化解“签约未落地、拿地未开工、开工又停工”等一批重点问题，切实盘活土地资源。用活出让土地，加快谋划重大片区开发，力争出让经营性用地超66.67公顷（1000亩）。激活农村用地，严格落实“三区三线”管控要求，加快编制村庄规划，探索完善农村建设用地机制，科学合理规划农房建设，因地制宜发展农业。

2022年8月16日，红谷滩区精细用好土地资源　（厚田乡　供图）

全年农业实现总产值17.85亿元，可比增长3.48%。其中，农业产值8.55亿元，增长2.5%；林业产值0.23亿元，增长7.1%；牧业产值6.67亿元，增长2.7%；渔业产值1.27亿元，增长4.8%；农林牧渔服务业产值1.13亿元，增长15.0%。农村居民人均可支配收入达24164元，比上年增长6%。粮食生产总体稳定，全区粮食生产面积4.32万公顷，产量910万千克。蔬菜生产总体保持平稳，全年蔬菜产量3.36万吨。

种植业

【概况】　2022年，红谷滩区农业农村局为稳定全区粮食生产，全力完成粮食种植生产任务，高度重视并及时部署相关工作，召开区、镇两级粮食生产工作部署会，压实粮食生产任务，将任务层层分解到村、到户、到田间地块。全区早稻种植面积4138公顷，中稻种植面积5463.13公顷，完成了省、市下达的粮食生产任务。建成333.33公顷

(5000 亩)高标准农田,完成粮食总产量 9100 万千克、冬种扩面超 6666.67 公顷(10 万亩),粮食安全保障有力。

【落实相关惠农政策】 2022 年,红谷滩区积极落实耕地地力保护补贴、稻谷补贴、一次性种粮补贴、水稻保险的相关惠农政策。下拨相关乡镇耕地地力保护补贴资金 748.651 万元、一次性种粮补贴 131.53 万元,并积极出台区级早稻奖补等奖补政策。特别是自 7 月开始,全省降雨量持续偏少,连续 50 天无有效降雨,水库蓄水大幅度降低,部分沟、塘、渠接近枯萎的极端天气,对中稻、晚稻及蔬菜、瓜果等农业生产产生了非常不利的影响。红谷滩区全力应对夏秋冬连旱极端天气,统筹各类涉农资金超 1000 万元修建抗旱设施。

【指导开展抗旱救灾工作】 2022 年 7 月始,旱情在持续发展,部分地区无有效降雨日数已超过 50 天,9 月中下旬和 10 月,流域降水量仍偏少,夏秋连旱形势严峻。全区因旱情受灾面积 6933.33 公顷(10.4 万亩),其中经济作物 53.33 公顷(0.08 万亩)、中稻 2466.67 公顷(3.7 万亩)、晚稻 3106.67 公顷(4.66 万亩)、旱油 400 公顷(0.6 万亩),旱粮 226.66 公顷(0.34 万亩)、其他 680 公顷(1.02 万亩),经济损失达 2200 万元。灾情发生以来,红谷滩区高度重视,立即行动,成立专项督查组,深入田间地头,查苗情、查灾情,指导开展抗灾自救工作,努力将损失降到最低水平;积极争取各级资金 1000 余万元,对老旧设备进行更换,购买新水泵、深挖排水渠、清理渠道杂草。在旱情面前,干部群众齐上阵,基层干部进村入户,包村包片,帮助农户找水源、抓生产、解难题,为抗旱救灾各显神通,靠近江边、农田灌溉的电泵 24 小时不间断往田间抽水,对于干旱区就地挖沟打井解困,打抗旱井 300 余口。区农业农村局加强与水稻保险公司的协调,组织人员现场勘查和测算、评估灾情,并立马启动理赔流程,让受灾农户吃个"定心丸"。为全区做好"六稳""六保"工作打下坚实的基础。

2022 年 9 月,流湖镇全力抗旱保秋收　　（流湖镇　供图）

【推进冬种油菜种植工作】 2022 年,红谷滩区克服干旱等不利因素带来的影响,想尽一切办法完成油菜种植任务,区农业农村局和乡镇农技人员下沉一线指导农户,引导农户种植耐旱、早熟品种的油菜,区政府督查室围绕冬种任务开展专项督查,在上级要求的时间节点前完成冬种油菜任务 2246 公顷。同时,为了鼓励农户种好"油",多种"油",红谷滩区政府拿出 1010.7 万元用于补助农民,极大地提高了农民的种植积极性。

（罗富春）

农村工作

【概况】 2022 年,红谷滩区扎实开展农业农村"两整治一提升"行动,持续深化乡村振兴战略。大力整治农村人居环境,按照"四化""八有"标准,总投资 4000 余万元打造厚田闸上村"乡村振兴示范村"、生米街道谢家垅自然村"共同富裕样板村"等 7 个示范点,为 40 个自然村安装 571 盏路灯。大力整治农村路域环境,改造昌樟生米立交桥、厚田艾家桥 2 座危桥,安装 20 千米农村道路临水临崖护栏。大力提升农业特色产业,新培育省级农业龙头企业 4 家、市级农业龙头企业 15 家、规上农业企业 4 家,带动农户就业 5994 户。村集体经济年收入均突破 30 万元,最高达 4000 万元。

【开展"两整治一提升"三年行动计划】 2022 年,扎实开展农业农村"两整治一提升"(农村人居环境整治、农村路域环境整治、农业特色产业提升)三年行动计划,使全区农村路域环境得到有效改善,农村人居环境明显提升。红谷滩区统筹市级补助资金 1250 万元、区级财政配套资金 2650 万元,以 1 个乡村振兴示范村及 6 个共同富裕样板村试点打造作为示范引领,带动农村人居环境提升。为扎实做好"两整治一提升"工作,红谷滩区健全党政"一把手"亲自抓的工作机制,区委、区政府主要领导带头抓"两整治一提升"工作,每月对"两整治一提升"工作进行专题调度,重要工作亲自部署,重要问题亲自过问,进一步压实压紧党委抓乡村振兴的政治责任。乡镇党委书记、村书记坚持靠前调度、现场推进,抓好每一个村点、每一个项目、每一个产业的提升;同时,把发动群众、组织群众、服务群众贯穿专项行动全过程,形成干群同心的强大合力。

【打造乡村振兴示范村】 2022年,在区、镇、村三级干部聚力推进下,红谷滩区围绕"三清三拆"整治,清理村庄垃圾,规范房前屋后杂物堆放,清理池塘沟渠,拆除乱搭乱盖、违法违章建筑,拆除违规广告招牌,拆除废弃建筑。在做好前期清拆的基础上,施工队伍围绕道路硬化、村庄绿化、污水净化、路灯亮化,高质量打造厚田乡闸上村乡村振兴示范村试点,重启生米街道6个共同富裕样板村建设,形成"幸福谢家垄(南星村谢家垄自然村点位)、水上七坪(感里村七坪自然村点位)、醉美虎爪(夏宇村虎爪自然村点位)"等景观,在全市"两整治一提升"行动观摩会上取得非农业县区第二名的好成绩。实施农村"亮灯工程",安装智能路灯656盏,率先完成市级任务,有力地解决了农村地区群众夜间出行照明问题,一盏盏崭新的路灯亮起来,照亮了村民的小康路、幸福路。

【做好猪肉市场保供稳价工作】 2022年,红谷滩区拥有60余万人口的巨大消费市场,在疫情未得到全部控制的情况下,保障居民的生活品质,特别是肉类的供应是一个重要的民生问题。区农业农村局坚持稳生猪、增水产、保家禽,不断提高市场的供应能力。鼓励畜牧家禽企业做大做强,推荐江西省赣轩农业开发有限公司、江西天厚玄鸟农业科技有限公司申报为特色畜禽养殖示范基地。全年畜牧业生产保持稳定,生猪累计出栏6.01万头,肉类产量0.66万吨。抗击历史罕见干旱,水产品上市达到0.42万吨,家禽出栏152.85万羽。

【发展高效设施农业】 2022年,红谷滩区坚持"项目为王",大抓项目、抓大项目,引入航天智联(海南)科技有限公司作为合作企业,与区城投公司成立合资企业(航天红源科技有限公司),共同开发元宇宙·VR数字农业示范基地。该项目总投资2亿元,建设规模23.1公顷,高标准规划建设大棚面积9万余平方米。项目将打造成集现代数字农业示范区、都市生态农业三产融合示范区、食药同源健康产业基地、乡村研学文旅示范基地四大功能于一体的现代数字农业应用场景示范园。至年底,项目进展顺利,植物工厂已建成,车间均已交付,按照生产布局,中草药、草莓、番茄、叶菜等完成种植,长势良好。园区已经初步建成并已经开园,在2022年世界VR大会上,让海内外的群体看见了元宇宙技术与农业集合的科技成果。同时,以项目推动为主抓手,助力农业提质增效,推动如投资3亿元的爱园现代农业产业园、上房食用菌基地菌包流水线生产、畜禽粪污资源化利用等项目。全年新培育"四上"企业4家。发挥农业龙头企业带动作用,新增市级以上农业龙头企业15家,新增省级龙头企业4家,进一步带动就业农户5994户。

【组建农机管理组织】 长期以来,由于受新区管委会体制机制以及农业服务对象不多等影响,红谷滩区一直没有正式的农机器具管理机构(即农机局)。2022年,厚田乡、流湖镇相继划归红谷滩区管辖,红谷滩区农业面积由2000公顷增加到1.33万公顷(约20万亩,面积全市排名第5),农村人口超过14万人。随着服务对象的增多,陆续有群众询问购机补贴政策,在新的形势下,区农业农村局克服重重困难,争取到市级支持,安排农机补贴专项资金100万元,解决了没有资金的问题;争取到省厅及市局的支持,开通农机补贴账号问题;协调乡镇解决办公场地问题(考虑到申领农机补贴需要人机到场核验的问题,经与乡镇协调,决定将申报地点设放在流湖镇农办院内);申请财政扶持,招聘农机管理人员;基本上解决了人、财、物及办公的问题。为了让工作人员上岗就能办,而且能办好,不出漏。区农业农村局组织工作人员赴兄弟县区取经学习操作流程及办理补贴的关键要点,做好前期准备工作。同时,为了扩大群众的知晓率,印发《致全区农民朋友的一封信》,让群众掌握了解购机补贴政策及如何办理等基本信息,优化审批流程,推行申购农机补贴"只跑一次"服务。

(罗富春)

农村生态保护

【概况】 2022年,红谷滩区牢记"绿水青山就是金山银山",扎实推进生态文明建设,坚持生态文明建设与经济建设协同发展,一手抓生态保护,一手抓合法用地,两手都要抓、两手都要硬。既保障全区经济发展的需要,又对涉水、涉林的违法行为予以严厉打击,毫不手软。

【保护森林资源】 2022年,推进红谷滩开发建设,林地使用报批工作是红谷滩区林业部门的首要任务,在市林业局的关心下,全年共报批征占用林地31宗,其中永久占用林地项目19宗;临时使用林地征占用项目12宗。红谷滩区坚持以保护森林资源为重点，严格落实各项防火措施，强化森林防火责任意识，通过分片包干的形式将防火责任落实到各级领导和相关人员肩上。加大重点区域巡查力度，组织专职护林员在原有基础上加大巡查密度和次数。加强森林防火宣传，先后开展安全生产月活动、安全风险防范大宣传大实践活动等活动，进一步引导群众自觉树立消防安全意识，全年未发生重特大森林面积受损、未出现人员伤亡事故。开展森林违法图斑整改查处工作，完成了26宗违法违规使用林地案件的处罚，共收缴罚款88.14万元。开展病枯死松树除治，上半年在除治期内共处理枯死松树4985株，其中红角洲管理处1701株、凤凰洲管理处2180株、生米镇251株、厚田乡853株。

【夯实水利建设基础】 2022年，红谷滩区坚持以人水和谐为目标、以防患未然为重点、以项目建设为抓手，夯实水利建设基础。针对往年汛期期间暴露的问题短板，开展问题整改。对乌沙河丰和联圩（红谷滩段）应急除险加固，项目总投资388万元，在汛期到来前已经完成对部分塌陷、渗漏、泡泉、欠高之处的换填、高喷和深搅等工作，消除了安全隐患。

【堤坝蚁排查处置工作】 2022年，红谷滩区为消除蚁害隐患，确保水库安全度汛，在全区各大水库坝坡上进行“地毯式”排查，仔细寻找白蚁活动痕迹。已经完成前湖水库、铁路水库、三村水库、潼溪水库等10座水库，南星堤、乌沙河堤等堤防白蚁排查工作，并开展白蚁处置工作，共施药面积23.7万平方米、挖除蚁巢1289巢、设药饵诱杀堆4833处、蚁源区药物灌注10.51万孔，确保水库、堤坝安全度汛。

【加强主汛期河道采砂管理工作】 2022年，为加强主汛期河道采砂管理工作，严厉打击非法采砂行为，维护全区河道采砂管理秩序，开展打击非法河道采砂行为。区农业农村局克服人手不足的困难，从为数不多的局干部中抽调6人，成立护沙队伍，长期驻扎在厚田乡，对国有砂石公司的采砂行为开展监管，对非法采砂行为予以严厉打击。

【加大水生生物资源养护力度】 2022年，进一步巩固红谷滩区重点水域禁捕退捕成果，做好红谷滩区水生生物的保护工作，开展“打击非法捕捞渔政亮剑2022行动”和“集中整治违规垂钓专项行动”。对违规垂钓和非法捕捞行为进行专项整治。出动巡查人员2872人次，驱离、劝离各类违规垂钓人员7322人，收缴禁用钓鱼具709套、禁用网具46套、鱼竿165根，发放宣传单3703份，联合区公安分局开展集中整治违规垂钓行动5次，有效保护了赣江红谷滩段水生生物安全。

（罗富春）

脱贫攻坚

【概况】 2022年3月，因区划调整红谷滩区正式启动巩固拓展脱贫攻坚成果同乡村振兴有效衔接工作。红谷滩区扎实推进责任落实、政策落实、工作落实。

【成立机构压实责任】 2022年，区委区政府高度重视巩固成果和乡村振兴工作，结合本区实际，研究出台《红谷滩区关于实现巩固拓展脱贫攻坚成果同乡村振兴有效衔接的实施方案》，成立巩固衔接工作领导小组。由区委书记、区长任组长，区委副书记和区政府分管副区长为副组长，相关部门负责人为成员，压实了所涉部门的职责。

【拓展脱贫攻坚成果长效机制】 2022年，建立巩固拓展脱贫攻坚成果长效机制、脱贫人口常态化帮扶机制、定期调度督导工作机制，推进政策落实和工作落实。执行“三线并行”预警监测。全年新识别纳入监测对象1户1人，风险消除2户9人。脱贫户和监测对象均已消除风险。巩固“三保障”和饮水安全成果。确保脱贫人口和监测对象义务教育阶段学生无辍学；保障脱贫户中的低保对象享受320元的定额资助参保，全脱贫人口和监测对象基本医疗保险参保率100%；厚田乡木埠村20栋老旧危房已完成整改。保障了全区住房安全和饮水安全。完成巩固成果信息采集和防返贫排查工作。认真开展脱贫人口收入等信息核实“回头看”工作，确保实事求是反映本地脱贫人口收入，在12月4日前完成收入核查、数据审核和录入工作。安排226名区级副科级以上领导干部与脱贫户和监测对象实行结对帮扶。

【加强产业就业帮扶】 2022年，脱贫人口小额信贷余额306.5万元，新增111.9%，获贷比40.3%，帮扶产品销售完成3700万元。加大就业监测，512名脱贫劳动力就业率达81.5%，为35名脱贫户学生发放“雨露计划”补助资金5.25万元。强化资金项目推进。全区全年财政衔接推进乡村振兴补助资金项目10个（流湖镇6个、厚田乡4个），已全部完工，投资金额535.41万元。

（罗富春）

产 业 发 展

数字经济

【概况】 红谷滩区是全省数字经济创新引领核心区。2022 年，区内有数字经济核心企业 5380 家，企业总量及增量均位列全省各县区之首；规上数字经济企业从年初的 24 家增长至年底的 41 家，是全市规上数字经济企业增长最快的县区。规上数字经济企业年度总营收突破 68 亿元，实现增加值超 14 亿元，增量位列全市第一；规上软件及信息技术服务业年度营收 18.8 亿元，增长 5.6 亿元，增量位居全市第一。5G 基站率先实现全域全覆盖，累计开通 3135 个，占比达 17.3%，是全市比重最高的城区。成功举办五届世界 VR 产业大会，并成为永久举办地，区内有国内虚拟现实领域唯一的国家级创新中心、全国首个职业教育虚拟仿真示范实训基地、全省首个 VR“元宇宙”数字农业示范基地，落户有国内数字经济 100 强企业 16 家、软件业 100 强企业 13 家、互联网 100 强企业 8 家、VR 50 强企业 14 家、虚拟现实创新研发平台 17 家，是全国虚拟现实产业、全省数字经济产业重要的聚集地和增长极。全年红谷滩区数字经济核心产业企业数量达到 5380 家。其中，计算机、通信和其他电子设备制造业企业 14 家，信息传输、软件和信息技术服务业企业 5366 家。其中，电信、广播电视和卫星传输服务业企业 97 家，互联网和相关服务业 447 家，软件和信息技术服务业企业 4822 家。全年新增数字经济核心产业企业 1378 家，总量及增量均位列全市第一。全区规上数字经济核心产业企业数量达到 49 家，排名全市第 4；营收 94.84 亿元，排名全市第 5。全区规上信息传输、软件和信息技术服务业企业数量达 41 家。其中，电信、广播电视和卫星传输服务企业 3 家，互联网和相关服务业 4 家，软件和信息技术服务业企业 34 家。企业营业收入总额 67.9 亿元，排名全市第 2，同比增长 19%，排名全市第 5。红谷滩区共有 3 家企业经省工业和信息化厅评选或复核，被认定为 2022 年江西省大数据示范企业。南昌 VR 科创城被评选为省级数字经济集聚区。

【召开全区数字经济发展大会】 2022 年 9 月 23 日，召开红谷滩区贯彻落实省市稳增长、防风险、保稳定、惠民生工作部署会暨数字经济发展大会，会上区委书记吴江辉向全区干部提出工作要求并动员全区上下鼓足干劲、奋发进取，深入推动全区数字经济做优做强，进一步凝聚起“保持领先领跑姿态、彰显首府首区担当”的磅礴力量。

【完善体制机制保障】 2022 年 9 月 23 日，区委、区政府制定印发《关于成立区发展数字经济工作领导小组的通知》《红谷滩区深入推进数字经济“一号发展工程”全力打造全省数字经济创新发展高地行动方案》，区发展数字经济领导小组制定印发《红谷滩区深入推进数字经济“一号发展工程”2022 年度工作计划》，明确组织领导、统筹协调、工作保障等工作机制。行动方案制定三年工作目标，紧盯“全面建设全市数字经济创新引领核心区”目标，制定九大重点任务清单并对 39 项具体工作进行条目式分解，同时明确各项工作牵头单位和配合单位。明确在“组织、财税、融资、人才、要素、宣传、考核”7 个方面强化保障。工作计划提出“数字产业规模持续扩大、产业数字化转型加快提速、数字基础支撑能力不断增强、数字化治理水平大幅提升”四大方面的年度工作目标，各责任单位分别落实 72 项具体工作及其量化指标，并提出工作推进机制、考核激励机制和宣传推广工作三大工作要求。

【高规格成立数字经济工作领导小组】 2022 年 9 月 23 日，区委书记吴江辉任第一组长、区长刘光荣任组长，常务副组长由区委常委、副区长邱胜担任，副组长分别由区委常委仇海泉、宣传部部长邓越峰和副区长罗国亮担任。领导小组办公室主任由常务副组长担任,区发改委、区科工局主要负责人兼任办公室副主任。同时,明确12个主要成员单位的职责。区发改委负责全面协调全区数字经济发展工作,统筹产业数字化工作,对接省市发展数字经济领导小组办公室,区科工局负责统筹数字产业化、数字经济招商、制定落实相关扶持政策。

【省大数据示范企业】 2022年,红谷滩区共有3家企业经省工信厅评选或复核认定为江西省大数据示范企业(以下简称省大数据示范企业),分别是:江西诚韬科技有限公司、南昌市微轲联信息技术有限公司、江西融合科技有限责任公司。省大数据示范企业是指在大数据领域具有核心竞争力,具备国内或省内领先技术优势,对行业发展有促进和示范推广作用的企业。省工信厅负责省大数据示范企业组织实施工作。省大数据示范企业每年集中组织申报1次,管理期3年,每3年复核1次。复核合格的继续保留省大数据示范企业称号,未参加复核或复核不合格的,省工信厅将撤销省大数据示范企业称号。

【加快推进园区载体建设】 2022年,南昌VR科创城被评选为省级数字经济集聚区,至年底,已累计开工24.73公顷,项目在建面积近85万平方米。其配套市政基础设施一期工程将新建25条市政道路(道路总长29.4千米),已进场施工15条道路。

【落实南昌智算中心落户红谷滩区】 2022年,积极对接华为公司,深入调研论证落地具体方案,至年底,智算中心设备采购项目申请贴息贷款已通过国家库的获批,初步确定落户在科创城二期工业园内。

【政府管理服务数字化水平提升】 2022年,推动服务事项"统一标准"。依托市四级一体化平台,完成区本级、乡镇(街办)以及社区三级共计3528个事项的标准化建设,并同步更新政务服务网分厅、政府门户网站、赣服通分厅的事项要素,确保线上线下数据同源,实现市、区、乡、社区政务服务标准"四级十五同"。推动政务服务"一网通办"。深化"赣服通""赣政通"等应用场景的建设,至年底,区本级部门上线政务服务事项1156项,除涉密和特殊事项外,全部实现网上可办,全程网办率达88.4%,提前完成市委、市政府"网上办"工作目标。并以全程网办为主要路径,推出街道(派出所)、社区就近办事项,打造15分钟"政务服务圈",试点工作经验在全市全面复制推广。推动社会服务"一网协同"。在全省县区率先实现江西省企业登记网络服务平台与"一窗式"综合服务平台的政务数据互联共享,相关经验做法在全市推广。通过在"赣政通"平台组建部门群,实现在线办公、移动办公,提升各部门间政务信息沟通效率,保障信息传输安全。

【数字基础设施建设】 2022年,积极推进通信基站基础设施建设。完成5G基站建设240个,累计建成2070个,累计开通3129个,建设数、开通数居全市第一。大力推进IPv6规模部署和应用。全年红谷滩区IPv6升级改造任务共有101个,其中35家公有单位已全部改造,66家私企改造完成43家。

【元宇宙农业示范基地】 2022年,红谷滩区元宇宙VR数字农业示范基地建设稳步推进,元宇宙农业系统建设齐头并进,灵境世界、数字世界、智慧世界均已开发完成100%,联调联试完成90%以上。

【产业赛道有新突破】 2022年,积极聚焦VR、元宇宙产业总部研发、技术创新、信息服务和应用示范类等8个重点赛道,新引进数字核心企业14家,总投资24.48亿元。其中,上海威派格江西区域总部、科大讯飞江西区域总部、蚂蚁集团全国服务共享中心、上海思贤信息总部、贵兴科技总部、绿建大数据总部、X-meta元宇宙交易平台公司、北京天云软件子公司等9家已正式注册落户;龙源电力集团区域总部、省军民融合大数据中心项目已完成签约。

【产业布局有新篇章】 2022年,在省、市的高位推进下,上报139平方千米南昌未来科学城初步谋划方案;完成700亩元宇宙试验区初步概念规划;落实VR科创城二期500亩工业园成片开发;高水平协办2022年世界VR产业大会,红谷滩区在该大会上签约项目23个,投资额达163亿元,占大会总签约金额22.7%。

【产业集群有新支撑】 2022年,国家虚拟现实制造业创新中心顺利完成股权结构优化,在2022年世界VR大会期间正式授牌成为国家级制造业创新中心。总投资2.1亿元的元宇宙·VR数字农业示范基地155天投产运营。中国移动虚拟现实创新中心、江西求是高等研究院加速启动装修。VR产业基地获批国家小型微型企业创业创新示范基地。

【出台科技创新扶持政策】 2022年8月23日,区政府制定印发《红谷滩区支持科技创新高质量发展奖励办法》,该奖励办法重点在做大创新主体、做精创新平台、做大研究与发展(R&D)经费、做实科技成果、做优创新环境等五大方面予以重点扶持。

【数字经济与金融实战大讲堂】 2022年,红谷滩区共召开5期"数字经济与金融实战大讲堂"活动,包括:基于人工智能的数字化转型研讨、产业地产开发建设和投资运营模式、高水平数字政府建设推动高质量数字经济发展、楼宇经济的招商引资、数字经济产业发展前景与投资五大主题，邀请来自各大行业顶尖的专家授课。通过开展这项活动，在全区营造了全员学习、终身学习的浓厚氛围，使全区干部思想境界有提高，工作作风有转变，履职能力有提升，综合素质有改善，切实提高了全区干部队伍思想认识境界水平和驾驭各项工作的能力，为全区工作提供高素质的队伍保障。

【重大重点项目简介】 2022年10月，医至初智慧医疗中心项目开工。该项目位于南昌市红谷滩区九龙大道5335号虚拟现实科创城F01－6号办公楼，占地面积2亩，建设面积6023平方米，总投资3亿元。预计2023年6月竣工。医至初智慧医疗中心围绕病理诊断，通过云平台共享切片图像，AI病理辅助诊断，极大地便利了病理医生完成分析和精准判读，成功实现了病理行业的数字化转型。建设单位是江西医至初医学病理诊断管理有限公司，公司致力于通过“前置实验室”，解决基层医院病理难问题；通过优质医疗资源下沉，打造多个省市县级医联体；通过统筹规划，构造三甲医院错位、补位发展的病理服务体系；助力分级诊疗的落地，夯实精准医疗的基础。

【加快数字化人才队伍建设】 2022年，根据《校地融合智库工作方案》，已确定94位首批智库专家。正积极推进与江西财经大学VR产业学院深度合作，加快建立一支专业过硬、技术够强、业绩更实的VR人才队伍目标。省“双千计划”共申报项目36个，创历年之最，涉及领域有三维传感与机器视觉、VR产业、集成电路领域、虚拟现实领域团队项目和VR/数字孪生领域团队、人工智能大数据、计算机等多领域。“红谷VR智汇”工程提供5个亿VR/AR人才经费，实施“红谷VR引智”“红谷VR育智”“红谷VR留智”三大计划，全年共认定高层次VR人才5名，兑现奖金近180万元。

【多项数字相关产业政策兑现】 2022年，共兑现区级普惠性政策资金1193.55万元，包括区级VR/AR产业政策资金29.25万元，补充兑现759.29万元；区级物联网产业扶持政策资金254.75万元；区级推进数字经济产业发展的扶持政策资金150.26万元。

【李克强考察南昌跨境电商创业园区】 2022年4月11—12日，中共中央政治局常委、国务院总理李克强在江西考察。其间，他到南昌跨境电商创业园区与创业者交谈。有企业反映现金流紧张，他说，一些企业尤其是特困行业企业正处在生存发展的重要关口，要抓紧研究缓解资金压力的金融支持措施。他走进美翻科技公司，了解企业通过平台向电商创业者开展的实操培训情况，勉励其把平台发展好，帮助更多人创业就业。他说，要通过深化改革更大激发市场活力和社会创造力，持续推进“双创”，让新业态新模式层出不穷。创业者既要勇于闯市场，又要守诚信，这样走得更好更远。

【南昌未来科学城】 在2022年世界VR产业大会举办之际，市委、市政府在红谷滩布局139平方千米未来科学城，红谷滩区强力落实，对未来科学城总体定位、产业布局、空间规划、发展目标等进行提前规划，掀起新一轮区域发展热潮。总体定位：将未来科学城打造成“科创之城，智造之城”。

产业布局：“1+3+X”产业。“1”是指软件研发及服务。包括VR、泛VR、工业软件、系统解决方案、人工智能等各类软件研发及服务。“3”是指未来智造、未来通信、未来健康。“未来智造”指VR/AR/XR整机、电子信息、集成电路、智能穿戴、智能机器人、网联汽车等智能终端制造；“未来通信”指5G/6G技术、北斗卫星、算力中心、车联网、物联网等通信技术应用；“未来健康”指生命科学、生物技术、功能食品、智能医疗等健康产业。“X”是指符合未来产业发展规划，与数字化、信息化、智能化密切相关，无污染、低能耗、高产出的高端制造业。

空间规划：建设五大区域，一是未来产业科创总部聚集区：以九龙大道两侧700亩用地为板块，重点布局软件研发及服务、金融、商贸等科创平台、企业总部。即将落户中国电信应用示范产业园、创投（云上）数字经济产业园等项目。二是未来产业高端智造先导区：以VR科创城二期工业用地及以南区域1000余亩为板块，重点布局未来智造、未来通信等高端智能制造产业。即将开建江西人工智能计算中心、省军民融合大数据中心等项目。三是未来产业产教融合孵化区：以九龙湖西部高教组团约8000亩为板块，重点布局高等院校、科研院所、企业研发机构、创新创业基地等。已启动南昌健康职业技术学院、南昌技师学院、南昌医学院，即将开工江西农业工程职业学院等项目，集聚人气、提升商气、带来财气，储备人才。四是未来产业应用场景示范区：以九龙湖区域21平方千米为板块，重点布局首发首展、应用场景、生命科学、智能医疗等产业。五是未来产业装备制造引领区：以流湖、厚田区域25平方千米为板块，重点布局新型装备制造项目。

发展目标：一年起步、三年见效、五年成型、十年筑城。一年起步：到2023年底，基本完成南昌未来科学城的主导产业规划、空间功能布局、融资平台搭建、组织机构运行，导入重大产业项目，拉开重点主干路网。三年见效：到2025年底，全面完成主干路网、公建配套基础设施建设，基本建成未来产业科创总部聚集区、高端智造先导区、产教融合孵化区、应用场景示范区。五年成型:到2027年底,五大区域基本建成,产业链、创新链、资金链、人才链、政策链基本融合。十年筑城:到2032年底,形成集聚20万以上未来产业人才、容纳50万以上常住人口的未来科学城,再造一个新红谷滩。

【世界VR产业大会】 2022年11月12—13日,2022世界VR产业大会在南昌红谷滩区国际博览城举行,红谷滩区高水平协办2022年世界VR产业大会,持续完善大会官网及官方网络平台内容审核审查机制,积极及时化解舆情风险;对会场及住宿酒店等重点区域开展全天候立体化安全巡逻,为大会成功举办营造和谐稳定的社会环境。按照"精细、精美、精致"要求,加强重点场所及周边环境的整治力度,抓好城市主干道和铁路、机场出入口等重点区域的绿化、美化、亮化和氛围营造工作,向参会嘉宾展示南昌干净整洁的城市形象。该届大会聚集近200名行业大咖在会上发表精彩演讲,中国联通集团党组书记、董事长刘烈宏,图灵奖获得者约瑟夫·斯发基斯,科大讯飞股份有限公司董事长刘庆峰等在开幕上发表主旨演讲;组织400余家知名企业和机构在博览会上参展,展示内容涵盖硬件、软件、服务及应用等虚拟现实全产业链;吸引全球20余个国家和地区的5000余名嘉宾线上线下参会,超1亿人次观看大会直播和转播。

(唐景虹　胡云松)

商贸服务业

【概况】 2022年,红谷滩区通过全方位多举措,促进全区经营信心提振和消费潜力释放,有力地增强了消费对经济的拉动作用。以优化商业体系为途径,促进新型消费,按照提升改造特色商业街区、策划形成亮点活动、创新推广新型业态的思路,着力在摩天轮经济带、金融大街周边打造一批人气旺、特色强、有文化底蕴的特色商业集聚区。商贸复苏强势有劲。投入1300万元开展"乐购红谷·悦享生活"系列活动,拉动各类消费超10亿元。统筹3000万元购房补贴提振商贸消费。推动华润万象城提前10个月竣工,在"十一"假期盛大开业,落户全球第6家华为旗舰店,集聚151家首进江西品牌、13家首进华中品牌,"早C晚A"[早上饮咖啡(coffee),夜晚品酒(alcohol)]成为新时尚。赣江新天地商业街获评"省级高品质美食街区"。承办第二届中国米粉节、中国(中部)工业博览会等26场大型会展活动,接待参展人员超60万人次,实现总销售额770亿元。全年全区社会消费品零售总额完成321.43亿元,增速5.2%,批发业商品销售额完成317.76亿元,增速16.9%;零售业商品销售额完成301.31亿元,增速8.5%;住宿业营业额完成12.78亿元,增速4.6%;餐饮业营业额完成31.6亿元,增速6.2%。其中,限上社会消费品零售总额完成260.96亿元,增速11.19%,全市排名第一。

【开展促消费活动】 2022年,发掘新的热点,刺激消费,调整消费结构,通过在消费节点开展促销活动拉动消费。组织开展2023年红谷滩区"乐购红谷·悦享生活"时尚购物节系列活动,采取政企联动、公众号、网络新媒体、直播等方式定向对大南昌都市圈群众进行宣传推介商贸系列活动,吸引消费者到红谷滩消费。加强与工商、税务、统计部门的协调沟通,积极推进"五上"企业(五类法人企业,即规模以上工业企业、限额以上批发零售住宿餐饮企业、有资质的建筑业企业、房地产开发经营企业、规模以上服务业企业)入统工作,扩大社会消费品零售总额的统计范围。大力挖掘餐饮消费市场,引导餐饮企业加快品牌化、连锁化、特色化、规模化建设步伐,引导企业用现代管理思维经营餐饮,做大做强餐饮企业。加快兑现市、区两级政策资金,大力扶持商贸业企业发展,培育优质龙头企业,加大企业走访调研力度,及时了解阻碍企业发展的堵点难点,帮助企业优化环境、解决问题,做好企业服务工作。

【"乐购红谷·悦享生活"促消费系列活动】 2022年,红谷滩区政府投入1300万元资金,开展"乐购红谷·悦享生活"系列活动,该活动通过服饰、赣菜餐饮酒品、百货、汽车、电子商务、文化图书等七大板块,实现线上线下相融合,营造"愿消费、敢消费、能消费、乐消费"的良好氛围和环境。统筹安排了全年的活动计划,赣菜餐饮酒品板块组织了美食展、餐饮节等活动,以展示赣菜文化魅力,引导和吸引消费者品尝。汽车零售板块开展车展、试驾活动等,引导并激发消费者对汽车品牌和业务的兴趣。服装饰品板块通过时尚发布会、搭配秀等活动,以引导消费者购物。电子商务板块以线上渠道为主,组织了赣菜直播带货、优惠券发放、线上购买、线下体验等活动,让消费者无需出门即可感受到购物的快乐。而文化图书板块则通过推出文化展览、图书分享等活动,以满足消费者对文化产品的需求。通过与抖音、省建行、省银联等机构的合作,采用传统媒体和新媒体相结合的方式,让活动宣传覆盖面更广,品牌影响力更加强大。通过系列举措,刺激了消费需求,促进了经济增长,提升了消费环境,增强了商业活力。同时,这些活动为红谷滩区营造了一个具有地方特色和文化内涵的消费氛围,吸引了更多的游客和消费者,进一步推动了地方经济的发展。

【金秋消费季启动仪式】 2022年,为深入贯彻落实党中央、国务院关于扩大内需促进消费、稳住经济大盘的决策部署和省委、省政府“拼搏三季度，奠定全年胜”的工作要求，促进商贸消费持续恢复，8 月 17 日晚，由省商务厅、市政府联合主办的“2022 江西金秋消费季”暨南昌市悦享金秋·乐购洪城活动启动仪式在南昌市红谷滩万达广场举行。

【兑现市级奖励政策】 2022 年，根据市商务局《关于开展 2021 年度促进全市批零住餐行业经济高质量发展的若干政策措施申报工作的通知》精神，开展 2021 年度促进全市批零住餐行业经济高质量发展申报及拨付工作，为符合条件的区内 313 家批零住餐企业兑现政策奖励资金共计 2067 万元。

【出台商贸消费提质扩容政策】 2022 年，完善政策措施，培育壮大市场主体。按照《江西省促商贸消费提质扩容三年行动计划》文件精神，结合红谷滩区实际，出台《关于印发〈红谷滩区促进商贸消费提质扩容的若干政策措施（试行）〉的通知》，促进商贸消费提质扩容，助推全区经济高质量跨越式发展。

【华润万象城开业】 2022 年 10 月 1 日，南昌万象城正式开业。华润万象城是省、市重大重点项目，也是南昌市、红谷滩区的重点招商引资项目。项目总建筑面积约 27 万平方米，分为地上 4 层、地下 2 层，设置停车位 1597 个，是集服饰、电子产品、餐饮、休闲娱乐于一体的城市高端商业综合体。华润万象城引进的业态主要有餐饮、服饰、汽车、电子产品、家居家电、美妆美发、黄金珠宝首饰及生活服务等，包括 Miele 江西首店、美克美家快闪店、Ole 精品超市、万象影城等各大品牌近 400 家。其中，首进江西品牌有 151 家，首进华中品牌有 13 家，旗舰店有 28 家。开业当天实现了 1800 万元销售额。南昌万象城的开业，构筑起红谷滩集商业、文化、娱乐等元素于一身的又一城市新地标，对红谷滩区“五大中心”建设，对提振消费、增加就业有着重要的促进作用。

【第二届中国米粉节举办】 2022 年 11 月 24 日，由省商务厅、市政府、中国饭店协会共同主办的第二届中国米粉节在南昌红谷滩区绿地国际博览中心盛大开幕。该届米粉节以“小米粉大产业 扩内需促发展”为主题，共设置论坛会议、展览展销、特色活动三大板块。主展馆面积超 3 万平方米，有来自 23 个省（区、市）近 500 家企业参展，特装率达 60%，展览面积较上届扩大 7000 平方米，参展省（区、市）数增加 7 个、参展企业数增加 20%、特装率提升 10%。此届中国米粉节以线上、线下形式开展，各类活动累计超 26 场。活动期间举办 2022 中国米粉产业发展大会、2022 全国文旅民宿酒店产业峰会暨乡村振兴发展论坛、2022 赣菜创新大赛暨米粉擂台赛、“寻味江西百县百味”赣菜美食季启动仪式等活动。新华社、央广网、中新社、凤凰网、《江西日报》、江西卫视等数十家主流媒体和抖音、快手、B 站、小红书等新兴媒体全网霸屏推介江西“乡乡有米粉、县县有特色”盛况，“天下米粉看江西”品牌全面唱响。

【省级高品高质特色街区】 2022 年，红谷滩区继续推进夜间经济街区改造提升示范建设，着力打造一批满足消费需求、带动区域发展、展示城市形象的高品质商业街区。通过搭建集消费、娱乐、文化、休闲、旅游于一体的活动场景，打造以赣江新天地、红谷滩万达金街、鸿鹄 28 里等为代表的一批人气旺、特色强、有文化 IP（具有较大影响力的文化产品或文化形象）鸿鹄里文化艺术空间 、南昌之星摩天轮、南昌之星摩天轮“摩小星”系列文创的全天候商业集聚区。其中，赣江新天地商业街作为南昌市唯一多功能、现代化、综合性汇景特色街区，自 2007 年开街以来，汇集了众多省内外知名餐饮企业，并于 2022 年获评首批省级高品质美食街区称号。

【完善城市一刻钟便民生活圈】 2022 年，红谷滩区紧紧围绕中央、省市《关于推进城市一刻钟便民生活圈建设的意见》的部署要求，结合“1+5+X”社区邻里中心的三年建设成效，通过整合社区周边上百项资源，打造特色服务，着力解决社区群众关心的教育、医疗、养老等突出问题和基本消费需求，共建设完善了包括上滩社区、芳华社区、红谷凯旋社区等 4 个城市一刻钟便民生活圈，涵盖商业网点 154 个，各便民生活圈基本保障类服务业态基本齐全，品质提升类业态逐步健全。

【入选省级绿色商场创建企业名单】 2022 年，南昌 T16 购物中心所有零售商户已全部推行使用纸质购物袋，各类展会活动限制使用不可降解塑料袋，所有外卖餐盒、快递包装倡导使用可降解塑料制品或可循环利用物品，积极推行资源回收利用理念，对店铺员工、物业保洁进行垃圾投放、塑料制品回收培训，积极组织促进职工和消费者身心健康的环保骑行、绿色出行等公益活动。12 月 16 日，南昌 T16 购物中心入选省商务厅《2022 年度绿色商场创建企业名单》。

【推进农贸市场提质改造工程】 2022 年，高度重视农贸市场民生工程建设，按照各属地各片区人口规模实际情况，在充分论证、不断优化设计基础上，通过与区财政局、区住建局、区城管局及各属地等相关责任单位密切配合、靠前服务、共同努力，加快推进生米街道农贸市场提质改造工程。沁园农贸市场智慧化改造工程。沁园农贸市场致力于打造“传统农贸 + 智慧信息 + 创新服务”的新型智慧农贸市场，通过分布全场的智能电子秤采集交易数据，上传至“一云多端”智慧系统，解决了短斤少两、食品溯源、检测公示、智能支付等难点问题，有针对性定制的功能模块，充分实现了信息的实时化、具体化、可视化，极大地方便了市场和相关职能部门对市场经营活动的动态监管。

【打造高品质首店品牌经营载体】 2022年，依托重点商圈和载体——华润万象城、铜锣湾购物广场、杉杉奥特莱斯、地铁万科广场等商业载体，打造更高品质首店品牌经营载体，为首店品牌落地、首发、首展、首秀等提供优惠政策支持，积极促进新品首发、模式创新、场景创新。如华润万象城在“十一”假期惊艳亮相，落户了全球第6家华为旗舰店，集聚了151家首进江西品牌、13家首进华中品牌，“早C晚A”成为新时尚。至年底，红谷滩区仅凤凰商圈入驻品牌就有1125家，首店品牌达169家。

【做好商贸领域疫情防控工作】 2022年，认真落实党中央、国务院统一的疫情防控政策措施，严禁层层加码、过度防疫，切实提高科学精准防控水平，疫情期间，严格督促全区各农贸市场、大型商超、商贸综合体等重点场所严格执行“一测一扫三查验”防控措施；严格落实消杀制度，督促各企业落实消毒工作主体责任，认真执行消毒工作标准规范；加强从业人员管理，疫情期间，共录入22个大型商超、13个农贸市场、748家小超市；加强疫情防控督查力度，至12月初，全区商贸领域共开展大型商超、农贸市场等重点场所督导检查229人次，督导检查单位426家，其中发现问题并督促立行立改77个，发出责令整改通知书24份，重点约谈企业12家，切实筑牢全区商贸领域疫情防线。

【开展安全生产专项督查行动】 2022年，针对大型商场、大型超市、农贸市场安全生产中的关键问题和薄弱环节深入开展“明查暗访”和“排查整治进行时”专题活动，联合区应急局、区消防救援大队、区市场监督管理局等部门，重点开展元旦、春节、全国和省、市、区两会期间及“五一”国际劳动节期间商贸领域安全生产督导专项行动，严格督促各商贸企业负责人认真落实安全生产第一责任人责任。全年区商贸安全专业委员会共开展督导检查46次，排查单位172家，发现安全隐患数31个，均已整改到位。组织铜锣湾、万达广场、万象城、印象城、天虹大型商业综合体开展应急处置演练5次。

【开展创建全国文明城市工作专项督查】 2022年，认真开展大型商超、农贸市场全国文明城市创建工作专项督查。建立红谷滩区大型商超、农贸市场文明创建督查机制，经常深入责任片区，对照测评标准，逐一现场核查，督促企业加强对大型商场商业综合体内母婴室、无障碍停车场、无障碍卫生间等设施的日常管理，确保设备使用情况良好。开展公益广场整治专项行动，严格按照全国文明城市测评标准，重点针对辖区内各大型商场超市和农贸市场公益广告书写错误、污损、褪色、小广告乱张贴等现象进行全面排查，及时撤除各类不合格、多余的公益广告216张。出台集贸市场专项整治工作方案，牵头各属地开展集贸市场专项整治。

（王　昊）

金融业

【概况】 2022年，红谷滩区围绕构建区域金融中心核心承载区目标，多措并举推进全省金融商务区建设。实现落户各类金融机构和金融服务企业1302家，集聚了人民银行南昌中心支行等2家中央驻赣金融监管机构，中航信托、中航证券等10家法人金融机构，中国银行、进出口银行等持牌金融机构区域性总部及分支机构275家，汇集了全省90%以上的法人金融机构和省级区域性总部，形成了以银行、证券、保险等传统金融业为主体，股权基金、融资担保、融资租赁、商业保理等新兴金融业为补充，区域性资本交易平台、金融中介服务机构为支撑的金融业发展格局，初步形成全牌照、多层次的区域金融服务体系，成为江西金融业发展的主要阵地、创新标杆和全省唯一的金融中心。至年底，红谷滩区本外币各项贷款余额3660.91亿元，年度同比增长1.24%，占南昌市各项贷款余额的19.32%；本外币各项存款余额3018.94亿元，年度同比增长13.8%，占南昌市各项存款余额的18.74%。区级金融业增加值完成273.31亿元，年度同比增长2.6%，占红谷滩区生产总值的34.07%，占南昌市金融业增加值的37.47%。南昌红谷滩金融商务区被评为“2022年中国商务区综合竞争力20强”。

【搭建融资对接平台】 2022年，红谷滩区积极搭建各类融资对接平台，缓解企业融资难、融资贵、融资慢等问题。召开融资对接会8次，累计帮助15家重点企业解决融资及信贷展期问题，融资金额逾5000万元。同时鼓励企业利用资本市场、银行间债券市场做大做强。全年全区新增上市企业1家（国旅联合，全省第一家旅游类上市公司成功迁址落户红谷滩区），上市公司总数达3家；新增IPO（首次公开募股）申报企业1家（中国瑞林），IPO在审企业2家（江盐集团、中国瑞林）；省重点拟上市后备企业11家（另有申报在审企业6家）；新增完成股改企业2家；新增新四板挂牌展示企业25家，总数达216家。基本形成“培育、改制、辅导、申报、上市、做强”的企业上市梯次推进格局。同时，红谷滩区建立私募股权基金库，精准做好项目基金匹配，至年底，库内持牌运营私募股权基金管理机构18家，累计管理基金产品99支，基金产品规模逾923亿元。

【推动金融和产业协同发展】 2022年，红谷滩区依托区内金融、人才和技术资源优势，加快推进金融平台、园区平台和融资服务平台建设，积极推动本区域金融和产业创新融合发展。2018年3月，全省首个区级金融控股平台正式成立，形成基金、资产管理和供应链金融三大主要业务板块，2022年纳税总额达4188.5万元。2020年10月，全省首支完全市场化创新产业引导基金——红谷滩航誉创新产业发展基金正式备案；2020年底封闭运营，首期规模10亿元；至2022年年底，已成功投资7个项目，其中3个（上海思贤、北京小土、北京天云融创）资本招商返投项目落户红谷滩区，项目投资总额近1亿元。此外，红谷滩区加快设立总规模30亿元的VR产业母基金，并依托母基金进一步设立一批优质产业子基金。2020年11月会同银保监局、省银协成功设立红谷滩区普惠金融服务中心，至2022年底汇集全区近30家金融机构的普惠金融产品100余个，平台累计授信额度超6000万元。2022年2月，全省首个上市加速器——亿中流上市加速器园区正式入驻办公，园区入驻率达95%左右，已引进江西中智经济技术合作有限公司、南昌韦林思创教育科技有限公司等28家企业，至年底，实现营收近6亿元，税收达800万元。

【全面提升金融服务水平】 2022年，红谷滩区启动制订《红谷滩区关于加快推进区域金融中心核心承载区建设的若干政策（试行）》，一方面对存量金融机构及其高管设置奖励条款，进一步提高区内存量金融机构政策获得感。另一方面将金融控股公司、金融机构一级以下分支机构、基金、国内外高端金融中介、供应链金融企业等纳入奖励对象范围，不断优化金融服务生态体系。同时以招大引强为主线，不断完善招商企业资源库，紧盯重点机构，积极争取金融监管机构和省市金融部门支持，加强与驻外商会、第三方招商机构沟通交流，充分发挥各类资源优势，实行分类分层、定向精准招商，不断优化招商引资模式。始终把“用户思维、客户理念”融入工作全链条，努力营造“重商安商亲商”的人文环境。用好绿色通道机制，对重点企业和项目做好跟踪服务，不断提升服务效能。全年为13家金融机构和企业兑现惠企政策资金1303万元，为84名金融人才兑现金融昌军奖励资金88万元。帮助中国邮政储蓄银行股份有限公司江西省分行、江西省井冈山北源创业投资管理有限公司等多家企业协调解决多个重大问题，获得企业感谢及好评。

【持续防范化解金融风险】 2022年，红谷滩区扎实开展元旦、春节“两节”期间、防范非法集资集中宣传月、“6·15”防范非法集资集中宣传日及各项常态化宣传工作，全年印制分发各类宣传资料超11万份，定制各类宣传礼品2000份，与传媒公司合作投放电梯多媒体屏1000余块，购买并投放移动宣传屏25台，组织建设防非宣传特色长廊5条，营造全区上下共同防范和抵制非法集资的浓厚宣传氛围。严格落实属地监管责任，积极做好辖内32家地方金融组织日常监管和规范整治工作，全年组织开展各类专项检查、年度审查等7次，组织开展现场检查54次，妥善处理涉辖内地方金融企业投诉事宜29起。组织辖内各属地及行业主（监）管部门开展培训会1次、风险排查部署会3次，组织摸排核查相关企业160余家，依法依规稳妥核查整治非法集资等各类非法金融活动风险线索19条，约谈辖区风险企业20余次，责令退回集资款1.1亿余元，打早打小效果明显。积极协调公检法等单位依法加大对重大非法集资案件打击力度，平稳处置“小猪理财”等一批重大非法集资案件。加快推进P2P平台风险出清进程，全区纳入整治的9家P2P平台实现全行业退出，存量业务规模压降超50%。“小猪理财”平台追赃挽损超2.6亿元，扣除已立案借款人本金，正常催收回款率超50%，回款率全国排名前列；“博金贷”平台存量业务压降近7.7亿元，下降率超85%，形成P2P平台风险化解处置“红谷滩模式”。

【加大人才引进力度】 2022年，加大人才引进工作力度，引导辖区内40余家金融机构和企业累计发布1700余个招聘岗位，开展红谷滩区金融机构人才招聘专场直播活动，在线观看人数达5000余人，收获投递简历近200份。引进首家人力资源央企区域总部——江西中智经济技术合作有限公司，全方位提升红谷滩区人才引进、人才服务和人才数字化等方面能力。掌握引才实效，全区各类金融机构新引进大学生和技能人才1690人次。组织开展红谷滩区“奋进新征程·共谱金融新篇章”主题征文活动，收到投稿作品63篇，经专家评审选出获奖作品15篇。及时兑现人才奖励政策，根据《红谷滩区进一步推进全省金融商务区建设的若干政策》规定和全市大力培育“金融昌军”工作要求，全年兑现金融机构高管个人及高管团队奖励资金238.67万元，累计为84名金融机构从业人员兑现88万元“金融昌军”人才政策奖励。认真做好金融人才推荐、评选和激励工作，积极组织辖区内高层次金融人才申报省“双千计划”，推动6个创新领军人才长（短）期培养项目、3

个科技创新高端人才引进类项目申报，2 个创新领军人才长（短）期培养项目入选省“双千计划”。做好红谷滩区“区直接联系人才”金融方面人才选拔，共收集 28 名“区直接联系人才”申报材料，后续待开展评审、考察等相关工作。春节前夕走访慰问 5 名金融领域高层次人才，深入了解高层次人才工作生活情况，倾听人才心声。

【深化校地战略合作】 2022 年，深化校地战略合作，提升城市功能品质。与南昌大学经济管理学院签署战略合作协议，推动设立“江西产业金融发展研究院”，为红谷滩区金融产业转型升级、产业与金融深度融合提供智力支持，争创国家级金融改革试验区。依托江西金融发展研究院，积极与金融机构对接，联合招收和培养博士后研究人员，为金融机构输送高端金融人才。联合培养博士后人才 5 名，与江西大成国有资产经营管理集团有限公司、江西金融发展集团股份有限公司和南昌综合保税区合作分别设立博士后工作站分站；同时，加快推动校地融合智库建设，与南昌大学经管学院合力打造“区块链：金融科技理论与实践”课程，着力提升红谷滩区干部金融知识水平，增强利用金融推动区域经济创新发展的能力，推动区域金融核心承载区建设再上新台阶。

【《红谷滩区加快推进企业上市“映山红行动”的若干扶持政策》出台】 2022 年 8 月 23 日，红谷滩区政府办公室印发《红谷滩区加快推进企业上市“映山红行动”的若干扶持政策》，鼓励企业通过资本市场上市融资和再融资，加大企业直接融资支持力度，促进产业转型升级、做大做强，助力全区经济社会高质量发展。此政策适用于依法设立及商事登记地、统计关系均在红谷滩区，独立核算并为红谷滩区财力作出贡献的上市、挂牌企业，拟上市、拟挂牌企业及“新四板”企业；通过发行中期票据、公司债、企业债等直接融资产品进行融资的企业；为辖区企业实现成功上市、挂牌提供保荐服务的证券机构。政策最高奖励超 2000 万元。对上市企业及“新三板”挂牌企业投资符合红谷滩区产业发展导向项目所需的建设用地，在同等条件下予以优先安排用地指标。对上市、拟上市企业，挂牌和拟挂牌企业涉及的土地使用权证、房产证办理、开具无违法违规证明等事项，实行“绿色通道”制度。对拟上市企业、挂牌和拟挂牌企业在符合市场化原则的基础上，区级产业发展基金优先给予投资支持，并优先给予财园信贷通、科贷通等融资支持。政策扶持对象广度位列全市第一，扶持力度全市靠前。至年底，累计兑现企业上市扶持奖励 2268 万元。

【一亿中流上市加速器蓬勃发展】 2022 年，南昌·一亿中流上市加速器致力于从全国重点引进高科技、高成长性优质企业，对企业进行“政策、产业、战略、资本”全面赋能，打造全国知名、城市领先的企业上市加速器聚集地。南昌·一亿中流自 2 月份入驻园区办公以来，快速开展园区运营、企业引进服务等一系列工作。至年底，企业入驻率达 95% 左右，落户企业 28 家（央企子公司 1 家、潜在瞪羚企业 1 家、规上企业 5 家、拟申报规上企业 5 家），入驻企业 2022 年度实现营收近 6 亿元，税收达 800 万元。“企业上市加速器”项目入选“2022 年江西省探索和推广的改革项目清单”和“2022 年度南昌市全面深化改革优秀案例 ”。

【国旅联合股份有限公司落户红谷滩】 2022 年 8 月 19 日，A 股主板上市公司国旅联合股份有限公司（以下简称国旅联合）取得南昌市市场监督管理局换发的营业执照，作为全省第一家旅游类上市公司，成功迁址落户红谷滩区。国旅联合第一大股东为江西省旅游集团股份有限公司，实际控制人为江西省国有资产监督管理委员会，主要业务板块包括互联网营销、旅游目的地运营与开发、个性化旅游建设与服务等。国旅联合承担着贯彻落实省委省政府旅游强省战略、整合全省旅游资源、提升全省文旅产业发展打造“全民旅游时代价值创造引领者”

2022 年 8 月 19 日，A 股主板上市公司国旅联合股份有限公司落户红谷滩区

（区金融办　供图）

的光荣使命。国旅联合的落户，不仅能够形成龙头带动效应，吸引更多优质企业和项目落户红谷滩区，更为红谷滩区产业转型升级、经济高质量发展注入强大动力。

【引入高质量拟上市后备企业】 2022年，打好“资本牌”，引入高质量拟上市后备企业。依托红谷滩航誉创新产业发展基金，精准投向重点产业。同时，积极谋划通过筹备中的VR产业母基金下设子基金的方式，拟设立红谷滩区上市基金。初步形成“园区+基金+政策”推进企业上市模式，并纳入江西省全面深化重点改革项目。以资本为抓手，红谷滩区引导数字经济、VR/AR、新一代信息技术等初创型及成长型优质企业落地。至年底，已成功投资7个项目，其中3个项目（上海思贤、北京小土、北京天云融创）为资本招商返投项目落户红谷滩区，项目投资总额近1亿元。

【人才招聘专场直播活动】 2022年8月10日，红谷滩区依托智联招聘平台，开展“融汇红谷 共创未来”金融机构人才招聘专场直播活动。旨在适应疫情防控常态化条件下公共就业和人才服务需要，打通人才对接供需渠道，搭建紧缺岗位招聘网络平台，打造就业政策宣传权威窗口，开辟公共就业和人才服务前沿阵地。此次直播招聘邀请了交通银行、九江银行、长江证券、浙商证券、东莞证券、中信证券、中泰证券、太平洋寿险、南昌蚂答信息服务有限公司9家优质金融机构和企业，带来了26个热门职位，让更多求职者足不出户就能了解红谷滩区金融机构的人才需求和就业环境，搭建企业与人才沟通的桥梁。直播过程中，求职者围绕企业文化、岗位职责、薪资待遇等问题踊跃提问，企业HR实时答疑解惑，宣传企业品牌，解读人才政策，直播间气氛热烈，互动不断。此次直播招聘共吸引5000余人在线观看，收获候选简历近200份。

【“奋进新征程·共谱金融新篇章”主题征文活动】 2022年11月15日，红谷滩区开展“奋进新征程·共谱金融新篇章”主题征文活动。围绕红谷滩区域金融中心建设取得的实践经验与成就，聚焦红谷滩区金融工作新时代十年以来的发展变化，反映区内金融机构在推动经济发展、履行社会责任等方面取得的经验与成效，讲述经济部门及金融机构的工作人员发挥先锋模范作用、干事创业、主动担当的精彩故事，汇集社会各界对区域金融中心建设与发展的意见建议，助力红谷滩区域金融中心建设实现高质量发展。此次活动共收到投稿作品63篇，经专家评审选出获奖作品15篇。其中，一等奖3名，奖金3000元；二等奖5名，奖金2000元；三等奖7名，奖金1000元。

（王晨颖）

楼宇经济

【概况】 2022年，区委区政府高度重视楼宇经济发展，印发《南昌市红谷滩区楼宇经济管理办法》，形成“六个一”楼宇管理制度，保证红谷滩区楼宇经济能正确运转。同时，在省、市、区相关领导的关心努力下，经工信部批复在红谷滩区组建国家虚拟现实创新中心。现代金融业汇聚全省80%以上的法人金融机构和省级区域性总部于红谷滩区，入驻金融机构1302家；区内超10万平方米楼宇16栋，超5万平方米楼宇32栋，全区市场主体75778家，“五上”企业772家。从行业分布上看，主要是数字经济、现代金融、总部经济、商贸服务、文旅会展等行业，特别是数字经济产业，随着红谷滩金融商务区不断扩大，楼宇经济不断发展。从楼宇数量上看，红谷滩区有商务楼宇263栋，总建筑面积约895万平方米，以双子塔、联发广场、鼎峰中央、元创国际等为代表的老牌楼宇与以商联中心、保利中心、九颂中心、方大中心等为代表的新兴楼宇交相辉映。从楼宇税收贡献上看，税收达亿元以上的商务楼宇有21栋，其中10亿元2幢（航信大厦21.58亿元，江西银行12.7亿元），其他楼宇分别是中洋大厦、中航国际大广场、红谷城投大厦、锐拓资本大厦、联发广场、国际金融中心、绿地中央广场、地铁大厦、新地中心、博能中心、金控大厦、新地阿尔法、翠林国际大厦、九江银行大厦、富隆国际中心、物联网产业大厦、商联中心、博金中心、世奥大厦，税收达千万元以上楼宇33栋。从楼宇特色上看，培育了以绿地国际博览中心为代表的会展产业特色楼宇，打造了以数字经济为主的凤凰数字产业园、物联网产业大厦、华兴文化广场、慧谷产业园、VR产业基地、VR科创城等。红谷滩区入选“2022中国商务区综合竞争力20强”。

【楼宇各产业发展现状】 2022年，红谷滩区楼宇经济依托现代化城区基础设施系统，以高品质楼宇为载体，以服务经济为主体，带动关联企业集聚、汇聚各类商务活动、实现资金流和信息流融合发展。

数字经济：红谷滩区率全国之先布局VR/AR产业，打响城市级VR产业发展“第一枪”，已成功举办五届世界VR产业大会，是该会的永久会址，奠定了南昌“VR之都”的地位和影响力。红谷滩区是阿里巴巴、微软、联想、高通、华为、海康威视等龙头企业布局江西的首站，更是全省推进数字经济“一号工程”的主战场，是南昌市打造数字经济“一核三基地”发展格局的核心区所在。2022年，新开通5G基站246个，累计开通3135个，均居全市第一。至年底，新增数字经济核心产业企业

1361家,总量达5380家,均列全省第一。

现代金融:红谷滩区拥有全省唯一金融商务区,2022年新引进金融机构和企业68家,总数达1302家。红谷滩区通过对区域、产业、政策和资源的四大聚焦,已聚集全省80%以上的法人金融机构和省级区域性总部,贡献了全省80%以上的金融机构存贷款余额,形成了以银行、证券、保险等传统金融业为主体,股权基金、融资担保、融资租赁、商业保理等新兴金融业为补充,区域性资本交易平台、金融中介服务机构为支撑的金融业发展格局。先后获得"最佳金融生态示范区""江西省现代服务业集聚区""最佳金融创新示范区"等荣誉,已成为江西金融业发展的主要阵地和创新标杆。

总部经济:红谷滩区建设全市最密集的超高层楼宇,现代化楼宇超过200栋,其中税收亿元楼21栋,因此红谷滩区是入赣企业总部落户的不二之选,大型企业均把省级以上总部落户区内。2022年,围绕现代金融、数字经济、商贸服务、高技术服务等重点领域,积极引进地区财务中心、采购中心、人力资源中心、投融资中心、运营中心、研发中心、销售中心等总部型法人机构。

商贸服务:红谷滩区始终坚持商贸服务业与文化、旅游相融合的发展战略,拥有购物中心、大型超市、社区连锁店、奥特莱斯等各类商业形态,形成多业态、多层次、广体量的商贸服务体系。全区已投入运营的商业面积已过百万体量。其中,华润万象城于2022年10月1日盛大开业,引进151家首进江西品牌,13家首进华中品牌。杉杉奥特莱斯、山姆会员店、万达广场等单项经营指标位居全国前列。打造了江西米粉一条街等一批特色商业街,持续丰富夜市经济。

文旅会展:红谷滩区已基本孕育形成全省文化旅游中心,省级会展中心地位龙头昂起。有建筑面积达30万平方米的中部地区最大、获全省首个UFI(国际展览联盟)认证的绿地国际会展中心,承办了全省50%以上的会展活动;有世界第三、国内第一高的摩天轮"南昌之星";有亚洲最大的喷泉群秋水广场;有全省最高摩天大楼绿地双子塔,承载了303观光厅;有全省最大的世界级融创主题乐园;有全省最大的图书馆、博物馆、科技馆;有省级旅游风情小镇卢塞恩小镇;有号称"江南第一沙漠"的厚田沙漠;有传说中许真君得道成仙之地——千年古镇生米镇;沿江而建16.6千米的滨江生态长廊,让繁华都市徜徉在"山、江、湖"的自然风光中,尽显生态底色,锻造出一张张闪亮的文化旅游名片。2022年,积极抢抓南昌创建国家文化和旅游示范城市及江西省文化与金融合作示范区的有利契机,加快打造全省文化中心进程,着力实现文、旅、商相互促进、深度融合的发展态势。

【未来科学城建设】 2022年,红谷滩区招商重点为推动139平方千米未来科学城建设,以发展数字产业、未来产业为核心,建设大南昌都市圈的核心增长极和全省数字经济创新引领核心区,按照"一年起步、三年见效、五年成型、十年筑城"的目标,打造中部科创总部聚集区、高端智造先导区和场景应用示范区。数字经济核心产业主要聚焦卫星和信息通信、软件及信息技术服务业、互联网及相关产业、人工智能产业、元宇宙及区块链相关产业、电子商务和流量经济、电子信息产品的批发零售业。未来产业有未来通信,包括VR/AR/XR整机制造、智能穿戴制造、北斗卫星应用等。未来智造包括电池及相关组件制造、智能网联汽车电子元器件生产,工业及医疗和生活智能机器人等。未来新能源包括新能源及光伏相关设备制造产业。

【VR科创城】 VR科创城是江西省积极响应习近平总书记关于大力发展VR产业号召重点打造的核心项目,是世界VR产业大会的永久举办地,将以"世界一流、国内领先、业内顶尖、富有特色"的VR+综合性世界级VR科技新城为定位,围绕打造虚拟现实产业"江西高地"的总体目标,建设VR产业全国创新应用先行示范区,推动全省经济社会高质量跨越式发展。项目遵循江西省和南昌市VR产业发展规划,以"政府+市场"双轮驱动的运作模式,围绕"一核"(虚拟现实核心产业)、"两翼"(虚拟现实教育培训、虚拟现实应用服务产业)、"四足"(人工智能、5G、云计算和大数据服务、数字创意)"的VR产业体系,构建"两轴(南北城市发展轴、东西生态科技文化轴)、"一核"(产业动力核)、"一带"(滨江国际智能科技展示带)、"多点"的整体空间结构,提供八大功能(创新促进、企业发展、应用加速、人才培训、文化科普、品牌宣传、旅游服务、生活服务),打造九大板块(会议会展、技术研发、总部经济、教育培训、智能制造、文化旅游、军民融合、示范应用、生活配套),以国际会议中心为核心,通过"会展+应用"的体验经济带动VR硬件设计、软件研发、内容制作和应用服务VR核心产业聚集,实现VR技术在文娱、电竞、游戏、教育、智慧城市等领域的应用,将虚拟现实融合发展人工智能、5G、云计算和大数据、数字创意等相关产业,积极布局前沿新兴领域,培育发展虚拟现实相关新型业态,形成"组团化"的经济发展新增长极,形成"创新、生态、产业、共享、人文"五位一体的开放式产业创新生态系统。

2019年7月6日,南昌市政府与绿地集团签署了框架合作协议。2019年9月,南昌市红谷滩城市投资集团有限公司旗下南昌中天置业投资有限公司与绿地控股集团有限公司旗下南昌绿地申飞置业有限公司共同注册资金30亿元，成立南昌市虚拟现实科创城建设有限公司，负责科创城的整体开发建设。2020年6月10日，为了加大专业化产业招商力度，确保产业资金封闭运营管理，南昌市虚拟现实科创城建设有限公司全资注册成立南昌市申龙虚拟现实产业运营公司，负责VR科创城整体产业发展及招商运营管理。

项目总规划面积9.14平方千米，其中一期规划面积约4.16平方千米，总投资250亿元，地上可开发建设面积约240万平方米，项目自2020年5月全面启动建设以来，VR科创城实现了在短短168天内完成展示中心建设的政治任务，至2022年年底，在建面积85万平方米，已完成66万平方米，已交付运营面积13万平方米，首批次290户精装住宅在2022年7月提前完成交付，2023年将交付总部办公基地及人才公寓配套31万平方米。科创城配套市政基础设施一期工程将新建25条市政道路，道路总长29.4千米。至2022年年底，总投资6亿元总长度10千米的15条道路已进场施工，一期VR展示中心、VR体验中心以及F01地块3栋总部办公大楼已竣工，D02、D04总部基地主体结构基本封顶，处于外幕墙施工阶段；中央湖景观工程以及马咀山生态公园启动建设，地铁2号线南路站到VR科创城的共享电动单车已于2022年11月开通运行，VR科创城公交专线也即将正式开通，VR科创城一期雏形已初步显现。

VR科创城在抓抓项目建设的同时始终坚持产城融合、招商先行，加快龙头企业及重点产业项目导入。至2022年年底，VR科创城已累计签约36家企业（含13家VR50强企业），16家已注册公司，重点引进国家职业教育虚拟仿真示范实训基地、虚拟现实国家创新中心、医至初VR+智慧医疗病理诊断全国总部、华为（江西）VR/AR软件中心、VR+航空飞行模拟训练基地、微轲联全国总部、江西省军民融合北斗大数据中心、VR+数字农业示范基地等重点项目，以及全球独角兽汇通达、中国VR50强上海乐相、广州玖的、未来新视界、南京睿悦、东方瑞丰等重点企业，VR科创城产业集聚效应逐步显现。

【现代服务产业园】 该项目用地面积9.99万平方米，用地性质为商务商业用地，总建筑面积约33.2万平方米，总计容面积约25万平方米，容积率2.5，建筑密度约25%，绿地率约31%，机动车停车位2202个。项目拟建成现代服务产业企业服务基地及上下游配套产业中心。

【流量经济产业园】 规划总用地面积3.09万平方米，用地性质为商务商业用地，总建筑面积约20.26万平方米，总计容建筑面积15.46万平方米。综合容积率约5.01，综合建筑密度约28.56%，综合绿地率约28.91%，机动车停车位1065个。项目拟建成集办公、商业、公寓于一体的城市综合体。

【沙井街道楼宇】 汉港·凯旋中心：汉港·凯旋中心位于红谷滩区红谷中大道1568号，地处红谷滩CBD交通枢纽，距2号线地铁口213米，毗邻昌北国际机场、南昌西客站，10分钟范围内接驳全国高速公路网，左右通达全城。汉港·凯旋中心写字楼共26层，总体量4.5万平方米，1—5层为商业裙楼，6层以上为精装修写字楼，写字楼可招商面积2.2万平方米，写字楼户型方正、视野开阔、可灵活多变组合，地下有双层停车场。为企业提供多样化办公空间，实现最大化利用。写字楼单间面积150—250平方米；整层面积约1100平方米。汉港·凯旋中心现有多家优质商家入驻，如：国信证券、华升富士达、中创建设、九牧王、上海上咨、康悦集团、字节跳动等。汉港·凯旋中心集商业办公、休闲娱乐、购物、餐饮于一体。项目周边与国际金融中心、天虹广场、绿地双子塔等共同打造红谷滩核心商圈，是南昌楼宇经济重点打造区域，在提供快捷高效的办公环境时带来了南昌乃至江西省的资源配套体。华皓国际家具艺术中心：华皓国际家具艺术中心为甲级写字楼、是集商业为一体的城市综合体，由中国华皓控股集团投资建设，全部项目由华皓自持运营，华皓中心总建筑面积15.5万平方米，位于南昌市CBD正核心，红谷滩区繁华地段，拥有得天独厚的地理位置，华皓中心将建成高度达258米的甲级AAAAA写字楼，写字楼面积9.7万平方米，共59层，每层面积1600平方米，拟吸引TMT（科技、媒体和通信）行业、金融类专业服务机构等著名企业入驻，57—59楼规划为云顶餐厅、云顶俱乐部、云顶恒温无边泳池、云顶酒吧、云顶下午茶等配套业态，一览南昌一江两岸无限美景。裙楼面积3万平方米，规划为华皓国际家居艺术中心，商业布局于B1、B2地上1—5层，主楼与商业楼4F、5F以连廊连接，屋顶为3000平方米花园，华皓国际家居艺术中心汇集全球顶级建材家居品牌，引进品类涵盖高端豪宅设计师、高端定制、进口厨卫、高端建材、全屋智能家居五大优势领域，由奢侈品行业经验丰富的运营团队操盘，以重奢的经营理念，打造全省高端设计师聚集地，为都市新贵提供设计、体验、购买、装修的尊享服务，为上流精英提供一站式全面装饰装修解决方案，给高端客户带来奢华、前卫的购物体验，并感受国际家居艺术的潮流生活。

【卫东街道楼宇】 2022年，卫东街道辖区内共有50栋楼宇：写字楼31栋、公寓9座、综合体6个、酒店4个，其中建成在运营楼宇45栋、在建楼宇5栋（4栋写字楼、1个综合体)。19栋重点写字楼面积约64万平方米,空置面积约4.2万平方米,空置率约6%。辖区楼宇内共有企业1603家,主要为服务业及贸易业,其中写字楼有901家,辖区纳税主体集中在写字楼内。主要子公司有江西大唐国际新能源有限公司、中国太平洋财产保险股份有限公司红谷滩支公司、恒邦财产保险股份有限公司江西分公司、新华通讯社江西分社等。至年底,卫东已有两个数字经济产业园,分别是华兴·盈创产业园与物联网产业大厦,物理空间已基本趋于饱和。

【凤凰洲街道楼宇】 凤凰洲数字产业园位于红谷滩区丰和北大道96号,由凤凰洲管理处凤凰村村民委员会投资建设,2021年建成,总面积约8.8万平方米,可招商面积约6.5万平方米,通过网上招标,青湖产业园(江西如馨园区运营管理有限公司)获得20年租赁权。至2022年底,有3家企业已入驻(江西兴智教育科技有限公司、江西懂居星选企业管理有限公司和南昌启蒙文化传播有限公司);江西供销冷链科技有限公司等4家企业已签约,正在装修办公场所,将陆续入驻;希尔顿慧庭酒店管理有限公司、优客工场、抖音文创基地、特斯拉南昌中心、比亚迪新能源城市展厅等企业有意向入驻,正在洽谈中。楼宇已租出约6000平方米。楼宇定位数字经济产业园,着力打造凤凰数字经济新高地,重点引进有一定知名度的央企、国企,大数据、数字产业、互联网、人工智能、AR/VR、云计算、物联网等与数字经济产业相关的企业。

【红角洲街道楼宇】 红角洲街道以打造第一街道为目标,狠抓经济建设,营造良好的营商环境,为楼宇企业发展提供保障。开展一系列企业走访活动,帮助楼宇企业解决实际困难,采取多元化区域分割模式,不断吸取走访经验,调整频次,根据企业落地区域比重,结合各项工作,整合服务,将企业分为两大类,一类商业综合体、一类数据产业园;根据两大类区域划分,配备专业的在地统计员跟踪服务,发放服务卡,充分将惠企政策宣传到每家企业。同时,实行网络平台服务管理,形成处、社区、村、站上下联动机制,做到精准分类。建立“六个一”[每座楼宇确定一位县级领导、一位乡镇(街办)党政主要领导、一位乡镇(街办)分管副职、一位楼栋长、一位乡镇(街办)楼宇经济专干、一位楼宇物业负责人作为分级分包责任人,对楼宇运营、楼宇内重点税源企业和品牌企业等进行重点跟踪管理服务]工作机制,责任到人,全力保障楼宇企业后续发展。充分发挥南昌西站枢纽优势,推动发展以电子商务为主导的商贸服务业,积极建设综合贸易流通中心,吸引众多知名企业入驻红角洲。红角洲街道楼宇经济总面积219.5万平方米,闲置楼宇面积140万平方米,至2022年底,可租赁楼宇面积64.7万平方米。辖区入驻企业数量4200余家,年产值132亿元。

【九龙湖街道楼宇】 九龙湖街道位于九龙湖新城核心区域,东至赣江南大道,西沿阁皂山大道、枫生快速路,南至南龙蟠街,北至沪昆铁路桥,根据功能定位,九龙湖街道将打造成以商务商贸、生态科技、文化会展、旅游为主导的现代新城。全球首个城市级VR产业基地投入运营,中国中南部最大的国际会展中心——南昌绿地国际博览中心,年客流量超百万人次,推动红谷滩区商贸会展业迅速繁荣,全球重大重点项目抢滩入驻九龙湖,已成为社会抢滩投资的热土,部分楼宇企业入住率已达85%以上,在2022年举办数字产业赋能新经济沙龙活动的基础上,继续扩大九龙湖的区位优势,按照补链、强链、集群思路,认真做好项目招引工作,紧扣打造全省数字经济创新引领区发展思路,紧紧围绕“一站”(西客站)、“一中心”(绿地国际博览中心)、“一基地”(VR产业基地),紧盯数字经济(元宇宙)和总部经济两个产业方向,科学谋划目标任务、重要工作、重大举措、重点项目,着力锻长板、补短板、强弱项。外国语学校、腾龙学校、红谷教育集团鹰潭街校区相继开学,安丰花园、富源花园、九龙明珠及九龙湖新城第二、三幼儿园5所公办幼儿园正式开园,新琚农贸市场对外开放营运,卢塞恩小镇夜市开业,省妇幼保健医院九龙湖分院一期开诊营运,九龙湖过江大桥、南昌市第一医院九龙湖分院正在抓紧建设中,教育、医疗、商业、酒店等一系列生活配套项目稳步推进。

(黄成成)

文旅产业

【概况】 2022年,红谷滩区委、区政府认真贯彻落实文化强省、文化强市战略部署,牢牢把握社会主义先进文化方向,把文化作为长远工程、惠民工程抓紧抓牢抓实,促进文化产业高质量发展、繁荣发展,推动红谷滩区打造全省新文旅发展中心,全面增强红谷滩区文化软实力和产业竞争力。

【政策体系建设】 2022年,红谷滩区将文化产业发展作为健全城市文化体系的重要抓手,坚持高位推动,把“文化强区”建设纳入“十四五”规划;为进一步促进文化产业发展,加快省市文化中心建设进程,全面增强红谷滩区文化软实力和产业竞争力,1月20日出台《红谷滩区促进文化产业发展扶持办法》《红谷滩区文化产业园认定及规范管理办法》,为进一步壮大红谷滩区文化产业发展提供政策支持;同时,区财政安排不少于1200万元专项资金支持文化旅游发展,撬动产业做大做强。为帮扶文旅行业应对疫情冲击，特制定了纾困解难相关政策，帮助企业渡过难关。

【文化企业入统工作】 2022年，红谷滩区规模以上文化企业由31家增至38家，全区规模以上文化企业主营收入143.5亿元，同比增长4.88%，占全市文化产业营业收入的26.2%，全市排名第二。规模以上企业营收主要依赖于教材经营有限公司及红星电子等传统出版企业，后继潜力不足，并受到“双减”政策影响，营收将面临巨大压力。同时，文旅行业受疫情冲击极大，部分在库规上企业营收将无法达到规上标准，存在退库风险。下一步将加大对企业摸排走访，挖掘升规潜力，进行重点培育。

【绿色旅游饭店创建】 2022年，红谷滩区积极落实国家旅游行业标准，推广《绿色旅游饭店》标准，倡导现代消费理念，支持绿色旅游饭店创建，南昌美吉温德姆花园酒店成功创建银叶级绿色旅游饭店，全区累计创建绿色饭店16家，绿色旅游饭店数量全省第一。

【旅游商品工作】 2022年，红谷滩区组织“芯原智光”寐趣鸟小夜灯系列产品，参加2022年在浙江义乌举办的中国旅游商品大赛，荣获健康主题金奖。寐趣鸟小夜灯形如鸟笼中栖息着小鸟，有“倦鸟归笼”寓意，食品级硅胶提手，底部搭配两种味道的香薰膏，是夜灯也是香薰机，产品有四种配色可选，薄荷青、奶茶色、雪山白、珊瑚粉，产品光源采用硅衬底零蓝光LED光源，在户外雨雾天气具有很好的穿雾性，以硅衬底金黄光LED为核心，实现无荧光粉、低色温纯LED光源，夜间使用直视光源不伤眼，开拓纯LED健康照明的新方向。该系列文创产品由星原智光科技出品，采用了南昌大学江风益教授团队最新科研成果硅衬底金黄光技术。

【参加南昌十大网红打卡地评选】 2022年，组织文旅单位参加南昌十大网红打卡地评选。通过网络投票和专家评审最终评选出南昌“十大网红打卡景区（点）”，秋水广场入选。秋水广场是国际化观光旅游的大型休闲广场，其音乐喷泉为亚洲最大的音乐喷泉群之一，还打造了江右闻鲜街小吃美食街等等，每晚人流如潮。

【江西百城百夜文旅消费季红谷滩活动】 2022年，红谷滩区积极开展好百城百夜文旅消费季系列活动。8月10日晚，“2022南昌休闲消费季成果发布会暨‘点亮赣鄱’——‘游’你‘游’我南昌分会场开幕式”在红谷滩区融创文旅城盛大召开。惠聚江西“游”你“游”我消费促进计划经过百城三个月、三轮的火热参与，红谷滩区脱颖而出，荣获线上平台销售PK赛全省第二。

（王　丰）

会展业

【概况】 2022年，红谷滩区文广新旅局紧紧围绕统筹疫情防控和会展发展为一体的思路，采取政策措施是由“非必要不举办”变为“非必要不停办”，严格按照《南昌市展览活动新冠肺炎疫情常态化防控操作指引（试行）》落实展会体温测量、健康码查验、展馆消杀通风、消杀物资储备、应急保障等各项疫情防控措施，为在红谷滩举办的全国性大型展会保驾护航。协办工业博览会、输血仪器试剂博览会、第二届中国米粉节等27场展会，展览面积65.5万平方米。11月，兑现会展业发展奖励资金共计284.5万元。南昌绿地国际博览中心作为全省会展业龙头企业项目于2022年通过ISO三体系认证。

【2022南昌国际汽车交易会暨新能源车展】 2022年6月2—5日，2022南昌国际汽车交易会暨新能源车展在南昌绿地国际博览中心召开。本届汽车交易会总面积达4万平方米，60余个汽车品牌参展。以“创新引领，共享未来”为主题，汇聚众多传统及新能源汽车品牌，其中新能源汽车在所有参展品牌中所占比例超三分之一，旨在展现汽车产业的电动化、智能化、科技化趋势。四天展会期间，累计参展人数6.3万人次，成交新车5900辆，成交额近9.3亿元，为提振江西车市、拉动经济消费贡献重要力量。

【中国智能家居产业博览会】 2022年7月8—10日，2022中国（南昌）智能家居产业博览会在南昌绿地国际博览中心举行。展览面积近3万平方米，百余家一线头部智能家居品牌参展，展会聚焦全屋智能家居、智慧生活、智能娱乐、智慧社区、智能安防、智慧家装等，全面展示智能家居行业领域中的新技术和新产品，通过展览展示、论坛交流、商务沙龙、赛事活动、投资推介等多项活动，为智能家居企业搭建一个全方位展示与交流的平台。

【第十九届中国国际检验医学暨输血仪器试剂博览会】 2022年10月26—28日，第十九届中国国际检验医学暨输血仪器试剂博览会（CACLP）、第二届中国国际IVD上游原材料暨制造流通供应链博览会（CISCE）在南昌绿地国际博览中心举行。博览会是以“品牌璀璨·荣耀未来”为主题的集专业、规模、影响力、品牌推广宣传、产、学、研、用、转化、资本、生产、流通、医疗卫生机构全产业链人气爆棚的旗帜性实验医学体外诊断盛会，展馆面积12万平方米，参展企业数量达1432家，再创历年新高。

【兑现会展业发展奖励资金】 2022

年10月，红谷滩区开展会展业发展奖励资金的申报兑现工作，共收到12个申报项目，申报金额共计387.25万元。经委托第三方会计事务所审核，全区所申报项目中符合奖励政策的项目为8个，应兑现奖励金额共计284.5万元。已按要求在红谷滩门户网站上完成公示并兑现。

【2022中国（中部）工业博览会】
2022年8月12—14日，2022中国（中部）工业博览会在南昌绿地国际博览中心举行。总规划5个展馆、六大展区，展出面积共5万平方米，展位2000余个，汇聚逾500家海内外制造业优质展商，全方位展示了高端制造、新材料、新一代信息技术等领域的科技成就，为加快江西南昌高质量发展，推动中部地区崛起凝聚澎湃动力。

【第十七届南昌国际汽车展览会】
2022年11月3—6日，第十七届南际汽车展览会暨新能源·智能汽车展在南昌绿地国际博览中心盛大召开。该届南昌国际车展启用A1—A4馆及户外展区，70余个品牌、800余款车型参展，为南昌消费者带来多元、先锋的购车体验，本届南昌国际车展以“促产业，稳经济”为指导思想，将整合多项政企优惠的“组合拳”措施，全力拉动汽车消费，展现本地汽车市场的实力与信心。

【2022世界VR产业大会】 2022年11月12—14日，2022世界VR产业大会在南昌绿地国际博览中心举行，大会由省政府、工业和信息化部共同主办，以“VR让世界更精彩——VR点亮元宇宙”为主题，聚焦虚拟现实产业未来发展方向，搭建专业化、国际化交流合作平台，设置1场开幕式暨开幕演讲、2场高峰论坛、14场平行论坛以及政策宣贯、产业对接、会议体验等系列活动。

【第二届中国米粉节】 2022年11月24—27日，第二届中国米粉节在南昌绿地国际博览中心举办，主展馆面积超3万平方米，有来自23个省（市、区）的近500家企业参展，特装率达到60%，比第一届中国米粉节展览面积扩大了7000平方米、参展省（市、区）数新增7个、参展企业数增加了20%、特装率提升了10%。该届中国米粉节以“小米粉大产业，扩内需促发展”为主题，聚焦米粉产业发展，推进米粉一、二、三产业深度融合，促进全产业链标准化、品牌化、规模化发展，进一步释放商贸消费潜力。

【2022中国（南昌）国际大健康产业大会暨博览会】 2022年11月25—27日，2022中国（南昌）国际大健康产业大会暨博览会在南昌绿地国际博览中心盛大举办，是江西省首度举办的大型健康博览会。有800家展商、6万余名专业采购商参展参会，总展览展示规模达4万平方米。本届展会设医疗卫生、中医中药、医疗器械、健康生活、智慧医疗、生物制药、国际医养、区域特色、产教融合九大展区，覆盖大健康全产业链，“以会带展”打造专业学术会议+展览高端融合平台，促进健康产业商贸交往，推动健康产业资源要素相互赋能。

【江西省第一届职业技能大赛】
2022年12月2—5日，江西省第一届职业技能大赛在南昌绿地国际博览中心召开，南昌绿地国际博览中心作为主赛场，采用“赛、展、演、会”相结合的展示方式，展示面积6万平方米，共设比赛项目30个，全省11个设区市和赣江新区、20个部门32支代表团参赛，参与人数2500余人，是江西省规格最高、项目最多、规模最大的综合性技能赛事。

【第四届江西“生态鄱阳湖·绿色农产品”博览会】 2022年12月16—19日，第四届江西“生态鄱阳湖·绿色农产品”博览会在南昌绿地国际博览中心召开，展览总面积2万平方米，设置包括江西综合展区、11个设区市专业展区、脱贫展区、“一带一路”展区和9个企业特装展区，以及直播带货专区。展会以“生态鄱阳湖·绿色农产品”为主题，全面展示江西这十年现代农业发展成就和千余种江西绿色有机及富硒农产品品牌。

（沈　璇）

2022年8月12—14日，2022中国（中部）工业博览会在南昌绿地国际博览中心举行
（区文广新旅局　供图）

城乡建设与管理

城乡规划

【概况】 2022年，南昌市自然资源和规划局红谷滩分局秉承打造生态文明南昌样板、推进滨江高质量发展、营造两岸高品质空间三大发展战略，对接南昌市国土空间总体规划、南昌市总体城市设计等最新上位规划，落实对赣江两岸的发展建议和指引要求，启动南昌未来科学城概念规划、九龙湖竖向工程（优化）专项规划、VR科创城二期控制性详细规划、红谷滩区村庄规划等规划编制，为全区经济发展和城市建设提供规划支撑和服务保障。

【《南昌未来科学城概念规划》国际竞赛项目工作启动】 2022年，为全面贯彻落实全省数字经济做优做强"一号发展工程"，按照城市"东进、南延、西拓、北融、中兴"发展战略，南昌市委、市政府积极谋划，在九龙湖以南沿江区域规划建设未来科学城，聚焦创新驱动，全力推进城市高质量发展，提升城市综合竞争力。规划范围约139平方千米，具体为北至南昌大道（原祥云大道）—武功山大道（原320国道）、东至赣江、南至规划320国道、西至规划320国道—石埠大道。作为未来10—15年南昌最重要的增量空间，未来科学城功能定位紧紧围绕"数字经济"关键词，从源头创新、技术转化和应用、创新服务支撑3个方面不断拓展和延伸。至年底，南昌未来科学城概念规划国际竞赛已进入招标环节，待确定中标单位后，将进一步开展后续规划编制及成果深化工作。

【编制《九龙湖竖向工程（优化）专项规划》】 2022年，九龙湖片区开发已初具规模，结合高铁西客站、国际博览城、融创文旅城、VR基地等项目的落成，九龙湖片区打造地域特色鲜明、高端要素集聚的综合服务片区，树立全市乃至大南昌都市圈城市发展的标杆。本次规划针对九龙湖片区开发过程中存在竖向管控不足、导致片区内产生大量余土堆积的问题，对九龙湖区域竖向进行研究分析，结合九龙湖片区已建区域、未建区域存在问题的不同，源头施策，将工作范围划分为四大工作范围，制定五大工作板块，有效指导九龙湖片区竖向优化管控。五大工作板块包含九龙湖西区竖向工程专项规划、VR科创城（南区）竖向优化、九龙湖片区东区竖向优化、东区已建成区余土处置方案、规划竖向管控导则。至年底，已初步完成规划编制，正在优化完善。

【编制《南昌VR科创城二期控制性详细规划》】 2022年，编制《南昌VR科创城二期控制性详细规划》，规划范围内总用地面积68.01公顷，规划目标以加快新一代信息技术与制造业深度融合为主线，以智能制造为主攻方向，布局VR硬件制造企业。主要可涵盖计算芯片制造、显示器件制造、光学器件制造、传感器制造、声学器件制造、头显设备结构件生产制造、设备组装代工等VR相关硬件的生产制造。同时遵循城市发展战略，以可持续发展的原则为指导，充分体现新区自身的特点，同时考虑建设时序，协调好城市建设与生态环境保护之间的关系，使本规划能合理地指导规划区的建设，将以人为本、环境导向、便于管控作为本次规划的原则。

【编制村庄规划】 2022年，坚持规划引领，积极对接市自然资源和规划局，推动红谷滩区各乡镇开展村庄规划编制工作。协助完成流湖镇柏树村、莲塘村、车塘村、上房村、淑溪村、溪洪村、红岗村、义渡村、新塘村（省级重点帮扶村）、大岗村（省级重点帮扶村）、红星村（省级重点帮扶村）11个村的村庄规划编制工作，协助完成厚田乡木埠村（省级重点帮扶村）、桐岗村、詹杨村、山水村、象潭村5个村的村庄规划编制工作。

（段建坤）

城乡建设

【概况】 2022 年，红谷滩区住建局共负责项目 29 个。其中，在建续建项目 19 个、前期项目 10 个，涉及项目总投资 209.715 亿元。全年计划完成投资总额 19.9 亿元，实际完成投资总额 16.6 亿元，投资完成率 85.6%。

【"胡子工程"攻坚行动】 2022 年，通过细化节点计划、挂图作战，对节点目标完成情况进行"红黄灯"预警机制管理，每周督导通报完成情况等措施，全力集中攻坚"胡子工程"。8 月，完成九昌樟石油管道（龙兴大街至阁皂山大道段）旧管道拆除工程（九昌樟石油管道纵向跨越南昌经开区、新建区、红谷滩区，管道迁改项目从提出迁改到规划设计、启动设施，历经多年，已于 2021 年底完成新建管道并投入使用；但旧管道迟迟未拆除，其中有 9.39 千米途经红谷滩区，由于管道埋设较浅，高出该区道路设计标高约 2.5 米，致使沿线阁皂山大道、抚州大街两条主干道受其影响无法完成建设，导致周边交通不便，群众反映强烈）；12 月，完成华南大道工程（华南大道项目位于红谷滩区红角洲片区，南起祥云大道、北至 320 国道，道路长度约 1400 米，宽度为 45 米，主要建设内容包括路基工程、道路工程、交通工程、绿化工程、排水工程、照明工程及配套管线工程等）。按期将各"胡子工程"攻坚销号，畅通了"网红坡"等盘踞红谷滩多年的堵点，专项攻坚行动卓有成效。

【未来科学城路网建设再加速】 2022 年，推进未来科学城中区市政基础设施、未来科学城北区高教园路网、VR 科创城基础设施建设；重点推进建设复兴大道、复兴大道西延、上饶大街涉枫生高速快速化改造、新余街、赣州大街、龙虎山大道、三清山南大道等城市干道建设，形成打通跨区、跨铁路、跨江、跨高速交通廊道，促进未来科学城形成高效、便捷的交通联系网络，构建无差异化的空间发展平台；推进九龙湖新城市政基础设施三期工程、四期工程路网工程、红角洲路网二期工程、新力龙湾周边配套路网工程、九龙湖新城综合管廊一期工程、VR 科创城配套路网一期工程、南斯友好路提升改造工程建设。

【"打通断头路畅通微循环"攻坚专项行动】 2022 年，全力推进"打通断头路畅通微循环"攻坚专项行动，总投资 2.23 亿元，总长度 5.4 千米，按期打通 8 个"断头路"项目，分别是：贸院路（茶山路—嘉言路）、凤磔路（规划 C 路，凤凰北大道—丰和北大道）、江报路（飞虹路—庐山南大道）、花园南路（云溪路—梅岭大道）、熙凤路（规划 D 路，珠江路—闵江路）、圭峰大道（九江街—樟树街）、慧谷路、华南大道（祥云大道—320 国道）。

【深化"路地"合作】 2022 年 9 月，完成涉铁工程赣江北大道下穿京九铁路通道工程项目主路通车，项目总用时约 10 个月，成为南昌市耗时最短，建设最快的涉铁项目。赣江北大道下穿京九铁路通道工程位于江西省南昌市红谷滩区赣江北大道附近，设计主路线位为南北走向，北起于河海路交叉口，通过框架桥形式下穿京九铁路线，南至黄河路交叉口，设计范围内路线全段为直线线形，全长 195.537 米，是城市主干路，设计时速为 40 千米，设计范围红线宽度为 29.25—38 米。东侧慢行道分幅穿越京九铁路，利用既有桥涵改造为 1—5 米慢行通道涵。

【构建综合交通体系】 2022 年，立足在建、续建项目，着力推进南昌市"东进、南延、西拓、北融、中兴"城市发展战略，努力构建具有区域辐射力、发展带动力、高效便捷的新城综合交通体系。谋划洪州大道快速化改造、三清山大道南延（南外环—丰厚一级公路）及周边农村公路提升工程、明月山大道（复兴大道—洪州大道）、赣江南大道南延工程、未来科学城中区穿跨西环铁路工程、杨岐山大道、龙兴大街西延等主要干道建设，进一步强化未来科学城整体对外及各区域间的交通发展圈，加强未来科学城各城市功能区域的协调互动，打通未来科学城的主动脉，打造未来科学城片区内"五纵五横"路网格局。

【谋划未来科学城用电规划】 2022 年，与南昌市供电公司共同谋划未来科学城电力规划，采用"整体规划、同步实施、分年成型"总体建设思路，持续推进高质量配电网建设，完成红谷滩区规划。结合未来科学城开发进度及供电规划，分步实施供电设施，先行实施未来科学城内西部组团区域及 VR 科创区域，供电面积为 54.1 平方千米。2023—2025 年结合营盘山变电站、望新变电站等新建变电站和市政开发等配套工程，先后完成九龙湖、西部组团和科创城片区配电网建设。220 千伏电网建设规模："十四五"期间新建 220 千伏变电站 1 座（营盘山），满足新增负荷需求；"十四五"至远景年新建 220 千伏变电站 1 座（望城东），扩建 220 千伏变电站 1 座（营盘山），新增变电容量为 840 兆瓦。110 千伏电网建设规模：尽快协调供电公司推进 2023 年建设 110 千伏望新变电站，优化九龙湖西网架结构，新出配套线路满足高教园区和省、市疾控中心等用户负荷增长需求。110 千伏望新变电站，满足新增负荷需求，新增变电容量 126 兆瓦，容载比为 2.23。西部组团远期中压规划：至远景年，为供区供电的电源点为望新变、生米变、东城变、营盘山变、科技变、望城东变、物流变。共有104条回线路为其供电，形成26组双环网、1组单环网，线路联络率和N-1通过率均达100%。

（胡　明）

城乡土地收储

【概况】 2022年，南昌市土地储备中心红谷滩分中心（以下简称区土储分中心）按照拓展思路、服务辖区，重新定位、优化职能，回归主业、主动作为的总体思路，回归主责主业，再造红谷滩区土地储备工作流程，优化服务意识。以服务重点项目落地为核心，扎实开展土地收储、国有土地临时租赁、“两公一住”（公共管理、公共服务用地及住宅用地）地块土壤污染状况调查、耕地占用税申报纳税等工作。

【科学编制土地储备计划】 2022年初，在研判红谷滩区经营性用地需求的基础上，紧密结合红谷滩区2022年度土地供应计划及红谷滩区重点路网建设情况，编制红谷滩区三年滚动计划（2022—2024）、2022年度土地储备计划和前期开发计划，区本级上报三年滚动计划235.39公顷，年度土地储备计划88.72公顷，前期开发计划12.61公顷，为保障储备计划的实操性，对储备计划进行中期调整，将2022年度新增的2宗储备地块纳入计划管理，确保年度储备计划的完整性。

【推动全口径收储】 2022年，按照江西省土地储备专项整治工作要求，对红谷滩区2019年1月1日至2022年7月31日的土地储备项目进行深入排查，严格按照土地储备全生命周期管理和全口径收储、储供闭环的思路，对11个土地储备项目档案卷宗进行“体检式”排查，从项目背景、项目确立来源、土地收储环节、中介服务机构选取、资金支付、储备地块管护及临时利用等项目推进脉络进行自查，以“治”促改，为红谷滩区推进全口径收储工作打下坚实基础。

【开展国有土地临时租赁工作】 2022年，为服务辖区开发建设，保障项目用地配套建设需求，按照区政府指示，有针对性地对重点项目开展储备土地临时利用工作。至年底，区土储分中心临时利用项目20个，面积共计6.69公顷，代区财政收缴租金211.67万元。此外，区土储分中心与区城管部门建立联动机制，加大合同履约的执行力度，成功追缴拖欠租金18.78万元。同时，区土储分中心积极服务南昌市2022年重大重点项目——南昌市委党校迁建项目。市委党校迁建项目于8月19日正式开工，为保障项目建设需求，市委党校需临时租赁项目以南1.2公顷土地作为项目办公区及生活区，该租赁地块以集体土地为主，其中0.25公顷土地已实施征收。为保证施工单位尽快进场施工，区土储分中心靠前服务，积极对接项目建设单位中建三局，紧盯项目开工时间节点，主动为中建三局办理0.25公顷国有土地临时租赁手续，解决了建设单位配套生产生活用地的燃眉之急，为打造全省“一流学府”提供土储要素支撑。

【开展“两公一住”地块土壤污染状况调查】 2022年，区土储分中心与南昌市土地储备中心、区自然资源和规划局、区环保局、属地街道等部门横向联动，按照部、省、市相关文件精神，开展41宗地块的土壤污染状况调查工作，所涉面积581.65公顷，涵盖全区2022年出让、划拨地块及补办手续地块。区土储分中心主动作为，积极开展拟供应的“两公一住”地块土壤污染调查工作，保障土地供应投放节奏，为红谷滩区建设生态文明、推动绿色低碳循环发展，满足人民日益增长的优美生态环境需要履职尽责。

【履行耕地占用税申报纳税义务】 2022年，区土储分中心服务辖区，主动对接区财政局、区税务局，分别对红谷滩区2021年7个批次、2022年4个批次批准转用的农用地与区税务局进行协调，最终在规定的时间节点完成耕地占用税的缴纳任务，纳税共计1426.52万元。

【探索市区两级联合收储模式】 2022年，为进一步推动红谷滩区土地收储工作，市土储中心领导带队赴九龙湖片区JLH503-C06地块进行实地踏勘调研，从空间规划、周边环境、道路交通及相关配套设施等多个维度进行论证，就市区两级土地联合收储的可行性进行分析研究，在联合收储方面进行探索。当前的土地收储工作，市区两级均面临着不同的困难，深化土地联合收储协作模式，将为助推红谷滩区经济社会持续高质量发展，提供土地储备要素保障。

【发挥桥梁纽带作用助力区级民生需求落地见效】 2022年，红谷滩区九龙湖片区整体开发建设拆迁安置迫切需求大量安置房源，区土储分中心积极助力区级民生需求，配合区住保中心与市旧改办、市土储中心多次汇报沟通，经市旧改指挥部研究，同意签订安置房购买协议，此举既解决了红谷滩区安置房缺口问题，又解决了市本级国开行融资贷款的安置房建设资金沉淀问题，提前回笼棚改资金，同时盘活了市级综合性安置用房资产，避免剩余房源闲置积压，为“一举三得”多赢举措。

（舒　瑜）

城乡综合管理

【概况】 2022年，红谷滩区城乡管理工作紧盯"宜居宜业、宜学宜游"现代化都市目标,扎实开展城市环境综合整治八大行动和水环境治理攻坚行动,不断巩固和深化全国文明城市创建成果,全力保障城市运行安全,攻坚克难、真抓实干谱写城市管理新篇章。红谷滩区城管执法大队以标准化建设为主线,牢固树立以人为本、文明执法理念,充分发挥城市管理行政执法职能,积极进行对标找差,突出民生民需、改善市容市貌、优化管理机制、提升执法效能,着力加强专业化、素质化、法治化、一体化建设,切实提高城市现代化管理水平。机制建设愈加完善;推行"三全三化"(全范围、全过程、全时段监管和规范化作业、标准化评价、智慧化管理)保洁,提升园林绿化品质,攻坚水环境整治,开展形式多样、丰富有趣的垃圾分类主题活动;加快老旧小区改造,加快"物管城市"建设,打造城市精品公园;建设智慧燃气平台,提升市政管养能力,打通城市道路堵点。城市功能与品质有效提升,城市供水、供气运行安全有序,改善了市民生活、出行、游憩体验,提升了市民幸福感、获得感。

【机制建设愈加完善】 2022年,先后出台修订《2022年红谷滩区"三合一"市场化监督管理绩效考核办法(暂行)》《红谷滩区城市精细化管理考核工作方案》《关于进一步规范城市管理问题督查督办工作的实施意见》;强化对属地、环卫市场化单位监督考核;牵头草拟《南昌市红谷滩区建筑垃圾和散装物料处置运输实施细则》,并通过区政府常务会议,以区政府名义印发,标志着全区建筑垃圾管理走向正规化、标准化。

【前湖水系整治大见成效】 2022年,通过清淤疏浚、截污纳管、护坡覆绿、引水活化、水系联通、执法巡查等措施,在日常管护、执法检查、智能监管方面建章立制,强力推进前湖水系整治工作不断向前。实现前湖水系水清、岸绿、景美,达到一年内大见成效的目标。前湖水质维持在Ⅴ类以上,稳定达到一般景观用水水质要求。

【水环境持续向好】 2022年,按照"规划引领、分片推进;清污分流、源头治理;管网先行、单元同步;轻重缓急、长治久清"的思路,在源头治理、水体整治、生态修复、创建达标上狠抓举措落实。全年取得水质指标全面达标,断面水质达标率100%,城市集中式饮用水源地水质达标率为100%,乌沙河、前湖水系达到Ⅳ类水标准,黑臭水体全面消除;水系生态明显改善。创新"一截、二清、三护、四活、五绿、六管"六步工作法,前湖等水体得到进一步净化,生物多样性更加丰富,"河畅、水清、岸绿、景美"新面貌初步形成;治水体系逐步完善,雨污混接整改工作逐渐形成可复制模式,水环境各环节工作逐步走向制度化,全民共治局面提升明显。全年排水单元整治工作已通过市级验收335个,新建完成雨污分流管道约10千米。

【开展环卫保洁大提升行动】 2022年,持续深化"马路本色"行动,固化"洗城"机制,采取机械化清扫、人行道冲洗、快速流动保洁相结合的多层次保洁方式,实行"三全"(全时段、全方位、全天候)保洁模式,每日1400余名保洁日夜奋战在环卫一线,做到日常管理无间断、无空隙、无死角。加强对背街小巷道路、绿化带等重点部位清洁工作,做到路面无暴露垃圾,无卫生死角,垃圾日产日清。全年更新环卫车辆256辆,新购作业车辆245辆,配齐配全环卫装备,做到车辆外观标识统一及环卫作业服装统一。

【垃圾分类成效进一步提升】 2022年,按照"强化宣传、完善设施、形成机制"原则,大力开展垃圾分类宣传教育,加强"撤桶并点"、督导员等前端分类体系建设,在18个小区设立示范点位,服务居民户数19049户,实施垃圾分类单位190个。全年共建设并升级改造分类投放亭537个,配齐537名督导员。全区134垃圾转运车辆做到统一标识、规定线路、专车转运。建成联泰香域尚城、前湖小区两处厨余垃圾处理站,日处理量共计5吨,减量化率达90%以上,资源化率达100%。同时,完成第一批重点区域垃圾分类市场化服务建设,实现智慧化监管平台全覆盖,形成监管数据化、过程合理化、执法公正化、奖惩透明化的"红谷滩模式"。垃圾分类工作被《南昌日报》《南昌晚报》《江南都市报》等市级主流媒体累计报道23次。

【开展城区围墙围挡大整治行动】 2022年,按照"先易后难、主次分明"标准,对闲置用地围墙,采取应拆尽拆原则,全面释放城市空间,全年拆除围墙围挡28处共6316米,打造出中央绿轴、三馆停车场、飞虹路停车场等停车休闲空间;规范施工工地各类长期和临时围挡,做到高度、外观、色彩统一,公益广告设置比例符合城市管理要求,全年整治各类围挡98处共8350米,打造出铜锣湾广场三期、融创度假酒店等围挡示范段;对沿街实体围墙进行改造,由实体围挡改建为镂空式围墙,改造围墙22处共1670米,改造出红角洲第十九中学、泰耐克酒店等区域,实现道路绿化与庭院绿化有机结合。

【开展文明创建大清零行动】 2022年,坚持"每天验收检查、全面检查指导、不定期抽查评比"的原则,对市容环境、园林绿化等重点工作,将责任落实到人到岗,把问题解决到细节根源,做到动态问题每日清零,静态问题每周清零。印发空中管线、背街小巷等重难点工作实施方案。线下方面,三级责任人和网格巡查员定期开展徒步巡查;线上方面，推广全系统使用掌上城管应用。全年共采集案件23.31万件，处置案件23.30万件，处置率99.98%。

【市政养护安全有效】 2022年，按照"安全第一、预防为主、防控结合"的原则，加强市政设施的安全检测和维修工作，开展重点主次干道市政设施更新和整治行动。全年共安排养护人员3.1万余人，市政设施维修车6200余辆，维修沥青路面及坑洞约3.27万平方米，维修更换人行道板约3.32万平方米，维修更换路沿石5419米，维修更换树池石1517根，维修更换隔离柱2194个，安装防坠网531套，重要积水点实现清零，重新修订排水防涝工作方案，明确各部门职责，制定积水点"一点一案"，进一步细化工作举措，并实行领导分片挂点指挥，降雨期间高频次对道路及周边设施进行排查，落实24小时值班，确保一旦出现汛情、险情，第一时间赶赴抢险一线。完成20个重点积水点整改，实现积水点位90分钟消除到位。

【老旧小区改造惠及更广】 2022年，老旧小区改造前充分听取民意，改造中发动群众参与，使党员群众融合到老旧小区改造的各项工作中，充分满足居民群众的"关注点"和"期望值"。率先将阳台洗衣污水纳入污水管网，有效地截断"新型污水"进入雨水管网。完成纺织宿舍、灯头厂宿舍、某部队、龙岗花园小区4个小区的改造，改造户数1508户，涉及楼栋41栋，涉及建筑面积17.04万平方米。

【厕位、车位建设更加优化】 2022年，根据红谷滩区发展规划和群众日常生活的需要，进一步加大车位、厕位建设力度，切实解决群众停车难、如厕难的问题。用心用情用力抓好城区"厕位""车位"建设。持续推动公厕和车位建设，优化空间布局，依托赣江市民公园四期、五期和九龙湖公园等建设项目，已建成22座公厕并交付使用。完成市会议中心、九颂山河、西站北广场、江报路农贸市场等停车场建设，新增近1600个停车位。

【休闲空间功能更贴民心】 2022年，充分利用城市拆迁腾退地、边角地、废弃地和闲置地、建设用地红线退让地、"拆围透绿"等场地，建设凤凰洲洲头体育公园、祥云大道休闲空间、春晖路休闲空间、香江路城市休闲空间、沙井碟子湖大道休闲空间5个城市休闲空间，补足休闲、体育、公共服务设施，为城市居民提供缓解工作压力、观赏休闲娱乐的场所。

【道路增亮降噪更暖民心】 2022年，为市民提供安全、便捷的夜间出行环境，结合背街小巷和楼道照明实际，实施完成绿湖路、南广源街、北广源街、启华路、奋进路等8条背街小巷增亮补亮项目。同时采取EMC模式进行全区钠灯改造，推广使用LED节能路灯，对近9000盏灯进行节能改造。在祥云大道南侧点位安装声屏障1.5千米，降低车辆行驶造成的噪声污染，改善周边居民工作和生活环境。

【主要道路完成彩化提升】 2022年，在赣江大道、丰和大道、红谷大道、学府大道、九龙大道等18条主要道路节点进行彩化提升工作，种植洋凤仙、石竹、四季海棠、长春花、皇帝菊、夏堇等20余种时令花卉2250万株。节日期间，在主要广场节点布置大型园艺造型15座，以花卉装点城市主要道路、广场绿地、重要节点等位置，实现"广场有造型、道路有花带、节点有花景"。充分利用自然地理优势展示"一江两岸"的都市风采和滨江城市的特色魅力，美化节日、全国文明城市创建等重大活动期间城市环境。完成世界VR产业大会、省两会、省项目开工仪式、植树活动等省级及以上重大重点活动线路保障工作约100余次，共督办整改212件案件，对各项活动现场、考察沿线等重要场所及周边环境进行整治，全力保障各项活动在红谷滩区域顺利举办。

【"物管城市"建设更具创新】 2022年，为有效改善店面到道路间车辆乱停、垃圾乱扔等现象，引入社会资本对店面到道路间区域实施改造，通过对改造区域施划停车泊位收费管理，规范该区域车辆有序停放，落实改造区域内环境卫生维护主体责任，让投资方享受停车收益分成，物业减轻管理压力，商户收获良好环境秩序。至年底，共实施"物管城市"项目6个，共新增1120个车位。

（李　鹏）

【推进"城管进社区"工作】 2022年，为积极构建"社会协同、公众参与"的城市管理新格局，推动城管工作向街道、社区延伸，按照省住建厅、市城管局的部署要求，大队积极推进"城管进社区"工作，通过选派城管队员下沉社区，开展面对面服务，按照"九个一"（一段习近平总书记对城市管理的讲话摘要、一幅社区管理区域图、一张便民服务联系卡、一个工作职责、一个服务承诺、一个工作站牌、一个工作岗位牌、一个城管风采墙、一个工作服务台）设置的要求，在全区打造3个标准化社区工作站（梧桐路社区、长江路社区、凤凰花园社区），建立81个线上工作站，用"走出去、请进来"的方法，通过公布城市管理执法工作流程、法律法规等让市民真正理解、谅解、支持、参与城管工作，逐步形成"人民城市人民管、管好城市为人民"的良好氛围。

【规范执法办案流程】 2022年，修改完善《协管员管理制度》《宣传报道制度》《考勤制度》《学习制度》《行政执法过错责任追究制》等内部管理制度，增强干部职工主动干事、敢于作为的责任意识。规范执法办案流程，梳理城管执法行政处罚、行政强制等权力清单，及时对外公示案件办理清单。坚持重大案件集体讨论制度和重大行政执法决定法制审核制度，规范行政处罚自由裁量权，落实案件法制审核、集体讨论决定、责任追究等相关制度，着力提高办案的合法性和案卷质量。推行恳谈式执法、说理式执法、首违不罚等人性化执法措施，防止矛盾激化。全年共办理一般程序行政处罚案件93件、简易程序案件688件，罚款233.39万元。

【改善城市生态环境质量】 2022年，以环保督察"回头看"为契机，以"禁噪降尘治烟"为主线，按照大气、水、土壤污染防治三大战役统一部署，严控扬尘污染，严管油烟污染，严治噪声污染，严防水体污染。通过24小时重要路口定点守候和车辆机动巡查，严查车辆"抛、洒、滴、漏"行为，抓好扬尘治理工作；督促全区餐饮业商家安装油烟净化设施，并建立检查、清洗维护台账，对沿街门店占用道路室外烧烤、流动烧烤摊点等现象，坚持每天进行巡查，督促经营户规范经营，取缔炭烤，降低餐饮油烟污染，提升空气质量。全年累计检查餐饮店是否规范使用油烟净化器27642家次，处罚不开启油烟净化器餐饮店21家，依法查处城管领域涉环保违法行为600余起；按照问题导向、立行立改原则，扎实开展环保信访积案销号处理工作，全部办结中央、省环保督察组交办信访案件108件。

【高效处置投诉举报案件】 2022年，抓实各级部门转办件、"12345"政务服务热线和城管举报办理工作，坚持24小时投诉受理和及时反馈机制，着力提升投诉回访率和群众满意度。全年为广大市民群众解决各类举报投诉案件达7600余起，受理率达100%，办结率达100%，回复率达100%，真正做到为民排忧解难。

（朱海涛）

房屋征收与补偿

【概况】 2022年，红谷滩区住建局加强农房拆迁督导协调力度，督导各乡镇（街道）完成房屋征迁24.68万平方米，完善农房复核认定程序，完成农房复核18.4万平方米；指导各乡镇（街道）实物安置4259套，安置面积40.88万平方米；全力推进慧谷路省公安厅交通管理局、大学城、抚州大街西延、320国道改扩建、昌樟高速二期改扩建、玉龙防水厂、明月山大道等重大重点项目所涉征迁。尤其在拆迁改革方面先行先试，积极探索，建立高效联动机制，明确征地拆迁、项目建设、回迁安置实施流程，全程参与编制年度征迁计划、安置房建设规模选址确定、安置房建设移交分配、安置房建设资金申拨等，全年累计拨付各属地拆迁资金3.33亿元，区本级支付过渡费和征收补偿款共计2637.97万元，保障各大项目顺利完成，以实际行动赢得改革先机，形成先发态势，推动拆迁安置工作体系化建设。

【超计划完成城中村改造任务】 2022年，红谷滩区城中村改造项目为生米街道10万平方米、350户。区住建局依托拆迁体系改革，密集赴各乡镇（街道）开展调研交流工作，增强业务指导帮扶力度，面对面讲政策、手把手传经验，重新草拟6项操作流程，赴各项目现场查勘踏界22次，实地督导复核106次，督导生米街道完成征迁总面积约16.8万平方米、972户，涉及2173人，超额完成了城中村改造任务。

【推动路网升级】 2022年6月1日以来，坚持以"项目为王、大干项目"为导向，根据南昌市重点项目慧谷路建设需要，严格按照房屋征收工作流程和项目建设既定目标，协调联动开展项目所涉征收工作，实行丈量、洽谈、评估"三位一体"工作模式，历时26小时便完成省公安厅交通管理局2445.22平方米附属物测量及评估工作；围绕项目加强研判，分清轻重缓急，优先保障红线内旧房拆除和被征收场所搬迁，仅用3小时便安全拆除该项目征收房屋主体，确保道路建设如期开工。

【解决"急、难、久"问题】 2022年，区住建局逐步转变以往征迁"各自为战"局面，重点把握纾困突破方向，着力解决"急、难、久"问题，有针对性地开展拆迁安置各项工作，成功签约1项历时9年的遗留问题，协调各级相关部门调拨安置房源12万平方米，提前对2023年省、市、区重大重点项目所涉征地拆迁任务进行摸底，制定重大重点项目摸底表、链条图，层层分解任务，并统一下达《任务通知单》。充分发挥行业主管部门职能，加大督导力度，压实工作职责，同步实行"片区负责制度""逐级报告制度"，统筹协调项目征地拆迁问题，逐条逐户销号，建立"一项目一档案"。同时，参照市住建局即将出台的《南昌市中心城区集体土地上房屋征收与补偿指导意见》，拟定红谷滩区相关政策，加快推进农房拆迁安置货币化补偿工作；不断完善生米街道、龙兴街道拆迁及安置房建设基础数据，做好流湖、厚田等新入乡镇拆迁政策的规范统一，修订完善《红谷滩区安置房建设分配管理办法》，安置房具备预分配条件时，组织拆迁户在"图纸上"分房选房，待建设的安置房竣工验收后具备交付条件时按照预分房选房阶段拆迁户选房房号进行交付，实现提前分房，缩短拆迁户回迁过渡期。

2022 年 10 月 17 日，区住建局在会议室进行 2022 年公租房摇号分配活动

（区住建局　供图）

【统筹推进安置房建设管理工作】 2022 年 5 月以来，区住建局作为安置房建设业主单位，统筹协调全区安置房建设管理工作，充分发挥职能优势，协调安置房管理和物业服务管理方面工作，加大对安置房建设的督查力度；研究拟定《红谷滩区集体土地上房屋拆迁及安置房建设项目资金申拨操作流程（讨论稿）》《红谷滩区集体土地上房屋分配操作流程（讨论稿）》《红谷滩区集体土地上房屋征迁复核认定操作流程（讨论稿）》《红谷滩区集体土地上安置人口认定操作流程（讨论稿）》等一系列操作细则。为扎实推进安置工作，着力解决“重拆迁、轻安置”，确保安置房分配公平公正，区住建局住保中心主动作为，派遣业务骨干下沉一线，点对点进行业务指导和工作督导，现场参与安置方案制定，跟踪监督洽谈过程，督促属地工作人员阳光规范操作；通过查阅台账、实地察看、访问群众等方式，摸清回迁安置底数，紧盯分房摇号、手续办理、安置结算等流程，压实督导职责，切实保障分房工作稳步推进。全年完成安置房面积 42.98 万平方米，房屋 4259 套。其中，生米丰都 A04、A05 地块完成安置 1657 套，面积 15.67 万平方米；中堡希望花园 A1、B 区完成安置 1600 套，面积 16.32 万平方米；长岗花园完成安置 1002 套，面积 10.99 万平方米。

（刘思奇）

生态文明建设

【概况】 2022 年，红谷滩区生态环境局在市生态环境局和区委、区政府的领导下，按照上级的工作部署，出台支持生态环境高水平保护，助推经济高质量发展的若干举措。全面深入打好污染防治攻坚战，认真抓好环保督察问题整改，着力解决群众身边突出生态环境问题。

【制度建设】 2022 年，区委、区政府调整区生态环境保护委员会（以下简称环委会）组成人员名单，成立环委会办公室和 10 个专业委员会。制定《关于全面加强生态环境保护持续深入打好污染防治攻坚战的实施方案》，明确至 2025 年工作目标、工作任务、保障措施。组织召开环委会会议 3 次。制定《红谷滩区生态环境保护责任清单》，明确区委各部门、区人大政协、区直各单位等 39 个部门生态环境保护责任。制定《红谷滩在全面建设美丽江西中充分彰显首府首区作为实施方案》《红谷滩在全面建设美丽江西中充分彰显首府首区作为 2022 年工作计划》，组建美丽江西专项工作组办公室成员单位工作人员联络名单，建立美丽江西工作台账。

【大气环境管理】 2022 年，红谷滩区领导累计召开大气污染防治工作调度会 8 次，制定印发《红谷滩区扬尘污染专项整治行动方案》《南昌市红谷滩区污染天气应急预案》《红谷滩区大气污染防治精细化管控方案》，安排专人紧盯空气质量实时监测数据，累计出动 530 人次，总计检查建筑工地、汽修店、加油站 320 次，发现施工扬尘、渣土运输扬尘等污染问题 282 起。开展重点区域内涉 VOCs（挥发性有机化合物）企业摸排，共检查辖区 11 家汽修企业、9 家加油站企业，发现涉 VOCs 污染问题企业 4 家，均已责令整改。成品油点位 16 个，接获非法举报线索 2 次，联合属地开展排查 3 次，发现非法加油车 2 次。制定《红谷滩区建筑工地扬尘污染专项治理行动方案》，督导检查在建工地 187 次，并下发限期整改通知书 23 份。制定《红谷滩区执法大队 2022 年建筑垃圾处置专项整治行动方案》，立案查处违规处置工程渣土行为 456 起。持续开展“马路本色”行动，每日对建成区车行道路实施机械化清扫、冲洗，确保城区道路机械化清扫率达 95% 以上。开展餐饮油烟整治，共检查餐饮店是否规范使用油烟净化器 5602 家次，督促 2295 家餐饮店清洗油烟净化器。建设露天禁烧高空瞭望系统，布置热成像高空摄像头 6 个，全天候监控露天禁烧情况。在祥云大道设置一套黑烟车抓拍系统，对路过的黑烟车实施抓拍。对4家非工业锅炉尾气排放进行监督检查。严厉整治违规燃放行为，全年累计出动警力300余人次，阻止燃放行为15起。

【水生态环境管理】 2022年，红谷滩区生态环境局督促前湖水系上下游完成整治73处；开展前湖上下游水质监测，每两周监测一次，至年底，已完成监测12次。完成入河排污口溯源系统填报，对291个入河排污口排查、溯源、监测、河长、整治等情况进行录入，组织制定入河排污口排污通道脉络图、“一口一策”整治方案。持续开展集中式饮用水水源地环境保护专项行动，对全区集中式饮用水源地安装智能监控系统，实时进行播报并驱赶钓鱼游泳人员。已拆除饮用水保护区域内游泳协会的外部搭建，并切断供电设施及供水设施。开展高位干旱形势下的巡查和监测工作。对东湖红谷隧道断面开展加密监测，监测结果为地表水水质Ⅱ类。开展生米水厂饮用水源保护区及其取水口上游5千米入河排污口问题排查，检查入河排口8个、有水排口3个、无水排口2个，均已采样监测。对长堎牛行、双港城北、红角洲等饮用水水源地开展现场检查。

【土壤生态环境管理】 2022年，开展建设用地土壤污染风险管控和修复治理，按照方案要求做好“一住两公”地块供地前土壤污染状况调查，完成24个地块第一阶段调查评审。督促红谷滩辖区内102家产废单位（产生危险废物的单位）在南昌固废平台申报2022年产废管理计划和上一年度危废年报。配合南昌市生态环境综合执法支队对13家企业危险废物产生、收集、贮存、转移等全过程进行现场督查，督促相关企业对重点环保设施和项目，组织安全风险评估论证和隐患排查治理工作。做好疫情防控医疗废物的转运处置。印发《关于进一步规范我区医疗废物收集转运处置的函》，并派发《涉疫医疗废物安全收运处置宣传册》900余份，确保红谷滩区疫情防控期间医疗废物能得到更加规范、及时的处置。加强对小诊所和医院医疗废物的日常监管，督促其产生的医疗废物均在48小时内收运到位，并做好收运前、后的消杀工作。

【环保督察整改】 2022年，制定《红谷滩区贯彻落实中央生态环境保护督察报告整改方案》，梳理出问题整改清单6个，其中共性问题3个、个性问题3个，各项整改按照时序稳步推进。第二轮中央生态环境保护督察信访件68件、2019年和2020年长江经济带生态环境警示片披露问题3件、2018年中央生态环境保护督察“回头看”交办信访件76件均已完成销号。省生态环境保护督察“回头看”交办问题9件已完成销号；2018年省级环保督察交办信访件109件、2020年省生态环境保护督察“回头看”交办信访件115件均已销号。

【生态环境监管】 2022年，开展排污许可证核发工作，主动指导帮扶企业开展排污许可证填报工作，全年核发简化管理排污许可证4张；对红谷滩区17家排污单位提交的2021年度执行报告进行审核，并形成审核报告反馈给企业。建立红谷滩区自行监测平台微信群，入群企业共40余家，涉及4S店、医院、加油站等重点排污企业，共在群内解答企业自行监测问题50余次；联合市生态环境局监测科对红谷滩区污水处理厂帮扶3次；与部省联合帮扶1次，其中3家污水处理厂在部省联合帮扶小组帮扶检查时，帮扶检查结果打分均为优秀，获得部省领导对红谷滩区环境监测工作的一致认可。开展信访投诉办理。共处理“12345”平台工单投诉65条，人民网转办投诉1条，联办单11条。做到件件有回音、件件有落实。同时，进一步做好市民的解释工作，防止相同问题重复投诉，提高工作效率。

【生态环境宣传】 2022年6月4日，红谷滩区生态环境局联合凤凰洲管理处在丰和新城社区开展“共建清洁 美丽世界”的世界环境日进社区宣传活动，旨在大力提倡人人参与生态环境整治，共建文明生态美丽社区。活动现场，通过设立咨询台、悬挂宣传条幅、设置宣传展板等方式，以“共建清洁美丽世界”为主题，从如何理解生态环境、为什么要保护生态环境、如何保护生态环境3个方面向居民现场宣讲相关生态环保知识，通俗易懂的讲解吸引了往来居民驻足学习。同时，举行“共建清洁美丽世界”主题教育实践签名活动，全体工作人员、社区志愿者、现场居民共同承诺保护生态环境；活动中，共发放各类环保宣传手册800余份、环保购物袋500余个。

（张翼曼）

交通运输管理

【概况】 2022年，红谷滩区辖区总面积395.05平方千米，内有105国道、320国道、昌樟高速公路、南昌西外环线等公路线路过境，并有南昌地铁1 、2、4号线穿区而过。内设有南昌西站、长途汽车站，昌九城际铁路在此始发。辖区内有2家客运场站（南昌西站、南昌长途汽车站），60家维修企业（1类15家、2类12家、3类33家），9家驾培企业（1类1家、2类、3类各4家），67家货运企业（含危货企业1家），1家客运企业，12家网约车企业和11家汽车租赁企业。区编办批复成立红谷滩区交通运输综合服务中心，核定编制数5人。全区交通运输工作被市交通局评为“安全生产表现突出单位”；被市道路安全运输服务中心评为"安全生产突出单位"。

【"打非治违"联勤联动】 2022年，在元旦、春运、两会、清明、"五一"国际劳动节等重要节点，按照"打非治违"的工作要求，与属地公安、交管等部门在西站及高校周边等重点区域开展联合巡查、联合执法，对非法营运车辆实施精准打击，广泛运用说服教育、劝导示范、警示告诫、指导约谈等方式开展执法工作，通过增加见勤率，减少重点区域各类客运违法行为的发生。全年查处各类客运违法行为116起，其中非法营运车辆27起、网约车违法28起、出租车违章57起、维修企业1起、客运企业3起。

【交通运输行业"百日攻坚"行动】 2022年，按照市交通运输局统一部署，红谷滩区交通运输部门联合市交通执法部门开展以重点整治安装"跑得快"、不打表、拒载、故意绕道行驶、出租车违规经营等违规行为；充分利用"12328"举报平台和出租车管理系统，对绕路行为予以重点整治，同时结合西站日常巡查对车辆车身不整洁情况予以及时教育提醒，行政罚款共51起，驾驶员违反服务质量信誉考核指标扣分82起，停业整改44起，约谈企业6家，给3家出租车企业下发工作提示函。结合"网红城市"、下半年重大活动等特点，持续发力，切实在西站窗口把这张城市"名片"擦亮。

【"两无"企业专项整治】 2022年，红谷滩区交通运输部门强化工作联动，认真开展打击交通运输行业安全生产领域"两无"（生产经营单位无资质、从业人员无证上岗）非法行为专项行动，共检查8家次，查处隐患3个，其中无证经营企业2家。联合市交通运输综合执法支队、市文化市场综合执法支队开展全市旅游包车安全专项整治行动，着力解决旅游包车管理存在的薄弱环节和突出问题，整治行动期间，共查处旅游大巴违规行为3起，均已立案。

【安全生产常抓不懈】 2022年，按照安全生产专项整治三年行动部署，交通运输工作人员严格督促企业落实主体责任，对车辆安全设备及公司驻地消防设施进行全面排查，全年消除各类隐患37条；指导企业开展安全教育培训演练，开展安全培训企业4家次，开展消防演练3家次；聘请第三方专家对辖区"两客一危"（公路客运、旅游客运、危化品运输车）重点运输企业进行安全生产标准化检查；持续开展铁路沿线安全环境整治工作。

【铁路沿线整治初见成效】 2022年，深入贯彻习近平总书记关于铁路安全重要指示精神，扎实做好2022年铁路沿线环境综合治理，突出抓好漂浮物隐患整治、"双段长"［铁路沿线县（市、区）、乡（镇、街道）人民政府和铁路运输企业基层单位，分别指定相关负责人作为段长］作用发挥，强化上下联动、部门协作、路地协同，联合铁路部门指导属地完成6处公路铁路并行段护栏维护保养工作，完成8处安全隐患点位整治工作，推动铁路沿线环境综合治理工作再上新台阶。

【农村公路整治持续推进】 2022年，为满足广大群众对美好出行的需求，补齐历史短板，深入开展全区农村道路临水临崖安全隐患整治工作，全年完成农村道路平交道口隐患整治15处。全区农村地区重要县乡道用地范围内、建筑控制区按照"八个无"（交通标志前后500米基本无广告、基本无违法建筑物、无穿越公路的设施、基本无违法非公路标志、路基路肩边坡基本无非植物、基本无摆摊设点、无打谷晒粮现象、公路用地范围内基本无堆积物）的标准进行沿线路域环境整治，同时对建筑控制区外沿线村庄开展环境整治，并清理道路旁堆砌杂物60余处。

（周　围）

【探索交通畅通治理模式】 2022年，红谷滩交警大队深化智慧警务，提升交通畅通品质。以"畅通南昌"为抓手，探索畅通治理模式。推动区政府打通圭峰大道、红谷北大道等12条"断头路"，建设丰和大道等35条"绿波路"，进一步畅通人民"幸福路"；推动九龙湖公园等7个停车场建设，缓解群众停车难题；指导医院优化进出口及就诊通道，新增近1000个就诊车位，被《江西新闻联播》专题报道；建设智慧交通检测设备84套，实现"鹰眼感知"和"人眼感知"的有机结合，实现警情扁平化处置；新增100名铁骑警力，组建首支女子铁骑队，进一步强化"135"（按照"核心区域1分钟内、重点区域3分钟内、其他区域5分钟内"到达现场的"1、3、5"分钟快速反应机制）快反快处能力；成立信号配时中心，总结高峰、平峰、假期、商圈、学校、景区6种模式，拥堵指数从日均1.48下降到1.41。国庆期间万象城开业，配时中心不断根据流量变化实时优化，在日均突破18万人的情况下，未出现道路拥堵现象。

【夯实道路交通安全治理效果】 2022年，红谷滩交警大队以"减量控大"为抓手，加大各类易肇事违法车整治力度，特别是查处工程车违法3万余起，位居全局第一。推动区道专委建立每月通报、约谈机制，整改道路隐患812处，新增临水临崖波形护栏50千米，封闭不规范开口30处，设置阶梯式停车线127处。持续开展园林"清绿"、斑马线"治线"、施工围挡"亮灯"、消防通道"禁停"等安全治理行动，跟进督导27家重点运输企业，实现高风险企业全部清零。在生米、流湖、厚田推动"两站两员"建设，全面覆盖108个行政村，从经费到人员全部实体化运行。在辖区面积、车流“双增加”的态势下，交通死亡人数同比下降40%，特别是学生、外卖小哥的亡人事故零发生。

【持续推进文明交通治理】 2022年，红谷滩交警大队持续发挥小区文明交通治理室作用，保持头盔佩戴率和电动车容缺上牌数全市第一；设立万达商圈等5处共享单车停车区，采取集中拖移和铁骑鹰眼抓拍方式，规范严管道路停车秩序；创新在184个路口盲人语音提示器中，植入文明劝导语音提醒；创新对外卖骑手编号管理，建立企业协作监管机制，规范骑手文明行驶。在全市文明交通治理考核中，连续6个月红谷滩区排名第一。同时，推动赣江南大道等道路交通设施品质提升改造，引进雨夜标线和多杆合一，成为全市样板道路；更新八一LOGO的中心护栏20千米，增设南昌大桥、八一大桥桥下安全警示设施309平方米，更换复兴大道等新道路名称的指路牌262块，升级龙腾路口等交通安全治理站6个，文明交通品质得到进一步提升。

（陶学明）

西站综合管理

【概况】 2022年，南昌西站全年到发旅客约2800万人，其中发送旅客约1500万人，到达旅客约1300万人。在区委、区政府的坚强领导下，围绕“统筹、协调、服务、保障”中心工作，强化举措抓重点、集中精力攻难点、精心谋划造亮点，取得疫情防控和枢纽品质管理的双胜利，得到社会各界的一致好评，展示了西站城市窗口形象。先后被评为十九届南昌市文明单位、红谷滩区青年五四奖章集体、红谷滩区优秀志愿服务组织。

【地铁4号线接入南昌西站枢纽实现“无缝换乘”】 2022新年伊始，素有“换乘之王”之称的南昌地铁4号线投入载客运营，地铁南昌西站南广场站4号线接入2号线的换乘站，接入枢纽地铁线路增加到2条，实现了铁路与城市轨道无缝对接，满足了高新区、老城区、望城片区旅客进出的需求，大大提升了西站通行效率。

【圆满完成春运保障工作】 2022年春运为期40天（从1月17日至2月25日），铁路南昌西站到发旅客累计378万人，比上年增长42.61%。春运期间南昌西站综合服务中心牵头15家单位严格落实“双码联验”。同时，南昌西站综合服务中心在候车厅开展“虎年新春 福到万家”大型书画文化活动，现场书写对联、剪窗花、送福字，让八方旅客在候车的同时体验到中国传统民俗文化，营造了浓厚的春节氛围。

【李红军、孙菊生检查疫情防控工作】 2022年3月22日，省委常委、市委书记李红军，副省长孙菊生一行到南昌西站检查疫情防控工作开展情况。李红军强调，南昌西站是疫情“外防输入”的关键环节，一定要压实责任，科学精准地实施各项工作，要坚持再坚持，不获全胜不收兵。同时，要强化防控物资储备，一线人员要加强自身防护，做好科学调配。

【暖心举措让“遗失证件回家”】 2022年，南昌西站综合服务中心主动联系南昌市公安局科信支队，联合西客站派出所、铁路西站派出所开展“遗失证件回家”活动。7月28日起，通过公安系统确认信息后，由邮政EMS快递将遗失身份证免费邮寄至本人手中，从过去的“被动求助”转为现在的“主动返还”。至年底，共拾拣并妥善处理身份证800余个，被中央级、省级新闻媒体多次播放报道，获得社会各界一致好评。

【万广明检查疫情防控工作】 2022年8月13日，市委副书记、市长万广明在南昌西站枢纽检查指导疫情防控工作。在现场了解到南昌旅客流量及常态化疫情防控措施开展落实等情况。

【巡查组检查指导疫情防控工作】 2022年9月19日，国务院联防联控机制综合组江西巡查组组长，国家疾控局副局长沈洪兵一行在南昌西站枢纽检查指导疫情防控工作。在现场了解南昌西站进、出站口的客流量、防疫排查工作的开展和防疫措施的落实情况后，巡查组强调，面对严峻复杂的防疫形势，要从政治高度审视疫情防控工作，立足于早、立足于防，不断提高科学精准防控水平。在听取南昌长途汽车西站防疫措施的汇报后，巡查组强调，客运场站要严格落实疫情防控各项措施和要求，细化应急处置预案和措施，进一步夯实疫情防控工作基础，有效控制和降低疫情传播风险，确保广大旅客安全健康出行。

【全国铁路新的列车运行图实行】 2022年10月11日0时起，全国铁路实行新的列车运行图，多个城市间旅行时间进一步压缩。南铁始发开行2对“复兴号”智能动车组，分别为南昌西至北京西G892次、G894次，成为南昌至北京速度最快的列车，运行时间缩短至5小时45分。

【西站枢纽“AR”实景导航上线】 2022年11月10日，南昌西站枢纽站内AR实景数字人导航项目正式上线，用户通过微信扫码，即可进入小程序使用，数字人导航完善补充了高铁枢纽现有导示系统，让枢纽换乘迷路的问题迎刃而解。作为国内第一款基于微信小程序带SLAM的数字人导航产品，其操作简便、快速高效，涵盖室内任意场景，支持从各种电梯跨楼层导航。西站枢纽AR实景数字人导航技术的率先引进,完成了综合交通枢纽的元宇宙部署,为广大旅客提供了更优质的出行体验。

【开展“微宣讲+创建文明城实践”活动】 2022年11月2日,为深入学习宣传贯彻中共二十大精神,落实习近平总书记系列讲话精神,南昌西站综合服务中心党支部组织党员干部组成微宣讲团队走进文明结对单位——卫东街道盛世经典社区开展“微宣讲+创建文明城实践”活动。活动内容包括微宣讲和文明实践两个部分,旨在通过宣传和文明实践活动,推动社区文明创建工作,提高居民主人翁意识,进一步贯彻落实党的二十大精神。

(韩晓霞)

城市建设投资

【概况】 2022年,红谷滩区城市建设投资公司(以下简称区城投公司)牢固树立“项目为王”理念,聚焦民生实事、VR产业、数字经济、现代金融等重大工程,着力打造一批投资强度高、产出效益高、科技含量高、群众满意度高的“四高”项目。进一步助推红谷滩区经济高质量跨越式发展,为南昌市建设“五城”(创新之城、实力之城、山水之城、文化之城、英雄之城)、红谷滩区打造全省“五个中心”(省行政中心、金融中心、商务中心、文化旅游中心、创新中心)提供了动力源。

【推进项目提速增效】 2022年,区城投公司坚持抓项目就是抓发展,抓建设就是抓经济,全力推动流量经济产业园等一批重大项目相继开工,红谷滩区元宇宙·VR数字农业示范基地、赣江市民公园五期等一批亮点项目建成并投入使用,南路村拆迁安置小区、朱岗村拆迁安置房等民生工程相继封顶,不断刷新项目建设新速度。

【生米街道朱岗村拆迁安置房建设项目】 项目位于九龙湖片区起步区,九龙湖宜春大街以南,龙虎山大道东西两侧JLH1501-B01、B02、A03地块,规划用地面积约0.18平方千米,总建筑面积约0.53平方千米,配套建设商业建筑、幼儿园、绿地、停车场等配套设施,总户数3320户,项目总投资约17.53亿元。项目于2021年7月开工建设,建设周期3年。安置房是推进城市建设改造、保障群众对美好生活向往的民生工程,项目建成后对于改善民生、促进城市高质量发展具有重要意义。

【生米街道南路村拆迁安置小区建设项目】 项目位于九龙湖兴岗路以东,赣州大街以北JLH1503-C02地块,规划用地面积约0.06平方千米,总建筑面积约0.15平方千米,配套建设商业建筑、幼儿园、社区配套用房、社区服务中心等主要建筑,以及内部道路、广场铺地、绿地、停车场等配套设施,总户数970户,总投资约5.34亿元。项目于2021年7月开工建设,建设周期3年,项目建成后将有效安置周边群众,提高经济效益,提升区域环境质量,有力地推动国民经济和社会事业的发展。

【生米街道生米花园二期拆迁安置房建设项目】 项目位于九龙湖起步区(生米大道以南地区)JLH1603-A02、JLH1603-A03地块,规划总用地面积约0.12平方千米,总建筑面积约0.34平方千米,配套建设室外雨污排水、给水、路灯、电梯、道路、大门及垃圾收集设施等室外工程,总户数为2125户,项目总投资约10.45亿元。项目于2021年10月开工建设,建设周期3年,项目建成后将有效安置周边群众,提升区域环境质量,促进城市发展,改善居民生活条件,能有效地提升群众的幸福感、满意感。

【岭口路集租房项目】 项目位于岭口路以南、绿湖豪城以西、秀水路以北BT-08-5-01地块,总用地面积约0.0089平方千米,总建筑面积约0.024平方千米,总投资约1.85亿元。建设内容包括1号楼(16F)、2号楼(16F)两栋楼,含集租房280套、商业建筑、物业用房、养老用房、消防控制室等,以及内部道路、老年活动场地,绿地、停车场等配套设施,容积率2.2,绿地率35%。项目于2021年10月开工建设,建设周期3年。项目作为探索村集体产业用地开发项目,按照党中央、国务院和省委、省政府关于培育和发展租赁住房市场的决策部署,坚持“房住不炒”定位,利用集体用地建设公共租赁用房,盘活农村集体地块,拓展集体土地用途,切实增加农村和农民收入,拉动集体经济增长,拓宽集体经济组织和农民增收渠道;丰富农村土地管理实践,为村集体经济发展注入新的活力。

【赣江市民公园五期工程项目】 项目位于赣江西岸,南临京九铁路,西接经开大道,占地面积约0.36平方千米,总投资约0.65亿元,规划打造环境生态优美的城市景观公园。项目公园以草坪、片植乡土风景树林和休闲汀步道为景观轴,以花林、果林、色叶林为特色,植入沙滩浴场、展演剧场及斯巴达小跑道等体育休闲配套设施,形成疏林草地、路在林下行,配套设施齐全、环境生态优美的城市景观公园。在为群众提供更高品质的活动空间的同时,倡导了一种“绿色、运动、健康”的新生活方式。项目于2022年1月开工建设,2022年12月建成开放。项目的建成,进一步对赣江西岸滨江景观进行补充和完善,与赣江市民公园一、二、三、四期一起,在赣江西岸构成一条长达28千米的生态优良、景色优美的绿色生态廊道,为市民提供休闲放松空间,展现南昌城的独特魅力,对改善人居环境、提升城市品位、增强市民幸福感具有重要意义。

【红谷滩区元宇宙·VR数字农业示范基地项目】 项目位于生米街道胜利村南外环立交以南,占地约0.24平方千米,总投资约2亿元。项目由元宇宙+农业、生态循环农业示范区、植物种植工厂区、太空育种中草药繁育基地和配套项目组成,其中元宇宙农业沉浸式体验区和科普研学区0.01平方千米、植物种植工厂0.02平方千米、农产品初加工中心0.004平方千米,基地力争三年内成为国家新型农业示范园区、国家乡村振兴重点示范单位、农业农村部创新农业示范单位、省市级旅游+新农业发展示范单位。项目于2022年5月开工建设,2022年12月投产使用。

【现代服务产业园项目】 项目位于红角洲片区,东靠枫生高速,南靠祥云大道。总建筑面积约0.33平方千米,可招商面积约0.02平方千米,可售面积约0.23平方千米,总投资约21亿元。项目于2021年12月开工建设,建设周期3年。项目按照"321"发展思路,打造创新研发、行业展示、生态管理三大平台,建立建筑全产业链、产业配套服务两大服务中心,构建1个生态功能复合、互融互通、协同发展,可为产业发展提供"一站式"服务,具有完备产业链的百亿级现代服务产业园。重点培育建筑产业总部及产业链上下游企业,同时引入新基建、数字经济、文创影视、科技金融、商贸物流、会展博览等现代服务类产业方向,并配套星级酒店、人才公寓、商业美食、金融资本、评标开标、行业培训、检测认证、技术展示、行业协会等机构服务,推动企业协作与项目资源的导入,实现建筑业全产业链要素的集聚效应,全面塑造新型智慧现代化建筑产业的增长点和品质点,在区域形成具有示范效应的产业共同体。项目建成后,将引入培育总部型建筑类高新科技产业企业,提供良好的孵化和创业环境,降低企业创业风险和创业成本,加速科技成果的转化,促进相关产业的发展,对于区域产业结构的调整和经济增长方式的转变具有积极的意义。

【流量经济产业园项目】 项目位于九龙湖片区龙兴大街以南、婺源路以西JLH602-B02、B03、B04地块,总用地面积0.031平方千米,总建筑面积约0.2平方千米,总投资约18亿元。项目于2022年6月开工,建设周期3年。属于商业商务项目,建成后将成为集办公、商业、公寓于一体的城市综合体。将成为九龙湖片区推动经济发展和城市现代化的新引擎,在盘活土地资源的同时促进九龙湖片区城市界面提升,能够产生巨大的经济效应和综合社会效应。同时,可加快产业结构升级步伐,推动现代服务业发展,提升城市形象和整体层次,带动九龙湖片区的经济及社会发展。

(李　磊)

城乡电力供应

【概况】 国网南昌市红谷滩供电公司成立于2015年10月16日,前身为国网南昌市昌北供电公司,2016年1月21日更名为国网南昌市红谷滩供电公司。坐落于南昌市红谷滩区丰和中大道1789号。内设职能部门4个(行政部、党建部、财务资产部、安全监察部),业务机构2个(供用电部、生产技术部),基层供电所2个(红谷供电所、九龙湖供电所),员工130人。承担着红谷滩区(除生米街道、厚田乡、流湖镇)及省、市、区三级行政中心在内,共31.12万户的供电服务保障任务,供电面积约78平方千米。辖区内220千伏变电站5座,110千伏变电站9座,历史最高负荷62万千瓦,公司管辖10千伏配电线路239条,长度为1389千米,电缆化率98.1%,配网自动化覆盖率100%。开闭所33座,环网柜567台,配电变压器1915台。公司全年完成售电量26.07亿千瓦时,比上年增长7.64%,供电服务保障工作获得区委、区政府高度肯定和赞赏。

【加快区域电网建设】 2022年,坚持服务全区发展需要,深入开展电网规划研究,滚动修编红谷滩区"十四五"配电网规划,全年电网投资达6246万元,为建设国际领先城市能源互联网奠定坚实基础。扎实推进8条线路网架优化和19个小区电力改造,线路联络率提升至99.54%。全力以赴推进重点工程落地,确保了51项工程全部竣工投产。顺利建成全省首个高可靠性配电网示范区,高标准打造"零"计划停电样板区。数字赋能提质奋进,抢抓数字化综合示范建设机遇,深入开展"全领域"电缆运行监控,电缆故障处理时长压降30%。试点推广"全感知"智慧台区建设,全省率先实现"全自动"故障处置,线路自愈覆盖率提升至80%,全自动FA动作正确率86%,红谷滩配网正式进入"秒级"自愈时代。

【强化电力供应保障】 2022年,始终坚持最高站位,付出超常努力,完成中共二十大、国家领导人视察江西等63项重大保电任务,全年保电天数278天,全部实现"五个最""四个零"目标,历史首次无偿获得政府保供电奖励680万元。多措并举实现用电负荷良性管控,有力应对了最大负荷62万千瓦和多轮酷暑寒潮考验。坚持"能带不停"原则,全年开展带电作业54次,实现次数翻番,辖区平均停电时间持续领跑全省。全省首家试点并启动居民需求侧负荷响应,签约负荷管理合同164份,稳妥实施两批次有序用电，真正做到“限电不拉闸、限电不限民用”。

【优化电力营商环境】 2022 年，坚持以“服务为先、客户为先、社会责任”为落脚点，推动办电效率再提速，全市率先打造“自主实施 + 设备利旧”模式，低压报装容量上限开放至 160 千伏安，高压投资界面延伸至企业用电红线，进一步压降用户投资成本，卓源餐饮项目入选全省典型案例。主动融入政府发展大局，主动对接未来科学城建设，加快推进政府重点项目进度，高标准推动省供电公司“九项举措”落到实处，切实让客户享受到政策带来的红利，获区委、区政府主要领导高度肯定。成立优化营商环境协调小组，联合区行政审批局，推动电力服务窗口进驻，试点线上方案“云答复”、合同“云签订”、工程“云验收”等一系列云端办电举措，线上办电率达 100%，用电报装满意度位居全省首位，着力构建“客户满意、社会认可、政府放心”的优质电力营商环境。

【提升供电服务品质】 2022 年，始终把满足人民美好生活需要作为工作出发点和落脚点，忠实践行“人民电业为人民”宗旨，奋力提升供电服务品质。大力整治 112 项低电压、频繁停电等配网突出问题，修订完善“一台区一策”，低电压台区彻底清零。首次自主开展带电旁路作业，全年合环倒闸操作 248 次，最大限度保障客户用电“零感知”。供电服务再升级，在“降工单”上久久为功，扎实开展客户走访“全覆盖”活动，深化“RPA 机器人”“鸿鹄云信”技术应用，实施热线工单同质化管理，“95598”工单下降 13.4%，领导班子成员带队开展上门“扫楼”行动，主动宣传服务热线和惠民政策，服务指标排名全省第二，历史性实现全年“零投诉”。

（张鸿远）

2022 年 4 月 19 日，国网南昌市红谷滩公司为中老年家庭办理开户业务，并为他们普及节约用电知识　　（区住建局　供图）

城乡自来水供应

【概况】 南昌水业集团有限责任公司（以下简称南昌水业）始创于 1937 年，是南昌市政公用集团旗下一家致力于民生服务、生态保护的大型国有环境产业集团。旗下拥有一家主板上市公司——江西洪城环境股份有限公司（证券代码：600461），产业涵盖城镇供水、污水处理、清洁能源、固废处理、环境治理等领域。所辖全资、控股、参股子公司 70 余家，是南昌市重点工业企业。2022 年，南昌水业总资产 277.19 亿元，净资产 101 亿元，全年实现营业收入 125.65 亿元，实现利润总额 14.51 亿元。公司在“2022 中国环境企业 50 强”评选中名列第 14 位，在“中国百城供水服务满意度调查”中多次名列前三甲。红谷滩区建成区（不含流湖镇、生米街道）占地面积约 127.6 平方千米，人口约 53 万人。辖区内有 2 座水厂：牛行水厂和红角洲水厂。牛行水厂位于绿茵路 1289 号，总面积 13 公顷，供水规模为每天 30 万立方米；红角洲水厂位于九龙湖龙虎山大道 1248 号，厂区占地面积 8 公顷，水厂设计供水能力为每天 20 万吨。

【定期检查供水设施】 2022 年，对所辖内的消防栓、闸阀、管道等供水设施进行定期检查，不定期复查，加大对管网设施跑、冒、滴、漏的主动巡查，强化时效性，做到“三快一好”，及时发现辖区内供水管网安全隐患，做到梳理情况、总结经验、及时维护。全年累计安装供水管道 482 米，验收新建供水管网 63 处，管改、降管、拆除老旧管道 394 米，受理市政公用“96166”热线和数字城管的指令 8914 次，热线处理和反馈及时率均为 100%，维修供水阀门 997 只，维修城市消火栓 904 只，维修供水阀门破损检查井井盖及重砌检查井共 306 座。

【多措并举应对赣江超低水位】 2022 年 7 月以来，江西省持续晴热高温少雨天气，连续无降雨或无效降雨达 133 天，赣江南昌段水位屡创新低。9 月中旬，赣江上游梯级水库群可调用水量仅有 14.3 亿立方米。省委省政府、市委市政府科学研判雨情水情，立足最不利情形，做好抗大旱、抗久旱准备，决定实施南昌市赣江城区段临时抬水应急工程，解决南昌城区供水安全。抬水围堰工程位于双港水厂取水口（南昌市城区最下游取水口）下游约2千米的熊家洲头，工程由左侧河段不过水围堰和右侧河段过水围堰两部分组成。抬水围堰工程实施完成后，南昌外洲站水位维持在10.8米左右，最下游双港水厂取水口水位维持在10.5米（南昌城区水厂最低取水位）以上，有效地保障了南昌市城区供水安全。11月27日，因赣江水位持续上涨，按照市委市政府决策要求，于当日下午对临时抬水围堰进行拆除，12月15日，完成拆除工作，临时抬水围堰正式结束历史使命。

【举办“珍惜生命、关爱健康”安全知识讲座】 2022年10月24日，红角洲水厂邀请江西全员健康教育中心的老师举办健康知识专题讲座。讲座内容主要分为五部分，分别是：CPR现场紧急救护知识、职场人员心理健康、空气污染防控知识、如何提高自身免疫力和抵抗力以及环境污染的危害与防护。讲座上，老师现场教授如何进行正确的“现场心肺复苏术”，包括规范的按压部位、按压姿势及按压比例等相关快速有效的“CPR”急救知识。随后通过互动，向大家传授职业病自检的简易方法与现代办公职业病防护知识，呼吁职工加强身体机能劳损的预防与改善意识，常备温度计、体重器、血压仪等工具。并给大家普及空气污染、环境污染、垃圾分类等相关知识。

【保障VR产业大会供水】 2022年11月12—13日，2022年世界VR产业大会在南昌市举办。为完成会议期间的供水保障任务，为大会的举办提供优质高效的供水服务。公司城西供水服务中心总结经验，结合VR产业大会的实际情况，制定应急保障方案，领导班子成员带领抢修小组对外负责与酒店相关工作人员就供水保障事宜进行走访沟通。以主会场为中心，进行网格化保障，划分区域，责任落实到人，工作落实到点。多措并举，强化责任到位。加大排查力度，消除隐患。以外包巡查，巡查会场酒店水质、水压、水量及外围的消火栓、闸阀等供水设施；内包蹲守，解决供水应急突发情况，双管齐下，多项工作同步进行，满足最大用水需求。加强值班，做好应急保障。为保障供水服务万无一失，中心实行24小时值班制，所有人员电话保持在线，做到“严防死守”，做细“小服务”，高质量做好供水保障工作，为大会的召开保驾护航。

（张文福）

城乡燃气供应

【概况】 红谷滩区共有南昌市燃气集团、南昌中油燃气有限责任公司2家管道燃气经营企业，营业网点3个，中压燃气管道1391千米，高压燃气管道12.5千米。红谷滩区全面贯彻落实习近平总书记关于安全生产重要指示精神，坚持人民至上、生命至上的理念。始终站在讲政治、顾大局、保稳定的高度，筑牢安全防线，强化安全意识，健全安全体系，压实安全责任，保障全区燃气领域安全形势稳定。

【开展燃气安全隐患排查整治行动】 2022年，积极开展燃气安全大治理、隐患大排查工作，并建立隐患清单。全年排查餐饮场所1700余家，重点检查通风条件、气化炉及输气管线锈蚀情况、燃气管道是否悬挂重物、灶具和胶管使用老化情况、气瓶是否超期未检或报废、倒置、横卧等，全年共整改完成一般隐患1375处，有效预防和减少安全事故发生。下半年，国家、省、市相继布置安全隐患排查整治“百日行动”工作，红谷滩区积极督促燃气经营企业落实企业主体责任，制定“百日行动”方案和任务清单。在行动期间对经营区域内商业、餐饮用户场所用气安全情况开展拉网式排查，建立一户一档。对不符合安全条件的用户进行登记并要求用户限期整改，逾期不整改的用户坚决采取停气处理。同时，通过线上宣传80次，线下入社区宣传40次，营造“百日行动”氛围。

【持续优化用气环境】 2022年，以方便用户获得用气为导向，瞄准“用气营商环境国内领先、省内一流”的定位目标，深入推进营商环境优化升级“一号改革工程”，在燃气报装业务方面推行“三零服务”，即流程上“零审批”，价格上“零收益”，过程中“零跑腿”，不断完善服务举措，提高服务质量及获得用气便利度。在简环节、压时限方面，将用气报装环节由原来的3个环节压缩到用气申报、验收通气2个环节。适用于资料齐备的图集项目，用气报装时限由5个工作日压缩到3个工作日。在控成本、降门槛方面，建筑区划红线外的市政燃气管道及设施由供气企业全额投资建设，出台系列措施降低用气报装门槛，针对新装管道燃气的企业客户，按成本价与客户签订管道燃气安装合同，对适用标准设计图集的项目，实施快速报价、快速签约。在拓渠道、强服务方面，在已有线下营业网点，已入驻市、区行政服务中心，“六多合一”平台等报装渠道基础上，进一步完善网上营业厅以及微信公众号功能，开通“赣服通”燃气专区，纳入政务网，实现燃气报装“网上办”“掌上办”“指尖办”，用气服务更智慧、更高效。在容缺办、信用办方面，进一步加强数据共享工作，避免申请企业重复提交材料。在核实客户身份信息后，燃气报装仅需填写用气报装申请表即可，并提供容缺办理服务。对在信用中国(江西南昌)平台(或国内其他权威评级机构)进行过信用评价且连续3年无不良信用记录的企业因生产经营需要申报的管道燃气安装项目(适用标准图集的项目除外)实行"先通后补",即对连续3年无不良信用记录的企业,在缴纳70%的燃气安装工程款并做出书面承诺后,燃气公司可先行受理并组织施工,并按照申请单位承诺,先通气后补缴费用,以燃气"早接快送"助力企业用气项目早投产、早获益。

【开展燃气安全宣传活动】 2022年,继续提升燃气宣传的广度、深度,深入开展燃气安全宣传"五进"活动,积极丰富宣传渠道,通过新媒体等宣传媒介推动燃气安全知识深入千家万户。6月是全国第21个"安全生产月",围绕"遵守安全生产法、当好第一责任人"主题,在联泰香域中央开展"安全生产月"燃气安全宣传活动。通过现场摆放宣传展板、设立咨询台等多种形式向居民普及燃气安全知识及面对突发情况下的应急措施,并通过发放燃气安全宣传手册及纪念品的方式,做到服务用户"零距离"。至年底,共设立燃气安全宣传专栏70块,开展燃气安全宣传进社区活动17次,开展区级安全生产月咨询日活动1次,在社区悬挂宣传条幅120余条,发放燃气安全宣传手册1.4万余份。针对居民用户提出的户内燃气问题,安排专业安检人员对其进行燃气安全检查,保障居民用户良好的用气环境;对商业用户进行安全巡查,加大隐患排查治理力度,全面落实燃气安全主体责任,尽量降低重特大安全生产事故的发生。

【压实企业主体责任】 2022年,进一步压实燃气经营企业主体责任,在年初与辖区内5座加气站、1座充装站签订安全生产责任书,督促企业落实安全生产主体责任。同时,每月对加气站、充装站进行全面检查,全年共检查12次。对检查中发现的问题要求立行立改,不能立即整改的要求限期整改并"回头看"。

【整治违章压占隐患】 2022年,按照《南昌市城市管理局燃气安全监管办法(试行)》开展燃气安全专项整治三年行动,通过政企协同联动、攻坚克难,明确责任人并分类分级制定整改计划,分阶段实施。至年底,隐患整改工作取得显著成效。整改完成违章压占、包封燃气管道安全隐患79处,确保红谷滩区燃气行业"零重大事故"发生,燃气行业安全形势可控有序。

【安全检查深入校园】 2022年,为确保区域内各大高校、学校用气安全,红谷滩区积极部署,组织燃气企业安检队伍对区域内学校、幼儿园开展燃气安全专项检查,确保燃气设备设施的使用安全。针对校园内燃气设施因假期长时间停用、重新启用可能存在安全隐患情况,对各学校范围内的供气设施、燃气管道、报警器等重点部位进行全面"体检",细致排查各类隐患。同时,结合安检情况向学校工作人员宣传燃气安全常识和用气注意事项,安检人员还向学校餐厅管理人员及用气设备操作人员进行正确使用的现场演示。针对发现出的安全隐患,在要求学校及时整改的同时实时跟踪,切实保障学校用气安全。

【开展瓶装液化气专项整治】 2022年,按照瓶装液化气安全管理规定和要求,大力开展瓶装液化气专项整治,理直气壮严管真查,坚决杜绝走形式走过场,较真碰硬发现问题、解决问题,毫不手软"打非治违",全年共查处取缔瓶装燃气服务黑点2处,证据扣存超期报废钢瓶等243只,有效净化全区用气环境。

【提升燃气突发事故应急处置能力】 2022年,坚持"安全第一、预防为主"的方针,在年初完善城镇燃气突发事故应急预案,不断提升城镇燃气突发事故应急处置能力。组织辖区加气站、充装站按照年度计划开展应急演练31次,具体为防冻伤、消防演练、突发泄漏等。全区全年组织抢险抢修41次。采取"5+40"行动,即用户报漏气5分钟内接单,40分钟内到达现场。

【全面加装安全装置】 2022年,认真贯彻落实新《中华人民共和国安全生产法》要求,全力推动全区非居民用户燃气安全报警装置安装工作,积极推广鼓励居民用户安装可燃气体安全装置,至年底,红谷滩区共排查出餐饮等非居民用户1696户,已安装1696户,安装率100%,并建立台账实行动态管理,确保全面加装。同时,对辖区所有用户开展年度安检及重点节前的隐患排查工作,实现非居民用户安检率100%。

(胡　鹏)

全国文明城市创建

【概况】 2022年,红谷滩区创建全国文明城市指挥部按照市委、市政府对创建工作的统一部署和安排,结合区划调整和人事变动等实际,调整区创建全国文明城市指挥部人员、区领导挂点指导安排,组织全区各单位挂点帮创各社区(村),落实各点位三级责任工作制,推行区级领导、区机关单位分片包抓责任制,将文明城市创建工作具体落实到每一个单位和每一个人,积极开展全区文明创建工作。区领导高度重视文明城市创建工作,多次采取实地查看、现场办公等方式,督促指导各点位达标工作。全区上下齐心协力,各属地各部门落实"一把手"责任制,主要领导亲自抓,分管领导具体抓,一级抓一级,层层抓好创建工作落实。

【完善文明城市创建常态长效工作机制】 2022 年，相继出台《2022 年南昌市红谷滩区深化全国文明城市创建惠民利民“3＋7”专项行动方案》《2022 年南昌市红谷滩区深化全国文明城市创建考核实施方案》《关于进一步加强考核工作的通知》《关于开展文明城市创建整治周活动的通知》等文件，完善全区创建全国文明城市常态长效工作机制，明确工作重点及考核标准，狠抓各项创建任务，夯实创建文明城市基础，印发《红谷滩区全国文明城市（地级以上）测评体系操作手册（2022 年版）目标责任分解》，将所有目标任务进行分解落实，不断提升全区创建工作实效。

【文明城市创建工作培训】 2022 年，组织召开文明城市创建工作培训会，围绕 2022 年版文明城市创建测评体系进行专题培训，讲解文明城市创建工作中应把握的重点环节和关键要素；按照实地观摩、现场汇报、点评总结的模式先后开展 4 次观摩会，对全区 7 个街道部分小区创建达标情况进行实地检查并学习工作经验；发放实地迎检标准学习笔记至各属地各部门，各属地各部门分别对点位责任人开展培训，落实创建达标工作；对网上资料申报和入户调查等工作开展业务培训，组织各行业主管部门对关键岗位人员进行系统教育培训。

【文明城市创建实地督查】 2022 年，区创建办、区纪委区监委、区委督查室、区政府办督查室成立联合督查组，通过联合督查及日常督查相结合的方式，加大文明城市创建实地督查力度，共发出区级督查通报 28 期，通报 1700 余个问题，同时对通报问题整改情况开展“回头看”，问题整改率达 92%，做到问题真整改、真落实，巩固整改实效，将通报问题整改工作落到实处。

2022 年 6 月 10 日，卫东街道在沁园农贸市场开展“小”积分促“大”文明“移风易俗”积分制兑换活动 （卫东街办　供图）

【强化创建考核问效】 2022 年，坚持“创建工作进行到哪里，督导考核和跟踪问责就跟进到哪里”的工作原则，充分发挥考核问效指挥棒作用，激发全区干部担当作为、服务人民的积极性，对创建工作落实不力的责任单位及个人严肃问责追责，共对 8 名整改不力责任领导分别亮黄牌处置，同时采取表态发言、全区通报等方式激励先进争先创优、倒逼落后改进提升。

【开展系列整治行动】 2022 年，通过专题调度会、现场督办、实地“回头看”等方式，组织属地及职能部门集中力量、集中时间、集中精力，严格对标对表，对源溜小区、卫东新村小区、红谷世纪花园 C 区被通报的问题以及南昌西站和周边等重点区域开展专项综合治理。全年改造完成纺织宿舍、龙岗花园等 4 个老旧小区；整治围墙围挡 148 处，强力拔除违章建筑 477 处，拆除中心区超期临时工棚近 7 万平方米；完成 8 条背街小巷增亮补亮，改造 5500 盏路灯，实现全区范围灯亮路明；采取区政府调度、社区收集资料、业务科发牌方式，让每个社区成为一个上牌点，共上非机动车号牌 8300 余块，位列全市第一，并在学校、小区等增加错时停车泊位 1700 余个；开展文明养犬宣传活动 40 余次，发放宣传资料 8000 余份，补充张贴犬只禁入标识 50 余块，新办犬证 328 个，注销无效犬证 181 个；设置垃圾分类投放亭 534 个、智能分类屋 3 个，实现居民垃圾分类参与率达 95% 以上；开发建设赣江市民公园，在赣江西岸打造 28 千米景观长廊；试点改造名门世家小区、凤凰花园小区、富源花园小区等 5 个小区，在全省首创“物管城市”模式。

【大力营造文明氛围】 2022 年，广泛发动文明单位、机关及企事业单位、中小学校、社区等开展南昌市市民文明素质提升群众评议活动，参与率 100%，调动群众的创建热情；常态化开展入户大走访活动，积极组织属地开展文明城市创建入户模拟问卷调查工作，同时结合“创文”宣传品，加大宣传力度，不断浓厚全区文明城市创建氛围。此外，面向全区居民发送文明创建宣传短信 330 万余条，提升居民对创建工作的知晓率、支持率。

（艾　青）

重大重点工程建设

综　　述

2022年,红谷滩区有重大重点项目共186个,总投资1759.5亿元,2021年计划投资350.7亿元。项目按类别分为五类:一是产业发展项目,共62个,年度计划投资253.2亿元;二是城市建设项目,共27个,年度计划投资20.1亿元;三是城市管理项目,共25个,年度计划投资13.2亿元;四是社会事业项目,共54个,年度计划投资44.2亿元;五是民生实事项目,共18个,年度计划投资20亿元。

全年全区牢固树立“项目为王”理念,紧扣发展抓项目,重点项目建设有序推进。编制《2022年红谷滩区重大重点项目投资计划》,按月报送省市区重大重点项目报表,落实项目协调推进机制,形成《红谷滩区重大重点项目推进情况通报》;编制出台《2022年红谷滩区“项目大会战”项目推进清单》《2022年红谷滩区重大重点项目领导挂点计划》;出台《红谷滩区关于支持2022年“中秋”“国庆”期间重大项目不停工、重点企业不停产的政策措施》等制度,进一步确保了项目建设加力、提速、优化、见效。

（黄　萍）

产业项目建设

【概况】 2022年,全区186个重大重点项目中,产业发展项目共62个,总投资1310.4亿元,年度计划投资253.2亿元。

【保利文化艺术中心】 项目总投资50亿元。项目是保利集团拟在南昌打造的一个高规格、高水准、高品质的文化项目,项目选址拟定为九龙湖JLH1204－A07、B01、B02、B03地块,总用地面积约19.61公顷。其中,住宅面积约11.83公顷(JLH1204－A07、B02,现可建计容面积为23.66万平方米);商业商务用地约7.78公顷(JLH1204－B01、B03,可建计容面积为13.65平方米),其中商业街面积约1.6万平方米。保利大剧院总建筑面积为4.5万平方米(其中地上面积约3.5万平方米),建成后装修标准达到国内一流水平。至2022年年底,主体结构已封顶。

【现代服务产业园】 项目总投资43亿元。项目总建筑面积约37万平方米,规划建设4栋高层、3栋小高层、12栋企业总部,拟建成建筑产业企业服务基地及上下游配套产业中心。至2022年年底,项目完成1号楼顶板模板安装、2号和3号楼内外架搭设、5号楼承台地梁钢筋绑扎、6号楼A座底板钢筋绑扎、B座承台地梁开挖;10号楼底板浇筑完成2个小板块;11号楼支模架搭设中;12号楼底板浇筑完成;13号楼防水施工完成。

【VR科创城】 项目总投资250亿元。建设面积约240万平方米,主要建设VR示范应用、VR创新中心、展示体验中心及路网基础设施等。至2022年年底,完成总部基地D02、D04全部结构封顶、土建装饰施工;医至初、清华紫光软件中心、北航整体工程完成竣工备案;人才公寓结构封顶,外立面完成90%,精装完成施工10%。

【国家职业教育虚拟仿真示范实训基地】 项目总投资25亿元。项目位于VR科创城南侧、九龙大道东侧、三清山大道西侧,规划面积约20公顷(含区间道路),项目设计规模为可同时容纳1万名学生实习实训,其中一期工程容量5000人。基地内规划教学楼4—5层、宿舍公寓楼8—9层、负一层停车区域。至2022年年底,东区4、5、6号楼主体结构施工完成,消防、暖通安装完成40%,雨、污水管安装完成;4号楼幕墙玻璃安装完成30%;4、5号楼钢结构厂房钢柱、钢梁吊装焊接完成,4

号楼钢结构厂房墙体砌筑收尾;6 号楼钢结构钢梁吊装及焊接完成 20%;7、8 号楼主体结构施工完成,室内隐蔽安装工程收尾,装修水电开槽预埋施工;7、8 号楼外墙窗户安装完成 80%,幕墙防火封堵施工中;东区室外连廊主体结构完成,7、8 号楼钢结构斜连廊悬挑架拆除,钢连廊防火涂料施工完成;地下室电缆沟基础砌筑,消防、暖通安装施工中。

(黄 萍)

城市项目建设

【概况】 2022 年,全区 186 个重大重点项目中,城市项目共 52 个,总投资 192.5 亿元,年度计划投资 33.3 亿元。其中,城市建设项目共 27 个,总投资 156.6 亿元,年度计划投资 20.1 亿元;城市管理项目共 25 个,总投资 35.9 亿元,年度计划投资 13.2 亿元。

【南昌 VR 科创城市政基础设施项目一期】 项目总投资 34 亿元。项目主要含综合管廊、停车场及配套市政道路等,3 条综合管廊共计 4.95 千米,停车场面积约 1.1 万平方米,共 759 个停车位,配套市政道路含三清山大道等道路及环境整治。至 2022 年年底,科创大街、规划 R3 路、V 谷大街、规划 S3 路、规划 R1 路、规划 R2 路完成 90%;规划 S5 路等 15 条道路完成 65%。

【九龙湖新城抚州大街涉枫生快速路立交及配套改造工程】 项目总投资 7.4 亿元。项目自抚州大街西起明月山大道,东至九龙大道,道路全长 4.4 千米。道路等级为城市主干道,主道双向六车道,辅道双向四车道。道路标准红线宽 60 米,建设用地 50.76 公顷,新建全互通立交和菱形立交各 1 座。至 2022 年年底,清表工程完成约 6 万平方米,土方外弃约 20 万立方米,桥梁桩基 86 根全部施工完成,承台基坑基础基坑开挖完成 6 个,承台完成安装模板、绑扎、焊接钢筋 3 个。

【九龙湖新城上饶大街涉枫生快速路立交及配套改造工程】 项目总投资 3 亿元。项目道路全长约 0.55 千米,道路采用双向六车道,道路典型横断面宽度 64 米,新建全互通立交 1 座。至 2022 年年底,雨水管道安装完成 2500 米,污水管道安装完成 2450 米,路基回填完成 2000 米,桥梁桩基完成 20 根,预制梁完成 17 片,承台、台身、台帽施工完成。

【赣江市民公园四期景观绿化工程】 项目总投资 5.2 亿元。项目总占地面积 146.76 公顷,建设地点位于九龙湖片区,为赣江西岸滨江绿地,东临赣江。设计范围北起生米大桥,南至南莆货运铁路,长度约 8.85 千米,窄处宽度约 120 米,宽处约 230 米。建设内容包括土方工程、建筑工程、硬质铺装、绿化工程、景观装饰、给排水工程、电气工程等。至 2022 年年底,生米大桥至萍乡大街段,已基本建设完成,剩余部分建筑外立面装修,萍乡大街以南段,已基本完成,剩余主园路沥青摊铺及停车场沥青摊铺。

【红谷滩区雨污管网及污水处理综合改造工程】 项目总投资 9.98 亿元。对前湖上下游水系水环境综合整治及 261 个排水单元住宅小区阳台立管改造、市政管网混错接、尾水提标改造等。至 2022 年年底,永强渠已完成河道疏浚、边坡防护、景观绿化约 2.2 千米。华南渠水生态修复已完成 800 米、边坡防护 210 米、新建堤岸 120 米、景观绿化约 800 米、护栏安装 210 米。前湖干渠已完成部分松木桩护岸施工,补水点清淤疏浚及抛石护底 400 米。完成祥云公园、龙岗花园、苗圃基地裸土覆绿施工。完成前湖电排站、南航闸新建堤岸施工,完成云溪桥休闲步道景观公园施工。完成秀水渠、乐水渠、曲水渠、红谷南大道转盘处清淤疏浚。小区雨污分流改造:已完成 168 个排水单元创建达标工作。

(黄 萍)

民生福祉项目建设

【概况】 2022 年,全区 186 个重大重点项目中,民生福祉项目共 72 个,总投资 256.6 亿元,年度计划投资 64.2 亿元。其中,社会事业项目共 54 个,总投资 169.3 亿元,年度计划投资 44.2 亿元;民生实事项目共 18 个,总投资 87.3 亿元,年度计划投资 20 亿元。

【保利高尔夫花园小学建设项目】 项目总投资 8000 万元。本项目总用地面积约 1.8 万平方米,总建筑面积约 1.96 万平方米,小学 12 个班。至 2022 年年底,完成综合楼主体砌筑 40%、科教楼主体砌筑 80%、行政楼主体砌筑 60%、教学楼主体砌筑 60%。

【红谷滩区综合康养中心】 项目总投资 1 亿元。项目位于九龙湖片区 JLH1501 - C03 东南角地块,面积 1.33 万平方米,拟建设建筑面积 1.55 万平方米,容积率 1.2,建设规模为 302 个床位。至 2022 年年底,地下室主体结构、防水及土方回填已完成,养护楼 A 主体结构完成 80%,养护楼 B 主体结构完成 100%。

【岭口路集租房】 项目总投资 1.85 亿元。项目建设内容包括集租房、商业建筑、物业用房、养老用房、消防控制室等,以及内部道路、老年活动场地、绿地、停车场等配套设施。总用地面积约为 8864 平方米,总建筑面积约为2.8万平方米，容积率2.2，绿地率为35%。至2022年年底，1号楼主体结构已封顶、2号楼主体结构已封顶、1号楼墙体砌筑十五层施工完成、2号楼墙体砌筑十六层施工完成、地下室墙体砌筑完成80%，地下室土方回填施工完成。

（黄　萍）

项目督查调度

【概况】 2022年，区重大重点项目推进中心认真贯彻落实省委、省政府高质量发展和市委、市政府“强产兴城”、打造“一枢纽四中心”的要求，按照区委、区政府“六大战略”的决策部署，牢固树立“项目为王”理念，着力抓好调度、服务、督导三篇文章，有力推进区项目加快建设。制定《2022年区重大重点项目领导挂点计划方案》，为每个项目明确一名挂点区领导，帮扶项目协调化解存在的问题和困难，层层压实责任，促进重大重点项目快速推进实施。编制《2022年区重大重点项目年度推进工作链条图》，对全区重大重点项目逐一细化分解，每个项目按照推进关键节点，以时间排序，倒排计划，形成工作链路。通过系列举措，实行挂图作战、实时监测和督查督办，有效促进全区重大重点项目顺利推进。

【实行科学的推进机制】 2022年1月起，区重大重点项目推进中心牵头出台《区重大重点项目管理办法》《区重大重点项目推进协调调度办法》《区重大重点项目推进考核办法》并实行。建立重大重点项目四级调度机制，采取集中调度与日常调度、专题调度和现场调度、挂点调度和交叉调度相结合等方式，紧盯问题解决落实，明确时间、责任到人。区领导先后会议调度或现场调度多次，示范引导带动各责任单位高频次调度，形成合力，推动解决项目建设中存在的疑难杂症。

【多措并举强化督查力度】 2022年，编制《2022年区重大重点项目年度推进工作链条图》，对186个重大重点项目逐一细化分解，每个项目按照推进关键节点，以时间排序，倒排计划，形成链条，共涉及1400个具体链条推进事项，实行挂图作战、实时监测和督查督办。强化共性问题督办。以影响项目建设的前期报建、征地拆迁、路网建设、高压线迁改、土地报批等主要共性问题为督查重点，督促责任单位加快工作流程，为项目建设做好服务保障工作。

【实施台账销号管理制度】 2022年，建立项目问题台账，深入项目一线，常态化跟踪项目进展，及时收集项目问题，每周一更新，动态跟进台账问题事项的解决落实情况，实行滚动销号管理。共梳理汇总各类问题199个，已协调解决162个，占比81%。

【“四函催办”“亮红黄灯”督办制度实行】 2022年，采用实地督查、电话交办、函告督办、亮灯预警、专报督查等方式，及时提醒督促各项目责任单位加快推进进度。全年已发放76份《督查提示函》、11份《推进事项督办函》、9份《推进事项警示函》、2份《推进催办单》，亮黄灯23次、亮红灯23次，编发各类周督查专报28期，对重点项目的进展及问题落实情况进行每周通报，督促责任单位按照期限加快解决影响项目推进的问题，形成“你追我赶推项目”的良好竞争态势。通过各方努力，联泰酒店、南昌大学附属口腔医院红谷滩新院等16个项目顺利竣工。赣江北大道下穿京九铁路比原计划提前12天，于9月19日实现主路通车，华润万象城综合体比原计划提前10个月实现国庆开业。

【全区经济运行分析会召开】 2022年1月27日，召开重大重点项目推进调度会暨全区经济运行分析会。区委书记吴江辉出席会议并讲话，区委副书记、区长刘光荣主持会议，区领导邱胜、江龙、张莲波、熊飞、吴梅萍、皮斌、罗国亮出席会议。会议指出，要紧紧围绕全年目标任务，勇担首位之责，增强斗争本领，在解难题上想实招，在抓落实上用真功，以时不我待的紧迫感、分秒必争的使命感，加快推进重大重点项目建设，铆足干劲，抢开局、谋全局，力争全区项目建设和经济运行开门红，为全力拼搏实现全年胜奠定坚实基础。吴江辉强调，要围绕全年目标，定责任、细目标、谈举措、抓落实，就项目推进工作提出八点要求，一是项目类别要清晰，对项目的性质、责任、行业类别等分类要再明确、再清晰；二是建设进程要分段，项目从招商洽谈、落地、征迁、开工建设到竣工运营，要区分每个阶段的责任落实主体；三是片区划分更精准，政府投资项目由对口责任单位负责，社会投资项目前期招商洽谈的由责任单位负责推进，落地后要及时分发到属地负责跟踪推进；四是行业服务更主动，涉及土地、规划、资金、环保、林地、用水用电等建设要素，要主动服务、靠前落实、切实保障；五是任务节点再细化，要科学倒排项目链条计划，细化节点，明确每个节点的责任主体和责任；六是调度责任再压实，按照“四级调度”机制和挂点责任分工安排，强化调度，厘清区分管领导和挂点领导调度职责，狠抓落实；七是突出重点分等次，按照轻重缓急原则，项目要分档次层级调度，抓重点密集调度，建立台账，按时销号；八是强化考核树导向，要强化项目督查督办，严肃考核问效，充分运用好“红黄灯”预警机制、“红黄牌”问责机制，维护考核的权威性。

【区第二次重大重点项目专题调度会召开】 2022年2月9日，召开

2022 年全区第二次重大重点项目专题调度会，区委书记吴江辉主持会议并讲话。区委常委、常务副区长仇海泉，副区长杨雨晨、张莲波、吴梅萍出席会议。各属地、区直相关部门、驻区有关单位主要负责人参加会议。会议先后听取区发改委关于全区 A 类重大重点项目总体情况、2021 年区领导调度问题落实情况、2021 年三、四季度集中开工项目推进情况和 2022 年一季度集中开工项目筹备情况以及 2022 年、2023 年市“作示范、勇争先”现场巡看会全区储备项目情况的汇报；各属地和各项目责任单位就负责的社会投资 A 类和政府投资 A 类项目推进情况、存在问题及下步计划依次作发言。区分管领导就分管领域项目谋划和建设进行部署并提出具体要求。会上，吴江辉指出，全区重大重点项目建设还存在体量偏小、进度偏慢、后劲偏弱、类型偏科等问题，各级各部门务必要正视不足，认真总结与反思，聚焦产业结构转型升级，拿出实实在在的举措推动重大重点项目建设提质增效，夯实全区高质量发展后劲。

【重大重点项目复工调度会召开】 2022 年 2 月 17 日，召开 2022 年重大重点项目复工调度会，区委副书记、区长刘光荣出席会议并讲话。区委常委、常务副区长仇海泉主持会议，副区长熊飞、吴梅萍、皮斌出席会议。各属地、区直相关部门、区城投公司主要负责人参加会议。会议听取全区重大重点项目复工情况汇报，对复工迟缓的项目逐一进行调度，明确推进举措、责任部门、完成时限。区分管领导就分管领域项目复工进行部署并提出具体要求。会上，刘光荣指出，全力推进重大重点项目复工是贯彻落实省市部署要求的重大举措，也是确保实现全区一季度经济社会发展“开门红”的重要抓手，更是主动顺应广大项目业主、施工工人殷切期盼的担当作为。全区上下要切实增强推动重大重点项目复工的政治自觉，充分发挥各方面的积极性、主动性、创造性，确保项目复工实现强劲开局。

【4 月实地调研全区部分重大项目疫情防控和复工情况】 2022 年 4 月 4 日，区委副书记、区长刘光荣深入全区部分重大重点项目现场督导疫情防控和复工疫情。副区长杨雨晨陪同。刘光荣一行先后察看赣江北大道下穿既有京九铁路、赣江南大道提升改造、前湖水系整治提升、平安金融中心、朱岗村安置房、国家职业教育虚拟现实仿真示范实训基地等项目。

【第二季度重大项目集中开工活动】 2022 年 5 月 19 日，举行 2022 年第二季度重大项目集中开工活动，红谷滩区在元宇宙 · VR 数字农业示范基地项目现场同步设立视频连线分会场。区委书记吴江辉在南昌市主会场参加集中开工活动，区委副书记、区长刘光荣及相关单位负责人在区视频连线会场参加活动。在全市视频连线中，刘光荣表示，红谷滩区将“干”字当头、“快”速奔跑，强攻二季度、确保双过半。盯节点，抢工期。细化项目链条倒排工期，白天晚上不停歇、假期双休不停工、人员机械不停摆，形成更多实物量、工作量，切实把被疫情耽误的时间夺回来。盯服务，抓落实。优化一个项目、一个区级领导、一个行业部门、一个责任单位、一个驻点人员的“五个一服务机制”，坚持责任单位日调度、行业部门周调度、分管领导旬调度、主要领导月调度、梗阻问题随时调度的“四级调度机制”，一切为项目让路，一切为项目服务。盯责任，保安全。强化“一行业、一项目、一安全方案”，压紧压实安全生产责任，从严从紧抓好疫情防控措施，盯住人员、物资闭环管理，守住“外防输入”底线，把住质量关、安全关。

【5 月实地调研全区部分重大重点项目推进情况】 2022 年 5 月 23 日，区委书记吴江辉深入全区部分重大重点项目现场，调研项目推进情况，区委常委、常务副区长仇海泉陪同。先后察看华皓中心、凤凰新天、中南大学湘雅医院、华润中心、绿地国博城商业综合体、澳世汇文化艺术博览园等项目。在各项目工地现场，详细了解疫情期间项目推进情况，仔细询问影响项目建设的困难，对影响项目推进的具体问题现场予以明确。吴江辉强调，重大项目建设是经济增长的“压舱石”，是推动经济高质量发展的有力支撑。全区上下要牢固树立“一盘棋”思想，在做好常态化疫情防控的同时，进一步把思想、精力聚焦到抓项目谋发展上来。5 月 25 日，区委副书记、区长刘光荣深入全区部分重大重点项目现场调研督导。刘光荣一行先后察看赣江北大道下穿既有京九铁路、南昌大学附属口腔医院红谷滩新院、世茂 APM 商业中心、平安金融中心、南昌医学院新校园等项目，实地了解项目复工情况及存在的问题和困难。

【6 月实地调研督导全区部分重大重点项目建设情况】 2022 年 6 月 24 日，区委书记吴江辉率队，先后到盈创产业园、鸿海中心、流量经济产业园、抚州大街涉枫生快速立交及配套改造工程、市老年养护院等产业园和重点项目建设现场，实地察看工程进展，详细了解园区培育、施工安全、疫情防控等情况，协调解决项目推进中遇到的共性问题和突出困难，并对下一步抓好项目建设提出要求。吴江辉强调，重大项目建设是经济社会发展的“压舱石”和“晴雨表”，要千方百计谋项目，千军万马推项目，千言万语引项目，形成竣工一批、开工一批、储备一批、谋划一批的良好态势。

【7 月实地调研全区部分重大重点项目推进情况】 2022 年 7 月 2 日，区

委副书记、区长刘光荣深入全区部分重大重点项目现场调研督导项目建设推进情况。刘光荣一行先后到赣江市民公园五期、赣江北大道下穿既有京九铁路、铜锣湾广场三期、翰林启城、保利大剧院、平安金融中心等项目，实地察看建设情况，听取进展汇报，仔细询问施工细节，并就项目推进过程中遇到的问题和困难进行现场调度。7月7日，区委常委、常务副区长仇海泉实地督导理想城、南路村拆迁安置房、生米花园二期拆迁安置房项目建设情况，现场办公调度存在的问题，逐一明确责任部门和责任人，助力项目加快推进。7月9日，区委书记吴江辉深入全区部分重大重点项目现场调研督导项目建设推进情况。吴江辉一行先后到保利大剧院、九龙湖市政基础设施三期、现代服务业产业园、南斯友好路提升改造工程等项目，实地察看建设情况，听取进展汇报，询问施工细节和计划，并就项目推进过程中遇到的问题和困难进行现场调度。7月15日，区委书记吴江辉深入全区部分重大重点项目现场实地调研。副区长吴梅萍陪同。吴江辉一行先后察看华润中心、赣江市民公园四期、平安金融中心、保利大剧院等项目。吴江辉指出要按照中央“疫情要防住、经济要稳住、发展要安全”的重要要求和省市“稳住、进好、调优”的经济工作思路，牢牢抓住项目建设这个牛鼻子，开足马力，扩市场需求，稳经济大盘，力促全年经济社会高质量发展，以优异成绩迎接党的二十大胜利召开。

【7月区重大重点项目专题调度会召开】 2022年7月25日，召开重大重点项目专题调度会。区委书记吴江辉主持，区委副书记、区长刘光荣，区委常委、常务副区长仇海泉，副区长张莲波出席会议。相关属地、区直相关部门列席会议。会议听取全区重大重点项目总体情况汇报，先后调度台商总部半岛中心、中盛金融、九龙湖市政基础设施三期、红角洲路网二期等项目，对存在的问题逐一明确责任部门、完成时限。

【8月区重大重点项目专题调度会召开】 2022年8月4日，召开重大重点项目专题调度会。区委常委、常务副区长仇海泉主持。相关属地、区直相关部门参加会议。会议先后调度铜锣湾广场二期、嘉里南昌综合办公楼、海康威视南昌科技园、九颂山河春江悦等产业发展项目，以及区住建局、区教体局、区城投公司等责任部门所涉12个项目问题，逐一明确时间节点、责任部门。

【8月实地调研全区部分重大重点项目推进情况】 2022年8月1日，区委书记吴江辉深入全区部分重大重点项目现场实地调研，强调要统筹疫情防控和经济社会发展，严守安全底线，狠抓项目建设，努力以高效益的项目建设推动全区经济社会高质量发展。区委常委、常务副区长仇海泉陪同。8月15日，区委书记吴江辉深入全区部分重大重点项目现场实地调研。区委常委、常务副区长仇海泉，副区长吴梅萍陪同。吴江辉一行先后察看凤凰俊彩小学项目、岭口路集租房项目。8月18日，区委副书记、区长刘光荣深入全区部分重大重点项目现场实地调研。区委常委、常务副区长仇海泉陪同。刘光荣一行先后察看恒凯九龙湖酒店、恒天时尚二期中心、大都汇、平安金融中心、朱岗村拆迁安置房项目。

【挂点重大重点项目调度会召开】 2022年8月25日，区委常委、宣传部部长邓越峰主持召开挂点重大重点项目调度会，先后调度南昌医学院新校园、铜锣湾广场二期、商联中心商业及酒店项目，详细听取项目推进情况，对存在的问题进行再强调再调度。

【9月实地调研重大项目不停工和工地安全生产情况】 2022年9月10日，区委书记吴江辉，区委副书记、区长刘光荣深入全区部分重大重点项目现场实地调研重大项目不停工和工地安全生产情况。吴江辉、刘光荣一行先后察看赣江北大道下穿既有京九铁路、华润中心、平安金融中心、保利大剧院、元宇宙高效农业设施示范基地等项目。区委常委、常务副区长仇海泉陪同。

【10月实地调研全区部分重大重点项目推进情况】 2022年10月12日，区委副书记、区长刘光荣深入全区部分重大重点项目现场调研。刘光荣一行先后实地察看区域医疗中心省妇幼保健院九龙湖分院、蓝城五星酒店等项目现场，现场办公解决项目开工前存在的问题和困难。在省妇幼保健院九龙湖分院项目现场，他实地了解区域医疗中心规划建设情况，察看影响项目建设的瓶颈问题。在随后召开的座谈会上，同省妇幼保健院院长喻茂林一行进行深入交流，详细听取建设计划、急需协调解决的问题。

【10月区重大重点项目专题调度会召开】 2022年10月14日，召开重大重点项目专题调度会。区委书记吴江辉主持会议并讲话，区委副书记、区长刘光荣，区委常委、常务副区长仇海泉，副区长杨雨晨出席会议。相关属地、区直相关部门列席会议。会议听取全区重大重点项目总体情况汇报、集中开工项目情况汇报、作示范勇争先现场巡看项目汇报，就项目推进中存在的共性问题进行调度，各相关责任单位依次汇报所负责的重大重点项目推进情况。会议分析红谷滩区经济发展形势，指出红谷滩区推项目、谋发展存在的问题，主要表现在思想认识不够深、站位不够稳、谋划不够远、机制不够全、落实不够有力、问责不够严等问题。

【11月实地调研全区部分重大重点项目建设情况】 2022年11月1日，区委书记吴江辉深入全区部分重大重点项目实地调研。副区长张莲波、熊锋、熊飞先后陪同。吴江辉一行先后察看红谷南大道学校项目、明园九龙湾商业综合体项目、市公安局刑侦大楼项目、上饶大街涉枫生快速路立交及配套改造工程项目、元宇宙VR高效农业示范基地项目。在项目现场，吴江辉一行通过实地查看、听取汇报、现场交流等方式，详细了解各项目的建设情况，同时进行现场办公，协调解决项目建设过程中遇到的问题和困难。11月11日，区委书记吴江辉率队深入全区部分重大重点项目现场实地督导建设情况。区委副书记万晓娟，区委常委、副区长邱胜，区委常委、常务副区长仇海泉，副区长杨雨晨、张莲波、熊飞、吴梅萍陪同。吴江辉一行先后察看赣江市民公园五期、赣江北大道下穿京九铁路、碟子湖大道提升改造、浙江大学南昌研究院、中国移动虚拟现实创新中心、江西人才数智产业园、华南大道、江西省妇幼保健院九龙湖新院一期二标、元宇宙VR数字农业示范基地等项目。每到一处，他都与项目负责人深入交流，认真听取有关项目进展情况汇报，仔细询问工程施工进度和安全文明施工情况。11月15日，区委副书记、区长刘光荣深入部分重点项目施工现场，实地调研推进项目建设工作。刘光荣一行先后察看江西省水利厅水旱灾害防御物资储备仓库、昌樟高速改扩建二期工程、红谷北大道连通八一桥底工程等项目，认真了解项目规划设计方案，实地察看项目建设进展，现场协调解决有关问题。在江西省水利厅水旱灾害防御物资储备仓库建设项目现场，刘光荣与相关负责人员深入交流，详细了解项目建设计划和前期工作开展情况。在昌樟高速改扩建二期项目指挥部，刘光荣认真察看工程整体规划图，详细了解工程设计、征迁进度等情况，对项目沿线征迁工作逐一明确责任部门和完成时限。在红谷北大道连通八一桥底工程施工现场，刘光荣认真听取工程进度情况汇报，详细询问项目推进过程中的堵点、难点问题。他强调，要坚持以人民为中心的发展思想，着眼长远发展需要，聚焦影响群众出行的难点问题，加快打通交通瓶颈，不断优化路网体系，以实实在在的工作成效切实提升群众出行满意度。

【11月区重大项目推进调度会召开】 2022年11月2日，召开重大项目推进调度会。区委常委、常务副区长仇海泉主持。相关属地、区直相关部门参加会议。会议听取全区重大项目总体情况汇报，就产业发展、城市建管、民生实事三类项目进行逐一调度，对所涉问题明确责任部门和完成时限。会议指出：要深入学习贯彻党的二十大精神，立说立行落实好市委市政府、区委区政府决策部署，凝心聚力推进重大项目建设，进一步强化稳固投促发展的信念、决心和底气，以实实在在的工作实绩"决战四季度、夺取全年胜"。会议强调：要主动作为扛重担。要认清形势，负重前行，清醒认识宏观经济"大环境"，科学研判自身"小气候"，解放思想，开拓思路，积极向上争政策、争项目、争资金，全力以赴保质保量完成好年度目标任务，推进全区经济稳中向好、追赶发展。要奋发有为优服务。各责任单位、要素保障部门要主动认领，靠前服务，分头落实，积极协调解决在建项目推进中的问题；区重大重点项目推进中心要及时梳理项目推进中存在的共性问题，持续跟踪督导，充分发挥"红黄灯""红黄牌"作用，倒逼责任压实，确保问题高效解决、项目高速推进、固投高质完成。要担当善为夯根基。要找准支点，精准发力，区发改委要牵头统筹，各行业主管部门、属地要紧盯入统入库，全面摸排项目，对行业、辖区所属项目做到心中有数、胸中有方，确保政府投资项目入统"颗粒不漏"；全力挖潜项目，积极走访驻区高校、企业，深入挖潜社会投资和平台建设项目，做到"应统尽统"。要压实责任，建立完善科学的考核机制，打出有效配合、同向发力的"组合拳"，挂图攻坚，对表交账，以优异成绩喜迎党的二十大胜利召开。

【区城市建管项目调度会召开】 2022年11月18日，召开城市建管项目调度会。区委书记吴江辉主持，副区长杨雨晨、张莲波出席会议。区直相关部门列席会议。会议听取区城管执法局、区住建局、区农业农村局所负责的重大重点项目总体情况汇报，对2023年城市建管项目进行谋划。会议强调：一要倾力谋项目。立足全局，打开思路，吃透上情，把握区情，统筹区内区外资源，根据发展实际需求和财政资金实力，科学合理谋划项目，做好项目论证、申报工作，推动全区经济社会高质量发展。二要全力争资金。创新工作思路，狠抓政策机遇，把握政策要求、时间节点，做好基础工作，全力以赴，全程跟踪，及时测算资金需求，积极向上争取资金，统筹做好2023年财政预算资金安排。三要聚力推项目。项目责任单位要积极作为，协同发力，加快项目前期工作，主动对接，对区里难以协调解决的问题及时向上反映情况；要完善项目推进调度机制，树立大抓项目、快推项目的鲜明导向，确保项目早开工、快建设。

【调研市委党校迁建项目建设情况】 2022年11月30日，区委副书记万晓娟赴市委党校迁建项目现场调研，深入察看项目建设进展情况，听取项目单位对项目基本情况及推进计划的介绍，并就项目存在的问题进行现场调度。万晓娟表示，市委党校迁建项目作为市区重大重点项目，时间紧、任务重，希望项目建设单位科学倒排工期，紧盯时间节点，抢抓进度，建设精品工程，确保项目如期建成投用、发挥良好效益。万晓娟要求，区各相关单位要全力服务好项目建设，属地和各相关责任部门要从讲政治的高度，切实增强使命感、责任感、紧迫感，密切配合，形成合力，全力加快解决配套路网、土地报批、拆迁等问题和困难，确保项目顺利高效推进。

【南昌医学院新校区项目建设专题调度会召开】 2022 年 12 月 1 日，区委副书记、区长刘光荣主持召开南昌医学院新校区项目建设调度会，专题研究解决项目建设有关问题，加快推进项目建设进度。南昌医学院党委委员、副校长赖国文，副区长杨雨晨、张莲波出席会议。区政府办、区住建局、区资源规划分局、区重大重点项目推进中心、生米街道、九龙湖街道和南昌医学院相关负责人参加会议。会议听取南昌医学院新校区项目建设进展情况汇报，梳理项目推进过程中存在的问题，并就下一步工作进行安排部署。区直相关部门和属地分别就项目用地清表、高压线迁改和施工临时用电等问题作发言。刘光荣强调，南昌医学院新校区项目落户红谷滩区，对于促进九龙湖高教园区整体发展具有重要意义。区直相关部门和属地要主动对接、靠前服务，按照职责分工，认真履职尽责，加强与项目单位的沟通联系，紧盯影响项目进度的制约问题和关键环节，逐一明确时间表、路线图，扎实推动项目建设各项前置要件落实落地，保障项目顺利开工、加快建设。对于协定事项要按计划落实，并加强督导检查，压实工作责任，切实强化各类要素保障，为项目建设创造良好的施工环境和条件，共同推动项目早建成、早见效。

【12 月实地调研督导挂点项目建设情况】 2022 年 12 月 2 日，区委书记吴江辉，区委副书记、区长刘光荣深入全区部分重点项目现场，实地调研督导重大重点项目建设工作。区委副书记万晓娟、副区长张莲波陪同。吴江辉一行先后察看赣江市民公园五期、赣江北大道下穿京九铁路、城市更新项目（碟子湖大道提升改造、会展路游园、中央绿廊城市更新会客厅、环卫基地）、数字经济项目（浙江大学南昌研究院、中国移动虚拟现实创新中心、江西人才数智产业园、国家虚拟现实创新中心、科大讯飞）、元宇宙 VR 数字农业示范基地项目。12 月 19 日，区委副书记、区长刘光荣深入全区部分重大重点项目现场实地调研，先后实地察看欧罗巴商业提升项目、南昌大学附属眼科医院九龙湖分院、南昌医学院新校园、省水利厅物资储备仓库建设等项目，了解推进情况，听取有关问题汇报，督导协调解决制约问题。12 月 27 日，区委书记吴江辉深入红谷滩区部分重大重点项目现场实地调研。区委常委、宣传部部长邓越峰、副区长熊飞分别陪同。吴江辉一行先后察看世茂 APM 商业中心、鸿鹄里（方志敏光荣之家）、澳世汇文化艺术博览园、海康威视南昌科技园等项目。

【集中开工重大项目调度会暨 2023 年区级民生实事人大代表票决项目征集情况汇报会召开】 2022 年 12 月 13 日，召开集中开工重大项目调度会暨 2023 年区级民生实事人大代表票决项目征集情况汇报会。区长刘光荣主持会议并讲话。区领导仇海泉、邱胜、杨雨晨、熊飞出席。会议听取全区拟于近期集中开工项目的总体情况和 2023 年区级民生实事人大代表票决项目征集情况汇报，对项目逐个分析研究，并就相关问题进行调度明确。会上，就加快推进近期集中开工项目，刘光荣强调，一要把握节点、精心谋划。对于列入拟于近期集中开工的项目要把握时间节点强力推进，确保如期开工；同时精心谋划梳理一批大项目、好项目，以高质量产业项目建设推动经济高质量发展。二要深挖潜能、靠前服务。要主动对接，靠前服务，全力做好土地审批、手续报批、基础配套等落地服务工作，为项目争取政策、高效推进提供要素保障。三要加强协调、强化调度。要落实重大重点项目“四级调度机制”，加强项目跟踪调度，针对项目推进中存在的问题，明确时间节点、落实责任人员，力争短期内快速推进、取得突破性进展。关于征集 2023 年的民生实事项目，刘光荣强调，一是注重需求性，切实推动人民群众呼声最高、需要最迫切的问题得到解决；二是注重普惠性，要坚持广纳民意，汇集民智，把为人民服务作为出发点和落脚点，实实在在解决群众的操心事、烦心事、揪心事；三是注重实操性，对项目的具体内容、完成时间等进行论证，保证年度工作目标切实可行；四是注重参与性，进一步激发群众的主人翁意识，变“替民做主”为“由民做主”，把民生实事办到老百姓的心坎上。

【区供而未用项目调度会暨 2023 年重大重点项目谋划工作会召开】 2022 年 12 月 20 日，区委书记吴江辉主持召开区供而未用项目调度会暨 2023 年重大重点项目谋划工作会。区委常委、常务副区长仇海泉，副区长杨雨晨出席会议。区直有关部门主要负责人参加会议。会议先后听取区重大重点项目推进中心关于区供而未用项目情况汇报、区发改委关于 2023 年重大重点项目谋划工作情况汇报，吴江辉指出，全区供而未用土地面积大、项目多、任务重，2023 年谋划项目产业项目少、后劲弱，各级各部门要强化政治站位，狠抓资源节约集约利用，狠抓项目谋划建设，为全区经济社会高质量发展提供有力的用地、项目保障。

（宋贤喆）

改革开放创新

优化营商环境

【概况】 2022年，红谷滩区深入贯彻落实省委、省政府《关于深入推进营商环境优化升级“一号改革工程”的意见》和市委、市政府《关于深入推进优化营商环境“一号改革工程”全力打造区域性标杆城市行动方案》文件精神，坚持问题导向，聚焦重点领域和关键环节，在多个领域推出改革创新举措，不断做优市场环境、政务环境、法治环境，全区营商环境便利度明显提升，市场主体获得感有效增强，为打造区域性营商环境标杆城区奠定了良好基础。在2022年度江西省营商环境评价中，红谷滩区综合得分为87.91分，位列江西省内第13名，位于南昌市内第2名，在江西省100个县（市、区）中处于优秀水平。与2021年度省评结果相比，红谷滩区省评排名在省内由第45名上升至第13名，在南昌市内由第6名上升至第2名，进入全省“优秀县区”行列。

2022年3月4日，红谷滩区卫健委组织召开“红谷连心会”优化营商环境暨托育机构专场座谈会 （区卫健委 供图）

【健全组织和政策体系】 2022年，强化组织领导，健全指挥体系。将红谷滩区2021年优化营商环境工作领导小组和2021“转作风优环境”活动年领导小组组织构架进行整合，成立2022年优化营商环境工作领导小组，区委、区政府主要领导担任双组长，高位推动优化营商环境工作。强化协同高效，建优工作专班。成立五大专项行动组、18个专项指标部，各指标部建立“一位分管领导、一个工作专班、一本举措台账”的指标专班，定期召开专项行动、专项指标部工作会议，实行每月一报告、双月一调度的工作机制。强化迭代升级，完善政策体系。在《红谷滩优化营商环境三年行动方案（2021—2023年）》基础上迭代出台《2022年红谷滩关于深入推进优化营商环境“一号改革工程”全力打造区域性标杆城区行动方案》，配套出台五大专项行动方案。应对疫情推出《红谷滩区关于应对疫情帮助市场主体纾困解难若干措施》共20条纾困扶持措施。5月，出台《2022年“暖心护企”优化营商环境行动方案》，形成“1+N”优化营商环境政策体系。

【打造公平竞争的市场环境】 2022年,健全市场主体准入和退出机制。建立行政审批与清单相衔接的准入机制,依照2022年版江西省《市场准入负面清单》,共公布禁止准入事项6项,许可准入事项111项,严格落实市场准入"全国一张单"管理模式,清单之外全面实行"非禁即入"。推广"一照通办"改革,推动11个部门、70个事项,跨行业跨领域许可证集成办理。积极推行简易注销,全年红谷滩区通过"一网通办"平台为企业办理简易注销共787户,便利市场主体退出。深入开展降成本行动。围绕"精准纾困解难、稳住经济发展"主线,及时推动省28条、43条,市16条、22条,区20条等一系列惠企政策落实落细落地。依托江西政务服务网红谷滩分厅和"赣服通"4.0红谷滩分厅"惠企政策兑现专区",率先设置"助企纾困服务专区",梳理集成省、市、区各级助企纾困政策,形成助企纾困政策工具箱,实现一网查询、一键通达、一站申报、快速兑现,切实推动惠企政策兑现"即申即享""免申即享"。至年底,惠企政策兑现窗口已受理各类惠企事项共1496件,累计兑现政策奖励金额为35459.28万元(其中免申即享的有374件,金额22987.29万元)。大力推进区域性评估评价,推动VR科创城在环境影响区域性评价、交通影响区域性评价、压覆矿产资源调查区域性评价、文物调查勘探和文物影响区域性评价4方面的区域评估。深化要素市场化配置。加强土地、资金、用工、技术等要素市场化配置改革。深化"工业标准地"改革,加强土地利用精细化、动态化"全生命周期"监管。持续优化红谷滩区普惠金融服务中心平台的服务功能,至年底,平台已入驻金融机构26家,上线金融产品100余款,实现累计授信4.6亿元。优化用工就业信息精准推送,通过"线上、线下"双重招聘模式共召开招聘会111场,组织5912家企业提供岗位25.84万个,签约人数累计达1.39万人。完善技术创新资源配置方式,构建项目、平台、人才、资金等全要素服务体系,积极推动技术合同登记8.7亿元,兑现区级科技创新奖励448万元。

【打造便捷高效的政务环境】 2022年,推进政务服务"网上办"。在全省率先打造"无证办理"政务大厅。依托"一窗式"综合服务平台、"赣服通"等平台资源,借助"区块链+电子证照"技术,积极探索创新"相同材料只交一次"改革。以数据汇聚方式打通信息壁垒。在全省县区率先实现江西省企业登记网络服务平台与"一窗式"综合服务平台的政务数据互联共享,相关经验做法在全市推广。推动"一网一窗"线上线下深度融合。推出"一窗式"服务,按全科综合模式运行,"一窗式"综合受理率100%。全年全区本级33个部门上线依申请办理的政务服务事项1098项,网上可办率100%,除涉密和特殊事项外,全程网办率达到90%,提前完成市委、市政府下达的目标任务。至年底,"一窗式"系统共计办件146369件,其中线上办件126360件,线下办件20009件,全年网上办件率为86.33%。加快政务服务标准化建设。在全市率先完成南昌市"四级一体化政务服务平台"事项的领取、完善、配置工作,确保线上线下数据同源。实现市、区、乡、社区政务服务标准"四级十五同",为推进"无差别受理""跨区域办理"夯实了基础。完成区本级(1179个事项)、7个乡镇(街道)(1242个事项)、133个社区(3528个事项)三级事项的领取、完善、配置工作。健全大厅考核机制,加强窗口服务培训和考核,组建职业化、专业化政务服务队伍。健全完善奖惩激励机制,制定《红谷滩区政务服务大厅考核方案》,深化"一网、一门、一次"改革,高质量打造"受理标准化、审批效能化、服务精准化、管理规范化和政务信息化"五位一体的政务服务"红谷滩样板"。推进政务服务便利化。推动开展"就近办"试点工作,选取沙井街道、九龙湖管理处鸿玺便民服务中心(博鸿社区、博玺社区)和区属各辖区派出所作为全市"就近办"试点单位,先行先试。首批推出街道(派出所)就近办事项144项,社区就近办事项55项,推动涉及公共教育、劳动就业、社会保险、户籍管理、税费服务等领域群众经常办理且基层能有效承接的政务服务事项延伸到各乡镇(街道、管理处)、村(社区),打造15分钟政务服务圈。推动"一次不跑"+"只跑一次"事项占比超过99%,全部事项实现免费邮政(EMS)送达,"最多跑一次"办件占比达到99.83%。有效解决了办事群众"来回跑"等问题。强化数据归集,通过梳理整合、流程再造,实现21个主题事项"一件事一次办"。深化工程建设项目审批改革,落实"六多+两联",实施六多合一+联合图审+联合验收,实现数据全共享、证照电子化、监管全"线上"。持续提升纳税、不动产登记、办理水电气等领域便利度,多税种合并申报实现率100%,实现不动产+水电气一链联动办理。

【打造平等保护的法治环境】 2022年,加强企业家权益保护及法律支持。开展企业家权益保护专项行动,成立"红谷滩区实施企业家权益保护专项行动领导小组",制定《全区实施企业家权益保护专项行动工作方案》。在区矛盾纠纷多元调解中心设立企业法律服务(含仲裁诉讼服务)窗口,为企业提供法律服务。积极开展普法宣讲,全年共开展普法宣传进企业40余次,发放宣传材料500余份,开展法治体检5次、法律"三进"2次,有效地提升了辖区内企业经营抗风险能力。依托一站式解纷平台,深度打造"矛盾纠纷联合调处中心",实现一站式解纷。深入开展知识产权保护"铁拳"

“蓝天”等专项行动,检查经营户135户次,移送涉嫌相关知识产权违法经营线索4起。推行公正审慎执法监管。推进综合行政执法改革,印发《南昌市红谷滩区基层综合执法案件协调协作工作暂行办法》,明确乡镇(街道)组建统一的综合行政执法队伍,按照有关法律规定相对集中行使行政处罚权,积极推进基层综合执法改革工作落到实处。除重点监管事项清单之外,推进“双随机、一公开”监管全覆盖。全年红谷滩区“双随机、一公开平台”录入检查实施清单453条,制定年度检查计划、年度检查任务309条(其中联合检查133次),全区各部门共开展“双随机、一公开”检查309次,其中联合检查133次,共检查市场主体1302户,列入经营异常名录企业760户。实施包容审慎监管。推动各部门梳理并公布轻微违法行为免罚和“首违不罚"清单。全面落实行政执法三项制度。严格执法公示,行政执法公示率100%。建立“企业安静日”制度,确定每月1—20日为“企业安静日”,为市场主体留足发展空间。提升司法质效。出台《南昌市红谷滩区人民法院审判执行案件质效监督管理实施意见(试行)》《南昌市红谷滩区人民法院执行流程集约化工作模式实施细则》等14项制度,着力提升涉企案件办理质效,区法院共受理民商事案件28110件,审结27642件(含旧存630件),结案率达98.34%。推进民事诉讼程序繁简分流,组建速裁团队,速裁快审平均审限压减至12.06天。充分发挥第一金融法庭的优势,实现金融类案件无纸化办案,从立案、审理、判决、结案到归档等全流程电子化,金融类案件平均审限缩短18天。推进一站式多元解纷与诉讼服务机制,拓展“法院+”工作机制,建立“法院+特邀调解员”模式,向社会聘请9名特邀调解员,成功化解各类矛盾纠纷1999件。

【打造更高水平的区域软环境】 2022年,以“硬约束”提升软实力。开展政府采购领域妨碍公平竞争的专项整治行动。组织全区95家单位开展政府采购法20周年知识竞赛考试工作,在全区开展优化营商环境政府采购指标合同签订、合同公开、合同备案的监督检查。落实政府采购中小微企业扶持政策,全年实现与中小微企业签订政府采购合同总金额4.57亿元,占政府采购总规模的100%。采购脱贫地区农副产品,推进支持乡村产业振兴,在832平台已完成采购157.73万元,完成年度预留份额的111.08%。全面推进招标投标全领域全过程电子化交易及不见面开标,实现全流程电子化率100%。切实减轻企业负担,实现全领域免报名费,免费提供招标文件,鼓励以保函、保险等替代投标保证金,鼓励采购人根据项目特点、供应商诚信等情况免收履约保证金或降低履约保证金缴纳比例,建立政府采购网上受理举报投诉机制。加强金融支持提升信贷实效。实施《红谷滩区推动企业利用资本市场加快发展的若干扶持政策》,积极推动银企对接,全年共开展2次政银企现场对接会,对接项目34个,签约金额2亿元。降低企业融资门槛和负担,降低担保(反担保)费率和反担保要求,当地政府性融资担保机构担保余额达135.75亿元,平均担保费率下降至0.415%。落实普惠小微企业贷款阶段性延期还本付息,做到应延尽延,惠及小微企业600余户,切实缓解企业资金压力。落实“映山红行动”升级工程,印发《关于实施企业上市“映山红行动”升级工程的工作方案》,按照“培育一批、股改一批、辅导一批、申报一批、上市一批、做强一批”指导精神切实梯次推进。优化涉企服务。推动建立小升规重点企业库,南昌市印发《关于进一步促进工业企业“稳投资、小升规”的十条措施(试行)》,配合市中小企业服务局开展完成第一批工业企业小升规工作。建立企业综合服务平台,先后建设《红谷滩区中小企业服务平台》《红谷滩区楼宇经济管理平台》,并推动将两大平台融合为一个平台,实现一个区域经济数据中心、三个业务管理平台、五大企业服务模块,面向区内企业提供高效便捷的办事沟通渠道,实现企业诉求、咨询、评价、政策兑现在线一站式解决。加强线下服务窗口建设,设立集办事指引、惠企政策咨询、融资渠道宣传、诉求疏解等功能于一体的服务窗口,为企业全生命周期提升常态化高效服务。完善营商环境涉企问题处置机制。建立健全畅通高效的涉企问题受理服务渠道,发挥“12345”热线“营商环境专区”、“967788”非公有制企业维权服务热线等作用,健全接诉即办机制。

【打造风清气正的社会环境】 2022年,实施“转作风提效率树形象”专项整治。聚焦散漫作风、办事效率、会风会纪、文明形象四个方面,继续深入实施“转作风提效率树形象”专项整治,制定印发《关于在全区机关开展“转作风提效率树形象”专项整治的实施方案》《关于进一步加强机关工作作风建设的实施方案》《全区基层干部作风整顿工作方案》《南昌红谷滩区作风建设问责暂行办法》等各类规章制度和行动方案,召开区、街道、社区三级动员会议,在全区各级单位开展学习研讨。推动全区作风整顿专项行动走深走实,制定《红谷滩区基层干部作风整顿专项行动方案》,分三个阶段,重点围绕十个方面查摆问题,在全区基层干部中开展作风整顿专项行动。行动开展以来,依托“聚焦‘怕慢假庸散’曝光”“啄木鸟在行动”等栏目进行曝光。开展公职人员不作为乱作为专项治理行动。重点整治公职人员在行使权力中擅自改变办事程序、增加办事环节、提高办事门槛行为,整治敷衍塞责、推诿扯皮、故意拖延、刁难企业、乱检查、乱罚款等问题，整治利用审批许可、执法监管等权力吃拿卡要、违规插手工程项目、搞利益输送、干扰企业正常生产经营等腐败和作风问题。建设“诚信红谷滩”。加强政务诚信建设，着力解决招商引资政策不兑现、合作协议不履行、账款支付不到位、涉政府产权纠纷等突出问题，开展“新官不理旧账”问题专项治理行动，对“新官不理旧账”违约毁约等失信问题，及时协调处理，对需要追责问责的问题，移交纪委监委机关处理，惩戒到人。加强商务诚信建设，广泛弘扬诚信意识，牢固树立诚信为本、操守为重的观念。围绕诚信主题，积极开展丰富多彩、各具特色的宣传教育活动，至年底，“诚信建设万里行”活动共开展23场，归集信用承诺168家。健全企业信用分级分类监管机制，依法依规深入开展失信惩戒，公示失信联合惩戒名单2家。创新发展信用多元化应用场景，依托“信易+”平台，推动“信易批”“信易医”“信易行”“信易租”“信易游”等12个领域的信用惠民应用场景建设，推出更多市场化、社会化守信激励措施，推动全区社会信用体系建设工作再上新台阶。

（刘　越）

招商引资

【概况】　2022年，红谷滩区坚定不移实施“走出去、请进来”战略，把招商引资作为全局性的战略重点和关键环节来抓，完善招商体制机制，创新平台招商、资本招商、中介招商等新模式，组建金融、VR、数字经济、文旅产业、总部经济等多支专业招商队伍，主攻世界500强、中国500强、央企、知名企业等龙头企业，大力实施招大引强“三百工程”和“三企入赣”行动；突出以商引商、产业链招商和资本招商，重点招引体量大、品质好、辐射强的大项目，取得较好成绩。至年底，实际利用省外项目资金101.33亿元，同比增长8.88%，目标完成比101.28%，目标完成比全市排名第7；实际利用外资2019万美元，总量全市排名第5，目标完成比全市排名第9；外贸出口完成46.65亿元，完成比120%，同比增长26.7%，目标完成比排名第6；全年在省市重大活动中共签约40个项目，投资总额达359亿元。

【坚持招商引资工程一把手负责制】

2022年，红谷滩区坚持招商引资工程一把手负责制，把招商引资作为全局性的战略重点和关键环节来抓，紧盯长三角等重点区域，带头外出招商、主动上门招商，确保项目科学引进、优质服务、快速落地。由区领导亲自挂点招商，高位推动，全年组织召开招商引资领导小组会、招商引资工作推进会、在谈项目汇报会、项目调度会等专题会议35次，协调解决问题41个；组织区主要领导、区分管领导外出招商考察企业项目19次，共计42天。其中，组织区主要领导带队赴深圳、上海、杭州开展外出招商考察企业项目3次，共计9天。组织区分管领导带队赴广州、厦门、长沙、武汉、上海、杭州、重庆、成都、上饶、宜春、九江开展外出招商考察企业项目16次，共计33天。接洽了东信时代、前行科创、国星宇航等意向企业，走访了平安、海康等知名企业，推动在昌企业再投资。借走访座谈的机会，积极推动项目加快洽谈和落地。

【高水平开展招商】　2022年，邀请企业参加“进博会走进江西”、2022中国国际服务贸易交易会、第五届中国进出口博览会、2022南昌市电子信息产业发展大会等活动，参与企业达80余家。借助大会有利契机，区招商小分队赴北京、上海、杭州走访华润置地、平安不动产、京东科技、北京中方等龙头企业，推动达成合作意向。

【中国国际进口博览会首进江西】

2022年7月23—26日，中国国际进口博览会（简称进博会）首次走进江西，以南昌市红谷滩区为主场，围绕江西省数字经济“一号发展工程”和装备制造、新能源、新材料、生物医药等特色优势产业，通过线上线下相结合的方式，举办主题推介会、对接撮合会、实地投资考察等活动，强化交流合作，提升江西开放层次和水平。7月24日，在“进博会走进江西”精准对接线下线上撮合会上，现场重点对接爻莎珠宝总裁李龙（巴基斯坦）、戴德梁行华东区发展顾问主管符锦涛、Eyexpo点真科技集团CEO潘攀、景桥会展Top bridge集团副总经理邓亚乔及上海咖海实业有限公司中国区运营总监徐浩等参展参会嘉宾，就红谷滩区经济发展概况、人文生态优势及投资营商环境进行了深入交流。进博会走进地方活动首次在中部地区举办，此次活动以“深化引进来，服务双循环”为主题，把进博会优质展商资源带到江西，与江西省产业园区和相关企业进行精准对接，推动江西省以及中部地区高质量发展和内陆高水平开放。

【重大活动签约项目】　2022年，在重大活动中共签约40个项目，投资总额达359亿元。举办两批次红谷滩区“同心战疫 共促发展”云签约活动，共签约8个产业项目，投资总额56.5亿元；参加南昌市重大招商引资项目云签约活动，共签约7个产业项目；参加2022第5届世界VR大会，共签约23个产业项目，投资总额约163亿元，其中，包括联东VR新动能产业园、中国电信元宇宙应用示范产业园、南昌蚂答项目等。

【VR产业招大引强】　2022年11月13日，由省政府、工业和信息化部主办，省商务厅、省工信厅、市政府共同承办的2022年江西省VR产业对接会在江西省行政会议中心顺利举行。此次大会全省总签约成果项目107个，签约总金额约716.67亿元。其中，红谷滩区签约项目23个，签约总金额约163亿元。由中国电信、新国脉数字文化股份有限公司共同在红谷滩区打造的“中国电信元宇宙应用示范产业园”项目进行现场签约。新国脉数字文化股份有限公司董事长张伟在大会发言时表示，将积极落实江西省政府与中国电信的战略合作协议，与红谷滩区携手并进，共同激发虚拟现实及元宇宙产业的发展活力，构建发展新格局。本次签约的元宇宙应用示范园项目将为未来产业的打造提供科研力量并树立应用标杆，推动未来科学城加快建设。

【“同心战疫 共促发展”云签约活动】 2022年，红谷滩区紧扣“一枢纽四中心”发展定位和“两个大幅提升”目标要求，统筹疫情防控与经济社会发展，实现防疫发展两不误，招商引资“不打烊”。先后举行两批次云签约活动，项目投资总额约56.5亿元，涉及总部经济、数字经济、智慧农业、金融商贸等多个领域，有力助推红谷滩区经济社会迈向高质量发展。4月7日，红谷滩区举行“同心战疫 共促发展”第一批次云签约活动。活动共签约招商引资项目4个，分别是蓝城五星级酒店项目、明源云VR业务总部项目、中铁广州局江西分公司项目、中航安盟江西分公司项目，涉及金融、数字经济、区域总部、商务配套相关领域，项目总投资达50亿元。6月12日，举办“同心战疫 共促发展”第二批次云签约活动。活动签约江西华景全国营销中心、凤凰数字产业园、生米智慧农业、路虎捷豹江西旗舰店4个项目，项目投资来自海南、广西、九江等地。

【谋划产业新方向】 2022年，为贯彻落实数字经济“一号工程”，围绕相关产业发展进行规划布局，为招商引资明确方向：在西部组团着力打造西部高教园区，在生米南区域着力打造现代装备制造业基地，在九龙大道两侧46.67公顷土地上着力打造数字经济创新发展引领区；在九龙湖西岸36.67公顷土地上着力打造湖滨数字创意、文化娱乐社区；在高铁西客站南北广场30公顷土地上着力打造大型企业总部基地；在VR科创城9.14平方千米土地上持续打造以虚拟现实技术为引领的数字产业、智能产业集群。围绕产业方向或区域分布开展专业招商对接，积极招引龙头企业、产业链企业，进一步完善红谷滩区数字经济发展生态、夯实发展土壤。

2022年4月，“同心战疫 共促发展”云签约活动在线上进行，红谷滩区共签约招商引资项目4个 （区委宣传部 供图）

【建立全周期服务工作机制】 2022年，建立项目全生命周期服务工作机制，针对项目洽谈、签约、落户、运营等不同阶段的需求成立工作小组，提供更有效的服务。推动蓝城五星级酒店、华宏汽车广场、江山云著综合体项目等6个项目顺利完成土地摘牌落户，投资总额约160亿元；促进华景全国营销总部、蚂蚁金服南昌中心、佰延医学检测全国业务总部、中铁投资江西总部、中建三局江西总部等一批项目运营；推进华润万象城顺利开业，带来首进江西品牌151家，开业首日客流量达17.4万人次。

【搭建招商新平台】 2022年，丰富招商形式、优化招商平台，充分利用一亿中流加速器、慧谷产业园、物联网创新中心等招商平台，鼓励以商招商、专业中介招商，多措施、多触角吸引企业到区投资兴业，扩大增量，招商平台累计接洽客商200余人，落户省外投资项目10余个；积极探索招商引资工作智能化跟踪，利用信息化手段着力实现“互联网+”智慧招商，自主设计并在全区推广招商助手小程序，实现区情全面介绍、招商动态报送、项目跟踪管理、楼宇信息更新、扶持政策公布、日常工作对接等流程从线下转移到线上，利用大数据平台推动工作效率提升，进一步为全周期服务项目赋能。

【开创招商新路径】 2022年，为拓展招商线索渠道，开展精准招商，探索了商会招商、平台招商、资本招商、中介招商等招商模式。通过走楼宇、访协会、参展会，充分挖掘招商线索。开展楼宇招商，制定《关于推进红谷滩区楼宇招商的工作方案》，深挖存量再投资；推进协会招商，着重盯龙头企业，已对接江西省互联网协会、江西省福建商会、南昌市青年企业家协会等10家协会机构，借助专业力量扩大招商"朋友圈"，获取重庆博拉、江西国匠、中城通达等一批优秀客商信息；用好会展招商，积极主动赴第十九届中国国际检验医学暨输血仪器试剂博览会、中国国际进口博览会等大型展会开展招商对接，接洽储备了40余家意向企业，邀请企业到区考察发展。

【快节奏促进协议签约】 2022年，持续加快洽谈节奏，积极促进项目签约。签订蓝城五星级酒店、中国江西人才市场（江西国际人才港）、华景鞋业全国营销中心、中顺商业社会停车场综合体4个项目合作协议；签订科大讯飞股份有限公司、数字江西总部项目2个项目补充协议书。

【加大招商引资力度】 2022年，入统签约招商项目118个，总投资额690亿元，其中包括华宏汽车集团总部、江西省创业投资管理有限公司企业总部、中顺商业社会停车场综合体、新能源分布式光伏发电等项目；引进"152"（总投资分别为100亿元、50亿元、20亿元的重大产业项目）项目6个，包括华夏艺术谷、沿江天际线总部、蓝城五星级酒店、江山云著国际金融中心、红谷滩基金产业园、翰林启城数字文创产业总部基地；引进M Stand、Manner、Olé精品超市、牛排家4个知名服务业品牌。

【促进协议、政策兑现落地】 2022年，积极建设"诚信"政府，全心全意促进协议兑现，高效率落实，严格按照合作协议内容兑现承诺。完成阿里巴巴、数字江西、海康威视、仟得等企业的协议兑现，共兑现6446.18万元。扎实推动各项政策兑现，依法依规向南昌虚拟现实研究院兑现市级服务外包公共服务平台资金280万元；积极为符合条件的外贸企业申请省、市、区三级外经贸发展扶持政策，共为92家企业兑现1831万元；积极为符合条件的互联网流量经济企业申请区级互联网流量经济发展的扶持政策，兑现173.78万元；兑现批零住餐企业奖励资金2067万元，惠及企业313家。

【蓝城五星级标准酒店项目土地摘牌】 2022年5月9日，红谷滩中心区成功出让一宗商务金融（兼容商业）用地，地块位于雅苑东路以东、丰和中大道以南（B－23－1－①地块），最终由李雪梅摘得，成交总价约2.5亿元。该项目为南昌蓝城酒店项目，位于沙井街道雅苑路地铁站2号口，总投资25亿元。项目东至规划路、南至江报路、西至雅苑东路、北至丰和中大道。占地2.06公顷，容积率≤4.0。总建筑面积约11.23万平方米。其中，计容面积8.23万平方米，地下建筑面积预估3万平方米。项目包含写字楼，酒店建设装修及运营管理，餐饮，会议，宴席，商业店铺。项目建设单位为南昌长州鑫源房地产开发经营有限公司。

【江山云著商办综合项目土地摘牌】 2022年5月18日，江西省赣房投资集团有限公司（江西水投）以6.56亿元摇号竞得九龙湖片区城运路以东、龙兴大街以北（HJZ705－F02地块），地块面积约3.97公顷。地块容积率3.5，地块体量约13.9万平方米，其中住宅体量约7.2万平方米，主要建设内容包括住宅、物管用房、市政园林配套、消防安装、幼儿园、配套社区邻里中心、道路硬化、150米超高写字楼及排水工程。项目学区为南师附小＋南昌外国语学校双学区。项目建设单位为南昌赣兴置业有限公司，项目开工时间2022年，竣工时间2026年。

【华宏高端企业商业综合体项目土地摘牌】 2022年9月16日，华宏汽车集团股份有限公司摘得位于红角洲片区红谷南大道以西、前湖大道以北（A－13－2地块）的一宗商业用地（0901）、兼容商务金融用地。容积率≤2.0，建筑密度≤50%，绿地率≥10%，出让面积为1.84公顷。该宗地内须建设汽车商业综合体（须包含梅赛德斯－奔驰，华为智选、smart等新能源品牌）和集团总部，受让人须在网上交易结束后180日内，引进一家集团总部入驻红谷滩区。

【省国控千亿基金产业园项目】 2022年10月11日，红角洲沿江片区地块由江西联晟投资发展有限公司（江西国控）以7.06亿元竞得，成交楼面价约5005元/平方米。项目名称为2022年红谷滩基金产业园项目，建设项目位于红角洲片区赣江南大道以西、岭北三路以南，预计开工时间2023年，竣工时间2025年。项目总投资25亿元，建设规模及内容总建筑面积约18.8万平方米，计容面积14.11万平方，地下建筑面积4.69万平方米。该宗地内须新引进或设立总规模不低于100亿元的基金，基金注册地及税务关系须在红谷滩区；宗地受让人须自摘地之日起，从下一个自然年度起算的5年内，每年在红谷滩区纳税较2022年的纳税情况增量不低于1亿元。

【市工控沿江天际线总部项目】 2022年10月11日，南昌市本级第三批次集中土拍中，南昌市政公用集团以10.37亿元总价拿下位于九龙湖平安金融中心南面一线江景地块，成交楼面价约4007元/平方米。地块位于九龙湖片区赣江南大道以西、上饶大街以北，项目总投资55亿元。地块总建设用地面积为7.13万平方米，总建筑面积34.85万平方米，总计容面积25.89万平方米。建设内容包括住宅及配套、两栋超高层写字楼、幼儿园等。项目建设单位为南昌市政公用大道置业有限公司，预计开工时间2023年，竣工时间为2028年。

【南昌铜锣湾广场三期项目】 2022年初，南昌铜锣湾广场三期项目完成备案，位于凤凰洲管理处香江路114号。项目总投资6.2亿元，总建筑面积4万平方米，城市商业综合体1.8万平方米，住宅面积2.2万平方米。项目建设单位为江西省铜锣湾商业运营管理有限公司，开工时间2022年，竣工时间2024年。

（万　昆）

科技创新

【概况】 2022年，红谷滩区科技创新工作围绕全区产业发展战略，以“科技引领，工业强区”为动力，补短板、强弱项，以服务全区高质量跨越式发展为主线，为红谷滩区打造全省“五个中心”和创新引领核心区奠定坚实基础。国家虚拟现实创新中心落户红谷滩区，依托南昌虚拟现实研究院有限公司正式揭牌组建，是虚拟现实领域唯一的国家级创新中心；南昌市政府与浙江大学合作共建的新型研发机构——江西求是高等研究院（原浙江大学南昌研究院）正式注册。

【出台《红谷滩区支持科技创新高质量发展奖励办法》】 2022年8月，制定并出台《红谷滩区支持科技创新高质量发展奖励办法》，鼓励企业开展科技成果转化，加大科技型企业的培育力度，优化全区科技创新环境，鼓励科技创新平台建设，做大科技创新主体。高新技术企业总数、科技型中小企业总数、技术合同交易总额全市排位靠前。

【研发投入攻坚行动稳步推进】 2022年，红谷滩区通过政策引导、项目支持、优化服务等手段，实现研发投入总量和强度稳步向前。全区研发经费投入继续保持增长，达8.45亿元，同比增长1.56%；研发经费投入强度为1.16%。

【培育高新技术企业】 2022年，高新技术企业培育成效显著。深入实施高新技术企业量质“双提升”行动，着力构建“科技型中小企业—高新技术企业—创新型领军企业”梯次培育机制，不断强化企业创新主体地位，科技企业创新工作取得显著成效。全区高新技术企业总数170家，总量位于全市第四。

【科技金融结合】 2022年，开展八批科贷通申报计划，共推荐江西医至初医学病理诊断管理有限公司、江西慧识智能科技有限公司、江西新华云教育科技有限公司等14家企业备选、续贷，贷款额达3270万元，企业贷款率100%。

【科技创新氛围进一步浓厚】 2022年，组织红谷滩区16家企业积极参加第十一届中国创新创业大赛（江西赛区）暨第七届“洪城之星”创新创业大赛。5月22—28日，开展科普进社区、科技进园区、科普进校园、科技下基层、科技大讲堂等活动，全面提升公众科技意识和科学素养。

【争取市级以上科技计划项目经费支持】 2022年度共争取到省级计划项目22个，其中，省级科技文化融合基地项目1个，产业链联合体项目2个，面上项目、03专项及5G项目5个，支持经费达540.5万元。获批市级项目87个，支持资金达1137.98万元。

2022年红谷滩区代表性项目情况表（部分）

表5

企业名称	项目名称
江西省旅游集团文旅科技有限公司	省级科技文化融合基地
南昌虚拟现实研究院股份有限公司	产业链联合体
南昌应用技术师范学院	面上项目（项目名称：三维大体积混凝土含水管冷却的半解析分析）
南昌虚拟现实研究院股份有限公司	重点研发计划——产业链科技创新联合体单点突破揭榜挂帅项目（项目名称：用于VR/AR的高速、高精度散斑结构光3D相机研制及产业化）
江西省数能科技有限公司	03专项及5G项目（数字金融综合服务平台项目）
中国移动通信集团江西有限公司南昌分公司	03专项及5G项目（南昌市5G+居家社区智慧养老平台项目）
江西融合科技有限责任公司	03专项及5G项目（江西省产业链创新大脑平台）
云上（南昌）大数据运营有限公司	03专项及5G项目（i南昌）

【科技创新环境优化提升】 2022年,开展2020年度《红谷滩新区进一步鼓励科技创新奖励办法》和2021年度《红谷滩区大力发展物联网产业的扶持政策》兑现工作,共兑现区级奖励资金349万元,包括区级高新技术企业认定奖励和技术合同登记奖励95万元和物联网产业扶持政策奖励254万元。落实辖区内105家企业的政策兑现,其中2021年度研发费用后补助430.73万元,市级高企、创新平台载体、科技成果转化奖励共计1089.9万元。

【实施创新主体培育行动】 2022年,红谷滩区科技和工业信息化局深入贯彻红谷滩区科技创新基础大提升三年行动方案(2021—2023年),深入实施高新技术企业量质“双提升”行动。线下、线上开展或参与10次业务培训会,总参与人数超1000人次。全年分两批次组织96家企业申请高新技术企业认定工作,当年新认定高企53家,同比增长60.61%,通过率达55.21%。经发掘培育,推荐10家企业申报高成长性企业,最终成功认定1家瞪羚企业、3家潜在瞪羚企业。全年组织7批科技型中小企业入库,共有253家企业成功入库国家中小企业信息库。

【培育科技创新载体】 2022年,根据《南昌市洪城众创备案管理与绩效评估办法》《南昌市科技企业孵化器管理办法》,开展2022年度市级洪城众创空间、科技企业孵化器的申报与认定工作,积极推荐企业申报国家级、省级科技企业孵化器和众创空间。全年新增南昌念尘科技有限公司、江西科技师范大学2家省级备案众创空间,新增江西电盈信息技术有限公司1家市级备案众创空间。至年底,全区各类科技创新载体共22家。其中,省级科技企业孵化器3家,市级科技企业孵化器1家,国家级众创空间3家,省级众创空间6家,市级众创空间9家。

【配合组织实施“双百计划”科技人才项目】 “双百计划”紧扣全市四大战略性新兴产业和传统优势产业,围绕全市新型研发机构、科技研发平台、重点企业,5年内力争引进和培养100名高层次创新人才、100个高层次创新团队,是全省科技系统出台的第一个高层次科技创新人才引培计划。2022年,南昌市启动实施高层次科技创新人才“双百计划”,经过项目申报、资格审核、专家评审、集体研究、考察公示等环节,1个团队培养类项目被确定为2022年“双百计划”项目,对入选团队项目给予项目单位每个项目40万元的支持经费。

【持续推动创新平台建设】 2022年,推荐江西锦路科技开发有限公司参加市级工程研究中心的评审,并通过市级工程技术研究中心审核;组织发动南昌航空大学、江西科技师范大学、豫章师范学院等单位成功申报市级重点实验室,并开展相关组建工作。大力推动VR创新中心建设,已成功申报国家虚拟现实制造业创新中心并授牌。至年底,全区共有1个国家级重点实验室、42个省级重点实验室、42个市级重点实验室、1个国家级工程研究中心、10个省级工程研究中心、7个市级工程研究中心、1家省级新型研发机构、2家市级新型研发机构。

2022年红谷滩区创新平台一览表(部分)

表6

研发平台名称	依托单位
食品科学与技术国家重点实验室	南昌大学、江南大学
国家硅基半导体照明工程技术研究中心	南昌大学
江西省发光材料重点实验室	南昌大学
江西省食品生物技术重点实验室	南昌大学中德联合研究院
江西省机器人与焊接自动化重点实验室	南昌大学
江西省分子生物学与基因工程重点实验室	南昌大学
江西省持久性污染控制与资源循环利用重点实验室	南昌航空大学
江西省神经科学重点实验室	南昌大学
江西省地球空间信息重点实验室	南昌大学
江西省金属材料微结构调控重点实验室	南昌航空大学
江西省转化医学重点实验室	南昌大学
江西省新能源化学重点实验室	南昌大学

续表6

研发平台名称	依托单位
江西省图像处理与模式识别重点实验室	南昌航空大学
江西省临床药物代谢动力学重点实验室	南昌大学
江西省航空材料工程技术研究中心	南昌航空大学
江西省测试与控制工程技术研究中心	南昌航空大学
江西省有色冶金工程技术研究中心	中国瑞林工程技术有限公司
江西省制造业信息化工程技术研究中心	南昌大学
江西省生物质转化工程技术研究中心	南昌大学
江西省数字出版工程技术研究中心	中文天地出版传媒股份有限公司
江西省造纸化学品工程技术研究中心	南昌航空大学、南昌市龙然实业有限公司
江西省桥梁智能养护工程技术研究中心	江西公路开发总公司
江西省民用无人机工程技术研究中心	南昌航空大学

（朱美玲　胡云松）

区域协作（校地合作）

【概况】 2022年，红谷滩区在区委、区政府的坚强领导和各高校的全力支持下，深化校地合作工作机制，夯实校地双方优势互补、合作共赢、共建共享、共同发展的良好基础，搭建了更广阔的合作平台，在更广泛的领域深入探索，共创更多合作成果，助力红谷滩区高质量发展。

【成立“校地融合智库”】 2022年，为进一步完善发展决策咨询制度，全面推进科技强区、人才强区战略，充分发挥高校人才、技术等方面的独特优势，为红谷滩区发展集智、用智、增智，促进红谷滩区经济高质量发展，红谷滩区成立“校地融合智库”，打造“鸿鹄之智”品牌。智库内专家成员由南昌大学、南昌航空大学、江西财经大学和华东交通大学等高校校内具有副高以上职称、曾有研究成果获得过省部级以上领导批示或被采纳、入选过省级智库专家或担任过省情研究特聘专家的教授、研究员等组成。首批入库专家共94人，其中宏观经济和社会发展研究方向专家17人、产业发展研究方向专家51人、社会发展研究方向专家26人。以区政府名义聘请各高校专家，并发放聘书，聘期为2年。实行动态管理，打造形成一支高层次、多元化、开放式的智库专家团队，提供实时政策咨询服务。

【智库活动】 2022年3月，红谷滩区委组织部联合智库成员单位江西财经大学VR现代产业学院举办红谷滩区“数字经济与VR产业发展”高级人才研修班。来自红谷滩区的40余家数字经济、VR领域企业的49名人才参加培训。邀请省内数字经济、VR领域权威专家专题授课，进一步为红谷滩区培育数字经济、VR产业专业人才，提高企业人才专业水平，推进红谷滩区数字经济产业发展。8—10月，红谷滩区举办以“元宇宙激发VR创新活力”为主题的虚拟现实产业创新大赛，吸引220余家企业参赛，帮助赛事中潜力巨大的煦象（上海）信息科技有限公司等一批企业落户。

【合作开展校园疫情防控工作】 2022年，充分发挥区校地合作专班的优势，深化与高校交流协作，帮助高校解决了一些实际问题。特别是在区疫情防控指挥部的统一领导和调度下，助力南昌大学、豫章师范学院等高校开展校园疫情防控，调配工作人员和各类防疫物资进入校园满足防疫需要。

（卢雄辉）

社 会 生 活

劳动就业

【概况】 2022年,红谷滩区人力资源和社会保障局全面落实市人社局、区委、区政府的决策部署,大力实施就业优先战略,落实就业创业扶持政策,切实做好高校毕业生、农民工等重点群体就业服务,全力推动实现更加充分、更高质量就业,以强根基、补短板、提效能为目标,全力构建“多方互动、多层衔接、多元化解”的工作机制,谱写和谐劳动关系新篇章。

【就业民生指标任务全面完成】 2022年,红谷滩区城镇新增就业人数3703人,为全年任务的133.68%;城镇失业人员再就业人数779人,为全年任务的202.34%;困难群体就业人数244人,为全年任务的120.2%;新增转移农村劳动力人数705人,为全年任务的128.18%;失业保险参保人数20980人,为全年任务的129.5%;新增创业担保贷款8991万元,为全年任务的107.04%;创业贷款新增担保基金50万元,为全年任务的100%;创业培训人数2448人,为全年任务的100.74%;青年见习人数175人,为全年任务的100%。

【创新就业帮扶形式】 2022年,开展“码”上找工作服务,将受疫情影响失业人员、未就业高校毕业生、退役军人、退捕渔民、残疾人、就业困难人员等作为就业帮扶重点对象,以微信、短消息的形式将就业帮扶“码”精准推送到目标人群,统计并掌握帮扶重点对象就业意愿,建立就业工作台账,一对一就业帮扶136人。

【打造就业创业新品牌】 2022年,成功创建国家级充分就业社区——卫东街道世纪中央城社区、省级充分就业特色社区——卫东街道万达星城社区、市级充分就业示范社区——凤凰洲街道上滩社区。批复成立红谷滩区见习单位13家。江西医至初医学病理诊断管理有限公司被认定为南昌市2022年高校毕业生集聚企业、南昌市大学生就业见习实习基地。

【落实各项补贴政策】 2022年,开展补贴性培训4083人。其中,开展职业技能培训34期,培训人员1635人,拨付补贴167.05万元;开展创业培训82期,培训人员2448人,拨付补贴267.54万元。核发7名大学生一次性创业补贴3.5万元,困难大学生一次性求职补贴527.2万元,困难人员社保补贴103.52万元,2家企业招用高校毕业生社保补贴7.61万元,就业帮扶专岗补贴11.34万元,高校毕业生集聚企业认定一次性补贴5万元,就业见习补贴14.2万元,吸纳贫困劳动力就业补贴0.8万元,一次性交通补贴2.01万元。

【“百场校招”聚才引才】 2022年,红谷滩区共开展“百场校招”活动111场,组织5912家企业提供岗位25.84万个,收到简历近万份,累计签约人数约1.4万人。在安徽大学、天津大学、中国矿业大学等17所高校建立“赣才归巢”人才工作站,在天津滨海汽车工程职业学院、安徽工业大学、中国矿业大学等8所学校举办学子见面会。开展“千企万岗”“春风行动”“女性专场网络招聘会”“返乡农民工专场招聘会”“赣就有未来·直播带岗”“退役军人专场招聘会”等针对不同就业群体的特色招聘活动共23场,共组织1177家企业提供岗位4.34万个,收到简历2191份。

【失业保险支持稳岗就业】 2022年,发放失业保险金1212人次,共计201.8万元;发放失业补助金3747人次,共计374.7万元;发放物价补贴1821人次,共计4.67万元。为1061人代缴医保37.59万元,为213人发放失业保险支持职业技能提升补贴37.4万元,为1223家企业发放支持企业稳岗返还补贴124.65万元，为1085家企业发放一次性留工培训补助385.9万元，为291家企业发放一次性扩岗补助74.25万元。

【保障新就业形态劳动者权益】 2022年，对外卖、快递、网约车等新就业形态劳动者劳动合同签订、社保缴纳、工资收入、职业伤害保障等情况进行初步摸排，并积极联系京东快递、美团平台、饿了么平台、博约网约车、携程旅行网约车等一线平台企业，了解情况，相继出台《红谷滩区人社局关于开展维护新就业形态劳动者劳动权益保障权益专项行动的通知》《关于维护新就业形态劳动者劳动保障权益的实施方案》，建立维护新就业形态劳动者劳动保障权益部门联动机制。积极推动基层快递网点优先参加工伤保险，共有46名一线快递人员参加工伤保险。

【劳动监察执法硬件优化】 2022年，高标准打造红谷滩区劳动监察执法中心，从没有固定的服务场地扩展到有480平方米的劳动保障专属服务场地，新增劳动监察专职办案人员3名、特种专业技术用车（燃油公车）2辆、执法巡逻车（电动汽车）5辆。为全区劳动监察员统一换发劳动监察执法工作制服，配齐高清执法记录仪，执法形象和效能全面提升。

【根治欠薪工作】 2022年，区委、区政府主要领导和分管领导共召开根治欠薪工作调度会27次。处理线上各渠道欠薪线索5207件，办理欠薪案件459起，移送4起涉刑案件至公安机关，将5家欠薪企业列入《拖欠农民工工资失信联合惩戒对象名单》，为1.33万名劳动者追回工资1.42亿元。欠薪人数同比下降76%，欠薪金额同比下降30.6%。建立人社、工会、法院、公安、检察院等多部门协作机制，形成劳资纠纷多元调处新格局。

【劳动监察行政执法】 2022年，在全区范围内先后开展农民工工资支付情况的专项检查、清理整顿人力资源市场秩序专项行动、用人单位遵守劳动用工和社会保险法律法规情况专项检查，共检查用人单位250余户次，涉及人数6386人，督促81家用人单位补签劳动合同716人次，补缴社会保险30人，指导31家用人单位建立规章制度。

【高标准建设劳动仲裁办案平台】 2022年，红谷滩区劳动人事争议仲裁院全力推进规范化、标准化、专业化、信息化建设，实现从“四无”（无机构、无编制、无人员、无场地）困难局面到“四有”再到“四优”的转变。院内设有2个仲裁庭、1个立案庭、1个调解室、1个案卷室，配备同步录音录像设备、证据展示仪等专业设备。6名仲裁员中有4名取得法律执业资格证书。红谷滩区劳动人事争议仲裁院运行首年即获评“江西省五星级劳动人事争议仲裁院”“南昌市巾帼文明岗”“第二届红谷滩区青年五四奖章集体”“红谷滩区市域社会治理现代化试点工作优秀项目”等称号。

【高效办理劳动争议案件】 2022年，红谷滩区劳动人事争议仲裁院受理劳动争议案件896件，年度结案率100%，调解劳动争议1604件，有效保障了当事人合法权益，促进了全区劳动关系的和谐稳定。

【创新多元调解模式】 2022年6月，与区司法局建立“仲裁+法援”工作机制，在区劳动人事争议仲裁院设立法律援助工作站，全年共为400余名劳动者提供法律援助服务。依托全国“互联网+调解”平台，充分发挥乡镇（街道）防范和化解劳动争议案件的作用，全年全区基层调解组织共调解劳动争议777件。建立健全与区人民法院“裁审衔接”工作机制，统一裁判口径，切实增强仲裁院裁决的公信力。创新“仲裁+工会+法院”调解模式，强化诉前调解职能，缩短劳动争议处理周期，携手推进多元解纷，实现劳动维权“精准对口”“一站解决”。

【探索线上庭审活动】 2022年3—4月，积极探索线上庭审模式，成功在线上审理57起劳动争议案件，为企业和劳动者提供便利、灵活、高效的仲裁服务，实现疫情期间仲裁工作不停摆、立案开庭不断线、群众需求不耽搁、权益保障不延误。

【企业薪酬调查工作】 2022年，开展企业薪酬调查工作，完成全区企业调查数313户，其中部级企业调查数112户，省级企业调查数201户。针对不会操作系统、填报缓慢、时间不充裕等存在填报困难企业，实行“一对一”指导、“上门”协助等方式完成数据采集，及时解决企业在填报过程中存在的问题。

【集体合同审查全程网办】 2022年，实现集体合同审查全程网办，通过线上受理中国邮政储蓄银行股份有限公司江西省分行、江西诚韬信息技术有限公司等6家企业报送的集体合同及专项集体合同，对提交的申请材料进行初审，一次性告知所缺少的材料。按照国家、省、市相关文件要求，对合同中劳动报酬、工作时间和休息休假、劳动保护与安全卫生、保险福利、职工教育培训、劳动纪律和奖惩等内容进行审查。申报材料齐全后，于五个工作日内对其签订的集体合同进行批复，极大地压缩了办理时限，进一步提升了人社服务水平。

【做好工伤认定工作】 2022年，深入辖区企业及建筑工地重点宣传《工伤保险条例》及相关政策，引导企业应参尽参，切实有效维护劳动者合法权益。认真审核用人单位或个人提供的工伤认定申请，确保每一起工伤认定真实、准确、可靠。对工伤认定申请提供所需材料齐全的当场受理，在最短时间内完成认定工作。对提供材料不完整的开具补正通知书，及时告知申请人应准备好的材料明细，使申请人能够一次性将材料准备齐全。严谨细致做好调查核实工作，努力减少行政诉讼案件发生。对轻微伤害案件，启用简易工作程序，做好企业和受伤职工协调工作，促使双方达成和解共识。

（龚丽婷　游　超　朱　欢　樊晓芳）

社会保障

【概况】 2022年，红谷滩区人力资源和社会保障局始终坚持以人民为中心，坚决扛起规范经办管理职责，扎实推进落实省、市、区关于社会保障的工作要求，明确工作思路，改进工作方法，压实工作责任，全区社会保险工作取得新突破，被省委、省政府授予“江西省社会保障工作先进集体”荣誉称号。

【社会保险征缴发放】 2022年，全区企业职工基本养老保险参保76008人，工伤保险参保33506人，城乡居民养老保险参保51509人，分别完成民生任务数的169%、203%、101%。企业职工养老保险征缴2.76亿元，机关事业单位养老保险征缴4391.08万元，工伤保险征缴386.41万元，均已完成年初既定目标。全年按时足额发放企业职工养老保险待遇3.53亿元，机关事业单位养老保险待遇4399.38万元，工伤保险待遇63.37万元，完成2022年度各项社保待遇调整补发工作，所有待遇实现100%社会化发放。

【社会保险缓缴】 2022年，深入贯彻保市场主体保民生决策部署，积极落实阶段性缓缴社会保险费政策。大力推广“网上办”等不见面受理方式，积极指导企业线上申报，明确办理流程，减少申报材料，缩短审核周期，推广运用证明事项“告知承诺制”。全年共为企业办理缓缴社会保险费业务49笔，金额合计238.83万元。其中，缓缴养老保险228.66万元，失业保险7.11万元，工伤保险3.06万元，用“缓一缓”的时间换取了企业生存发展的空间。

【帮扶困难群体】 2022年，着力做好全区重度残疾人员、特困人员、低保人员、易返贫致贫人员四类困难人员的城乡居民基本养老保险代缴工作，实现“社保参保率、居保代缴率、到龄享待率”均达100%，为全区困难人员代缴城乡居民基本养老保险费35.24万元。对于城镇特困人员、低保户、贫困户、国有企业下岗失业人员等生活困难的灵活就业参保人员，积极宣传“助保贷款”政策并对符合条件的困难群众经办助保贷款，发放助保贷款29.95万元，贴息2.32万元。

【城乡居民养老保险业务划转】 2022年，根据属地管理原则，原红谷滩区城乡居民养老保险业务归属新建区管理，行政区划调整后，经省、市社保中心同意，红谷滩区自2022年11月开始从新建区承接城乡居民养老保险业务，承接后红谷滩区城乡居民养老保险参保人数达5.15万人，征缴核定、待遇发放等各项工作均已有序开展。

【被征地农民参加养老保险工作】 2022年，为充分保障红谷滩区被征地农民群体的切身利益，在市级文件的基础上，结合实际，红谷滩区研究出台《红谷滩区被征地农民参加基本养老保险实施细则》，成立被征地农民养老保险工作领导小组，印发工作推进方案，并将被征地农民参加养老保险工作作为区政府的重要议事日程，高位推动。8月，在属地社区开展名为“失地农民交社保，政府补贴帮养老”的大型政策宣传活动，现场为群众答疑解惑，让广大被征地农民群体理解、接受并享受到政府的惠民政策，实现“应保尽保”。全区共有1.2万人通过了2018年以来新增被征地农民的身份资格认证审核，确保了红谷滩区广大被征地农民群体实现老有所养（由于政策冲突原因，2018年以来全市被征地农民养老保障工作基本停滞）。

【推进工伤保险参保扩面】 2022年，受理经办建筑企业按项目参加工伤保险18家，参保员工3811名，有力推进了工伤保险的参保扩面，维护了广大建筑务工人员的工伤权益。深入11家快递企业调研宣讲快递行业优先参加工伤保险试点业务，覆盖从业人员279名，并在全市率先落实快递行业优先参加工伤保险后的工伤认定和待遇支付工作。

【社保基金安全管理】 2022年，对人社部、省社保中心和基金监督部门下发的疑似养老金待遇重复领取、服刑期间领取养老金待遇人员名单进行逐一核查，全年共核查数据3833人次，数据核查率达100%，累计追缴资金65.55万元。综合采取静默认证、“江西人社”“赣服通”手机App认证、上门认证和异地协查认证等多种方式核查待遇领取资格，对超过12个月未进行生存认证的暂停发放待遇，全区2.6万名待遇领取人员按时认证率达100%。

【优化社保服务手段】 2022年，聚焦社保经办服务数字化转型，在全市率先梳理下放15个“就近办”事项，使参保群众能够就近办理社保高频业务。以开展“红谷连心会”活动为契机，积极深入属地社区“摆摊设点”开展社保政策宣传活动8场，充分为居民答疑解惑。全年为长期卧床、空巢、失能等困境老人提供上门服务80余次，在将社保服务送入家门的同时也为他们带去了更多的人文关怀。

【构建多层次社会保障体系】 2022年，联合区教育部门组织召开红谷滩区教育系统企业年金政策座谈会，深入辖区内编外聘用教师较多的碟子湖学校和凤凰中心幼儿园宣传企业年金政策。与编外聘用教师进行访谈，介绍企业年金的基本内容及扩大企业年金制度的相关影响。备案通过江西省教育系统首家企业年金方案——《南昌市红谷滩区教育系统编外聘用教师企业年金方案》，该方案已进入实施阶段，惠及红谷滩区27所中小学、11所幼儿园、2400余名编外聘用教师，填补了江西省教育系统企业年金的空白，在完善社会保障制度、建立多层次养老保险体系的进程中迈出了实质性的一步。

【新增卫东街道社保卡制卡网点】 2022年，在卫东街道新增社会保障卡窗口，配备制卡设备等硬件设施。同时，对卫东街道社保卡经办人员进行业务培训，从社保卡制发流程、社保卡常见问题处理及线上申领等业务知识方面进行详细讲解。

【构建社保基金防控体系】 2022年，以"以案促改，防范风险"为主题，围绕"动员部署一次警示教育活动、向党委政府专题汇报一次、组织一次学习研讨、专题分析一次要情、核查一次疑点数据、组织一次业务培训、开展一次谈话提醒、教育一次年轻干部、强化一次舆论宣传、通报一次典型案例""十个一"活动内容，开展为期一个月的社保基金警示教育月活动，进一步提升了全区社会保险工作人员的安全防范意识。

（卢 剑 樊晓芳）

医疗保障

【概况】 2022年，红谷滩区医疗保障局在区委、区政府的正确领导下，在省市医保部门精心指导下，坚持"以民为本、为民解困、为民服务"的发展理念，高效履行医保部门的职责使命，不断夯实医保各项基础工作，努力构建多层次的医疗保障体系，助推全区医疗保障工作再上新台阶。全区基本医保参保总人数251411人，其中城镇职工医保参保16165人，城乡居民医保参保235246人。城乡居民基本医疗保险年收入6728.06万元、支出2359.19万元；城镇职工基本医疗保险年收入4478.65万元、支出2533.66万元；其他医疗保险年收入2621.60万元、支出292.04万元。至年底，医保基金累计结余44923.1万元，其中城乡居民基本医疗保险基金累计结余30545.93万元，城镇职工基本医疗保险基金累计结余5702.48万元，其他医疗保险基金累计结余8674.69万元。

【提升医保经办服务效能】 2022年，设立医保通用综合服务窗口，推行"前台综合受理，后台分类审批，综合窗口出件"的经办服务模式，将政务服务事项经办流程及事项材料规范化、便捷化，推行"电话办、就近办、网上办、上门办、延时办"等办理方式，加快推进"一网通办""全市通办"，实现31项事项全程网办。制定《构建10分钟医保服务圈、推动医保服务下沉》工作实施方案，大力推进医保高频服务事项下沉至各乡（镇、街道）、各村（社区），共有201个经办点。在市医保部门的推动下，依托辖区内丰富的金融资源，积极与银行网点合作，打造10个银行经办服务网点。积极打造红谷滩区医保经办服务示范点建设，提高精细化管理治理水平。加强与乡（镇、街道）医保经办机构对接，将医保高频服务事项以授权办理、帮办代办及全程网办等方式下沉，深化乡、村两级政务服务网点与医保经办服务网络相互融合，扩大经办机构医保服务一体机的覆盖面，做到医保服务"乡有窗""村有点"。

【筑牢医保基金安全防线】 2022年，为切实维护医保基金安全，加强医疗基金监管，打击欺诈骗保，守住人民群众的"看病钱、救命钱"，根据省市医保部门基金监管相关文件精神，对全区范围内的定点医药机构进行全覆盖检查，积极配合省市医保部门组织的省飞行检查和市级交叉检查工作，对发现有违规行为的机构严肃查处。至年底，共检查定点医药机构222家。其中，行政处罚7家，罚款9.41万元，共追回医保基金81.92万元，合计金额91.33万元。制定《红谷滩区定点医药机构医疗保障基金监管信用评级评价办法》，在全市范围率先对红谷滩区定点医药机构进行信用等级评定，通过现场评级评价、发放信用等级公示牌，公示评级结果等举措，强化对各定点医药机构实行分级分类管理。至年底，完成对190家定点医药机构的信用评级评价。在市医保部门的指导下，为新准入机构提供医保政策保障，严把定点医药机构的"准入关"，规范定点医药机构服务行为，强化定点医药机构责任意识。至年底，已通过准入定点医疗机构14家、定点零售药店36家。

【增进医保民生福祉】 2022年，构建区医保局、各乡镇（街道）和村（社区）三级联动机制，通过线下宣传、短信提醒、微信群通知等多种方式扩大宣传力度，建立未参保人员台账，点对点进行电话催缴，切实抓好参保动员和医保征缴工作。至年底，红谷滩区参保总人数为251411人，其中职工医保参保16165人，参保覆盖率达 95.82%，完成率在南昌市排名靠前。通过压实“责任田”、“线上”精准推送、“线下”延伸触角、多方协同配合等多措并举，至年底，红谷滩区 17.6 万名参保群众激活医保电子凭证，激活率为 72.83%，结算率为 56.58%，位列全市第一。红谷滩区定点医药机构医保电子凭证接入率为 100%。在资助参保上精准全面，严格落实基本医保、大病保险、医疗救助三重保障政策，联合区乡村振兴局、区财政局下发《妥善做好医疗保障倾斜救助工作暂行办法》，全面做好因病返贫、因病致贫风险监测和信息共享机制，进一步发挥医疗救助的兜底功能。全年红谷滩区脱贫人口 874 人，医疗救助认定人口 6992 人，已全面落实应保尽保。积极落实门诊跨省直接结算工作，辖区内已有两家定点医疗机构实现了门诊跨省直接结算。开通国家平台的跨省异地就医备案功能，加快线上审批时效，承诺 2 个工作日内完成办结。至年底，通过多渠道办理异地就医及异地安置备案 1104 人次，其中国家平台受理 562 人次。

（徐韩同舟）

住房保障

【概况】 2022 年，扎实推进住房保障工作，顺利完成 2022 年公租房实物配租及租赁补贴发放任务；抓好落实“十四五”保障性租赁住房建设规划目标；加快宣传保障性租赁住房建设和管理实施办法；大力推进保障性租赁住房项目建设。

【公租房管理】 2022 年，红谷滩区住房保障工作以公租房租赁补贴和实物配租相结合的方式，对符合住房保障条件的城镇居民家庭实现“依申请”应保尽保。全年共发放租赁补贴 638 户，发放金额 294.62 万元，超额完成市政府下达的年度目标任务。通过摸球的方式对公租房清腾退房源重新分配，共计分配 11 套。

【保障性租赁住房建设】 2022 年，《国务院办公厅关于加快发展保障性租赁住房的意见》《江西省人民政府办公厅关于加快发展保障性租赁住房的实施意见》《南昌市保障性租赁住房建设管理实施办法》等文件出台后，区住建局通过官网发布、张贴文件的方式大力宣传保障性租赁住房政策，多渠道筹集符合条件的保障性租赁住房房源，积极稳妥推进保障性租赁住房建设，贯彻落实项目在土地支持、审批支持、资金补助、税费支持、金融支持、民用水电气支持 6 个方面的各项政策支持。全年共筹集 6994 套保障性租赁住房项目，分别分布于卫东街道、红角洲街道、凤凰洲街道、生米街道等区域，完成市保障办下达的房源筹集任务及开工任务，申请获得中央、省级财政补助资金近 1.37 亿元，专项用于项目建设和装修改造。至年底，所有房源纳入省级管理平台统一管理。

（陶　丹）

社会救助

【概况】 2022 年，红谷滩区民政局始终践行“民政为民、民政爱民”宗旨，牢固树立民生底线思维，从保稳定、促发展、维护群众利益的理念出发，加快建成分层分类社会救助体系建设，巩固拓展社会救助兜底保障成果，确保兜住底、兜牢底、兜好底，认真抓紧抓好困难群众社会救助工作，不断加强规范管理，加大救助力度，提升救助水平，织密编牢社会救助保障网。全年发放各类救助资金 2974.68 万元。

【做好城乡居民最低生活保障工作】 2022 年，红谷滩区制定印发《关于开展 2022 年低保、特困人员提标提补和年审工作的通知》，将低保月人均标准提高 60 元，达到每月 855 元。按照 6 月份低保对象、特困人员发放标准增发一次性生活补贴，为 3460 名困难群众增发 229.66 万元生活补贴。红谷滩区原有低保对象 1010 户 2101 人，因区划调整，8 月厚田乡 727 户 1384 名低保对象、9 月流湖镇 1122 户 2081 名城乡低保对象从新建区划转至红谷滩区管理。10 月，开始通过惠民惠农“一卡通”平台将民政相关救助补助资金直接发放至保障对象的社会保障卡中，实现救助保障资金“一键直达”困难群众手中。至年底，全区共有城乡低保对象 2859 户 5566 人。全年发放低保资金 2565.36 万元，月人均补差 596 元。

【推进特困人员供养保障工作】 2022 年，红谷滩区制定印发《关于开展 2022 年低保、将特困人员提标提补和年审工作的通知》，将特困人员供养保障标准提高了 85 元，达到每人每月 1120 元，照料护理标准按照自理、半失能、全失能三档分别提高至每人每月 100 元、370 元、1480 元。红谷滩区原有特困供养对象 35 户 36 人，因区划调整，8 月厚田乡 97 户 107 名、9 月流湖镇 146 户 159 名特困供养对象从新建区划转至红谷滩区管理，至年底，全区共有特困供养对象 279 户 299 人。其中，集中供养 42 人（自理 27 人、半失能 7 人、全失能 8 人），分散供养 257 人（自理 250 人、半失能 3 人、全失能 4 人）。全年发放特困供养资金 175 万元、照料护理补贴 28.49 万元。

【开展低收入人口认定救助】 2022 年，区民政局、区财政局联合下发《关于做好最低生活保障边缘家庭认定有关工作的通知》，规范城乡低保边缘家庭认定工作。低保边缘家庭:指家庭人均收入低于当地城乡最低生活保障标准的1.5倍,且财产状况符合相关规定的生活困难家庭。至年底,全区认定低保边缘家庭351户721人。支出型困难家庭:指申请人在提出申请前12个月内因病、因灾、因残、因意外事故、因子女上学等刚性支出较大或收入大幅度缩减导致基本生活出现严重困难,家庭人均收入扣减刚性支出后低于当地城乡最低生活保障标准1.5倍的家庭。至年底,全区认定支出型困难家庭5户21人。有20世纪60年代精简退职老弱残职工23人,全年发放生活补贴13.98万元。孤寡老人:为原农村五保对象,由区财政保障基本生活和医疗救助待遇,至年底,全区有89名孤寡老人,全年为孤寡老人发放生活及医疗补助资金138.79万元。

【加强临时救助工作】 2022年,区民政局全面加强临时救助工作,严格落实乡镇临时救助备用金制度,拨付24.5万元临时救助备用金至各乡镇(街道),积极开展急难型临时救助,小额先行救助和"一次审批、分阶段救助"。对因遭遇突发事件、意外伤害、重大疾病或其他特殊原因导致基本生活陷入困境,其他社会救助制度暂时无法覆盖或救助之后基本生活暂时仍有严重困难的家庭或个人,由政府给予的应急性、过渡性救助。全年实施临时救助423人次,累计支出救助资金67.04万元,平均救助水平1585元/人次,其中因疫情实施临时救助18人次4.47万元。开展"送药送口罩"工作,为全区372名集中供养对象采购中药冲剂,调拨口罩1.5万个。严格落实社会救助保障标准与物价上涨挂钩联动机制,7—10月向城乡低保对象、特困供养人员、低保边缘家庭和支出型困难家庭发放4个月的临时物价补贴,缓解物价上涨对困难群众基本生活的影响。全年累计发放价格临时补贴资金54.85万元。

【推动城镇困难群众解困脱困】 2022年,区民政局按照每人每年100元的标准,为全区3470名城镇困难群众购买防贫保险,防止因病、因学、因灾、因见义勇为伤亡致贫或返贫,全年救助22人23.21万元;向317名困难群众开展慈善帮扶,资助41.45万元。区医疗保障局按照每人每年320元的标准,资助2853名困难群众参加居民基本医疗保险,全年医疗救助206人次49.03万元。区教体局为2256名学生进行教育救助,发放救助金95.34万元。区人社局为低保对象、特困人员、残疾人等城镇困难群众3495人代缴居民基本养老保险费34.95万元。区住建局为400户住房困难家庭进行实物配租,为114户困难家庭发放住房租赁补贴93.43万元。区工会组织帮扶164人24.81万元;区妇联组织帮扶16人1.7万元;企事业单位和爱心人士帮扶74人5万元。

(张　露)

社会福利

【概况】 2022年,红谷滩区持续增强社会福利保障力度,坚持以满足老人、儿童、残疾人等特殊群体服务需求为目标,提高特殊困难群体生活质量。全年建成社区嵌入式养老院2家、居家养老服务中心8家,发放儿童福利资金132.79万元,发放残疾人福利资金252.92万元,群众满意度和幸福感得到有力提升。

【提升改造养老机构】 2022年,红谷滩区根据实际情况对原有居家养老服务中心进行提升改造,建成2个社区嵌入式养老机构。其中,九龙湖街道博鸿博玺社区嵌入式养老院建设总面积1200平方米,消防建设总投资100万元,建设25个床位(护理型床位20个);卫东街道鹿璟名居社区嵌入式养老院建设总面积900平方米,消防建设总投资60万元,建设床位25张。6月,红谷滩区综合康养中心动工建设,项目总投资1.19亿元,总建筑面积2.31万平方米,总床位数302张,其中护理型床位110张,建设周期24个月,预计2024年6月投入使用。该中心是集生活照料和医疗、康复、护理及亲情关怀为一体的新型养老服务机构,建成后将承担政府兜底保障职能。至年底,红谷滩区综合康养中心项目完成地下室主体结构、养护楼A 6层楼面混凝土浇筑、养护楼B 4层楼面混凝土浇筑,累计完成投资约4000万元。全年共启动新建居家养老服务中心11个,建成8家,投入资金180万元。

【开展家庭护理型养老床位建设】 2022年,红谷滩区开展家庭护理型养老床位建设工作,投入项目资金127.9万元,通过能力评估,从625名失能、半失能等困难老人和有意愿的困难老人中筛选出264人进行床位安装,共计开展居家养老上门服务4612人次。为红谷滩区60周岁以上散居特困人员、60周岁以上失独老人、70周岁以上低保老人、年满80周岁以上全失能老人、荣获市级以上劳动模范和因公或因见义勇为致残等为社会做出突出贡献人员中60周岁以上失能老人或年满80周岁以上的老人,按照每人每月200元标准委托第三方提供居家上门服务;为红谷滩区80周岁以上高龄老人,按照每人每月50元标准委托第三方提供居家上门服务;至年底已服务1925人次。

【儿童关爱活动】 2022年,对红角洲、生米、沙井等街道8名困境儿童,上门开展社工专业个案服务48次,开展各类主题活动29场。其中,在生米街道胜利小学对困境儿童开展3个主题活动19场;在厚田乡新洲小学对留守儿童开展2个主题活动10场。6月,面向困境儿童、留守儿童在生米街道东城小学、厚田乡新洲小学开展“喜迎二十大，童心护未来”趣味运动庆“六一”活动2场；8月，对厚田乡、流湖镇101名困境、留守、事实无人抚养儿童及孤儿进行上门摸排建档，及时了解掌握困境儿童家庭、身体及心理健康情况，严格落实儿童关爱服务动态管理；9月，对全区乡镇儿童督导员、村（居）儿童主任共计200余人开展业务能力培训，深入解读相关政策和法律法规，强化儿童主任的责任担当和法律法规意识，促进工作人员依法履职。疫情期间，采用电话慰问、实地走访等方式，持续关注全区孤儿及其监护家庭生活情况，让孤儿充分感受党和政府的温暖，为孩子们营造良好的生活与学习氛围。

【儿童福利保障】 2022年，发放各类儿童福利资金132.79万元。其中，为21名散居孤儿发放基本生活补贴23.48万元；为92名事实无人抚养儿童发放基本生活补贴85.25万元；为1名艾滋病感染儿童发放基本生活补贴1.54万元；为10名残疾事实无人抚养儿童发放照料护理补贴14.02万元；为1名孤儿和3名事实无人抚养儿童发放助学金1.25万元；春节期间为19名孤儿和90名事实无人抚养儿童发放慰问金6.54万元；“六一”国际儿童节期间为12名孤儿发放慰问金0.72万元。

【残疾人福利保障】 2022年，积极推进重度残疾人托养工作。至年底，红谷滩区符合困难重度失能残疾人照护和全日制托养条件的共计55人，拨付资金40.14万元。其中，居家照护52人，按照每人每月600元的标准，拨付37.44万元；全日制托养3人，按照每人每月1500元的标准，拨付2.7万元。按照每人每月80元标准发放残疾人两项补贴3529人，212.79万元。其中，困难残疾人生活补贴发放1691人，92.29万元；重度残疾人护理补贴1838人，120.5万元。

（熊楚云　徐海铭）

社区建设

【概况】 2022年，红谷滩区通过社区优化调整、基层信息化建设、社区工作者职业体系建设，着力提升城乡社区治理能力，切实做好疫情防控、村（居）议事协商等工作，有力推动基层服务能力提升。

【社区优化调整】 2022年，根据南昌市社区优化调整工作要求，在尊重历史沿革、充分考虑现状的基础上，按照“大稳定、小调整”的要求，结合红谷滩区实际情况，对全区社区布局进行优化调整。将全区13个社区拆分成立26个社区，3个社区进行位置优化调整，并同步完成社区工作人员招聘。通过优化调整，一定程度上解决了红谷滩区社区管理范围不合理、管理规模不适宜等问题，进一步优化了社会资源配置，实现资源配置与管理服务任务相匹配，有效提升了社区治理体系和治理能力现代化。

【开展基层政权和社区治理系统录入工作】 2022年，为了适应新形势、新要求，切实发挥信息化在落实民政基本职能中的服务保障作用，按上级要求及时完成全国基层政权建设和社区治理信息系统数据录入和更新工作，其中村（居）务公开、村（居）民会议和村（居）民代表会议、村（社区）信息、队伍管理、组织管理、服务机构设施、村（居）民委员会下属委员会等数据录入均达到100%。同时，在全区积极推广使用“赣鄱邻里·智慧社区”，并按要求及时录入更新数据。

【社区治理服务创新】 2022年，开展城乡社区服务“365天不打烊”活动，区民政局联合区委组织部、区政数局出台《关于在全区村（社区）党群服务中心（便民服务站）推行“365天服务不打烊”的通知》，红谷滩区所有村（社区）党群服务中心通过开展正常工作日延时和双休日、节假日错时预约服务方式，使企业和村（居）在非工作时间、非工作日能办事、办成事，畅通为民服务“最后一公里”，提高为民服务质量和水平。至年底，全区185个村（居）建立错时延时服务制度和干部值班制度。

【基层自治建设】 2022年，为提升村（居）民委员会公共卫生工作的精细化、规范化、体系化、社会化水平，根据全市统一部署，4月30日前143个村（居）成立公共卫生委员会（因流湖未划转，不含流湖），共有委员808人，同步开展公共卫生业务能力培训。落实基层民主协商议事制度，各村（社区）建立协商议事室，协商议事制度和流程。落实村（居）务公开制度，村（社区）规范设置村（居）务公开栏并及时更新。常态化开展村（社区）协商实践活动，推荐6篇优秀协商案例报市民政局。发挥村规民约和居民公约在城乡社区治理中的积极作用，开展红谷滩区村规民约的修订及优秀村规民约征集工作。出台《开展全区村规民约和居民公约修订完善工作的通知》，通过修订完善村规民约，引导村民自觉抵制涉黑涉恶行为，遏制婚丧陋俗，旗帜鲜明反对高价彩礼、厚葬薄养等陈规陋习，并征集4篇优秀村规民约报市民政局。

【社区工作者队伍建设】 2022年，为加强社区工作者队伍职业化、专业化建设，提升基层治理能力，经红谷滩区委常委会、区政府常务会审议通过，出台《红谷滩区社区工作者管理办法》，进一步明确社区工作者日常管理、绩效考核、选拔培养和激励表彰等方面要求，并创新提出预算30万元用于全区“最美社区工作者”评选表彰活动。联合区委宣传部印发《关于开展2022年红谷滩区最美社区工作者学习活动的通知》，评选30名“最美社区工作者”，每人奖励1万元。通过制度和待遇激励，使得红谷滩区社区工作者人员结构更加专业合理、日常管理更加规范有序，社区工作者幸福感荣誉感进一步提升，基层为民服务能力进一步增强。

（刘杰峰）

社会组织管理

【概况】 2022年，红谷滩区民政局通过培育扶持、进一步增强社会组织发展动能、提高发展质量、提升发展效益等方式，坚持不断抓细抓实社会组织管理工作，通过引导、培育、扶持，管理、监督、检查，推动社会组织高质量发展。

【登记管理】 2022年，严格执行《社会团体登记管理条例》和《民办非企业单位登记暂行条例》，切实做好社会组织日常登记管理工作，全年新增社会组织21家，其中社会团体17家、民办非企业4家。严格执行登记限时办结制度，着力简化办事手续，同时强化事前事后监管。通过对社会组织“进门”前的网上申报材料的严审和“进门”后的动态管理严查，进一步激发社会组织活力，助推红谷滩区营商环境优化提升。

【启动社会组织年检工作】 2022年3月16日，启动社会组织年检工作。通过发布年检通知，对参检范围、参检方式、年检程序、年检结论及相关要求等进行明确规定，通过短信、群公告等方式通知到社会组织，并指派专人答疑解惑、指导资料填报，有效解决社会组织因年检材料补正原因导致的“多次跑”问题。12月9日，向全区各社会组织业务主管单位及全区社会组织通报2021年度社会组织年检情况。其中，合格48家、基本合格42家，未完成年检9家，未参加年检46家。至年底，全区共有社会组织162家。其中，社会团体39家，民办非公有制企业123家。

【加强对社会组织的日常监管】 2022年4月，开展“僵尸型”社会组织专项行动；5月，开展打击整治非法社会组织专项行动；6月，开展行业协会商会乱收费清理整治行动，通过一系列专项行动，进一步优化社会组织优胜劣汰的发展环境，助推社会组织平稳、高速发展。同时，全面落实“双随机、一公开”执法监管，建立抽查工作机制，及时完善“双随机、一公开”平台信息。在上级下发抽查事项清单基础上，结合实际拟定区民政局抽查事项清单，明确检查依据、主体、内容、方式等内容，同步更新检查对象及执法人员名录库。全年“双随机”检查社会组织2家，出动执法人员2人次，其中1家合格，1家基本合格；撤销连续两年未参加年检的社会组织5家。8月，启动2021年度社会组织等级评估工作，红谷滩区3家社会组织参评；9月，南昌市红谷滩区赣红孵社会组织培育中心被评定为2021年度AAAA级社会组织。通过开展等级评估，进一步提高了社会组织运营水平，提升了红谷滩区社会组织的公信力和影响力，促进了社会组织的健康有序发展。

【培育发展社区社会组织】 2022年，通过优化程序、因地制宜、深度挖掘三项举措，大力培育发展社区社会组织，全面提升基层社会治理水平，进一步激发基层活力，促进居民有序参与社区事务，增强居民自治能力，满足群众多样化需求。至年底，共孵化培育社区社会组织1311家，全年提供社区志愿服务1000次以上，参与活动的社区社会组织团队成员超过2万人，初步形成自主发展、门类多样、不同层次、覆盖广泛、作用明显的社区社会组织体系。特别是挖掘培育的世纪中央城姐妹帮帮团、丽景阳光志愿服务队、银都社区义务巡逻队等优秀社区社会组织团队，为红谷滩区的基层社会治理和服务创新发挥了积极作用。

【引导社会组织参与稳岗就业工作】 2022年，积极动员社会组织参与稳岗就业工作。社会组织通过合理开发专兼职就业岗位、设置见习岗位、提供全面就业服务等方式，整合优质资源，挖掘自身潜力，促进稳定就业。全年全区22家社会组织发布专业社工、养老、幼教等37个就业岗位，招聘10人。组织专业技能培训6场，培训200余人次。

（吴小颖）

退役军人事务

【概况】 2022年，红谷滩区退役军人事务局深入推行“尊崇工作法”（包括“七个一”，即打造“一域一队伍”、建立“一人一台账”、落实“一家一对接”、组织“一周一活动”、开展“一月一堂课”、实施“一季一走访”、举办“一年一评选”），精心谋划，创新举措，全力推动退役军人工作高质量发展，顺利完成了“两年上台阶”年度任务。荣获全市退役军人移交安置、军休服务管理、思想政治工作先进单位，退役军人工作在全省、全市年度高质量考核中获评满分。

【加强退役军人组织领导工作】 2022年，红谷滩区加强组织领导，推动退役军人事务和双拥工作实现新突破。召开区委退役军人事务工作领导小组全体会议1次，区政府常务会研究退役军人工作4次、全区退役军人事务专题会议8次，退役军人事务的组织领导保障更加有力。

【完善退役军人服务保障体系】 2022年,按照退役军人服务机构建设及退役军人工作“五有”(有机构、有编制、有人员、有经费、有保障)全覆盖要求,全面推进区、乡镇(街道)、村(社区)三级退役军人服务保障体系建设,“一中心两站”[区退役军人服务中心1个、乡镇(街道)服务站9个、村(社区)服务站191个]建设涉及的机构、硬件、政治文化环境等任务基本完成。同时,新建成800平方米的退役军人服务中心并投入使用,积极推进6个街道退役军人服务站功能升级,全面完成30个示范型和综合示范型村(社区)退役军人服务站升级打造,三级退役军人服务保障体系更加完善。优化配置乡镇(街道)退役军人服务站专干力量,完成55名社区退役军人服务专干选聘工作,退役军人事务服务力量更加夯实。

【完成退役军人安置就业工作】 2022年,开展移交安置满意行动,持续优化退役军人移交接收服务流程,优化退役军人服务中心服务流程,完成退役士兵报到接收工作,顺利完成转业干部、转业士官年度岗位安置任务。发放一次性自主就业金、职业技能培训生活补助。组织退役士兵开展适应性岗前培训、免费职业技能培训等,开展就业创业提升行动,召开退役军人专场招聘会5场,解决退役军人就业问题,在全市率先出台《红谷滩区促进新时代退役军人就业创业工作的实施办法》,召开退役军人就业创业新闻发布会,建立退役军人创业金融服务机制,推动华南城退役军人就业创业园建设,创新构建“政策促动、市场推动、多方联动”退役军人就业创业工作新格局。

【落实退役军人拥军优抚工作】 2022年,建立健全抚恤优待金区级统一发放机制,发放各类重点优抚对象补助资金、义务兵优待金等各类资金,抚恤优待政策得到及时有效落实。全面推进退役军人建档立卡和优待证申领工作,至年底,完成建档立卡、优待证发放工作。持续加大抚恤优待关爱力度,严格落实重点优抚对象补助调标政策,积极动员力量帮助困难退役军人等。在春节、“八一”期间走访优抚对象和驻区部队,为退役军人发放年画和慰问短信。积极协调落实部队官兵关注的子女教育优待政策,尽心破解“三后”(后路、后院、后代)难题。出台军地合力推动退役军人工作实施方案,广泛动员社会力量参与双拥工作,为退役军人提供各类专属优惠便捷服务,让尊重退役军人、尊崇军人职业成为社会共识。

【强化退役军人褒扬激励和权益维护工作】 2022年,区领导利用重要节日走访慰问驻区部队及军烈属、老战士、困难退役军人;各级退役军人事务部门定期走访慰问重点优抚对象;并开展民兵训练、新兵欢送等活动,促进军地共建融合。为全区11名荣获三等功的军人开展上门立功送喜报活动,组织参加“9·30烈士纪念日”活动,开展革命英烈后代关爱行动。开展“最美退役军人”“最美军嫂”学习宣传和评选活动,用榜样的力量激励退役军人发挥模范带头作用,展现新时代退役军人风采。建立常态化服务联系工作机制,用心用情着力维护退役军人的合法权益。

【推动退役军人开展志愿服务活动】 2022年,依托三级退役军人服务中心(站)开设“八一”讲堂,组建区级“鸿鹄老兵宣传团”,深入社区、学校、企业开展思政教育。设立区级“尊崇驿站”,建立9个退役军人党员“八一”服务站,积极开展退役军人党员结对帮扶,充实完善201支“新长征”退役军人志愿服务队力量,主动参与疫情防控、文明创建等志愿服务1600余人次。组建“洪城红”退役军人应急大队,40余名应急队员坚守九龙湖高速卡口7个月。

(夏　婷)

消防救援

红谷滩区消防救援大队

【概况】 2022年,红谷滩区消防救援大队(坐落于红谷滩区珠江路236号,承担着红谷滩区凤凰洲、沙井、卫东、九龙湖、龙兴、生米、流湖、厚田在内的消防安全工作)聚焦“全市树标杆走前列,全省铸品牌创一流”总目标,凭借逢山开路的勇气毅力和敢为人先的信心决心,劈波斩浪,砥砺前行,实现了班子谋事创业能力有提升、队伍安全稳定有举措、火灾形势平稳有作为、队伍风清气正有新气象的工作局面。通过全体消防救援人员的共同努力,大队各项工作都取得了明显成效,获得“全国消防安全专项整治三年行动工作先进大队”、区级“工人先锋号”“青年五四奖章集体”称号,大队消防员麦玉山荣获“全国五一劳动奖章”“第21届全国青年岗位能手”“第六届全国119消防先进个人”等称号。

【高效完成安保抢险救援工作】 2022年,完成全国两会、中共二十大安保、全国消防宣传“五进”(进社区、进学校、进企业、进农村、进家庭)工作现场会、世界VR大会等47起消防安保任务,其中国家级9起、省级12起、市级26起。共接警出动1157起,出动车辆1512辆次、消防人员8912人次。其中,火灾189起(由于增加了厚田乡、流湖镇片区,火灾起数比上年上升45%),抢险救援171起,社会救助233起,其他91起,抢救人员53人,疏散146人,抢救保护财产价值5204万元。

2022 年 10 月 28 日,红谷滩区消防救援大队在水天消防广场开展户外队站开放日活动　　（区消防救援大队　供图）

【提高监督检查和随机抽查质效】2022 年,综合运用重点监管、信用监管、“互联网 + 监管”等多种手段,提高监督检查和随机抽查质效,依托“双随机、一公开”机制,执法检查 562 家单位,发现火灾隐患 584 处,下发责令改正通知书 352 份、行政处罚决定书 109 份、临时查封决定书 16 份,责令“三停”(停产停业、停止使用、停止施工)单位 14 家,共罚款 6.62 万元。

【开展消防安全专项整治工作】2022 年,深刻吸取全国、省内小火亡人事故教训,结合全区实际,主动作为,开展消防安全专项整治三年行动,加强对消防车通道、电动车、老旧小区、高层建筑、大型商业综合体、地下空间、“九小”(小学校或幼儿园、小医院、小商场、小餐饮场所、小旅馆、小歌舞娱乐场所、小网吧、小美容洗浴场所、小生产加工类企业)场所、老旧场所及新材料新业态等场所领域的消防安全隐患的治理,坚持由表及里、由易到难,细化各项治理举措,实施差异化整治,联合区交警大队着力解决消防车通道问题,在红谷世纪花园、万达华府等多个小区开展消防车通道整治“回头看”行动,整治效果明显;开展自建房专项整治工作,坚持以全面摸底与重点整治相结合的方式,建立“一栋一档”,实施分级分类、“一栋一策”,最大限度地消除安全隐患,全年共排查全区 955 栋经营性自建房,张贴告知书 500 张,发现隐患 596 处,督促整改隐患 161 处,实施行政处罚 1 栋、临时查封 4 栋,下发宣传海报 1500 份;充分发动乡镇(街道)、社区、村(居)委会等基层网格力量,开展合用场所专项整治工作,共排查合用场所 392 处,发现隐患 348 处,已整改 185 处,查封 7 家,拆除违章设施 800 余平方米;针对老旧高层商住混合体、老旧高层住宅、超高层建筑、高层公共建筑这 4 类重点对象,开展高层建筑排查整治工作,排查 188 栋高层建筑,共发现隐患 178 处,整改隐患 178 处。

【优化营商环境】2022 年,坚持执法与服务并重,落实优化消防执法营商环境六项措施,积极探索实施包容审慎监管执法新路径,大力推进落实“谁执法谁普法”工作责任制,充分利用“学法免罚轻罚”制度,主动增强服务意识,尽量以指导、跟踪整改代替行政处罚。共对 32 家单位予以学法教育,对 5 家单位予以学法轻罚,对 6 家单位予以学法免罚。

【提升全民消防安全意识】2022 年,为进一步倡导“全民消防”理念,提升全民消防安全意识,提请两级政府全力建设“水天消防广场”,助力全国消防宣传“五进”现场会,占地 11.9 公顷的“水天消防广场”正式亮相红谷滩区;通过队站开放、上门授课、发放资料、设点宣传、实操实训、疏散演练等广泛宣传形式,着力提升社会消防安全意识,提高社会单位消防安全管理水平和广大群众的自防自救能力;结合消防安全整治三年行动以及“119”消防宣传月活动,先后策划“消防义务骑兵队”“消防主题露天电影”“消防主题影院”“云端夜市”“消防嘉年华”等消防宣传活动,深入、广泛地营造消防宣传浓厚氛围。全年累计开展“消防安全进百万家”活动 200 余次,发放海报通告 1 万余份,发放家庭防火手册 5000 余本,高频次在辖区 2369 块电子显示屏及重点单位 LED 大屏幕播放消防安全宣传视频,设点宣传 50 余次、发放宣传资料 4 万余份、宣传车外出 120 次、队站开放 68 次、志愿者活动 14 次、上门授课 63 次、疏散演练 162 场,通过消防基本技能实操实训,培训了 3805 名“准消防员”,在省市各级媒体上稿 531 篇,在线直播 7 次,完成 64 个新时代文明实践 + 消防站(点)建设,实现全覆盖式消防安全宣传。

（付文婷）

南昌市消防救援支队大院大队

【概况】2022 年,南昌市消防救援支队大院大队(以下简称大队)在支队党委、红谷滩区委区政府的统一领导下,认真贯彻落实习近平总书记重要训词精神,以“喜迎二十大,全力保安全”为主线,深化“牢记领袖训词,永做忠诚卫士”主题教育,强化履职担当、凝心聚力抓工作，不断强化队伍内部队伍管理，在稳定中求发展，在发展中求进步；不断提升队伍正规化水平，确保辖区消防安全形势持续稳定。

【消防救援】 2022年，严格执行24小时"坐班值守、手台监听、入群指挥"制度，一旦有警情第一时间到场处置，执勤主官及值班防火监督员第一时间到场开展灭火指挥和火灾事故调查。全年大队共接警443起。其中，火灾扑救74起，抢险救援156起，社会救助127起，公务执勤37起，其他49起。共出动队伍458支次，出动车辆656辆次，出动人员4355人次。

【全面提升党建工作】 2022年，大队党委将班子团结作为谋事创业的根本前提，积极贯彻落实习近平总书记"十六字"要求和党委议事规则。严格按照"喜迎二十大，全力保安全"、深化"牢记领袖训词，永做忠诚卫士"全年主题教育、二十大专题学习等活动要求开展政治学习，落实"四定"措施，创新创优教育形式，全年累计开展红色基地参观见学共4次（牛行车站、建军雕塑广场、廉政档案馆、小平小道陈列馆），观看优质教育影片10余部，开展政治教育授课50余次，"面对面、一对一"谈心谈话320余次。大队获评五四红旗团支部，1人获评支队优秀党务工作者，1人获评支队优秀共产党员，3人获评二十大"安保之星"。

【消防安全基础工作】 2022年，依托"双随机、一公开"平台，结合专项检查任务，共检查单位322家，发现火灾隐患200处，督促整改隐患201处（含复查），下发责令改正通知书140份、行政处罚决定书40份、临时查封决定书3份，责令"三停"单位4家，罚款31.05万元，举报投诉检查44次。对于检查过程中发现的违法违章情况，大队建立线索移交机制，及时发函给相关部门予以查处。

【推进消防安全专项整治】 2022年，持续推进消防安全专项整治三年行动，以消防安全专项整治三年行动为主线，及时推动区政府动员部署，针对辖区火灾防控重点、难点问题，联合相关部门开展各项排查工作。开展自建房专项整治工作。大队为辖区街道、社区排查人员开展培训工作，深入自建房集中的源溜小区开展指导帮扶工作，对242家生产经营租住居民自建房进行摸底排查，开展合用场所专项整治工作。大队将合用场所专项整治作为预防亡人火灾事故发生的重要举措，充分发动辖区街道、社区等基层网格力量参与排查整治，共排查51家，针对排查发现的火灾隐患，督促单位进行整改。2022年是三年专项行动的最后一年，按照任务清单，持续发力，重点开展消防车通道专项整治、电动车"飞线"治理、易燃易爆场所、高层建筑、大型综合体、住宅小区消防安全治理等专项工作。大队组织召开住宅小区物业负责人集中约谈会共计3次，签订物业消防安全承诺书20余份。开展高校园区消防安全专项整治。大队根据辖区实际，自选高校作为专项整治对象，对辖区高校开展开学前消防安全指导，积极督促高校解决历史遗留问题，推动校园独立烟感探测器安装及宿舍防盗网窗的整治工作。

【保障省行政中心消防安全】 2022年，为确保省行政中心良好的消防环境，大队派专人负责对接中心消防安全工作，定期对省行政中心及其下属会议中心、餐饮中心的消防安全隐患进行全面排查，督促物业公司及维保单位对消防设施进行不间断排查，并且加强对重要工种人员"一警六员"［一线社区民警、多种形式消防队伍队员、村（居）委会工作人员、综治网格员、保安员、物业服务企业职员、消防安全重点单位工作职员］的消防培训活动。同时，加大重大活动期间安保力度，对消防重点部位开展不定时巡查，切实保障会议的顺利召开，全年大队共完成40余次会前安检任务。此外，协同江西省机关事务管理局共同承办以"抓消防安全，保高质量发展"为主题的"119"消防宣传月活动。

【优化营商环境】 2022年，认真贯彻落实省、市各级关于优化消防安全营商环境重要决策部署，深入推进"放管服"改革，以"最多跑一次"改革助力营商环境提升，简化流程、缩短时限，严格落实"首问负责制、服务承诺制、一次性告知"便民服务措施，向社会公布公众聚集场所开业前消防安全检查资料目录清单和标准规范化办事指南，实现事项清单化、清单标准化、告知透明化。

【开展消防宣传教育】 2022年，以"入户宣传"和"一警六员"实操实训、消防应急疏散大演练工作为重点，全年培训考核合格人员1566人，完成全年任务150%；组织开展应急疏散演练暨"一警六员"实操实训活动，全年开展"应急疏散大演练"72场。开展"消防安全进百万家"活动15次、消防志愿者活动12次，持续推动在重点单位和人员密集场所张贴消防安全海报7000余份，设点宣传30次，上门授课25次，消防宣传车出动65次。为做好"119"宣传月消防宣传活动，开展"百城消防绘"活动，通过与多个单位沟通协调，完成设计制作消防主题大巴车一辆、消防主题影院一所、消防主题漫画围墙一百米。在南昌航空大学举办消防游园会暨夜市直播活动，"线上+线下"宣传超万人。

（喻　瑶）

教育·体育

综　述

2022年，在区委、区政府的坚强领导下，红谷滩区教体局以“彰显首府首区担当、保持领先领跑姿态”的担当使命，紧紧围绕“教育队伍、教育教学质量、学生获得感”这一主线，以立德树人为根本、以提高质量为核心、以促进公平为重点、以改革创新为动力、以教育信息化为引领，统筹做好教体系统疫情防控和教育教学工作，教育体育各项改革发展事业取得长足发展，“学在红谷滩品牌”持续擦亮。全区有区属中小学校35所，其中公办学校33所（九年一贯制学校9所、初级中学7所、小学17所）、民办学校2所（九年一贯制学校）；有公办中小学教师3387人，在校中小学生5.7万余人。有幼儿园93所，其中公办幼儿园53所（含17所公办分园）、民办幼儿园40所，总在园幼儿数2万余人，教师数1828人。

教育管理

【概况】　2022年，全区教体系统广大干部职工充分发扬“团结、高洁、灵杰”红谷滩教体局精神，锐意进取、顽强拼搏、争先创优，全区教育体育发展成绩斐然，捷报频传，各项工作被中央媒体报道62次、省级媒体报道238次，区教体局获市级以上奖项27个，各类师生获省级以上奖励1300余人次，教育体育事业取得高质量跨越式发展。

【坚持党对教育工作的全面领导】2022年，把加强党的全面领导作为教体系统基层党建工作的根本任务来抓，确保教育发展的社会方向。会同区委组织部出台《红谷滩区中小学党组织领导的校长负责制实施方案》，稳妥有序地推进中小学校领导体制调整。开展党组织书记培训。组织区属学校党组织书记参加第六期全国中小学校党组织书记网络培训，深化对党的创新理论认识，提升政治素养。坚持用习近平新时代中国特色社会主义思想凝心铸魂，用党的创新理论武装头脑。组织开展常态化政治理论学习。指导督促各级党组织严格执行“三会一课”制度，开展主题党日活动，严格落实“第一议题”制度，常态化开展习近平新时代中国特色社会主义思想学习教育。组织开展党的二十大精神学习。发放学习用书2900余本，组织开展学习、培训活动1000余次，参与人员达800余人次，撰写心得体会1000余篇，在职教师和退休党员参与率达到100%。邀请专家学者和区委宣讲团专题辅导授课4次，开设书记党课132节，引导党员干部学深悟透习近平新时代中国特色社会主义思想。推进基层党组织全覆盖。顺利完成8个学校党支部换届选举工作，规范党组织设置。成立14个教育行业联合党支部，覆盖70所公办和民办幼儿园。成立7个体育社会团体、俱乐部联合党支部，压实社会党建工作责任，引领体育社会团体、俱乐部的健康发展。贯彻双培养机制，把业务骨干培养成党员，把党员培养成业务骨干。通过党群推荐和群团推优的方式，对66名入党积极分子进行备案，发展党员10名，对37名预备党员按期转正。选拔学校党务工作者参加南昌市教育系统第三届党务技能大赛，获全市三等奖。新冠疫情期间，全区教体系统党员干部带领学校教职工志愿者约2.2万人次投身抗疫一线，使党组织的战斗堡垒作用得到充分发挥。开展清廉勤廉学校（幼儿园）创建工作。印发实施方案，构建创建工作管理体系和责任体系，成立工作领导小组，构建创建工作的管理体系和责任体系，营造风清气正政治生态。加强项目监督。把监督做在日常、严在经常，聚焦“关键少数”，以“两约谈两承诺一备案”为抓手，紧盯各室（组）经“三重一大”事项研究确定的工程项目招投标和政府采购等重点领域，实行精准监督、跟进监督、全程监督。全年共对19个项目进行备案，现场参与招投标监督19次。持续开展群众身边的腐败、“吃公函”、违规经商办企业等专项整治工作，跟进教师经商办企业整改工作，及时发现苗头性、倾向性违纪违法问题，坚持抓早抓小。全年治理群众身边的腐败2次、“吃公函”1次，督促8名经商办企业教师整改到位。严肃整治“四风”问题，共查出违纪违法问题5人次，履职不力问题3人次。其中，给予降低薪级处理1人次、记过处理2人次、警告处理2人次、通报批评2人次、提醒谈话3人次。

【加大教育体育投入力度】 2022年，始终把教育事业摆在公共财政的突出位置并予以优先保障，在年初安排公共财政支出预算时，积极采取措施调整支出结构，努力增加教育经费预算，保证教育投入大幅增长，规模总量逐年增高，连年实现法定增长。加大投入保障支出。全年一般公共财政教育支出7.94亿元，比上年增长19.91%。预算内教育财政拨款增长高于财政经常性收入增长，预算内各学校(园)生均教育事业费逐年增长。全区中小学及幼儿园在校学生生均预算内教育事业费幼儿园6936元；普通小学1.51万元，增长0.01%；普通初中18460元，增长0.01%。生均公用经费足额保障。各学校、幼儿园日常生均公用经费及办学补助均及时足额拨付，在国家规定的学校生均公用经费基准定额基础上，中小学按每生每年550元，给予办学补助。实现幼儿园、小学按每生每年1200元，初中按每生每年1400元安排生均公用经费及办学补助。同时，落实不足100人规模较小学校按100人核定公用经费政策。根据随班就读学生实际情况，按照每生每年6000元经费补助。全年累计拨付生均公用经费及办学补助共计6446万元。保障教师工资收入待遇。落实义务教育教师的平均工资水平应当不低于当地公务员的平均工资水平。实行绩效工资制，城乡一律按照国家规定标准，切实做到按时足额统一发放。规范教师边远津贴，帮助偏远学校教师解决中餐及交通问题。保障教师养老保险、医疗保险、职(企)业年金等社会保障和就业、卫生健康及住房保障支出。保障足额教师培训经费。教师培训费列入财政预算，财政足额并及时拨付到位。中小学校、幼儿园均按年度公用经费预算总额的5%(省定标准)足额用于教师培训。

【优化学校网点布局】 2022年，根据南昌市中小学“十四五”基本建设项目规划要求，到2025年需完成红谷滩区凤凰俊彩小学、西客站学校、红谷南大道学校、石钟山路学校、阁皂山大道学校、特殊学校等项目建设，加快推进已规划学校建设步伐，确保在规定期限内交付使用。由于区位优势明显，红谷滩区人口快速导入，每年义务教育学校学生以10%左右的速度递增，全年增加学生6574名，学校项目建设速度滞后于人口增长速度。为此，根据城市规划和学校建设标准(小学和初中2000人，九年一贯制学校2500人)，预留刚性教育用地，及时调整学校网点布局，满足学生就近入学的需求。

【改善学校办学条件】 2022年，继续坚持教育优先发展战略，加大投资力度，优化教育资源，努力提升学校办学条件。投入区级财政预算资金3500万元，继续推进区属学校(幼儿园)提升改造项目28个，惠及学校25所、幼儿园6所。促进教育优质均衡发展，提升群众对教育的获得感和幸福感。全区“宽带网络校校通”完成率达100%，“优质资源班班通”覆盖率达100%，“教育城域网2.0”建设收官，80所中小学校(含教学点)、幼儿园全部完成教育城域网建设，并与省、市级教育城域网实现万兆互联。推进“智慧作业”应用，切实解决义务教育阶段学生学业负担重、课后辅导难等突出问题，覆盖全区6万余名中小学师生；聚焦课堂教学核心场景，以“教学通”应用为主体开展信息化教学，助力全区3000余名教师备授课；以智慧阅读为核心打造书香校园，借助智慧阅读平台，推进学校特色阅读课程体系建设，逐步构建学校全科大阅读课体系。

【加强平安校园建设】 2022年，打好维护校园安全稳定的“主动仗”，在提升工作实效上下功夫，有效防范溺水、校园及周边安全事故的发生，共筑校园安全坚固防线。编制《红谷滩区校园管理指导手册》。手册共有校园安全“三防”(人防、物防和技防)建设、校内安全管理、消防、交通等10项一级指标，69项二级指标，298项三级指标，要求各学校每周对校园内、每月对校园周边开展常态化安全隐患排查整治工作，每月25日将隐患排查整治工作情况报区教体局，为学校对校园安全管理工作提出全面细致的指导意见。全面扎实开展预防学生溺水工作。成立由区主要领导任组长的预防学生溺水专项行动领导小组，建立区领导每周专门调度、区教体局每日调度和防溺水每日问询工作机制，加强对重点群体、重点区域、重点时期的巡查巡防，开展多角度、全方位、全覆盖的防溺水安全教育宣传工作，鼓励引导社会力量共同参与，强化应急救护培训演练，普及应急救护知识，不断提升防溺水群防群治的工作成效，实现学生溺水事故零发生。制定完善教育系统各类突发事件应急预案。结合实际，制定自然灾害、事故灾难、公共卫生事件、社会安全事件等6个突发事件应急预案，加强教育系统应急管理工作，不断完善应急预案体系建设，积极开展各类应急演练，全面提升教育系统预防和处置突发事件的能力和水平。健全完善校园心理健康教育服务体系。针对近年来学生的心理问题日益突出现象,成立红谷滩区心理辅导中心,推进专兼职心理教师队伍建设,加大学生心理健康教育力度。科学开展学生心理健康教育辅导和心理健康问题排查跟踪工作,通过形式多样的户外活动和心理拓展教育活动,培育学生积极乐观、健康向上的心理品质。加强法治宣传教育工作。持续推动广大师生深入学习贯彻习近平法治思想,建立学校法律顾问制度,在3所学校建设青少年法治教育基地,联合法治副校长开展"法护鸿鹄 守望未来"等各类普法讲座活动,面向全体学生加强家庭教育促进法、未成年人保护法的宣传教育,不断提升学校法治教育水平,推进依法治区工作走深走实。

【整治校园安全卫生工作】 2022年,抓实抓细校园食品安全工作,制定《关于做好2022年春季开学学校(幼儿园)食品安全工作的通知》《关于进一步加强学校(幼儿园)食品卫生安全管理工作的通知》等文件,每月不定期深入学校、幼儿园实地督查食堂及集体配餐单位至少8家,共督查40次,下发问题整改通知书35份。完成育新学校九龙湖新城分校、实验学校、师大附中滨江分校、九龙二小、华南路小学等食堂托管,及云溪学校、凤凰学校、红岭学校、博雅学校、生米中心小学配送餐,并依法依规与中标单位签订协议合约,落实学校管理主体责任。完善食堂管理制度,签订《红谷滩区教育系统食品安全工作责任书》,夯实食堂(配送餐单位)安全管理责任,层层分解及落实好各环节安全监管责任,建立健全校长陪餐、信息公开、食品追溯、从业人员培训等制度。大力实施"明厨亮灶"工程,打造透明、公开、放心的校园食堂,做到覆盖率达100%。持续开展校园食品安全工作宣传教育,增强广大师生自我安全意识和保护意识。持续开展春秋两季校园卫生专项监督检查、生命教育进校园、学生健康体检、灭鼠灭蚊等工作,确保师生生命安全和身体健康。开展应急救护进校园志愿服务,讲解传授应急救护知识,覆盖92所幼儿园、200名教师,有效提升校园应急救护能力。

【履行督政、督学和评估监测教育督导工作职责】 2022年,全面贯彻落实市委、市政府《关于印发深化新时代教育督导体制机制改革的实施意见》文件精神,认真履行督政、督学和评估监测教育督导工作职责。加强顶层设计,出台《红谷滩区人民政府教育督导委员会工作规则》,进一步规范教育督导职能,明晰相关单位职责,建立沟通联络机制,发挥成员单位作用,形成统一协调、分工负责、齐抓共管的工作格局。强化督学管理,出台《〈红谷滩区责任督学和督导人员开展督导工作有关经费管理办法(试行)〉的通知》,进一步规范督导经费的管理与使用。将全区中小学校和幼儿园划分成19个挂牌督导责任区,聘请19名责任督学,每月一主题,开展春秋季开学综合督查、"双减""五项管理"、校(园)卫生及安全、防溺水等督导,帮助校(园)规范办学行为,推进"两项评估"创建。开展质量监测,组织开展2022年春季国家义务教育质量监测和2022年秋季江西省基础教育质量监测,制定实施方案,开展培训6次,选派督学到样本学校督查40余次,确保被抽样学校监测工作顺畅完成。落实绩效评估,根据区委综合考核办印发《2022年红谷滩区公办学校综合考核实施方案》的通知,组织开展区公办中小学校和幼儿园2022年度综合考核,全面推行中小学校(园)办学绩效考评,从区财政预算内资金中下拨200万元专项奖补资金,用于奖励学校(幼儿园)办学成效突出的集体或个人,进一步激发主观活力,开创良性竞争的新局面。突出重点工作,围绕全年中心工作,迎接做好2022年省对市县综合考核"教育发展"考评和2022年市对县区人民政府履行教育职责督导评价工作。

【完善教育考试工作】 2022年为红谷滩区组织普通高等学校招生考试第一年,高考时间为6月7—9日3天,在红谷滩区参加普通高校招生考试人数为4088人(红谷滩区3524、新建区564),比2021年增加1276人,增长45.4%。共设6个考点(4个常规考点、2个备用考点),成功实现"平安高考""应考尽考,不落一人"的工作目标。同年首次组织中考工作,考试时间为6月17—19日。全年红谷滩区中考考生数为4682人,全区共设6个考点(5个常规考点、1个备用考点)。南大附中红谷滩分校、南昌市第二十六中学、南昌二中雅苑路校区(初中部)、红谷滩区碟子湖学校、南昌外国语九龙湖校区高中部是常规考点;南昌育新学校九龙湖新城分校是备用考点。参照高考工作标准,在公安、城管等多方共同努力下,实现中考的平安、稳定。学业水平考试方面,全年累计组织17242名高一、高二、高三学生参加普通高中学业水平考试,累计设置考点14个;组织4892名初中学生参加生物、地理机考。成人高考方面,完成2848名学生成人高等学校招生考试报名、线上、线下资格审核工作。艺考工作方面,江西省艺考在江西科技师范大学和豫章师范学院进行,全省约2.5万名考生参加考试。

(李小明　孙小军　金　强　况家涛　吴兴耀　黄作民　叶　勇　熊　尊)

学前教育

【概况】 2022年,强力推进幼儿园扩容增效工程，多措并举完成无证幼儿园治理，以民生实事项目为抓手，以普惠性发展为引领、以创建标准化幼儿园认定为目标，积极推动学前教育高质量发展，努力破解“入园难”“入园贵”难题。至年底，全区共有省级示范园8所、市级示范园12所；学前教育毛入园率达96.19%，公办园占比61.62%，普惠性幼儿园覆盖率达98.84%。

【推进学前教育民生实事项目】 2022年，全力推进5个学前教育民生实事项目(3所新建小区配套幼儿园、2所改扩建幼儿园)，5所幼儿园总投资1920余万元，总占地面积2.34万平方米，建筑面积1.56万平方米，新增学位1650个。至年底，已完成室内外装修工作，确保2023年9月前开园。春季学期接受学前教育阶段家庭经济困难资助幼儿共284人，资助金额为25.74万元；秋季学前共资助198人，资助金额约18万元。

【幼儿园招生工作科学、有序、公平开展】 从2022年秋季开始，首次启动区属公办幼儿园与民办幼儿园同步招生、网上报名，幼儿园招生工作科学、有序、公平开展。公平公开招生，结合红谷滩区学前教育资源布局，各园因地制宜制定招生方案，家长根据各园招生办法自主报名。严格招生流程，要求各园提前3天公示招生方案，严格执行招生计划，不得举办学前班、幼小衔接班。规范收费行为，落实“阳光收费”政策，实行收费公示制度，不得擅自增加收费项目、提高收费标准。全年完成40所民办幼儿园收费及告家长书备案、6所民办幼儿园办学许可证延续、5所幼儿园更换名称等工作。

【普惠水平持续提升】 2022年，组织召开全区推进县域学前教育普及普惠动员会，成立县域学前教育普及普惠工作领导小组，组建专门工作机构，明确各单位工作任务与责任，对相关人员进行业务培训，逐项对标对表落实《江西省县域学前教育普及普惠督导评估指标》标准。普及普惠工作专班小组进行全面专项督导，每月对各级各类幼儿园普及普惠各项数据进行审核、统计，对本区各类幼儿园存在的问题提出整改意见，所有未达标园所按照整改实施方案逐步落实。确保通过省级、国家督导评估验收。至年底，全区76所幼儿园通过整改，普及普惠各项重点指标均在稳步提升，其中乡镇公办中心幼儿园覆盖率为100%，普惠性民办幼儿园覆盖率为100%，幼儿园去除“小学化”情况为100%。党建工作达标率由5.56%提升至100%，县域内幼儿园为教职工缴纳“五险一金”情况由54.81%提升至65%，幼儿园“三个面积”(占地面积、室外活动场地面积、绿化用地面积)达标率由45.83%提升至69.73%；县域内幼儿园班额达标率由43.06%提升至92.11%。因受疫情影响，为保证各转办园及民办园正常运转，已提前拨付全区民办幼儿园全年生均均费及民转公办幼儿园差价补贴款共计1046.23万元。

2022年，九龙湖新开办幼儿园——红谷滩区百树卢塞恩幼儿园

(区教体局　供图)

【稳妥推进标准化幼儿园认定工作】 2022年，根据《江西省标准化幼儿园认定管理办法(试行)》及相关认定标准，分年度推进工作计划，认真组织实施，完成红谷滩区标准化幼儿园认定工作。因地制宜，科学研判，印发《红谷滩区标准化幼儿园认定工作实施方案(试行)》。对参评的15所幼儿园按2022年标准化幼儿园评估标准进行自查自评，形成自评整改报告及方案，按照标准要求对标对表完成标准化幼儿园认定工作。联合督导室并邀请安排评估专家分组对参评幼儿园进行实地评估认定。至10月底，完成红谷滩区12所幼儿园认定工作，达标率为15.89%，超过省定标准15%的目标。

【扎实推进无证园治理工作】 2022

年，制定《红谷滩区无证幼儿专项治理工作方案》，成立专项治理领导小组，召开各成员单位联席会，部署无证幼儿园治理工作。组织相关单位联合开展实地核查，对无证幼儿园进行准入、整改、关停和过渡的治理分类；分片区由各街道组织相关单位约谈无证幼儿园，发放整改、关停等相关通知书。至年底，已准入并发放办学许可证幼儿园1所；发放限期整改通知书幼儿园7所，限于2023年5月底完成整改；发放限期关停通知书幼儿园3所，限于2023年6月底关停；承诺转型幼儿园2所，承诺2023年6月底转型；9所幼儿园待辖区内3所新建幼儿园9月开园后关停；其余幼儿园将根据实际情况进行过渡。

（熊玉娟）

义务教育

【概况】 2022年，以义务教育优质均衡发展为主线，持续落实立德树人根本任务，全力做好义务教育招生、德育、控辍保学、教材管理、特殊教育、文明创建等工作，促进教育强区建设走深走实。

【抓严抓实义务教育学校招生入学工作】 2022年，根据《南昌市教育局关于做好2022年义务教育免试就近入学工作的实施意见》有关要求，通过严格规范学籍管理、控制招生与转学、均衡分班等举措，抓严抓实义务教育学校招生入学工作。做好秋季招生入学工作。按照公平公开、公正透明的原则，完善招生制度，出台《红谷滩区教育体育局关于做好2022年义务教育免试就近入学工作的实施方案》，全面运用信息化手段开展招生工作，严格规范办学行为，按照规定的生均校舍面积、师生比、班额、校额等，合理确定每所义务教育阶段学校的具体招生计划，确保小学起始年级班额不超过45人，初中班额不超过50人。做好寒假集中转学工作。始终坚持严格审核学生转学报名材料，坚决遏制借转学变相择校的行为。严格落实转学工作“三个一律”要求，即学校一律不得有超大班额、起始年级一律控制为标准班额、其他年级存在大班额的班级一律不得转入学生。严格控制城区学校大校额现象，对已存在的大校额学校学生“只减不增”。做好特殊人群子女工作。按照“民有所盼，政有所为”的要求，红谷滩区在学位容量日趋紧张情况下，仍按照上级有关文件要求，全年指导和帮助少数民族流动人口随迁子女入学共67人，现役军人子女入学195人，高层次人才子女入学8人。

【推进校内课后服务管理工作】 2022年，强化政策保障，规范有序开展校内课后服务工作。按照省、市教育主管部门相关文件精神，红谷滩区制定《关于进一步做好红谷滩区义务教育校内课后服务工作实施细则》，从课后服务对象、服务内容、经费管理、工作要求等方面进行规范。为提高全区义务教育学校课后服务质量，要求全区各学校将教师参与课后服务的表现纳入绩效考核内容，对课后服务表现突出的教师予以奖励，提升教师参与并做好课后服务的积极性。加强督导检查，通过随机调查、网上问卷、座谈会等方式开展学生、家长满意度调查，把各学校开展课后服务情况纳入学校办学绩效考核体系，作为评优评先的重要依据，推动红谷滩区“双减”工作落到实处。丰富服务内容，提升服务质量。根据《南昌市教育局关于进一步提升义务教育阶段学校课后服务质量的实施意见》等文件精神，红谷滩区坚持“以校为本，公益普惠，自愿自主”原则，扎实推进课后服务工作。秋季，红谷滩区35所义务教育学校，共有约5.5万名学生，参与课后服务的学生有4.8万余人，参与率达87%；全区有29所学校为满足学生多样化学习需求，在周二、周四（周五）下午和双休日时间段开设足球、篮球、乒乓球、器乐、美术、口才、舞蹈、体育、科技等70余种丰富多彩的课后兴趣活动和社团课程，在德、智、体、美、劳等方面为学生提供良好的成长平台，全面促进学生能力的发展；实现了城区学校、工作日、学生愿留尽留“三个全覆盖”，有效破解了“放学早、接送难”矛盾。充实特色课程，丰富服务内容。全面贯彻落实《南昌市义务教育学校校内课后服务质量管理标准二十条（试行）》和《关于运用“信息化管理平台”开展全市义务教育学校校内课后服务工作的通知》等文件精神，进一步丰富校内课后服务内容，提升校内课后服务质量，红谷滩区先后面向社会公开征集组建红谷滩区第一批、第二批义务教育学校校内课后服务特色类课程库和师资库，通过线上、线下审核，共有126门课程、504名教师纳入红谷滩区义务教育学校校内课后服务特色类课程库和师资库，并入驻红谷滩区义务教育学校校内课后服务信息化管理平台。规范使用校内服务信息化管理平台。对学生家长满意率低或没有实际参与学校课后服务的个性化项目或入围的课程和师资资源，按要求退出课程库或师资库；对服务过程中出现服务水平低、教学质量差的特色类课程，及时取消入校资格，加强对课后服务规范性、服务质量等方面的监督，有效提升了课后服务教学质量。红谷滩区各校严格按照《关于做好红谷滩区义务教育阶段学生校内课后服务工作实施方案》，结合实际制定本校实施方案并严格落实，健全各项工作制度，细化工作流程，打造科学规范、高效有序的课后服务运营机制。采取随机抽查、阶段性考核、展示汇报等方式，到南大附小红谷滩分校、南大附小前湖分校、南航附小红谷滩分校等十几所学校调研，各校积极开展丰富有益的实践探索，打造出一批本校的课后服务优秀案例和精品课程，以此实现对学校课后服务总体评价，汇集优质教学资源，全面提升课后服务水平。

【助力思政育人】 2022年，将培育和践行社会主义核心价值观贯穿少先队工作中。冬奥期间，开展“鸿鹄迎冬奥”主题系列活动，“双减”后迎来花样度假；“六一”国际儿童节前夕，组织全区优秀少先队员代表拍摄“鸿鹄少年说”儿童节请听我们说，区级六一特辑专栏视频；建队日来临之际，在南大附小前湖分校举行“喜迎二十大 争做好队员”纪念少先队建队73周年主题队日区级示范活动，规范开展全区少先队仪式教育；年底，顺利举行“学习二十大 争做好少年”红谷滩区第一届红领巾讲解员风采大赛活动，教育引导少先队员们深刻感悟新时代党和国家事业发展的伟大成就，以实际行动学习贯彻党的二十大精神。聚焦队伍建设，管理育人。全区稳妥开展“分批入队”，全年共发展5120名少先队员；全面开展“红领巾奖章”争章活动，从宣传发动到具体实施再到总结评比，评选出1173名少先队员个人二星章和98个集体二星章荣誉，并推报45名少先队员获市级个人三星章、15个集体获市级集体三星章荣誉、18名少先队员获得省级个人四星章荣誉、5个集体获得省级集体四星章荣誉，构建起阶梯式激励评价体系，持续增强少先队员光荣感。创新活动载体，活动育人。“五四”青年节期间，开展线上离队入团仪式；6月，开展法治宣传教育活动；八一建军节期间，联合区退役军人事务局开展“我们的八一”主题教育系列活动；9月，组织8名老干部、老教师等“五老”走进24所学校主题宣讲；10月，育新学校红谷滩分校少先队员参与全国首档少儿音乐思政课《声动童心》，与北京、上海、浙江的少先队员同唱一首歌《灯火里的中国》，共赴建设美好祖国未来之约，并在全国少工委官方公众号进行报道；在全年开展寻访“六个江西”少年儿童社会实践营活动，并在公众号进行寻访成果展示。

【创新思政育人新模式】 2022年，完善一套制度，让思政工作有底气。成立区教育局学校思政课建设工作领导小组，常态化做好区党政主要领导干部进校园上思政课工作，配齐建强思政课专职教师队伍，注重选拔优秀党员教师担任思政课教师，培养“种子”教师。学校党支部书记、校长带头抓思政课建设，学习贯彻党的二十大精神，带头抓思政课教研，定期进思政课堂听课。健全目标考评机制。学校将思政教育分为教研、课程、活动三大板块，明确由政治处牵头抓总，教研处、德育处协同落实，各司其职、压茬推进。同时，把思政课建设情况列入学校党建工作考核、学校综合目标考评和学校党组织书记述职的重要内容。筑牢三大阵地，让思政课堂有底色。切实增强阵地意识，把思政小课堂同社会大课堂、网上新课堂紧密结合起来，严守课堂阵地，拓展校外阵地，开辟网上阵地，推动思政课改革创新，提升思政课育人质量。抓牢课堂阵地。坚持把课堂作为思想政治教育的主阵地，严格执行国家课程设置标准，开齐开足开好思政课，确保义务教育阶段各年级每周不少于2节道德与法治课、1节班会课。不定期组织责任督学，对各学校思政课开课情况进行督导，严禁减少、挤占、挪用课时。拓展校外阵地。充分发掘利用红谷滩区丰富的历史文化资源，用好用活优秀传统文化、红色革命资源，让学生走出校园，走进红色教育实践基地，积极开展“鸿鹄迎冬奥 一起向未来”寒假系列主题活动、“大手拉小手 八一共建军”纪念八一南昌起义95周年活动，积极组织学生追寻红色足迹，开展红色研学。2022年江西省“三项文化”教育活动上传作品4000余件，碟子湖学校被评为“江西省‘三项文化’工作先进学校”，红谷滩区教体局被评为“江西省‘三项文化’工作先进单位”，极大地展现了红谷滩区师生爱党爱国爱家乡的美好情感。开辟网上阵地。坚持网上网下相结合，各校以江西省爱国主义教育基地数字展馆为依托，组织学生线上“云”端走读赣鄱大地上的“红色”印迹，领悟一代代共产党人的初心与使命。学生通过“知识问答”“互动留言”来学习红色文化，体验3D数字展馆，感受江西各大红色革命博物馆的文化底蕴。全区35所中小学校6万余名学生同步参与，开辟网上思政课新阵地，着力提高立德树人的实效。打造3支队伍，让思政教育有底蕴。打造思政课名师队伍。为全方位提升思政课教师的政治素养、业务技能，成立红谷滩区中小学思政一体化研训团队，统筹全区中小学思政课一体化建设，特聘师大附中老师熊才意为首席组长，借助其“省级思政名师工作室”，加强与辖区内大学的交流，大中小思政课同向同行，把好经验好做法向学校延伸，努力实现中小学思政课教学融通、队伍打通、资源互通。区思政名师获得省级优质课比赛一等奖、二等奖共计10人次。加强思政教师培训。组织区内小学、初中骨干教师开展统编教材《道德与法治》集中培训，各学校利用教研活动进行科任教师全员培训。积极开展思政论文评比、微课评比等活动，促进教师专业发展。加强班主任培训。组织区内1000余名教师参加线上培训，分批次参加“国培计划”——江西省中小学班主任培训，各学校每学期开展一次班主任全员培训。通过培训，班主任思政育人素养得到极大提升，让思政教育浸润更多孩子的心灵。华南路小学、红谷三小、师大附中滨江校区、新龙学校、碟子湖教育集团等学校共16人次在江西省班主任育人风采比赛中获奖。

【强化意识形态工作主动权】 2022年，提高站位，牢牢把握意识形态工作主动权。党政高位引领。区领导走进学校，为广大师生讲授思政课，积极引导树立主流、积极、健康、向上的精神风貌，进一步筑牢思想根基和坚定的理想信念。加强组织领导。教体系统是党的意识形态工作的重要领域，是培育和践行社会主义核心价值观的主要阵地。区委教体工委始终把意识形态工作作为重大政治任务来抓，成立工委书记、局长任组长的工作领导小组，组建领导小组办公室，为统筹推进全区教体系统意识形态工作落实落细提供坚强的组织保障。强化顶层设计。把意识形态工作“纳入党建工作责任制中，纳入领导班子、领导干部目标管理中，纳入精神文明建设内容”，与中心工作紧密结合，一同部署、一同落实、一同检查、一同考核，切实强化全区教体系统意识形态工作制度保障。多措并举，坚决守好守牢校园主阵地。抓实学校主战场。区属各中小学校（幼儿园）专门成立意识形态工作领导小组，以校（园）长为组长、副校（园）长为副组长、各部门负责人为小组成员，负责组织指导全校（园）意识形态工作，坚决守住校园“第一道防线”。落细课堂主渠道。通过红色文化、道德与法治课程等学科教学，持续加强社会主义核心价值观教育，使课堂成为落实意识形态工作的重要阵地。深入做好学生心理咨询教育，学校领导、班主任、任课教师定期深入学生中，开展谈心谈话活动，及时了解学生思想状况，解疑释惑，疏导情绪，做好学生日常管理和服务工作，防止宗教组织以生活问题为突破口在校园进行传教渗透。强化校园主阵地。通过LED电子屏、主题班会、国旗下讲话、主题团队日、安全知识答题、国家宪法宣传日等形式或节点，进一步加强宣传意识形态工作，引导广大师生树立正确的世界观、人生观、价值观。创新守正，意识形态工作成效明显。专题教育有特色。创新开展“同上一堂思政课”、红色文化教育、爱党爱国主题教育课、法制教育等主题教育，引导学生从小树立崇高理想信念，争做时代新人，提升未成年人思想道德建设水平。主题活动有亮点。立足师生实际、把握师生特点、贴近校园需求，着力讲好党的故事、革命的故事、英雄的故事，广大干部师生“四个意识”更加牢固，“四个自信”更加坚定，“两个维护”更加坚决。专项整治有成效。认真开展意识形态工作的摸底排查工作，至年底，全区126所中小学校（幼儿园）未发现校园传教和学生信教等意识形态方面的情况。

【推动义务教育优质均衡发展】 2022年，借脑借智，推动合作办学高质量发展。扩大优质教育资源的影响力和辐射力，有效改善相对薄弱学校的教育教学工作。为促进合作办学规范化、制度化、精细化管理，制定《红谷滩区义务教育阶段合作办学若干规定》，提升推动义务教育优质均衡发展。精准排查，落实教育资助政策。积极宣传资助政策，下发《致家长的一封信》；组织学校摸排家庭经济困难学生，并结合全国学生资助管理信息系统比对，精准资助辖区内特殊困难学生；组织学校完成家庭经济困难学生认定和生活补助申请工作；指导各校在全国学生资助管理信息系统录入贫困学生信息数据。多措并举，保障特教学生就学。结合残联比对名单及全国适龄残疾儿童少年义务教育入学情况监测系统，及时摸底辖区内残疾儿童，按照学区划分，组织学校核实残疾儿童少年入学情况，建立适龄残疾儿童少年入学情况台账。除不具备学习条件的学生外，根据实际情况，妥善安置特教学生。主动作为，严防新增辍学学生。以学校的日常工作为中心，春秋季开学前后，组织学校通过电话、互联网、实地走访等多种途径加强与学生及家长的联系，建立“贫困家庭义务教育阶段适龄子女信息台账”“不具备学习条件的儿童、少年信息台账”“辍学学生劝返复学工作台账”。

（时荣萍）

民办教育

【概况】 民办教育是教育事业的重要组成部分，是促进教育改革的重要力量，更是公办教育的有益补充。至2022年底，全区有民办义务学校2所，在校学生3816人；合法培训机构138家，体量大、人数多，按照规范、有序的原则促进民办教育健康发展。

【有序开展民办学校年检工作】 2022年，按照《南昌市教育局关于印发〈南昌市民办教育机构年检实施办法（试行）〉的通知》文件要求，红谷滩区严格组织，精心安排，按照《南昌市民办教育机构年检实施办法（试行）》，对南昌凤凰城上海外国语学校、南昌京师实验学校进行2022年度年检工作。各民办学校按照年检须提供的材料要求，年检材料装订成册报送教育行政部门审查。同时，对照年度办学水平评估指标体系进行自查，分类准备佐证材料。区教体局成立评估组，在审查年检材料的基础上，通过到校查阅佐证材料、召开座谈会和现场查看等形式进行实地评估。根据评估组出具的报告和相关业务处室的评分，结合日常工作中掌握的情况，研究评议确定年检结果。此次年检依法依规对所管民办学校进行一次综合检查，进一步规范民办学校的办学行为，也对民办学校的年度办学水平进行了一次彻底评价、最大限度地预防民办学校办学风险的产生。通过年检，两所民办学校年检结果均为“合格”，并在红谷滩区教育体育局微信公众号向社会进行公告。

【规范民办学校管理】 2022年，配合市教育局社管科做好民办学校摸底工作，根据市教育局社管科工作部署，配合进行县区民办学校基础数据采集工作，对学校规模、在校生数量、2022年招生计划数、收费标准进行全面核查。按照市教育局社管科工作部署，开展区属民办学校入驻义务教育民办学校“洪城民教”资金监管平台工作，对民办学校的法人证件、账户开户凭证、学费资金托管专户开户凭证、办学许可证等开户证件进行严格审核。两所区属民办义务教育学校已完成义务教育民办学校“洪城民教”资金监管平台的入驻。开展民办学校问题专项治理工作，按照省教育厅、省发展和改革委、省财政厅、省市场监管局《关于印发〈全省民办学校问题专项整治实施方案〉的通知》和《南昌市民办中小学（幼儿园）问题专项整治方案》要求，扎实开展全区民办学校问题专项整治，召开红谷滩区民办学校（幼儿园）专项治理工作部署会，通过公众号面向社会发布《南昌市教育局关于全省民办学校问题政策法规告知书》，制定《红谷滩区民办学校（幼儿园）专项治理工作方案》和多部门督查分工方案，各民办学校对标对本积极开展专项治理自查活动。组织相关组室开展民办学校专项治理督查，严肃查纠民办中小学党建虚化、违规收费、违规提前或超额招生、违规办学、财务管理和资金监管不到位等突出问题，全面规范民办中小学发展，营造健康良好的教育生态。

【强化校外培训机构整治】 2022年，强化机制建设，形成工作合力。红谷滩区成立由区委领导任组长，区教体局、区公安分局、区城管局、区市场局、区消防救援大队等相关部门及各属地领导为成员的“双减”工作领导小组，明确成员单位职责分工。同时，建立“双减”联席会议制度，定期召开校外培训机构专项治理联席会议，研究部署专项整治重点工作任务和要求，形成横向联动、高效互动的工作合力。强化队伍建设，构建监管体系。区“双减”办组建局级部门、学校、属地三级网格化监管体系，实施局级网格员+学校志愿者+社区督查员三级巡查。区委编委明确在区教育体育局增设校外教育培训机构监管股，配备一定数量的执法人员，组建由区教体局、区公安分局、区市场监管局、区消防救援大队等单位为成员的执法队伍，多次联合对区内校外培训机构进行专项治理。会同公安、市场、消防等相关部门联合多次执法，极大地打击了校外违规办学行为。强化机构管理，提升自身治理能力。强化管理培训。红谷滩区教体局组织全体校外培训机构负责人近200人开展专题培训，对江西省出台的《江西省校外培训机构管理办法》《江西省校外培训机构监管办法》等一系列政策文件进行详细解读，有效提升了校外培训机构负责人自身要求和管理水平。强化业务指导。为推进校外培训机构全部纳入国家校外培训监管平台，在对纳入平台应用进行培训的同时，安排专人对校外培训机构进行技术指导，主动上门帮助校外培训机构解决办学中出现的各种问题和困难。强化广泛宣传，促进协同治理。红谷滩区教体局采取多形式进行全覆盖宣传，转变家长育人理念，理性看待校外培训，正确选择校外培训，真正从源头上消除违规培训乱象。开展志愿者宣传活动。春季开学，全区各中小学校发放《关于校外培训至家长一封信》近6万份。同时，积极开展学校志愿者进培训机构、社区广场宣传活动。组织学校“双减”志愿者向广大市民进行“双减”政策宣传，发放“双减”政策宣传册5000余份、“双减”政策宣传手提袋等宣传品4000余份，取得较好的宣传效果。发动社区常态化宣传。发动各街道办、社区通过公众号、小区业主微信群等常态化宣传“双减”政策，在各社区广场、小区宣传栏、商场等张贴《关于治理违规违法开展校外教育培训行为的公告》3000余份。走进培训机构进行政策宣讲，不断提升机构规范办学意识。

（朱书华）

素质教育

【概况】 2022年，坚持以习近平新时代国特色社会主义思想为指导，深入贯彻落实省市教育体育工作部署，加快推进校园体育、美育、劳动教育等各项工作，进一步加快体教深度融合发展，积极组织开展面向全体学生的体育活动，学生综合素养能力得到进一步提升。

【推进“一校一品”建设进程】 2022年，召开全区中小学校“一校一品”体育特色工作部署会，研究制定“一校一品”实施方案及评价细则，进一步深化特色体教融合发展，科学部署红谷滩区学校体育特色工作。

【开展游泳教育试点工作】 2022年，稳步推进全区中小学生游泳教育试点工作，选取南师附小、南大附小四年级学生共600人参加，委托1家游泳馆参与提供游泳教育服务，开展游泳技能知识培训，有效确保游泳教育深入开展。

【开展“选星计划”选拔】 2022年，组织开展全区优秀竞技人才“选星计划”选拔，吸引全区中小学校、体育协会和俱乐部代表等6—16岁的

2022 年 10 月 22 日，区教体局在南昌市外国语初中部（九龙湖校区）组织开展全区优秀竞技人才“选星计划”选拔工作　　（区教体局　供图）

学生共计 200 余名参加，完成 8 个运动项目内容比拼，推选 26 名优秀运动苗子至市体育局。

【加强学生劳动教育】　2022 年秋季开始，重点督促学校严格落实国家课程方案和课程标准要求，开设劳动教育课每周不少于 1 课时，确保开足开齐劳动课程。做好开展 2022 年全省大中小幼劳动教育宣传展示月活动，全面宣传展示各校劳动教育成果。积极开展劳动教育典型案例和劳动清单、劳动实践教室和校内劳动实践场所征集评选工作，南大附小前湖分校、九龙一幼获评全省大中小幼优秀劳动教育清单一等奖，红谷三小、腾龙学校、南大附小前湖分校 3 所学校入选全市中小学劳动实践教室和校内劳动实践场所名单，劳动教育改革成效不断显现，劳动教育持续走实走深。腾龙学校获评全省劳动教育特色示范学校，省级特色示范学校增加到 2 所。

【巩固近视防控工作成效】　2022 年，积极开展第 5 个近视防控宣传教育月、2022 年全国爱眼日宣传教育等系列活动，加大爱眼护眼科普宣传力度。委托 2 家专业机构走进全区中小学校为学生开展春秋两季中小学学生 4 次视力监测，全面摸排视力监测情况，积极做好国家、省视力监测平台学生数据报送工作，上报率 100%。开展 2022 年全省儿童青少年近视防控知识线上科普活动及全国儿童青少年近视防控试点县（区）申报工作。

【开展美育系列主题活动】　2022 年，组织开展红谷滩区中小学校美育展示活动，有序举办音乐教师、美术教师 2 个专场 7 个项目的美育展示活动，共计 53 位教师参加，评选 8 个全能赛手和 80 个专业技能、自弹自唱、合唱指挥、静物写生、设计制作单项一、二、三等奖，推选 8 名教师参加全市展示比赛。组织参加第三届全市教育系统合唱展示活动，完成全区小学甲乙组、中学甲乙组、教师甲乙组 6 支队伍组队、训练、比赛，荣获 2 个一等奖、3 个二等奖、1 个三等奖。整理全区中小学校电子课表和“晒课”网址，完成春秋两季体育美育劳育“晒课表”，并接受市教育局的明察暗访及社会的监督，保障开足开齐规定课程。

【提升国防科技教育实效】　2022 年，积极推进国防教育进校园活动，持续深化学生国防意识，组织开展“新时代爱国强军谱新篇”、2022“国防万映”公益展映、国防教育宣传月等相关活动，全区中小学校结合实际组织学生前往八一南昌起义纪念馆、新四军旧址、革命烈士纪念馆、南昌舰、小平小道、南昌军事主题公园等红色和国防教育基地，共计 60 余次。下发《红谷滩区教育体育局关于开展全民科学素质行动实施方案》，全面提升全区中小学生科技素养。完成 2021 年度红谷滩区科普统计、全市科学技术协会代表大会代表人员推荐、申报全国科普教育基地等工作。

（黄作民）

队伍建设

【概况】　坚持强师兴教、尊师重教，通过强化制度建设，探索建立关爱制度机制，锻造一支有理想信念、有道德情操、有扎实学识、有仁爱之心的教师队伍，让更多优秀教师培养更多优秀学生。

【加强教师队伍建设】　2022 年，通过“招聘一批、引进一批、选调一批”等方式，共新增教师 248 名（中小学 203 名、幼儿园 45 名）。其中，以最高 40 万元安家费引进教育人才 10 名；开展部属师范生专场招聘，面向教育部 6 所直属师范院校公开选聘公费师范生 6 人；创新招聘方式，采取先面审、再面试、再笔试的方式，公开招聘合同制中小学教师 134 人。制定出台《红谷滩区实施银龄教育管理人才银龄教师教学计划》，以月薪 6000 元和 12000 元面向全国招聘中小学退休教师和教育管理人才，吸引优秀教育人才落户鸿鹄，缓解学校因产假及病休等特殊情况造成教师不足的现状，努力打造教育人才高地。为选拔出爱岗敬业、作风优良、业务精通、管理能力强的高素质学校领导干部，积极推进红谷滩区教育事业高质量内涵式发展，开展校长公开竞聘工作，采取竞聘演讲和答辩的方式，为昌北小学、凤凰俊采小学选拔校长。为促进义务教育学校教师资源合理配置，实现义务教育均衡发展，红谷滩区开展校长、教师交流轮岗工作，共交流轮岗校长6人、教师76人（其中县级以上骨干教师占比21%）。盘活厚田乡、流湖镇原交流在新建城区的教师队伍，通过面试考核，57名教师科学交流到红谷滩区各学校。

【全力保障教师待遇】 2022年，红谷滩区率全省之先为编外聘用教师建立企业年金，参照在编教师缴纳职业年金的缴费基数和比例标准，从2014年10月开始补缴。全区2425名教师自愿加入企业年金计划，财政投入4860余万元用于补缴2014年10月至2021年12月企业年金单位部分经费，并从2022年开始将企业年金经费列入年初预算。有力保障聘用教师待遇，持续提升教师获得感、幸福感和荣誉感。根据江西省教育厅关于印发《江西省中央专项彩票公益金教育助学项目励耕计划管理细则》的通知，认真组织全区各校开展贫困教师资助申报工作，经个人申报、学校公示，区级、市级、省级教育主管部门逐级审核，红谷滩区14名困难教师获得“励耕计划”资助。

【开展学科带头人和骨干教师选拔培养工作】 2022年，开展全省第五批中小学学科带头人和骨干教师选拔培养工作。根据省教育厅《关于开展全省第四批中小学学科带头人和骨干教师选拔培养工作的通知》文件精神，广泛宣传，积极组织。经专家评审，共推荐22人参加市级评审。做好教师专业技术职务评聘工作。红谷滩区刘克群、罗文华两名教师取得中小学正高级教师职称；53名教师取得中小学高级教师职称、146名教师取得中小学一级教师职称、348名教师取得中小学初级教师职称。做好2022年度长期从教教师荣誉证书颁发工作。经个人申报、学校初审、各级教育行政部门复审，红谷滩区20名教师荣获江西省长期从教30年荣誉称号，7名乡村教师荣获江西省长期从教乡村20年荣誉称号。做好教师资格认定及定期注册工作。根据市教育局《关于认真做好2022年全市中小学教师资格认定工作的通知》文件精神，红谷滩区认真开展2022年教师资格认定工作。为驻区8所高校及辖区户籍社会人员共计5748人认定教师资格并发放教师资格证书。

（周进芳）

教育科研

【概况】 红谷滩区全面落实立德树人根本任务，以服务教师发展为先导，以服务学生成长为目的，把“作示范、勇争先”贯彻到日常教育科研工作之中。

【强化教学管理】 2022年，遵循不提前告知原则，联合督导组和片区内所有学校的教务主任共同参与，开展“蹲校一日”视导活动，采取听取学校分管教学副校长全面汇报、听推门课、查看材料、交流座谈等形式，深入细致了解学校教学常规，并将视导情况当场反馈给学校。学校针对视导组提出的问题进行限期整改。全年共开展下校视导12次。

【名师工作室建设】 2022年，出台并下发《红谷滩区名师工作室建设方案》，鼓励省特级教师、省市学科带头人组建名师工作室。2月，全区23个名师工作室完成年度考核，其中有9个名师工作室荣获2020、2021年度南昌市“优秀名师工作室”，师大附中滨江分校老师熊才意领衔的工作室荣获“全国新秀名师工作室”称号；全区新申报20个名师工作室，经创建考核，其中16个名师工作室认定为区级名师工作室。至年底，全区有名师工作室共计39个。上半年，全区名师工作室开展在线教研120余次；下半年，各名师工作室陆续开展送教送研到校活动，全区名师工作室安排送教送研共计181节次，线下送教送研达168节次，有力带动全区各学科的教研发展，发挥区域内名师的示范辐射帮扶作用。

【组织个人课题立项申报工作】 2022年，组织全区各学校、幼儿园教师积极参与市教育科学“十四五”规划个人课题立项申报工作。全区已有469个课题申报立项，正等待市级审核。已成功通过市级结项审核课题共134个。完成全区各学校、幼儿园共33个课题申报2022年全省基础教育研究课题立项的区级审核工作，其中11项课题通过省基地办审核成功立项。完成全区各学校、幼儿园共15个课题申报2022年度江西省规划课题的区级立项审核工作，其中4个课题通过省规划办审核成功立项。红谷滩区红谷一小、红谷三小、南昌凤凰城上海外国语学校的3个课题成功纳入南昌市教育科学“十四五”规划“重点招标课题”。红岭幼儿园、南昌凤凰城上海外国语学校、江西师大附中滨江分校、南大附中红谷滩分校、云溪幼儿园5家单位的课题研究成果获得首批南昌市级教学成果奖。组织红岭幼儿园、云溪幼儿园、南大附中红谷滩分校、南昌凤凰城上海外国语学校4家单位申报国家级教学成果奖。红岭幼儿园的《“一主两翼 三角联动”科艺融合》和南昌大学附属小学前湖分校的“点点陶泥”课题在江西省第三届中小学(幼儿园)100门出彩校本课程评选中分别荣获一等奖和二等奖。组织全区各单位积极申报2022年度南昌市教科研先进集体和先进个人评选工作。

【作业管理与教学常规有机结合】 2022年,加强全区义务教育学校作业管理,举办全区中小学作业管理风采大赛。全区31所义务教育学校参与大赛,所有学科都纳入比赛,每个学科需提交3份完整的作业设计与批改案例参与评比,其中初中630份、小学781份。大赛设置“作业管理风采奖”。根据作业比赛成绩、作业管理制度落实情况和随机抽查学生作业3个方面进行全方位考核。下发《全区义务阶段学科作业管理风采大赛》文件,并于11月份组织评选。做到过程性评价与终结性评价相结合,把作业管理与教学常规有机结合起来,常抓不懈。

(李　莉)

体育工作

【概况】 2022年,红谷滩区深入学习贯彻习近平总书记对体育工作的重要指示精神,以体育事业稳步提升为目标,加快实施体育强区战略,不断深化体育事业改革,统筹推进校园体育、群众体育、竞技体育、体育产业等各项工作,全区体育事业再上新台阶、取得新成就。

【举办首届学生运动会暨南昌市“滕王阁杯”青少年体育联赛(红谷滩区预选赛)】 2022年7月6日,红谷滩区首届学生运动会暨“滕王阁杯”青少年体育联赛(红谷滩区预选赛)启动仪式在红谷滩区青少年足球训练基地举行。仪式上,副区长吴梅萍代表区委、区政府致辞,运动员、裁判员代表进行宣誓,荣获第十六届省运会(社会部)南昌市广播体操选拔赛“团体赛”冠军及全市体育教师基本功大赛中学组团体一等奖获奖项目进行展演。随后,出席领导在球场为此次运动会进行开球。联赛完成了篮球、羽毛球、游泳、田径、乒乓球、排球等13项体育赛事,学生参与人数达6000余人,共评选学生奖项2012个、优秀指导奖94个、优秀教练员186个。

【组队参加南昌市第八届校园体育节暨南昌市“滕王阁杯”青少年体育联赛】 2022年,组队参加南昌市第八届校园体育节暨南昌市“滕王阁杯”青少年体育联赛,其中红谷滩区的啦啦操项目获3个一等奖、2个二等奖;广播体操项目获2个一等奖、1个二等奖、1个三等奖;最美大课间项目获1个一等奖、2个二等奖、1个三等奖;足球项目获团体总分第一名;乒乓球、击剑项目获团体总分第二名;篮球、游泳、跆拳道项目获团体总分第三名;田径、羽毛球、网球项目获团体总分第四名;排球项目获团体总分第八名。

【积极参加江西省百县青少年运动会】 2022年,组织10支队伍共150余人参加江西省百县青少年运动会足球、篮球、田径、快乐体操项目比赛,其中足球项目获男子组一等奖,快乐体操项目获团体总分一等奖,篮球项目获男子组一等奖及女子组二等奖。

【组织参加江西省第十六届运动会(学校部)比赛】 2022年,组队参加江西省第十六届运动会学校部(南昌市预选赛)广播体操、啦啦操、排舞、跳绳4个项目比赛,其中由凤凰学校、红谷滩区实验学校排舞项目、南大附小前湖分校跳绳项目代表南昌市参加省级比赛,均获得优秀成绩。

【举办2022年红谷滩“迎新杯”篮球比赛】 2022年,举办2022年红谷滩“迎新杯”篮球比赛,邀请来自省直机关、区直机关等共计13支代表队,呈现48场精彩赛事,群众体育健身氛围日益浓烈。

【举办2022年首届“鸿鹄杯”红谷滩区教职工运动会】 2022年12月18日,2022年首届“鸿鹄杯”红谷滩区

2022年12月18日,2022年首届“鸿鹄杯”红谷滩区教职工运动会在碟子湖学校开幕

(区教体局　供图)

教职工运动会在碟子湖学校开幕，全区中小学校（幼儿园）主要负责人、各队教练员、运动员、裁判员代表，共计400人参加，设置竞技类足球（八人制）、篮球（五人制）、乒乓球、羽毛球四个项目和趣味类集体跳绳、毛毛虫竞速、足式保龄球、协同作战、跳袋接力、沙包投掷、大丰收、踢毽球8个项目。

【组队参加江西省第十六届运动会（社会部）比赛】 2022年，组队参加江西省第十六届运动会社会部（南昌市预选赛）足球、篮球、气排球、围棋、象棋、广场舞、广播体操、太极拳、游泳、健身气功10个项目比赛，其中足球、篮球、广场舞、广播体操获预选赛第一名，太极拳获团体总分第一名，健身气功气舞项目获预选赛第一名，游泳获团体第二名。

【加强体育安全检查】 2022年，为提升公共体育场馆的服务水平，确保体育场馆安全形势高度稳定，对全区体育馆、游泳场所等进行了一次安全隐患大排查行动。进一步落实精细化管理，不断加大对体育场馆的摸排、监管力度，建立体育场馆工作台账。全区体育场馆数量达228家。其中，室内篮球馆10家、健身房52家、瑜伽馆22家、游泳馆5家、其他场馆139家。全年组织开展全区游泳馆专项督查共50余次，有效落实场馆证照、安全措施、疫情防控等规定要求。

【体育组织发展日渐完善】 2022年，批复成立空竹协会、老年体育协会、棋牌运动协会、广场舞协会、啦啦操协会、青少年体育艺术协会、田径协会7家协会和俱乐部。以片区为单位，完成33家体育社会团体、7家协会和俱乐部功能型临时联合党支部建设，选派党建指导员进一步夯实基层党建工作。

2023年3月22日，2022年江西省县域社会足球比赛总决赛在江西省体育局足球场外场圆满结束，红谷滩区代表队获得冠军（区教体局　供图）

【开展免费游泳培训公益活动】 2022年，按照全市统一部署要求，积极开展"娃娃学游泳·体彩来买单"免费游泳培训公益活动，下发《2022年南昌市红谷滩区"娃娃学游泳·体彩来买单"公益活动实施方案》，遴选3家游泳场馆共同组织实施，组织开展普惠班、爱心班培训，共培训600人次，发挥专班巡查作用，确保组织到位、落实到位，保障学生练习游泳质量和效果。

【推进体育设施基础建设】 2022年，召开红谷滩区全民健身体育工作布置会，全面部署2022年体育场地普查工作任务及新建健身路径点位上报工作。进一步加大公共体育设施建设力度，不断完善县（区）、乡镇（街道）、行政村（社区）三级全民健身设施网络和城市社区15分钟健身圈，着力构建城市社区10分钟健身圈，不断提升全民健身公共服务水平，推进安装属地健身路径83套，为卫东街道更换4副地埋式篮球架，建设投入120万元。

【加快体育产业项目建设】 2022年，推进凤凰洲体育公园建设；完成红谷滩区青少年足球基地建设，并委托第三方运营管理；加快建设红谷滩凤凰体育公园项目，研究草拟建设方案，完成区直部门意见征求工作，确保依法依规组织实施。

【开展体育设施面积摸排统计工作】 2022年，根据国家体育总局和红谷滩区关于体育场地统计调查工作部署要求，召开属地体育场地统计调查部署会，组织开展2022年度体育场地统计调查工作，2022年每万人拥有体育场地面积达2.3平方米。

【做好经营高危险性体育项目审批工作】 2022年，根据《中华人民共和国体育法》相关规定，为贯彻落实高危险性体育赛事活动管理规定，确保高危险性体育赛事活动安全有序开展，依据法律法规细化了经营高危险性体育项目的申请条件和审批程序。严格事项审批，大力提升审批事项标准化管理水平，完成10家场所申办高危险性体育项目经营许可证审批发证工作并建立高危场所工作台账。

（黄作民）

卫 生 健 康

综 述

2022 年，红谷滩区卫生健康委员会（以下简称区卫健委）坚持“抓党建、强基层、筑高地、促医改、重预防、引人才、优结构”的工作思路，不断深化医药卫生体制改革，严格落实疫情防控措施，扎实做好疫情防控工作，推进全区卫生健康事业稳步开展。有力推进基层与省、市三甲医院的战略合作，建立“急慢分治、上下联动”的分级诊疗机制，促进优质服务资源下沉基层。以重大重点项目和民生项目为抓手，不断完善机构体系建设，力促新型公共卫生服务中心、省综合安置房社区、卫东社区卫生服务中心项目建设逐步落地。加快推进3个国家级区域医疗中心、省疾控中心、南昌大学附属眼科医院九龙湖分院等重大医疗项目建设，积极促进南昌市第一医院九龙湖分院、南昌市急救中心九龙湖分院对外运营。完善基层公共卫生服务体系，积极推进“公立医院＋社区”的医联体模式，加强社区应急救助网络建设，大力推广远程医疗服务，配合开展基层人工智能辅助诊疗应用，提高基层防病治病和健康管理水平。大力推进中医药强省战略，全面实施“热敏灸＋健康”服务计划，打造红谷滩区中医药特色品牌。健全公共卫生事件应急工作机制，加强基层医疗卫生机构疫情防控救治体系和应急能力建设，完善医疗救治、物资保障体系，围绕“保健康、防重症”，落实“乙类乙管”总体方案和第十版防控方案要求。深入开展爱国卫生运动，倡导普及文明健康生活方式，巩固国家卫生城市创建成果。加快推进“放管服”改革，开展对公共场所和生活饮用水、医疗机构职业健康等的监督管理，全面开展“双随机”监督抽查，做好大型活动卫生保障，卫生监督力度持续加大。落实国家人口长期发展战略，以“一老一小”为重点，落实三孩生育政策及配套支持措施，全力推进托育服务管理工作，大力开展老年友善医疗机构建设工作，广泛开展健康社区、健康家庭等系列活动，促进基层卫生健康事业高质量发展。至年底，辖区内二级机构有红谷滩区疾病预防控制中心、红谷滩区综合卫生监督执法局。全区有区管各级各类注册医疗卫生机构349个。其中，乡（镇）卫生院3个、社区卫生服务中心5个、社区卫生服务站16个、村卫生室79个、民营医疗机构246个。在册医师数量2444人、护士3435人，每千人口执业医师3.81人、每千人口注册护士5.37人，辖区内医疗机构（含驻区省、市医院）床位4281张、每千人口床位数6.69张，组建92个家庭医生团队，全区普通人群签约率达40.8%，重点人群签约率达65.4%，均居全省前列。

（魏　悦　杨小威）

疾病防控

【概况】 红谷滩区疾病预防控制中心为南昌市红谷滩区卫生健康委员会管理的公益一类事业单位，承担辖区内传染病、地方病、慢性非传染性等疾病的预防与控制、突发卫生事件处理、疫情及健康相关因素信息管理、健康危害因素监测与干预、健康教育与健康促进、实验室检测检验与评价、执行国家免疫规划、妇幼保健等公共卫生服务。2022 年，按要求全面开展疾病预防控制工作，有效应对“甲流”、登革热、食物中毒等各类急性传染病疫情和突发公共卫生事件，尤其在抗击新冠病毒感染疫情的战役中发挥重要作用。

【法定传染病疫情】 2022 年，红谷滩区共报告各级各类法定传染病共20种4182例，报告发病率为743.6/10万。其中，无甲类传染病;乙类传染病共计报告发病 14 种 639 例,报告发病率为 113.6/10 万;丙类传染病共计报告发病 6 种 3543 例,报告发病率为 630/10 万。

【开展免疫相关疾病日常监测工作】 2022 年,针对辖区 6 家二级以上医疗机构,开展麻疹、风疹、AFP(急性弛缓性麻痹)监测工作 216 次,全区共报告疑似麻疹病例 33 例(本区病例 15 例、外地区病例 18 例)、风疹病例 2 例,共报告 AFP 病例 39 例(本区 1 例、外地区 38 例)。所有病例均已按要求及时进行流行病学调查、采送样、撰写流调报告并及时通报给上级疾控部门,共采集血清标本 22 份、咽拭子 13 份、粪便样 64 份。全年全区无白喉、破伤风、乙脑病例发生。各接种单位已报告疑似预防接种异常反应(AEFI)病例 14 例,报告单位覆盖率 100%,其中一般反应 13 例,异常反应 1 例,无需赔付病例。

【卫生应急演练】 2022 年,按照南昌市卫生健康委关于加强卫生应急演练的统一要求,开展涉及高校、银行和机关 3 个场景的新冠疫情模拟处置演练,通过现场演练的形式,展示及时、科学、规范、有序的疫情处置过程。同时,组织 1 人参加 11 月南昌市卫生健康委组织的公共卫生杯卫生应急比武 1 次,获得个人二等奖 1 次。

【重大会议公共卫生安全保障】 2022 年,共承担各级各类重大活动保障任务 12 次,包含省、市、区两会、省党代会、中国(中部)工业博览会、高考、中考、VR 会议等,对相关活动涉及的每个会场、宾馆、考点均提前进行卫生防疫指导,并于活动期间在各关键点配备一名防疫人员,提供全程保障。在活动举办期间,对保障酒店进行每日巡查,开展对游泳池水和二次供水的余氯含量的现场快速检测,均完成了上述重大活动的保障工作,保障与会宾客的公共卫生安全。

【艾滋病防治与宣传】 2022 年,红谷滩区共随访管理艾滋病病人(含 HIV 感染者)272 人。其中,新发病例 28 人(含高校学生 4 例),外县区转入既往病例 18 人。对照指标任务,全年接受抗病毒治疗患者 257 人,抗病毒治疗率 94.49%(257/272);完成治疗前门诊体检报销 23 人(23/16),任务完成率 143%;治疗后门诊体检报销 199 人(199/174),任务完成率 114%;机会性感染患者救治 6 人,任务完成率 100%;规范化随访管理 249 人次,任务完成率 103%。全年新诊断艾滋病感染者与艾滋病病人抗病毒治疗比例 89.29%(25/28),新报告感染者 30 天内接受抗病毒治疗比例 85.7%(24/28),随访 CD4 检测率 91.88%(249/271),配偶检测率 96.12%(50/52),接受结核病检查的比例 99.63%(271/272)。全人群艾滋病检测率 20.6%(121504/590644),辖区医疗机构报告艾滋病共计 40 例,完成三个羁押场所新人人员采血检测 1645 人次,筛查出 9 例既往阳性患者,开展“6·26”国际禁毒日、“12·1”世界艾滋病日、“五进”(进社区、进企业、进家庭、进学校、进医院)等宣传活动。

【结核病防治与宣传】 2022 年,红谷滩区共发现、报告、管理结核患者 191 例,年发病率 25.68/10 万。其中,初治涂阳病人 96 例,复治涂阳病人 3 例,涂阴 87 人,结核性胸膜炎病人 3 例,NTM(非结核分枝杆菌)1 人,无病原学结果 1 人,系统管理率 100%。深入开展结核病健康教育宣传,主动监测学校结核病疫情,积极做好学校结核病疫情处置工作,处置学校疫情 39 例,从而有效预防及控制结核病在校园的扩散与传播。在做好“3·24”世界防治结核病宣传日活动之余,在宣传方法上集思广益,利用社区卫生服务中心公共卫生体检工作便利,“走进社区、走进学校”,推进肺结核可疑症状者及时就诊筛查,将病人家属及密切接触者的筛查工作落到实处。

【职业病防治】 2022 年,开展《中华人民共和国职业病防治法》宣传周活动,组织 41 家企业负责人和职业卫生管理人员完成南昌市职业病线上培训及考试;督促辖区内纳入治理的企业完成职业健康体检和工作场所的环境危害因素检测工作,督促 6 家企业进行职业病危害项目申报,辖区内 2 家单位完成建设项目职业病防护设施“三同时”(建设项目的职业病防护设施必须与项目主体工程同时设计、同时施工、同时投入生产和使用)工作,对 22 家用人单位开展工作场所职业病危害因素监测工作;联合区总工会在全区开展“职业健康达人”活动,评选出 2 人为南昌市“职业健康达人”;联合区卫生监督执法局开展“职业病危害专项治理”工作,对南昌市卫健委下发的 204 家企业进行摸排,纳入治理企业 1 家。

【儿童口腔疾病综合干预】 2022 年,红谷滩区成立由疾控、教育部门主管领导为主的儿童口腔疾病综合干预领导小组,在全区 13 所幼托机构开展 3—6 岁学龄前儿童口腔疾病干预项目工作。通过口腔保健知识讲座、微信公众号、个人微信朋友圈、海报、宣传单等多种方式宣传口腔卫生知识,提高儿童预防龋齿意识,全年完成涂氟 2407 人。

【学生常见病和健康影响因素监测】 2022 年 10 月初,为切实加强儿童青少年常见病和健康影响因素监测工作,会同区教体局制订调查工作方案,并指定调查医疗机构(南昌洪城爱尔眼科医院和南昌市第一医院),确定辖区 9 所学校和幼托机构约 2500 名 5.5—18 岁的儿童青少年作为调查对象，调查结果显示：2441名青少年中，近视人数1181人，近视率43.38%，比上年下降3.3%；2333名学生中超重肥胖人数686人，比例为29.40%，营养不良人数103人，比例为4.4%；2179名学生中，血压偏高人数83人，比例为3.81%；2333名学生中龋齿人数1470人，比例为63.01%；2093名学生中脊柱正常学生人数为1751人，比例为79.23%，姿态不良学生人数336人，比例为15.2%，脊柱侧弯学生人数20人，比例为0.90%，脊柱后凸异常学生人数103人，比例为4.66%。

【城市癌症早诊早治筛查】 2022年，制订《2022年红谷滩区城市癌症早诊早治项目实施方案》，根据全区人口分布情况，安排凤凰洲社区卫生服务中心、沙井社区卫生服务中心和红角洲社区卫生服务中心作为3个项目实施点，各项目实施点开展对393名高危人员的癌症筛查工作，完成2021—2022年工作任务指标的78.6%。

【公共场所环境和物品监测】 2022年，在全区范围内受理并完成477家经营单位公共场所空气环境质量的监测。同时，对385家理发店、美容店、旅店及足浴按摩店四类公共场所的杯具、棉织品、洁具、美容美发工具等公共卫生用品，开展卫生质量监测工作，共检测公共用品1137件，绝大部分检测结果合格。此外，委托有资质的检测公司在全区范围内完成10个点位的生活饮用水质量监测，其中包括4个农村饮用水、6个市政末梢水。结果显示，市政末梢水各项检测指标均合格，农村饮用水除大肠菌群检测结果超标，其他各项检测指标均合格。

【优化健康证办理流程】 2022年，在原有信息化健康证体检系统基础上，开通线上健康证体检预约渠道，同时创新性全面推行使用电子健康证，真正做到让群众全程只需跑一趟，全年健康证办理42393人。实现体检医疗机构办理数据与卫生监督、市场监管等部门信息互联互通，保证从业人员、用人单位、市场监管执法人员三方互认。

（陈玉娟　肖红茂）

老龄健康

【概况】 2022年，红谷滩区老龄健康工作坚持“党政主导、社会参与、全民关怀”工作方针，不断丰富老年人服务内容，大力加强老年健康宣传，切实关爱老年人心理健康，全区老龄健康工作取得长足进步。

【推进医养结合工作】 2022年，加大医疗机构与养老机构签约服务力度，全年医养签约机构132家，履约率达81%。充分利用敬老助老宣传契机及老年健康宣传周活动载体，全方位普及健康养老知识，提升老年人健康生活意识，提高老年人健康幸福指数。

【建设老年友善医疗机构】 2022年，根据国家、省、市相关文件要求，在全区范围内大力开展老年友善医疗机构建设工作，推进医疗机构全面落实老年人医疗服务优待政策，完善医疗机构各项制度措施，优化老年人就医流程，提供老年友善服务，保障老年人合法权益。至年底，全区80%的综合性医院和基层医疗卫生机构建设成为江西省老年友善医疗机构。

【加强涉老反诈防骗宣传】 2022年，制定《红谷滩区卫生健康系统打击整治养老诈骗专项行动实施方案的通知》，成立红谷滩区卫健委打击整治养老诈骗专项行动工作组；结合“老年健康宣传周”“敬老月”等宣传教育活动，集中开展打击整治养老诈骗专项行动宣传教育活动；利用基本公共卫生服务、涉老疫情防控和老年人疫苗接种等契机，对老年人“点对点”“面对面”开展宣传教育工作；通过公布“红谷滩区卫健委”微信公众号、转发打击整治养老诈骗线索举报方式短信125条，联合移动公司推送反诈防骗短信1.1万条，制作反诈防骗宣传茶杯1000只、环保袋2000个，基本实现反诈防骗宣传区域全覆盖、人员全参与。

2022年10月12日，区卫健委联合南昌市洪都中医院、移动公司新建区分公司在长云社区开展银龄健康科普活动　　（区卫健委　供图）

【创建老年友好型社区】 2022年，弘扬中华民族尊老敬老、养老助老美德，大力推进国家级老年友好型社区创建工作，凤凰花园社区获评全国老年友好型社区称号。利用“敬老月”活动契机，向22位百岁老人发放慰问金2.2万元。联合市洪都中医院、移动公司、属地开展“爱老助老”主题活动3场次，较好地营造了敬老爱老的浓厚社会氛围，真正做到让老人老有所依、老有所养、老有所乐，安享晚年生活。

（熊家华　万春萍）

妇幼健康

【概况】 2022年，红谷滩区妇幼健康工作紧紧围绕健康红谷滩建设，以妇女儿童健康为中心，以妇幼健康促进行动为主线，以“工作落实年”为抓手，作示范、勇争先，为妇女儿童提供全生命周期健康服务，促进全区妇幼健康工作高质量发展，保障母婴安全。

【出生医学证明管理】 2022年，加强全区出生医学证明规范化管理与服务，组织开展出生医学证明管理专项培训，规范出生医学证明管理，杜绝违法违规办证现象发生。全年共发放出生医学证明7109张，其中首次签发7074张、换发23张、补发10张、废证2张，全年废证率为0.03%。全区开展出生医学证明专项督导2次，对近三年的签发情况进行考核，未发现乱发、瞒发、错发现象。

【保障疫情期间妇幼健康】 2022年，新冠疫情防控形势严峻，为保障母婴安全，积极抽调妇产科和新生儿科医生为对300余名孕产妇和900余名0—6岁儿童提供医疗保障。市、区两级同步协调，对特殊情况孕产妇和新生儿开通绿色通道，专车转运，保障辖区孕产妇和0—6岁儿童的健康。

【母婴保健技术服务培训】 2022年，为进一步加强全区母婴安全管理，落实母婴安全五项制度，扎实做好母婴保健技术证件核发、换发等工作，6月17日，在江西省人民医院会议室举办2022年度全区母婴保健专项技术服务人员培训班，来自省人民医院、省妇保等5家医疗保健机构的母婴保健专项技术人员90余人参加培训和考核，87人顺利通过考核。

【保障妇女健康】 2022年，持续开展适龄妇女计划生育生殖健康检查，积极完成筛查目标任务，提高妇女生殖健康水平。全年共为28414名适龄妇女进行健康体检，任务完成率124.05%。查出妇科疾病人数8327人、宫颈癌前病变38人、宫颈癌5人、乳腺结节1638人，并全部进行追踪指导服务，保障育龄妇女身体健康。

【提升妇女儿童管理水平】 2022年，结合基本公共卫生服务项目，持续推广使用《母子健康手册》，为孕产妇及儿童提供系统、规范服务。全年全区孕产妇死亡率为0/10万、5岁以下儿童死亡率2.52‰、婴儿死亡率控制在1.51‰、产前筛查率达到93.08%、新生儿遗传代谢性疾病筛查率稳定在99.9%、新生儿听力筛查率达到99.19%、全区孕产妇系统管理率为93.79%、7岁以下儿童保健管理率93.13%、3岁以下儿童系统管理率96.29%。为辖区21393名0—6岁儿童提供免费“六一”健康体检，发现视力低常1010人、斜视9人、龋齿3253人、口角炎22人、贫血513人、中重度生长迟缓164人、中重度消瘦91人、中重度肥胖723人，对检查异常的孩子进行医学指导，并要求托幼机构对体弱儿进行管理；严格按照《托幼机构管理办法》等相关规定管理辖区内托幼机构，为7所新办托幼机构办理《托幼机构卫生保健评估报告》，对50余所托幼机构进行年终考核；免费为80余所托幼（育）机构、160余名工作人员提供卫生保健培训，并为培训考试合格者颁发卫生保健人员合格证。

【妇幼重大公共卫生项目】 2022年，开展预防艾滋病、梅毒和乙肝母婴传播工作，全年共为8474人提供“三病”检测，发现艾滋病感染产妇1人、梅毒感染孕妇4人、乙肝阳性孕妇709人，均纳入“三病”管理。乙肝阳性已分娩产妇548人，并对其所生的婴儿注射乙肝免疫球蛋白。为保障后续随访工作能落到实处，委托江西省妇幼保健院，协助红谷滩区高质量完成“三病”随访、管理工作。

（熊家华　万春萍）

家庭发展

【概况】 2022年，红谷滩区人口监测和家庭发展工作围绕卫生健康工作大局，全面提升优生优育水平，扎实推进普惠托育发展、降低生育养育成本，认真实施三孩政策，增进家庭和谐幸福，推动实现适度生育水平，确保人口均等化服务落到实处，不断完善全员数据质量。至年底，全区户籍人口45.53万余人。其中，育龄妇女143932人，已婚育龄妇女101496人，总出生人口5632，同比少出生2588人。出生率10.51‰。

【托育服务工作】 2022年，成立3岁以下婴幼儿照护服务工作领导小组，印发3岁以下婴幼儿照护服务工作实施方案；规范登记流程，完善备案流程，严格落实备案管理制度。坚持普惠优先，依托社区邻里中心，改造建设社区托育中心。推进幼儿园开展“延伸式”托育服务，增设托幼一体化托育点。至年底，全区共建设完成各类托育机构 49 家，可提供托位 2005 个，达到每千人托位数 3.5 个，入托人数 1015 人，全区备案托育机构数已达 5 家，超前完成市级下达的建设任务。

【落实惠企政策】 2022 年，坚持政策牵领，全面贯彻落实省、市托育服务行业发展系列支持政策，足额配齐区级托育机构补助资金，辖区符合条件的托育企业纾困解困资金全部通过“惠企通”平台发放到位，全年累计发放托育机构补贴 140 余万元。

【母婴设施标准化建设】 2022 年，为提升母婴公共场所服务供给能力，全区建成母婴室或哺乳室 32 个，火车站、汽车站、商场、医院等公共场所母婴设施配置率达 100%，并将母婴室地址同步百度地图，实现母婴室便民服务站点一键可查。

【家庭发展能力建设】 2022 年，落实奖励扶助、特别扶助、城镇独生子女父母奖励、一次性抚慰金、免费体检等各项政策。全年为 281 名各类符合条件的奖励扶助对象发放资金 114.36 万元；为 6599 名城镇居民独生子女父母发放奖励资金 777.17 万元；为 5 名农村独生子女、二女不再生育家庭兑现中考加分优惠政策；为 109 名计划生育特殊家庭（独生子女伤残、死亡家庭）特扶对象提供免费体检和医疗照护保险；认真开展计划生育服务项目绩效评价，确保计划生育奖励扶助资金规范使用；推行计划生育特殊家庭联系人制度、家庭医生签约服务和就医“绿色通道”三个全覆盖，驻区省人民医院、省二附院、省妇保、市第一医院、市洪都中医院等省市三甲以上公立医院及全区基层医疗机构开通计划生育特扶对象就医绿色通道率达 100%。

【计划生育宣传引导】 2022 年，利用“5·29”计生协会会员活动日，通过发放宣传资料，“零距离”宣传，“面对面”解惑，向居民解读优生优育政策及预防保健理念等形式，积极向居民宣传三孩政策、婚育新风等新型婚育观念，帮助市民树立新型婚育生育观念；加强江西“卫惠保”宣传活动，取得南昌市参保率排名第一的好成绩。

【全力推进计生项目建设】 2022 年，根据江西省计生协《关于申报省级“亲子小屋”项目的通知》要求，建设完成亲子小屋 2 个，把优生优育、婴幼儿照护及科学养育理论、知识和服务送到农村家庭，为群众提供更好更专业的服务；积极开展流动人口健康关爱行动和省级商圈流动人口示范区建设，打造全省首个“农贸市场 + 社会功能 + 便民服务 + 流动人口 +”的一站式创新市场综合体项目，取得良好的社会效应；建立家庭健康指导员队伍，制定家庭健康促进行动实施方案，成立工作组和专家库，推动鸿玺社区成功建设完成家庭健康服务中心建设项目；认真组织“好家风、健康行”主题活动，向市计生协上报“好家风健康行——中医推拿几十年如一日照顾残疾爱人”“爱意满满 七夕节聚餐”健康家味道作品 2 个。

（熊家华　万春萍）

爱国卫生

【概况】 2022 年，红谷滩区爱国卫生工作围绕《南昌市爱卫办关于印发 2022 年南昌市爱国卫生工作要点的通知》要求，助力疫情防控，强化爱国卫生工作，巩固国家卫生城市成果，在加强病媒生物防制、广泛开展健康教育和爱卫主题活动等方面取得阶段性的成果。积极配合市卫健委推进《南昌市爱国卫生工作条例》的立法进程，积极倡导文明健康绿色环保生活方式，以常态化新冠疫情防控为重点，深入宣传，广泛动员，扎实开展各项工作。

【落实医院创建标准情况】 2022 年，成立卫健委创建工作领导小组，落实全区医院创建标准情况，重点检查卫生信息公示、无障碍设施建设、母婴室设置、公益广告、志愿者服务、卫生设施配置使用、环境卫生、禁烟管理、文明引导用语等情况，提升创建氛围、环境卫生、服务水平、文明素养等相关文明创建水平。创建期间共监督检查 5 家文明城市创建必检医院 150 余次，发现问题 195 处，下发督导整改单 69 张，对全部问题全面整改落实到位，并创建整改台账，形成通报并及时整改落实。

【开展爱国卫生月宣传活动】 2022 年 4 月是第 34 个爱国卫生月，恰逢爱国卫生运动开展 70 周年，以“文明健康，绿色环保”为主题在全区宣传，全年累计发放宣传资料 5000 余份，组织 3500 余人参加健康科普知识问答，广泛宣传保护环境卫生的知识，提高群众自觉维护乡村环境的卫生意识，自觉做到不乱扔、乱倒、乱吐、乱画、乱张贴，从而营造人人爱卫生的良好氛围。

【全面开展病媒生物防制工作】 2022 年，对 282 个风险点位、45.9 万平方米面积进行终末消毒。疫情期间病媒防制工作不松懈，常规推进爱卫月、春秋季灭鼠、夏季灭蚊蝇三大行动；委托专业消杀公司对全区无物业小区、省行政中心周边 500 米、省级干部住宅小区、绿地悦城 C 区、市委和市政府 8 家单位及红谷世纪花园地块共 519 万平方米进行定期定季消杀，有效控制“四害”密度；加大餐饮行业虫害防治工作宣传力度，定期向餐饮店开展“四防”宣传和专业消杀，确保食品安全无漏洞。至年底,全区共投放鼠药1.8万份,窨井、下水道吊挂蜡块2000处,投放灭孑孓颗粒1.2万余份,处理蚊虫滋生地5000余处。

【开展健康教育宣传活动】 2022年,举办各类健康知识讲座,全年共开展健康教育讲座28次,其中"合理膳食"知识讲座8次,"送烟=送危害"知识讲座10次。共开展健康教育宣传活动40余场,参加人数1500余人,发放有关资料3200余份。16所学校、42所幼儿园开展无烟幼儿园考核验收工作,55家机关单位开展无烟单位考核验收工作。

(胡　轲　肖红茂)

卫生监督

【概况】 2022年,红谷滩区卫生监督工作以保障全区广大群众健康为中心,坚持开展重点卫生健康领域监督检查,严厉打击各类公共卫生单位违法违规行为,推动卫生监督事业高质量发展。区卫生健康综合监督执法局于2021年5月24日正式挂牌成立,是区卫生健康委下属副科级全额拨款事业单位,有一线卫生健康监督员11人,先后多次获得"全市卫生监督先进集体""全市卫生监督稽查考核优秀单位"等荣誉称号。

【卫生监督】 2022年,全区各类卫生监督单位1439户开展卫生监督工作1652户次。行政处罚案件161件。其中,公共场所67件、职业卫生2件、放射卫生3起、医疗卫生32起、传染病防治57起,共计罚没金额30.76万元。分别在红谷滩区政府网站、南昌市公共信用信息平台、国家企业信用信息公示系统(部门协同监管平台——江西)进行公示。共受理各类举报事项65起,其中涉及公共场所类24起、医疗卫生类41类,所有投诉均做到投诉举报"件件有登记 件件有回音",投诉举报查处率达100%。

【"双随机"监督抽查工作】 2022年6月,国家监督信息平台在系统内发布了2022年国家双随机监督、抽检任务。出动执法人员480人次,出动执法车辆86次,检查单位234户,下达监督意见书234份。对183家单位的公共用品、集中空调通风系统、生活饮用水、游泳池水、医疗机构院内消毒、学校内环境等项目开展监督抽检,监督抽检不合格单位11家,均责令经营单位限期整改并组织第2次监督抽检,对抽检结果仍不合格的单位进行了立案查处。检测结果及复检结果均在红谷滩区政府网站进行公示。监督检查中发现的问题,均已下达卫生监督意见书,责令限期整改,涉及违法行为立案处罚1起。

【医疗乱象专项整治】 2022年,为严厉打击和综合治理医疗卫生行业虚假广告、欺诈骗保等乱象,规范医疗卫生行业秩序,推动全区医疗卫生事业健康发展,保障人民群众合法权益,对辖区内医疗机构开展专项监督检查。主要针对医疗机构买卖、转让、租借医疗机构执业许可证、诊所备案证书、医师执业证书等证件;超出登记范围开展诊疗活动;使用非卫生技术人员从事医疗卫生技术工作;出具虚假证明文件;制售和使用假劣药品(含中药饮片);销售使用未经注册备案的化妆品;使用不符合强制性标准或者不符合经注册或备案的产品技术要求的医疗器械以及使用无合格证明文件,过期、失效、淘汰的医疗器械,或者使用未依法注册的医疗器械;重复使用一次性医疗器械;以医疗名义推广销售所谓"保健"相关用品;出租承包科室;医师出租、出借、转让医师执业证书;违法泄露患者信息等违法违规行为。共监督检查医疗机构49家,出动执法车辆49车次,出动执法人员147人次,立案7起,结案7起,罚款8.2万元。

【职业健康领域监督执法工作】 2022年,积极开展《中华人民共和国职业病防治法》宣传周活动,宣传主题为"一切为了劳动者健康"。因为疫情防控原因,本次活动通过线上咨询、互动、观看宣传视频的方式向广大职工普及职业病防治法律法规和职业健康知识,利用微信进行宣传,发布职业病防治视频、劳动防护用品使用及维护等知识,通过多形式多角度的教学方式进行职业病防

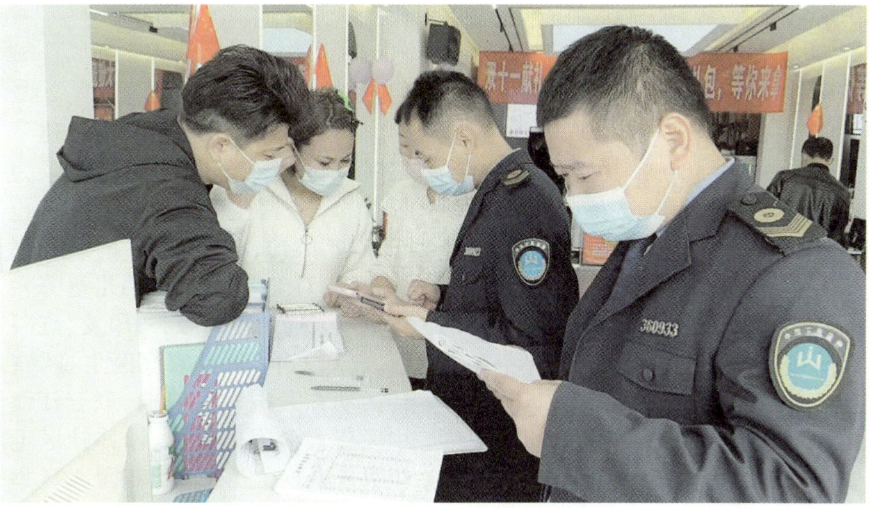

2022年11月25日,区卫生健康综合监督执法局在红谷滩区米娅美容美发店开展疫情防控专项监督检查　　(区卫健委　供图)

治宣传。共出动执法人员100余人次,下达文书38份,现场查阅用人单位职业卫生环境检测报告、职业卫生档案建立情况、员工健康体检档案、职业病危害告知书、劳动合同等,同时查看用人单位劳动者劳动防护用品、防暑降温用品等发放领用记录,对于现场作业场所发现的未设置职业危害因素警示标识牌、未对职业卫生管理人员和劳动者进行职业卫生健康知识培训的问题,责令用人单位限期整改到位。

【生活饮用水监督检查】 2022年,为加强对传染病防治、生活饮用水的卫生监督管理,预防和控制介水传染病和突发水污染事件发生,确保广大人民群众的身体健康和生命安全。全年共监督生活饮用水单位46家,监督涉水产品生产企业1家,下达监督意见书45份。处理涉及饮水安全投诉3起,开展全区二次供水卫生检测抽检,共抽检二次供水单位20家,合格20家,合格率达100%。

【开展校园卫生专项监督工作】 2022年,为进一步做好秋冬季学校和托幼机构卫生及传染病防控工作,营造良好的学校卫生环境和教学卫生条件,有效防范新冠肺炎病毒等各类传染病发生,保障广大师生身体健康,制定《关于做好2022年红谷滩区学校、托幼机构卫生监督工作的通知》。重点对辖区14所幼儿园和10所学校的饮用水卫生情况,教学生活环境的通风消毒、应急物资储备、健康教育宣传等管理措施的落实情况,托幼机构工作人员上岗前及每年健康检查情况,儿童入托预防接种证查验和补种告知工作情况,突发公共卫生事件应急管理工作情况进行监督检查。

(陈淑娟　周丽敏)

医政管理

【概况】 2022年,红谷滩区全面深化落实医药卫生体制改革举措,提高医疗服务质量;强力推动健康红谷滩建设,进一步完善机制,强化考核,促进健康指标提升;不断强化医疗联合体等医疗合作模式,省市优质卫生资源有力下沉;推动基层卫生服务体系建设,完善社区卫生服务功能;做实基本公共卫生服务和家庭医生签约服务,人均国家基本公共卫生服务经费增至77元;巩固提升疫情防控能力,科学开展区域性医疗救治等工作,加强培训,切实维护群众生命健康安全。

【开展"优质服务基层行"活动】 2022年,为提高乡镇卫生院和社区卫生服务中心服务能力和质量,红谷滩区认真落实《乡镇卫生院服务能力标准(2018版)》和《社区卫生服务中心服务能力标准(2018版)》,对基层医疗机构"优质服务基层行"活动进行再安排、再部署。沙井、九龙湖、红角洲、凤凰洲4个社区卫生服务中心和厚田乡、流湖镇2个卫生院顺利完成了"基本标准"工作目标,通过了省、市复审。

【推进家庭医生签约服务】 2022年,全区基层医疗卫生机构组建了以"家庭医生+公卫医师+护士"为框架的家庭医生团队,按照"片区包干、有签必约、有约必履"的服务模式,开展对老年人、孕妇、儿童等六类重点人群的签约服务;印发《红谷滩区2022年"世界家庭医生日"宣传活动方案》;5月19日,联合江西中医药大学附属医院、沙井社区卫生服务中心在红谷世纪花园A区举办以"与家医相约和健康相伴"为主题的集中宣传活动,活动现场签约62人,接受义诊78人,体检(测血压、血糖)49人,发放宣传资料约590份,取得良好的工作成果。全年全区普通人群签约率40.8%,重点人群签约率65.4%。

【紧密型医联体项目建设】 2022年,按照省市医疗联合体建设有关工作要求,全面落实"三年全覆盖"的总体工作目标任务,继续推进红角洲和凤凰洲社区卫生服务中心紧密型医联体项目建设,沙井社区卫生服务中心紧密型医联体项目通过市级验收。持续深化九龙湖社区卫生服务中心与江西中西结合医院医联体合作模式,打造中医康复理疗特色,开展红角洲社区卫生服务中心与南大二附院的医疗合作,三甲医院专家下沉基层坐诊,建立便捷就医通道。

【国家基本公共卫生服务项目】 2022年,加大经费投入,人均国家基本公共卫生服务经费增至77元,新增经费主要用于新冠肺炎疫情防控。广泛开展项目宣传,印制各类宣传折页、画报、宣传册5万余份发放至各项目单位和社区。全年全区服务人口62.38万人,累计建立城乡居民规范化电子健康档案46.93万份,电子建档率75.24%;65岁及以上老年人健康服务管理率27.32%、中医管理率24.42%;高血压规范管理率83.31%;糖尿病规范管理率86.24%;孕产妇保健早孕建册率7.33%、产后访视率9.66%;0—6岁儿童健康率46.69%、新生儿访视率25.51%;适龄儿童免疫规划疫苗接种率98%;严重精神障碍在册患者管理率82.32%;结核病病人规范管理率100%;儿童中医药健康管理目标人群覆盖率27.98%;基层医疗卫生机构标准化达标率100%;每万人口全科医生数1.5人;传染病报告率和报告及时率100%;突发公共卫生事件相关信息报告率100%;卫生计生监督协管乡镇覆盖率100%;各类人群管理均取得良好的社会效益。其中,高血压和Ⅱ型糖尿病患者健康管理成效显著,管理率逐年提升,死亡率有效降低。

【加强病原微生物实验室备案管理】 2022年,继续贯彻落实《病原微生物实验室生物安全管理条例》,将医疗机构病原微生物实验室备案工作纳入规范化管理的轨道,以一级生物实验室备案为重点,促进生物安全管理水平提升。依法履行行政备案职能,加强病原微生物实验室管理人员培训。全年全区共有一级病原微生物实验室12家,培训病原微生物实验室管理人员70人次。

【举办基层医务人员业务培训】 2022年,举办各项医疗机构培训班,内容涵盖医疗救治、基层医疗机构医院感染等疫情防控内容,聘请专家结合基层医疗卫生队伍特点,通过理论知识介绍、分享临床经验、讲解实际案例的形式,满足基层医疗机构医务人员的知识需求。提升基层医疗机构预检分诊、危重症识别能力,充分发挥基层医疗机构前哨作用,进一步夯实医护人员防控责任,全年分批分次共举办线上、线下培训班14期,培训医务人员约4705人次。

【关心关爱医护人员】 2022年,开展医师节、护士节主题宣传活动,围绕活动主题,结合本地疫情防控形式,精心组织医师节、护士节各类主题活动,区政府、区卫健委领导走访慰问一线医务工作者代表;广泛开展宣传,表彰36名优秀医护代表,开展学习优秀医护代表先进典型事迹,发挥示范引领作用,弘扬崇高精神,形成尊医重卫的良好社会氛围。

【医疗纠纷处置】 2022年,认真贯彻落实《江西省医疗纠纷预防与处理条例》,建立健全医疗机构质量控制三级体系和医疗纠纷调解体系,推行公立基层医疗机构医疗责任险,对发生特重大医疗质量安全事件、存在严重医疗质量安全隐患,或者于同一家医疗机构反复多次出现的同一类型的医疗投诉问题仍拒不整改的医疗机构,对机构负责人进行约谈。全年共受理医疗纠纷162起,其中区级调解127起,通过市医调委、司法等途径调解35起;成功处理162起,协议履行率100%。

2022年8月19日,红谷滩区卫健委第五届医师节表彰座谈会举行,图为区卫健委领导与获奖者合影 (区卫健委 供图)

【医疗卫生领域突出问题专项治理】 2022年,聚焦行业特点,精准把握开展医疗卫生领域突出问题专项整治,多措并举,从严治理侵害群众利益问题;加强医疗机构监督整治,着力改善群众就医体验,落实廉洁从政,通过机构自查及区级排查相结合的方式使专项治理活动向纵深推进,制定工作方案1个,召开各级工作部署会议2次,排查发现问题2个,均已整改到位。

【医药卫生体制改革】 2022年,传达国家、省级医改电视电话会议精神,深入学习、推广三明医改经验,以"基层首诊、双向转诊、急慢分治、上下联动"分级诊疗制度改革试点为契机,完善基层卫生服务网络;定期召开医改小组会议,积极学习借鉴三明医改经验,形成强有力的工作推动机制。制定、转发《关于深入推广福建省三明市经验深化医药卫生体制改革实施意见》等相关文件,加强政策宣传解读,提高政策执行力,有利于医保工作顺利进行。

【帮助市场主体纾困解难】 2022年,根据《关于印发红谷滩区关于应对疫情帮助市场主体纾困解难若干措施实施细则(服务指南)的通知》精神,组织开展大力支持疫情防控的民营医疗机构综合评定,并印发《红谷滩区大力支持疫情防控的民营医疗机构综合评定工作方案》,经自主申报、综合评定、公开公示,评定116家医疗机构,并根据评定结果发放医疗机构纾困解难资金236万元 。

【推进健康红谷滩专项行动】 2022年,自"'共建共享、全民健康'——健康江西行动"开展以来,红谷滩区以新冠肺炎疫情防控为契机,以人民健康为中心,建立健全机制,多部门深度融合,全社会广泛参与,合力推进健康红谷滩各专项行动,

2022年3月24日，民营医疗机构志愿者自发组织帮助疫情防控期间连夜搬运防疫物资 （区卫健委　供图）

积极打造"健康江西""活力南昌"样板。摩天轮智慧跑道被列入全省第二批健康江西行动典型经验案例并向全省推介。

【精神卫生网络建设】　2022年，加强精神卫生服务体系建设，成立综治、卫生、公安、教育、残联等部门为成员的社会精神卫生工作领导小组，以省、市驻区医疗机构、精神专科机构为主要力量，建立由基层医疗机构、教育等部门组成的社会心理人才库，为红谷滩区社会心理服务体系提供技术和人才保障。持续加大咨询服务热线的宣传力度，通过发放宣传手册、发布微信公众号等多种形式扩大"966525"省级社会心理服务热线和"12355"青少年服务台的知名度和影响力，参与居民1711人次，精神卫生知晓率90%以上。全年共召开专题部署、培训会议4次，培训基层工作人员120人次，开展健康教育主题宣传活动3次，共发放宣传手册1000份，通过公众号美篇推送相关文章30余篇，开展各类讲座19起，覆盖人群900人次。

【医疗救治】　2022年，构建完善以社区医生为中枢、民营医疗机构为网底，省市三甲医院及医联体协作医院为技术支撑的三级医疗救治网络体系，全年共制定救治、管理方案3个，基层医疗机构配备救护车8辆，开设发热诊室8个，累计接诊发热患者5253人次；开展救治能力培训14次，覆盖基层医务人员4705人次；累计发放健康包1.29万个、防治颗粒剂1736人份；充分发挥中医特色优势，发放中药9.51万剂，覆盖各类人群3.3万人次；加强药品储备，先后采购中药防治颗粒4.34万人份。

（郭建华　洪海滨）

中医药管理

【概况】　2022年，加大基础设施投入，基层中医馆项目建设已全部覆盖，启动沙井、九龙湖2家社区卫生服务中心"市级示范中医馆"项目建设和沙井社区卫生服务中心、生米镇中心卫生院中医馆内涵建设，落实中央、市及区级专项资金48.2万元，中医药服务条件全面改善，服务能力进一步提升。

【热敏灸建设】　2022年，探索建立中医药服务高质量改革先行先试机制，以沙井社区卫生服务中心热敏灸社区基地（全省首个）为核心，推动基层医疗机构热敏灸适宜技术实现全覆盖，全区居民可望在家门口就能够享受到简便验廉的中医药特色服务。

【中医馆项目建设】　2022年，深入贯彻执行中医药卫生健康政策方针，以基层为抓手，以服务群众为核心，全面实施中医药优质卫生工程全覆盖，打造2个社区卫生服务中心"市级示范中医馆"项目，完成沙井社区卫生服务中心、生米镇中心卫生院中医馆内涵建设，设置沙井村卫生室、庐南社区卫生服务站等4个"中医阁"。

【中医特色科室建设】　2022年，依托江西省中医药大学附属中医院、江西中西医结合医院等紧密型医联体协作医院，充分利用三甲中医医院中医药特色专科力量，引进三甲医院副主任及以上中医师常年到基层坐诊，重点打造了沙井社区卫生服务中心"国医堂"和九龙湖社区卫生服务中心"中医理疗康复科"两个中医特色品牌，让老百姓在家门口就能享受到简便验廉的优质中医药服务。

（郭建华）

文　化

综　述

2022年，红谷滩区政府深入推进文化强区，加快建设综合性文化服务中心、农家书屋、孺子书房等便民文化设施，持续丰富文化服务中心功能内涵，不断完善三级公共文化服务网络，在文化资源上采取“共建共享”的方式，充分利用文化资源，突出地方特色，依托红谷滩区文化场所开展各类文化服务。精心打造红书屋阅览室和未来空间·未时图书馆2个城市书房，藏书量均在1万册以上，月均接待人数超3500余人次，举办多场以读书分享为主题的系列活动。公共文化建设方面，建设6家孺子书房，以春节、元宵、端午等传统节日为切入点，统筹规划各乡、街道、管理处、城市书房开展“诗的节奏宣传”“孝谦亲子国学公益班家长课堂”等群众喜闻乐见的文体活动。红谷滩区文化广电新闻出版旅游局通过微信公众号、小程序、抖音直播间等新媒体途径，开展“世界读书日”“线上云劳动”等线上活动。红谷滩区加强政府投入的同时，鼓励社会资本投入博物馆、艺术馆、城市书房等文化载体建设，以金九福钱币博物馆为代表的文化阵地，红色文化、主题展览等一系列活动开展得如火如荼。依托最美书屋“钟书阁”、西西弗书店、红书屋、未时图书馆等“网红”书屋，开展各类主题读书会活动，让“书香红谷滩”成为特色标签。

文化场馆

【概况】　2022年，红谷滩区现有博物馆5家，分别是南昌市金九福钱币博物馆、南昌瓷板画研究中心、曾品堂老酒博物馆、南昌工学院中国工艺美术大师博物馆、南昌中山艺术博物馆；专题展示馆1个（牛行车站），图书馆1个（南昌市图书馆红谷滩分馆），文化场所244家，其中城市书房2家（未来空间·未时合集馆、红书屋），孺子书房6家，农家书屋58家，乡（镇）、街道综合性文化服务中心7家，村（场）、社区综合性文化服务中心171家。江西省博物馆、江西省图书馆、江西省科技馆、江西省赣剧院落户红谷滩区并建成运营。另有红谷滩大剧场、鸿鹄里文化艺术空间等文化场所，同时结合体育场地建设，实现红谷滩区文化设施“15分钟文体活动圈”。

【牛行车站】　为纪念八一南昌起义暨建军90周年，红谷滩区按照市委、市政府的工作部署和文件精神，充分挖掘牛行车站红色历史文化，在赣江西岸的红谷滩区凤凰洲市民公园内建设了牛行展示馆，同时在凤凰洲市民公园内开启“一线三点”的红色地标建设工作，牛行展示馆、建军雕塑广场、南昌舰停泊点以及观光小火车贯穿全程。其中依托原牛行车站旧址而建成的牛行展示馆是一座反应南浔铁路、牛行车站、南昌起义历史的专题展示馆，其建在原牛行车站旧址旁约400米处，馆舍为新建建筑，主要展览内容为牛行车站、南浔铁路、南昌起义等相关历史。

【红谷滩大剧场】　红谷滩大剧场位于南昌市红谷滩区红谷南大道2699号，面积2453平方米，剧场分为上下两层，共有1060个座位，一层683个座位、二层377个座位。主舞台宽28米、纵深19米、高22.9米。剧场配备了现代化的升降舞台和声光电设备以及专业乐器设备，包含温格尔反声罩、施坦威钢琴、全彩LED大屏等，能够上演《芝加哥》《猫》《永不消逝的电波》《只此青绿》等级别的国内外大型演出，可承接演出类型更是涵盖歌剧、舞剧、戏剧、杂技、交响乐、民族乐、室内乐等。

【鸿鹄里文化艺术空间】　鸿鹄里文化艺术空间位于南昌市红谷滩区赣江南大道1号南昌之星摩天轮旁，

包含一、二楼两层展厅，集展览、演出、文艺互动、休闲娱乐等功能于一体，场馆面积达2000余平方米，是红谷滩城投自主运营的首个文化空间项目。假日期间，戏剧、展览、艺术舞蹈、脱口秀等多种文艺活动在此展开。

【未来空间·未时合集馆】 未来空间·未时合集馆位于南昌市红谷滩区九龙湖数智湿地公园缤纷园内，该馆一楼为“智·生活”空间，包含智慧阅读区、智育儿童区、智能咖啡区；二楼是“享·生活”空间，里面放置了许多年轻人喜欢的娱乐共享项目，如烘焙 DIY、镜面迷宫、艺术创作、元宇宙游戏室等。馆内格调高雅、功能多元、书香浓郁。其中，阅读区包含红色教育、社科类等22个种类，陈列书籍达1.3万余册，为读者提供沉浸式读书环境。

【红书屋】 廉文化馆“红书屋”位于南昌市红谷滩区赣江南大道长天廉文化主题公园廉文化展馆二楼，总占地面积380平方米，藏书量达1.3万余册，室内引入电子阅读机、智能借还书机和智能办证机等智能化设备，为市民提供全程自助的图书服务。红书屋内还包含摄影作品展览区、廉文化书法展示区等。

【凤凰洲街道综合文化活动中心】 凤凰洲街道综合文化活动中心为红谷滩区2022年新建文化场所，位于南昌市红谷滩区丰和北大道1014号，场所面积1200平方米，场地内设有健身舞蹈室、图书室、电子阅览室、乒乓球室、未成年人活动室、多功能文娱活动厅等服务场所。

【南昌中山艺术博物馆】 南昌中山艺术博物馆于2019年10月落成并开放，场馆分别位于南昌市红谷滩区翠林国际大厦七楼、南昌小蓝经济技术开发区富山大道238号，占地面积约1万平方米，以收藏、整理、展示、研究陶瓷和书画等艺术品为宗旨，以保护与传承中华民族优秀文化为职责。致力于通过传统文化与古建文化、地域文化、校园文化等感悟与整合，建立爱国主义教育基地，传播有益于经济发展和社会进步的思想道德、科学技术和文化知识；成为对青少年进行艺术教育的公益性文化建设重要基地。整个馆分为三个部分，分别是古韵赣鄱、样式雷纪念馆、操驰艺术馆。在古韵赣鄱主要展示的是中华特色建筑文化之一——牌坊、代表秦汉时期建筑装饰辉煌和鼎盛的秦砖汉瓦、江西五大名窑的精美展品、海捞瓷等；在样式雷纪念馆主要展示的是太和殿、祈年殿木结构模型和有关样式雷的文献、《神工巨匠——样式雷》纪录片和样式雷楹联书法作品等；在操驰艺术馆，展示的是陶瓷绘画。

【南昌金九福钱币博物馆】 南昌金九福钱币博物馆位于南昌市红谷滩区世贸路898号博能兰韵文化艺术中心二楼。该馆由中国著名钱币收藏研究鉴定专家金家栋和其女儿金花共同创办。该馆收藏展示自夏、商、周、秦、汉、三国、两晋南北朝、隋唐五代十国、宋元明清民国至今的各种历史钱币上万枚。其中“中国革命根据地红色货币”“江西历史货币”“古丝绸之路货币”为馆藏三大特色主题展览。博物馆馆藏的红色货币为珍贵革命文物，是全国唯一一家馆藏红色货币数量、版别最多的博物馆。《中国革命根据地红色货币展》先后获得国家文物局2019年度核心价值主题展览100强、江西省十大精品展览等荣誉。2020年12月南昌金九福钱币博物馆被评为国家二级博物馆荣誉称号，已成为江西省极具特色的货币文化公共教育基地。

【南昌市中国工艺美术大师博物馆】 南昌市中国工艺美术大师博物馆，坐落于赣江江滨的滕王阁畔，是中国迄今唯一一座为640位由政府评定的中国工艺美术大师专门建造的工艺美术综合类博物馆，馆内现有藏品68693件，涵盖雕刻、陶瓷、印染、编织、织毯、漆器、工艺家具、金属工艺、首饰、玻璃工艺及民间美术等十一大门类，现为国家二级博物馆、国家AAA级景区、全国科普教育基地、全国工艺美术科普基地、爱国主义教育基地、中国非遗传承人群研修研习培训基地、江西省非物质文化遗产传播基地、江西省科普教育基地、江西省社会科学知识普及宣传基地，中国工艺美术学会常务理事单位、江西省工艺美术学会副理事长单位、江西省博物馆学会副理事长单位。主办机构江西超弦控股有限公司和南昌工学院凭借自身的资源优势、高校背景，以及民族教育特色，将博物馆打造成中国工艺美术大师的精品展示基地、绝技传授基地、学术交流基地、教学观摩基地和大师跨界联谊基地，进而推动中国工艺美术事业的发展，传承民族文化，保护璀璨精彩的非物质文化遗产。根据国务院《传统工艺美术保护条例》，有关部门从1979年至2022年先后八次组织评选并授予640位出类拔萃的优秀技艺人员“中国工艺美术大师”荣誉称号。为了传承、弘扬中国传统文化，中国工艺美术大师博物馆将640位中国工艺美术大师的精品力作及相关文献尽揽囊中，予以收藏，而且文字记录详尽，展出手法先进，同时辅助出版作品图录、创作故事等系列精品图书，使中国工艺美术大师的作品展示和保存得更加直观、更加精致、更加完备和长久，成为真正意义上的工匠精神的窗口、工艺美术的名片，让每一位观赏者从中受到震撼、获取教益，产生实现中国梦的内生动力和民族自信。

（关　晓）

文化工程

【概况】 2022年，为进一步彰显南昌省会担当，提升城市品位，营造全民阅读氛围，更好地满足广大群众日益增长的精神文化生活需求，建设更具创造力、创新力、竞争力、影响力的文化强市，在现有公共图书馆提供的阅读服务基础上，以财政投入带动社会力量参与，创新性推进城市书房——“孺子书房”建设，逐步实现阅读服务便捷化、均等化、社会化。“孺子书房”是采用信息化技术、自动化设备，实现无人值守、有人管理、公共阅读、自助服务的城市书房。市民和读者可以在书房内免费借阅图书和自习，参与阅读推广、学习交流、文化体验、志愿服务等活动，享受自助借还、通借通还等阅读服务。“孺子书房”建设和运行管理以政府投入为主，由市、县（区）两级共建。全市2022年和2023年两年计划建设100个“孺子书房”，其中红谷滩区10个（2022年6个、2023年4个）。建设任务完成后，随城市发展和群众需求，有条件的可逐年增加。

【孺子书房·南昌西站分馆】 位于南昌西站候车室二楼“红土情”爱心服务区，面积74.24平方米，藏书2000余册，设置阅读座位数量25席，将孺子书房、军人候车室及爱心候车室进一步融合，真正适应旅客的各种需求，出行的旅客可以在候车的同时，走进孺子书房，享受文化的熏陶，进一步感受书香洪城的浓烈氛围，该点位配套齐全，书柜、桌椅、茶水间、空调等基础设施一应俱全，为广大旅客们提供了学习和交流的平台。

【孺子书房·T16分馆】 位于南昌T16购物中心，地处南昌CBD中心红谷滩区核心地带，书房总面积为251平方米，藏书2000余册，设置阅读座位数量24席。孺子书房所在的空中花园是新晋网红打卡胜地和公司主力打造经营方向。

【孺子书房·厚田乡分馆】 位于厚田乡新建便民中心大楼1楼，面积56.5平方米，藏书2000余册，设置阅读座位数量16席，旁边即是厚田乡车站候车室，属于厚田乡人气最旺一处。通过在此建设孺子书房、提供良好阅读条件、传播读书氛围，让群众通过阅读加深了解惠农政策、种植养殖技术等，扩大政策知晓面，提升专业技能，拓展农村儿童知识层面，开阔视野，丰富课后生活，让农村儿童养成良好的阅读习惯。为巩固脱贫攻坚成果，实施乡村振兴战略提供助力。

【孺子书房·凤凰洲分馆】 位于红谷滩区黄河路175号（凤凰洲志愿服务集散中心），面积35平方米，设置阅读座位数量14席，藏书2000余册。此处为凤凰洲公交车站起始站，旁边即是凤凰洲志愿服务集散中心、黄河路社区党群服务中心、凤凰村村委会、凤凰洲卫生站等，且同时位于几个社区中间，1楼临街，环境开阔，周围人口密集，覆盖面广，该点位配套齐全，书柜、桌椅、茶水间、空调等基础设施一应俱全，为广群众提供学习和交流的平台。

【孺子书房·摩天轮分馆】 位于红谷滩区赣江南大道1号，摩天轮以南首开区1号集装箱商铺面积约190平方米，设计结构为两层带露台集装箱式结构（其中一楼120平方米、二楼70平方米、露台53平方米），藏书4000余册，设置阅读座位80席，已运营，免费向公众开放。该处人流量大、交通便利、环境优美，附近有保安亭、公交站、地铁站等，周边市政配套设施齐全。该点位将会为广大群众提供优越的学习和交流的平台，同时也会成为一处网红打卡胜地，结合孺子书房开展多元化特色阅读活动，与周边商业体形成良好的业态，提升了当地整体文化氛围，成为一个多元化的阅读休憩场所。

【孺子书房·桥郡社区分馆】 位于红谷滩区丰和南大道联泰桥郡党群

2022年，位于红谷滩区T16购物中心5楼空中花园的孺子书房T16分馆
（区文广新旅局 供图）

服务中心旁，面积38平方米，藏书2000余册，设置阅读座位14席，一楼，临街，周边小区人口密集，且周边有南昌航空大学、航空大学附小等多所学校，学生众多。同时该点位配套齐全，书柜、桌椅、卫生间、空调等基础设施一应俱全，附近有社区中心、保安亭，公交站、地铁站等市政配套设施。书房覆盖面大，使用率较高，该分馆旨在为社区尤其是中小学生创造一片新的阅读自习空间，同时打造成为居民身边的图书室、阅览室、自习室，给周围居民提供便利的阅读场所。

（胡汪宏）

2022年11月，红谷滩区在未来空间·未时合集馆开展百馆百校红色课堂“童心永向党”主题活动（区文广新旅局　供图）

文化活动

【概况】 2022年，红谷滩区认真落实文化强市战略部署，围绕文旅市场发展形势，创新繁荣文旅消费经济新形式，推出一系列内容丰富、主题各异、精彩不断的文旅活动，解锁一系列文旅新玩法，丰富市民的文化生活。全年共开展24场全民阅读活动；积极组织开展“百馆千万场 服务来共享”系列群众文化活动；开展文化进万家、文艺志愿服务活动共14场，其中开展“舞起来”6场、百姓大舞台4场、文化大讲座1场、红色课堂3场；百馆联动云1场。同时，各乡镇、街道积极开展文化志愿服务活动，组织红谷滩区万人异地同跳广场舞《领航》活动及红谷滩区第十二届全民健身广场舞大赛，进一步形成文明和谐的良好社会氛围，为红谷滩区文化高地建设贡献新的力量。

【“腊八传温情”活动】 2022年1月10日，在腊八节传统节日到来之际，红谷滩区悦城西社区开展我们的节日——“悦城一家亲，腊八传温情”活动。农历腊月初八是中国的传统节日，民间流传着喝腊八粥的古老习俗，人们习惯在这一天喝上一碗暖暖的腊八粥，祈福新的一年平安吉祥。俗话说，“腊七腊八，冻掉下巴”。天气虽冷，文化志愿者的热情却丝毫不减，活动当天一大早，社区工作人员和文化志愿者们就开始忙碌起来，热情地招呼过往的居民品尝一碗香暖四溢的腊八粥，不管是社区的居民，还是社区的保洁大姐、保安大哥都可以享受到这场冬日的“暖宴”。让大家能够在寒冷的冬季感受到社区的温暖。此次活动，社区共送出腊八粥百余份，表达了社区大家庭的关爱之情，宣扬传统文化，促进社区和谐，一碗小小的腊八粥，传递着国家和社区对居民的关爱及浓浓的节日情，使居民愉快过节的同时，更体现敬老爱老的优良美德，促进社区和谐健康发展。

【庆元宵活动】 2022年2月15日，元宵佳节来临之际，为弘扬传统文化，营造元宵节欢乐祥和的传统节日氛围，增进社区与辖区共建单位同居民之间的联系，共同创建文明、健康、和谐、美好的社区，红谷滩区悦城西社区联合南昌市消防救援支队特勤大队举办我们的节日——“同心共建聚合力 喜庆祥和闹元宵”主题活动，送文化送关爱共度元宵佳节。活动开始，映入眼帘的是文化志愿者为消防队员们带来的文艺汇演，此次文艺会演共8个节目。会演以热情洋溢的舞蹈《吉祥中国年》为活动开场，阿姨们热情的表演为现场营造欢快的氛围；诗歌朗诵《可爱的消防员》把消防员们的奉献精神表达得淋漓尽致；接下来的《太极·功夫扇》、小提琴独奏《丰收渔歌》等节目更是把现场的氛围带入高潮，把对祖国的热爱表达得淋漓尽致。活动最后，大家一起包饺子、煮汤圆、猜灯谜，大家开心的吃着饺子汤圆共话元宵喜乐，此次联合举办的庆元宵活动，传承了中华民族传统元宵节习俗，在继承和发扬民间传统文化的同时，以文明实践活动作引领，共同谱写奋进向前的新篇章。

【世界读书日活动】 2022年4月23—30日，正值世界读书日，由红谷滩区文化广电新闻出版旅游局主办，未来空间·未时合集馆承办的

"疫"时云阅读,共绘阅读报——世界读书日活动在线上开展,活动开展形式一为亲子组:小朋友与家长共同选定一本书籍或者绘本,进行亲子时光阅读,书籍类目不限。阅读后,孩子和家长在家共同完成一幅阅读手抄报,记录下幸福的阅读足迹;二为个人组:市民朋友在活动期间内,以个人形式提交个人阅读手绘报作品,参与本次活动。最后,成功参与本次世界读书日活动前50名的用户可获得未来空间·未时合集馆小V文创手提袋一个。更好地利用好未来空间·未时合集馆的资源,让市民们不仅在馆内享受读书生活两相宜,在家也能一起云读书,互相打卡监督、分享。

【快闪合唱《领航》】 2022年10月25日,根据省委宣传部《关于深入开展主题歌曲〈领航〉传唱传播的工作提示》要求,为推动歌曲广泛传播到人民群众中去,区文广新旅局高度重视,精心组织,广泛动员各乡镇、街办、管理处,利用各类文艺队伍、文化场馆组织辖区居民、党员干部、文艺志愿者踊跃参与并开展形式多样的传唱、教学活动,区文广新旅局组织50余名文化志愿者在红谷滩区建军广场快闪合唱《领航》并在官方微信公众号"文旅红谷滩"发布。

【百馆百场文化大讲座】 2022年11月4日,由红谷滩区文化广电新闻出版旅游局主办的百馆百场文化大讲座活动在凤凰洲街道新时代文明实践所三楼多功能室举行,参加此次活动的对象有辖区文化专干、文艺志愿者、歌唱爱好者。红谷滩区文化广电新闻出版旅游局邀请江西应用科技学院音乐学院党总支书记、常务副院长,青云合唱团首席指挥,歌剧中心主任杨力为大家授课。课程内容为讲解歌曲《领航》,该曲温暖深情、气势恢宏、大气中不乏细腻的情感表达,以新时代的抒情颂歌彰显江山就是人民、人民就是江山的宏大主题。通过此次专家讲座活动,大家对《领航》这首歌曲有了更深刻的理解,歌唱方法上也得到进一步的提升。

【开展"童心向党"主题活动】 2022年11月12日,为学习、宣讲党的二十大精神,传播当代中国价值观念,加深学生对"红船精神"、理想信念的认识和理解,立志从小做一名有理想、有理念、有担当的接班人。红谷滩区文化广电新闻出版旅游局、南昌市妇女儿童活动中心、九龙湖公园、未来空间·未时合集馆开展"百馆千万场 服务来共享"百馆百校红色课堂"童心向党"纸浆画"红船精神"儿童手工活动。活动现场,有来自南昌市妇女儿童活动中心的黄老师,现场为大家讲解纸浆画"红船精神"的页面元素,为小朋友们植下红色的种子,手把手现场教学20位小朋友。"红船精神"是红色革命精神之一,指的是开天辟地、敢为人先的首创精神,是坚定理想、百折不挠的奋斗精神,立党为公、忠诚为民的奉献精神。在老师的教学讲解后,孩子们将每一个步骤都谨记于心,认真仔细地完成"红船精神"纸浆画的制作。为期2个小时的手工活动,小朋友们都十分有耐心,不浮躁,勇敢克服难题,完成最后的胜利。小小红船承载千钧,播下中国革命的火种,开启中国共产党的跨世纪航程。

【"我的中国梦"文化进万家活动】 2022年11月12日,为营造学习宣传党的二十大精神的浓厚氛围,满足人民群众文化需求,认真落实文化惠民工程,由区委宣传部指导,区文广新旅局、流湖镇政府、区新时代文明实践促进中心主办,区文化事业发展中心承办,区流湖镇溪洪村村民委员会协办的党的二十大精神文艺宣讲活动——"我的中国梦"文化进万家活动暨"红色文艺轻骑兵"下基层优秀文艺节目展演,在流湖镇溪洪村成功举办。活动共分为三个篇章:活动在第一篇章《梦回大唐》的舞蹈中拉开序幕;第二篇章为"奋进——时代飞扬";第三篇章为"礼赞——展望未来"。此次活动有传统、传承,也有创新、展望。

【百姓大舞台文艺演出活动】 2022年11月12日,为深入学习贯彻党的

2022年11月12日,流湖镇溪洪村举办我的中国梦"文化进万家活动暨"红色文艺轻骑兵"下基层优秀文艺节目展演 (区文广新旅局 供图)

二十大精神，满足人民群众更高水平的文化需求，实施惠民工程，由省文化和旅游厅主办，省文化馆、市文广新旅局承办，流湖镇政府、区文广新旅局协办的以"永远跟党走，奋进新征程"为主题的"永不落幕"的百姓大舞台文艺演出在流湖镇庆新村成功举办。演出在《梦回大唐》古风舞蹈中拉开序幕，紧接着上演了魅力金秋舞蹈团的《十送红军》、南昌洪翔舞蹈队的《爷爷奶奶和我们》、沙井街道的《花开中国》、生米街道的《鄱湖欢歌》《陈氏太极拳精要十八式》及红角洲街道的《站在草原望北京》等一系列节目。

【云端复古集市活动】 2022年11月19—20日，在区文广新旅局、区金融办、凤凰洲街办大力支持下，由江西裕民银行联合黑铁现场、天强数码、顽固集合、REDFACE咖啡、無仓酒馆、花野园艺、阿鹏音乐站等品牌共同举办了云端复古集市活动。同时，还特邀红谷滩消防救援大队、阿拉善SEE鄱阳湖项目中心、壹基金江西协调机构（南昌益心益意公益服务中心）、江西正和岛、红谷滩区新联会、南昌孝谦文化等单位深度参与其中。活动以高空云端为特色，以"国潮复古"为主题，以集市、音乐会为载体，将传统餐饮、露营文化、公益传播、街头涂鸦等广受年轻人喜爱的元素进行平台化整合，提供一站式"畅玩"体验，牢牢抓住年轻用户的喜好，唤起年轻用户的情感共鸣。

（关　晓）

文化市场管理

【概况】 2022年，红谷滩区文广新旅局以保障文旅市场平安稳定为工作重点，加强队伍建设，积极开展全区142家文旅场所日常巡查和市场监管，全面落实好各项工作，有力地维护了红谷滩区文旅市场的繁荣稳定。

【加强文化市场监管】 2022年，文旅市场管理大队在区委、区政府和区文广新旅局党组的坚强领导下，在市业务部门的精心指导下，以"提升文化精神文明素养和规范市场经营秩序"为主线，采取条块分割、独立执法、责任到人的方式，大队全体干部共同努力、合力协作，较好地完成了年度各项工作和上级交办的各项任务。

【开展"扫黄打非"行动】 2022年，全区"扫黄打非"战线紧紧围绕迎接宣传贯彻党的二十大这条主线，发扬斗争精神、锤炼斗争意志，聚焦重点难点、狠抓专项整治，依法严厉打击各类非法出版传播行为，全面扫除网上网下文化垃圾，积极营造风清气正的社会文化环境。深入开展"扫黄打非·正道2022""扫黄打非·新风2022"集中行动和8个专项整治活动，公安、文化、网信等部门工作合力不断增强，全年查处"扫黄打非"案件5起、非法传教案件1起，取缔2个非法传教活动点，抓获散发"涉黄小卡片"犯罪嫌疑人52人，查获"涉黄小卡片"近2300张，对辖区网站进行49次网络专项巡查，处理上报相关信息430余条，关闭传播"黄赌毒"有害信息网站9家，约谈互联网平台4家。文化安全更加稳定。2022年是党的二十大召开之年、实施"十四五"规划的关键之年。自年初开始，提早部署、迅速行动，严格日常管理，全年出动执法人员112人次、执法车辆32辆次，检查出版物批发和零售企业、广告文印店、校园周边书店、邮政寄递企业、网上书店等点位144家，收缴非法出版物260余册，确保全区文化安全和出版物市场健康有序。"护苗"行动更加有效。深入推进"护苗"行动，精心组织教育引导，参与全省"护苗·绿书签行动"主题曲——《绿书签之歌》的拍摄制作，面向全区中小学校开展《"绿书签"活动主题公益短片》展播活动。加强清查整治行动。在开学季、高考季加强校园周边文化市场清查整治工作，

2022年9月16日，区文广新旅局联合区应急管理局、区城管执法局等单位开展国庆节前安全大检查　　（区文广新旅局　供图）

收缴有害书籍、卡通漫画、游戏卡片等40余册(张)。深入推动“扫黄打非”结合融入基层平安建设、精神文明建设和新代文明实践阵地建设,建成规范化标准化“扫黄打非”工作站88个,积极组织参评全国第六批“扫黄打非”进基层示范点建设,卫东街道江信花园社区“扫黄打非”工作站被推荐参加全省基层示范点评选。在新时代文明实践阵地、学校以及市民公园等地设立“扫黄打非”宣传专栏,普及“扫黄打非”知识,夯实宣传阵地,开展宣传宣讲活动60余次。依托红谷滩区融媒体矩阵,实现“扫黄打非”日常宣传常态化,发布日常整治成果10余条,努力营造了健康向上的舆论文化氛围。

【维护文旅市场安全稳定】　2022年,区文广新旅局领导班子认真履行安全生产责任制,推动各单位健全完善责任体系和政策措施,不断提升安全监管能力水平,切实履行好监管责任。进一步增强防范化解重大风险的意识,紧密结合实际,扎实开展安全风险研判工作,找准风险点,落实管控措施,加强源头治理、综合治理、精准治理。定期对文化市场、旅游、文保等单位存在的实际问题提前研判,及时解决实际问题。按照“管行业必须管安全、管业务必须管安全、管生产经营必须管安全”的原则,不断强化对监管行业的安全检查工作,全年对存在有安全隐患的经营场所约谈3家,督促整改措施落实,确保消除安全隐患。按照“三管三必须”的要求,做到安全生产责任“五落实”,强化文化市场、旅游单位、文保单位消防安全检查,在党的二十大召开前夕,联合市局多个部门对星级酒店、电影院、娱乐场所、景区等进行专业安全检查,发现隐患18处,整改隐患18处,整改率达100%。结合安全整治三年行动方案,严格按照“隐患就是事故、事故就要处理”的理念和“铁面、铁规、铁腕、铁心”的要求,加强对公共文化场所、旅游单位和文物保护单位安全生产的检查,采取部门联合检查、日查与夜查相结合等方式,紧盯各行业单位,督促社会单位落实主体责任。按照区安委会的工作部署,结合日常工作,完成了各项重要检查行动,使日常检查和专项行动有机结合,形成安全生产检查的长效机制。按照红谷滩区安委会的工作部署并结合工作实际,确保完成年度安全生产工作目标,做好2022年冬春火灾防控工作,按照工作步骤完成重点任务,制造声势,精准排查,做好重要节点安全防范工作。至年底,共检查生产经营单位1520家次,出动人员1951人次,排查隐患数量37项,整改37项。

【全面落实扫黑除恶专项斗争各项工作】　2022年,结合文化市场管理职能,通过日常检查、集中督查等方式,深入全区文化市场,全方位开展集中摸排,加强对全区29家网吧、23家娱乐场所、81家书店、11家影院等重点行业领域的明察暗访,重点排查文化场所黑恶势力,切实增强扫黑除恶的针对性、实效性,把扫黑除恶专项斗争和文化市场监督管理结合起来,有效铲除黑恶势力滋生土壤,维护文化市场繁荣稳定。

【开展创建文明城市宣传工作】　2022年,结合工作实际,通过开展形式多样的文艺演出和志愿服务活动,全方位开展文明城市创建宣传工作。提高宣传氛围,制作宣传海报200余张、展架100余架,发放至全区90余家文旅经营单位,并要求各文旅场所利用宣传栏、广告牌、移动电视等媒介平台,广泛刊播刊载,迅速在全区文旅市场掀起文明创建热潮;有序开展送戏下乡、送书下乡、送电影下乡、文明旅游进景区等群众喜闻乐见的文化活动,不断丰富人民群众精神文化生活;组织召开辖区文旅市场业主大会,传达省、市、区文明创建会议精神和有关要求,督促各企业落实行业主体责任,强化安全防范意识,依法依规开展经营活动。

【加大非法卫星地面接收设施整治力度】　2022年,根据各属地上报排查结果,先后对红岭花园社区、云溪花园社区等社区内的卫星地面接收设施的违规行为进行清理整治。在清理过程中,坚持以人为本,处罚与教育相结合的原则开展清理工作,并提供自行拆除,拆除收回和强制性拆除三种方式由当事人选择。自行拆除:以教育为目的,请当事人自己拆除,不优惠,不处罚;拆除收回:拆除收回相关设备,以教育为目的,并给予适当优惠政策(入网安装费可减免100元),卫星设施由执法人员收回;强制性拆除:以教育为目的,若当事人拒不执行,又确实存在违规行为,联合属地实行强制性拆除,并给予没收等处罚。通过多种方式并进,以上社区内的卫星地面接收设施的违规行为得到有效遏制。全年共出动人员60余人次,动员群众自行拆除非法设施5套,强制拆除非法设施43套。

(徐　芬)

乡镇、街道（管理处）

流湖镇

【概况】 2022年6月27日，省政府批复同意将新建区流湖镇划归红谷滩区管辖；8月6日，红谷滩区流湖镇挂牌成立。流湖镇位于红谷滩区西南部、赣江西岸，东连厚田乡，南与松湖镇、丰城市相邻，西与石岗、西山镇接壤，北靠石埠镇、生米街道。区域总面积122.29平方千米，其中耕地面积62.67平方千米（水田52平方千米、旱地10.67平方千米），林地3.4平方千米。年末户籍人口5.71万人（其中城镇人口1.18万人）。下辖27个行政村（车塘村、陆林村、溪洪村、南岗村、莲塘村、张仪村、红岗村、罗桥村、淑溪村、丁坊村、楼下村、新塘村、清溪村、程坊村、大岗村、地上村、邓埠村、对门村、红星村、义渡村、柏树村、北城村、谷溪村、庆新村、钟坊村、北港村、上房村）、2个城市居民社区（桃花源筑社区、汀兰湖社区）、2个农村社区（义渡街社区、流湖街社区）、152个自然村。昌樟高速穿境而过并设有高速出入口（生米站），境内有2条省道（S105、S216）、2条县道（X055、X057），各村实现了村村通。同时规划建设中的南昌绕城西二环高速和新320国道均穿境而过。全镇地势西北高、东南低，属半丘陵半滨湖地区，境内南有锦江，北有流湖导托渠，茶陂、罗山、中港3条水系汇聚春风河流入锦江。有小（2）型以上水库18座、山塘29座，境内还有丰富的地热资源，是南昌地区唯一的温泉之乡。流湖镇有新石器时代的蛇虾垄遗址，有为纪念三国东吴名将太史慈的感古庙，有抗战时期遗留的陆林地堡群，流湖还流传着“过社火”“抬轿子”“赛龙舟”的习俗。流湖镇是2001年由流湖乡和义渡乡合并而成的，于2014年撤乡建镇，并在2022年8月区划调整至红谷滩区管辖。2022年，流湖镇全面贯彻落实党的二十大以及习近平总书记视察江西重要讲话精神，全面落实省、市、区委会议精神，在区委、区政府的坚强带领下，以“作示范、勇争先”的雄心壮志，主动对标全市“一枢纽四中心”发展定位，全面落实“六大战略”，坚定不移推动经济社会各项事业发展迈出新步伐。

【政治建设】 2022年，流湖镇坚持以习近平新时代中国特色社会主义思想为指导，全面贯彻党的二十大精神，以实际行动坚决拥护“两个确立”，坚定践行“两个维护”。不断巩固“三化六好”成果，开展村级活动场所提质攻坚行动，全面提升工作质效，全镇村党支部“三化”达标率100%。严整干部队伍，积极开展镇属支部书记述职评议工作，开展选树典型工作，开展村党组织书记抓党建促乡村振兴“擂台比武”，组织10个村进行现场“比武”，营造“比学赶超”的氛围。镇党政班子把政治纪律和政治规矩挺在前面，自觉抵制“帮圈文化”，严格执行民主生活会制度。大力开展“4+X”基层干部作风整治，制定专项整治工作方案，成立工作领导小组，按照时间节点督促支部进行学习、谈心谈话、上交“‘小鬼难缠’问题专项整治”及“脱离群众和漠视侵害群众利益问题专项整治”问题排查整改承诺表，共收到整改承诺表518份，谈话187人。

【经济发展】 2022年，流湖镇全年主要经济指标均超额完成任务。全镇实现财政总收入1.06亿元；实现粮食总产量56596吨；完成固定资产投资24.5亿元，同比均大幅增长；社会消费品零售总额增长24%；全镇经济继续呈现出健康、持续、和谐、快速发展的良好势头。围绕农业大镇的定位，继续发展特色优势农业，现代柑橘园完成树苗栽种；莲塘村装配式建材基地基本建成；爱园现代农业产业园项目已扩建达26.67公顷；上房食用菌基地已进行菌包流水线生产；畜禽粪污资源化利用整县推进项目顺利完工运行。同时，抓住国家大力实施巩固拓展脱贫攻坚成果与乡村振兴有效衔接战略的契机,不断推动"三农"、改善民生、发展社会事业、促进经济结构调整等重点工作,积极谋划,大力争取,实施一批农业、水利、交通和民生项目。

【社会治理】 2022年,流湖镇紧紧围绕维护社会稳定这个大局,以创建"平安流湖"为主线,坚持"打防结合、预防为主"方针,认真处理人民群众的来信、来访,依法维护信访秩序,及时为群众排忧解难。重点抓好区划调整期间的社会稳定工作,切实进行矛盾纠纷源头治理,抓好春节、两会、端午、中秋、国庆及党的二十大等重大节庆时期的矛盾纠纷排查处置工作,共排查重点问题108个,及时做好化解工作。大力整治道路交通、河道采砂等重点领域的秩序;提高安全生产、防汛抗旱、森林防火灭火、防灾救灾和应急管理能力。

【民生工程】 2022年,流湖镇千方百计扩大就业,提供就业指导、政策咨询等服务;全年提供小额贴息贷款190万元;进一步完善城乡低保动态管理的"应保尽保、应退尽退"机制,共发放城乡低保1404万元,发放特困生活补贴254万元,发放临时救助金26万元,786名重度残疾人两项补贴得到落实。全年全镇医保参保人数45636人,参保率达到98%,居民报销医疗费用1600万元。文化教育方面,持续针对流湖籍优秀大学生64人发放教育助学金10万元。流湖镇2022年人大票决的3件民生实事项目——楼下村全民健身场地工程、流湖镇公交客运站建设工程、流湖镇村庄亮化工程,在镇党委的坚强领导下,在大家的共同努力下,均已顺利实施完成。

【实施乡村振兴战略】 2022年,流湖镇切实把巩固拓展脱贫攻坚成果与乡村振兴有效衔接工作摆在头等重要位置来抓,严格落实"四个不摘"(摘帽不摘责任、不摘帮扶、不摘政策、不摘监管)要求,保持现有帮扶政策、资金支持,帮扶力量总体稳定,确保衔接工作平稳有序不断档。严格落实上级相关成果排查、监测帮扶要求,对脱贫户尤其是边缘易致贫户、突发严重困难户重点监测帮扶,建立组级主动发现、村级快速反应处置、镇级跟踪监测"三级联动"管理体系,对纳入重点监测帮扶的对象安排镇村两级班子成员及站所负责人联系包保,做到致贫返贫风险早发现、早干预、早帮扶,坚决守住不发生规模性返贫的底线。按时推进红星村工业化养鱼基地产业路项目、新塘村生产道路硬化项目、大岗村抗旱站及机耕道硬化工程项目、淑溪村第一书记项目、上房村第一书记项目等一批乡村振兴项目。

【稳定粮食生产】 2022年,流湖镇克服疫情带来的不利影响,在大家的共同努力下,顺利完成早稻种植面积3333.33公顷,一晚种植面积2000公顷、双晚种植面积3000公顷、藠头302公顷。面对突如其来的夏秋连旱,积极组织党员干部和广大群众全力投入抗旱保灌工作,全镇投入资金650余万元,抗旱设备180余台,人力8000余人次,打抗旱井160余口,旱情得到有力缓解,群众得到有效安抚,最大程度减少了干旱对农业生产的不利影响,确保了粮食稳产。同时,大力提升农业基础设施建设,完成了2021年度733.33公顷高标准农田建设任务,启动了2022年度333.33公顷的高标准农田建设;加大冬种扩面工作,落实油菜冬种面积1533.33公顷。

【"五型"政府建设】 2022年,镇党委、政府始终把加强自身建设作为转变政府职能、夯实基层基础的第一抓手,通过推动营商环境优化,升级"一号改革工程",完善绩效考核等干部管理制度,狠抓干部职工的思想作风、工作作风建设,按照"行为规范、运转协调、公正透明、廉洁高效"的政府机关形象要求,教育和引导广大党员干部经常深入田间地头和群众中间,了解群众意愿,倾听群众呼声,关心群众疾苦,践行"脚下有土、心中有谱"工作作风,强化为民服务意识。通过抓作风、抓服务、抓质量,切实转变政府职能,不断推进"五型"政府建设。全年共收到"12345"政务服务热线工单319条,民声通道7条,人民网领导留言板信息3条,及时回复率和办结率均为100%。政务公开专业化、规范化水平显著提高,政府作风效能持续优化。

【镇一届人大一次会议召开】 2022年11月5日,红谷滩区流湖镇第一届人民代表大会第一次会议在镇政府三楼大会议室召开。应到代表83名,实到代表74名,列席人员20名。会议听取、审议并通过了流湖镇人民政府工作报告、流湖镇人大主席团工作报告、流湖镇2021年财政预算执行情况和2022年财政预算的报告(书面)。票决了流湖镇2022年度民生实事项目。

(陈秋慧)

厚田乡

【概况】 2022年1月25日,红谷滩区厚田乡挂牌成立(2021年12月24日,省政府批复同意将新建区厚田乡划归红谷滩区管辖)。厚田乡位于红谷滩区南部,地处赣江与锦江交汇处,东与南昌县冈上镇隔江相望,南与丰城市同田乡相邻,西接流湖镇,北连生米镇,"接两江而衔三县",地理位置优越,交通区位优势凸显。区域面积81.59平方千米(陆地面积62平方千米、水域面积19.59平方千米),耕地面积26平方千米(水田面积18.4平方千米、旱地面积 7.6 平方千米)。年末户籍人口 3.4 万人。辖 18 个行政村(厚田村、西门村、梅花村、社林村、谷城村、下坊村、詹杨村、桐岗村、闸上村、象潭村、山水村、龙王庙村、狮子村、木埠村、新洲村、东洲村、三洲村、东屋村,其中三洲村和东屋村 2 个村委会于 2005 年整体移民至新建城区集中安置)、1 个居委会(厚田街道社区)、77 个自然村。厚田乡交通区位得天独厚。昌樟高速和温厚高速贯穿全境,丰厚一级公路连接温厚高速,并设有互通口;东靠赣江,西临锦江,水路运输可直入长江,能容纳较大型船舶通行。随着"西二环"和南昌港厚田码头的建设,320 国道改线工程和三清山大道南延至丰厚一级公路工程的规划建设,厚田乡将形成"水陆"双枢纽的交通态势。自然资源丰富多彩。随着自然环境的不断改善,国家二级保护动物蓝喉蜂虎等珍稀鸟类常年栖息于厚田乡境内,吸引全国各地的鸟类和摄影爱好者慕名前来观赏;远近闻名的厚田沙漠景区位于厚田乡象潭村和龙王庙村,经中国科学院兰州沙漠研究所专家论证,为"江南第一大沙漠"。厚田乡紧邻赣江,河道砂石资源丰富,为赣昌砂石公司主要取砂点,多年来为南昌城市基建提供了坚实的砂石保障。人文历史源远流长。厚田乡社林村是清朝兵部尚书周学健的故乡,自古就有"耕读传家、诗书继世"的优良家风;"九龙过厚田""许真君借井饮水""七姊妹树"等民间传说广为流传;丹陵观、龙王庙、东岳庙等宗教场所远近闻名;农历正月初九西门村"九龙聚会"活动盛况空前;正月十二、十三的东洲村舞草龙、厚田村板凳龙热闹非凡。

【政治建设】 2022 年,对 2012 年以来的 129 名新发展党员认真开展农村违规发展党员排查工作,摸排违规线索 4 条,并采取相应的处置措施。推行党员发展联审机制,确定入党积极分子 35 人,预备党员转正 29 人,接收预备党员 14 人。在疫情防控等工作中,有效发挥党建引领作用。践行一线工作法,突出"党旗飘起来,党徽亮出来,党员站出来"。积极推进基层党建"三化"提质增效,及时对因区划调整、换届等产生人员变动的情况进行信息更新,安排专人对"赣鄱党建云""洪城红"基层党建信息化平台进行信息更新,及时发动全体党员下载"党建云"App,进一步提高党员使用党建云的频次,先后两次举行党建云信息维护培训班,安排专人对全乡 28 个党支部的信息化数据进行维护,有效提高党员数据的精准度。有效落实《关于抓党建促乡村振兴的实施意见》《关于加强对村干部特别是"一肩挑"人员管理监督的若干举措》,严格遵守"三重一大"事项集体决策的有关文件精神,通过"主官 + 挂点领导 + 纪委书记"共同监督的模式,规范村级财务报账制度,防止村支部书记"一支笔签到底"的情况。积极推进新洲村蔬菜种植、桐岗村肉牛养殖、龙王庙村入股分红 3 个集体经济中央资金扶持项目,全乡 18 个行政村集体经济收入都在 20 万元以上。有效抓好 8 名大学生基层专干的日常管理,全面完成 124 名村"两委"干部和驻村工作队员的教育培训全覆盖,不断提升农村基层党建工作水平。建立 79 个农村网格党组织,实现全乡网格党组织全覆盖。全年发放"在党 50 年"纪念章 6 枚,扎实开展"七一"建党节、春节慰问走访,走访党员 228 名,发放慰问金 13.6 万元,不断提升老党员的荣誉感和自豪感。

【经济发展】 2022 年,深化"五型"政府建设,优化营商环境,推进政务公开,行政效能进一步提升,在办公用品采购、干部作风纪律、项目经费使用等方面及时完善修订了相应的管理办法。财税完成情况。完成税收 1543.29 万元,其中总部楼宇完成 1166.52 万元,基础税源完成 376.77 万元,同比上升 33.6%。总部楼宇重点税源企业有:江西蓝海物流科技有限公司(完成税收 440 万元)、南昌厚新港务有限公司(完成税收 547.7 万元,7 月之后由于码头关停无税收)。基础税源重点税源企业有:江西省博亚玻璃有限公司(完成税收 44 万元)、江西绿捷实业有限公司(完成税收 66.3 万元)、江西沙沁实业有限公司(完成税收 2.8 万元)、南昌赛维 LDK 光伏科技工程有限公司(完成税收 149.8 万元)、南昌厚龙劳务服务有限公司(完成税收 68.1 万元)。村集体经济情况。全年全乡 18 个村集体经济收入全部超过 21 万元、80% 的村超过 30 万元。18 个行政村完成村集体经济收入合计 1220.07 万元,其中完成 21 万—30 万元的村数量为 3 个,30 万—50 万元的村数量为 10 个,完成 50 万—100 万元的村数量为 2 个,完成 100 万元以上的村数量为 3 个,完成了既定任务。规上工业经济情况。全年完成规上工业总产值 4457.1 万元。其中,江西博亚玻璃有限公司完成产值 2443.6 万元,江西绿捷实业有限公司完成 2013.5 万元。固定资产投资情况。全乡全年完成固定资产投资 6.5 亿元,同比上升 16%。储备待申报项目 5 个,金额 1.5 亿元左右。优化营商环境开展情况。为深入贯彻推进优化营商环境"一号改革工程",乡、村两级出动干部 40 余人,不漏一企,不落一人,持续推深做实"暖心护企"行动,积极走访辖区企业,共走访企业 740 家,其中正常经营企业 376 家、搬离注册地企业 26 家、僵尸企业 302 家、倒闭企业 36 家,在 376 家正常经营企业中,企业走访完成 181 家,个体走访完成 195 家。充分了解企业当前经营发展状况与诉求,为下一步持续优化营商环境、培育壮大重点企业、维护名录库等工作打好基础,助力经济发展快速步入良性运行轨道,为实现全区经济目标贡献厚田力量。

【社会治理】 2022年,高效化解基层社会矛盾,维护团结稳定大局,所有信访及矛盾纠纷问题均建立台账信息,确保有迹可循,及时调处。厚田乡被评为2022年度全市信访工作示范乡镇。完善应急预案,针对疫情防控、防汛抗旱等重大问题及时更新应急预案,应急体系得到进一步加强。为进一步完善森林防火长效机制,有效预防和扑救森林火灾,建立厚田乡森林防火“三员”(打锣员、道口把守员、巡山护林员)队伍,保障人民生命财产和森林资源安全。全面启用基层网格力量,多次举办网格员市域治理App专题培训班,联通了辖区内18个村级综治中心专网。同时,组织网格员开展养老领域防诈骗宣传活动,防范打击邪教组织非法聚集有奖举报活动,建立一支以网格员为基础的村级灾害信息员队伍。落实安全生产一岗双责、党政同责,发挥全乡12个安全专业委员会职能,加大安全隐患排查、整改力度,特别是对易燃易爆品、河道采砂、农民建房、抗旱用电等的排查整治;严格落实管行业必须管安全、管业务必须管安全、管生产经营必须管安全“三个必须”和安全生产政府督促责任(属地管理责任),部门监管责任、企业主体责任“三个责任”,着力避免安全生产责任事故的发生。在中秋节、春节等市民燃放烟花爆竹的高峰期,合理安排全乡机关干部、执法队员执勤,联合派出所、交警中队力量,采取重点地段守点监管与全方位巡查纠章相结合,文明执法与依法行政相结合,严管重罚与教育相结合的工作方式,加大春节期间禁燃禁放巡查管控,及时劝导阻止违规燃放烟花爆竹行为。春节期间,共出动执法人员500余人次,出动执法车辆120余车次,制止游玩龙灯、板烛等苗头性事件26起,为辖区内全面禁燃打好了基础,制止了燃放烟花爆竹的源头,辖区内规模性燃放烟花爆竹现象为零。

【民生工程】 2022年,始终抓民生改善,发展成效日益显现。坚持把保障和改善民生作为政府工作的出发点和落脚点,人民幸福指数不断提高。“西二环”项目迅速推进。“西二环”项目作为全市“2号项目”,途径厚田乡象潭、桐岗、詹杨、下坊4个行政村,过境线路总长约6.2千米(双向),需征地43.33万平方米(650亩),征迁80栋建筑物约1.33万平方米。为确保项目的顺利实施,厚田乡全力攻坚,仅用一周时间,就完成了72户中的71户签约任务;再用一周时间,桐岗村红线内建筑已全部完成拆除工作,拆除房屋面积为9197.01平方米;项目涉及青苗面积共24.19万平方米,其中水田面积16.34万平方米、旱地面积1.87万平方米、有林地面积5.61万平方米、苗圃地面积0.37万平方米已完成征收,涉及坟墓迁移196个,迁坟工作全部完成。乡村振兴示范村建设高质高效。高标准打造闸上村北下自然村乡村振兴示范村,充分发掘依山傍水的绝佳地理优势,改善村庄环境、优化水系结构、规整建筑布局、完善设施配套,以蛋鸭养殖为核心点,连接光伏电站、油茶种植产业,力争将北下村打造成南昌市民近郊休闲的首选地,形成点、线、面相结合的立体化发展态势。民生项目硕果累累。高质量完成S216大中修工程、梅花村艾家自然村进村道路、Y007山水至丰厚段道路等道路提升改造工程,进乡道路通行更顺畅;新便民服务大楼正式启用,群众办事更便捷;星级人大联络站打造完成,代表群众联系更紧密。投入300余万元用于抗旱资金,解决群众生产生活用水难题;完成输变电线路建设,使电力输送更高效。教育医疗蓬勃发展。大力发展教育事业,改善办学条件,营造重教兴教的良好氛围。对厚田籍高考学生录取第一批次本科以上的22名优秀学生进行奖励,发放奖金8.9万元,引导和鼓励厚田学子努力学习,再创佳绩。全面提升乡卫生院医疗服务水平,促成厚田卫生院与新建区中医院形成“医共体”,极大地方便了患病群众,实现了不出乡就能享受高水平医疗服务的目标。社会事业协调推进。深入推进养老、医疗保险等扩面征缴,电子医保凭证全覆盖,落实拥军优属、低保、残疾、孤儿等政策。

【全面推进乡村振兴】 2022年,乡党委、政府始终全面推进乡村振兴建设,坚持脱贫“不摘责任、不摘政策、不摘帮扶、不摘监管”,从严从实落实推进巩固拓展脱贫成果同乡村振兴有效衔接工作,环环相扣、压茬推进,以返贫监测、安全饮水、住房保障、教育保障、医疗保障、低保残补、产业就业、厕所革命和环境卫生等问题为导向,全面排查整改,有力推动各项工作落地见效。

【高质量抓防贫监测和帮扶工作】 2022年,制定并下发《厚田乡防止返贫监测帮扶集中排查工作方案》,明确防返贫监测流程及日常管理办法,明确农户申请、干部入户排查、大数据系统比对、行业部门数据预警等监测途径,做到早发现、早干预、早帮扶。定期监测,对易返贫致贫人员实施常态化监测,重点监测收入水平变化和“两不愁三保障”巩固情况,至年底,排查了医保部门下发的住院自费金额较大的数据,并对住院金额较大的农户申请防贫保险。定期研判,对于摸排出来的问题,驻村第一书记和村干部每月召开一次防返贫监测会议,将了解到的农户困难情况随时汇总,及时上会研究讨论,并上报到乡进行研判。精准帮扶,在确定监测对象致贫返贫风险时,就把风险类型标注准确,做到“对症下药”,为患大病有返贫风险人员办理低保,申请防贫保险,至年底，共为 2 户贫困农户申请了防贫保险金。

【巩固脱贫成果】 2022 年，严格按照习近平总书记提出的“过渡期内要保持主要帮扶政策总体稳定”的要求，紧紧围绕解决“两不愁三保障”和安全饮水问题保持政策总体稳定，做到不搞“一刀切”、不搞急刹车。全面落实健康帮扶各项帮扶政策，为所有低保、特困以及重残人口代缴基本医疗保险、大病保险。乡村干部上门摸排适龄儿童就学情况，共摸排全乡非义务教育阶段在读子女较多(3 人及以上)的有 188 户，义务教育阶段适龄儿童共 5710 人，经排查，均未发现有除身体原因不具备学习条件的适龄儿童辍学情况。对脱贫户、农村低收入群体等重点对象实行每月住房、饮水安全动态监测，对全乡农户实行每季度住房安全动态监测，每月饮水动态监测，并对每次的监测结果进行分析研判，确保所有农户居住在安全的房屋中，饮水安全得到保障。

【夯实乡村振兴基础】 2022 年，持续完善农村人居环境整治、农村污水治理、厕所革命等工程，乡村面貌有了翻天覆地的变化。全年全乡实施巩固拓展脱贫攻坚成果同乡村振兴有效衔接项目 4 个、资金 133 万元，其中产业项目 1 个、基础设施项目 3 个。

【加强项目资金管理】 2022 年，在项目建设管理上，根据群众需要及实际情况申报项目，召开村民代表大会讨论，经过村级公示，实地核实，提交乡党委会议研究，上报区乡村振兴局，待区政府会议审定后批复。所有项目公开公示，接受群众监督。同时，全面清查 2013 年以来各类财政资金投入项目形成的扶贫资产，组织乡属各行业站所对照项目台账逐一核实，厘清年度项目资金量及资产状况、所有者等关键信息，形成项目资产底册，最后对扶贫资产进行登记确权，落实管护主体和责任人。

(宋祥明)

生米街道

【概况】 生米街道位于复兴大桥西桥头，东临赣江，西接龙兴街道，北连九龙湖街道，南与厚田乡、流湖镇为邻，是红谷滩区九龙湖片区的重要组成部分。2022 年 1 月，南昌市人民政府同意撤销红谷滩区生米镇，设立红谷滩区生米街道。同年 8 月，生米街道析出礼庄山社区划归九龙湖街道，析出 2 个社区(璜源山社区、半山禧园社区)、5 个村(山图村、中堡村、铁路村、文青村、青岚村)，成立龙兴街道。生米街道下辖 13 个行政村(生米村、东城村、长岗村、朱岗村、南路村、曾港村、胜利村、夏宇村、南星村、相里村、摄溪村、感里村、郡塘村)、7 个社区(同乐社区、为民社区、同泽社区、同悦社区、生米花园社区、同瑞社区、同禧社区)。区域总面积 61.75 平方千米，年末户籍人口 5.6 万人。320 国道、昌樟高速公路等重要干线穿境而过，九龙大道、赣江南大道、三清山大道等城市道路通过，昌西南、九龙湖南、生米、九龙湖高速卡口设在境内，并设置昌南互通立交，南昌地铁 2 号线在此设有九龙湖南站、生米站、大岗站、南路站。全域现有耕地面积 3126.67 公顷(其中水田约 1480 公顷)，林地面积 1273.33 公顷，主要作物有水稻、藠头、花生、红薯、大豆、茶叶，特色农产品有藠头、花生、茶叶。生米街道办事处为红谷滩区人民政府的派出机构，按照职责范围，发展街道经济，管理自有资产和集体资产，服务项目建设，做好征地拆迁保障工作；负责辖区内维护稳定及社会治安综合治理工作，办理群众来访事项；负责社区、村委建设和管理，积极开展社区服务、村务工作；负责辖区居民的计生、劳保、教育等服务工作；承办区委、区政府和上级部门交代的其他事项。内设股室 8 个，分别为党政办公室、党建办公室、经济发展办公室、社会治理办公室、社会事务办公室、公共服务办公室(便民服务中心)、行政执法办公室(综合行政执法队)、农业农村办公室。有基层党支部 29 个，党员 830 名。其中，有村(社区)党支部 20 个、机关党支部 2 个、部门党支部 4 个、非公有制企业党支部 3 个。

【政治建设】 2022 年，始终把政治建设摆在首位，学习教育更加扎实，把学习习近平新时代中国特色社会主义思想作为党组织班子会议“第一议题”，开展党工委中心组理论学习、交流发言活动，组织党的二十大精神专题研讨，用新思想武装头脑、指导实践，全年累计开展党工委中心组理论学习 12 次。结合实际开展学习雷锋、“七一”建党节及《邓小平小道》红色观影等党史学习教育，进一步促进党员干部学史明理、学史增信、学史崇德、学史力行。基层组织更加坚强，各村(社区)党支部按要求执行“四议两公开一监督”、村干部坐班值班、民主议事等制度，按要求开展“三会一课”、组织生活会、民主评议党员、谈心谈话等活动，按照挂牌要求统一上墙议事规则、便民服务、党内生活等基本制度，规范设置“三务”公开栏。党建引领成果显著，大力推进“我为群众办实事”实践活动，全面深入践行“以人民为中心”理念，充分发挥“街道党工委 + 社区(村)党支部 + 网格小组”三级主体联动机制作用，全年累计开展各类新时代文明实践活动 730 次，覆盖群众 5000 余人。作风建设更加深入，坚决贯彻落实中央八项规定及其实施细则精神，在深化干部作风建设中开展“4 + X”专项整治行动，举行警示教育会通报龚某等人违纪违法典型案例,教育引导全体干部职工切实做到明底线、知敬畏、立规范、守纪律。全年共开展干部作风专项督查60余次,对违反作风问题的干部给予党纪处分1人,给予诫勉谈话处理2人,给予通报批评处理16人,切实推动干部作风持续向好。廉政建设更加有力,全年在班子会上传达学习纪委案例通报10次,开展街道警示教育大会4次,编发廉洁短信2500余条。同时,针对群众反映强烈、信访矛盾突出的问题,严格依规依纪依法行使监督职权,坚决做到有案必查、有责必问。至年底,共处置问题线索12条、信访件5件,立案12件,结案11件,党纪政务处分13人,其中给予开除党籍处分1人、党内严重警告4人、党内警告处分5人、政务警告处分3人。

【经济发展】 2022年,坚持以习近平新时代中国特色社会主义思想为指导,坚持推动经济高质量发展,克服疫情防控和经济下行带来的巨大压力,坚定信心保运转、克难攻坚促增长,实现经济社会的平稳发展。规模以上社会消费品零售额达22.3亿元;固定资产投资完成129.83亿元。一方面,常态化开展"暖心护企"优化营商环境活动,组建走访工作队伍,加强业务知识培训,深化服务企业意识,为企业成长全过程提供"保姆式服务",增强企业的获得感、安全感,全年累计走访694家企业、2277家个体户,完成率达100%,摸排到正常经营企业276家、个体户1229家。另一方面,盯紧盯牢辖区内企业,尤其是距离"升规入统"(升级规格,纳入统计范围内的企业)差距不大的企业,切实防止企业外流,并努力培植新税源和新的数据增长点,培育壮大市场主体,全年共培育企业130余家、个体户1000余家,为街道的经济发展不断注入新的活力。同时,进一步深化与招商企业、投资客商的联系,提高招商项目的"对接率"和"成功率",助推南昌市微轩联信息技术有限公司成功购买绿地VR科创城总部基地1整栋办公楼。

【社会治理】 2022年,进一步完善信访工作机制,全面排查化解各项矛盾纠纷,及时进行风险评估和预警,个别时期落实"日报告"制度,做到"小事不出村、大事不出街、矛盾不上交",全年累计接待各类群众260余批次约2800余人,化解群众关于社区管辖范围划分、征地拆迁、还建房分配、委培生、高速公路土地租金等一大批信访积案。进一步建设"平安生米",健全安全生产制度,制定应急救援预案,加大安全生产检查监管力度,突出加强对春节、五一、两会、党的二十大等重点时段期间的安全生产大检查,定期开展安全生产和消防检查,建立隐患整治问题清单,确保一般隐患现场整改到位,重大问题联合整改彻底。全年开展安全生产月、消防安全宣传专场活动8场,应急演练3次,有效提高了居民的安全防范意识,未发生一起重特大安全事故。以构建"和谐生米、法治生米"为指导思想,充分发挥党工委在推进法治建设中的领导核心作用,形成主要领导负责抓、分管领导具体抓、其他领导配合抓,一级抓一级、逐级抓落实的工作体系,在责任上不断传递、压实。结合街道实际,明确方向、突出重点,大力开展《中华人民共和国宪法》《中华人民共和国民法典》等法律法规学习培训活动,教育引导广大干部不断增强运用法治思维和法治方式解决问题的能力,让法治思维深入人心。以"八五"普法为抓手,常态化开展法治宣传工作,聚焦村(居)民关心的"黄赌毒"、金融诈骗、校园暴力、非法集资与传销等热点问题,采取以案释法、现身说法、讲解答疑等方式,大力推进法治进校园、进社区、进村落等工作,累计悬挂法治宣传条幅100余幅,举办普法活动9场,发放各类普法手册2万份,发放反诈宣传单3万余份。

【民生工程】 2022年,坚持把服务民生、发展民生作为第一要务,着力围绕百姓急难愁盼问题出实招、办实事、解难题,全力增强群众的幸福感、获得感、满足感。民生保障不断增强,按规发放各类民政保障资金约1306万元。其中,低保救助金发放近1000万元,特困救助金发放16.48万元,临时救助金发放7.21万元,救助13个家庭共计40余人。协助21名城乡低保重病特困家庭参加红谷滩区慈善总会救助,共申请金额27126元。同时,采用"人盯人""人盯项目""人盯资料"与"网格化"相结合的方式排查欠薪隐患,积极处理欠薪投诉问题。全年累计受理农民工欠薪案件投诉372起,已成功化解364起案件,共为4288名农民工讨薪7225万余元,移送区劳动监察大队8起,其中列入联合惩戒黑名单4起。惠民实事加快推进,以保障农民安居为目标,本着"公平、公正、公开"的原则,加快实施安置工程,全面完成生米村霞埠自然村、吴家庄自然村、黄家巷自然村的拆迁户回迁工作,安置1657套共15余万平方米,728户拆迁户喜圆安居梦。投资约360万元,提质改造为民社区老街农贸市场,改善市场交易环境,提升市场卫生水平,实现了"硬件+软件"的双提升;投资954万元,积极回应群众"所需""所盼""所忧",拓宽改造潼溪村道、胜利村道,方便村民出行,解决会车困难,受到村民的一致好评。投资约1700万元,保质高标推动"两整治一提升"专项行动,打造6个共同富裕样板村示范点。惠民力度不断加大,服务大厅坚持开展延时错时预约服务,安装"好差评"系统,推进"一窗式"办公系统的使用,切实解决群众的操心事、烦心事。大力宣传《南昌人才10条》,开展人社服务进社区暨就业援助专场招聘会,8家企业提供200余个就业岗位,达成就业意向

50余人，实现新增转移农村劳动力250人，城镇新增就业194人，发放创业担保贷款41笔1044万元。文化卫生事业协调发展，加强文物保护工作，按时巡查文物单位，加强文物保护法律法规宣传；发挥农家书屋作用，对出版物认真登记、统一编号、分类摆放整齐；坚持开展送戏下乡文艺惠民活动，全年送戏、送电影下乡达20余场，惠及大部分村（社区）；开展“扫黄打非”宣传工作，积极组织村（社区）基层站点开展对文化场所的检查排查工作；定期开展爱国卫生活动，在重要时间节点开展灭鼠、灭蚊、灭蝇、蟑螂消杀活动，不定期排查辖区内食品店、餐饮店、农贸市场等场所，保障辖区居民身体健康和生命安全。移风易俗加强宣传，通过典型案例解读高价彩礼、封建迷信、大操大办等不良后果，大力宣传喜事新办、丧事简办、绿色殡葬，破除陈规旧俗，反对铺张浪费，引导群众做文明新风带头人，弘扬时代文明新风。

【大力推进项目征迁】 2022年，坚持项目与效益并重，牢固树立“项目为先、项目为要、项目为王”的理念，持续发力项目征迁、阳光征迁、廉洁征迁，严格规范丈量方式、征迁程序、补偿标准，做到公示公开、公平公正。领导班子带队攻坚、坐镇指挥，倒排工期、挂图作战，责任到村、挂钩绩效，保障保利文化艺术城、VR科创城、南昌急救中心、南昌医学院、元宇宙VR数字农业示范基地、南昌市老年养护院、南昌市儿童福利院新址建设工程等大批省市区重大重点项目和民生项目的建设。全年完成拆迁面积19.25万平方米，涉及拆迁户1084户2413人。

【提升城市精细化管理水平】 2022年，进一步提升城市精细化管理水平，加强执法队伍建设，构建考核新机制，着力塑造作风严谨、纪律严明、管理规范、遵章守纪的良好队伍形象。以“严管重罚”的高压态势，重点整治融创别墅区、农村违建行为，实行物业、执法、社区三方联动管控，拆存量、减增量，全年累计拆除违法建设52处2700平方米。大力推进建筑立面、广告招牌、违停违建、占道经营、渣余土运输、搅拌站违规经营等专项整治工作。全年整治占道摊贩3300余处；处罚渣余土运输案件4起，罚款1.32万元；打击1处地沟油黑作坊。全面落实“四精”（精心规划、精致建设、精细管理、精美呈现）要求，不断巩固“创文巩卫”成果，对标对表抓整改，有效克服街道底子薄、基础差、拆迁卫生遗留问题多、整治难度大等困难，不断提升城市品质，美化城市环境。全年累计处理数字城管2.18万余件，处罚店面乱抛垃圾40起，罚款2000元，对龙兴大街黄土裸露、九龙大道VR路段等区域进行复绿，督促辖区内251家沿街店铺办理城市排水许可证、3家区属单位改造排水单元雨污管网。

【创新打造人大站点】 2022年，高标准、高质量打造人大联络工作站，尽全力提供财力支持和人力保障，累计投入180万元，配备2名专职人大工作联络员，历时3个余月的紧张筹备，成功打造出全省首个结合元宇宙等技术构建的人大联络站点，量身定制人大代表联络站讲解员“红小语”。“红小语”是一款“AI数字人”，具备体感动作捕捉、智能语音答辩、脸部表情捕捉等成熟功能。联络站总面积约400平方米，共分亮身份、联群众、善履职、带头学、解民忧、听民生6个区域，围绕“凝聚代表，服务群众”，努力搭建起党和政府联系群众的桥梁。至年底，有驻站代表共37人，其中有市人大代表4人、区人大代表34人（其中1人为市、区人大双重代表）。

【推进乡村振兴走深走实】 2022年，全力抓好水稻种植备耕工作，确保粮食产量达标，完成早稻种植面积253.33公顷（3800亩），冬季油菜及绿肥种植播种286.67公顷（4300余亩）。做好农业技术宣传指导、政策性农业保险及农产品质量安全管理工作，全年组织开展农产品质量安全宣传6次，发放宣传资料1500余份，铲除及杀灭加拿大一枝黄花总计200公顷。强化动物疫病防控，有序推进生猪复产工作，全年开展各类动物疫病防控工作6次，确保辖区内无禽流感、非洲猪瘟等重大动物疫情发生。推深做实林长制、河长制，区域责任到人划分到位，全年累计森林防火宣传投入及配备森林防火物资投入约6.2万元，开展专职护林员培训2次，开展全覆盖森林防火巡查工作10次，开展水库、堤防、山塘、水闸检查及日常巡查共计2900余人次，并及时更新更换责任人公示牌，为维护人民群众的生命财产安全提供坚实保障。

（罗　琪）

沙井街道

【概况】 沙井街道隶属于红谷滩区，位于红谷滩区西北部。东临赣江，西靠昌九高速，南接世贸路，北至庐山南大道。红谷滩区政府驻地。1997年9月1日，设立南昌市东湖区沙井街道办事处。至2022年，区域总面积6.78平方千米，年末户籍人口4.9万人。内设党政办公室、党建办公室、公共服务办公室、社会治理办公室、行政执法办公室、司法所、武装部、人大工委办公室、纪检监察室9个工作部门，下辖1个行政村（沙井村）、15个社区（红谷世纪花园、红谷雅苑、丰和、丰和花园、芳华、沙井、红谷凯旋、绿茵、齐云、风华、飞虹、昌北、春晖、庐南、芳菲）。2022年，围绕“疫情要防住、经济要稳住、发展要安全”“魅力沙井”建设目标，坚持问题导向，弘扬实干精神，主动担当作为，推动全街道各项工作再上新台阶。沙井街道荣获“江西省基层政务公开标准规范街道”“南昌市首批健康机关”“文明交通示范街办”称号；沙井街道团工委获南昌市“五四红旗团支部”称号；沙井司法所被评为“全省公共法律服务工作站示范点”“全市首批司法所规范化建设示范单位”。所辖沙井社区、红谷凯旋社区荣获“南昌市健康社区”称号；齐云社区团支部、沙井社区团支部荣获南昌市“五四红旗团支部”称号；红谷凯旋社区新时代文明实践站荣获“十佳优秀宣讲点”称号；绿茵社区荣获“五一巾帼标兵岗”称号。

【政治建设】 2022年，共吸收入党积极分子73人，新发展党员26人，按期转正45人，并于年初开展党务工作者及入党积极分子培训。至年底，共有92个基层党组织，党员1161人。其中，农村党委1个，党员150名；社区党委13个，党支部35个，党员726名；“两新”党组织36个，党员235人，机关支部3个，党员50人。依托楼宇党群服务中心对流动党员登记造册，强化日常管理；1161名党员按时足额交纳党费。完成老党员排查摸底和建档工作，为辖区14名老党员颁发“光荣在党50年”纪念章；强化党内关怀帮扶，申报困难党员2人；发动872名党员参与“互助一元捐”行动，累计捐款7423元。持续做优“两新”基层党组织，打造江西仟得文化有限公司为新就业新业态互联网就业群体党建示范点，并新增莱蒙、银湾2个红色物业为省市级党建示范点。依托江西仟得文化有限公司，凭借互联网资源优势，从“活动事业双吸收、线上线下双结合、志愿公益双发力”三个方面，破解新业态新就业群体党建工作面临的党组织吸引力弱、组织生活难规范、党员作用难发挥三大难题，并打造先锋直播间、党员活动阵地等；按照“两新”组织党建工作“三同步”要求，在24家非公企业成立妇联组织，凝聚起“党建+群团”的强大合力。上下众志成城抗击疫情，第一时间组建16个临时党支部、50个党员先锋岗，3000余名党员志愿者构筑起疫情防控的“战斗堡垒”和“安全屏障”；飞虹、丰和社区书记被评为“新时代赣鄱先锋”，并在全处基层党组织中掀起宣传学习热潮，引导广大党员干部向先进典型看齐。全街道16个村、社区均获评“无疫网格、健康家园”荣誉称号，全年累计在《中国组织人事报》《江西组工微讯》《南昌党建》《红谷滩党建》刊载相关内容60条。召开中心组理论学习15次、党建工作会议36次，教育培训党员500余人，推动党员干部自觉做“两个确立”的坚决拥护者和“两个维护”的坚定践行者。织密组织建设、意识形态“两张网”，推动全域覆盖。10个非公有制党支部平稳完成换届选举，全面完成党建“三化”建设；新成立“两新”党组织6个。下发2500余本书，开展各级新时代文明实践所(站)学习400余次，参与人员2万余人次。

【经济发展】 2022年，辖区内共有商务写字楼99栋，在建5栋。全年完成500万元以上固定资产投资总额50.03亿元，限额以上企业社会消费品零售额完成50.3亿元，规模以上服务业销售额153.55亿元，服务业销售额连续多年稳居全区第一。新增规模以上服务业企业20家，规模以上贸易业企业41家。协助完成招商引资项目，对新注册的350余家企业进行现场走访，累计完成10余个招商项目，招商引资立项投资额约8亿元，重大重点项目7个，投资累计额约54.72亿元。加强商场超市、农贸市场的安全管理工作，每周不定时检查商超、农贸市场的安全生产工作，每半月开展一次红谷滩区冷链食品新冠病毒核酸检测工作，落实好疫情期间疫情和安全生产两手抓工作。10月20日，开展基本单位名录库专项核实工作，摸排核实对象包括沙井辖区从事第二产业和第三产业的所有法人单位、产业活动单位、个体经营户。为做好防范和打击非法集资宣传教育工作，在辖区村、社区开展线上、线下宣传，通过悬挂横幅、张贴海报、播放公益广告、发放各类宣传品等形式，开展12次大规模的宣传活动。同时，协同开展“疫情防控期间的非法集资”、“P2P(互联网金融点对点借贷平台)”、“重点行业领域的非法集资”等专项整治工作，制定辖区责任体系图，对辖区内的商务楼宇、沿街店面、居民小区开展全面细致的“清街扫楼”行动和宣传活动，进一步提高群众风险识别意识和防范意识，并建立基础台账。

【社会治理】 2022年，积极推进市域社会治理现代化工作，坚持以党建为引领，结合网格化管理模式，促进各项工作有序推进，各项综合考核排名前列。持续推进平安创建工作，所辖1个村、15个社区全部配套综治工作室、社区警务室，逐步形成以街道综治中心为主体，各有关部门和单位共同参与的综治工作网络；妥善处置群众矛盾490起，做到小纠纷不出网格，大纠纷不出街道，全年受区级表扬4次。开展平安建设综治宣传月、文明养犬宣传、国家安全教育、反诈防诈宣传等系列活动，不断提高居民群众安全防范意识。全力保障安全稳定，全面开展合用场所安全隐患排查整治工作，坚决预防和遏制合用场所“小火亡人”事故发生，共计摸排存在安全隐患的合用场所39家、隐患41处、违章搭建1处，已整改40处，1处正在整改；坚持统筹发展和安全，对沙井村陶家新村开展自建房消防安全排查整治工作，69栋自建房排查隐患56处；联合区市场局、区住建局、区消防救援大队对丰和花园社区群租房、“住改商”房开展消防安全专项整治行动，摸排58户群租房和62户“住改商”房，51家“住改商"住户已整改到位,对11家"住改商"住户下达责令整改通知;针对红谷世纪花园A、B、C、D四个区车辆占用消防通道问题,开展打通"生命通道"专项整治行动,利用每个出入口开展小喇叭播放、宣传页发放,确保消防车通道畅通、可移动障碍物清理到位、未停车辆管理到位。持续推进依法治街,开展普法宣传活动30次,520名法律明白人、17个公共法律服务工作站(室)为群众提供免费法律咨询服务700余次;街道人民调解委员会排查化解各类矛盾纠纷168起,调解成功率100%。全力推动积案化解工作,经过包案领导多次走访、研讨,龚循元、刘满花夫妇长达19年的信访积案得到化解。全年走访辖区群众500余人,发现各类问题隐患290余个,均得到及时有效处置。着力打造及时解决社会矛盾问题的大调解工作格局,由信访办牵头,以司法所为基础,以律师为依托,以人民调解、行政调解、司法调解为手段,各职能部门依法履职,社会各界参与,既各司其职、又密切配合,增强基层化解矛盾纠纷的整体能力,提高政府行政效能,方便人民群众解决合理诉求,有效化解基层的信访问题及矛盾纠纷,共计调解并化解案件15件。

【民生工程】 2022年,以构建社会主义和谐社会为目标,围绕"以民为本,为民解困"民政工作宗旨,加快推进"改善民生"项目,进一步强化为民服务理念,提升服务质量,有序推进社会事务管理各项工作。全年完成加装电梯数5台(红谷凯旋4台、沙井村1台);协助指导红谷世纪花园C、D区业主委员会解散工作;完成房源预结算603户资料档案录入、汇总、整理工作。做优创新创业就业服务,实现新增就业481人,完成创业贷款971万元;落实社会保障,协助辖区居民12189人激活医保电子凭证,激活率达76.14%,全区排名第一;为16102名城乡居民办理医保参保登记。推进劳动监察,处理重大农民工欠薪案件8起、各类劳动纠纷投诉案件325起,帮助1600余名农民工追回劳动报酬4775.89万元,获赠感谢锦旗5面。指导、组织开展各类走访慰问工作,共走访145人次,发放慰问金9.61万元;在春节、国庆、党的二十大等重点时段共组织街面巡查12次,主动救助流浪乞讨人员5名并送上党和政府的关怀;严格落实社会救助各项制度,提升服务能力,做到低保补贴、残疾人"两项补贴"等社会救助资金的精准发放;健全社区治理体系,提高社区服务水平,创建和谐社区;新成立芳菲、庐南2个社区;组织居民群众积极开展各类群文活动;稳步推进"扫黄打非"工作,开展各类文旅场所安全生产及疫情排查整治工作100余次;开展防溺水、中元节文明祭扫等宣传活动;充分发挥理事会、文化志愿者等组织的职能和优势,做好殡改、校外培训机构排查整治、文旅发展等工作;积极推进"幸福社区"打造评比工作;开展全民健身设施摸底工作,替换、新装健身路径15套,着力推动公共服务体系全面覆盖。全年帮助申请办理退役军人"优待证"2405张;送立功喜报5份、悬挂"光荣之家"牌匾2365块;走访重点优抚对象56人,发放优抚资金8.28万元;做好义务兵家庭优待金发放工作,全年发放各项优抚资金107.71万元。广泛宣传退役军人就业创业优惠政策,积极组织参加线上线下招聘会,帮助符合条件的退役军人办理就业创业优待手续,党员牵头结对帮扶就业困难的退役军人,为退役士兵发放创业补贴,切实做好退役军人服务保障工作。

【城市管理】 沙井街道作为全市CBD和市委市政府所在地,承担大市容环卫保洁面积144万平方米、绿化管养面积86万余平方米、绿化保洁面积49万余平方米,开放式社区、城中村和农民还建房环卫保洁面积28万余平方米工作,以及市政清掏、市政设施修复、水体保洁、枫生快速和赣江沿线整治、大气污染和餐饮油烟整治(环保)、燃气管理、防汛防涝、控违、拆违等城管执法类工作。2022年,按照"精心规划、精致建设、精细管理、精美呈现"总体要求,坚持以问题为导向,不断补短板、强弱项、优功能,各项工作开展顺利,以干净、整洁、有序的市容市貌环境喜迎党的二十大胜利召开。根据上级工作要求,学习借鉴杭州、深圳等地市的先进管理经验,积极探索引入市场化、社会化管理机制,通过政府购买服务、企业主体参与、执法协助的方式解决城市管理难题,走出城市执法市场化新路子。完成丰和花园物管城市项目建设;完成纺机宿舍、灯头厂宿舍、94907部队宿舍3个老旧小区的综合改造工作;在主次干道种植草花481万株,枫生快速路沿线菜地复绿1.9万平方米;抗旱期间,及时补种行道树近400棵,补种灌木、草皮约1200平方米;深入推进文明创建,更新维护公益广告牌999个、遵德守礼提示牌626块,楼道、庭院清理率100%,入户宣传率98%,修复公共设施93处,施划非机动车泊位线2600余米;对2个开放式小区、5条背街小巷开展惠民利民"3+7"("三项考评强基础"+"七大整治提素质")专项行动,对红谷世纪花园C区进行环境综合整治,有效补齐创建短板;稳步推进垃圾分类,增设垃圾投放亭112座,对266大队实施"撤桶进店"工作,街区环境大幅提升。"数字城管"受理市、区城市管理问题26913件、市长热线投诉案件4635起、"三合一"系统五个网格案卷4588条,整改率100%;拆除存量违章搭建3处、约16平方米,拆除新增违章搭建3处、约1330平方米;整治约8.2万辆非机动车乱停放现象,收缴599辆非机动车,处罚非机动车乱停放66起;取缔各类占道摊点3218处,规范出店经营3083处,取缔沿街晾晒、乱掉乱挂3958处,处罚流动摊点4起、罚金800元;整治不规范围挡95处次;处罚不合规定店招2处、违规装修1起。持续抓好生态环保,处理油烟扰民等市长热线投诉111件,开展油烟整治集中行动19次,对餐饮店下达环保督促整改通知单36张,督促按时清洗、更换、检测油烟净化器设备100余家;近7年共转办中央、省环保督察组案94件,其中2022年销案20件,累计销案72件,未销案22件(水环境)。

【开展基层政务公开建设工作】 2022年初,正式启动江西省基层政务公开"十县百乡"试点建设工作,出台《沙井街道政务公开标准化规范化"十县百乡"建设方案》,成立由沙井街道原党工委负责人、办事处主任卢鑫为组长的政务公开领导小组,全年召开专题研究调度会议2次,研究解决工作推进中遇到的问题,并给予10万元经费保障,确保政务公开标准化规范化建设工作顺利推进,年底该项工作顺利通过各级考核验收。重点关注创新设立4个平台。一是"红谷滩魅力沙井"微信公众号,坚持实时发布最新政策解读、领导动态、工作动态以及各领域重点工作推进情况。二是"红谷连心会",通过不定期召开群众座谈会、企业座谈会的形式,及时向群众和企业传达党和政府的工作重点,有针对性地了解其困难和诉求,征集相关意见建议,帮助协调解决实际问题。三是沙井街办"二维码"墙,设在沙井街道便民惠民服务大厅,是政务公开的重要阵地,也是落实南昌市政务服务事项"就近办"试点打造"15分钟政务服务圈"的要求。四是沙井街办政务公开宣传栏,设在沙井街办党群服务中心大门口右侧,用于公开民生实事领域的各项政策解读、各项指标推进情况、各项重点工作动态、纪检监督等重点事项。同时,全面指导1个村、15个社区、1个司法所、16个新时代文明实践站(所)做好政务公开工作,积极推进"阳光村(居)务"工作。

【开展全国文明城市创建工作】 2022年,为进一步深化全国文明城市创建工作,巩固创建工作成果,针对创建工作的薄弱环节,开展各类专项整治、入户宣传工作。其中,开展"3+7"专项整治,按照《2022年全市深化全国文明城市创建惠民利民"3+7"专项行动方案》工作要求,对辖区5条背街小巷(芳菲、广电、商都、丰泽、芳林路)和2个开放式小区(266大队小区、丰和苑小区)开展整治,对266大队小区、丰和苑小区开展惠民利民"3+7"专项行动,并安排专人对5条背街小巷进行督查,对排查到的动态问题,已督查两家外包公司整改到位,排查到静态问题,已对接业务相关部门整改到位。根据上级三大综合整治工作(入户大走访、公益广告大排查、楼道大清理)要求,开展公益广告专项整治,共清理褪色、破旧和过时等公益广告1880余处,张贴新的公益广告195张,撤除过旧的遵德守礼牌138块,按照要求新张贴293张,整改上级督查公益广告问题58处共1600余平方米;开展文明创建入户宣传,辖区居民总户数20020户,全年入户19719户,入户率98%,发放调查问卷19602户;开展楼道大清理,全面清理楼道831个,清理率达100%。开展"全民清洁家园"劳动,对红谷世纪花园C区、D区、红谷凯旋小区、龙四龙五小区、邮政宿舍、博泰江滨、圣淘沙等小区开展"全民清洁家园"大扫除活动,同时各村、社区对接区直挂点单位开展大扫除活动,每星期组织400余人在各村、社区开展大扫除活动。开展非机动车专项整治,共整治收缴无牌电动车65辆(车主写好保证书退还48辆),排查到的无牌电动车由街道配合区交警部门统一上牌共计102辆。开展自查自纠大整治,成立"啄木鸟"督查组,对辖区16个村、社区和主次干道、背街小巷进行督查考核工作,全年共发现动态问题3348件、静态问题736件,已全部整改到位。开展文明创建重点区域整治,对万达嘉华酒店周边、万达广场周边进行综合整治;针对市领导发现沙井街道红谷世纪花园C区存在的问题,多次召开整治工作专项调度和布置会,多次安排机关干部、社区工作者、环卫工、执法和志愿者等1000余人次,对红谷世纪花园C区进行全面整治,共补划机动车停车泊位线123个,增划36个,车辆导流线22处,清理小广告72处、652条,拆除破损指示牌8处,更换公益广告牌6处,修补大门口窗台2处,更换破损井盖62个,硬化楼道门口530余平方米,粉刷24个单元楼道墙面,整治凌乱的空中管线36处,剪断凌乱网线15根,修复破损路面4处,修剪灌木和打草1200余平方米,清理损坏的绿化菜地36处、1280余平方米,更换垃圾桶60组,冲洗垃圾脏污桶68个,更换过期灭火器147个,新增集中晾晒杆23处、156米,全面清理楼道垃圾杂物等。

【完善财务制度】 2022年5月2日,为加强财务管理,完善财务制度,修订出台《沙井街道关于进一步加强财务管理的规定》。制度涉及财政预算管理、现金管理、收入管理、支出和票据审批程序、借支管理、政府采购和办理程序、采购目录外货物和服务管理规定、财产物资管理、资金安全管理、专项资金管理、公务消费经费结算、村级财务及集体资产和物业公司管理、社区财务管理、预算绩效管理共14个方面。为使制度有效落实,召开财务专题工作会议,召集全体班子、机关中层以上干部及报账员,村社区负责人及报账员就此文件逐条逐句逐字进行学习领会,务必做到学懂学透。

【提升人大代表履职实效】 2022年1月12—14日,沙井街道人大工委协助区人大完成红谷滩区第一届人民代表大会第二次会议。根据上级安排以市履职服务中心为依托，联合开展全国人大代表讲座、改革发展 双“一号工程”调研座谈、中央人大会议精神和宪法知识学习等活动；以“红谷连心会”为纽带，开展优化营商环境专题座谈会及恳谈会，并开展问卷调查及走访企业等暖心护企活动；以代表联络站（室）为阵地，建立践行“双联”机制，开展“打赢疫情防控攻坚战——人大代表在行动”“助企纾困 人大同行”“人大代表聚焦‘六个江西’建设，争当‘四个表率’”“传承红色精神 帮助身边‘谢大娘’”“人大代表活动月”“‘民生实事项目’民情民意征集”“民生实事项目落地情况”专项监督等活动，充分发挥代表监督作用，切实提升代表履职实效；7月6—9日，组织代表参加由红谷滩区人大常委会在江西省瑞金市举办的“追根溯源——人民代表大会制度发祥地”红色教育活动培训班；12月，以无记名投票和差额选举的方式，在第1和第16选区选举产生红谷滩区第一届人民代表大会代表2人；打造红谷世纪花园片区人大代表联络站，完成沙井街道人大代表联络工作站的选址、设计、规划工作；超额完成全年宣传工作任务，共上稿50篇，其中上稿国家级媒体2篇、省级媒体9篇、市级媒体39篇。

（刘丽娟　刘艳芳　刘乐明　颜其美　李健　朱蔚云　熊丽鹏　胡奎　罗斌　陈英　周敏娟）

卫东街道

【概况】 卫东街道位于红谷滩区中心区域南部，实际管辖范围为世贸路以南、前湖大道以北、枫生快速路以东、赣江以西围合区域。根据国务院批复发布的《江西省人民政府关于调整南昌市部分行政区划的通知》，2020年6月28日，卫东街道正式挂牌成立，经2022年9月红谷滩区区划调整后，辖区总面积14.81平方千米，年末户籍人口9.82万人。街道下设3个行政村（卫东村、玲口村、渔业村）、32个社区（卫东社区、普贤社区、沁园社区、万达西区社区、万达星城社区、汇海社区、滨江豪园社区、翠林社区、翠苑社区、红谷春天社区、银都社区、怡园社区、世纪中央城社区、鹿璟名居社区、江信花园社区、丽景社区、香樟社区、飞翔社区、理想社区、红岭花园社区、红岭东社区、盛世经典社区、地中海社区、香域尚城社区、汇景社区、绿地香颂社区、绿湖豪城社区、琴江社区、阿尔法社区、海域香廷社区、香榭社区、紫金园社区，其中开放式小区10个，占全区的71.4%），社区干部265人，村干部18人。街道行政编制数20个，实际在编14人（科级干部10人）；事业编制数45个，实际在编13人（含副科1人）。街道党工委共有党组织110个（党工委1个、二级党委28个、党总支1个、党支部80个），非公有制企业党组织14个；直管党员2280人，到社区报到的在职党员2176人。辖区内共有50栋楼宇（写字楼31栋、公寓8栋、综合体7个、酒店4个，其中建成在运营楼宇有45栋，在建楼宇5栋），大型商超综合体6家［华润万象城、印象城、华润万象地中海店、山姆会员店、丽景天虹、地铁大厦天虹（在建）］；有农贸市场3家（沁园农贸市场、翠苑农贸市场、红岭农贸市场）；市场主体4347家（企业2144家、个体2203家），社会消费品零售总额（简称社消额）占全区60%以上；数字经济核心产业企业16家，占全区22.5%；经营主体企业2611家。荣获省级荣誉13项：卫东街道司法所荣获“全省人民调解先进集体及全市首批司法所规范化建设示范单位”称号，世纪中央城社区荣获“江西省防灾减灾综合示范社区”称号，万达星城社区荣获“江西省充分就业特色社区”称号，汇海社区、绿地香颂社区、盛世经典社区、阿尔法社区荣获“江西省绿色社区”称号，世纪中央城社区、鹿璟名居社区荣获“2022年度江西省幸福社区”称号（五星级）；市级荣誉14项：街道获评南昌市政府系统“五型”政府建设先进集体、2021年全市信访工作“三无”乡镇（街道）、红谷滩区民族团结进步创建示范区和全市民族团结进步示范单位、2022年度全市党委信息工作先进单位；红岭花园社区获评“南昌‘三八红旗集体’”；普贤社区、银都社区获评“第二批全市民族团结进步示范单位”；红岭花园社区获评“2022年度南昌市五四红旗团支部”；沁园社区获评“南昌市健康社区”；红谷春天社区、万达西区社区获评“南昌市综合减灾示范社区”，普贤社区获评“南昌市民族团结进步先进单位”。

【政治建设】 2022年，抓落实、求实效，党建引领凝聚发展活力。强化理论武装。坚持把理论学习作为党建工作的重要任务，通过集中学习研讨、书记讲党课、宣讲、个人自主学习、撰写心得体会等多种方式开展专题学习，共宣讲88场次，街道党工委理论学习中心组学习12次，组织各类宣讲会、座谈交流会、党课10次，开展党的二十大应知会知答题竞赛、“我们的‘八一’”等线上答题活动，参与人次达1000余人次。夯实战斗堡垒基础。全年共发展入党积极分子18名，预备党员转正22名，发展预备党员8名，超额完成全年7个发展党员计划指标；对流动党员和失联党员开展全面调查摸底，依托“学习强国”、流动党员微信群等网络平台，积极创新流动党员教育方式；制定《卫东街道规范基层党组织设置专项行动工作方案》，结合工作实际开展全面自查，对村（社区）及非公有制企业党组织进行业务指导，为规范基层党组织设置工作打下坚实基础。抓党建强基层治理。在鹿璟名居社区打造党群服务综合体,“六室四站四中心”2500平方米的功能布局,有效满足了居民政务服务、文化活动等多方面的民生需求;依托服务群众专项经费,完成了包括卫东社区、沁园社区、普贤社区亮化环境工程,普贤社区党建文化长廊改造项目,万达星城社区、丽景社区、卫东村等村(社区)基础设施、村居环境提升改造及开放式小区准物业管理配套项目建设等一批民生实事项目;发挥党员带头作用,建立完善“网格长、楼栋长、单元长”基层组织架构,积极构建“人人参与、人人负责、人人奉献、人人共享”的社区治理格局。重特色作示范。成立卫东街道“两新”综合党委,举办“两新”党建专题研究会,结合“两新”组织党建工作的显著特点和难点问题科学决策、对症下药,聚焦提升“两新”组织“两个覆盖”质量;同时注重加强“两新”党组织党员思想建设,加强互联网企业、新业态新就业群体中党建的引领作用,在鹿璟名居社区打造“红色物业”品牌。筑牢意识形态阵地。“幸福卫东”微信公众号全年更新发布信息约400条;为“掌上红谷滩”校稿审稿1100余条;并超额完成在央媒、省媒、市媒的上稿任务,其中在中央级媒体上稿6条,在省级媒体上稿16条,在市级媒体上稿37条,在区级融媒体平台上稿65条;有效处置网络舆情回复45条;完成辖区6家企业IPv6(互联网协议第6版)升级改造,注销1家;建立健全街道网评员管理制度与办法;全年开展受群众欢迎的文明实践活动320场,按照“群众点单、中心派单、志愿组织接单、群众评单”的工作模式,街道每个站所开展网上点单工作,让居民不出小区就能迅速解决问题;新时代文明实践所深挖区域资源、整合各方力量,培育出万桂新工作室特色品牌。阵地建设日趋完善。完成5000平方米的卫东街道新时代文明实践所建设,设有理论宣讲室、市民教育室、文化活动室、科普宣传室、健身活动室“五室”的文明实践活动场所,利用现有的康养、文化科技、便民服务等资源,成立以街道党工委书记为总队长的“红心卫东”志愿服务总队,服务总队下设10支新时代文明实践志愿服务小分队,每月常态化开展实践活动8次以上,逐步形成“3+4”总体布局,打造“15分钟文明实践服务圈”,年接待检查30余次。

【经济发展】 2022年,优体系、强支撑,经济工作取得有效提升。经济指标稳中求进。入统限上批零住宿餐饮单位295家(企业81家、个体214家)。全年限上零售额完成154.21亿元,同比增长5.7%;全年服务业限上零售额完成27.53亿元,增长36.6%,增速排名全区第一。招商引资卓有成效。引进新落户项目13个,完成月度新增企业6家,报送招商线索43条,外出招商1次,土地出让项目0.5个,在区开放型经济工作考核中取得第三名的好成绩。完成招商引资12家“五上”企业(批发零售住宿餐饮企业6家、数字经济企业3家、建筑类与房地产企业3家)。数字经济蓬勃发展。贯彻落实区委、区政府决策部署,狠抓双“一号工程”,抢挖最大潜力,努力推动红谷滩区在全市发展数字经济中赢得先机主动;在盈创·华兴文化广场、物联网产业大厦打造数字经济产业园,引进和孵化数字经济企业70余家;与楼宇运营方将原有物业管理模式从物管变为商管,有效提升了服务企业质量,在数字经济企业落户、流程审批等方面让企业无后顾之忧。

【社会治理】 2022年,抓联动、促融合,基层治理活力有效彰显。强化反邪教宣传,注重实效。经常组织学习关于对反邪教工作的有关指示精神,提高法治观念和法律素质,正确认识邪教,提高防范邪教和自觉抵制邪教的意识。完成卫东街道“四位一体”(社区干部、辖区民警、精神病防治医生、患者家属)服务小组名单的录入工作。开展防范打击电信网络诈骗专项行动。以“地毯式”“全覆盖”为手段,利用“网格推送反诈防骗知识+线下上户推广‘国家反诈中心’App注册,对辖区易受骗人群开展重点精准宣传。组织网格员针对辖区老年人、企业员工开展养老反诈宣传。通过小喇叭在小区出入口、人员密集场所循环播放反诈宣传信息,在小区出入口、每个单元楼门口、LED屏幕等宣传阵地张贴养老诈骗宣传标语1200余处,走访20543户、18233人,宣传反诈骗知识,9495人次下载国家反诈中心App,网格微信群转发推送反诈宣传视频或链接4166次,发送反诈宣传手机短信提醒122条、宣传单1.2万余份,在农贸市场、公园广场、马路围栏等人群密集场所,悬挂横幅,张贴反诈宣传海报300余处。热情接待群众来信来访,按程序做好登记、存档、上报、化解工作,接待业主,协调群体信访10余次,化解业主来访10余次。认真调查、研判、化解并及时回复各级各类信访案件,其中受理、回复信访案件48件。协助区信访局包案领导安排信访案件化解调度会议,及时前往上级信访部门,按照相关规定做好接访、化解等工作。科学划分网格,实行精细化管理。合理配置社会治理资源,加强综治信息化建设运行和网格化服务管理工作,提升基层社会治理效能;在充分保障网格力量等社会治理资源覆盖街道全域的前提下,对卫东街道的网格数量、网格划分进行调整优化,做到网格管理多元化、精细化、常态化。

【民生工程】 2022年,抓重点、优服务,民生保障能力显著增强。便民利民举措落地见效,民生事业更加殷实。全面推行网上微信办证服务,简化办证手续、减少办证投诉;

在沁园社区打造南昌市市级健康促进示范社区，共举办全民营养周讲座等活动20余场；结合辖区实际开展返乡学子座谈会暨现场招聘会，组织辖区30余家用人单位参加红谷滩区2022年“春风行动”大型招聘会等线下活动，提供各类就业岗位300余个，前往求职人员近200人，实现“就业服务不打烊、网上招聘不停顿”；促进辖区内“4050”人员就近就业，简化社保补贴手续，补贴费由按季拨付调整为年度一次性拨付，帮助辖区20名灵活就业人员受益；结合“五一”国际劳动节、“十一”国庆节、元旦等法定节假日、重大活动日，举办剪纸比赛、腰鼓队比赛、擂茶比赛等各类比赛，丰富和活跃辖区群众精神文化生活，陶冶群众情操；积极与区政数局对接，本着“为群众办实事，为群众办好事”的理念，通过梳理服务清单、整合资源、简化手续，为辖区居民提供极大便利，全年共办结事项534件，实现了从“最多跑一次”向“就近跑一次”的跨越。

【城市管理】 2022年，抓整改、补短板，城市管理更新换代。坚持高位推进，构建大城管格局。紧紧围绕“城市面貌”这一城市管理生命线，全面提升城市新形象，城市管理各项工作取得较好成效。通过“门前三包”检查考核、网格管理等工作，进一步加大了部门、单位之间的协调配合力度，整合城管、街道、社区、物业四级“网格化”责任机制，形成“政府主导、部门联动、群众参与”的城管工作格局。完成对骨胶厂宿舍污水管改造、卫东花园一二三期围墙改造、美化亮化提升、道路改造及局部地面硬化等工程，安装维修路灯300余个，路面硬化1.5万余平方米；完成地中海社区渔种场小区2个非机动车停车棚、中央香榭8个非机动车停车棚的建设；开展空中管线、治垃圾广告等专项整治活动，处理各种缆线杂乱问题100余处，清理各类垃圾广告8万余张；持续推进乡企城环境综合提升改造工作，将乡企城、农贸市场、专业市场及周边500米作为重点点位强力攻坚，清运各类垃圾360余车。坚持河道水环境治理，提升城市形象。为延伸城市管理范围，改善城市水环境，坚持多措并举，改善城区水环境质量，推进沿河环境综合整治工作，铲除圩堤违规种菜1公顷、杂草6.67公顷，打捞浮漂3.33公顷，清理赣江水葫芦30余吨；推进辖区商铺办理排水许可证工作，需办理2533户，实际已办理2505户，完成率98%。持续推进辖区企事业单位雨污管网改造。不定期对辖区物业进行抽查，共下发整改通知单15份，约谈物业经理20余人次。协调处理物业矛盾纠纷121件、“12345”市长热线工单1500余单、信访投诉17件。全年完成竣工10台（其中红谷世纪花园E区3台、中央香榭小区6台、银燕名园1台）电梯，有力地推动了老旧小区既有住宅加装电梯工作；积极为群众申请公租房政策福利待遇，新增发放低收入家庭住房租赁补贴23户、低保家庭1户，低保家庭公租房租金补贴转实物配租家庭2户，办理解除限购2户，完成经济适用房能上市交易1户；开展燃气安全大检查，对辖区内加气站、综合体、农贸市场等461家单位进行燃气安全排查，并下达整改通知单，涉及993个安全隐患，整改973个隐患。对餐饮店违规使用煤气罐进行集中整治36次，共收缴煤气罐163个；积极推进燃气三年行动计划暨“瓶改管”工作，全年辖区内超300平方米使用瓶装燃气的34家餐饮店，已整改22家。坚持注重宣传、营造氛围，城市管理舆论引导正能量不断增强。发放垃圾分类管理条例、手册、垃圾袋等6万余份，开展垃圾分类主题活动704次。已实施垃圾分类的小区、单位1个，居民垃圾分类投放设施覆盖率91%，居民垃圾分类知晓率95%，投放正确率90%。

【打造“红色物业”品牌】 2022年，在鹿璟名居社区打造“红色物业”品牌，在街道党工委和社区党委的引领下，物业党支部和管理委员会在疫情防控中严格落实各项防疫政策，为居民群众运送防疫物资、保驾护航；在文明创建工作中积极开展环境整治，全力协助社区开展“刮胡子洗脸”大清除活动，除广告、清垃圾，为社区居民提供一个干净整洁美丽的社区环境，以“红色物业”模式提升社区治理水平，让物业成为社区党组织联系群众的“毛细血管”，使党建引领基层治理取得实实在在的成效。

【打造嵌入式养老院和中央城食堂项目】 2022年，区划调整后街道共有居家养老站点30个，服务辖区常住老人6437人，其中鹿璟名居社区的居家养老服务站升级打造为社区嵌入式养老院，总投资60万元。同时，打造世纪中央城助老食堂项目，解决世纪中央城社区及周边社区老人用餐问题，2个项目的打造，为街道养老助老工作奠定了良好的基层，大大提升了辖区居民对养老工作的满意度。

【打造示范性退役军人服务站】 2022年，卫东街办围绕35个村（社区）退役军人服务站，按要求打造示范性100人以上退役军人社区11家。围绕“尊崇工作法”主要内容，组织各项活动300余次，涵盖义务活动、抢险救灾、权益保障等。继续宣传退役军人相关法律法规，通过悬挂横幅、设立宣传栏、现场讲解等方式开展政策宣传，广泛发动群众参与，增强全社会的拥军爱军意识，营造有利于退役士兵安置和维护退役士兵合法权益的良好社会氛围。党的二十大期间开展大走访活动，对接退役军人和退役军人家庭，宣传退役军人相关政策，了解其家庭工作和生活等情况，翔实掌握家庭个人实际困难，尽心尽力为退役军人排忧解难,切实把党组织的关怀和温暖送到他们心坎里。

【建设非机动车停车棚项目】 2022年,对地中海社区渔种场小区及中央香榭小区开展地面硬化、膜架构电动自行车棚建设工程。共投资52余万元,完成渔种场2个非机动车停车棚、中央香榭8个非机动车停车棚的建设。通过此次非机动车停车棚的建设,有效地强化了电动自行车火灾防控工作,同时解决了居民电动自行车停车难、充电难的问题,避免"飞线充电"现象。

【改造小区居住环境】 2022年,对卫东花园一、二、三期小区居住环境进行提升改造。由于卫东花园小区基础设施薄弱,原有小区路灯基本已经损坏,道路破损严重,给小区居民出行带来很大安全隐患,通过此次提升改造,安装维修路灯300余个,路面硬化1.5万余平方米,为小区居民营造了宜居生活环境,有效地提升了辖区居民幸福指数。

【提升辖区停车环境】 2022年,对卫东街道辖区内主次干道人行道施划非机动车停车线、非机动车图案及箭头相应标识。为规范辖区居民车辆停放,高质高效做好文明城市创建工作,改善市容市貌,提升城市形象,卫东街道对辖区主次干道施划非机动车、机动车停车线,划线1.5万余米、车位42个,改善了辖区停车环境。

【开创志愿服务工作新局面】 2022年,建立"组织+阵地+队伍+服务活动"的工作机制,持续推动志愿服务队到基层活动。筹建万桂新工作室等志愿服务品牌,植入红十字基层阵地并配备VR应急救护示范区。卫东街道红十字会通过不断孵化、培育、打造红十字养老特色品牌,取得了一定成效。同时,把养老服务作为红十字人道工作新的着力点,大力推动红十字会参与社区养老服务工作,让更多老年人享受优质服务,充分发挥好党和政府人道领域助手和联系群众的桥梁纽带作用。

(周　洁)

红角洲街道

【概况】 2022年7月17日,南昌市政府关于同意红谷滩区增设街道行政区划调整的批复:同意从卫东街道析出茶园街、云溪花园、龙岗花园、香域滨江、梧桐庄园、桥郡、九龙馨苑、站西花园、天悦、瑞城、长云、祥荣、枫湖社区和岭北、双溪、云塘、润溪、长埔、黄佩村,从生米街道析出瑞都、悦城东、悦城西社区,设立红角洲街道,街道办事处驻站西花园社区西站大街2000号,同时撤销红角洲管理处。红角洲街道(以下简称街道)隶属于红谷滩区,东临赣江沿线,西至G320一线延伸区域,南至南昌西站铁路沿线,北至南一环线,是省行政中心所在地,分布有5所高校,通地铁2号线、4号线,是一个集行政、高教、科研、旅游、体育和高级商住为一体的现代都市示范区。区域面积36.67平方千米。其中,林地面积5.74平方千米,赣江水域面积2.5平方千米,河、湖面积2.35平方千米。常住人口5.7万余人,年末户籍人口5.68万人,其中原籍村民1.9万余人。下辖6个行政村(云塘村、润溪村、黄佩村、长埔村、岭北村、双溪村)、1个管理站(龙岗渔业管理站)、18个社区居民委员会(天悦社区、桥郡社区、香域滨江社区、梧桐庄园社区、枫湖社区、九龙馨苑社区、悦城东社区、悦城西社区、茶园街社区、龙岗花园社区、瑞城社区、站西花园社区、瑞都社区、华府社区、祥荣社区、云溪花园社区、长云社区、祥云社区)。

新时代10年的伟大变革,让红角洲从一片沙丘滩涂之地摇身一变成为一座魅力新区。红角洲正致力于以山水绿脉为纽带,以经济发展为"笔",民生福祉作"墨",绘就"一山一水""一草一木",全力打造省级行政中心服务区、产城联动聚集区、科教文卫示范区、和谐宜居魅力区,在服务和融入新发展格局上展现更大作为。

【政治建设】 2022年,街道工作委员会设立非公有制经济组织和社会组织党工委,下辖1个机关支部共26个党组织,有21个单建非公企业党支部、67个联合党支部,共有党员1045人。街道念好"五字诀",牢牢抓住党建引领"牛鼻子"不放松,突出带好头、做表率,不断夯实基层党建工作,充分激发党员干部群众干事创业激情。坚持"严"字当头。持续推进支部"三化六好"建设提质升级,按照新标准、新要求,完成26个村(站)、社区和街道本级党建"三化"提升建设,18个社区升格为社区党委,在辖区所有楼栋单元门口,"洪城红管家"挂牌亮身份,共计挂牌1500余块,打造"横向到边、纵向到底"的"城市党建体系"。制定《红角洲街道党建督查方案》。每月定期督查支部党建工作,建立问题整改台账。坚持"学"字为先。2月,街道组织各村(站)、社区负责人到东湖区豫章街道聆江社区、墩子塘街道阳明社区、大院街道院二社区、贤士湖管理处永溪村流动党员服务站参观学习,学习基层党建好思路好想法;举行学习宣传贯彻党的二十大精神宣讲报告会50余场,直接受众2000余人次;每月定期组织基层党组织书记和党务专干进行月考,普及党务知识,促进党务能力提升。坚持"实"字为要。走心走实加快推进祥云社区建设,重点打造祥云社区,社区干部到位开展社区服务工作,社区办公用房逐步落实,成立社区党委和下设支部。坚持"强"字托底。党员干部队伍选优配强。通过民主推荐、考核选拔、谈心谈话等程

2022年10月11日，红角洲街道党工委书记龙冰带队开展暖心护企活动
（红角洲街办　供图）

序，选优配强年龄轻、学历高、能力强的社区负责人7名，其中社区副书记3名，选好党建工作“领头雁”，整体实现年龄、学历“一降一升”。注重从一线发现、考验入党积极分子或发展对象，切实把冲锋在前、奋战一线、信念坚定、表现突出的先进人物和优秀分子及时吸纳到党组织中来，从一线发展党员6名。坚持“细”字创新。按照“一村一特色、一社区一品牌”思路，持续推进党建品牌建设，巩固提升悦城西“五悦五力”，创建祥云社区“五色五园”，推广梧桐庄园社区“红色物业”，打造站西花园安置房小区“红耀站西 村社联建”特色基层治理党建品牌。以党组织为核心，发挥“社区党员干部、在职党员、物业、业委会、网格员、楼栋长”等“洪城红管家”的作用，社区、物业、业委会共驻共建，着力解决好群众的难心事、烦心事、揪心事，打通服务群众的“最后一公里”。

【经济发展】 2022年，以高质量发展为主导，企业服务为主线，重点工作为主抓，咬定高质量发展目标任务，细化工作方案，落实工作举措，求真务实推进各项经济工作。1—4月服务业完成13.31亿元，其中新增限额以上批发零售住宿餐饮业企业（简称社消零限上企业）4家、服务业企业2家；1—5月，固定资产投资完成15.59亿元，新增5000万元固定资产投资项目2个，社会消费品总额完成3.72亿元。为做大经济总量，紧紧围绕资源优势和产业布局，以经济建设为中心，解放思想，深入推进招商引资工作，努力改善投资环境，使招商引资工作呈现良好发展态势。前往甘肃、萍乡、上饶、深圳、厦门等地外出招商5批次，对接招商项目8个；引进沃尔顿连锁酒店重大招商项目，累计跟进重点项目20个。积极开展“助企纾困”工作，至年底，共有辖区56家企业申报疫情补贴，补贴金额14.22万元。为推进数字经济高质量跨越式发展，街道高度重视，组织各村、站经济发展专干深入辖区产业园区开展数字经济宣传摸排工作。至年底，新增科技型中小企业34家，高新技术企业申报9家，对辖区9家潜在的净增规上数字经济核心产业企业进行摸排，有4家企业有较大入统希望，该项工作还在持续跟进中。为提升街道中小企业创新能力和专业化水平，促进中小企业高质量发展，街道积极组织开展创新型中小企业申报工作，深入推进优质企业梯度培育工作。加强宣传，把政策落实到企业。组织社区经发专干经常深入企业宣传创新型中小企业申报相关优惠政策，让各企业熟悉创新型中小企业的评价和认定标准，动员各企业参加创新型中小企业评价工作。完善服务体系，提供全方位服务。针对辖区不同发展阶段、不同类型中小企业的特点和需求，着力完善优质中小企业梯度培育体系，实行网格化管理，加强政企沟通，搭建网络沟通信息平台助企服务，帮助企业了解政策，解决困难，指导企业补短板、强弱项，为中小企业提供全方位、多层次服务。至年底，辖区共有11家企业申报创新型中小企业，已成功申报4家。

【社会治理】 2022年，对标新时代“枫桥经验”，坚持预防为主、主动作为，采取多种方式及时掌握各类动态，统筹司法、综治、维稳、信访等部门力量，积极排查化解各类矛盾纠纷，共化解矛盾纠纷85起。开展进家庭、进学校、进社区、进农村、进企业宣传共6次，发放宣传资料3000余份，进一步增强了居民们的防毒禁毒意识。打击安全生产领域“两无”非法行为专项行动，共开展执法检查19次，排查生产经营单位826家，查处隐患7条，其中无证经营企业3家，责令停产停业0家，已整改3家，查处从业人员无证上岗作业3人（其中健康证过期2人），已整改3人。为强化日常安全监管攻坚行动，制定安全生产领域街道包“点”监管责任制实施方案，通过全面摸排整合，安全生产领域监管单位共摸排出1963家生产经营单位。全年安全宣传进社区52次、进家庭150次、进学校28次。针对春节、两会、清明、“五一”、国庆节等重要时段，提前对辖区安全生产工作进行研判，及时召开会议进行部署，并组织村（社区）、站开展各类安全生产排查活动，共排查出各类隐患62条，已整改62条。为强化宣传教育,提升安全防范意识。组织社区干部大力宣传消防安全生产知识和安全防卫知识10次;组织街道及村居党员干部敲门入户,面对面宣传普及燃煤、用火、用电、用气安全生产常识125次;在“5·12”全国防灾减灾宣传周活动现场,共发放各类宣传资料2200余份、接待咨询学生约360人。广泛开展安全生产“五进”活动36次,举办安全生产教育培训会5场,培训人员300余人,发放安全知识宣传资料3600余份;组织消防安全应急演练活动3起,受教群众200余人。

【民生工程】 2022年,坚决落实以人民为中心的发展思想,全力做好街道民生工作。为加强社区建设,完成对新蓝苑社区(新力珀园、蓝天熙郡、华硕御龙苑)、双云社区(云溪花园廉租房、公租房)、平安东社区(华润凯旋门、巨汇名住)、锦园社区(明园九龙湾)4个新社区的申请工作。开展社会救助工作,全年为保障城市低保对象115户284人,发放低保金和提标提补资金260.5万余元。社会救助新增1户2人,其中1人享受低保家庭成员救助。共有2户(10人)支出型贫困家庭。助困公益协会救助了1户3人,共计3万元。全年养老服务共发放高龄补贴2428人次,发放金额28.75万元。辖区内共有困境和事实无人抚养儿童121人,新增2人。组织各村(社区)、站进行防溺水宣传10余场,利用居民微信群发布宣传信息,通过在小区内用小喇叭循环播放、拉横幅等多种形式,宣传防溺水工作的重要性。按质按量完成“电影进社区”“送戏下乡”活动,全年完成“电影进社区”活动18场,惠及群众4000余人;围绕“我们的节日”“科技活动周”“全国科技工作者日”等主题,举办形式多样的文化科普主题活动共100余场,2万余人次参与。

【开展文明城区创建工作】 2022年,高度重视文明城市创建工作,通过实行领导挂点社区制度,以每周“三个一”(一调度、一汇报、一总结)为抓手,做到有人牵头,有人落实,有人督查,推进各项工作的高效落实。开展公益广告大排查行动,及时处理或更换新公益广告累计92处,拆除老旧破损公益广告66余处,制作公益广告景观小品3个,维护插地字2处。开展楼道整治和“飞线”充电专项整治行动,共组织6852人次,清理杂物堆积4701处,整治楼道垃圾广告1857处,整理乱停乱放电动车1329辆,清理共享单车3529辆,修复公共设施264处,整改“飞线充电”问题612起。常态化在辖区内开展依法养犬、文明养犬宣传活动,共发动社区干部、物业、志愿者,联合红角洲派出所等组织270人次,开展社区文明养犬宣讲活动5次,发放《文明养犬倡议书》等宣传资料180份 ,社区文明养犬劝解37次,办理发放养犬证12张。开展文明交通专项整治活动,在60余处宣传栏张贴不文明交通行为宣传画;制作并张贴文明电动车反光贴5000余张;排查辖区隐患抄告单7处,整改2处,发函5处至区相关部门协调解决。另涉及辖区殡葬交通安全问题,约谈1个社区,并下发街道交通隐患提示函。开展“菜地革命”整治行动。根据红角洲辖区菜地排查情况列计划、编类别、分阶段,全力组织相关职能部门进行清理整治。至年底,共出动人员170人次、动用挖掘机12台、推土机8台、拆除违规菜地9.67公顷。开展“南昌西站及周边小区、背街小巷、重点区域专项整治”行动。点对点安排6村1站进行帮扶,充分发挥第三方外包公司的力量,加大整治力度。针对九龙十一度小区建筑物外立面破损问题,红角洲街道安排专业队伍进行增石漆施工,整治面积约600平方米。

【夯实法治宣传和阵地建设】 2022年,更新村、社区普法宣传栏,增加习近平法治思想专栏、专区,向居民普及《中华人民共和国宪法》《中华人民共和国民法典》等多种法律常识,让居民在休闲过程中感受到法治文化。公共法律体系进一步提升,至6月,各村(居)公共法律服务室共接待辖区居民1000余次法律咨询,开展惠企法律咨询服务2次;法律明白人培养工程稳步推进,至6月,共培养农村“法律明白人”3416人、社区“法律明白人”400人,原红角洲管理处岭口村“法律明白人”夏小荣获得本年度江西省“百优‘法律明白人’”称号。街道司法所共开展各类普法活动18次,发放法治宣传品4000余份,解答法律咨询200余次,受教群众600余人。

【“四个精准”落实退役军人工作】 2022年,精准对接退役军人,做好优待证办理工作。通过精心部署、大力宣传、规范申领等方式,认真做好退役军人建档立卡及优待证申领制发工作。精准落实优待抚恤政策,保障退役军人合法权益工作。为辖区内重点优抚发放优抚资金,为秋冬季退役士兵发放一次性自主就业经济补助金,为义务兵发放优待金。精准帮扶困难退役军人,开展节日走访慰问工作。每逢重大节日服务站开展走访慰问活动,为现役军人家属及重点优抚对象发放慰问金;针对伤残军人、特别困难的退役军人提供政策帮扶并为辖区内有需求的优抚对象办理公交公益卡。精准打造退役军人服务站工作。参照2022年街道、村(社区)退役军人服务站创建国家级示范站建设标准,打造香域滨江社区退役军人服务站示范站点,对街道和悦城西社区退役军人服务站点进行提升改造,为退役军人以及其他优抚对象提供内容全面、形式多样化的服务。

【落实财务精细化管理】 2022年,精心谋划、积极组织收入、做好经费保障工作。为确保全街道各项工作顺利开展,科学编制全年财政预决算，保障了全街道干部职工的工资奖金福利及时发放、各项民生救济资金及时发放到位，街道机构正常运转，各项工作顺利开展。加强审计监督，对发现的问题及时整改销号，做到防微杜渐、防患于未然。通过市委第二巡查组提级巡察及原管理处领导离任审计相关反馈意见，进一步完善相关财务制度，严肃财经纪律，对违反财经纪律的问题进行及时整改。加强村级“三资”管理，建立村(站)店面电子台账，及时监控租金收缴情况。建立街道本级“三资”管理制度，对村(站)固定资产及店面出租情况进行盘点清查，防止集体资产流失。

(黎志发)

凤凰洲街道

【概况】 凤凰洲街道地处红谷滩区最北端，是红谷滩连接赣江新区和经开区的“桥头堡”，红谷滩“北端重邑”。东临赣江，南至庐山南大道，西至英雄大桥西连接线，北至经开大道。2022年，有班子成员11名，内设18个职能部门，机关工作人员86人。区域面积12.95平方千米，常住人口5万余人，年末户籍人口4.8万人。辖1个行政村(凤凰村)、1个农场(昌北农场)和18个社区居委会(凤凰花园、凤凰城、碟子湖、珠江路、凤西、老北站、凤凰家园、天赐良园、海德堡、黄河路、星火、星科、凤翔苑、牛行、上滩、长江路、丰和新城、香江社区)。

根据《南昌市人民政府关于同意红谷滩区增设街道行政区划调整的批复》(洪府字〔2022〕67号)，2022年7月17日，撤销凤凰洲管理处，设立凤凰洲街道。凤凰洲街道属红谷滩区政府派出机关，正科级单位，有领导干部10名、工作人员99人(公务员11人、事业编14人、编外聘用58人、劳派2人、临时辅助人员3人、跟班学习11人)。内设14个职能部门。

负责辖区党的建设、综合社会治理、社会发展、经济发展、卫生健康、拆迁、房屋征收、城市管理等各项经济社会发展工作。生态环境优美，赣江、乌沙河穿境而过，太子庙有山有水，是一个“看得见山水、记得住乡愁”的好地方。区位优势独特，南北有双翼——八一大桥、英雄大桥，即将开建的二七隧道与南昌一环线近在咫尺，地铁1号线穿境而过且设有3个地铁站，交通便捷。文旅资源丰富，辖区有红色教育基地——牛行车站与南昌起义展示馆、建军雕塑广场、南昌舰；省级文化中心——省科技馆、省图书馆、省博物馆；休闲滨江公园——赣江市民公园。生活配套齐全，辖区有省人民医院红谷滩分院、省口腔医院红谷滩分院，有铜锣湾T16购物中心、万科商业综合体、凤凰假日广场等购物娱乐场所，有商联中心、中航国际广场、绿地外滩、铜锣湾等一批写字楼宇。教育资源得天独厚，辖区有江西师大附中滨江分校、碟子湖学校等一批名校。省市单位众多，辖区有省委车队、省交通干部学校、市自然资源局、市房地产交易中心、南昌日报社等省市单位。人气商机不断聚集，功能配套不断完善，生活品质不断提升。随着商联中心、中唯商业综合体、丰和国际、九颂中心、中航国际、保利中心等一大批临江楼宇的建成，赣江西岸的凤凰洲将展现美轮美奂的天际线，与红谷滩中心区完美融合，一条集商业、楼宇经济、休闲、娱乐等于一体的临江景观经济带将呈现在全市人民面前。

【政治建设】 2022年，坚持以政治学习为根本，不断提高政治判断力、政治领悟力、政治执行力，以中心组学习为龙头加强领导班子理论武装工作，研究制定《理论学习中心组2022年度学习计划》，明确学习内容，列出学习专题。全年开展党工委中心组学习12次，领导班子带头学习、带头实践，不断推动中心组学习在规范化、常态化、长效化上下功夫。以新时代文明实践所(站)为载体，为辖区党员群众开展习近平新时代中国特色社会主义思想理论宣讲100余次。围绕学习宣传贯彻党的二十大精神，以“学习强国”App、“江西干部网络学院”App等多种线上平台为抓手，不断延伸学习途径，筑牢思想根基；以“三会一课”“两学一做”常态化工作为载体，加强队伍建设，切实增强党内生活的规范性和严肃性；以组建凤凰洲街道“红心向党”宣讲队为契机，不断完善基层理论宣讲工作，坚持每月开展理论宣讲，推动辖区党员干部群众政策理论水平不断提高。同时，积极探索“路边交流会”等面对面宣讲形式，让党的二十大精神在凤凰洲落地生根。以新时代文明实践站为依托，组织志愿者深入机关、学校、社区、农村开展理论政策宣讲、文化文艺服务、助学支教、医疗健身、科学普及、法律服务、卫生环保、扶贫帮困等文明实践志愿服务活动200余次，服务群众近3000人次。同时，积极打造市、区级示范站，完善“四单”(居民点单、支部派单、全员接单、组织晒单)建设，累计完成点单400余次。大力培养4名优秀网评员，形成统一调度、分级管理、运转高效的网评员队伍体系。在新浪、抖音、今日头条等平台上引导正面舆论，营造积极健康向上的舆论生态。

【经济发展】 2022年，强化招商工作“牛鼻子、生命线”引领性地位，围绕企业项目“引”“育”“服”篇，上下一盘棋，常抓常议，逢会必讲、必强调，明确招商任务，细化分工，责任到班子成员、科室负责人和村(场)社区书记，强化人人身上有任务，千万重担众人挑的思想，形成上下同心，齐抓共推的高压态势。一切围绕项日干、日标转，招商任务项日化、项目清单化、清单绩效化,成立招商专班,挂图作战,攻坚克难,鼓励街办干部上擂台、拼干劲、赛成绩。营造人尽其才、多劳多得、创先争优的招商氛围,打造内心笃定、行动笃实的招商团队。因地制宜,发挥优势。找准凤凰洲街道定位:宜居、宜业、宜学,突出凤凰洲街道优势:文化、商贸高地。调动T16、万科、九颂、凤凰数字产业园等商管、楼宇,招商第三方,民间、社会团体,“三友”(乡友、校友、战友)及社会个人等一切招商有利力量,依托他们的人脉和资源平台,同频共振,合作共赢,打响“凤凰”品牌,将品牌优势变成经济优势。推动建立企业服务专员制,用服务彰显温度,针对辖区重点企业,村(场)社区干部通过建立“一对一”的精准对接,当好“五员”。全力打造全程服务、全程跟踪、全程参与的“管家式”企业服务模式。用心用情用爱吸引更多优质企业在红谷滩落户、发展。凤凰洲街道被红谷滩区评为开放型经济工作考核招商引资先进单位。截至年底,辖区内有产业发展项目7个、社会事业项目4个、民生实事项目2个。其中,计划新开工项目2个(台商基地、湘雅医院);资金及手续问题停工项目2个(力高凤凰新天、华夏艺术谷);续建项目7个(中唯中心、丰和三期、铜锣湾二期、商联中心、水警公安码头、凤凰集贸市场、凤凰便民中心);完工收尾项目2个(口腔医院、北外滩公交枢纽)。

【社会治理】 2022年,始终把平安建设工作摆在重要位置,并作为“一号工程”去抓落实,成立以党工委书记为组长,党工委副书记、主任为副组长的平安建设工作领导小组,下设办公室,负责日常管理工作。按照“谁主管、谁负责”“一岗双责”的要求,始终坚持主要领导负总责亲自抓,分管领导具体抓,其他领导共同抓,形成目标明确、措施具体的平安建设职责体系。在年初,街道与各村(场)社区相关单位签订平安建设(综治)责任书,明确党政班子成员、挂点部门和村(社区)主要负责人、网格员的职责任务,着力抓好、抓牢平安建设责任的落实,筑牢稳定“第一道防线”,形成“一级抓一级、人人身上有责任”的工作格局。以行政转换为契机,将综治、司法、安监、公安、经发、民政、社发、劳动保障、房管等具有社会稳定和调解职能的部门纳入维稳体系,构建齐抓共管的“大维稳、大平安”格局;每季定期组织召开一次信访联席会议,听取相关部门、单位负责人维稳工作汇报,及时研究解决平安建设工作中出现的新情况、新问题,坚持结合实际将纠纷隐患化解在萌芽状态。建立健全有章可循、有据可依,精细管理、程序规范的维稳预测预警和矛盾调处、“防、管、帮、宣”等应急处置预案及工作机制,确保小事不出村(社区)、大事不出街道、矛盾不上交,切实掌握防控主动权,防范重大社会风险发生。

【民生工程】 2022年,围绕“助企纾困促经济、暖心政策惠民生”定位和目标,以“大走访”“大调研”为抓手,联合辖区市、区人大代表共同走访企业104家,收集企业相关问题意见10余条。其中,期望得到政府政策扶持5条,希望加强与政府合作2条,其他涉及人才流失大、企业生存环境恶劣、文娱场所少等问题。开展市、区人大代表进站接待选民、进企助企纾困、专题视察走访调研、民生实事项目民情民意征集等活动30余次,6位市代表、26位区代表均完成进站履职,与130位选民进行面对面沟通交流,倾听他们在“疫情防控、老旧小区改造、交通出行、环境卫生”等民生方面的意见和建议,共收集民生实事意见9条。针对以上收集的问题逐一进行反馈,将短期内无法解决的问题纳入街道党政联席会议,定期进行调度。同时,积极推动26位代表开展“双联”活动,联络居民120余位,收集民情民意19条;依托社区人大联络站的方式,通过开展宣讲、走访、视察、欢度节日等各种活动20余次,接待人民群众近100位,活动内容包括分享《习近平谈治国理政》学习心得、宣传法律、联络居民以及收集群众意见等。

【推进机关效能建设】 2022年,强化政治监督、严肃执纪问责,开展疫情防控专项督查140余次,发现问题480余个,编发疫情督查专报27期,下发督办单9份、通报3次,党纪处分2人,诫勉谈话1人,通报批评5人,提醒约谈2人,为南昌市全域动态清零攻坚战役提供纪律保障;接收受理问题线索20件(其中立案4件、初核2件,函询了结3件),党纪处分4人次,诫勉谈话3人次,警示谈话2人次、提醒谈话2人次。

【落实网格化管理】 2022年,按照中心正规化、社区网格化、基础数据信息化的理念,不断提升优化综治中心实体化建设,基本实现了市、区、街道三级综治信息平台指挥调度、事件处置、预测预警、智辅决策四大动能。以“一员一格”“1+N+N”模式配备129名网格员,在2022年度红谷滩区“优秀网格员”评选活动中,被评选为优秀网格长3名、优秀网格员19名,制定本级网格员考核管理办法,提升了网格员服务能力。优化街道、村(社区)人民调解委员会和网格调解员三级调解员队伍,实现各行业领域均有人管事、有人议事、有人理事、有人办事。积极探索市域社会治理创新举措,有力、有序地推动辖区14个平安智慧小区、凤凰新村围合小区的建设,探索推进物管城市建设项目、还建房小区治安防范基础设施建设等,不断提升群众的安全感、幸福感、获得感。提升改造本级融调中心、综治中心和便民服务中心。凤凰家园社区、VR智慧平安小区成功入选南昌市市域治理创新工作案例;红色名村——凤凰村被评为省级红色名村;凤凰花园社区被评为全国民主法治示范社区;凤凰洲街道获得南昌市平安建设示范街道、南昌市信访先进单位称号。

【提升城市管理精细化水平】 2022年,积极推进道路管养路长制,全面落实养护责任。全面开展净街、洗城行动,冲洗路面及人行道1289万平方米,机械化清扫率达80%;落实“门前三包”责任制,签订责任书450余份,全力打造干净整洁有序的市容环境。绿化养护,落实绿化精细化要求,全年累计修剪行道树6900余棵、灌木70万平方米,打草复绿260万平方米,对皇姑南路开荒复绿5.5万平方米。广泛开展垃圾分类宣传,居民知晓率达100%;完善辖区内社区垃圾分类配套设施建设,设置集中投放点101处。同时,建立健全处置制度和联动机制,做到及时派遣、及时处置、及时协调,共处置数字化案卷21179条,有效处置率达98%。细化整治,开展城市顽疾行动。严格执法,采取疏堵结合方式,开展占道经营、露天烧烤及焚烧垃圾等专项执法整治7578次;即查即拆各类违章搭建,力保零增长,拆除户外广告40余处,拆除新增违章建筑50处2122平方米。强力整治,成立街道燃气安全隐患排查整治领导小组,制定专项工作方案,排查辖区600余家餐饮店,督促整改问题195个,解除70处管网压占隐患整改项目;规范餐饮经营单位油烟污染管控,完成一类餐饮店油烟净化器安装全覆盖。持续推进中央环保督察典型案例整治工作,加快排水单元排查整治工作,全年共计排查辖区内沿街店铺排水情况850余家,已办理排水证236家。

【做好社会救济工作】 优化居家养老。对辖区五类老人及80岁以上老年人进行能力评估,经评估轻度失能107人、中度评估25人、重度失能31人,为符合条件的5人申请家庭病床,提升辖区老人服务水平;组织开展养老服务机构房屋安全隐患排查及打击整治养老服务领域非法集资、诈骗宣传活动36次,参与群众841人次,从多个领域提升辖区老年人的安全感。精准高龄补贴。全年申请审批67人,每月按时完成高龄老人补贴申请、审核、发放工作,发放高龄老人补贴约41万元;以“应领尽领,应退尽退”的原则,对辖区418名享受高龄老人补贴进行半年核查,停止发放4名高龄老人补贴金,确保高龄老人补贴发放精准覆盖。动态管理社会救助。全年受理审批通过低保2户5人。至年底,共发放低保金53.07万元,发放特困供养资金4万余元,发放失能半失能护理费6030元。同时,为缓解辖区困难群众的生活就医压力,至年底,办理临时救助7户,发放救助资金5.94万元,使社会救助政策惠及每一人。落实帮残助困。全年共发放残疾人两项补贴资金6.85万元,上报上半年可享受评定补贴5人,申报评定重度失能残疾人1人。发放2022年度慈善专项救助款1.09万元,同时为2户残疾家庭申报金秋助学金。

【扎实开展妇幼健康工作】 2022年,计划生育家庭奖励扶助14人,发放扶助金1.68万元;独生子女伤残特别扶助12人,发放扶助金10.08万元;独生子女死亡特别扶助17人,发放扶助金21.68万元。审核城镇独生子女父母奖励1269人,实际发放148.48万元。结合“未成年人保护工作宣传月”对辖区内散居孤儿和事实无人抚养儿童进行探视走访32次,结合走访开展政策宣讲。利用儿童之家、文明实践站等场所开展防溺水、关爱未成年人等宣传活动36次。全年共发放孤儿及事实无人抚养生活费4.77万元、“六一”慰问金1200元、残疾事实无人抚养儿童照料护理补贴金2.5万余元。

【健全退役军人服务保障体系】 2022年,积极开展“尊崇工作法”,做好退役军人日常工作。开展退役军人优待证建档立卡工作,至年底,信息采集30余人次、建立退役军人一人一档纸质档案共计1047份。组建“新长征志愿者队伍”17支,共计90余人;一周一活动30余次,一月一课堂10余场;春节、八一建军节等节日期间走访辖区退役军人共计100余人次。围绕退役军人服务站中心任务,不断提高退役军人的认同感、荣誉感、归属感和信任感。凤凰洲街道退役军人服务站荣获“2022年度全区信访稳定工作先进单位”称号;凤凰洲街道凤凰村村委会党委委员、“洪城红”退役军人应急四中队队长徐饑荣获2022年度红谷滩区“最美退役军人”称号;凤凰洲街道凤凰村老兵突击队荣获2022年度红谷滩区“最美退役军人集体”称号;凤凰洲街道退役军人服务专干谭文浩、凤凰花园社区退役军人服务专干钟娟荣获红谷滩区“退役军人服务先进工作者”称号。

【做好就业创业帮扶工作】 2022年,做好创业扶持及就业援助工作。发放各类小额贷款1000万余元,实现城镇新增就业319人,完成率150%;城镇失业人员再就业31人,完成率107%;就业困难人员就业20人,完成率111%;办理新增失业登记10人,就业登记2人,被认定“4050”就业困难人员12人,失业创业证年检89人,青年见习完成18人。

【推进社会保险办理应保尽保】 2022年,人力资源和社会保障所努力推进社会保险办理应保尽保。全年共办理在编干部养老保险17人、职业年金17人;办理城乡居民养老保险类60人;办理城镇职工养老保险216人次、失业险216人次、工伤险216人次;办理村干部养老保险14人。办理养老异地认证2人,人脸认证(使用江西人社及支付宝赣服通认证)已指导到位,认证率达100%。全年实现凤凰洲片区参加城乡居民医疗保障总人数14646人。其中,新参保居民742人,满70岁以上老人392人,低保人员114人,优抚对象15人,续保13383人。同时,为在编人员办理职工医疗保险17人,为聘用人员办理职工医疗保险208人,办理零星报销113人次、新生儿98人次、其他住院报销5人次。医疗救助43人次,共救助1.87万元。特殊病申请8人次,电子医保凭证申领率达66.01%。为保障社保待遇正常发放,总制卡468张。其中,个人新申请303张,补发社保卡17张,换发社保卡144张,问题卡换卡1张,注销再申请3张。个人领卡启用513人次。

2022年6月17日,凤凰洲管理处纪检监察工委开展营商环境领域腐败和作风问题信访举报大宣传活动

(凤凰洲管理处　供图)

【协同做好辖区居民社保工作】 2022年,对接红谷滩区人社中心养老科,做好凤凰洲城乡居民、被征地农民、小集体职工等参保、变更、退休、死亡销户等工作。协同做好社保基金核查追缴、低保重疾代缴等工作。至年底,征地农民死亡7人,小集体职工死亡1人,征地农民退休53人,城乡养老保险退休10人,城乡养老保险死亡终止4人,账户变更完成28人。

【做好劳资纠纷调解工作】 2022年,夯实工作责任,认真做好辖区内劳资纠纷化解工作,减少群体性劳资纠纷事件发生。劳动监察日常农民工讨薪30件,共涉及203人,完成调解并撤诉26件,讨薪金额378.01万元。商贸类欠薪58件,共计93人,完成调解资金19.24万元。

【优化营商环境】 2022年,通过不断改进机关作风建设,优化投资环境。处便民服务中心与纪检部门共同对本处服务窗口及工作人员进行打卡、考勤、请销假等考勤考纪管理。重点查"窗口"作风建设,杜绝"门难进、脸难看、话难听、事难办"现象出现。通过服务再提升专项行动找差距补不足,确保群众办事只进一扇门,顺利便捷办成事,不断优化服务群众的公共资源配置,提升居住环境水平。上半年成功办件4833件,群众满意率达99.65%,初步实现系统覆盖区域政务服务"一窗受理""一网通办"和企业群众办事"只进一扇门""最多跑一次"的高效办理流程。全年通过江西政务服务网公布权力清单24项、责任清单24项、公共服务清单19项,确保阳光透明,接受社会监督。制作和公开标准化办事指南和办事流程,充分利用"互联网+政务服务""赣服通"移动政务平台,提高网上办事率。

【全面提升生态环境质量】 2022年,共开展占道经营、露天烧烤及焚烧垃圾等专项执法整治7578次。规范餐饮经营单位油烟污染管控,全年累计巡查700余次餐饮企业,餐饮店油烟净化器现场检查安装率达100%,一类餐饮店油烟净化器安装全覆盖。对辖区内800余个沿街店铺及路段、企事业单位的窨井盖进行逐个打开查勘,并督促第三方施工单位对辖区内存在雨污混排现象的小区进行整改;积极沟通辖区内23个企事业排水单元,联系其进行自查自改;完成省级及中央级环保督察案件专项整治日常监督工作,全力推动中央环保督察反馈问题整改,对2016—2018年共34件已销号中央环保案件及省环保案件开展常态化巡查,确保案件不反弹。

【做好防汛各项准备工作】 2022年,结合实际情况,制定防汛工作方案、预案。汛期期间确保24小时值班、巡逻查险,做到有险情及时处理、及时报告。根据凤凰洲管理处防汛方案,由村(场)、碟子湖社区组建防汛应急队8支,同时管理处成立一支117人抢险突击队。另由玉禾田公司组建1支排涝应急队伍,汛前对辖区所有路段雨水箅子进行全面清掏,防止汛期因雨水箅子堵塞造成大面积积水情况。每日机扫、冲洗26条主次干道以及人行道板和路缘石泥沙,捡拾绿化带死角垃圾及路面白漂,防止汛期雨水量过大垃圾漂浮水面造成二次管网堵塞。充分备足物资储备,包括编织袋 8000 张、铁锹 250 把、编织布 100 张、铁锤 250 把、救生衣 160 套、雨衣雨伞雨鞋 820 份等物资，还有中小型抽水机 6 台、污水泵 8 台、救生船 3 艘，防汛指示牌 10 块，砂石（已跟沙场老板签订 1000 立方米砂石料随时供应协议），挖机、铲车随时待命。

【农业工作】 2022 年，凤凰洲街道以农村人居环境整治、渔业管理工作、发展壮大村集体经济、外来入侵物种整治为主，做好农业工作。农村人居环境整治：凤凰洲街道以农村人居环境整治及长效管护为导向，以农村垃圾、村容村貌提升为主攻方向，着力改善农村人居环境，补齐农村基础设施短板，安排专项资金 2.9 万元，至年底，100% 行政村已达到干净整洁村标准，100% 村庄达美丽宜居村标准。渔业管理工作：积极利用多种宣传途径，做好“十年禁捕”、渔业资源保护工作的宣传，倡导合法、有序、文明垂钓，杜绝“电、毒、炸”和非法网具捕捞，同时做好退捕渔民社保补贴发放工作。至年底，累计发放倡议书 200 余份，张贴公告 22 份，发放社保补贴 6000 元。发展壮大村集体经济：做好村集体经济收入情况月报工作，全街道 1 个行政村集体经济收入达 1960.05 万元。外来入侵物种整治：配合区农业农村局做好外来入侵物种普查，安排专项资金 21 万元，做好加拿大一枝黄花铲除工作。至年底，加拿大一枝黄花铲除工作累计投入除草剂 1.5 吨、人工 500 余人次，铲除 20 余公顷。

【林业工作】 2022 年，围绕保护发展森林资源，深入推进林长制改革，加强林业有害生物防治体系建设，落实护林防火工作任务，重点做好松材线虫病治理、主干道白蚁防治工作，街道生态环境得到明显改善。重点道路白蚁防治：对辖区内主要干道及还建房小区内树木进行白蚁防治，保障人民群众生活生产安全，至年底，共防治 5220 棵树木。按《2022—2023 年度松材线虫病防控目标责任书》要求，全年共清理枯病死树 2180 株，其中凤凰村 148 株、碟子湖社区 2032 株。野生动植物保护：对凤凰村山头进行全面排查，张贴《关于全面禁止猎捕和出售野生动物的通告》等公告 20 余份，严禁野生动物对外扩散和转运贩卖。公布群众监督举报电话，加大对野生动物巡护的联防联控。森林防火：在凤凰村主要进出山口设立防火岗亭，设置“防火码”，对进山人员进行防火宣传，收缴火种，并进行登记，做到“封住山、看住人、管住火”。在全街道范围内开展护林防火宣传，全年共计发放护林防火宣传材料 300 份，印制张贴禁火令 20 份、护林防火宣传画 30 张，悬挂横幅 10 余条、护林防火宣传牌 2 块。

【水利工作】 2022 年，深入践行“绿水青山就是金山银山”理念，进一步强化河湖长制，推进水生态文明建设，不断夯实河湖基础设施，提升河湖环境质量。清四乱整治：高度重视河湖常态化保洁工作，对乌沙河进行常态化保洁，开展“清四乱”行动，至年底，共计出动 194 人次，清理垃圾 0.35 吨，制止倾倒渣土和河堤管理范围内建设菜地等问题 5 次。水利工程维护：冬修水利，对丰收堤电排站 4 台排涝机组进行更换，保障辖区度汛安全。河长制工作：建立健河长湖长体系，设置河长制公示牌，公开河流等信息，接受公众监督。严格按照巡河履职要求，使用“掌上河湖”App 进行巡河，对于巡河发现的问题及时交办整改，有效地解决了大批影响河湖健康的重点难点问题。

【全力创建全国文明城市】 2022 年，为营造浓厚的全国文明城市创建氛围，调动辖区单位、社区群体和居民参与全国文明城市创建的积极性，充分利用 LED 显示屏、宣传栏、微信公众号等宣传媒介，依托社区文明实践站，开展形式多样的宣传，广泛动员辖区党员、居民志愿者积极参与全国文明城市创建工作，全年共走访 2.79 万户、约 6.5 万人次，发放调查问卷 2.79 万份，入户完成率 100%，知晓率 95% 以上。整治杂物堆积 2219 处、“飞线”充电 398 处、楼道垃圾 1163 处、垃圾广告 5332 处，清洗垃圾桶 2480 个，整理楼道管线 292 处，排水沟清淘 185 处，修剪绿化带 479 处，粉刷楼道墙面 3.2 万余平方米，修复损坏绿化带 1323 平方米，清理楼道非机动车 866 辆，修复公共设施 484 处。共下拨社区整治经费 445 万元，完成各项民生工程 12 个。以治“乱”为重点，对占道经营、流动商贩、私搭乱建、乱停乱放现象集中清理，落实“门前三包”政策，对马路市场、游商小贩实行规范化治理、合理化疏导，全年共规范出店经营 1000 余次，撤除主次干道公益广告 715 块，增加 411 块。街道创建办联合社区、物业针对南昌市创建全国文明城市指挥部办公室督查通报内容，举一反三积极做好整改工作，确保复核不扣分。同时，联合社区、物业针对市、区级第三方测评反馈问题做好整改工作，将整改内容归档装订成册并将电子稿报送区创建办。《市督查通报》（第 7、9、11、15、16 期）累计反馈问题 38 个，其中静态问题 9 个、动态问题 29 个，已全部整改到位并复核过关；《区级通报》（第 3、4、9、11 期）累计反馈问题 57 个，其中静态问题 23 个、动态问题 34 个，已全部整改到位；《市 8 月份公共文明指数专项测评》累计反馈问题 387 个，其中静态问题 309 个、动态问题 78 个，已全部整改到位。

【助力爱心公益活动】 2022 年，凤凰洲街道积极开展“小天使、天使阳光”基金项目宣传、“5·8”红十字博爱周、重阳节、“践人道使命·与敏华同行”关爱老人及世界急救日等活动。通过"红谷博爱·暖心助学"活动,助学8人;"99公益日"活动项目筹款2.6万元。举办2022年持证救护员培训班1次,培训持证人员68人,组织开展应急救护知识普及性培训200人;结合"5·12"全国防灾减灾日及9月"世界急救日"等纪念日,做好水旱灾害、气象灾害、地震灾害、森林火灾等自然灾害知识和防范应对措施的宣传;引导更多群众学习、了解和掌握应急救护知识,传授应急救护技能;突出普及性、群众性、实用性。

(范　青)

九龙湖街道

【概况】 九龙湖街道(以下简称街道)隶属于南昌市"一江两岸、双城拥江"核心的红谷滩区,东临赣江,西沿枫生快速路,南至南龙蟠街,北至沪昆铁路桥。街道于2022年7月正式挂牌成立,区域面积21.22平方千米,年末户籍人口4.5万人。下辖4个行政村(安丰村、富乡村、斗门村、渔业村)、2个管理站(源岗管理站、下堡管理站)、13个社区(安丰花园社区、富源花园社区、博鸿社区、博玺社区、博海社区、明珠社区、广源南社区、广源北社区、新琚社区、新琚东社区、南洲社区、礼庄山社区、阁皂山社区)、3个社区筹备处(恒锦筹备处、博恩筹备处、青原山筹备处)。下设基层党组织21个,有党员455名。街道毗邻全省综合交通枢纽南昌西站,全省最宽的九龙大道贯穿全域,被喻为江西的长安街,建设中的复兴大桥、洪州大桥横跨赣江,南昌地铁2、4号线穿城而过,拥有便利的交通和优越的地理位置。有中国中南部最大的国际会展中心——南昌绿地国际博览中心,年客流量超百万人次,推动红谷滩区商贸会展业迅速繁荣;全省最高地标——平安国际金融中心等省、市、区重大重点项目抢滩入驻,南昌国际会议中心、市民中心投入使用,九龙湖已成为投资兴业的热土。独特的区位优势、高端的产业聚集、便捷的生活配套,一座功能完善、生态宜居的现代化新城正在冉冉升起。

2022年,依托VR产业先发优势,辖区已落户200余家VR及相关企业,相关从业人员3300余人,集聚华为、阿里等世界500强企业,汇聚海康威视、科大讯飞等10余家龙头企业,初步形成数字经济产业上下游企业聚集、抱团发展的局面。街道不仅成为元宇宙试验区,还是全省数字经济发展创新引领示范区、南昌未来科学城核心起步区。大力发展总部经济的同时,依托丰富的楼宇资源,街道瞄准数字化、网络化、智能化方向,持续发展升级楼宇经济,辖区23栋楼宇总面积近50万平方米,已入驻企业超过600家,营业收入达39亿元,已成为全区最具活力的发展区域。外国语学校等10所学校(幼儿园)已入驻,新琚农贸市场对外开放营运,南昌市人才公寓投入使用,市第一医院九龙湖分院正在抓紧建设中,便捷的生活配套为新城注入全新活力。同时,街道坚持惠民导向、推进民生服务,让居民共享城市发展成果,辖区5000余户拆迁户已全部回迁新居,农民户籍已经全部转为居民户籍,基本养老保险、居民医疗参保率达100%。高标准建设九龙湖文化中心、卫生中心、社区邻里中心,开办社区"邻里食堂",探索嵌入式养老服务模式,为百姓提供"一站式"快捷便利的服务;新琚社区与博鸿社区被评为全省"幸福社区"。

【政治建设】 2022年,坚持党建引领发展,紧扣抓重点、破难点、夯基础,持续深入推进全域基层党组织"三化"建设,齐抓共管、比学赶超实现基层党建"全域红",坚定不移推动基层党组织全面进步、全面过硬。积极推进党建引领基层治理,建强网格党组织,将党支部(党小组)建在网格上,建立网格党小组91个,积极推动基层执法力量下沉网格,引导各类企业、社会组织、志愿者队伍参与网格管理和服务,为实现党建引领、一网治理提供支撑。打造社区党群服务综合体。充分发挥基层党组织的示范引领作用,积极依托新琚社区党群服务中心,合理调整布局,完善服务功能,拓展延伸居家养老和托幼托管服务功能,建成"15分钟党群服务圈",完成新琚社区党群服务综合体建设。成熟村(站)、社区党(总)支部全部完成"三化六好"提质增效阵地建设,加强党员日常管理监督,严格落实党内组织生活制度,定期开展基层党组织落实"三会一课"情况检查,及时抓好问题整改;积极开展"书记讲党课"活动,博鸿社区党支部书记讲党课荣获南昌市2022年度"三级书记讲党课"评选活动三等奖。以"七一"建党节契机,为15名老党员颁发"光荣在党50年"纪念章,重温入党誓词12场次,参加人数共173人。强化党内关怀帮扶,积极宣传党内关怀帮扶"红色基金",为1名困难党员申报"红色基金";组织405名党员参与"党员互助一元行动",共捐款4100余元,走访慰问辖区困难党员、老党员共21名。扎实推进老党员管理工作,按照差异化管理的要求,对辖区内老党员进行全面排查摸底,按照"三定"要求和"四审"程序,合理区分不同情形,建立分类管理工作台账,做实关怀慰问工作。严格执行发展党员工作全程纪实和负面清单规定,共接收预备党员7名,确定发展对象6人,确定入党积极分子15人,安排入党集中培训34人。以南昌市人才公寓落户新琚花园为契机,加强"人才十条"政策宣传,打造温馨舒适的"人才之家"。深入学习贯彻党的二十大精神,开展理论学习20余次;依托辖区新时代文明实践阵地,开展双联工作座谈会、“帮助身边谢大娘”等各类主题实践活动400余场。压实管党治党责任，积极推动完成2019—2021年审计中发现的94个问题整改。深入推进“4+X”专项整治活动，强化监督检查，全年共开展疫情防控、安全生产、文明创建各项督查共319次，下发专项通报36次，处理人员17人次，作风整顿专项行动取得实效。将人大代表联络站（室）打造工作纳入2022年重点项目予以推进会，运用数字技术、声光电设备等，在万达悦华酒店17楼打造300平方米的五星级社区人大代表联络工作室。

【经济发展】 2022年，对照既定经济指标，统筹做好“六稳”“六保”（“六稳”：稳就业、稳金融、稳外贸、稳外资、稳投资、稳预期；“六保”：保居民就业、保基本民生、保市场主体、保粮食能源安全、保产业链供应链稳定、保基层运转）工作，快稳齐进，创新驱动跑出经济发展“加速度”，全力以赴保持又快又好的经济发展势头。立足VR产业优势，强化招商引资“牛鼻子、生命线”引领地位，吸引赛兴产投、中漫未来等一批头部企业投资落户，赛兴产投顺利注册，中漫未来拟投资教育、产业、文旅三大板块系列产业项目，总投资约105亿元；新增招商引资企业8家，协助完成土地出让项目2个（江山云著、赣地佳苑）；为4家外贸企业申报、办理2021年出口奖励23万余元。全年共完成固定资产投资133.03亿元、限额以上零售额14.37亿元，增速11.1%，经济总量位居全区前列。重点为平安金融中心、市第一医院九龙湖分院、九龙湖过江大桥等30余个重点项目，特别是对接省赣剧院、赣商总部基地项目和融创文化旅游城文化馆3家在建文旅项目，积蓄新城建设强大势能。扎实开展“企业大走访”活动，结合“红谷连心会”活动，组织市、区人大代表助企纾困，推进“暖心护企”优化营商环境专项行动，走访入驻企业1538家、个体户1662家，掌握经营状况，共收集企业诉求1108条，已解决584条。做好26家文化企业的跟踪服务，完成南昌绿地博览中心运营有限公司“升规入统”。

【社会治理】 2022年，坚持以“绣花功夫”推进城市管理工作，通过整治提升、建设提升、能效提升多点发力，破立并举，凝心聚力抓出城市管理“真实效”，全面升级九龙湖城市功能品质。立足展会“窗口”定位，加大整治力度。围绕绿地国际博览中心、VR产业基地等窗口点位和还建房小区等重点区域，持续开展路面破损、户外广告、共享单车等专项整治，全年共完成省市重大活动线路保障60余次，保障2022世界VR大会、第二届中国米粉节、中国智能家居产业博览会等活动，实现辖区市容环境与管理秩序“双提升”。坚持“日巡查”和“重点巡查”相结合，常态化开展“拆违拆临”，全年累计拆除违章搭建14处、面积9858平方米。同时，整治铁路沿线黄土裸露点位40余处、面积5万平方米，清除死角垃圾20余吨；督促20个建筑工地和16个闲置空地完成1.99万米围墙标准化建设。严格按照生态环保工作要求，对照第三轮中央环保督察问题，针对25件信访件全面销号整改，保持水环境、大气污染防治、餐饮油烟排放、噪音扰民、秸秆垃圾焚烧等重点领域治理的高压态势，开展加拿大一枝黄花、红火蚁治理专项清除行动6次，坚决打赢蓝天绿水保卫战。探索市容保洁精细化、小区改造精品化、管理规范化等方面的应用场景落地，打造九龙湖建管品牌。升级市容服务外包路面问题巡检制，完成富源花园综合改造提升和安丰花园社区邻里中心建设2个项目，推进国博庆典广场、上饶大街微空间改造2个城市空间建设改造项目，进一步优化城市功能品质。坚持将深化文明城市创建作为提升城市管理能力和治理水平的有力抓手，推动环境整治、服务保障、宣传氛围、市民素质“四大提升”工程，着眼主次干道、背街小巷、农贸市场、还建房小区等薄弱区域，全年共处理动态问题485处，粉刷楼道墙面933.6平方米，清理楼道电动车、自行车949辆，修复公共设施170处；合理施划停车泊位线2000余个、1.3万余米。文明城市实地考评排名保持全区第一方阵。

【民生工程】 2022年，坚决落实以人民为中心的发展思想，全面提升惠民服务水平，内外发力、精准施策办好为民服务“关键事”，高效推进民生实事项目。依托信息化手段和第三方评估机构核查，精准识别救助对象，做到阳光施保，至年底，共发放低保金99.7万元；做好创业帮扶和民工工资追缴清欠，辖区新增就业人数429人，完成区就业工作民生任务指标，完成帮扶小额贷款400万元；全年共化解24起欠薪案件，处理96起欠薪线索回复及协调事宜，追缴清欠9000余万元。持续深化打造新琚、安丰花园、明珠、鸿玺4个社区邻里中心，并依托社区邻里中心，通过政府购买社会化养老服务，完成广源南、广源北、博海、富源4个社区居家养老中心站点的申报建设，在博鸿、博玺社区引进杭州亿家医养云科技有限公司和家庭健康服务中心，打造全市现代化嵌入式养老院试点院并投入运营。依托安丰花园社区、博海社区文化活动中心，开展各类文化活动60余场，参与群众近2万人；扎实推进红谷滩区鸿玺社区“孺子书房”分馆建设，市委常委、统战部部长饶绍清，副市长龙国英深入调研指导；大力宣传绿色殡葬新风，开展“文明丧葬、移风易俗”宣传活动50余次，红白理事会人员现场宣传文明丧葬并签订丧事简办承诺书和备案表20次。围绕“民生服务基层”这一核心，瞄准群众生产生活最直接、最迫切需求，全方位做好民生服务。大力推进“放管服”改革,建成18个社区级便民服务站,为群众提供全方位“一站式”服务,群众办事的满意度不断提高;全年共受理咨询2556人次、事项2633件,办结率100%。在博鸿、博玺社区便民服务站试点“就近办”,成为全区第一个社区级政务服务点位,打通服务群众“最后一公里”,全市“就近办”推广现场会在此召开。

【党建引领网格治理】 2022年,重点打造社区党支部党建引领网格治理工作示范点,完成博鸿博玺社区、新琚社区、VR基地、富乡村、斗门村党(总)支部5个党群服务中心改造提升项目,按照“一支部、一品牌、一特色”的要求,完成新琚社区党群服务综合体建设,推动博鸿博玺社区城市基层党建引领基层治理实训基地建设,有效提升服务基层群众的能力水平;持续巩固区域内党建合作平台,充分利用邻里中心和党群服务中心,形成互联互通、共建共享的城市基层党建新品牌,特别是创新VR党建新兴业态和互联网党建工作,推动新业态领域党建提质增效。

【打造“就近办”示范点】 2022年,打造红谷滩区第一个社区级政务服务“就近办”试点项目,博鸿、博玺社区梳理服务清单事项146条,为群众提供车辆上牌、医保社保、民政救助等服务,全年共受理各类便民服务咨询600余条,办理事项50余条,打通服务群众“最后一公里”,推动博鸿、博玺社区城市基层党建引领基层治理实训基地建设。

【治理体系智能化】 2022年,以智慧平安小区和综治中心建设为抓手,完成海珀九龙芙蓉、玉隆、博浩、新力琥珀园4个智慧平安小区建设,精准划分广源南等8个新设社区网格45个,投入30万元推进村站、社区综治中心提档升级,接通19个村站、社区的综治专网,全面提高基础防控工作的智能化、科技化、社会化和专业化水平。

【安全生产网格化】 2022年,按照“三个必须”(安全生产工作实行管行业必须管安全、管业务必须管安全、管生产经营必须管安全)的原则,全面落实安全生产责任制,对小区“飞线”充电、电动车违规入户、堵塞消防通道等安全隐患开展专项整治,守住安全生产红线。在安丰花园、富源花园、九龙明珠3个农民还建房小区完成165部电瓶车检测及电梯监控设备安装工作,有效避免小区火灾事故;落实网格责任,坚持日常巡查,扎实开展防溺水、森林防火工作,确保群众生命财产安全和社会稳定。

(宦凌霄)

龙兴街道

【概况】 龙兴街道于2022年7月17日由南昌市政府批示同意,并于8月25日正式挂牌成立,得名于辖区内“龙兴大街”。龙兴街道东至枫生快速路,西至铁路水库,南至南昌绕城高速,北至沪昆高铁。辖区内有东西朝向道路5条,由北至南分别为武功山大道、龙兴大街、上饶大街、德兴街、抚州大街;南北朝向道路3条,由西至东分别为明月山大道、百丈山路、阁皂山大道。区域总面积36.99平方千米,年末户籍人口1.8万人。下辖山图村、中堡村、铁路村、青岚村、文青村、璜溪村6个行政村(璜溪村仍由新建经济开发区代管),有璜源山社区、半山禧园社区2个社区。农作物以水稻为主,特产以花生、藠头为主。重点项目有水利厅防汛抗旱储备仓库、南昌技师学院、南昌健康职业技术学院、江西农业工程职业学院等。历史文化遗存有正德古井、刘氏宗祠、李氏宗祠、凌云寺等。龙兴街道作为全市“未来科学城”重大战略的主战场,全区“未来产业产教融合孵化区”核心区域,以“建成组团、加速蝶变、谱写新篇”为目标,以提高人民生活品质为宗旨,主要做好征地拆迁工作,带动经济发展、城市建设、便民服务、基层治理等方面协同发力,打造“龙兴”形象。

【政治建设】 2022年,常态组织学习。龙兴街道党工委领导班子把深入学习贯彻习近平新时代中国特色社会主义思想和党的二十大精神及省、市、区委全会精神作为首要政治任务,全处组织开展专题学习10余场,党工委会议传达学习党的二十大精神和有关重要会议精神14次,开展理论学习2次、党工委班子专题学习2次,组织下村(社区)宣讲5次。通过第一时间学习传达习近平总书记重要讲话和中央、省委、市委重要会议精神,积极教育引导广大党员干部感悟真理伟力、领悟真理精髓、深悟真理航向,不断增强“两个维护”的思想自觉、政治自觉、行动自觉。坚持问题导向。龙兴街道党工委领导班子聚焦“三化六好”建设,按照城市基层党建“三化六好”的工作要求,从“四个方面定标准”“六个方面立规范”着手,组织各支部进行自查自纠,对党支部名称不规范、挂牌未能及时更新、党员活动室未能按要求设置与其他功能室混合使用等问题做到应改尽改。大力推进党建工作与业务工作的深度融合,建立项目临时党支部,定期走访辖区居民、企业,指导帮助支部解决征地拆迁、配套设施不完善等突出问题10余个。淬炼意识形态。党工委班子带头加强和改进意识形态领域工作,明确龙兴街道党工委书记为第一责任人,相关领域分管领导为具体负责人,宣传干事为日常业务人,自8月成立至年底,龙兴街道共召开意识形态专题研究会议1次,在各类新闻报刊及网络媒介中发布各类信息42条,村(社区)开展各类新时代文明实践活动共计360余次，覆盖群众5000余人，营造了良好的舆论环境和社会氛围，切实把党的意识形态工作牢牢抓在手上。率先律己垂范。党工委班子严格执行《中国共产党党员领导干部廉政准则》《关于领导干部报告个人有关事项的规定》，持续营造风清气正的良好政治生态，班子成员认真履行“一岗双责”，加强对分管部门党员干部的纪律约束，聚焦重点领域实施“两约谈两承诺一备案”工作，开展廉政谈话5人次、廉洁谈话8人次、任前谈话15人次，切实营造风清气正的政治生态。

【经济发展】 2022年，全面完成经济指标。规模以上社会消费品零售额累计完成201.6万元，完成任务总数的128%；对辖区内在建项目进行全面摸排，对在库的7个项目做到“应统尽统”，全年完成固定资产投资22.6亿元；对接洽谈省内外优质企业6家，其中已成功签约4家，其余2家均有签约意向。稳步推进项目征迁。大力推动西部组团开发建设，积极推动抚州大街西延、江西农业工程职业学院、省水利厅水旱灾害防御物资储备仓库等大批省市区重大重点项目征地拆迁工作，全面完成南昌技师学院、南昌健康职业技术学院征地、拆迁、迁坟工作，获得市、区主要领导的高度认可。全年完成拆迁编号29个，涉及27户103人，完成征地73.33公顷（1100余亩），拆迁面积6500余平方米，迁坟236棺。持续优化营商环境。常态化开展“暖心护企”企业走访调研活动，组建走访工作队伍，深化服务企业意识，全年走访企业72家、个体户421家，帮助解决问题70余个，对需要区直部门协调解决的问题，建立问题台账，明确副科级责任领导及街道对接领导，进一步为企业帮难解困，不断增强企业的获得感、安全感。

【社会治理】 2022年，提升农村治理水平。充分利用区位优势，大力发展农产品加工、观光农业等富民产业，划分农耕责任田，实现街、村、组、户四级联动，助力粮食稳产增产保供；依托山水林田湖等独特风光，积极引进农村农业领域项目，全力打造水库吴家、铁路夏家2个“共同富裕样板村”，建设宜居宜业和美乡村，不断增强农民农村内生发展动力。构建街道、村二级“河长”组织管理体系，成立由街道党工委书记任组长，党工委副书记、办事处主任任副组长，其他领导任成员的“河湖（库）长制”领导小组，实现晚稻保量增收133.33公顷（2000亩），油菜冬种113.33公顷（1700亩），人居环境水平排全区中上。安全排查从实从严。建立健全应急管理机制、机构、设备及队伍，严格落实森林防火、人防安全、生产安全等隐患排查工作，发放宣传单约2000份，张贴发放禁火令约1600份，设置森林防火警示标语约10条，设立固定宣传牌约80个，张贴森林灭火标语约200张，做防火隔离带约12.5千米，建立问题台账，实行销号管理，对发生火情的村第一时间启动问责机制，确保安全生产事故不再发生。主要领导专题调度信访会议，研究当前信访事项，按照相关规定做好接访、化解、工作，全年接待各类群众38批次、180余人，有力化解群众关于土地款发放、还建房分配、委培生、项目纠纷等一大批信访积案。

【民生工程】 2022年，便民服务高效殷实。以更好更方便群众办事为导向，积极促成便民服务中心提前、提早搬迁，大力开展“就近办”活动，在5个村2个社区共接待群众35人次，办理相关民生事项48项，认真落实失地农民养老保险政策，完成被征地农民养老保险认证1841人，认证完成率达99.9%。社会救助暖心贴心。用足用活各项救助政策，将符合条件的困难群众及时纳入救助保障范围，确保困难群众“求助有门、受助及时”，至11月，街道发放低保资金18.7万元，涉及低保对象320人；发放儿保经费2.3万元，涉及无人抚养儿童25人。安置回迁强势突破。以保障农民安居为目标，本着“公平、公正、公开”的原则，加快实施中堡希望花园安置工程，完成A1、B地块的第一轮安置回迁工作，安置6.2万余平方米的房子，使543户拆迁户喜圆安居梦。

【龙兴街道组建】 2022年7月17日，龙兴街道由市政府批示同意，并于8月25日正式挂牌成立，得名于辖区内“龙兴大街”。街道挂牌成立后，第一时间完成筹备组成员的分工，与生米街道对接洽谈并转隶44名工作人员，申请办理街道资金账户，主动与区相关部门沟通并经区政府常务会审议，明确聘用人员职数及综合行政执法队聘用人员职数，明确中堡花园以北商业楼（毕昇路699号）为街道办公场所。至年底，聘用人员的招聘工作已完成，创业队伍已见雏形，切实完成街道过渡期间的独立运转。

【加速完善交通路网建设】 2022年，加速完善龙兴片区交通路网建设，完善交通标志、标线、道路隔离护栏等硬件设施，并持续开展强降水天气防汛工作，加大执法力度，实施错时不间断执勤执法，抢排城市积水，提质提档辖区小区人居环境，致力城市建设与美丽乡村建设有效衔接。

【开展各类新时代文明实践活动】 2022年，在龙兴街道6个新时代文明实践站开展各类新时代文明实践活动，活动内容丰富、形式多样。组织疫情防控、清明节禁燃、“迎新春大扫除”等新时代文明实践志愿活动，以宣传凝聚人心、强化共识，推出原创宣传视频、新闻稿件百余个，观看达1万余人。

（周盈盈）

人物·荣誉

2022 年红谷滩区全国“五一劳动奖章”获得者

麦玉山,男,汉族,1995 年 8 月出生,中共党员,大专学历,南昌市红谷滩区消防救援大队消防员。2021 年 9 月,他代表南昌市消防救援支队参加江西省消防行业职业技能竞赛,获得攀登挂钩梯模块第一名、极限穿越模块第一名、百米消防障碍模块第二名、攻坚技巧模块第三名,以绝对的实力斩获江西省消防行业职业技能竞赛(灭火战斗员竞赛项目)金牌;同年 10 月,代表江西省参加由应急管理部、人力资源社会保障部、中华全国总工会、共青团中央共同举办;应急管理部消防救援局承办的全国消防行业职业技能大赛中,获得攀登挂钩梯模块第一名、极限穿越模块第一名、并以总分第一的成绩荣获全国消防行业职业技能大赛(灭火战斗员竞赛项目)金牌,被授予大赛最高奖“金头盔”。2022 年 4 月,被中华全国总工会授予“全国五一劳动奖章”;同年 9 月,被共青团中央授予第 21 届“全国青年岗位能手”称号;同年 11 月,被应急管理部授予“第六届全国 119 消防先进个人”称号。

2022 年红谷滩区江西省“五一劳动奖章”获得者

胡翔,男,1988 年生,中国农工民主党员,现任南昌虚拟现实检测技术有限公司董事长,南昌市 VR/AR 企业科协联盟副主席,江西省虚拟现实科技学会副理事长,是“南昌统一战线智库”专家,南昌市金融专家服务团 VR 产业小组专家、江西省电子信息行业专家、红谷滩区人大代表,荣获江西省五一劳动奖章,南昌市“最美科技工作者”,2021 年度中国图像图形学学会科技进步奖一等奖,“科创中国”江西省企业创新达人优秀代表称号,入选 2020—2022 年南昌市“211”企业经营管理人才培养工程——青年企业家,2019 年被评为南昌市第二季度高层次人才分类 D 类人才,江西省首批 VR 产业创新创业优秀人才团队领头人,泰豪·第三届江西省文旅产业“金杜鹃”评选活动之江西省 VRAR 创新团队十佳团队领头人。

2022 年红谷滩籍获二等功以上退役军人

李　伟　1975 年 11 月出生,江西南昌人,现户籍地址在红谷滩区。荣立个人一等功一次,获中国人民解放军作战部队优秀专业技术人才奖一次。现工作于江西省锦峰投资管理有限责任公司。

蔡春风　1972 年 3 月出生,虞家河乡大桥村人,现户籍地址在红谷滩区。1998 年参加长江抗洪抢险表现卓著,荣立一等功一次;2002 年 7 月,因训练改革创新,荣立二等功一次。现工作于江西省国资委。

邓辉晖　1983 年 1 月出生,江西宜黄人,现户籍地址在红谷滩区。荣立一等功。2019 年转业,现工作于中共江西省委办公厅。

2022 年红谷滩区南昌市“五一劳动奖章”获得者

张　胜　南昌汇崎科贸有限公司工程部经理
李继宏　美华建设有限公司施工员

郭媛媛（女）江西银湾物业管理有限公司项目客服员
罗仁华　南昌市红谷滩区腾龙学校校长
黄宇轩　丰和营造集团股份有限公司水电技术员
杨　栋　南昌中海豪轩地产有限公司总经理
熊建新　北京大成（南昌）律师事务所企业负责人
罗　良　绿宝建设集团有限公司副董事长
李欣洋　南昌彤坤科技有限公司技术员
石　卉　（女）南昌彤坤科技有限公司技术员
邹　努　南昌彤坤科技有限公司技术员
周　翠　南昌市育新学校红谷滩分校副校长

2022年度红谷滩区南昌市“五一劳动奖状”获得单位

南昌市微轲联信息技术有限公司。公司成立于2016年3月，致力于“人、车、路、环”领域的产业链深度拓展和多元化发展赋能，是国内早期从事机动车检测行业计算机视觉技术研发企业，江西省唯一一家从事机动车检测整体建站、检测设备及工业自动化控制系统、人工智能、行业信息化监管平台服务的综合性企业。自成立以来，始终坚持合法经营，近三年合计纳税近千万元，每年解决近百人就业，做到无任何安全质量事故、无环保处罚及环境投诉、无劳资纠纷及行政处罚等情况发生。在追求企业稳步发展的同时，在创始人的带领下，积极主动承担社会责任，疫情期间做到不裁员不减薪，并通过江西省红十字会参加“抗击疫情　赣红行动”、永新商会百企助学活动等，彰显了民营企业的责任和担当。

南昌市市场监督管理执法稽查局红谷滩分局。是2021年成立的一支政治过硬、业务精湛、执法公正的市场监管执法稽查队伍。全年办理各类案件71件，用“铁拳”出击，办“铁案”震慑，严厉打击了破坏市场经济秩序违法的行为，着力维护公平有序市场竞争秩序、保障市场安全，有效保护安全放心的消费环境，有力净化市场营商环境。积极开展电子烟专项检查、校外培训专项行动，保护青少年权益，为青少年的健康成长保驾护航。

江西敏峰健康管理有限公司。公司成立于2017年，是一家专业从事大健康养生保健，健康咨询管理，中医养生理疗的健康保健公司，公司旗下天之道足浴，致力让顾客享受专业足浴，在南昌有门店5家，已解决当地就业500余人。自成立以来，积极主动承担社会责任，疫情期间，公司积极投入到抗击疫情第一线，积极捐赠现金及防疫物资。

江西递享惠商贸有限公司。公司与多家快递公司进行战略合作，创新运营模式，打造“社区第三方快递末端代收门店”。建立自有货物分拣中心，年快递吞吐量达到500余万件，设立30家快递末端代收门店，解决近千人的就业。本着回馈社会的初衷，该公司助力公益事业。在疫情期间，利用自身资源，率先为红谷滩社区居民提供平价蔬菜、水果、日用品等生活物资，解决了老百姓生活物资供应；为社区疫情防控捐款10余万元，缓解了防疫物资紧缺问题；无偿资助困难学子，帮助困难家庭学子重新走进课堂。

江西慧谷互联商业运营管理有限公司。慧谷互联商业运营管理有限公司全体成员对待工作兢兢业业，认真踏实，凭着“一诺千金、诚实守信”的原则，做到不管什么时候什么人，只要有兴趣到园区考察，他们都会认真热情接洽，耐心解答客商的一切疑问；实行一对一“管家式”的帮办服务，从协助企业筹备进场，给企业出平面规划图，帮助企业办理工商、税务、卫生、银行等证照手续，到协助企业人才招聘，帮助企业解决遇到的各种问题。2016年被科技部授予国家级众创空间称号、2016年被共青团江西省委授予江西省青年（大学生）创业孵化示范基地称号、2017年被共青团中央授予全国青年创业示范园区称号等。

（李　超）

2022年10月28日，“江西好人故事会”进基层活动在红谷滩区沙井街道庐南社区举行

（区委宣传部　供图）

附　录

红谷滩区人民代表大会常务委员会工作报告(摘要)

——在红谷滩区第一届人民代表大会第三次会议上

红谷滩区人大常委会主任　吴韶宸

（2023 年 1 月 7 日）

2022 年,是我国开启百年新征程的一年,是党的二十大胜利召开之年,也是红谷滩区全方位推动高质量跨越式发展的重要一年,更是红谷滩区人大常委会工作阔步前行的关键之年。

一年来,区人大常委会高举习近平新时代中国特色社会主义思想伟大旗帜,坚决贯彻落实习近平总书记关于坚持和完善人民代表大会制度的重要思想、党的十九大和十九届历次全会精神、七一讲话精神、中央人大工作会议精神和党的二十大精神,全面贯彻落实习近平总书记视察江西重要讲话精神,坚持党的领导、人民当家作主和依法治国有机统一,按照"疫情要防住、经济要稳住、发展要安全"的重要要求,以开阔的视野、饱满的激情、务实的作风,依法履职,积极作为,着力传承红色基因,认真履行宪法法律赋予的监督、决定、任免、代表等职责,推动地方人大工作创新发展,圆满完成了区人大及其常委会全年各项目标任务。

一年来,召开了 11 次常委会会议,听取和审议工作报告 31 项,开展重点监督执法检查 21 次,作出决议决定和审议意见 14 个,任免国家机关工作人员 52 人次,为全面建设社会主义现代化红谷滩作出了新的贡献。

一、加强党的领导,确保人大工作正确的政治方向

区人大常委会坚定不移地贯彻落实坚持党的领导这一最高政治原则,确保人大各项工作都在党的领导下进行。

（一）坚定捍卫"两个确立"。区人大常委会旗帜鲜明讲政治,保持对党绝对忠诚。通过集中学习、交流研讨、宣传宣讲等多种方式,深刻领会习近平总书记关于坚持和完善人民代表大会制度的重要论述精神,深入学习宣传贯彻党的二十大精神,不断提高政治判断力、政治领悟力、政治执行力,坚定不移拥护"两个确立",不断增强"四个意识"、坚定"四个自信"、做到"两个维护",把对党绝对忠诚刻在心里、铸入灵魂。

（二）坚持党委全面领导。区委高度重视和关心人大工作,召开贯彻落实中央人大工作会议和省委、市委相关会议精神部署会议,对加强和改进全区人大工作进行全面部署。形成并完善了党委正确领导和人大充分履职的良性互动机制,认真执行请示报告制度,自觉做到重大事项一事一报、重要情况急事急报、重点问题特事特报,如流湖镇、厚田乡区划调整后的人大代表增补选等工作均向区委作汇报。一年来,区人大常委会党组向区委汇报工作 18 次,区委主要领导对人大工作提要求、作批示共 6 次。

（三）加强理论学习研究。区人大常委会建立健全学习长效机制,组织人大代表参加制度理论和宪法法律专题学习培训,不断夯实人大履职基础。加强理论研究能力建设,参加江西省人大常委会办公厅、江西省人大工作理论研究会组织开展的 2022 年课题研究活动,踊跃报送研究课题。积极组织全区人大机关干部、各级人大代表参加市人大"我与人大这些年——纪念南昌市人大设立常委会 40 周年"书画展及征文活动,其中《走稳民主政治建设第一步长征路》获一等奖，还有多篇作品获三等奖、优秀奖，区人大常委会获优秀组织奖。

二、坚持人民至上，推动制度优势转化为民生福祉

区人大常委会扛起责任担当，紧扣“六个江西”建设、双“一号工程”及打造“一枢纽四中心”的部署，积极主动作为。

（一）助力发展改革行稳致远。区人大常委会第一时间响应全省双“一号工程”推进大会部署，听取审议区人民政府专项工作报告，制定了《关于深入推进优化营商环境“一号改革工程”暨“红谷连心会”走访市、区两级企业界代表活动工作方案》，组织全区各级人大代表对营商环境优化、数字经济发展、助企纾困政策落地等开展调研，了解企业发展中的困难和问题，走访企业 1343 家，收集汇总意见建议 367 条，形成调研报告，为区委、区政府提供决策参考，督促职能部门加以解决。

（二）俯身沉心察民情解民需。感悟革命先辈的精神伟力，扎实开展“传承红色精神 帮助身边‘谢大娘’”实践活动，每位代表深入选区，了解民情民意，帮助解决群众的困难事、烦心事，大力提升了群众的幸福感、满意度。活动得到社会各界的大力支持，市政府主要领导及市政府、市人大相关领导，区四套班子主要领导等纷纷以代表身份深入基层走访群众、帮助身边“谢大娘”，一辆轮椅、一个电饭煲、一台血压仪、一个就业岗位都化作党和政府的温暖送到每个有需要的困难群众手中。全区各级人大代表帮扶身边孤寡、残疾等困难群众 360 余人次，解决困难和问题 310 余件，为基层群众搭建了“暖心桥”，筑牢了“安稳墙”，帮助身边“谢大娘”实践活动得到人民群众、社会各界的一致好评，已成为红谷滩区人大的一张响亮名片。

（三）携手抗击疫情守护健康。2022 年 3 月疫情暴发，红谷滩区人大常委会迅速行动，第一时间部署，班子成员全面融入疫情防控工作，多次听取区卫健委及相关部门关于疫情防控的汇报，参与包片并督导乡镇（街道）疫情防控；机关全体干部全员下沉社区，日夜奋战在疫情防控一线；全区各级人大代表踊跃捐赠防疫物资、争当疫情防控志愿者，一份份暖心餐、一件件防护服、一个个口罩都及时为一线疫情防控工作者带来激励和鼓舞，捐赠物资达 140 余万元，用实际行动诠释着为民服务的初心。

（四）擦亮城市文明幸福底色。区人大常委会高度重视并大力支持文明城市创建工作，统一谋划，实现人大监督、视察、调研与创建工作同频共振，班子深入挂点的乡镇（街道）及村（社区）督导文明城市创建，全体机关干部主动到挂点的社区进行志愿服务；组织开展人大代表送法进社区、进校园、进企业，助力提升市民文明素质，充分发挥代表作用，主动融入创建工作，为创建工作建言献策。

三、精准开展监督，全力保障经济社会高质量发展

区人大常委会努力增强监督实效，做到正确监督、有效监督、依法监督，在推进深化改革、保障改善民生、实现共同富裕、建设法治红谷滩中积极发挥作用。

（一）围绕“一府一委两院”工作开展监督。人大及其常委会立足新发展阶段、贯彻新发展理念、构建新发展格局，通过审议“一府一委两院”工作报告、听取政府组成部门述职报告等形式，加强法律监督和工作监督，使人大监督覆盖面更广、监督力更强。建立健全区人大常委会听取审议专项工作报告制度，听取审议了《区监察委员会关于整治群众反映强烈问题工作情况的报告》《区人民政府关于开展“双减”工作情况的报告》等一系列专项报告，重视审议意见的跟踪督促落实，对审议意见研究处理情况开展满意度测评。

（二）围绕民生实事项目开展监督。区人大常委会和区人民政府完善了民生实事项目“征集、票决、督办、满意度测评”的制度机制，通过调研督导、任务上墙、召开工作推进会，全力推进市、区两级民生实事项目建设，对村庄亮灯工程、老旧小区改造、物管城市大提升等各项市、区两级票决项目全面开展监督视察，组织开展“民生实事项目落实情况”专项监督活动 19 次，真正把民生实事办到群众的“心坎上”。此次大会召开前，通过调研、征集、座谈等方式，和政府一道完成了 2023 年民生实事人大票决项目初选。

（三）围绕中心大局开展监督。创新代表建议督办机制，解决了一批群众反映的重点、难点、堵点问题。围绕我区金融业服务业发展情况、元宇宙康养产业发展情况、工地扬尘污染情况、《中华人民共和国妇女权益保障法》实施情况和医疗保障工作、分级诊疗制度实施情况等开展专题调研，形成调研报告；组织代表就高效设施农业基地建设情况、文化旅游新业态发展情况、区重大重点项目进行视察。积极配合省、市人大开展“物业社区行”专题监督活动。一年来，开展视察、调研等各项活动 86 次，提出意见建议 211 条。

（四）围绕财经审计开展监督。制定《关于推进红谷滩区人大预算联网监督工作的实施方案》，扎实推进我区预算联网监督平台建设；做好区级及部门预决算监督审查，助推提升预决算管理水平；摸清政府资产家底，充分掌握国有资产管理情况，听取和审议行政事业性国有资产管理情况的专项报告，助力防范化解风险。坚持问题导向，建立问题台账，持续加大对审计查出问题的整改跟踪监督力度，进一步维护我区财政经济秩序，提高财政资金使用效益，保障我区经济社会持续健康发展。

（五）围绕法治建设开展监督。配合省、市人大常委会，组织开展《中华人民共和国文物保护法》《江西省文物保护条例》《江西省物业管理条例》《宗教事务条例》《江西省宗教事务条例》《南昌市房屋使用安全管理条例》等法律法规贯彻落实情况的执法检查，严格对照法律法规条文指出问题、立行立改。在推动改进工作、完善制度、普及法律、促进发展等方面产生了积极效果，取得了良好社会反响，保证了法律法规在我区得到有效贯彻落实。

四、依法履职行权，不负重托展现区人大担当作为

践行全过程人民民主，扎实开展决定、任免和代表等各项工作，走稳了民主政治建设的第一步长征路。

（一）决定重大事项。建立健全讨论决定重大事项协调机制。区人大常委会党组突出把方向、管大局、保落实的政治功能，加强对常委会工作的组织领导和统筹协调，紧紧围绕全区重点工作，依法、科学、及时作出决议决定，把党委意图转化为全区各级各部门和广大人民群众的统一意志和自觉行动，如街道的增设、乡镇的划转等均通过区人大常委会依照法定程序作出决议。

（二）规范人事任免。坚持党管干部原则和人大依法行使任免权有机统一，全面贯彻组织意图。新当选和任命的国家机关工作人员正式就职时向《宪法》宣誓，不断增强宪法意识、人大意识和公仆意识。把监督"人"与监督"事"相结合，通过听取履职报告、视察调研、会议评议、满意度测评等形式，加强人大任免的国家机关工作人员任后监督，有力督促干部讲政治、敢担当、善作为。一年来，依法任免国家机关工作人员6批次共计52人次。

（三）加强规范性文件备案审查。建立健全规范性文件备案审查工作机制，注重强化备案审查能力建设，制定下发了《关于进一步加强规范性文件报送备案的通知》，利用调研、座谈、线上交流等方式，加强对"一府一委两院"备案审查业务的指导。法制委向区人大常委会作了《关于2021年度规范性文件备案审查工作情况的报告》。一年来，接受区政府、乡人大主席团报送备案材料5件，退回1件不属于报备范围的文件，向市人大常委会报送备案审查材料20件。

（四）做好《宪法》的遵守和执行。建立健全保证宪法全面实施的体制机制，加强对法律实施的监督，听取和审议了《我区"七五"普法规划实施情况》和《"八五"普法工作安排情况的报告》，并形成《"八五"普法宣传教育决议》。开展"全国法制宣传日"和"宪法宣传周"进校园、进社区系列宣教活动，进一步弘扬宪法精神，营造良好的法治氛围。听取了《南昌市红谷滩区2021年度法治政府建设年度报告》，加快了法治红谷滩的建设进程。

五、强化代表工作，激发人大代表履职行权的活力

全力支持保障代表依法履职，持续提升代表履职效能，把代表植根群众的天然优势转化为工作优势。

（一）建设代表履职平台。区人大常委会把建好人大代表联络站作为打通联系群众"最后一公里"的重要环节来抓，从标准化站点、信息化平台、规范化代表活动和群众评价满意等方面，推进人大代表三级履职平台的建设。市人大常委会主要领导亲临红谷滩区为全省首个元宇宙示范站——生米街道人大代表联络工作站揭牌，并给予了高度肯定。全年建设完成3个人大代表联络工作示范站并投入使用，区级人大代表之家的建设也在积极推进中。

（二）提升代表履职能力。坚持"请进来""走出去""沉下去"，创新初任集中培训、任中定期培训、分类重点培训"三步走"培训模式，采取专家专题讲座、专业专人授课、代表言传身教等方式，加强人大代表、人大工作者法律法规和人大业务知识学习培训，进一步提高人大代表依法履职能力和水平，促进区人大工作提质增效。一年来，组织各级人大代表参加省、市人大举办的培训班2期，组织区人大代表集中培训3期。

（三）丰富代表履职方式。结合"六个江西"建设，争当"四个表率"主题活动，充分发挥代表之家、代表联络工作站等平台作用，动员驻区各级人大代表、各级人大干部深入群众、了解民情、反映民意，全力以赴完成"代表活动月"各项工作任务，切实做到为民服务、为民代言、为民谋利。一届二次会议收集到的代表建议60件，已全部按照时间节点办结，代表对办理情况满意和基本满意率达100%。代表深入企业、校园、田间地头，全方位、多角度、立体化宣讲党的二十大精神，凝聚起推动红谷滩区高质量发展的强大力量。各级人大代表开展集中进站履职和视察调研活动80场次，收集群众意见建议324条。

（四）全面推进"双联"制度。区人大常委会坚决落实《南昌市红谷滩区人民代表大会常务委员会组成人员联系区人大代表和区人大代表联系人民群众暂行办法》，全面加强常委会委员与代表、代表与选民的联系，落实每位区人大代表联系不少于5名选区选民，确保全区各级人大代表进站入室。一年来，代表进站联系群众853人次，倾听群众呼声，收集民生实事项目线索，为开展各项工作提供民意支撑。

（五）依法增补选人大代表。区人大常委会第一时间向省、市人大常委会请示汇报流湖镇、厚田乡划转后的代表名额问题，省人大常委会通过《江西省人民代表大会常务委员会关于重新确定南昌市新建区、红谷滩区人民代表大会代表名额的决定》后，区人大常委会第一时间启动代表的增补选工作，重新调整选区和增补选各代表团代表，共增补选区一届人大代表54名，为开展人大代表各项履职活动打下坚实的基础。区人大常委会不断加强对代表的管理，依法终止2名人大代表资格，接受11名代表辞去职务，补选2名市人大代表。

六、加强自身建设，全面提升服务现代化建设水平

坚持以政治机关建设为引领，正确发挥地方国家权力机关作用，忠实履行工作机关、代表机关职责，为实现中国式现代化贡献力量。

（一）加强人大队伍建设。围绕思想作风和素质效率的提升加强人大自身建设，打造过硬的"四个机关"，为人大依法履职提供组织和队伍保障，为我区更好坚持和完善人民代表大会制度夯实基础。不断提高区人大机关和乡镇、街道基层人大干部的业务素质和水平，打造忠诚干净担当的“四有”干部队伍。同时，有计划地安排人大干部同党政部门干部之间的双向交流，激发干部的工作激情。

（二）完善基层人大组织。在新增设的街道设立人大工作委员会，作为区人大常委会派出工作机构，不断配齐配强乡镇人大主席和主席团成员、各街道人大工委主任和工作人员，推动人大工作履职有抓手、尽责有重点。形成定期赴各乡镇、街道调研指导人大工作的制度，不断加大对乡镇、街道人大工作的调研和指导力度。不断提高乡镇人民代表大会会议质量，指导厚田乡、流湖镇召开人大会议。

（三）深入推进作风建设。严格落实全面从严治党主体责任，完善“三重一大”事项集体决策机制，深入落实“七个有之”专项治理、集体政治谈话，积极支持派驻纪检监察组开展工作，深入推进新时代党的建设新的伟大工程，以党的自我革命引领社会革命。深入开展“4+X”专项整治，持续整治“油松痞”“怕慢假庸散”等不良风气，营造人大机关风清气正、奋发向上的良好氛围。

（四）精彩展示代表履职风采。加强代表履职硬件建设，推进人大会议系统、电子表决系统、代表履职信息系统建设。区人大常委会将宣传报道作为增强人大工作影响力、提升代表凝聚力的重要抓手，聚焦疫情防控、双“一号工程”、争当“四个表率”主题活动、帮助身边“谢大娘”实践活动组织宣传报道，共有240余篇稿件在人民日报、新华社、人民网、江西日报、时代主人等中央省市媒体刊发，唱响了红谷滩区人大声音，展示了红谷滩区人大形象。

中国人民政治协商会议南昌市红谷滩区第一届委员会常务委员会工作报告（摘要）

——在政协南昌市红谷滩区第一届委员会第三次会议上

红谷滩区政协主席　陶国强

（2023年1月5日）

2022年，在中共红谷滩区委的坚强领导下，区政协常委会高举习近平新时代中国特色社会主义思想伟大旗帜，以紧扣迎接和学习贯彻中共二十大为主线，认真贯彻落实中央、省委、市委、区委关于加强和改进人民政协工作的各项要求，围绕全区中心工作，准确把握专门协商机构性质定位，坚持建言资政和凝聚共识双向发力，努力干出了新时代人民政协的新样子，为全面建设社会主义现代化红谷滩贡献了政协智慧和力量。

一、坚决把稳政治之舵，矢志不渝铸忠诚

始终坚持和加强党对政协工作的全面领导，自觉把坚持党的全面领导不折不扣贯彻落实到政协工作全过程和各方面。

把准把牢政治方向。充分发挥区政协党组把方向、管大局、保落实作用，团结带领区政协机关、政协各参加单位和广大政协委员，把迎接和学习宣传贯彻党的二十大精神作为首要任务，做到深刻领悟“两个确立”的决定性意义，增强“四个意识”、坚定“四个自信”、做到“两个维护”，在思想上政治上行动上同以习近平同志为核心的党中央保持高度一致。区政协党组始终坚持在区委的领导下开展工作，做到重要工作在区委领导下开展，重要活动围绕区委中心工作进行，重要安排上报区委审批后实施，确保在思想上同心同德，在目标上同心同向，在行动上同心同行。

做深做细政治教育。切实把习近平总书记重要讲话指示精神作为传达学习的“第一议题”、贯彻落实的“第一遵循”。聚焦学习宣传贯彻党的二十大精神、习近平总书记关于加强和改进人民政协工作重要思想和省委、市委、区委各项部署，区政协党组成员带头讲党课、带头上讲台、带头当教员，形成主席、副主席、秘书长以党组会议和主席会议的形式集中学，政协常委会成员专题学，机关干部与支部党员同步学，委员相互促进学的大好局面。一年来，共组织党组中心组集体学习、主席会议集体学习、常委会议集体学习、机关党支部集体学习28次，党员领导干部带头讲授党课12次，召开政协委员履职能力培训班1次，有力提升了广大政协委员和政协机关干部的履职能力。

压紧压实政治责任。认真贯彻落实中央、省委、市委政协工作会议精神，协助区委出台《中共红谷滩区委关于

加强和改进新时代人民政协工作的意见》《关于进一步加强和改进民主监督工作的实施意见》。注重发挥区政协党组在政协工作中的领导作用，完善政协党组成员参加双重组织生活、重要活动设立临时党委临时党支部等工作机制。严格对标清廉机关示范点的创建标准，高质高效推进区政协“清廉机关”创建工作，推动党的建设与政协主责主业深度融合。

二、服务大局勇担当，协商议政促发展

区政协常委会坚持把各项工作放到全区的中心大局来谋划和部署，以实际行动践行新时代政协人的责任与担当。

建好委员履职平台。针对政协成立时间较短，着力在夯实基层基础上下功夫，推动政协工作向下延伸，在全区各乡镇、街道成立政协工作联络组，所有委员在联络组“全落地”。高标准、高起点规划打造生米街道、流湖镇、厚田乡委员履职服务站，服务站建筑面积均达200平方米左右，并且功能分区完善，成为基层政协工作的“样板站”“旗舰站”。

精选重点调研课题。围绕党政领导高度关注、人民群众密切关心的问题，广纳群言、广集民智，确定“推进数字经济一号工程，助力高质量发展”“老旧小区改造及物业管理相关问题”“加快发展壮大文旅产业”“提升运营水平，促国有资产保值增值”等六大重点调研协商课题，扎实开展内涵丰富、形式多样、覆盖面广的调研协商。调研报告《红谷滩区数字经济发展现状、问题与对策建议》引起高度重视，区委吴江辉书记专门作出批示，对区政协利用智力优势，发挥参政议政职能，深入开展调研予以充分肯定，并要求相关部门阅处。区政府刘光荣区长专程参加“委员·区长”面对面协商活动，支持建立健全调研成果采纳、落实、反馈机制，助推区委、区政府科学决策、有效施策。

强化提案办理实效。高度重视提案工作在政协履职中的全局性和基础性作用，引导委员撰写精品提案，推动提案由“数量型”向“质量型”转变。创新提案督办方式，首次将提案办理情况纳入政协民主评议区直（驻区）部门工作重要考核内容，持续推进提案建议的办理落实。区政协一届二次会议79件提案全部答复完毕，办复率100%，提案所述意见建议被采纳和反映问题基本得到解决的54件，占68.35%，同比提高20%。

扎实开展民主评议。成立民主评议区直（驻区）部门工作领导小组，对区教育体育局和区自然资源和规划分局进行民主评议，评议过程坚持问题导向，瞄着问题去，追着问题走，做到了民主监督与党派协商相结合、与调研视察相结合、与提案办理相结合、与联系群众相结合，使政协的“软监督”达到推动被评议部门进一步优化作风、改进工作的“硬效果”。

三、勠力同心聚共识，践行初心为人民

一年来，区政协始终坚持人民政协的人民性，充分利用自身优势，深入打造基层民主协商品牌，充分反映民情民意，不断提升人民群众的幸福感、获得感。

善解民忧，“三有”协商树品牌。全区政协委员进乡村、进社区，广泛开展“红谷连心会·‘三有’来协商”活动。全区新打造18个村级“三有”协商议事室，共开展“三有”协商活动272次，2000余人次参加协商，推动解决群众急难愁盼问题269件，国家、省市级新闻媒体报道我区“三有”活动110余次，《赣事好商量》节目专栏四次专题报道我区“三有”协商活动。

反映民声，社情民意有分量。充分发挥社情民意“直通车”作用，组成专题调研小组，紧扣当前经济社会发展热点难点，勤研究、建诤言，提出一系列针对性、操作性较强的意见建议。全年共编发社情民意信息212篇，被省政协采用40篇，其中，31篇被省政协报送至全国政协，9篇报送至省委。截至2022年11月底，区政协社情民意信息工作位列全省第五、全市各县区第一。

引导民风，“三风”活动展风采。积极探索“三风”活动新路径，通过大力开展“学习二十大精神，传承好‘三风’”主题系列活动，深入推进“三风”六进，将“三风”活动有效地融入全区基层党建工作，打造“红谷连心会”党建品牌，以优良党风促民风带社风。一年来，全区高标准建设“三风”示范点6个，开展“送戏下乡”“送文艺下乡”等活动100余场次。中央电视台、江西日报、南昌日报等中央、省、市主流媒体报道我区“三风”工作200余次。

温暖人心，硬核抗疫显担当。积极助力疫情防控，第一时间向全区广大政协委员发出《凝聚“政”能量，“协”手抗疫情——致全区政协委员的倡议书》，充分调动了委员合力抗“疫”的积极性，班子成员全员上阵，机关干部尽锐出战，全体委员勠力同心，用心凝聚起社会各界抗击疫情的“政”能量，以实际行动践行了人民政协为人民的光荣传统。据不完全统计，区政协委员参与疫情防控志愿服务活动3300余人次，捐赠款物，折合人民币800余万元。

四、苦练内功强基础，能力素质大提升

区政协持之以恒加强政协队伍建设，对标对表习近平总书记提出的“懂政协、会协商、善议政，守纪律、讲规矩、重品行”要求，大力提升委员综合素质。

建章立制优管理。按照中共中央《关于加强和改进新时代市县政协工作的意见》和省委、市委、区委工作要求，结合自身实际，制定印发了《政协工作联络组考核细则》《政协委员履职考核细则》等一系列规章制度，将委员履职情况与进退留转挂钩，全面激发委员履职积极性，大力提升委员“建言建在需要时、议政议到点子上、监督监在关键处”的水平。制定《贯彻落实〈中共江西省委办公厅关于加强和改进新时代市县政协工作的二十条措施〉责任分工方案》，并联合区委办公室、区政府办公室对贯彻落实情况进行督查,为政协事业发展提供有力保障。

筑牢底线葆本色。严格落实全面从严治党主体责任,政协党组成员带头开展家访和谈心活动。加强党风廉政教育,坚持把纪律挺在前面,政协各类会议经常强调廉政纪律要求,组织机关干部观看警示教育专题片4次、开展廉政专题讲座6次,确保党风廉政教育机关干部职工全覆盖。同时,将纪检监察工作作为清廉机关建设和打造模范机关的重要内容,做到与党建和业务工作同部署、同督查、同落实;党组班子成员切实履行"一岗双责",主动把党风廉政建设融入业务工作。

发出政协好声音。加大对外宣传报道力度,扩大红谷滩对外影响力。一年来,区政协在市级以上主流媒体推出宣传报道共计219篇,其中,国家级媒体上稿14篇,省级媒体126篇,市级媒体79篇。截至2022年11月底,政协信息宣传在全市各县区中位列第一。

各位委员、同志们,一年来,区委对政协工作高度重视,区委常委会先后6次听取和研究政协工作,为政协履职尽责,发挥优势提供了坚实的保障。我们深切感到,过去一年区政协取得的成绩,是市政协有力指导和中共红谷滩区委坚强领导的结果,是区人大、区政府、社会各界大力支持的结果,是区政协各参加单位和广大政协委员同心同德、团结奋斗的结果。在此,我代表区政协常委会表示衷心的感谢!

同时,我们也清醒地认识到,区政协事业仍处于创设和奠基阶段,基层基础还较为薄弱,委员履职方式和方法还需要进一步创新,凝聚共识的广度和深度还需要进一步拓展,界别的作用和优势仍需要进一步发挥等。对这些不足和差距,常委会将高度重视,认真研究,在今后工作中不断加以克服和改进。

红谷滩区人民法院工作报告(摘要)

——在红谷滩区第一届人民代表大会第三次会议上

红谷滩区人民法院院长　姜卫民

(2023年1月7日)

2022年,在区委坚强领导、区人大及其常委会有力监督和上级法院精心指导下,在区政府、区政协和社会各界关心支持下,区法院始终坚持以习近平新时代中国特色社会主义思想为指导,深入贯彻落实党的二十大精神,以司法为民、公正司法为主线,牢记初心使命,忠诚履职尽责,各项工作取得新成效、迈上新台阶。全年共受理各类案件42022件,已结案件41406件,人均结案1725件,收案数、结案数、人均结案数均为全省基层法院第一名;一审服判息诉率96.78%,一审改判发回重审率0.137%,均位居全省前列。荣获"全省优秀法院""全省'为群众办实事示范法院'第一批重点创建单位""平安南昌建设先进集体"等集体荣誉18项,15名干警荣获"全国法院先进个人""全省法院信息工作先进个人""南昌市优秀政法干警"等荣誉18项。

一、围绕中心坚定方向,全力服务发展大局

优化营商环境展作为。出台《关于深入推进营商环境优化升级"一号改革工程""1+3"实施方案的通知》,全方位服务辖区营商环境。审结涉企案件23861件,涉案标的额129亿元。发挥府院联动机制,推动破产案件办理,发出我市首份破产案件《预罚款通知书》,全年共办结破产案件19件,立案数、结案数均位列全市第一。"营商服务法院工作站"入驻慧谷产业园,护航园区企业发展。实地走访企业61家,召开座谈会7次,解决实际困难12项,帮助辖区企业异地诉讼2件。1个案例入选江西法院服务保障民营经济发展典型案例.,1篇论文获南昌市法学会"深入贯彻习近平法治思想,推进法治化营商环境建设"主题征文活动一等奖。

防范金融风险出实招。审结金融案件17742件,占全市金融案件的67%,标的额67.48亿元。执结金融案件8342件,执行到位金额29.36亿元。应用智能科技平台,开启金融案件智能化审判模式,实现金融案件批量受理、批量送达、批量开庭,平均审理期限25.5天,金融诉讼进入"快车道"。凝聚多方力量共筑金融风险"防火墙",召开金融司法联席会议4次,发送司法建议1份,实地走访调研金融机构15次,开展巡回审判1次。成立保险纠纷调解工作室,编制保险纠纷白皮书和典型案例。设立全国首个防范金融风险法官工作站,金融审判工作得到省委政法委、省法院主要领导批示肯定。

落实疫情防控显担当。积极组织干警投身抗疫一线,让党旗在一线飘扬、法徽在一线闪亮。

二、聚焦主业认真履职,全心投入执法办案

宽严相济,惩处刑事犯罪。共受理刑事案件447件,审结430件,结案率96.2%。严厉打击暴力犯罪,审结聚众斗殴、故意伤害、抢劫等暴力犯罪案件10件25人。依法严惩危害市场经济秩序犯罪,审结闻华合同诈骗、岑志雄、洪晓玲等诈骗罪、非法吸收公众存款等犯罪案件20件46人,其中被告人刘景凯非法吸收公众存款罪一案,涉案金额达1.04亿元,涉及被害人14000余人。保持反腐败斗争高压态势,审结李云峰、郑炜、丁玉斌等职务犯罪案件8件8人。依法审理危害食品安全犯罪,审结生产、销售有毒有害食品犯罪案件3件3人。严厉打击电信网络诈骗犯罪行为,审结张菊莲掩饰、隐瞒犯罪所得、侵犯公民个人信息等案件101件156人。认真贯彻宽严相济刑事政策,对129名罪行较轻且有悔罪表现的被告人依法适用缓刑。

审慎专业,妥处民事纠纷。共受理民商事案件27537件,审结27082件,结案率98.35%。审结借款、买卖、租赁、商品房预售、物业服务等合同类纠纷24468件,维护诚实守信,保障交易安全。审结提供劳务者受害责任纠纷、健康权、名誉权等侵权责任纠纷157件,保护公民生命健康。审结劳动争议纠纷435件,平衡劳资双方权益,优化企业发展环境。审结婚姻家庭、赡养继承纠纷336件,注重妇女儿童权益保护,维护家庭和睦。发出我院首份《家庭教育令》,成功延续远隔千里断联7年的骨肉亲情。

强力推进,破解执行难题。共受理执行案件13409件,结案13292件,结案率99.13%,执行到位金额35.41亿元,受理案件数及执行到位金额位列全省基层法院第一名。加大失信惩戒力度,对规避执行、拒不履行的被执行人罚款134人次84.5万元,运用查封、冻结、扣押、司法拘留等强制措施2万余次,公开失信被执行人信息8452人次。在区委政法委的组织领导下,推动出台全省首个区政法部门执行工作联席会议制度,通过协作联动以拒执罪移送公安机关12案12人,公诉立案2案2人,刑事自诉5案5人。加大网络司法拍卖力度,提高财产变现率,成交金额3.33亿元,标的物成交率77%,节省拍卖佣金1081万元。创新执行机制,运用“滚动解冻”+“借新还旧”机制执结光大银行南昌分行与新力物业集团有限公司金融借款合同纠纷执行案,该案入选省法院发布的2022年涉金融执行案件十大典型案例。

三、秉持初心回应关切,全情倾注司法为民

便民服务暖民心。构建“立案窗口+线上服务+智能服务”立体化诉服网络,实现“走进一个厅,事务一站清”。优化线下诉服大厅设施设备,开通涉老诉讼绿色通道、涉中小投资者立案服务绿色通道,为群众参与诉讼提供便利。当场登记立案率达100%,跨域立案269件。推进在线诉讼服务工作,全年受理网上立案3898件、网上保全1815件、律师服务平台诉服申请1351人次。全面推广电子送达,全年共完成电子送达12万次,占比77%。落实司法便民“三无需”举措,无需生效证明立执行案件1.2万件,退费专窗服务1.5万人次,切实减轻群众诉累。

畅通渠道听民意。以“群众有需求,法院有回应”为目标,推动赣法民意中心与诉事速办平台走深走实,将赣法民意中心运用与执法办案结合起来,常态化分析研判群众诉求,共受理解决群众诉求1061件,满意率达100%,其中“延伸司法服务帮助企业解决案外诉求”案例入选省法院发布的赣法民意中心工作第三批典型案例,并作为全省仅有的三个案例之一入选江西卫视《落槌有声》。诉事速办平台对外公开10条专业通道、36个直连手机号码,共受理工单9325件,均及时反馈。做到电话打得通,法官找得到,诉求理得清,案子办得好,服务做得优。

凝心聚力解民忧。助力弱势群体维权,高效审结月嫂讨薪案等各类检察机关支持起诉案件16件,发出限期支付民工工资的支付令11个,审结拒不支付劳动报酬案件2件。全面对接弱势群体司法需求,为符合条件的当事人缓减免诉讼费234万元,办理国家司法救助案件29件,救助30余人59万元。关注青少年法治教育,实现区属中小学法治副校长全覆盖,开展法治授课36次,判后帮扶2人次,打造“法护鸿鹄 守望未来”少年家事审判品牌。聚焦群众的“急难愁盼”问题,加大诉讼流程“七有七必”②督查,做到办事不求人,办案不拖延,办公不空转。

四、勇于探索精益求精,全局谋划改革创新

持续深化诉源治理工作。坚持发展新时代“枫桥经验”,充分延伸审判职能,积极参与基层社会治理,全年通过诉源治理化解案件11000余件。主动参与我区矛盾化解和多元解纷工作,指派3名法院工作人员进驻区矛调中心。推动“法院+”多元解纷机制建设,先后与区妇联、区侨联、区总工会等建立矛盾纠纷联动调解机制,通过“法院+”机制调解或确认协议案件568件。聘请7名调解经验丰富、解纷能力突出的专职调解员开展诉前调解,通过诉前调解成功1974件。健全类案强制检索、专业法官会议研讨、审判委员会讨论决定的统一法律适用工作机制,打造诉源治理典型案例库,加大宣传力度,以类案裁判促进基层治理能力提升,有效遏制案件增量。

切实加强审判监督管理。积极落实四级法院审级职能定位改革要求,推动重大疑难复杂案件提级管辖,今年已报送市中院提级管辖案件5件。紧盯案件质效,开展涉企案件、发改案件等案件质量评查579件,发布审判管理动态、案件质效通报等各类审判管理通报450余期。完善审判权力运行机制,发挥院庭长办案的示范引领作用,院庭长办结案件11623件,占员额法官结案数的32.81%。压实院庭长审判监督管理职责,精准识别、全程监管“四类案件”③1953件,做到“放权不放任,监督不缺位”。加大繁简分流改革力度。简程序不减权利,在金融审判中推广适用无公告送达、支付令、小额诉讼等程序，高效便捷解决纠纷；简文字不减释理，制作金融借款、劳动争议等类型化文书模板 12 份，适用简式裁判文书案件 7900 件；简人员不减质量，明确可适用普通程序独任制审理的案件范围，适用独任制审结普通程序案件 3090 件。

全面升级智慧法院建设。牢固树立“平台 + 智能”理念，全面推进信息技术与司法规律深度融合。丰富电子诉讼应用场景，深度运用移动微法院，让“指尖诉讼”惠及更多当事人。推行全员全流程无纸化办案，全面推广“档案 e 管理”④工作，完善以“收转发 e 中心”⑤为枢纽的智慧法院体系，实现立案数字化、流转集约化、审理智慧化、归档流水化，让人民群众真正感受到法院的“数字红利”。扩大“类案批量智审系统”平台运行范围，覆盖金融案纠纷、物业纠纷、商品房买卖合同纠纷等类案 8500 余件。

五、严管厚爱筑牢忠诚，全程锤炼过硬队伍

政治建设举旗定向。严格落实“第一议题”制度，深入学习贯彻习近平新时代中国特色社会主义思想、习近平法治思想。坚持党对法院工作的绝对领导，认真贯彻落实《中国共产党政法工作条例》、省委《实施细则》和市委《实施办法》。扎实开展“两个确立”主题教育，将主题教育与巩固拓展党史学习教育成果、政法队伍教育整顿成效结合起来，把主题教育的成果转化为工作实效。打造党建责任“清单式”管理模式，以列清单明确目标任务、盯清单强化过程控制，大力推进党的建设。开展党组理论中心组学习 14 次，党支部集中学习 48 次，主题党日活动 11 次，举办政治轮训 2 次。

能力建设固本强基。结合审执工作实际，突出提升干警业务能力。开展分类分级培训考试，组织线上线下教育培训 23 次，考试 10 次，参训人员达 3000 余人次，内容涵盖党的二十大精神、党史教育、保密法、警示教育、司法礼仪、司法实务操作等课程，确保学习到位、覆盖到人。充分发挥考核工作“指挥棒”作用，将月考核、季考核与年终考核相结合，平时考核结果作为年终考核的重要依据，让全院干警在追赶超越中增添动力，创出实绩。

廉政建设正风肃纪。始终保持正风肃纪高压态势，严格执行防止干预司法“三个规定”、新时代政法干警“十个严禁”等铁规禁令。开展“司法作风突出问题”“4 + X”等专项整治活动，围绕司法工作纪律开展监督检查，日常督察 150 余次，对 13 名干警运用第一种形态处理，提醒谈话 4 次，通报批评 9 次。以赣法廉韵平台为依托，排查廉政风险点，对执法办案中 121 个风险点加强监督预警。传达学习上级文件精神和违纪违规案例通报 14 次，引导干警存戒惧、知敬畏、守底线，夯实廉洁司法的思想基础。

六、自觉主动诚恳虚心，全面接受各方监督

主动接受人大监督。定期向人大常委会汇报法院工作，专题报告了执行集约化工作，加强与人大代表的联络，邀请人大代表视察法院、出席会议、旁听庭审、见证执行 16 人次。自觉接受民主监督。及时向政协通报法院工作，办结委员提案 1 件，走访、接待委员 7 人次。加强与民主党派、工商联和无党派人士沟通联络，认真听取意见建议。依法接受检察监督。邀请检察长列席审委会 3 次，收到检察机关支持起诉案件 16 件，检察机关抽查案件 55 件，收到检察建议 6 份。广泛接受社会监督。邀请人民陪审员参审案件 950 件，收到群众来信来电来访反映问题 56 个，均及时答复。上网公开裁判文书 4185 份，庭审直播 3486 场。通过“两微一网”及时发布法院工作动态，接受舆论监督。

各位代表，区法院工作成绩的取得，根本在于习近平新时代中国特色社会主义思想和习近平法治思想的科学指引，是区委坚强正确领导，区人大及其常委会关心和有力监督的结果，是区政府、区政协、各位代表及社会各界大力支持的结果。在此，我谨代表区法院及全院干警表示崇高敬意和衷心的感谢！

回顾过去的工作，我们也清醒地认识到自身存在的问题和不足。一是依法能动履职的能力还需提升，司法为民举措还需持续做细做实。二是法律监督的力度和效果还需进一步增强，在畅通监督渠道、提升监督刚性、创新监督方式方面应更加主动作为。三是运用大数据赋能检察工作高质量发展还处在起步阶段，办公方式比较传统，科技元素还不够丰富，距首府首区“全面示范领先”的要求还有差距。对此，我们一定认真研究，努力推动解决。

名词解释：

1. 司法便民“三无需”：是指一申请执行无需提交法律文书和生效证明，二申请再审无需提交法律文书和生效证明，三“退费专窗”实现退费无需多跑腿。

2. 七有七必：即有案必立、有错必纠、有访必接、有全必保、有约必见、有电必接、有房必清。

3. 四类案件：是指涉及群体性纠纷，可能影响社会稳定的案件；疑难、复杂且在社会上有重大影响的案件；与本院或者上级法院的类案裁判可能发生冲突的案件；有关单位或者个人反映法官有违法审判行为的案件。院庭长对“四类案件”立案、审理、执行各阶段实行全程监管。

4. 档案 e 管理：指中院通过改造融合办案系统、“收转发 e 中心”“法官 e 助理”、多功能云柜和电子档案系统等平台，推动立案、审理、裁判、结案、归档全流程无纸化办案模式改革，实现“电子档案为主、纸质档案为辅”的案件归档方式。

5. 收转发 e 中心：该中心借助信息化支撑手段，依托法院诉讼服务中心，通过诉讼材料收转发事务集约化、智能化管理，完成诉讼材料动态监管、全程留痕，实现诉讼材料类辅助性事务从审判执行工作中完全剥离，进而实现诉讼材料智能化服务，方便当事人诉讼，规范司法管理。

红谷滩区人民检察院工作报告（摘要）

——在红谷滩区第一届人民代表大会第三次会议上

红谷滩区人民检察院检察长 杜迎春

（2023年1月7日）

2022年，在区委和市检察院的坚强领导下，在区人大及其常委会的有力监督下，区人民检察院坚持以习近平新时代中国特色社会主义思想为指导，紧扣为党的二十大胜利召开创造安全稳定政治社会环境这条主题主线和学习宣传贯彻党的二十大精神首要政治任务，能动履职，担当实干，政治建设全面加强，服务大局成效明显，法律监督提质增效，自身建设不断强化，检察工作群众满意度持续提升，各项工作取得新成效、实现新突破。检察业务质效稳居全省第一梯队，纳入最高人民检察院考核的60项核心业务指标中，18项排名全省第一，46项排名全省前十。荣获“全国检察宣传先进单位”“平安南昌建设先进集体”“全市普法工作先进单位”等集体荣誉6项，9名干警荣获“全省检察机关宣传舆论业务能手”“全市优秀政法干警”“全市检察机关公诉标兵”等荣誉13项。

一、坚持把服务大局作为重大责任，积极助推高质量发展

提高政治站位，胸怀“国之大者”，依法能动履职，为迎接党的二十大胜利召开和全区经济社会发展提供更优质的检察服务。

坚决维护政治安全和社会安定。办理审查逮捕、审查起诉案件985件1533人，同比人数上升10.7%。依法打击影响人民群众安全感的犯罪，起诉抢劫、强奸、故意伤害犯罪案件24件；起诉盗窃、抢夺、诈骗等侵财类犯罪案件133件；起诉“黄赌毒”案件32件。我院被评为“平安南昌建设先进集体”。加强生态文明司法保护，落实“长江十年禁渔”要求，起诉非法捕捞水产品犯罪27人。完善监检衔接机制，抽调精干力量协助纪检监察机关办案，形成反腐工作合力，高效办理了南昌广播电视台原党组书记、台长张金洁贪污、受贿案等职务犯罪案12件。

着力营造法治化营商环境。法治是最好的营商环境。严厉打击各类破坏社会主义市场经济秩序犯罪，起诉制假售假、非法经营、合同诈骗等案件42件。积极参与整治招投标领域乱象行动，重点惩治串通投标、行贿索贿、操纵招投标结果等犯罪行为，让企业竞争更加公平有序。审查起诉的社会人员陈某与某监理咨询有限公司总监理工程师龚某祁共同行贿评标专家操纵招投标结果案等5起案件，被市纪委监委确定为招投标领域损害营商环境典型案件。常态化推进反洗钱工作，完善与行政监管部门信息共享、证据调取等方面的合作机制，对所有相关上游犯罪开展“一案双查”，办理洗钱犯罪案件7件，涉及金额659万余元，切实维护金融安全。

助力企业持续健康发展。认真落实《江西省优化营商环境条例》，全力服务双“一号工程”，在全省率先启动涉案企业合规改革[①]，办理此类案件4件，推动涉案企业管理机制进一步完善，经营质效进一步提升。增强对服务民营企业的“检察供给”，与区工商联、区侨联建立常态化沟通机制，在VR产业园、慧谷产业园设立检察联系点，积极开展“百名检察官进百企”“企业家学法”等活动，先后走访民营企业137家，举办企业家集中座谈5次，召开“积极履行检察职责，当好企业‘法治靠山’”新闻发布会1次。

积极参与社会治理。坚持从治罪到治理，使每一份检察建议都写满担当。结合司法办案，就安全生产、通信企业监管不严使个人信息泄露等社会问题制发检察建议书5份，督促相关单位加强管理，堵塞漏洞。坚持将心比心，如我在诉。对收到的56封信访件，100%做到“7日程序性回复，三个月实体答复”；对13件首次申诉类信访件、6件重复访案件，均由院领导包案，现已全部化解。坚持让检察担当更多些，离群众更近些，解民忧更快些。

用心讲好检察故事。着力打造“小红团”新媒体工作室和“两微一端”宣传矩阵，发布普法宣传作品584篇，多篇作品被学习强国及最高检、省市院微信转发。与最高人民检察院联合制作保护未成年人题材的《孤勇者·未检版》MV，与共青团江西省委联合开展宪法宣传周直播活动，赢得广泛好评。我院被评为“全国检察宣传先进单位”“全市普法工作先进单位”。

二、坚持把司法为民作为根本宗旨，全力服务保障民生民利

恪守以人民为中心的根本立场，进一步强化司法供给，切实办好群众身边的“小案”，纾解群众急难愁盼。

加大电信网络犯罪打击力度。坚持将群众反映的热点痛点作为检察办案的重点。抽调精干力量组建网络犯罪办案团队，高效办理电信网络诈骗案 9 件 47 人。办理涉“两卡”犯罪[②]案 259 人，查处帮助电诈分子偷越国境犯罪案 12 人，坚决斩断黑灰产业链。积极探索新型网络犯罪案件办理，主动提前介入，引导取证固证。刘某鹏编写代码有偿为他人在医院网站、App 代抢 HPV 九价疫苗的犯罪行为被依法查处。快审快诉的龚某劲、熊某峰架设虚拟拨号设备为境外诈骗团伙提供非法服务一案，被省检察院列为打击电信诈骗犯罪工作典型案例。

加强对特殊群体的司法保护。更加注重对妇女、老人、残疾人、农民工等群体的权益保障，起诉相关犯罪 12 人。对农民工讨薪、追索人身损害赔偿等情形予以支持起诉 27 件，帮助追回薪酬及赔偿款 129 万余元，切实解决好劳动者的“忧薪事”。积极参与打击整治养老诈骗专项行动，主动提前介入，依法办理养老诈骗案 15 人，督促退缴违法所得 84 万元。走访摸排全区养老机构，对部分养老院存在的食品安全、消防安全问题立案 4 件，以公益诉讼守护“夕阳红”。加大司法救助力度，对生活陷入困境的案件当事人开展救助 109 件，发放救助金 69.2 万元，充分体现检察关爱和司法温度。

倾力呵护未成年人健康成长。坚决扛起“你的青春我守护”的检察责任。对侵害未成年人犯罪“零容忍”，起诉 13 人。对涉罪未成年人坚持教育为主、惩罚为辅，不捕率 89.5%，不诉率 86.4%。开展联合帮教 46 人，封存犯罪记录[③]37 人。对全区 6870 余名教职工进行前科劣迹查询，为未成年人营造更加安全的成长环境。对存在管教不严、监护缺位等问题的监护人发出“督促监护令”19 份，联合区教体局、妇联、关工委制定《在办理涉未成年人案件中建立家庭教育指导工作联动机制的意见》，进一步强化家庭监护责任。对落实“一号检察建议”没完没了，持续深入开展“检爱同行——法治进乡村”和“法治心育进千校”巡讲活动。

深化落实“少捕慎诉慎押”刑事司法政策[④]。全面准确用好良法善政，强化诉源治理，促进社会和谐。刑事案件不捕率 63%，同比提升 12 个百分点；不诉率 37%，提升 8 个百分点，诉前羁押率 21%，下降 23 个百分点。充分发挥政策效力，教育引导犯罪嫌疑人自愿认罪悔罪，积极退赃退赔，最大限度减少对立面，促进社会内生稳定。刑事案件认罪认罚率 93.7%，提升 4 个百分点；追赃挽损工作率达 98%，提升 66 个百分点；办理的故意伤害、交通肇事案，90% 达成和解。抓实后端治理，针对罪行轻微已作不诉处理，但仍需接受行政处罚、处分的，主动加强与相关主管机关的沟通，提出检察意见 203 份，防止出现违法犯罪治理真空。

三、坚持把法律监督作为第一要务，以更优能动履职维护公平正义

紧扣“质量建设年”目标要求，进一步增强监督力度，提升监督质效，推动“四大检察”全面协调充分发展。

刑事检察提质增效。注重发挥侦查监督与协作配合办公室[⑤]的作用，实行提前介入 196 件，同比提升 345%；就重大案件召开联席会议 12 次，组织检警同堂培训 2 次，推动办案质效和执法司法规范化水平进一步提升，刑事案件办结率 100%，案－件比达 1∶1.003，无捕后不诉、无罪判决和不捕复议案件。注重加强刑事审判监督，提出抗诉 2 件，对审判活动违法提出纠正意见 2 件，法院及时采纳并切实整改。注重加强刑罚执行监督，办理暂予监外执行审查案件 3 件；常态化做好社区矫正监督，对发现的脱管漏管问题及时予以纠正。

民事行政检察精准高效。坚持精准监督理念，办理民事行政检察案件 39 件，同比提升 39.3%。办结民事生效裁判监督案 1 件，提出再审检察建议 1 件，法院裁定再审。加强对民事审判程序、民事行政执行活动的监督，提出检察建议 3 件。深入开展“促进行政争议实质性化解[⑥]”专项活动，化解行政复议案 3 件，促进案结事了政和。

公益诉讼检察富有成效。坚持守护人民美好生活，办理公益诉讼检察案件 38 件，同比提升 6%。助力生态环境保护，对接中央环保督察、省人大“环保赣江行”问题清单，对长期得不到解决的赣江堤岸畜牧散养引发环境污染等问题，通过公益诉讼诉前磋商或检察建议，督促行政机关切实整改。用好“河长湖长＋检察长”工作机制，督促解决云溪水系污水管网渗漏问题，助力红谷滩区“碧水”保卫战。紧盯“舌尖上的安全”，对食品小作坊经营不规范、现制现售饮用水安全、违规销售处方药等食品药品安全问题，开展磋商或发出检察建议 17 件，推动开展行业治理。就一起销售有毒有害食品案件提起刑事附带民事公益诉讼 1 件，要求当事人支付十倍惩罚性赔偿金，并公开赔礼道歉。

四、坚持把队伍建设作为立业之本，着力锻造过硬检察铁军

苦练内功重自强，切实加强融为一体的政治和业务建设，着力打造党和人民信得过、靠得住、能放心的过硬检察队伍。

强化政治建设，铸就忠诚之魂。严格落实党史学习教育、队伍教育整顿常态化长效化，开展集中理论学习 42 次、全员政治轮训 6 天。坚决执行一切检察工作“从政治上看”的要求，坚持把支部建在业务部门上，坚持把政治效果体现在每一个司法案件上，坚持把重大案件、重要事项的请示规范在向区委、市检察院党组的报告上，做

到讲政治与抓业务相互融合、相互促进,用实际行动践行政治忠诚。

强化能力建设,夯实履职之本。制定出台《人才强检工程三年行动方案》,建立全院优秀干部人才库和"一人一档"个人成长档案,组织参加各类学习培训、业务竞赛25次,着力培养业务骨干人才。按照省检察院统一安排,积极与"全国薄弱院"九江市瑞昌市检察院开展结对共建,通过深入开展政治建设、业务数据和重点工作分析研判、业务技能对抗赛等举措,实现互帮互促、共同提升,检察业务综合质效双双进入全省第一梯队。最高人民检察院张军检察长来江西调研时,对我院结对共建工作成效予以了充分肯定。

强化廉政建设,永葆清正之风。压紧压实全面从严管党治检主体责任,坚决支持派驻纪检组履行监督责任。狠抓"三个规定"落实,记录填报重大事项51件,筑牢防范人情案、关系案、金钱案的制度"堤坝"。坚持严的主基调,以深化干部作风建设专项整治为抓手,抓早抓小、刀刃向内,提醒谈话16人,通报批评1人,持续正风肃纪。自觉接受政治巡视"回头看"、政治督察及纪律作风督查巡察,紧盯查找出的问题,抓好整改落实。

自觉接受人民监督,是检察机关落实全过程人民民主的重要体现。一年来,我们不断树牢"监督者更要接受监督"的理念,自觉接受人大监督和民主监督,邀请区人大常委会视察调研检察工作,向人大常委会报告半年工作情况和贯彻"少捕慎诉慎押"刑事司法政策工作情况,认真落实审议意见。配合区委统战部建立完善协商通报制度,向全区各民主党派通报检察工作情况。加强代表委员联络工作,走访代表委员300余人次,广泛听取意见建议。邀请代表委员参与重大及争议案件公开听证126人次,让是非曲直大家听,"法结""心结"一起解,进一步增强检察工作透明度和公信力。我们主动接受社会监督,公开案件程序性信息1207条、重要案件信息28条。依法保障律师执业权利,召开检律会商会,听取并落实律师意见建议6条,协助律师阅卷238人次。

各位代表,一年来红谷滩区检察院取得这些成绩,根本在于习近平法治思想的科学指引,在于区委和市检察院的坚强领导,在于区人大及其常委会的有力监督、区政府的大力支持、区政协的民主监督,在于各位代表和全区人民群众以及社会各界的关心帮助。在此,我谨代表区人民检察院表示衷心感谢并致以崇高的敬意!

回顾过去的工作,我们也清醒地认识到自身存在的问题和不足。一是依法能动履职的能力还需提升,司法为民举措还需持续做细做实。二是法律监督的力度和效果还需进一步增强,在畅通监督渠道、提升监督刚性、创新监督方式方面应更加主动作为。三是运用大数据赋能检察工作高质量发展还处在起步阶段,办公方式比较传统,科技元素还不够丰富,距首府首区"全面示范领先"的要求还有差距。对此,我们一定认真研究,努力推动解决。

名词解释:

1. 涉案企业合规改革:是指检察机关对于办理的涉企刑事案件,在依法做出不批准逮捕、不起诉决定或者根据认罪认罚从宽制度提出轻缓量刑建议等的同时,针对企业涉嫌具体犯罪,结合办案实际,督促涉案企业作出合规承诺并积极整改落实,促进企业合规守法经营,减少和预防企业犯罪,实现司法办案政治效果、法律效果、社会效果的有机统一。2020年3月开始,最高检在部分地区开展企业合规改革试点。2022年4月2日起,涉案企业合规改革试点在全国检察机关全面推开。

2. 涉"两卡"犯罪:指非法买卖电话卡、银行卡用于电信网络诈骗及其他相关违法犯罪,主要涉及帮助信息网络犯罪活动罪、掩饰隐瞒犯罪所得罪等罪名。

3. 封存犯罪记录:《中华人民共和国刑法》规定:"依法受过刑事处罚的人,在入伍、就业的时候,应当如实向有关单位报告自己曾受过刑事处罚,不得隐瞒。犯罪的时候不满十八周岁被判处五年有期徒刑以下刑罚的人,免除前款规定的报告义务。"《中华人民共和国刑事诉讼法》规定:"犯罪的时候不满十八周岁,被判处五年有期徒刑以下刑罚的,应当对相关犯罪记录予以封存。"

2022年5月24日,最高法、最高检、公安部、司法部联合印发《关于未成年人犯罪记录封存的实施办法》,对未成年人犯罪记录的定义及范围、封存情形、封存主体及程序、查询主体及申请条件、提供查询服务的主体及程序、解除封存的条件上及后果、保密义务及相关责任予以明确,以解决实践中未成年人犯罪记录和相关记录管理不当导致信息泄露,影响失足未成年人重新回归社会等问题。

4. 少捕慎诉慎押:是党和国家继认罪认罚从宽制度之后确立的一项重大刑事司法政策。指对绝大多数的轻罪案件体现当宽则宽,慎重逮捕、羁押、追诉。

少捕,是指依法加强对逮捕社会危险性的审查,依法能不捕的不捕,尽可能适用非羁押强制措施,减少犯罪嫌疑人、被告人在羁押状态下候审。

慎诉,就是依法行使起诉裁量权,对符合法定条件的案件通过适用不起诉,发挥审查起诉的把关、分流作用。

慎押,则要求通过羁押必要性审查等方式,对被羁押的犯罪嫌疑人、被告人是否具有继续羁押的必要性进行审查,对没有继续羁押必要的犯罪嫌疑人应当及时变更强制措施。

5. 侦查监督与协作配合办公室:2021年10月31日,最高人民检察院、公安部联合发布《关于健全完善侦查监督与协作配合机制的意见》,旨在协同构建以证据为核心的刑事指控体系,进一步健全完善侦查监督与协作配合机制，推动提升公安执法和检察监督规范化水平。《意见》明确要求，由人民检察院刑事检察部门与公安机关法制部门共同牵头设立侦查监督与协作配合办公室，主要履行组织协调、监督协作、督促落实、咨询指导等职责，为相关制度机制在办案实践中切实有效落地落实提供平台机制保障。2022 年 2 月 24 日，南昌市红谷滩区人民检察院与南昌市公安局红谷滩分局共同成立侦查监督与协作配合办公室。

6. 行政争议实质性化解：行政争议，是指行政机关在行政管理活动中，与行政相对人及利害关系人之间产生的争议。在检察机关履行行政检察监督职能时，推动行政争议实质性化解，从实体上主要体现为通过提出抗诉、再审检察建议、检察建议和促成和解、公开听证、心理疏导、司法救助等方式，使行政实体法律关系得到实质性的处理；程序上主要体现为检察机关提出监督纠正意见、作出不支持监督申请决定或者终结审查后，当事人不再申请启动新的法律程序。

红谷滩区 2022 年国民经济和社会发展计划执行情况与 2023 年国民经济和社会发展计划

——在红谷滩区第一届人民代表大会第三次会议上

红谷滩区发展和改革委员会主任　詹红跃

（2023 年 1 月 6 日）

一、2022 年国民经济和社会发展计划执行情况

2022 年是党的二十大胜利召开之年，是“十四五”规划承上启下之年，也是全面落实省、市、区党代会精神的关键之年。一年来，面对疫情防控和经济社会发展的诸多困难和挑战，在市委、市政府和区委、区政府的坚强领导下，在区人大、区政协的监督支持下，全区上下以学习习近平新时代中国特色社会主义思想为指导，以迎接党的二十大胜利召开和学习贯彻党的二十大精神为主线，坚决做到“疫情要防住、经济要稳住、发展要安全”，高效统筹疫情防控和经济社会发展，认真贯彻执行区第一届人大二次会议审议通过的国民经济和社会发展计划，全力打造“一枢纽四中心”、全面落实“六大战略”，坚定不移推动经济社会高质量跨越式发展。

（一）疫情防控有力有序，经济运行韧性增强

疫情防控有力有效。切实落实国家“二十条”“新十条”疫情防控有关要求，筑牢疫情防控防线，优化疫情防控方案，统筹做好疫情防控和经济社会发展工作。

经济运行稳中有进。坚持稳中求进工作总基调，牢牢把握发展主动权，每月召开全区经济运行分析会，全力推动经济平稳健康发展。全年地区生产总值完成 802.2 亿元，同比增长 3.2%，总量保持全市前列；地方一般公共预算收入完成 33.73 亿元，同口径增长 5.6%；社会消费品零售总额完成 321.43 亿元，同比增长 5.2%；固定资产投资同比增长 2.7%；规上工业增加值增长 5.9%；城镇居民人均可支配收入完成 54721 元，增长 4.4%；农村居民人均可支配收入完成 24164 元，增长 6.0%；外贸出口总额完成 46.65 亿元，增长 26.6%。

市场活力持续上升。全区三产结构比由去年的 0.2:10.5:89.3 调整为 1.3:10.6:88.1，一产占比进一步提高，二产、三产行业进一步完善。大力实施培育壮大市场主体三年行动计划，全年新增市场主体 26442 家，总量达到 72645 家，同比增长 77.34%。大力扶持“个转企”“小升规”，重点培育“五上企业”[②]，出台“五上”企业奖励办法，今年 1—12 月新增“五上”企业 89 家，全市排名第二，全年新增 289 家，总量近 800 家。统筹 5600 万元支持楼宇经济转型升级，打造“亿元楼宇”和“特色楼宇”。深入开展“暖心护企”行动，走访服务 3.3 万户企业，答复解决 3076 个具体问题，严格落实应对疫情、帮助市场主体纾困解难“20 条”，及时协调解决企业生产经营的痛点、堵点和难点问题及政策诉求。

（二）产业发展提速提质，创新驱动持续增强

科技要素加快集聚。坚持创新驱动发展战略，江西省 VR 制造业创新中心授牌成为全国首个国家虚拟现实制造业创新中心，VR 产业基地获评国家小型微型企业创业创新示范基地，江西省工业园区智慧云平台入选省区域性重点培育名单。全力推进高新技术企业量质“双提升”行动，全区新认定科技型中小企业 253 家，新增 10 家省级“专精特新”中小企业[③]、4 家瞪羚（潜在）企业[④]。新增 3 家市级重点实验室、1 家市级工程技术研究中心。深入实施人才强区战略，申报省“双千计划”人才项目 36

个。全区有效发明专利2776件，同比增长31.07%，每万人发明专利有效拥有量达49.95件，排名全市县区前列。有序推进信息化建设，新开通5G基站246个，累计建成5G基站3135个，总数均居全市第一，在全省率先实现5G网络连片覆盖，基本建成千兆光网城市。启动建设江西人才数字产业园。与江西财经大学、华东交通大学开展VR专业人才培育。

现代服务业蓬勃发展。统筹1200万元专项资金支持文化旅游发展，顺利举办中国米粉节、中国（中部）工业博览会等27场高规格展会，实现总销售额770亿元。新增3家建筑央企子公司，建筑业总产值达到946.15亿元。聚焦区域金融中心核心承载区建设，推进各类优质金融资源聚集，新引进68家金融机构和企业，总数达到1302家，汇集全省80%以上的法人金融机构和省级区域性总部，金融从业人才突破8万人，区级金融增加值完成273.3亿元。一亿中流上市加速器项目纳入全省重点改革项目，一亿中流企业上市加速器新引进企业11家，总数达到28家，总营收超6亿元。全区新增上市企业1家，"映山红企业"2家，完成股改企业2家，新四板挂牌展示企业25家。秋水广场入选2022南昌市"十大网红打卡景区（点）"。

数字经济势头强劲。深入推进数字经济'一号发展工程'，扎实推进数字产业化、产业数字化，率先打造世界级VR中心，成功举办2022世界VR产业大会，签约项目23个、签约总金额163亿元，引进了中国电信元宇宙应用示范产业园、南昌蚂答等头部企业项目。新增数字经济核心企业1361家，总数达到5380家，企业总量及增量均位列全省各县区之首。启动规划139平方千米的未来科学城、700亩的九龙大道数字经济产业园核心引领区、416亩VR科创城二期工业园区建设。落户华为南昌研究所、浙江大学南昌研究院、中国移动虚拟现实创新中心等一批VR产业关键技术研发平台，以及智算中心、省军民融合大数据中心等一批数字基建项目。中国移动虚拟现实创新中心建成运营，江西求是高等研究院（浙江大学南昌研究院）即将运营。

农业生产提质生效。抢抓区划调整有利契机，加快产业结构调整。生猪存栏2.51万头、出栏6.01万头；蔬菜种植面积1576.8公顷、产量37017吨，产量同比增长4.7%；粮食种植面积1.37万公顷，总产量9167.5万千克；水产品产量4000吨。大力推进农村特色产业提升，推动爱园现代农业产业园项目、上房食用菌基地菌包流水线等一批农业项目投产。新增市级以上农业龙头企业15家，新增省级龙头企业4家，进一步带动就业农户5994户，村集体经济年收入人均突破30万元。统筹涉农资金超6000万元，修建超千个干旱设施，建成1.1万亩高标准农田，完成水稻总产量9250万千克、冬种扩面超10万亩。高效推进元宇宙·VR数字农业示范基地建设，在全国率先将元宇宙技术应用到农业生产、管理、经营等全过程，获新华每日电讯、央视新闻、江西日报等中央和省市媒体报道点赞。

（三）扩大内需深入实施，发展后劲加速夯实

重点项目推进有力。坚持项目为王，深入开展项目大会战，常态化推进"重大项目不停工、重点企业不停产"，积极争取地方政府专项债等各类资金12.54亿元，持续扩大有效投资。保利文化艺术中心、海康威视南昌科技园等一批重点项目有序推进，华润万象城综合体、联泰酒店、明园九龙湾商业综合体、元宇宙+VR数字农业示范基地等一批产业项目顺利竣工，全区186个重大重点项目建设稳步推进，省市重大重点项目均提前超额完成年度投资额。扎实开展政府投资类建设项目"胡子工程"攻坚专项行动，九昌樟石油管道迁改、赣江北大道下穿京九铁路等一批民心愁盼的"胡子工程"和断头路顺利完工。

商贸消费提质扩容。促销费引热潮，投入1300万元专项经费开展6场"乐购红谷·悦享生活"系列活动，拉动全区各类消费增长达10亿元。统筹3000万元购房补贴促进商贸消费。建造首店首发特色街区拉长消费产业链，华润万象城精彩亮相，引入首进江西品牌151家、首进华中品牌13家。全力打造万象城花园内街、赣江新天地商业街区等特色商业街，展现特色魅力，推动商贸消费高质量发展。积极开展江西百城百夜文旅消费季红谷滩分会场系列活动，线上销售PK赛中荣获全省第2。积极推进保利文化艺术中心、澳世汇、欧罗巴年轻力中心等大批重点文旅项目，赣剧院、红谷滩大剧场顺利开业，鸿鹄里文化艺术空间成为热门网红打卡地。

招商引资成效显著。坚持以商招商、以企引企，充分发挥楼宇、园区、会展招引作用。积极参加市重大招商引资项目云签约、2022世界VR产业大会等活动，成功招引上海威派格、上海思贤、蚂蚁集团科技产业园等一批重点产业项目，推动蓝城五星级标准酒店、华宏高端汽车商业综合体、红谷滩基金产业园、江山云著金融中心等项目摘牌落地，促进华景全国营销总部、中铁投资江西总部、中建三局江西总部等项目开业运营。全年新引进入统签约项目118个，总投资额690亿元。总投资50亿元的华夏艺术谷、25亿元的江山云著综合体、20亿元的蓝城五星级标准酒店等6个"152"⑤项目签约落户。

（四）改革开放纵深推进，营商环境更好更优

重点领域改革深入推进。紧盯产业发展、政务服务、社会治理、文化强区、党的建设等重点领域，谋划部署了94条改革举措，制定出台《红谷滩区科技体制改革三年攻坚行动实施方案（2022—2024年）》等十大改革攻坚行动方案。持续推进国有企业组织架构、薪酬制度等系列改革，推动区城投公司战略重组，资产总额达到468亿元，营业收入完成超80亿元，企业信用获评AA+。持续

深入重点重大项目建设改革，实现最快可缩短项目预决算期3个月。以“基层首诊、双向转诊、急慢分治、上下联动”分级诊疗制度改革试点为契机，完善基层卫生服务网络，推动医药卫生体制改革走深走实。

营商环境持续优化。深入实施推进优化营商环境‘一号改革工程’行动方案及可量化的任务清单，全力打造区域性标杆城区。红谷滩区连续两年成功入选赛迪投资竞争力百强区。全力化解企业融资困难，为39家企业放贷“财园信贷通”1.65亿元，普惠金融服务平台企业授信逾4.6亿元，通过6次政银企对接为16家企业协调融资金额5000万元。全面强化政务服务，全省率先实现政务服务大厅全事项“免证办理”；首创“红谷智小二”帮办代办服务平台，受理390项常用政务事项，群众满意度100%。率先完成政务服务事项标准化建设和行政许可清单编制，实现100%事项“网上可办”；全省率先推出政务服务智能导航地图，实现“随时随地，想办就办”。

开放合作水平提高。连续举办2次‘同心战疫 共促发展’云签约活动，在省、市重大活动中共签约40个项目，投资总额达359亿元。积极邀请企业参加“进博会走进江西”、2022中国国际服务贸易交易会、第五届中国进出口博览会等大型招商活动。积极推动落实大南昌都市圈建设工作，制定《红谷滩区推动大南昌都市圈建设2022年工作要点》和《红谷滩区推动大南昌都市圈建设工作方案》，全面深化与丰城市、广东七市的战略合作，与丰城市两地签署“1+7”全面战略合作协议，与深圳VR协会签署战略合作协议。

（五）城市功能优化提升，生态环境逐步改善

城市功能日益完善。顺利完成圭峰大道、赣江北大道下穿京九铁路通道工程等重点项目，解决了一大批群众出行难题。扎实推进枫生快速路立交及配套改造、抚州大街、南斯友好路综合改造、明月山大道南延、市委党校周边配套路网等，推进碟子湖大道改造及其沿线提升改造提升顺利竣工，加速形成内畅外联交通格局。打造2条窨井盖提升改造样板路，完成8条背街小巷增亮补齐，改造5500盏路灯。新增22座公厕，1429个停车位，累计建设分类投放亭（点）537个，全面提升居民生活便利度。新增彩化面积5.6万平方米，打造风筝广场等6处示范性景观小品，建成南昌大道休闲公园等5大城市休闲空间。2.7万平方米中央绿轴公园初现雏形。赣江市民公园四期、绿地国博雨阳公园全面对外开放，赣江市民公园五期仅用9个月精彩绽放，赣江西岸呈现长达28千米的“江南水乡”美景。

城市管理提档升级。完成纺机宿舍等4个老旧小区改造，整治围墙围挡148处，拆除违章建筑477处、中心区超期临时工棚近7万平方米。试点推广“物管城市”⑥模式，完成丰和花园小区等5个小区的试点改造。非居民用户燃气安全警报器装置安装率实现100%。智慧城管系统采集、化解问题超20万个。着力推动13个开放式居民区（城中村）积极探索引进物业服务。持续深化“马路本色”⑦行动，累计出动36.4万余人次对4.2万余条道路进行清扫保洁，常态化开展文明城市创建。持续巩固铁路及城市主要通道沿线环境整治成果，全面整治环境脏乱差现象，实施重点节点提升改造工程，大力改善沿线环境。

环境质量持续改善。赣江干流7个断面平均达到地表水Ⅱ类标准，主要饮用水水源地水质优良率达100%。前湖水系水质达到Ⅳ类水标准，提前完成“一年内大见成效”的治理目标。海绵城市治理取得新成效，乌沙河涉红谷滩区域达到Ⅳ类水标准，黑臭水体全面消除。PM2.5平均浓度为30.7微克/立方米，空气优良率为87.4%。加强建设用地土壤污染风险管控和修复治理，扎实开展“一住两公”⑧地块供地前土壤污染状况调查，全面完成24个地块第一阶段调查评审。中央环保督察典型案例及424个排水单元基本完成整治。大力整治农村人居环境，按照“四化”“八有”标准⑨，投资4000余万元打造厚田闸上村“乡村振兴示范村”、生米街道谢家垅自然村“共同富裕样板村”等7个示范点。

（六）社会事业全面发展，民生福祉更加殷实

民生保障坚实有力。全年民生类支出68.52亿元，占一般公共预算支出84%。牢牢兜住社会保障底线，提高低保标准至每人每月855元，为8.03万人次各类困难群众发放保障救济金和补贴3027.49万元。全力推进2022年全区6994套保障性租赁住房建设任务。全面落实退役军人优待抚恤政策，发放义务兵优待金1034万元。建成鹿璟名居和鸿玺2个社区嵌入式养老院，新建11个居家养老服务站点，安装完成第一批264张家庭养老床位建设。开展“千企万岗”“返乡农民工专场招聘会”等特色招聘活动共23场，共组织1117家企业提供岗位43426个。成功创建国家级充分就业社区——世纪中央城社区、省级充分就业特色社区——万达星城社区。受理各渠道线上欠薪线索5207件，累计为1.33万名劳动者追回工资1.42亿元。20件市区人大代表票决民生实事全部落地。

社会事业优质发展。新改扩建中小学校、幼儿园12所，投入资金4.39亿元，新增学位7100余个；全区35所义务教育学校课后服务“5+2”实现“全覆盖”。全区共建设完成各类托育机构55家，备案托育机构9家，总体可提供托位2005个。启动建设重庆医科大学附属儿童医院江西医院区域医疗中心。成功落户中南大学湘雅医院江西分院、浙江大学医学院附属第一医院江西医院等3家国家级区域医疗中心。全面建成3个卫生院和4个社区卫生服务中心中医馆。启动凤凰洲体育公园建设。全区建成全民健身路径97套，着力构建城市社区15分钟健身圈，实现全民健身体育设施100%覆盖。高标准

建成6个孺子书房，精心打造红书屋阅览室和未来空间·未时图书馆城市书房，强力推进三级公共文化服务网络建设，村（社区）文化活动中心覆盖率达100%。持续完善医疗保障，打造10分钟医保服务圈，创新开设9个驻点银行的医保一体化服务中心。

社会治理成效凸显。创新打造“鸿鹄之智”社会治理品牌，荣获全省试点成果奖第一名，率先实现“5+2”农村雪亮全覆盖。完成75个既有小区、14个疫情围合智能安防建设，全区智慧平安小区覆盖率达到80%，建成12所智慧平安学校、3所智慧平安医院。常态化推进扫黑除恶斗争，全力推动“赣鄱霹雳夏季风暴”“打击整治养老诈骗”“长风4号”“和谐2022”等系列行动，圆满完成维稳安保任务。全面防范化解金融、房地产等重点领域矛盾风险，全力推进“大干30天”保交楼攻坚行动。深入打击黄赌毒、涉众经济犯罪，“金三江”案件办理受到中央督导组肯定。建成全市首个矛盾纠纷多元调解中心。区公安分局荣获全国优秀公安局称号，西客站AR智慧管控平台荣获全省“天工杯”一等奖。凤凰洲街道和世纪中央城社区被评为“省级综合减灾示范街道”。“党建+应急”管理系统推广工作获全省推广。

在完成2022年工作任务的同时，我们也清醒地看到，仍存在不少问题：一是宏观经济形势复杂严峻，经济稳定增长支撑还不够强，部分经济指标没有达到目标要求；二是产业发展仍需提档升级，产业层次有待提高，新旧动能转换需要进一步提速；三是营商环境需进一步优化，惠企政策进一步落实，服务质量进一步提升；四是解决发展不充分问题仍然任重道远，发展优势转化为发展成效还需付出艰苦努力。

二、2023年国民经济和社会发展计划安排

党的二十大提出了一系列新的重要思想、重要观点、重大判断、重大举措，是党团结带领全国各族人民夺取新时代中国特色社会主义新胜利的政治宣言和行动纲领。我们必须坚持以习近平新时代中国特色社会主义思想为指导，全面贯彻落实党的二十大精神、中央经济工作会议精神、省委十五届三次全会精神、市委十二届五次全会精神及区委第一届第七次全体（扩大）会议精神，深入贯彻习近平总书记对江西系列重要讲话和重要指示批示精神，弘扬伟大建党精神，坚决贯彻党中央、国务院决策部署，认真落实省委省政府、市委市政府工作安排，在区委区政府的坚强领导下，坚持以经济建设为中心，坚持稳中求进工作总基调，完整、准确、全面贯彻新发展理念，积极服务和融入新发展格局。准确把握历史方位、战略定位和发展地位，深入贯彻党的二十大精神，全面把握经济发展稳与进、产业发展新与旧、科技创新凤与巢、生态环境表与里、民生事业有与优。

根据以上思路，提出2023年我区经济社会发展主要预期目标如下：

——地区生产总值增长8%左右；

——地方一般公共预算收入增长6.5%左右；

——固定资产投资增长9%左右；

——规上工业增加值增长9%左右；

——社会消费品零售总额增长9.5%左右；

——实际利用外资保持平稳发展；

——外贸出口实现促稳提质；

——城镇居民人均可支配收入增长6.5%左右；

——农村居民人均可支配收入增长7.5%左右；

——规上数字经济核心产业企业营收增长15%左右。

在实际工作中，我们将全力争取更好的结果。

围绕上述目标，我们将抓好以下工作：

（一）推进科技自立自强，全力做强科技创新引擎

在创新载体建设上展现更大成效。大力推动“大院大所”“名企名校”“创新飞地”合作共建高端研发机构。聚焦“一城九园”[⑩]主阵地，推动科技创新成果加速转化，打通“产学研用”链条。加快建立科技创新企业培育链条，深入实施“科技型中小企业—高新技术企业—高成长性企业”梯次培育计划，力争新增高新技术企业55家、省级“专精特新”中小企业10家、科技型中小企业260家、瞪羚（潜在）企业5家、独角兽（潜在、种子）企业2家。推动江西省VR制造业创新中心加快导入一批科技含量高、趋势引领强、发展潜力大的创新主体，打造一批有区域竞争力的创新型产业集群。

在关键核心技术上形成更多突破。围绕打造数字经济江西总部和区域科创中心的发展定位，以国家虚拟现实制造业创新中心、浙大南昌研究院、中国移动VR创新中心、电信元宇宙创新中心等科研机构作为全区数字经济核心关键技术研发转化平台，引入华为IPD管理模式，积极推广运用“首席科学家”“揭榜挂帅”“赛马制”等模式，以九龙湖元宇宙试验区为应用场景试点核心区，切实提高科研成果市场化产业化的转化率。全面争取省市单位开展数字经济场景应用试点，大力推动华为河图、中国移动5G+VR云平台等试点示范生活消费类应用。

在创新创业生态上营造更优氛围。加快江西国控基金产业园建设步伐，推动江西金控数字金融创新产业园落地投产，组建设立30亿元VR产业母基金、10亿元世纪华通XR产业链基金，引导设立科技创投基金、科技产业基金等各类创新基金，健全“创、投、贷、融”科创主体全生命周期金融服务，积极创建国家级金融改革试验区。推动高端“双创”基地建设，支持有条件的孵化器和园区打造成为国家级孵化器、省级认定加速器。优化区普惠金融服务平台，有效提升企业融资便利度。加快人才引进培育，完善落实人才政策，促成更多高层次人才和人才项目在红谷滩落实落地，尽早形成人才集聚、科研集聚、院所集聚的综合效应。

在未来科学城规划上实现更精布局。全面推进139平方千米的未来科学城产业规划、空间布局、平台搭建、机构重组,大力发展未来通信、未来制造、未来健康“3+X”高端产业,全力推动省市高校、科研院所集中落户,加快完善“四纵四横”内部道路系统,推进西部组团高教城、VR科创城片区路网建设,加快配套教育、医疗等优质资源,力争“一年成势,三年成形,五年成城”,争取五年内集聚20万以上未来产业相关人才,年产值突破1000亿元,打造成为中部科创总部聚集区、高端制造先导区、场景应用示范区、科产城人融合样板区、高品质生活宜居区。

(二)推进产业固本强基,全力建设现代化经济体系

构建产业集聚新生态。强化科技创新重要支撑作用,抢占数字产业化制高点,全力推进未来科学城特色产业集聚发展,全力建设全省数字经济创新引领核心区,加快推动云上江西数字经济产业园、中国电信南昌数字科技园等重点项目落地,力争规上数字经济核心产业企业突破70家、营业收入突破100亿元。大力引进公募基金、消费金融、信用评级等机构和重点项目,进一步完善金融服务链,力争金融机构和企业总数达到1330家,力争新增1家上市企业、1家新三板创新层企业和2家股改企业。积极培育跨境电商等新零售,全面发展文化消费、数字消费等新型消费模式。聚焦高端专业服务业能级提升,加快打造一批综合性、特色型高端专业服务楼宇,重点培育一批亿元楼和十亿元楼,推动国际国内知名服务机构落户聚集。持续举办中国米粉节等大型会展活动,积极打造中部会展名城。

提升产业发展强韧性。落实产业链“链长制”工作方案,围绕数字经济、高端智能制造、未来通信、未来智造、未来健康等现代产业,构建“链主企业+骨干企业+高成长企业”的产业生态,加速形成百亿级、千亿级产业链群。高标准启动建设416亩的高端智能智造产业园,奋力打造国内领先、国际一流、示范引领的产城融合、智能制造先进园区。在全省率先启动建设人工智能计算中心,推动省级北斗数据中心、联东U谷工业产业园、网易数字科技产业园等一批示范性项目落地见效。“一链一策”制定重点产业链三年行动计划,培育对产业有较强影响力、集成能力和带动作用的“链主”企业,支持由“链主”企业牵头培育引入市场化服务机构、协同产业链上下游资源开展关键核心技术攻关、主导或参与行业标准制定。绘制产业链招商地图,聚焦“补链、强链、延链”重点环节开展“精准招商”。

(三)推进内需提质扩容,全力服务构建新发展格局

加快释放消费潜力。持续推动现代旅游商贸发展,打造一流商圈,支持构建以华润万象城、万达广场、T16购物中心为核心的一流商圈,积极培育印象城、杉杉奥特莱斯等一批特色购物中心,加快推进欧罗巴年轻力中心、世贸APM商业中心、地铁大厦天虹购物中心等一批商业综合体招商运营,大力打造凤凰洲文化商圈,全力争创全国示范性智慧商圈、智慧商店。三年统筹各类促销资金不少于4000万元,持续举办“乐购红谷·悦享生活”等系列惠民促销活动,全面释放消费潜力。持续举办书画展、舞台表演、音乐节等系列品牌活动,大力支持跨境电商、电商主播、乡村物流发展。

持续扩大有效投资。加快推进重点项目“攻城拔寨”行动,全力推进250多个重大重点项目建设、总投资超2500亿元,年度计划投资超500亿元。积极争取上级资金谋划未来科学城等一批项目,力争超15亿元。全力抓好已审核通过的7个专项债项目、投资总额49.8亿元。切实做好2023年排水及保障性安居工程领域中央资金项目5个,总投资15.05亿元的谋划申报工作。加快启动南昌市长洲鑫远中心项目、江山云著等150个左右项目开工,积极力促国家职业教育虚拟仿真示范实训基地等50个左右项目竣工,加速推进平安国际金融中心、海康威视南昌科技园等50个左右项目建设。紧盯六大产业主攻方向,积极招引一批市场发展空间大的优质项目,加快落地江西金控数字金融创新园、江苏赛兴专精特新产业园等一批标志性、引领性大企业大集团大项目,力争全年新引进项目超65个,总投资额超650亿元,“152”项目数量和投资总额居省市前列。

(四)推进关键领域改革,全力增强发展内生动能

着力打造一流营商环境。深入推进优化营商环境“一号改革工程”,围绕《红谷滩区优化营商环境三年行动方案(2021—2023年)》,进一步细化落实举措,持续深入实施五大专项行动。全面优化审批效率,加快推进“赣政通”2.0平台建设,不断拓展“秒批秒办”“免证办”“网上办”“就近办”服务范围。加快研究构建我区改革落实体系,坚持问题导向高标准谋划营商环境改革方案,探索开展更多原创性改革。聚焦企业全生命周期,优化经常性涉企服务,推动政务服务“一网通办”升级“好办易办”。推进亩均效益⑪改革,建立楼宇经济、产业园亩均效益评价体系,全面优化资源配置,盘活低效土地、闲置厂房。开展暖心护企常态化走访活动。

大力提升对外开放实力。积极融入“一带一路”建设,对标对表中部省会城市中心城区、沿海发达城市先进城区、杭州市钱塘区等“参照城市”,提升投资贸易自由化、便利化水平,奋力打造国际化现代大都市。高规格办好世界VR产业大会,高质量举办未来科学城、九龙湖片区等专场招商推介会,持续加强与粤港澳大湾区、广东七市、丰城市等交流合作,积极参与粤港澳对接会、消博会、中博会等招商推介,持续唱响红谷滩品牌。

聚力培育市场主体活力。深入实施现代农业、先进制造业、科技型企业梯次、房地产建筑企业、商贸流通企业、文旅康养领域、个体工商户等七大培育行动,大力开

展"个转企""小升规""专精特新"小巨人培育行动，建立市场主体全生命周期服务机制，力争新增市场主体突破1.8万户，总量突破8.5万户。全力开展"五上"企业梯次培育攻坚行动，抓住"五经普"工作契机，建立"五上"企业培育库，加大对主导产业龙头企业、成长型企业支持力度，力争净增"五上"企业300家，总量突破1000家。

（五）推进城市品质提升，全面增强区域综合承载力

有序推进城市更新。深化落实"南延西拓"战略部署，切实提高城市规划、建设、管理水平，优化空间布局，拓宽服务功能，提升环境品质。结合群众多元化需求，继续推进城市公园建设，加快中央绿廊城市更新会客厅建设，打造广场舞公园、体育运动公园、儿童娱乐公园等功能性街头绿地。启动三清山大道等南延主干道建设，加快完善明月山大道等5条西部组团路网，打通天城路等7条断头路，持续推进科创大街、龙虎山大道等8条VR科创城路网一期工程，加快建设德兴街等34条安置房、已出让地块周边路网。提升改造梦厚线、庆黄线等11条流湖镇路网，厚田至小洲公路、东园线至正邦产业路等9条厚田乡路网，织密城乡交通路网体系。全力推进沙井街办边防宿舍、卫东街办木材厂宿舍等8个老旧小区提升改造工作。加快建设1000个以上新能源充电桩，打造新能源汽车"1公里充电生态圈"。

提升管理治理能力。加快完善垃圾中转站分类功能，实现全区厨余垃圾处理设施全覆盖。积极创建"打造全国生活垃圾分类示范区"样板，巩固深化"厕所革命"。深化推广加装电梯，探索创新特种设备安全治理。加强食品药品安全监管，拓展"信用风险分类＋双随机"监管模式。积极打造"红谷滩社会防控品牌"，坚决守住不发生重特大事故的底线。开展城市环境综合整治八大行动，重点整治违法建筑、围挡围墙等城市顽疾，深化推进"马路本色"行动，巩固创建文明城市成果。探索建立老旧小区的物业管理及居民自治长效机制。编制涵盖污水管网、燃气专项、城市家具等城市管理专项规划。试点打造2条以上城市家具示范路。持续建设"物管城市"，启动组建智慧燃气监管平台。

系统推进生态建设。聚焦创建国家生态文明建设示范区目标，深入打好蓝天、碧水、净土保卫战。加快健全碳达峰碳中和工作体系，持续推进"四尘""三烟""三气"⑫精细管控，确保空气优良率、PM2.5浓度、臭氧浓度等核心指标持续向好。加强自然生态保护，以"山水林天湖草"综合保护修护为导向，加强重点生态保护和修护。加强环城污染防治，推动绿色低碳循环发展、重点行业绿色化改造。扎实推进前湖、乌沙河等水系综合治理，深入开展赣江沿线排口综合整治行动，加快启动实施九龙湖污水处理厂整治工程。大力开展施工扬尘、餐饮油烟等专项治理活动，不断改善空气质量。

（六）推进共同富裕取得进展，全面提升民生保障水平

扎实推进乡村振兴。深入推进"两整治一提升"⑬行动，大力完善基础设施，完成19个村点建设；计划投资7亿元启动63个农村水利基础设施提升改造项目；投资4500万元推动1.5万亩的高标准农田改造，夯实粮食生产根基；投资1000万元，加快建设农村污水处理工程；投资9000万元，打造1个乡村振兴示范村、18个共同富裕样板村示范点。加快出台农业产业发展专项政策，支持厚田沙漠、金燕温泉等特色产业做优做强，支持发展壮大新型农村集体经济，村集体经济年收入最低力争达到35万元以上。大力发展都市农业、休闲农业、观光农业，积极打造厚田乡以休闲为主的特色小镇，深度推进三产融合发展。

稳步提高社会保障水平。加大困难群众基本生活保障和临时救助力度，织密织牢基本民生兜底保障网。深入推进"百场校招"活动，积极筹划与5所高校合作建立"赣才归巢"人才工作站，全力提供2万个就业岗位，力争新增留区就业大学生6000人、职业技能培训4000人、转移农村劳动力550人。用好社会保障金，维护被征地农民利益。推动社保服务"一窗受理、一网通办"，打造区劳动者权益保障一站式服务中心。全面落实退役军人服务保障工作，不断巩固军政军民团结，推动100—300人退役军人服务站示范型创建工作，配齐配强村社区退役军人服务专干，出台专干管理办法。全力办好民生实事，将筛选出来的12件民生实事候选项目圆满完成。

全力促进公共服务均衡。聚焦教育强区建设，加速推进凤凰俊彩小学、西客站学校完工开学，加快红谷南大道学校、石钟山路学校等4所学校开工建设，启动红谷一小等12所学校新改扩建工程，积极推动3所幼儿园装修开园。纵深推进"南昌市智慧教育示范区"建设，探索实施义务教育学校积分入学制度，提升合作办学和集团化办学水平，努力实现优质教育资源均衡发展。强化校外培训机构监管，促进校内课后服务提质增效，持续巩固"双减"⑭工作成效。加快推进3个国家级区域医疗中心、省疾控中心、南昌大学附属第一医院九龙湖分院、区公共卫生服务中心等重大医疗项目建设，加快推进南昌市第一医院九龙湖分院、南昌市急救中心九龙湖分院建成开院。健全三级公共文化服务网络，新增4个孺子书房，完善区级公共文化场馆，加快便民文化设施建设。

切实维护社会安全稳定。定期组织各类突发事件应急演练，加强公卫人才培养、检验设备更新和实验室建设，提升应急处置能力，构建"科学有效、功能完善"的公共卫生防控体系。聚焦建立大安全大应急框架，健全完善公共安全体系，加大违法犯罪活动打击力度，常态化开展扫黑除恶斗争，扎实做好省、市行政中心等核心区域、重点部位防范处置工作。积极推进平安红谷滩建设，持续健全房地产市场平稳健康发展长效机制。全面推进质

量强区建设，深入开展食品安全专项整治行动，积极申报南昌市食品安全治理示范县区。持续开展非法集资监测预警、风险处置，不断提高重大金融风险防范化解能力高度重视民族宗教工作、军民融合工作、妇儿工委和青年工作，关心下一代成长，发挥红十字会、科协、工会等职能作用，共同维护社会稳定。

名词解释：

1.“三公一大”：公安、工信、公卫大数据的资源力量协同配合。

2.“五上企业”：规模以上工业企业、限额以上批零住餐企业、有资质的建筑业企业、房地产开发经营企业、规模以上服务业企业。

3.“专精特新”中小企业：指具备专业化、精细化、特色化、新颖化特征的中小企业。

4.“瞪羚（潜在）企业”：指跨越死亡谷、进入高速成长期的创新创业企业，认定需同时满足增长率与创新能力两个条件。

5.“152”项目：投资额为100亿元、50亿元、20亿元以上的重大重点产业项目。

6.“物管城市”：指以街道为范围，将环卫、绿化等所有城市管理业务“统一发包”给专业物业管理企业。

7.“马路本色”行动：指在严控区、控制区、一般区全面开展马路冲洗、人行道洗刷、机动快速保洁，从一把扫帚扫到底转变为全方位、全覆盖的机械化清扫、冲洗、保洁。配齐设备人员，全面提升机械化作业程度，达到道路无泥沙、灰尘、标线清晰，人行道无灰沙油渍污染，显现本色。

8.“一住两公”地块：指土地使用性质变更为住宅居住用地、公共管理和公共服务设施用地。

9.“四化”“八有”标准：“四化”指道路硬化、村庄绿化、污水净化、路灯亮化。“八有”指要有村庄建设规划、要有农村颐养中心、要有文体活动广场、要有公共卫生厕所、要有污水处理措施、要有农业特色产业、要有长效保护机制、要有乡村治理机制。

10.“一城九园”：指以VR科创城为核心，推进慧谷产业园、用友产业园、VR产业基地、美翻跨境电商产业园、仟得流量产业园、南昌游戏产业园、物联网产业园、盈创新经济产业园、华南城电子商务产业园等9个园区建设，形成虚拟现实、软件研发、游戏文娱、物联网、跨境电商、大数据6个特色产业集群，充分利用闲置楼宇资源打造多个亿元数字经济产业楼宇。

11.“亩均效益”：每亩用地产生的税收、营业收入等综合效益。

12.“四尘”“三烟”“三气”：“四尘”指建筑工地、道路、运输、堆场扬尘；“三烟”指餐饮油烟、烧烤油烟、垃圾焚烧浓烟；“三气”指工业企业废气、机动车尾气、燃煤锅炉废气。

13.“两整治一提升”：农村人居环境整治、农村路域环境整治、农业特色产业提升。

14.“双减”：有效减轻义务教育阶段学生过重作业负担和校外培训负担。

关于红谷滩区2022年全区和区级财政预算执行情况与2023年全区和区级财政预算草案的报告

——在红谷滩区第一届人民代表大会第三次会议上

红谷滩区财政局局长　刘　峰

（2023年1月6日）

一、2022年财政预算执行情况

2022年是党的二十大胜利召开的喜庆之年，在这一年里，面对错综复杂的经济社会发展形势和新冠疫情冲击，在区委的坚强领导下，在区人大、区政协的监督支持下，全区财政工作牢牢把握“稳住、进好、调优”原则，充分发挥财政的职能作用，全力应对风险挑战，扎实有效开展各项工作，为全区经济社会高质量发展提供了有力的财政支撑。

（一）全区预算执行情况

1. 一般公共预算收支

（1）一般公共预算收入

2022年全区财政总收入完成82.99亿元（剔除减税降费因素后完成106.1亿元），同口径增长1.2%（同比下降20.9%），税占比80.2%。

2022年全区一般公共预算收入完成33.73亿元，完成调整预算数的100.3%，同口径增长5.6%（同比下降

1.4%)，税占比53.8%。一般公共预算收入完成情况是：

税收收入完成18.27亿元，受新冠疫情、房地产市场下行以及减税降费叠加影响，下降29.6%。主要税种完成情况：增值税完成1.53亿元，下降69.3%，主要是增值税留抵退税减收；企业所得税完成4.86亿元，下降15.8%；个人所得税完成1.13亿元，下降9.3%；房产税完成1.52亿元，增长7%；土地增值税完成3.01亿元，下降48.4%，主要是房地产项目清算收入减少；契税完成4.16亿元，下降9%，主要是土地交易下滑。

非税收入完成15.46亿元，增长86.9%，主要是提升资产盘活利用效率，非税占比为46.2%。其中，专项收入完成0.31亿元，行政事业性收费收入完成0.26亿元，罚没收入完成0.83亿元，国有资产有偿使用收入完成14亿元，政府住房基金收入完成538万元。

(2)一般公共预算支出

2022年全区一般公共预算支出完成81.54亿元，完成调整预算数的100%，同比增长128.9%，增长原因主要为：从政府性基金预算调入支出37.76亿元，剔除调入影响同比增长21.7%。支出项目情况是：

一般公共服务支出5.87亿元，同比增长24.5%；国防支出721万元，净增加；公共安全支出3.48亿元，增长44.3%；教育支出7.94亿元，增长19.9%；科学技术支出0.87亿元，增长92%；文化旅游体育与传媒支出0.22亿元，增长100.5%；社会保障和就业支出4.04亿元，增长56.3%；卫生健康支出5.09亿元，增长149.3%；节能环保支出1.19亿元，增长30.8%；城乡社区事务支出44.48亿元，增长345.1%；农林水事务支出0.7亿元，增长90.1%；交通运输支出0.25亿元，增长459.6%；资源勘探工业信息等支出2.76亿元，增长2.7%；商业服务业等支出0.96亿元，增长112.6%；金融支出370万元，增长219%；自然资源海洋气象等支出762万元，增长40.9%；住房保障支出2.3亿元，增长81.4%；灾害防治及应急管理支出0.62亿元，增长75.7%；其他支出136万元，下降79%；债务付息支出0.57亿元，增长20%；债务发行支出26万元，下降3.7%。

(3)一般公共预算平衡情况

根据现行财政体制初步计算，2022年全区地方一般公共预算收入33.73亿元，加上上级补助收入15.89亿元，地方政府一般债务转贷收入2.95亿元，动用预算稳定调节基金37.7亿元，上年结余0.37亿元，收入总计90.64亿元。

2022年全区地方一般公共预算支出81.54亿元，加上上解上级支出4.52亿元，地方政府一般债务还本支出2.97亿元，支出总计89.03亿元。收支相抵，年终结余1.61亿元，全部为结转下年支出。

2. 政府性基金收支执行情况

(1)收入情况：2022年全区政府性基金收入完成13.47亿元，完成调整预算数的100%。其中，上级补助收入3.96亿元，地方政府专项债务转贷收入9.23亿元，上年结余0.28亿元。

(2)支出情况：2022年全区政府性基金支出完成13.39亿元，完成调整预算数的100%。其中，地方政府专项债券支出9.23亿元，本级基金支出4.16亿元。

(3)平衡情况：收支相抵，年终结余0.08亿元。

3. 社会保险基金收支执行情况

(1)收入情况：2022年社会保险基金收入完成0.51亿元。其中，保险费收入0.39亿元，转移收入0.03亿元，财政补贴收入0.07亿元，利息收入0.02亿元。

(2)支出情况：2022年社会保险基金支出完成0.42亿元。其中，城乡居民基本养老保险基金支出0.02亿元，机关事业单位基本养老保险基金支出0.4亿元。

(3)平衡情况：2022年当年收支结余0.09亿元，年末滚存结余1.26亿元。

4. 国有资本经营预算执行情况

2022年国有资本经营预算收入完成67万元。其中，上年结转41万元，上级转移收入26万元；2022年国有资本经营预算支出完成12万元，全部用于国有企业退休人员社会化管理补助；年终结余55万元。

5. 其他

一是预备费。2022年区级预备费年初安排1亿元，已全部使用，用于应对新冠肺炎疫情产生的防疫支出。

二是地方政府债务情况。

(1)债务限额：2022年末，我区政府债务限额为58.55亿元(一般债券22.18亿元，专项债券36.37亿元)。在批准的限额内，当年新增发行政府债券12.18亿元。其中，新增专项债券9.23亿元，再融资一般债券2.95亿元。

(2)债务余额：2022年末，我区政府债务余额为40.53亿元。其中，一般债务15.15亿元，占37.4%；专项债务25.38亿元，占62.6%。

(3)支出情况：2022年，我区新增政府专项债券9.23亿元，用于我区职业教育基础设施建设8亿元，占比86.7%；用于养老事业投入1亿元，占比10.8%；用于棚改安置房建设0.23亿元，占比2.5%。新增再融资一般债券2.95亿元，用于偿还一般债券本金。

(4)地方政府债务还本付息情况：2022年，我区偿还政府债务本金2.97亿元，全部为一般债务还本；支付地方政府债务利息1.23亿元，其中一般债务利息0.57万元，专项债务利息0.66万元。

以上是全区2022年财政预算执行情况，年度决算编制完成后还会有少许变动，待决算编制完成经市财政批复后，再向区人大常委会详细报告。

(二)2022年全区财政工作情况

2022年以来，财政部门认真落实区人大一届二次会议的相关决议，紧紧围绕“疫情要防住、经济要稳住、发展要安全”的重要要求，扎实做好“稳增长、防风险、保稳定、惠民生”各项工作，为彰显首府首区担当贡献财政力量。

1. 积极作为稳收入

今年以来，财政部门积极应对减税降费、新冠疫情防控、土地市场不及预期等减收因素，按照“经济要稳住、发展要安全”的要求，主动作为，努力稳住财政收支大盘，强化财政围绕中心、保障大局的基础作用。一是积极组织收入。在全面落实新增大规模留抵退税政策的基础上，把稳增长放在更加突出的位置，奋力实现一般公共预算收入的企稳回升，全年一般公共预算收入剔除留抵退税因素增长5.6%。二是积极争取上级专项资金。全面梳理省市专项资金支持政策，推动向上争取资金，全区共获得相关上级补助资金15.89亿元。三是积极争取债券资金。高位推动、精心谋划、多方争取，加强政府专项债申报工作，争取债券资金12.18亿元，其中，再融资一般债券2.95亿元、新增专项债券9.23亿元，在保障性住房、社会养老等领域实现债券发行“零突破”，有力的保障了全区重点项目建设。

2. 千方百计保民生

持续保障和改善基本民生，擦亮“幸福江西”民生底色，2022年我区民生支出达到68.52亿元，占一般公共预算支出比重达84%。按照“疫情要防住”的要求，全力保障疫情防控资金，卫生健康支出5.09亿元，同比增长149.3%；坚持就业优先，通过加大补贴力度、缓缴社保费等多项举措，持续加大对重点群体就业创业扶持力度；强化社会保障，积极应对厚田乡和流湖镇划入后新增困难群体的资金需求，稳步提升城乡低保、特困供养人群保障标准，社会保障和就业支出达到4.04亿元，同比增长56.3%；增加科技投入，科学技术支出0.87亿元，同比增长92%；积极推进乡村振兴和“两整治一提升”，农林水支出0.7亿元，同比增长90.1%；加大教育投入，全区教育支出7.94亿元，同比增长19.9%，确保完成“两个只增不减”目标；改善住房条件，支持推进公租房保障、老旧小区改造等，累计拨付相关资金2亿元；全力保障民生实事项目资金需求，全区10个民生实事项目足额安排预算，做到资金随项目进度及时拨付。

3. 统筹谋划保重点

坚持政府过紧日子、节用裕民，不断增强财政保障能力。牢固树立过紧日子思想，把严把紧预算安排和支出关口，持续压减非重点非刚性支出，努力降低行政运行成本；强化重点领域资金保障，全力保障重大重点项目，确保赣江北大道下穿赣江大桥项目等重点项目建设；优化财政投资评审工作，不断提升资金效益，全年完成评审项目173个，核减金额6.23亿元，有效节省了财政资金。

4. 聚精会神促发展

充分发挥财政政策导向作用，提升政策效能，全力助企纾困稳经济大盘。一是积极推动组合式税费支持政策落实落地，我区减税降费总额23.1亿元，占全市减税降费规模的19.8%，为企业输送真金白银。二是强化惠企政策扶持，及时兑现各类产业政策，全年共兑现产业扶持资金2.95亿元，其中通过省级惠企平台兑现2.12亿元，惠及企业731户；实施“财园信贷通”贷款利率优惠政策，全年放贷总额1亿元，惠及中小微企业36户。三是积极保市场主体，不折不扣落实房租减免、切实降低服务业小微企业、个体工商户经营成本，释放经济活力，已落实申报减免租金0.27亿元。四是发挥政府采购的政策功能，支持中小企业发展，通过加强采购需求管理、落实预留采购份额、价格评审优惠、优先采购等措施，提高中小企业在政府采购中的参与度，支持中小企业发展。2022年红谷滩区政府采购金额4.57亿元，全部面向中小微企业采购。

5. 蹄疾步稳推改革

一是深化预算管理改革。为进一步深化预算管理制度改革提供信息化支撑，通过运行中强服务、管理中促安全、高效中树形象的“三步走”形式，实现预算一体化系统从上线时的“能用”向“好用”转变，不断完善从项目立项、预算编制和批复、资金申请、资金拨付到项目结算的全过程管理。二是全面推进预算绩效管理工作。一方面以绩效目标为基础，全区各部门对2022年度所有项目开展自评，包括部门整体绩效自评和项目支出绩效自评，进一步提升部门绩效管理意识。另一方面选取部分社会关注度高、涉及面广、金额较大的10个重大项目支出和10个重点部门整体支出开展重点绩效评价。三是推进我区国企改革。制定了《红谷滩区区属国有企业综合考核实施方案》《红谷滩区国资国企改革创新攻坚行动实施方案(2022—2024)》推动国有企业转型升级，加强资金保障，促进国有企业改革发展。四是全力推进综合治税工作，加强与税务核各职能部门的联动，核定属地收入基数，从而调动属地综合治税积极性，充分发挥综合治税专班作用，在区直相关单位开展广泛宣传，增强各单位综合治税积极性；牵头开展基建项目税收情况摸排、区重点纳税企业走访、土地契税清缴、土地增值税清算等工作，全面掌握企业迁入迁出情况，我区综合治税工作取得明显成效。

6. 防控风险保安全

牢固树立风险意识，统筹考虑安全与发展关系，推动地方财政可持续运行。有效规范化解政府性债务风险，在全面摸清隐性债务底数的基础上，稳妥化解债务存量，当年化解隐性债务8.5亿元，化解率101%，坚决遏制债务增量，力争超额完成累计化债进度；坚决兜住“三保”底线，按照上级要求，强化“三保”预算审核，设立“三保”

资金财政专户，库款优先保障“三保”支出。完善基层财务管理制度建设，开展加强基层财务管理“五个一”专项行动，增强基层财务人员政治素养和业务能力，着力防范基层财务管理风险。

2022 年全区财政工作取得的成绩是区委、区政府坚强领导、科学决策的结果，是区人大依法监督和区政协民主监督的结果，是全区上下坚定自信、砥砺奋斗的结果。同时我们也清醒地看到当前财政运行面临前所未有的问题和困难，主要是：税收形势严峻，收入质量不高，经济发展不确定性依然存在，产业结构单一，财政增收基础不稳；支出结构有待进一步优化，财政资源统筹力度需要进一步加强；防范化解隐性债务风险压力仍然较大，财政可持续性有待提升；财政收支矛盾日益显现，财政紧平衡成为常态。对此，我们将坚持问题导向，认真研究，强化举措，积极解决。

二、2023 年财政工作思路和财政总预算草案

2023 年是全面贯彻党的二十大精神开局之年，做好财政工作责任重大、意义重大。2023 年财政工作的指导思想是：坚持以习近平新时代中国特色社会主义思想为指导，全面学习、全面把握、全面贯彻党的二十大精神，深入贯彻习近平总书记视察江西重要讲话精神，认真落实中央和省、市、区经济工作会议要求，紧紧围绕区委、区政府决策部署，更好统筹经济发展和金融安全，全面深化改革开放，大力促进我区市场主体发展壮大。加强财政资源统筹，提升对区委、区政府重大决策部署的保障能力，集中财力办大事；完善零基预算管理，打破支出固化格局，优化支出结构，保障“三保”等重点支出的优先顺序。为充分彰显首府首区担当，促进我区经济社会各项事业高质量跨越式发展提供更加坚实的财政支撑。

（一）2023 年预算安排的主要原则

一是以收定支，科学安排。收入预算实事求是、科学预测，与经济社会发展相适应，与财政政策相衔接，充分考虑减税降费政策等因素影响。支出预算安排要坚持统筹兼顾，持续优化支出结构。

二是有保有压，过紧日子。牢固树立过紧日子思想，在预算编制中始终厉行勤俭节约，大力压减低效无效支出和非刚性、非重点项目，集中财力办大事。落实预算法定原则，严禁无预算超预算支出。

三是保障重点，推动发展。紧扣全方位推进高质量跨越式发展要求和区委区政府中心工作任务，加强对重大战略、重要任务、重点改革财力保障，加大产业扶持、科技创新、城市建管、乡村振兴、绿色发展、改善民生等重点领域支持力度。

四是改革创新，提质增效。持续深化零基预算改革，深入推进预算管理一体化建设，着力规范项目支出预算，加快支出标准体系建设，深入实施全面预算绩效管理，注重绩效评价结果运用，不断提高财政资源配置效率和使用效益。

五是强化管理，防范风险。强化政府债务管理，树牢安全发展理念，抓实化解地方政府隐性债务风险工作。确保我区财政平稳运行，坚决兜住“三保”底线。

（二）全区预算安排情况

1. 一般预算安排情况

2023 年全区地方一般公共预算收入拟安排 35.93 亿元，增长 6.5%。其中，税务部门拟安排 29.83 亿元，比 2022 年执行数增长 63.2%；财政部门拟安排 6.1 亿元，比 2022 年执行数下降 60.5%。

根据收入预算和现行财政体制初步测算，2023 年全区一般公共预算收入 35.93 亿元，加上返还性收入 7.53 亿元、一般转移支付收入 3.11 亿元，动用预算稳定调节基金 15 亿元，上年结余 1.61 亿元，减去上解上级支出 4.36 亿元，可用财力预计 58.82 亿元。

根据收支平衡原则，2023 年全区一般公共预算支出拟安排 58.55 亿元，其中，人员支出安排 13.25 亿元，公用经费安排 2.18 亿元，项目类资金安排 43.12 亿元。

基本支出 15.51 亿元，较 2022 年预算数增加 3.32 亿元；其中，人员工资福利支出 13.25 亿元，较 2022 年预算数增加 3.1 亿元，主要是行政区域调整人员划转及新招入人员增加 721 人，按照上级文件要求将长期聘用人员支出 1.4 亿元放入其他人员支出安排；基本公用支出 2.18 亿元，较 2022 年预算数增加 0.13 亿元，主要是因人员增加，保障基本公用支出。

项目支出 43.12 亿元，主要支出项目有：一是一以贯之兜底运转经费，安排 6.96 亿元。确保行政事业单位开展正常工作无后顾之忧，坚持将财力向基层倾斜，安排各预算单位工作开展经费 5.8 亿元，安排社区干部人员经费 1.16 亿元。二是不遗余力扶持产业发展，安排 6.1 亿元。将发展的抓手放在扶持产业上，充分发挥区位优势推动优势主导产业做大做强做优。大力促进文旅、商贸消费体制扩容，安排文旅展发展专项 0.38 亿元、商贸发展专项 0.69 亿元；大力支持实施数字经济“一号工程”，安排数字经济和 VR 产业发展专项 3.86 亿元；大力促进红谷滩经济楼宇经济发展，安排楼宇经济扶持专项 0.56 亿元；大力推动企业上市，安排“映山红行动”扶持专项 0.31 亿元；大力发展金融行业，安排金融商务区扶持专项 0.3 亿元。三是持之以恒推进乡村振兴，安排 1.52 亿元。促进农村产业发展，安排产业专项 0.57 亿元；改善农村人居环境，安排“两整治一提升”等专项 0.65 亿元；完善农村基础设施，安排农村公路建设资金 0.3 亿元。四是千方百计增进民生福祉，共享经济发展带来的红利，不断提高人民群众的获得感、幸福感和满意度，安排 3.28 亿元。教育投入稳定增长，安排校舍提升改造和教育质量提升等专项 1.2 亿元；提升卫生健康服务水平，安排医疗、基本公卫服务能力提升、疫情防控等专项 1.4 亿元；关爱社会弱势群体，安排困难群众救助资金0.31亿元、安排养老服务工作经费0.37亿元。五是竭尽全力提升城市功能品质，安排专项资金10.03亿元。保持城市整洁，安排“三合一”等养护专项2.58亿元、污水处理专项1亿元、文明卫生城市创建专项0.5亿元；促进城市绿化，安排道路、园林等绿化专项1.57亿元；增加城市亮度，安排城市亮化专项0.56亿元；持续完善基础设施，安排城市基础设施建设专项3.8亿元。

一般公共预算收支扎差后，结余0.27亿元。

2. 政府性基金预算安排情况

2023年全区政府性基金预算收入拟安排本级政府性基金收入0.5亿元，上级补助收入45亿元，上年结余0.08亿元，政府性基金可用财力预计45.58亿元。

2023年全区政府性基金预算支出拟安排44.98亿元。支出安排情况是：拟安排国有土地使用权出让收入安排的支出44.7亿元，主要用于：征地拆迁及城市基础设施建设38.35亿元、社会事业5.89亿元；专项债付息0.28亿元。债务还本支出0.18亿元。

政府性基金扎差后结余0.42亿元。

3. 社会保险基金预算安排情况

2023年全区社会保险基金预算收入拟安排1.03亿元，其中：保险费收入0.65亿元，财政补贴收入0.32亿元，利息收入0.03亿元，转移收入0.03亿元。

2023年全区社会保险基金预算支出拟安排0.73亿元，其中，机关事业单位基本养老保险基金支出拟安排0.46亿元，城乡居民基本养老保险基金支出拟安排0.27亿元。

当年结余0.3亿元，累计结余1.56亿元。

4. 全区国有资本经营预算安排情况

2023年全区国有资本经营预算收入拟安排81万元，其中上级补助收入26万元，上年结余55万元；2023年全区国有资本经营预算支出拟安排81万元，全部用于国有企业退休人员社会化管理补助支出。

（三）重点审议单位区教体局部门预算情况

1. 一般公共预算收支

（1）收入预算。2023年共安排部门收入预算总额为10.12亿元，其中区教体局本级收入预算1.31亿元，下属学校、幼儿园收入预算8.81亿元。收入总额包括区财政拨款（补助）收入9.77亿元，上级补助收入0.35亿元。

（2）支出预算。2023年部门支出预算总额为10.12亿元，区财政拨款（补助）收入安排的支出9.77亿元，上级补助收入安排的支出0.35亿元。按支出项目类别划分：基本支出8.68亿元，占支出预算总额的85.8%；项目支出1.44亿元，占支出预算总额的14.2%。

按支出功能科目划分：教育支出7.62亿元，占支出预算总额的75.25%；文化旅游体育与传媒支出800万元，占支出预算总额的0.79%；社会保障和就业支出1.17亿元，占支出预算总额的11.54%；卫生健康支出0.68亿元，占支出预算总额的6.71%，住房保障支出0.58亿元，占支出预算总额的5.71%；

按支出经济分类划分：工资福利支出7.24亿元，占支出预算总额的71.54%；商品和服务支出2.63亿元，占支出预算总额的26.0%；对个人和家庭的补助0.25亿元，占支出预算总额的2.46%；

2. 基金预算收支

（1）收入预算：2023年共安排部门收入预算总额为5.89亿元，全部为区教体局本级收入，均为区财政拨款（补助）收入。

（2）支出预算。2023年部门支出预算总额为5.89亿元，全部为区财政拨款（补助）收入安排的支出。具体支出项目是：西客站学校0.79亿元；凤凰俊彩小学0.26亿元；阁皂山大道学校300万元；石钟山路学校0.7亿元；红谷南大道学校0.76亿元；VR科创城学校250万元；南昌市育新学校九龙湖新城分校改建0.18亿元；红谷一小三期500万元；前湖小学二期500万元；特殊教育学校0.3亿元；万达文化旅游城学校建设2亿元；红谷滩区智慧教育建设项目0.6亿元；南大附中红谷滩分校改建0.15亿元。

三、2023年财政工作重点

2023年区财政部门将深入贯彻党的二十大精神，紧紧围绕区委、区政府的决策部署，坚持稳字当头、稳中求进，坚决扛起财政部门责任，铆足干劲，奋力拼搏，认真做好各项工作。

（一）强化开源增收，夯实基础，确保完成全年收支任务。

充分调动各方积极性，全力做好开源文章，夯实“稳”财力基础，进一步提升财政围绕中心保障大局的水平。一是向优质税源要增量。大力支持我区企业发展，将产业提质增效落脚到培育优质税源上来，更加注重优质税源的培育，夯实财政收入高质量增长的基础，增强可持续发展的后劲。二是向体制机制要增量。充分利用未来科学城的开发建设，争取省市财政体制支持；进一步理顺区与乡镇街道的财政分配关系，充分调动乡镇街道发展经济的积极性和主动性。三是向土地出让要增量。根据我区产业规划，抢抓土地出让关键环节，实现土地出让收入恢复提升，加强与市财政局对接，争取土地资金能更快返还到我区，实施片区综合开发，把建设、运营跟土地出让结合起来，以小投入撬动片区大发展。

（二）优化支出结构，聚焦民生，有效保障重点领域。

围绕区委、区政府的中心工作，进一步优化支出结构，推动城市建设和民生事业的迭代升级，不断满足人民群众对美好生活的需要。一是全力保障公共服务。持续加大民生投入，力争一般公共预算支出80%以上用于民生，围绕促均衡、兜底线、创特色，不断提高人民群众的获得感和幸福感。坚持把教育当作第一民生，持续唱响红谷滩教育品牌，做好学校校建资金保障工作；全力打造健康红谷滩，加快推进国家及区域医疗中心建设，推动优秀医疗机构落户红谷滩，加大社区医疗资源投入，促进基本公共卫生服务均等化；持续深化乡村振兴战略，借助区划调整带来的规划优势，推进现代农业、美丽乡村建设。二是全力推动城市发展。推进城市基础设施建设，做好政府投资工程资金保障，特别是民生实事项目资金保障；推进城市环境面貌改善，支持老旧小区改造，创建安居乐业的生活环境。三是做好民生实事资金保障。2023 年我区民生实事建议项目共 16 个，为使项目能顺利推进，安排财政预算资金 4.9 亿元全力保障项目建设。四是政府进一步过紧日子。全区各行政事业单位不折不扣落实区委、区政府关于进一步厉行节约坚持过紧日子的要求，严格执行经费开支标准，严控“三公”经费和会议费、培训费，进一步降低行政成本，加强资产配置使用管理，腾出更多的财力用于保障重点支出。

（三）深化改革赋能，重视管理，提升财政效能。

一是规范预算管理。以系统观念和系统方法统筹好收入与支出、政策与资金、发展与安全等重大关系，持续深化财政资源配置改革，不断提高财政现代化治理水平。二是进一步优化预算管理。严格执行《预算法》及其实施条例核省市关于预算管理的相关要求，进一步完善预算编制、预算调整、预算执行和预决算公开等方面的体制机制，不断推进预算管理规范化、科学化。三是继续完善预算管理一体化系统。通过预算管理一体化系统，加强全口径部门预算全过程管理，完善项目库建设，加强政府投资项目联动审核，提高预算编制的科学性、准确性和前瞻性。四是完善政府采购监管机制。推动公共资源交易系统中非招标采购方式全流程电子化建设，推动完善交易系统电子化管理功能。按照提升营商环境的工作要求，不断完善政府采购制度建设，推进重点公共服务领域购买服务改革。

（四）推进财政运行，安全高效，防范化解财政风险。

坚持完善保平衡、防风险机制，确保财政运行安全可持续。一是防范化解地方政府隐性债务风险。加强对政府投资项目源头管控，完善政府投资项目资金来源落实和风险评估工作；积极主动化解隐性债务，确保偿债资金“真金白银”地筹措到位；持续推进债务重组工作，降低财务成本，缓解还本付息压力。二是防范国企风险。进一步深化国企改革，通过进一步盘活存量资产、提升国有企业资产质量等多种方式，推动国企发展壮大。三是完善监管机制。强化财政监督，建立健全以政府财政监督为主导的体系框架，推动财政监督与人大监督、审计监督有机贯通、相互协调。重点加强乡村振兴、卫生健康、教科文体、社会保障、生态环保等社会关注度高的专项资金监管，确保重点民生资金发挥实效。

各位代表，2023 年经济复苏前景仍不明朗，房地产行业反弹力度还需观察，我们面对的情况可能更加复杂，不确定因素和深层次矛盾还将进一步显现，要完成 2023 年的财政收支任务需要付出艰苦努力。为此，我们将在区委的正确领导下，在区人大及其常委会、区政协的监督支持下，深入贯彻党的二十大精神，以习近平新时代中国特色社会主义思想为指导，坚决落实区委、区政府的决策部署，紧密结合新形势新任务新要求，踔厉奋发，勇毅前行，积极践行使命担当，充分发挥职能作用，为完成全区财政收支预算和各项工作任务，为实现红谷滩区高质量发展，全面建设“社会主义现代化红谷滩”贡献更大的财政力量！

名词解释：

预算：指遵循统筹兼顾、勤俭节约、量力而行、讲求绩效和收支平衡的原则编制，经法定程序审核批准的国家年度集中性财政收支计划。政府的全部收入和支出都应当纳入预算，地方各级预算一般不列赤字。

政府预算体系：由一般公共预算、政府性基金预算、国有资本经营预算和社会保险基金预算共同组成。四本预算保持完整、独立并相衔接，全面反映政府收支总量、结构和管理活动。

一般公共预算：对以税收为主体的财政收入，安排用于保障和改善民生、推动经济社会发展、维护国家安全、维持国家机构正常运转等方面的收支预算。

政府性基金预算：对依照法律、行政法规的规定在一定期限内向特定对象征收、收取或者以其他方式筹集的资金，专项用于特定公共事业发展的收支预算。政府性基金预算应当根据基金项目收入情况和实际支出需要，按基金项目编制，做到以收定支。

国有资本经营预算：对国有资本收益作为支出安排的收支预算。国有资本经营预算应当按照收支平衡的原则编制，不列赤字，并安排资金调入一般公共预算。

社会保险基金预算：对社会保险缴款、一般公共预算安排和其他方式筹集的资金，专项用于社会保险的收支预算。社会保险基金预算应当按照统筹层次和社会保险项目分别编制，做到收支平衡。

预算稳定调节基金：指财政通过超收收入和支出预算结余安排的具有储备性质的基金，视预算平衡情况，在安排下年度预算时调入并安排使用，或用于弥补短收年份预算执行的收支缺口。预算稳定调节基金的安排使用接受本级人大及其常委会监督。

一般性转移支付：指上级政府为均衡地区间基本财力，根据下级政府在组织财政收入能力、必要支出需求、各地自然经济和社会条件差异等因素，按照基本标准和计算方法测算，将其无偿转作下级政府收入来源，并由下级政府统筹安排使用的转移支付。

结转资金：指当年预算已执行但工作目标未完成，或者因故未执行，下一年度需要按原用途继续使用的资金。

上解支出：指下级政府按照有关法律法规及财政体制规定，按照一定标准和计算方法测算，上交上级政府，并由上级政府统筹安排的资金。

调入（出）资金：指不同性质资金之间的调入（出）。

预备费：指用于当年预算执行中的自然灾害等突发事件处理增加的支出及其他难以预见的开支。按照新预算法要求，一般公共预算应当按照本级一般公共预算支出额的百分之一至百分之三设置预备费。

部门预算：指与财政部门直接发生预算缴、拨款关系的国家机关、社会团体和其他单位，依据国家有关法律、法规规定及其履行职能的需要编制的本部门年度收支计划。部门预算的实施，严格了预算管理，增加了政府工作的透明度，是防止腐败的重要手段和预防措施之一。

预算绩效管理：指在预算管理中融入绩效理念，将绩效目标设定、绩效跟踪、绩效评价及结果应用纳入预算编制、执行、监督全过程，以提高预算的经济、社会效益为目的的管理活动。预算绩效管理是一种以资金使用绩效为导向的预算管理模式，要求政府部门不断改进服务水平和质量，有效提高财政资金使用效益，并成为实施行政问责制和加强政府效能建设的重要抓手，是政府绩效管理的重要组成部分。

红谷滩区2022年国民经济和社会发展统计公报

2022年，红谷滩区在区委、区政府的坚强领导下，坚持以习近平新时代中国特色社会主义思想为指导，深入学习党的二十大精神，按照省、市决策部署，全面贯彻新发展理念，落实“疫情要防住、经济要稳住、发展要安全”的重要要求，积极推出稳经济的举措，增强市场主体的活力，全区经济社会呈现稳中有进的发展态势。

一、综合

经济总量：初步核算，全年实现生产总值（GDP）802.27亿元，按可比价计算，同比增长3.2%。其中，第一产业增加值10.49亿元，增长3.0%；第二产业增加值85.06亿元，增长5.9%；第三产业增加值706.71亿元，增长2.8%。三次产业结构由2021年的0.2:10.5:89.3调整为2022年的1.3:10.6:88.1。

非公有制经济：全年全区非公有制经济实现增加值415.49亿元，按可比价计算，同比增长0.2%，占生产总值比重为49.8%，比上年下降6.9个百分点。

人均地区生产总值：2022年人均地区生产总值125988元，下降1.2%。

财政收支：全年一般公共预算收入33.73亿元，同比下降1.4%。税收收入18.27亿元，同比下降29.5%；非税收入15.46亿元，同比增长86.9%。

全年地方一般公共预算支出81.54亿元，同比增长128.9%。其中教育支出7.94亿元，增长19.9%；卫生健康支出5.09亿元，增长149.3%；城乡社区事务支出44.48亿元，增长345.1%。

二、农业

全年农业实现总产值17.85亿元，可比增长3.48%，其中农业产值8.55亿元，增长2.5%；林业产值0.22亿元，增长7.1%；牧业产值6.67亿元，增长2.7%；渔业产值1.26亿元，增长4.8%；农林牧渔服务业产值1.13亿元，增长15.0%。

全年粮食播种面积1.477万公顷，蔬菜播种面积0.15万公顷，油料播种面积0.048万公顷；全年粮食产量9.1万吨，其中早稻产量2.56万吨，双季晚稻产量2.64万吨；全年蔬菜产量3.36万吨；油料产量0.1万吨；全年肉类总产量0.66万吨，其中猪肉产量0.42万吨；禽肉产量0.21万吨。生猪年末存栏2.51万头；生猪出栏6.01万头。家禽存笼188.56万羽；家禽出笼152.85万羽。禽蛋产量0.64万吨；全年水产品产量0.42万吨，其中养殖水产品产量0.42万吨。

三、工业和建筑业

全年全部工业增加值0.66亿元，比上年增长3.0%。规模以上工业增加值同比增长5.9%。全年规模以上工业企业营业收入0.44亿元，下降54.7 %；利润总额负0.21亿元，下降118.2%。

全年全区有资质建筑企业132家，实现增加值84.4亿元，比上年增长5.9%。建筑业总产值946.15亿元，增长27.8%；其中建筑工程831.34亿元。

四、固定资产投资

全年500万元以上固定资产投资同比增长2.7%。其中5000万元以上项目投资额下降24.4%；房地产开发投资增长0.4%。

五、国内贸易

消费品市场：全年全区完成社会消费品零售额321.43亿元，同比增长5.2%，其中限额以上零售额完成260.95亿元，增长11.2%。按行业分，批发业实现零售额26.0亿元，下降1.8%；零售业实现零售额270.63亿元，增长5.0%；住宿业实现零售额5.01亿元，下降8.4%；餐饮业实现零售额19.77亿元，增长23.5%。从销售产品结构看，主要产品大类中：书报杂志类零售额

59.4亿元，比上年增长1.2%，占消费品零售总额的18.5%；汽车类零售额102.92亿元，增长13.7%，占消费品零售总额的32.0%。

商品交易市场：全年亿元以上商品交易市场2个，总摊位数4548个，总成交额19.3亿元。

六、重点服务业

全年全区规上服务业单位163家，实现营业收入243.83亿元，同比增长15.6%。从各行业占比来看，道路运输业、电信、广播电视和卫星传输服务、专业技术服务业是全区重点服务业的支柱行业，分别占全行业收入的29.3%、17.4%和14.8%。从各行业发展速度来看，增速排名前列的分别是其他服务业、装卸搬运和仓储业、软件和信息技术服务业，分别增长81.5%、47.0%、42.6%。

七、招商引资和对外经济

招商引资：全年实际利用外资2019万美元。实际利用内资101.33亿元，同比增长8.9%。

对外贸易：全年区内外贸企业出口总额46.65亿元，同比增长26.6%。

八、教育、科技和体育

教育：全区共有区属义务教育学校34所，在校学生57433人，教学班1397个，专职教师3643人。幼儿园(保育院)78所，在园幼儿20572人，教学班813个，专职教师1584人。

科技：全区共有高新技术企业170家，其中新增54家；全区技术合同登记823项，技术合同登记额11.2亿元。

体育：全年投入120万元安装健身路径83套及更换4副篮球架。全力推进凤凰洲体育公园建设，完成红谷滩区青少年足球基地建设并委托第三方运营管理。全年全区经常参加体育锻炼人数(含在校学生)比例达39.5%、人均体育场地设施面积约2.32平方米、国民体质测定达标赛合格以上比例为93.2%，全民健身公共服务水平持续增强。积极开展全区中小学生游泳教育试点、“娃娃学游泳·体彩来买单”免费游泳培训、全区优秀竞技人才“选星计划”选拔等多项体育活动。举办红谷滩区教职工运动会、社区运动会、“红谷滩杯”足球赛等大型体育赛事活动，积极参加省第十六届运动会(社会部)南昌市预选赛等各项体育活动赛事，先后荣获奖项共计20余次。红谷滩区荣获“全省青少年业余训练十强县(市、区)”称号。

九、公共文化和医疗卫生

公共文化：全区公共文化场所239个，人均接收文化场馆及博物馆服务次数总计229.19万人次。建设完成6个孺子书房并免费向公众开放。开展送戏下乡活动100场，送电影下乡638场。组织开展“百馆千万场 服务来共享”系列群众文化活动暨文化进万家、文艺志愿服务活动共计14场。成功举办首届“红谷滩正当红 瑞兔迎春 红谷花开”迎春花市。

医疗卫生：区管各类医疗机构有344家，执业(助理)医师425人，注册护士512人，拥有病床60张。

十、城市建设和环境保护

城市建设：全年共清掏窨井21509座(次)，维修窨井5273座，更换井构件1139套(件)，维修人行道3.33万平方米，维修沥青路面3.22万平方米，维修补栽路沿石5969米，机械疏通下水道2600米，清运余土淤泥1097.8立方米。辖区小街巷维修安装路灯673套。

园林绿化：至年底，区内(建成区)园林绿地面积3427.66公顷，绿化覆盖面积3608.58公顷，城区绿化覆盖率为47.1%。

环境保护：全年PM2.5平均浓度为30.7微克/立方米，同比下降4.4%，环境空气质量优良率87.4%；集中式饮用水水质达标率为100%；辖区内共布设噪声监控点位4个，达标率71.9%。

十一、人口、人民生活和社会保障

人口：年末，全区户籍总人口453229人，其中城镇人口319247人，乡村人口133982人，城镇化率达到70.4%，其中男性229439人，女性223790人。出生人口4903人，其中男性2677人，出生率为10.8‰，死亡人口488人，死亡率为1.1‰，自然增长率为9.7‰。

人民生活：全年全区城镇居民人均可支配收入54721元，比上年增加2315元，同比增长4.4%；农村居民人均可支配收入24164元，增加1359元，增长6.0%。

社会治安：共破获各类刑事案件547起，侦查经济案件33起，暂扣涉案资金480.52万元。

安全生产：全年未发生较大、重大、特大安全事故，发生2起一般安全责任事故，2起事故共造成2人死亡。

城镇就业：全年城镇新增就业人员3703人，就业困难人员实现就业244人，新增转移农村劳动力705人。全年发放创业担保贷款8991万元，直接扶持个人创业272人次。

社会保障：年末城镇职工养老保险参保人数(含机关事业养老保险)52729人，基金征缴2.75亿元；全区基本医疗保险参保总人数251411人，其中城镇职工医保参保16165人，城乡居民医保参保235246人；工伤保险参保人数30089人；失业保险参保人数20980人；城乡居民养老保险参保人数为51509人。城镇居民生活保障最低标准提高到855元/月；年末纳入兜底保障人员5865人，其中特困户299人，低保户5566人；全年发放最低生活保障金2559.48万元，特困人员救助供养213.75万元，临时救助52.3万元。

组织机构及负责人名录

红谷滩新区

符师勇　党工委委员、管委会副主任(任至4月,三级调研员退休)
万晓娟　(女)党工委委员、管委会副主任
邓越峰　党工委委员
黄学观　二级巡视员(4月退休)
吴国清　二级巡视员(1月退休)

区级几大家

中共红谷滩区委

吴江辉　区委书记
刘光荣　区委副书记、区长
万晓娟　(女)区委副书记
邱　胜　区委常委(6月任)、副区长提名人选(6月任)、副区长(8月任)、二级调研员
仇海泉　区委常委、副区长
邓越峰　区委常委、宣传部部长
帅　志　区委常委、区纪委书记、区监委主任
胡　军　区委常委、组织部部长
陈　敏　(女)区委常委、统战部部长
唐　武　区委常委、政法委书记
沈　平　区委常委、区人武部政委

红谷滩区人大常委会

吴韶宸　党组书记、主任
吉　丽　(女)党组副书记、副主任
刘　琴　(女)副主任
汤长才　党组成员、副主任
王瑞芳　(女)党组成员、副主任
余小标　党组成员、副主任
李重苏　党组副书记(任至7月)、三级调研员(6月任)
胡明清　三级调研员(6月任)
刘明华　党组成员(任至7月)、三级调研员(6月任)

红谷滩区人民政府

刘光荣　区委副书记,党组书记、区长
仇海泉　区委常委,党组副书记、副区长
邱　胜　区委常委(6月任),党组成员(7月任)、副区长提名人选(6月任)、副区长(8月任)、二级调研员
杨雨晨　副区长
熊　锋　党组成员、副区长
张莲波　党组成员、副区长
熊　飞　党组成员、副区长
吴梅萍　(女)党组成员、副区长
皮　斌　党组成员、副区长(挂职,1月任)
罗国亮　党组成员、副区长(挂职,5月任)

政协红谷滩区委员会

陶国强　党组书记、主席
陈　敏　(女)党组副书记
邓万清　党组副书记、副主席
刘文皓　副主席
田　艳　(女)副主席
吴一建　副主席
刘国平　副主席
罗贤明　党组成员、副主席
魏小根　党组成员、副主席
喻　玫　(女)二级巡视员(任至3月)
魏菊保　二级调研员(任至10月)
夏国生　二级调研员(任至12月)
罗少琴　(女)三级调研员(6月任)

红谷滩区纪委、区监委

帅　志　区委常委、区纪委书记、区监委主任
肖　璐　(女)区纪委常务副书记(任至10月)
陈　勇　区纪委副书记、区监委副主任
姜昌松子　(女)区纪委副书记、区监委副主任
罗　琴　(女)区纪委副书记(10月任)、区监委副主任(12月任)
刘林峰　区纪委常委、区监委委员(正科级)
叶　剑　区纪委常委、区委巡察办主任(1月任)
邓爱民　区纪委常委、区监委委员
罗　深　区纪委常委
吕　海　区纪委常委、区监委委员
聂寒冰　区监委委员、副科级室主任
陈　佐　区监委委员、派驻纪检监察组组长
罗偲娟　(女)区纪委常委(挂职,7月任)
王小燕　(女)区委第一巡察组正科级巡察专员,派驻纪检监察组组长(10月任)
涂伟玮　(女)派驻纪检监察组组长
熊玉林　派驻纪检监察组组长
刘　辉　派驻纪检监察组组长
刘晓娟　(女)派驻纪检监察组组长
方　建　派驻纪检监察组组长
毛文全　办公室主任(2月任)
苏　丽　(女)副科级室主任(任至1月)
李萍萍　(女)组织部部长(2月任)
熊光耀　第一纪检监察室主任(2月任)

安吴维 第二纪检监察室主任(2月任)
刘 超 第三纪检监察室主任(2月任)
王 辉 第四纪检监察室主任(2月任)
刘大兰 (女)副科级室主任
邓 文 (女)案件审理室主任(2月任)

红谷滩区区直单位

区委办公室

邓 骏 主任
符 强 正科级督查专员(任至12月)
江 奕 (女)副主任
谢兴东 副主任
吴 敏 (女)副科级督查专员(1月任)
彭 俊 副科级督查专员(1月任)
罗 玮 (女)档案馆副馆长(1月任)

区人大常委会机关

夏贤平 党组成员(任至12月)、办公室主任(12月提名免)、农业和城建环保工委主任(12月提名)
熊墨强 选任联工委主任
樊万良 监察司法和教科文卫委工委主任
熊卫东 农业和城建环保工委主任(9月提名免)
罗国珍 (女)法制委主任委员
赵 敏 财经委主任委员(12月提名免)、社会委主任委员(12月提名)
胡世昇 社会委主任委员(9月提名免)
符 强 财经委主任委员(12月提名)
熊琼珺 (女)监察司法和教科文卫工委副主任
彭 兵 财经委专职副主任
王 林 办公室副主任(1月任)
王文志 选任联工委副主任(1月任)
黎 莉 (女)监察司法和教科文卫工委副主任(1月任)
刘庆福 农业和城建环保工委副主任(1月任)
刘 斌 代表履职服务中心主任(1月任)

区政府办

王云华 区政府党组成员,区政府办党组书记、主任
刘 芳 (女)党组成员、副主任
漆旎宜 (女)党组成员、副主任
胡信斌 党组成员、副主任
熊 波 区政府创新发展中心党组成员(1月任)、副主任(2月任)

区政协机关

熊健峰 党组成员、秘书长
袁庐庐 办公室主任
梅彦武 (女)提案委主任
王明珠 (女)社法民宗委主任
章 炜 农业和农村委主任
漆春云 (女)教卫文体文史委主任
涂继震 经济科技人资环境委主任
昌增波 办公室副主任(1月任)
莫 讯 (女)农业和农村委副主任
吕梦萦 (女)社法民宗委专职副主任(3月任)
古 杰 (女)经济科技人资环境委专职副主任(3月任)
杨 怡 (女)教卫文体文史委专职副主任(任至9月)
熊淑华 (女)政协委员履职服务中心主任(9月任)

区委组织部

胡 军 区委常委、组织部长
宋家俊 (女)常务副部长
刘红霞 (女)副部长(兼),区人社局党组书记、局长
朱 莎 (女)副部长(兼),区委编办主任
熊墨强 副部长、区人大常委会选任联工委主任
赵 宇 副部长

区委宣传部

邓越峰 区委常委、宣传部部长
梅 蓉 (女)常务副部长(1月任)
贾 潇 (女)副部长
郭彤烽 区融媒体中心主任(1月任)

区委统战部

陈 敏 (女)区委常委、统战部部长
叶小群 常务副部长
罗春霞 (女)区工商联党组书记、副部长(兼)(任至1月)
孙圆圆 (女)区工商联党组书记、副部长(兼)(1月任)
周则河 副部长
齐 琦 (女)副部长

区委政法委

唐 武 区委常委、政法委书记
饶接华 常务副书记(9月任)
李家忠 副书记
谢 非 政治部主任(1月任)
熊世英 常务副书记(任至9月)
熊世荣 副书记(正科级,任至11月)
毛远祥 区综治中心副主任(1月任)

区委编办

朱 莎 (女)主任
徐慧鹏 副主任
杨 倩 (女)副主任(1月任)
魏 力 区机构编制实名制中心主任(1月任)

区委巡察办

叶　剑　区纪委常委、区委巡察办主任(1月任)
梁　丹　(女)副主任

区委第一巡察组

魏发根　区委第一巡察组组长
王小燕　(女)区委第一巡察组正科级巡察专员,派驻纪检监察组组长(10月任)
谢雪华　(女)区委第一巡察组副组长

区委第二巡察组

杜光明　区委第二巡察组组长
熊　艳　(女)区委第二巡察组副组长

区委第三巡察组

赖勇明　区委第三巡察组组长
裴　慧　(女)区委第三巡察组正科级巡察专员

区委信访局

周少鹏　局长
刘文光　正科级信访督查专员
宋桂勇　副科级信访督查专员(任至9月)
吴梦琼　(女)副局长

区委党校

万晓娟　(女)校长
龚晓琳　常务副校长
李　莹　(女)副校长

区法院

姜卫民　党组书记、院长
陈小青　党组成员、副院长(2月任)
魏丽丽　(女)党组成员、副院长(2月任)
刘许根　党组成员、政治部主任
蔡小贞　(女)党组成员、审判委员会专职委员(1月任)
毛永忠　党组成员、审判委员会专职委员
左莉娜　(女)副院长(2月任)
帅学农　党组成员(7月任)、卫东人民法庭庭长(2月任)

区检察院

杜迎春　(女)党组书记、检察长
夏　季　党组副书记、副检察长(2月任)
谌鲤强　党组成员、副检察长(2月任)
蔡泽文　副检察长(2月任)
万怡佳　(女)党组成员、政治部主任
涂鹤松　党组成员、检委会专职委员

区总工会

王瑞芳　(女)党组书记、主席
申海鹏　党组副书记、常务副主席
王仪吉　党组成员、副主席
黄荣广　党组成员、副主席
殷　芳　(女)党组成员(1月任)、经费审查委员会主任(5月当选)

团区委

王宇恬　(女)书记
吕梦萦　(女)副书记(任至1月)
江　娜　(女)副书记(7月任)

区妇联

廖小萍　(女)党组书记、主席
彭　琼　(女)党组成员、副主席
吴　敏　(女)党组成员(任至1月)、副主席(任至1月)

区工商联

吴一建　区政协副主席、区工商联主席
罗春霞　(女)党组书记(任至1月)
孙圆圆　(女)党组书记(1月任)
罗　成　专职副主席
欧阳玉珍　(女)党组成员、专职副主席(1月任)

区侨联

黄建新　党组书记、主席
李嫣丽　(女)党组成员(7月任)、副主席(8月当选)
张　焕　(女)副主席

区残联

贺学风　党组书记、理事长
雷先云　党组成员、副理事长
高　勤　党组成员、副理事长

区科协

俞卫花　(女)党组书记、主席
周　涛　党组成员、副主席
方玫娜　(女)党组成员(1月任)、副主席(12月当选)

区红十字会

李世涌　党组书记、常务副会长
马千平　党组成员、专职副监事长
罗　敏　(女)党组成员、专职副会长

民革南昌市红谷滩区总支部

蔡泽文　主委

周丽敏　（女）副主委
邓梓莹　（女）副主委
王志明　副主委

民盟南昌市红谷滩区支部
肖洪钰　（女）主委
王国强　副主委

民建南昌市红谷滩区支部
田　艳　（女）主委
童燕华　副主委
张　焕　（女）副主委（9月任）

民进南昌市红谷滩区总支部
卢瑾萍　（女）主委
刘　康　副主委

农工党南昌市红谷滩区支部
刘绘芳　（女）主委
罗　成　副主委

九三学社南昌市红谷滩区支社
刘文皓　主委
高　群　（女）副主委
杨　薇　（女）副主委

区发改委
詹红跃　党组书记、主任
简耀华　党组成员、副主任
刘殿毅　党组成员、副主任（7月任）

区教体局
汪海燕　（女）工委书记、局长
王　皓　工委委员、副局长
赵春燕　（女）工委委员、副局长，总督学（兼，2月任）

区科工局
王　强　党组书记（任至8月）、局长（任至9月）
龚　烃　党组书记（8月任）、局长（12月任）
刘庆福　党组成员（任至1月）、副局长（任至2月）
廖海根　党组成员、副局长
李　森　党组成员（1月任）、副局长（2月任）

区民政局
熊　林　党组书记，局长
李　森　党组成员（任至1月）、副局长（任至2月）
雷常月　（女）党组成员，副局长
邬江华　（女）区民政事务服务中心主任（2月任）

区司法局
周东亮　党组书记、局长
徐府李　（女）党组成员、副局长
熊佳佳　（女）党组成员、副局长
王　杞　政治部主任（1月任）

区财政局
刘　峰　党组书记、局长
周　磊　党组成员（1月任）、副局长（2月任）
周东明　党组成员、副局长

区人社局
刘红霞　（女）党组书记、局长，区委组织部副部长（兼）
姜　涛　党组成员、副局长
但志丽　（女）党组成员、副局长
唐清源　区就业创业服务中心主任（2月任）
邹列列　区社会保险事业服务中心主任（2月任）

区住建局
丁　菠　党组书记、局长
黄绍武　党组成员（正科级）、副局长
刘庆火　党组成员、副局长
高赛妹　（女）党组成员、副局长
占建权　党组成员、副局长
李　强　党组成员、副局长

区城管执法局
李伟杰　党组书记（1月任）、局长（8月任）
高成平　党组成员（正科级，1—9月）、副局长（2—9月）
胡剑峰　党组成员（7月任），区城管执法大队党组书记、大队长
杨文广　党组成员（1月任）、副局长（2月任）
张三怀　党组成员（1月任）、副局长（2月任）

区农业农村局
杨楼勇　党组书记、局长
熊承满　党组成员、副局长（任至9月）
刘道田　党组成员、副局长（任至9月）
杨国庆　党组成员、副局长

区商务局
洪　姗　（女）党组书记、局长
李嫣丽　（女）党组成员、副局长（任至7月）
刘锡纲　党组成员、副局长
卢　上　（女）区投资促进服务中心主任（2月任）

区文广新旅局
钱　好　(女)党组书记、局长
邹景波　党组成员、副局长(7 月任)
程　婷　(女)党组成员、副局长
徐　强　区文化事业发展中心主任(2 月任)

区卫健委
兰瑞强　工委书记、主任
洪海滨　工委委员、副主任
肖红茂　工委委员(1 月任)、区疾控中心主任(2 月任),区卫生健康综合监督执法局负责人(1 月任)
卢瑾萍　(女)副主任

区退役军人事务局
付平平　党组书记、局长
周兰洪　党组成员、副局长
王莉伟　(女)党组成员、副局长(7 月任)
黄水根　党组成员(4 月任)、副局长(兼,5 月任)

区应急管理局
单小健　党委书记、局长
陈　寒　党委委员、副局长
陈会团　党委委员、副局长

区审计局
李　媛　(女)党组书记、局长
刘　筠　(女)党组成员、副局长
周晓梅　(女)党组成员、副局长
熊　华　总审计师

区金融办
彭晓辉　党组书记、主任
高　群　(女)副主任

区市场监管局
邓必红　党组书记、局长
曾纪松　党组成员、副局长
肖　冰　党组成员、副局长
段军明　党组成员、副局长
万光华　党组成员、沙井分局局长

区统计局
黄同佑　党组书记、局长

毛益畴　党组成员、副局长
杨　薇　(女)副局长

区医保局
陈　丹　(女)党组书记、局长
王蓬兴　党组成员、副局长
肖洪钰　(女)副局长

区政数局
邵　华　(女)党组书记(1 月任)、局长(8 月任)
金　鹏　党组成员(1 月任)、副局长(2 月任)
严　露　(女)党组成员(1 月任)、副局长(2 月任)
张蓓莉　(女)党组成员(1 月任)、副局长(2 月任)

区中小企业服务局
罗春霞　(女)党组书记(1 月任)
刘绘芳　(女)局长(8 月任)

西站综合服务中心
李　春　副书记、副主任
万志萍　(女)副主任(任至 1 月)
赵　勇　副主任(9 月任)
曾　剑　副主任(1 月任)
余长明　综合科科长
闵件水　服务保障科科长(1 月任)

区执法大队
胡剑峰　党组书记、大队长,区城管执法局党组成员(7 月任)
陶俊平　党组成员(1 月任)、副大队长(1 月任)

区机管中心
徐　戎　负责人(1 月任),党组书记、主任(9 月任)
杨　贞　党组成员(1 月任)、副主任(2 月任)
田志刚　副科级干部

区项目推进中心
李　丹　党组书记(11 月任)、主任(12 月任)
张而冰　党组成员、副主任(7 月任)
万小平　党组成员(1 月任)、副主任(2 月任)

区城投公司
勒伟栋　党委副书记、总经理
熊挽澜　党委委员、纪委书记
郭　浩　党委委员、副总经理
谌伟强　党委委员、副总经理

原镇、管理处

生米镇
邓拥军　党委书记(任至 1 月)

万世华　党委副书记（任至1月）、镇长（任至1月）
熊　强　党委副书记、人大主席（任至1月）
余作华　党委副书记（任至1月）
胡俊华　党委委员、宣传委员、统战委员（任至1月）
屈晓晟　党委委员、组织委员（任至1月）
徐　驰　党委委员、副镇长（任至1月）
万　莉　（女）党委委员、纪委书记（任至1月）
李永华　党委委员、武装部长（任至1月）
曾玉萍　（女）人大副主席（任至1月）
方子兴　副镇长（任至1月）
罗思敏　副镇长（任至1月）
胡汉明　副镇长（任至1月）

红角洲管理处

徐　戎　党工委书记（任至7月）
郭名弟　党工委副书记（任至4月）、主任（任至5月）
邓红荣　党工委委员、纪工委书记（1—7月）
熊　剑　党工委副书记（任至7月）
丁文生　副主任（任至7月）
周丽敏　（女）副主任（任至7月）
罗来虎　副主任（任至7月）
江　岚　党工委委员、纪工委书记（任至1月）

凤凰洲管理处

雷　鸣　党工委书记（任至7月）
王　雯　党工委副书记、主任（任至7月）
邬江华　（女）党工委副书记（任至1月）
章　媛　（女）党工委委员、副主任（任至7月），党工委副书记（1—7月）
晏洲庄　党工委委员、副主任（任至7月）
盛　俊　党工委委员、纪工委书记（任至7月）

九龙湖管理处

赵　勇　党工委书记（任至7月）
李　丹　党工委副书记、行政负责人（任至7月）
余名伟　党工委副书记（任至7月）
唐　晖　党工委委员、副主任（任至7月）
刘　俊　党工委委员、副主任（任至7月）
易志宏　党工委委员、纪工委书记（任至7月）
谭荣虎　党工委委员、副主任（任至7月）
龚伟兵　党工委委员（1—7月）、副主任（2—7月）

乡、镇、街道

流湖镇

肖芳东　党委书记
刘　强　党委副书记、镇长
缪新华　人大主席
陈小武　党委副书记
刘　军　党委副书记
付　涛　党委委员、纪委书记
邓大毛　党委委员、宣传委员
郭　艳　（女）党委委员、组织委员
熊志平　党委委员、武装部长
陈　阳　党委委员、副镇长
骆　翔　副镇长
王　燕　（女）副镇长
龚良俊　副镇长
邹丽芳　（女）人大副主席

厚田乡

刘开烦　党委书记
程　超　党委副书记、乡长
李婕华　（女）人大主席
夏　彬　党委副书记、政法委员
唐书义　党委委员、纪委书记
夏绍华　党委委员、组织委员、宣传委员
戴光权　党委委员、人武部长、统战委员
杨新彦　党委委员、副乡长
文　辉　党委委员、厚田派出所所长
徐　峰　副乡长
王　偏　（女）副乡长
高　武　人大副主席

沙井街道

卢　鑫　党工委副书记（任至7月）、办事处主任（任至9月），书记（7月任）
聂　华　（女）党工委副书记（8月任）、办事处主任（9月任）
王　璠　（女）党工委委员、副书记，政法委员（兼）
杨俊雄　人大工委主任
刘陆发　党工委委员、纪工委书记
雷　明　（女）党工委委员、副主任
王态春　人大工委副主任（8月任，9月提名免）
刘保根　党工委委员（任至10月）

卫东街道

帅冬根　党工委书记
龚　烃　党工委副书记（任至8月）、办事处主任（任至9月）
余作华　党工委副书记（8月任）、办事处主任（9月任）
邓　聪　党工委副书记（任至4月）
胡月辉　人大工委主任、政法委员
李夏青　（女）党工委委员、办事处副主任
苏　丽　（女）党工委委员、纪工委书记（1月任）
赵送云　司法所所长（8月任）
熊俊鹏　人大工委副主任（8月任，9月提名免）
李　芳　公共服务办公室（便民服务中心）主任（副科级）（2月任）

生米街道

邓拥军　筹备组成员(任至9月),党工委书记(9月任)
万世华　筹备组成员(任至9月)
徐　欢　党工委副书记(8月任)、办事处主任(9月任)
熊　强　筹备组成员(1月任)
余作华　筹备组成员(任至9月,转任)
胡俊华　筹备组成员(任至9月,转任)
屈晓晟　(女)筹备组成员(1月任)
徐　驰　筹备组成员(1月任)
谭力峰　筹备组成员(9月任)
万　莉　(女)筹备组成员(1月任)
李永华　筹备组成员(1月任)
彭敞凌　筹备组成员(9月任)
王莉伟　(女)筹备组成员(任至7月,转任)
曾玉萍　(女)筹备组成员(任至9月,转任)
方子兴　筹备组成员(任至9月,转任)
罗思敏　筹备组成员(任至9月,转任)
胡汉明　筹备组成员(任至9月,转任)
杨　羽　(女)筹备组成员(9月任)
杨　骥　筹备组成员(9月任)

红角洲街道

龙　冰　党工委书记(8月任)、筹备组组长(8月任)
王　雯　(女)党工委副书记(8月任)、办事处主任(9月任)
郭名弟　筹备组成员(9月任)
胡乃嘉　筹备组成员(9月任)
李忠云　筹备组成员(9月任)
张　滨　筹备组成员(9月任)
李伟军　筹备组成员(9月任)
张　砚　(女)筹备组成员(9月任)
邵晓婷　(女)筹备组成员(9月任)
杨小威　筹备组成员(9月任)
敬小平　筹备组成员(9月任)
熊　剑　筹备组成员(9月任)
丁文生　筹备组成员(9月任)
周丽敏　(女)筹备组成员(9月任)
罗来虎　筹备组成员(9月任)
邓红荣　筹备组成员(9月任)

凤凰洲街道

雷　鸣　党工委书记(8月任)
舒　丹　(女)党工委副书记(8月任)、办事处主任(9月任)
章　媛　(女)筹备组成员(9月任)
晏洲庄　筹备组成员(9月任)
盛　俊　筹备组成员(9月任)
伍　辉　筹备组成员(9月任)
郭国荣　筹备组成员(9月任)
殷　磊　筹备组成员(9月任)
吴　欣　筹备组成员(9月任)
焦旭辉　筹备组成员(9月任)
刘　玲　(女)筹备组成员(9月任)
胡华丽　(女)筹备组成员(9月任)
黄礼平　筹备组成员(9月任)

九龙湖街道

赵　勇　筹备组组长(任至9月)
王　强　党工委书记(8月任),筹备组组长(8月任)
李　丹　筹备组副组长(任至9月)
王　鑫　党工委副书记(8月任)、办事处主任(9月任)
余名伟　筹备组成员(9月任)
唐　晖　筹备组成员(9月任)
刘　俊　筹备组成员(9月任)
易志宏　筹备组成员(9月任)
谭荣虎　筹备组成员(9月任)
龚伟兵　筹备组成员(9月任)
雷妍妍　(女)筹备组成员(9月任)
刘文勇　筹备组成员(9月任)
邵　晨　(女)筹备组成员(9月任)
林良炎　筹备组成员(9月任)
徐　勇　筹备组成员(9月任)
刘成忠　筹备组成员(9月任)
秦庆龙　筹备组成员(9月任)
何曦玮　(女)筹备组成员(9月任)

龙兴街道

彭小惠　(女)党工委书记(8月任)
万世华　党工委副书记(8月任)、办事处主任(9月任)
胡俊华　筹备组成员(9月任)
张国保　筹备组成员(9月任)
方子兴　筹备组成员(9月任)
罗思敏　筹备组成员(9月任)
胡汉明　筹备组成员(9月任)
张雯霄　(女)筹备组成员(9月任)
曾玉萍　(女)筹备组成员(9月任)
杨双红　筹备组成员(9月任)
刘　琳　(女)筹备组成员(9月任)

(区委办　区委组织部　各单位)

经济社会统计资料

2022 年 1—12 月主要经济指标完成情况一览表

表 7

指标	全区完成情况			全市完成情况	
	总值（亿元）	增速（%）	增速全市排名	总值（亿元）	增速（%）
地区生产总值	802.27	3.2	10	7203.50	4.1
财政总收入	82.99	1.2	—	—	—
一般预算收入	33.74	5.6	7	457.68	5.1
500 万元以上固定资产投资	—	2.7	10	—	7.6
社会消费品零售总额	321.43	5.2	5	3012.00	4.6
实际利用外资（亿美元）	0.20	—	—	4.17	-37.8

2022 年 1—12 月各县区主要经济指标对比情况表（1）

表 8

指标		红谷滩区	南昌县	进贤县	安义县	东湖区	西湖区
地区生产总值	绝对值（亿元）	802.27	1280.35	378.08	139.07	482.31	727.24
	增速（%）	3.2	4.2	3.7	4.1	2.8	4.7
	增速全市排名	10	6	8	7	11	4
		青云谱区	青山湖区	新建区	经开区	高新区	湾里管理局
	绝对值（亿元）	443.37	675.31	407.74	780.45	1010.24	77.07
	增速（%）	5.1	5.0	3.3	4.7	4.9	0.4
	增速全市排名	1	2	9	4	3	12
一般预算收入		红谷滩区	南昌县	进贤县	安义县	东湖区	西湖区
	绝对值（亿元）	33.74	77.69	21.24	14.61	15.39	22.62
	增速（%）	5.6	5.4	8.5	11.9	6.6	8.7
	增速全市排名	7	9	3	1	5	2
		青云谱区	青山湖区	新建区	经开区	高新区	湾里管理局
	绝对值（亿元）	10.78	14.88	30.98	19.34	28.56	11.00
	增速（%）	7.0	5.6	-7.0	5.4	0.6	6.3
	增速全市排名	4	7	12	9	11	6

2022年1—12月各县区主要经济指标对比情况表(2)

表9

指标		红谷滩区	南昌县	进贤县	安义县	东湖区	西湖区
500万元以上固定资产投资	绝对值(亿元)	—	—	—	—	—	—
	增速(%)	2.7	11.0	6.4	13.5	-29.8	15.0
	增速全市排名	10	7	9	3	12	2
		青云谱区	青山湖区	新建区	经开区	高新区	湾里管理局
	绝对值(亿元)	—	—	—	—	—	—
	增速(%)	15.1	11.8	7.1	11.4	13.2	-24.7
	增速全市排名	1	5	8	6	4	11
社会消费品零售总额		红谷滩区	南昌县	进贤县	安义县	东湖区	西湖区
	绝对值(亿元)	321.43	396.45	145.74	31.25	403.43	417.16
	增速(%)	5.2	5.5	4.8	5.6	2.0	5.3
	增速全市排名	5	2	9	1	12	4
		青云谱区	青山湖区	新建区	经开区	高新区	湾里管理局
	绝对值(亿元)	309.45	303.43	181.45	224.38	257.76	20.07
	增速(%)	4.9	5.1	5.0	4.8	4.4	5.4
	增速全市排名	8	6	7	9	11	3

2022年1—12月各县区主要经济指标对比情况表(3)

表10

指标		红谷滩区	南昌县	进贤县	安义县	东湖区	西湖区
实际利用外资	绝对值(万美元)	2019	3932	106	451	1085	11909
	增速(%)	—	—	—	—	—	—
	增速全市排名	—	—	—	—	—	—
		青云谱区	青山湖区	新建区	经开区	高新区	湾里管理局
	绝对值(万美元)	0	700	31	8553	12937	
	增速(%)	—	—	—	—	—	
	增速全市排名	—	—	—	—	—	

地区生产总值一览表

表 11

指 标	现价(万元)	不变价(万元)	比上年同期增长(%)
地区生产总值	8022749	7318765	3.2
第一产业	104953	110320	3.0
第二产业	850636	735043	5.9
建筑业	844029	729218	5.9
第三产业	7067160	6473402	2.8
#交通运输．仓储和邮政业	312448	266228	-0.2
批发和零售业	398321	388464	4.2
住宿和餐饮业	137303	97754	2.3
金融保险业	2733127	2405100	2.6
房地产业	1181277	1181546	-14.6
其他营利性服务业	1149591	1050775	13.3
非营利性服务业	1151137	1077940	19.8

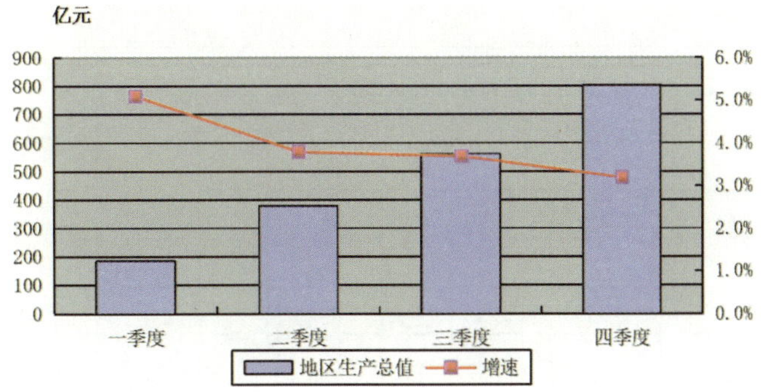

图 1　地区生产总值

财政收支一览表

表 12

指 标	12 月(万元)	全年(万元)	比上年同期增长(%)
1. 财政总收入	58777	829927	1.17
#地方财政一般预算收入	17540	337361	5.61
#税收收入	8684	182773	-29.5
#增值税	976	15318	-69.3
城市维护建设税	624	8287	-19.1
企业所得税	173	48638	-15.8
契税	2713	41637	-9.0
土地增值税	2478	30099	-48.4
行政事业性收费收入	152	2613	-55.6
罚没收入	762	8344	137.4
专项收入	232	3125	-21.5
国有资源(资产)有偿使用收入	7586	139967	129.5
2. 地方财政支出总计	499960	815392	128.9
#一般预算支出	499960	815392	128.9
#交通运输支出	1414	2518	—
一般公共服务支出	17638	58651	24.5
城乡社区事务支出	396247	444818	345.1
教育支出	18436	79366	19.9
公共安全支出	13903	34779	44.3
社会保障支出	5915	40393	56.3
医疗卫生支出	10944	50897	149.3

注:本表由区财政局提供。

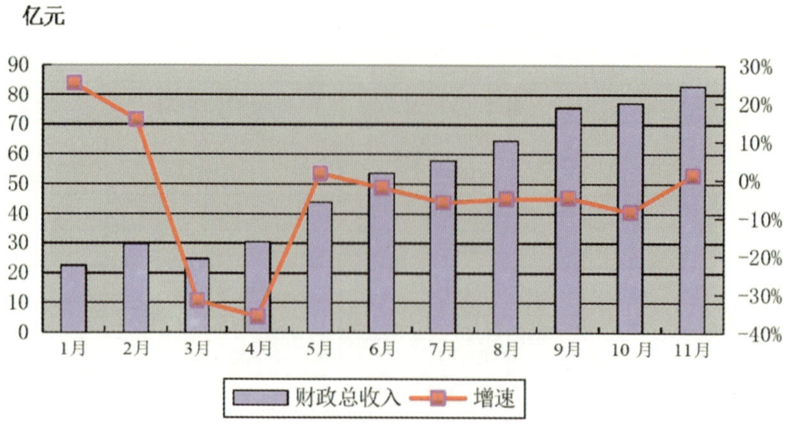

图2　财政总收入

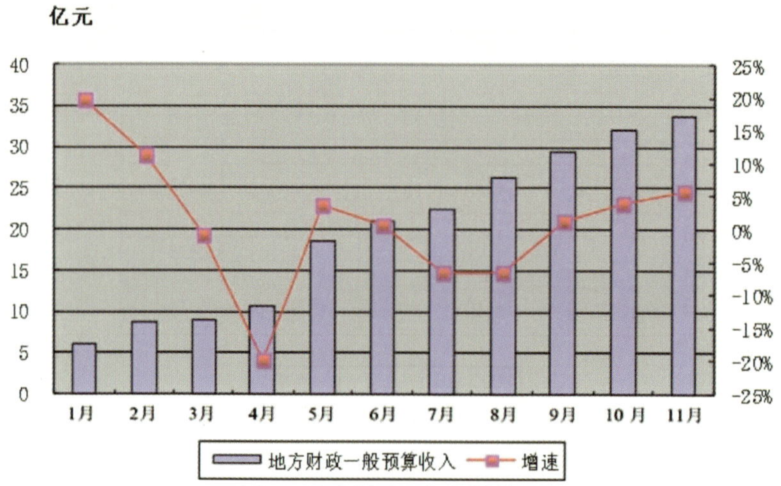

图3　地方财政一般预算收入

500万元以上固定资产投资一览表

表13

指　标	同比增长(%)
投资总计	2.7
1. 固定资产投资完成额	—
#区内投资	—
区外投资	—
2. 房地产开发投资完成额	0.43

社会消费品零售总额一览表

表 14

指标	四季度(万元)	全年(万元)	比上年同期增长(%)
社会消费品零售总额	925555.2	3214335.7	5.2
按限额分	—	—	—
#限额以上批零住餐业	—	—	—
限额以下批零住餐业	—	—	—

注:限额以上批发零售业和住宿餐饮业零售额是指,批发业年主营业务收入 2000 万元及以上、零售业年主营业务收入 500 万元及以上、住宿和餐饮业年主营业务收入 200 万元及以上的企业零售额。

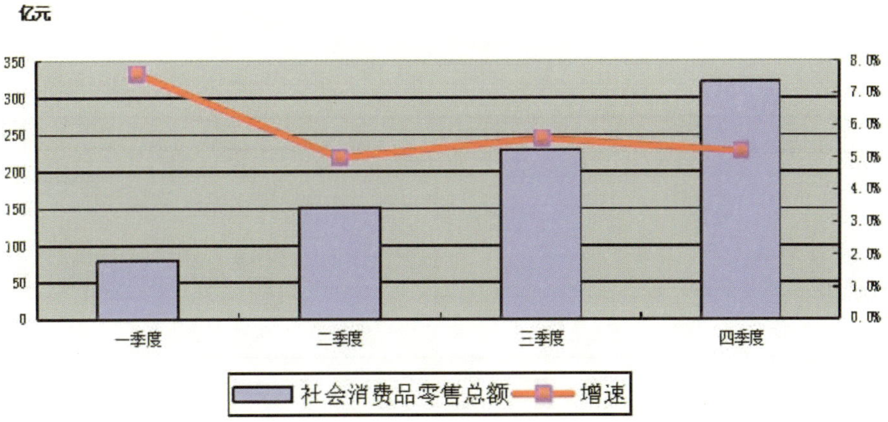

图 5　社会消费品零售总额

开放型经济一览表

表 15

指　标	单位	12 月	全年
实际利用外资金额	万美元	—	2019

注:本表由区商务局提供。

新增联网直报企业一览表

表 16　　单位:户

行业类别	全年通过审批	审批中	小计
房地产业	4	0	4
重点服务业	80	0	80
贸易业法人	171	0	171
建筑业	34	0	34
合计	289	0	289

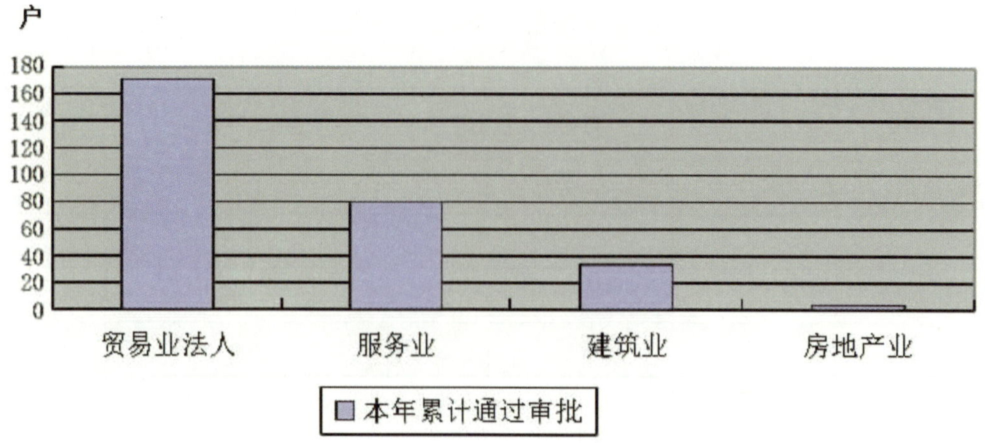

图 6　全年累计通过审批

房地产情况一览表

表 17

指　标	单位	全年
1. 施工面积	万平方米	1088
#住宅	万平方米	769
2. 新开工面积	万平方米	46
3. 竣工面积	万平方米	44
4. 商品房(住宅)预. 销售情况		
已售套数(住宅)	套	10587
已售面积	万平方米	104
其中:住宅已售	套	3733
面　　积	万平方米	50. 9

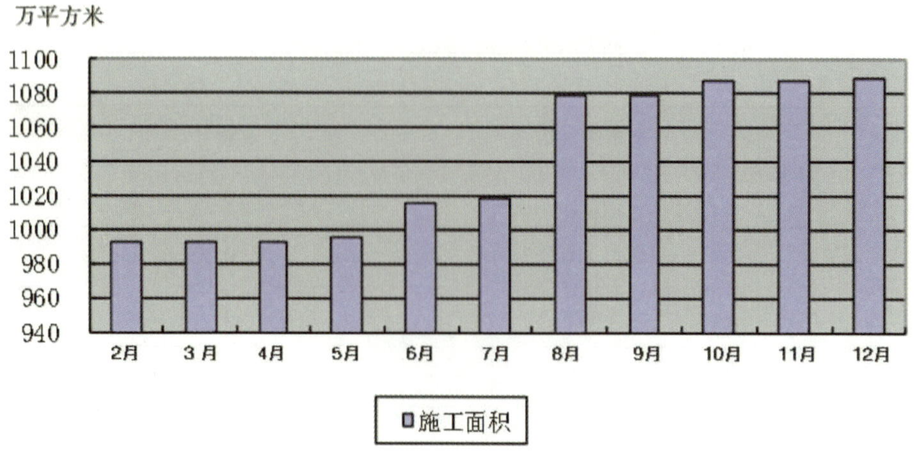

图 7　施工面积

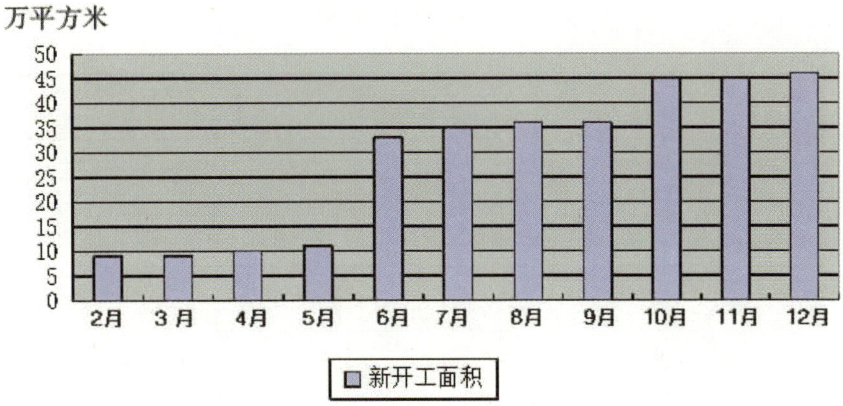

图 8　新开工面积

拆迁安置

表 18

指　标	单位	全年	历年累计
1. 城市拆迁			
总面积	万平方米	18.03	598.36
总户数	户	867	29409
2. 房屋安置			
总面积	万平方米	34.80	267.49
总套数	套	2665	27995

注:本表由区住建局拆迁办提供。

拆迁安置

表 19

指标	单位	2 月	3 月	4 月	5 月	6 月	7 月	8 月	9 月	10 月	11 月	12 月	全年累计
拆迁面积	万平方米	0	0	0	1.34	0.46	2.45	8.35	2.01	0.33	3.09	0	18.03
拆迁户数	户	0	0	0	61	39	167	461	121	17	1	0	867

城市建设一览表

表 20

指标	单位	第四季	全年	历年累计
1. 城市绿化面积				
公共绿地	万平方米	88.7	148.5	1912.55
2. 城市道路建设				
总里程	千米	0	0.97	204.75
总面积	万平方米	0	1.83	1601.32
3. 城市安置房建设				
已建面积	万平方米	0	29.94	296.75
在建面积	万平方米	162.31	162.31	—

注:本表由区住建局、城管局、城投公司提供。

人口分布情况一览表

表 21

辖区	总户数(户)	总人口(人)	农业人口				非农业人口				暂住人口登记数(人)
			户数(户)	人数(人)			户数(户)	人数(人)			
				合计	男	女		合计	男	女	
红谷滩	14405	43934	7	14	10	4	14398	59681	21757	22163	3015
凤凰洲	13790	43305	16	32	20	12	13774	43273	21376	21897	7035
红角洲	18404	56966	588	1981	1135	846	17816	54985	27900	27085	27567
生米	21392	56116	10530	29233	15177	14056	10846	26883	13188	13695	4998
九龙湖	10845	28563	1284	3461	1791	1670	9561	25012	12121	12981	5485
卧龙	16	394	—	—	—	—	16	394	266	128	5
沙井	33149	102368	61	192	104	88	33088	102176	50382	51794	17919
龙兴	7214	19042	3837	10959	5651	5308	3377	8083	3783	4300	4849
厚田	10605	34117	10605	34117	18081	16036	—	—	—	—	271
流湖	15776	56952	14029	52107	27941	24166	1748	4845	2101	2744	6
合计	145596	441757	40957	132096	69910	62186	104624	309661	152874	156787	71150

注:本表由红谷滩公安分局户籍科提供。

索引

说明

一、索引采用主题分析法编制，大部分选用关键词。

二、索引按标引词汉语拼音字母顺序排列，标目后数字为页码，字母 a 为左栏，b 为中栏，c 为右栏。

三、分目标题用黑体字表明。

数字索引

2022 南昌国际汽车交易会暨新能源车展　155c

《2022 年“暖心护企”优化营商环境行动方案　180c

2022 年红谷滩关于深入推进优化营商环境“一号改革工程”《全力打造区域性标杆城区行动方案　180c

《2022 年区重大重点项目年度推进工作链条图　175b

2022 世界 VR 产业大会　156a

2022 中国（南昌）国际大健康产业大会暨博览会　156b

2022 中国（中部）工业博览会　156a

字母索引

AED 投放　108a

APEC 商务旅行卡审核转报　74c

VR 产业大会供水保障　170a

VR 产业招商　183c

VR 科创城　152b

VR 科创城　173c

VR 主题乐园外参观点申报　74c

主题索引

A

艾滋病防治与宣传　213b

爱国卫生　216b

爱国卫生月宣传活动　216c

爱心公益活动　248c

安全生产　165b

安全生产监督管理　136c

安全生产网格化　251b

安全生产责任落实　137a

安全生产责任制落实　138a

安全生产专项督查行动　148b

安全生产专项整治三年行动　137a

安全装置加装　171c

安置房建设　163a

B

“百场校招”　189c

百馆百场文化大讲座　225a

百姓大舞台文艺演出　225c

办公用房清查调剂　78b

“帮助身边‘谢大娘’”　58c

保利高尔夫花园小学建设项目

174c
保利文化艺术中心 173b
保密督促检查 47b
保密工作 47a
保密工作责任制 47a
保密技术监管 47b
保密日常管理 47b
保密宣传教育 47a
保障性租赁住房建设 193b
被征地农民养老保险 191b
标准化试点项目 133b
标准化幼儿园认定 203c
病媒生物防制 216c
病原微生物实验室备案管理 219a
博士工作站管理 74a
补贴政策落实 189b

C

财经审计监督 59c
财务精细化管理 243c
财务制度完善 237c
财政 126a
财政管理 127a
财政金融和行政事业审计 133c
财政收入 126b
财政运行 126b
财政支出 126c
参政议政 98c、
残疾人福利保障 195a
残疾人基层组织建设 107a
残疾人教育就业 106c
残疾人宣传文化体育活动 107a
残疾人政策保障 107a
厕位、车位建设 161a
“产改”工作 100b
产品质量抽检 133a
产业布局 144c
产业集群 144c
产业就业帮扶 142c
产业赛道 144b
产业项目建设 173b
常住人口情况 21a
“城管进社区 161c
城区环境 19a
城市癌症早诊早治筛查 214a
城市功能 124a
城市管理 246a
城市管理机制建设 160a
城市基层党建工作 37c
城市建管项目调度会 178c
城市建设投资 167a
城市品质提升 83a
城市生态环境 162a
城市项目建设 174a
城市一刻钟便民生活圈 147c
城乡电力供应 168b
城乡规划 157a
城乡建设 158a
城乡居民生活水平 21a
城乡居民养老保险业务划转 191b
城乡居民最低生活保障 193c
城乡燃气供应 170b
城乡土地收储 159a
城乡自来水供应 169b
城乡综合管理 159c
城镇居民收入情况 21a
城镇居民消费情况 21a
城镇困难群众防贫保险 194b
城中村改造 162b
出生医学证明管理 215a
创文明城宣传工作 227b
创新平台建设 187c
创业创新平台建设 136b
春运 166b
促消费活动 146b
村级财务收支审计 130a
村庄规划编制 157c
存量土地消化 125b

D

“打非治违”联勤联动 165a
打击传销行动 132a
“打通断头路畅通微循环”行动 158b
大气环境管理 163c
大数据示范企业 144a
大统战工作格局 42a
“大抓落实年”专项整治 89c
代表履职 59c
党的二十大精神专题学习 35a
党的建设制度改革 37b
党风廉政建设 52a
党建+应急管理工作 138a
党建引领乡村振兴 37c
党史学习教育 52a
党史学习教育专题民主生活会 34a
党史学习教育总结会议 88a
党委信息编报 36a
党校工作 51a
党员队伍建设 48b
党员教育管理 38a
档案安全体系建设 49b
档案编研 49b
档案法治建设 49c
档案利用体系建设 49c
档案信息化建设 49c
档案资源体系建设 49b
道路彩化 161b
道路交通安全治理 165c

道路增亮降噪 161b
登记管理 196a
堤坝蚁排查处置 142a
地理位置 18b
地铁4号线接入南昌西站枢纽 166b
地形地貌 18c
第二次重大重点项目专题调度会 175c
第二季度重大项目集中开工 176b
第二届中国米粉节 147b
第二届中国米粉节 154a
第十二次全国公民科学素质调查 104b
第十九届中国国际检验医学暨输血仪器试剂博览会 155c
第十七届南昌国际汽车展览会 156a
第四届江西“生态鄱阳湖·绿色农产品”博览会 156c
电动自行车市场监管 132b
电力供应保障 168c
电力营商环境 169a
调研视察 84c
冬种油菜种植工作 140c
督查督办工作 36a
督查与信息 35c
队伍建设 208c
对台工作 44a
对台交流合作 44b
对台经贸活动 44a
多党合作事业 42a

E

儿童福利保障 195a
儿童关爱活动 194c
儿童口腔疾病综合干预 213c

F

法律服务供给优化 118b
“法院+”多元解纷机制 117a
法院 115c
法治红谷滩建设体系 118a
法治化营商环境 114b
法治环境 181c
法治建设监督 59c
法治思想大学堂 35a
法治宣传 118c
法治政府建设 110b
法治政府建设基础 110c
防控保民安 112a
防汛工作 247c
防汛物资保障 138b
防灾减灾工作 138b
房屋征收与补偿 162b
非法卫星地面接收设施整治 227c
非机动车停车棚项目建设 241a
“奋进新征程·共谱金融新篇章”主题征文活动 151b
风景名胜 21b
风险防范 111c
凤凰洲街道 244a
凤凰洲街道楼宇 154a
凤凰洲街道综合文化活动中心 222a
凤凰洲市民公园 22c
服务经济发展 112c
服务社会 95c
抚州大街涉枫生快速路立交及配套改造工程 174a
妇联基层组织建设 103b
妇女儿童管理水平提升 215b
妇女儿童合法权益维护 102c
妇女健康保障 215b
妇幼健康 215a
妇幼健康工作 246c
妇幼重大公共卫生项目 215c
“复工复产,化危为机”课程 99a

G

干部队伍建设 38b
干部监督管理 38b
赣江市民公园四期景观绿化工程 174b
赣江市民公园五期工程项目 167c
港澳台工作 43a
侨务工作 43b
高品质首店品牌经营载体 148a
高危险性体育项目审批 211c
高效设施农业 141b
高新技术企业培育 186b
个人课题立项申报 209c
耕地保护政策 125b
耕地流出问题整改 125c
耕地占补平衡保障 125c
耕地占用税 159c
工会党的建设 100a
工会组织建设 101a
工伤保险参保扩面 191c
工伤认定 190c
工商业联合会(总商会)一届二次执委(扩大)会议 99b
工资福利审核审批 73c
公安 111a
公安派驻监督试点 91b
公共场所环境和物品监测 214a
公共机构节能宣传周 78b
公务用车管理 78b

公益普法活动　105a
公益诉讼检察　114a
公租房管理　193a
供电服务　169b
供而未用项目调度会　179c
供水设施　169c
共青团红谷滩区委员会　101b
《构建10分钟医保服务圈、推动医保服务下沉》工作实施方案　192b
挂点重大重点项目调度会　179b
关爱“两癌”困难妇女　103a
关工委工作　45c
《关于成立区发展数字经济工作领导小组的通知　143c
《关于进一步加强和改进反映社情民意信息工作的通知　84a
《关于全面加强生态环境保护持续深入打好污染防治攻坚战的实施方案　163b
《关于深入推进营商环境优化升级“一号改革工程”“1+3”实施方案的通知　115c
《关于维护新就业形态劳动者劳动保障权益的实施方案　190a
《关于印发<红谷滩区促进商贸消费提质扩容的若干政策措施（试行）>的通知　147a
《关于做好最低生活保障边缘家庭认定有关工作的通知　193c
管控隔离　165c
贯彻党的十九届六中全会精神学习　34a
国防科技教育　208c
国际民防日宣传活动　121b
国家基本公共卫生服务项目　218c
国家食品安全示范城市创建　133c
“国家网络安全宣传周”活动　40c
国家职业教育虚拟仿真示范实训基地　173c
国旅联合股份有限公司落户红谷滩　150c
国土资源执法监察　126a
国有企业审计　130b
国有土地临时租赁　159b

H

合同审查全程网办　190c
合作交流　75a
红谷连心会“红谷手译　107b
“红谷连心会”暨第三季度“政企恳谈会　99b
红谷滩“迎新杯”篮球比赛　210c
红谷滩大剧场　221c
《红谷滩大事记》编纂　49a
《红谷滩年鉴(2022)》编纂　49a
“红谷滩侨联京师侨法服务站”成立　104c
《红谷滩区安置房建设分配管理办法　162c
红谷滩区残疾人联合会　106b
《红谷滩区大力支持疫情防控的民营医疗机构综合评定工作方案　219c
《红谷滩区定点医药机构医疗保障基金监管信用评级评价办法　192c
红谷滩区妇女联合会　102b
红谷滩区工商业联合会　91a
《红谷滩区关于加快推进区域金融中心核心承载区建设的若干政策（试行　149a
《红谷滩区关于实现巩固拓展脱贫攻坚成果同乡村振兴有效衔接的实施方案　142b
红谷滩区归国华侨联合会　104c
“红谷滩区红十字会”微信公众号设立　108c
红谷滩区红十字会　107b
《红谷滩区加快推进企业上市“映山红行动”的若干扶持政策　150a
红谷滩区科学技术协会　103b
《红谷滩区全民科学素质行动规划纲要实施方案(2021—2025)》　103c
《红谷滩区人社局关于开展维护新就业形态劳动者劳动权益保障权益专项行动的通知》　190a
红谷滩区社区矫正中心建设　118b
《红谷滩区深入推进数字经济“一号发展工程”全力打造全省数字经济创新发展高地行动方案》　143c
《红谷滩区实施银龄教育管理人才龄教师教学计划》　208c
红谷滩区首届学生运动会　210a
红谷滩区文学艺术界联合会　105c
红谷滩区消防救援大队　197c
红谷滩区与丰城市战略合作协议签约　75a
《红谷滩区政协信息宣传工作办法（试行)》　84a
《红谷滩区支持科技创新高质量发展奖励办法》　144c
《红谷滩区支持科技创新高质量发展奖励办法》　186b
红谷滩区综合康养中心　174c
红谷滩区总工会　100a
《红谷滩在全面建设美丽江西中充分彰显首府首区作为实施方案》　163b
红角洲街道　241a

红角洲街道楼宇　154a
红色基因传承　52c
“红色物业”品牌打造　240c
红十字会基层阵地建设　108a
红书屋　222a
宏观经济调控　122a
“鸿鹄伴飞”主题活动　103a
“鸿鹄杯”红谷滩区教职工运动会　214c
鸿鹄里文化艺术空间　221c
厚田沙漠景区　23b
厚田乡　229c
《厚田乡防止返贫监测帮扶集中排查工作方案》　231c
“胡子工程”行动　158a
华宏高端企业商业综合体项目土地摘牌　185b
华润万象城开业　147a
环保督察整改　164b
环境质量　124b
会议纪要撰写　44c
会展业　155b
会展业发展奖励资金兑现　155c
惠农科技服务站建立　104b
惠农政策落实　140a
惠企奖补资金兑现　136a
惠企政策兑现　77c
惠企政策宣传　136b

J

机构编制　46a
机构编制管理机制　46a
机构职能配置　46b
机关党组织建设　48a
机关事务管理　78a
基层保密室建设　47c
基层党组织建设　120b
基层人防组织　121b
基层医务人员业务培训　219a
基层应急管理体系和能力建设　138a
基层政权和社区治理系统录入工作　195b
基层政务公开建设　237a
基层自治建设　195c
基础团务工作　101c
疾病防控　212c
集中开工重大项目调度会　179b
纪检重要会议　87c
纪检重要活动　89b
纪律检查体制改革　37b
纪委一届二次全会　88a
家庭发展　215c
家庭发展能力建设　216a
家庭护理型养老床位建设　194c
家庭文明新风建设　102c
家庭医生签约服务　218b
价格补贴联动机制政策落实　135b
价格管理　134c
价格监测　135c
监督工作　59b
监督工作的主体责任　90a
监督执纪　90a
监管执法检查　137c
检察　113c
建军雕塑广场　21c
建设用地报批　125b
建言献策　89b
健康红谷滩专项行动　220a
健康教育宣传　217a
健康证办理流程　214a
江山云著商办综合项目土地摘牌　185b
江西省百县青少年运动会　210b
江西省第十六届运动会(社会部)　211a
江西省第十六届运动会(学校部)　210c
江西省第一届职业技能大赛　156c
江西省文化中心　23c
交通畅通治理模式探索　165c
交通路网建设　252c
交通运输管理　164c
交通运输行业“百日攻坚”行动　165a
教师待遇保障　209a
教师专业技术职务评聘　209a
教师资格认定　209b
教学改革　51c
教学管理　227b
教育督导　202b
教育管理　200a
教育考试工作　202c
教育科研　209b
教育体育投入　201a
教育资源优化　205b
接待标准　78c
节日市场价格监管　135a
结核病防治与宣传　213b
金秋消费季启动仪式　146c
金融案件智能化审判模式　116a
金融风险化解　149b
金融机构人才招聘　149c
金融业　148b
近视防控　208b
经济发展　82c、228c、230b、233a、235b、239b、241b、245a、250a、252a
经济体制和生态文明体制改革　37a
经济运行分析会　175b
经济责任审计　129b

精神卫生网络建设 220a
精神文明建设 52b
警示教育大会 88c
九龙湖公园 22c
九龙湖街道 249a
九龙湖街道楼宇 154b
《九龙湖竖向工程(优化)专项规划》编制 157b
九三学社南昌市红谷滩区支社 98b
“就近办”示范点打造 251a
就业帮扶形式创新 189b
就业创业帮扶 246c
就业创业新品牌打造 189b
就业民生指标任务 189a
居民社保 247a
决策部署 32b

K

卡口防控 165c
开放合作 124a
康复服务 106c
抗旱救灾工作 140a
科技创新 186a
科技创新环境优化 187a
科技创新载体培育 187b
科技创新主体培育 187a
科技计划项目经费争取 186c
科技金融结合 186c
科技要素 122b
科普教育基地建设 104a
科普宣传 103c
空气环境质量 19a
快闪合唱《领航》 221a
困难人员养老保险代缴 191b

L

垃圾分类 160b
“腊八传温情”活动 224a
蓝城五星级标准酒店项目土地摘牌 185b
劳动就业 189a
劳动仲裁办案平台 190b
劳资纠纷调解 247a
老干部服务 44c
老旧小区改造 161a
老龄健康 214b
老年友好型社区创建 215a
老年友善医疗机构 214b
“乐购红谷·悦享生活”促消费系列活动 146c
冷链食品核酸检测 134b
理论学习 93a、97c
理论学习中心组(扩大)集体学习会 88c
理论研讨和调查研究 51c
联勤联战 111c
练兵备战 120a
粮食生产 229b
“两公一住”地块土壤污染状况调查 159b
“两无”企业整治 165a
“两整治一提升”三年行动计划 140c
林业工作 248a
临时救助 194a
岭口路集租房 174c
岭口路集租房项目 167c
领导干部任前廉政谈话会 88b
流湖镇 228a
流湖镇一届人大一次会议 229c
流量经济产业园 153b
流量经济产业园项目 168c
龙兴街道 251b
龙兴街道组建 252c
楼宇各产业发展 151c
楼宇经济 151b
楼宇经济发展 33c
“路地”合作 158b
路网升级 158b
旅游商品 155a
绿地303观光厅 22c
绿地卢塞恩小镇 22c
绿色旅游饭店创建 155a

M

“马路本色”行动 160b
“每月一座谈”工作 90c
美育主题活动 208b
免疫相关疾病日常监测 213a
民办教育 206c
民办学校管理 207a
民办学校年检 206c
民兵整组 120b
民生保障 124b
民生福祉 83a
民生福祉项目建设 174c
民生工程 252b
民生实事票决 60b
民生实事项目建设 60c
民生用能价格政策落实 135b
民生资金专项审计 130a
民事行政检察 114a
民营经济人士培训 99c
民主法治领域改革 37a
民主监督“最后一公里 85c
民主监督 85c

民主评议监督　85c
名师工作室建设　209b
母婴保健技术服务培训　215b
母婴设施标准化建设　216a

N

《南昌 VR 科创城二期控制性详细规划》编制　157c
南昌 VR 科创城市政基础设施项目一期　174a
南昌 VR 主题园　22a
南昌工学院工艺美术博览园（南昌市中国工艺美术大师博物馆　23b
南昌舰主题公园　22a
南昌金九福钱币博物馆　222b
南昌融创文化旅游城　22b
南昌市第八届校园体育节　210b
《南昌市红谷滩区教育系统编外聘用教师企业年金方案　192a
南昌市消防救援支队大院大队　198c
南昌市中国工艺美术大师博物馆　222b
南昌铜锣湾广场三期项目　186a
南昌未来科学城　145b
《南昌未来科学城概念规划》国际竞赛项目启动　157a
南昌医学院新校区项目建设专题调度会　179a
南昌智算中心落户红谷滩区　144a
南昌中山艺术博物馆　222a
牛行车站　221b
农村工作　140c
农村公路整治　165b
农村居民收入情况　21b
农村居民消费情况　21b
农村生态保护　141c
农机管理组织组建　141b
农贸市场提质改造工程　147c
农业工作　247c
农业和农村体制改革　37b
农业生产　123a
女企业家商会成立大会　99c

P

培训办班　51a
平安江西基层基础建设　110a
平安校园建设　201c
瓶装液化气整治　171b

Q

企业管理者培训　136c
企业科协组织建设　104a
企业年报率　131b
企业事中事后监管　131b
气候特征　18c
前湖水系整治　160a
欠薪根治　190a
嵌入式养老院和中央城食堂项目　240c
侨胞之家示范点创建　104c
侨界主题活动　105b
“侨梦苑”品牌　43b
亲子小屋建设　216b
“勤廉窗口”打造　89b
“勤廉村居”建设　89c
“勤廉工程”建设　89b
“勤廉侨联机关”建设　105c
“青英归巢”社会实践活动　102a
“清朗”系列专项整治　41b
庆元宵活动　224b
秋水广场　21c
区第一届人民代表大会第二次会议　55b
区划调整历程　19b
区划调整人员转隶　74a
“区检察院、区侨联联络站”成立　104c
区老年大学工作　45c
区委常委会会议　25b
区委中心组理论学习　33c
区委作风建设专题会　35a
区一届人大常委会会议　55b
区一届人大常委会主任会议　56b
区域电网建设　168c
区域软环境　182b
区域协作（校地合作　188a
区直机关党的建设　47c
《区重大重点项目管理办法》　175a
《区重大重点项目推进考核办法》　175a
《区重大重点项目推进协调调度办法》　175a
全国第三次国土调查　125c
全国文明城市创建　171c
全国文明城市创建工作专项督查　148b
全口径收储　159a
全面深化改革　36b
全面深化改革委员会第六次会议　36c
全面深化改革委员会第四次会议　36b
全面深化改革委员会第五次会议　36c
全区人大工作会议　59a
全周期服务工作机制　184c

群众性应急救护培训　107c

R

燃气安全检查　171b
燃气安全宣传　171a
燃气安全专项整治三年行动　171b
燃气突发事故应急处置　171b
热敏灸建设　220c
人才队伍建设　74b
人才强区建设　38c
人才招聘专场直播活动　151a
“人大代表集中进站履职”活动　60a
人大代表建议办理　60b
人大代表履职　238a
人大代表履职平台搭建　60b
人大代表培训　60a
人大代表增补选工作　60a
人大站点打造　234b
人大重要会议　55a
人大重要活动　58c
人道救助工作　108b
人防工程设施维护　121a
人防工作　121a
人口发布结构　20b
人口发展　20a
人民武装　119a
人事管理　73b
认证检测市场监管　133b
融媒体传播　39c
融资对接平台　148c
孺子书房·T16 分馆　223a
孺子书房·凤凰洲分馆　223b
孺子书房·厚田乡分馆　223b
孺子书房·摩天轮分馆　223c
孺子书房·南昌西站分馆　223a
孺子书房·桥郡社区分馆　223c

S

“三重一大”事项集体决策制度　32c
扫黑除恶斗争常态化　109c
扫黑除恶专项斗争　227b
“扫黄打非”行动　226b
森林资源保护　141c
沙井街道　234c
沙井街道楼宇　153b
商贸服务业　146a
商贸消费　123b
上饶大街涉枫生快速路立交及配套改造工程　174b
“少捕慎诉慎押”刑事司法政策落实　115a
少数民族分布　20c
社保服务手段优化　191c
社保基金安全管理　191c
社会保险办理　246c
社会保险缓缴　191a
社会保险征缴发放　191a
社会保障　191a
社会服务　98c、
社会福利　194b
社会环境　182c
社会救济工作　246b
社会救助　193b
社会矛盾化解　111a
社会事业　124c
社会体制改革　37b
社会治理　252b、
社会组织管理　196a
社会组织监管　196b
社会组织年检　196a
社情民意信息及宣传工作　83b
社区建设　195b
社区社会组织培育　196b
社区巡察试点工作　91b
社区优化调整　195b
社区治理服务　195b
涉案物品价格认定　135c
涉老反诈防骗宣传　214c
涉企违规收费整治　135b
涉企违规收费专项整治　135b
涉台联络服务宣传工作　44b
审查调查　90b
审计　128c
审计成果　129a
审计管理创新　129b
审计整改　130b
审判监督管理　117a
生活饮用水监督检查　218a
生米街道　232b
生米街道南路村拆迁安置小区建设项目　167b
生米街道生米花园二期拆迁安置房建设项目　167b
生米街道朱岗村拆迁安置房建设项目　167b
生态环境　247b
生态环境监管　164b
生态文明建设　163b
省国控千亿基金产业园项目　185c
省级绿色商场创建企业名单　147c
省级特色街区　147b
失业保险　189c
诗词协会　106a
十大民生实事票决名单　60b
食品安全监管　133c
食品安全快速检测　134a
食品经营许可核查　133c
食品药品监督管理　133c

史志编研 49a
史志宣传教育 49a
世界 VR 产业大会 146a
世界读书日活动 224c
市场和质量监督与管理 131a
市场环境 181a
市场活力 122a
市场计量监管 133a
市场主体培育 131a
市工控沿江天际线总部项目 185c
市级奖励政策兑现 147a
市区两级联合收储 159c
市委宣讲团报告会 35b
市域社会治理 109b
市政养护 161a
事业编制周转池使用制度 47a
事业单位登记管理 47a
事业单位岗位设置 73c
事业单位公开招聘 73b
事业单位人员聘用 73c
“室・组・地”协作办信办案 90b
首份《家庭教育令 116b
首届农民技能大赛 104b
首批智库专家 144a
书法协会 106a
数字化建设 41c
数字基础设施建设 77a
数字经济 122c
数字经济 143a
数字经济发展 33b
数字经济发展大会 143b
数字经济商会成立大会 99b
数字经济学习 34b
数字经济与金融实战大讲堂 144c
数字相关产业政策兑现 145b
双“一号工程 100b
“双百计划”科技人才项目 187b
“双联”工作制度 60a
“双随机”监督抽查 217b
水产品市场监管 132b
水环境 160b
水环境治理 33a
水环境质量 19a
水利工作 248b
水利建设 142a
水生生物资源养护 142b
水生态环境管理 164a
水资源 18c
税收缴费优化 128b
税收职能作用 128a
税收治理 128b
税务 127c
司法行政 117c
思想建设 94a
思政育人新模式 205b
“四风”专项整治 89c
“四函催办”“亮红黄灯”督办制度 175b
素质教育 207c
随军家属安置 73c

T

台账销号管理制度 175b
特困人员供养保障 193c
特殊群体的司法保护 115b
特种设备安全监管 132a
特种设备经营许可证办理 132a
提案工作 82b
体育安全检查 211a
体育产业项目建设 211b
体育工作 210a
体育设施基础建设 211b
体育设施面积统计 211c
体育组织 211a
铁路沿线整治 165b
“同心战疫共促发展”云签约 184a
“童心港湾”项目点位建设 102a
“童心向党”主题活动 229b
统计 130a
统计法治宣传 130c
统计预警分析 130c
统计职责 130c
统一战线 41c
土地储备计划编制 159a
土地供应 125a
土地征收 125b
土地资源 18c
土壤环境质量 19a
土壤生态环境管理 164a
退役军人安置就业 197a
退役军人服务保障体系 246c
退役军人服务站打造 240c
退役军人工作 243c
退役军人事务 196c
退役军人拥军优抚工作 197a
托育服务 215c
托育服务行业惠企政策落实 216a
脱贫成果巩固 232a
脱贫攻坚 142b
脱贫攻坚成果长效机制建立 142c

W

外事工作 74b
网格化管理 245c
网格治理 251a
网红打卡景区 155a
网络安全风险机制构建 41b
网络安全管理 41a
网络安全和信息化 40b
网络众筹工作 108a

网上宣传　40a
网站和应用系统 IPv6 升级改造　41b
“微宣讲 + 创建文明城实践”活动　167a
围墙围挡整治　160c
卫东街道　238a
卫东街道楼宇　153c
卫东街道社保卡制卡网点　192a
卫生监督　217a
卫生监督工作　217b
卫生应急演练　213a
未成年人法治教育　102a
未来科学城建设　152b
未来科学城路网建设　158a
未来科学城用电规划　158c
未来空间・未时合集馆　222a
文化场馆　221b
文化工程　223a
文化活动　224a
文化企业入统　155a
文化市场管理　226a
文化市场监管　226b
文化体制改革　37a
文旅产业　154c
文旅市场维稳　227a
文旅消费季红谷滩活动　155b
文明城市创建　248b;
文明城市创建长效工作机制　171c
文明城市创建工作培训　172a
文明交通治理　166a
文明实践活动　52c
“我的中国梦”文化进万家活动　225c
无偿献血、造血干细胞和人体器官捐献工作　108b
无证园治理　203c
“五上”企业入统　131a
“五型”政府建设　229b
舞蹈协会　106b
“物管城市”建设　161c

X

西站枢纽“AR”实景导航上线　166c
西站综合管理　166a
《习近平谈治国理政》第四卷专题学习　34c
戏剧协会　106a
先进典型事迹进红谷滩专题党课　35b
先进典型宣传　52c
现代服务产业园　173b
现代服务产业园项目　168a
现代服务业　122c
乡村振兴　234c
乡村振兴示范村打造　141a
乡村振兴专题学习会　35c
项目督查调度　175a
项目及专业队伍储备　121a
项目征迁　234a
项目资金管理　232a
消防救援　197c
消防隐患整改　112b
消费维权　132c
小区居住环境改造　241a
“小微权力一点通”平台试点　90a
“校地融合智库”成立　188a
校地战略合作　150a
校内课后服务管理　204b
校外培训机构整治　207a
校园安全卫生整治　202a
校园科技馆建设　104a
校园卫生专项监督　218a
协商活动　85b
协商民主　85b
协商平台　85b
新阶层人士统战工作　43a
新列车运行图　166c
新时代“侨文章　74a
新时代“勤廉红谷滩”建设　33a
新时代非公经济统战工作　42c
新时代文明实践活动　252c
新招商引资格局　32c
信访工作　53a
《信访工作条例　53c
信访积案专项工作治理　53b
信访问题百日攻坚行动　53c
刑事犯罪惩处　116a
刑事检察　114a
行政区划　19b
行政区划调整事项　59b
行政执法质效　110c
休闲空间　161b
宣传思想　39a
“选星计划”选拔　207c
学科带头人和骨干教师选拔培养　209a
学前教育　202c
学前教育民生实事项目　203a
学前教育普惠　203b
学生常见病和健康影响因素监测　213c
学习教育　94c
学校网点布局　198b
学子“归巢　74a
巡察“后半篇文章　91c
巡察工作　91a

Y

养老机构改造　194b

药品安全专项整治 134b
一体推进“三不腐 90c
“一校一品”建设 207c
一亿中流上市加速器发展 150b
一亿中流上市加速器园区入驻办公 149a
医保三级联动机制 192c
医联体项目建设 218c
医疗保障 192b
医疗纠纷处置 219b
医疗救治 220b
医疗乱象专项整治 217c
医疗卫生领域专项治理 219b
医养结合 214b
医药卫生体制改革 219c
医院创建标准 216c
医政管理 218b
依法行政 117c
“遗失证件回家 166c
义务教育 204a
义务教育均衡发展 206b
义务教育学校招生 204a
义务教育学校作业管理 210a
疫情防控期间价格稳定工作 135b
疫情防控舆论引导 39b
疫情捐赠款物调拨 108a
疫情期间妇幼健康 215a
营区安全管理 120c
营商环境 247a
用气环境优化 170c
优化营商环境 180a
“优质服务基层行”活动 218b
游泳教育试点 207c
游泳培训公益活动 211a
幼儿园招生 203b
雨污管网及污水处理综合改造工程 174b
元宇宙・VR 数字农业示范基地项目 168a
元宇宙农业示范基地 144b
园区载体建设 144a
云端复古集市活动 226a

Z

招商考察 75b
招商新路径 184c
招商新平台 184c
招商引资 123b
招商引资 183a
招商引资工程一把手负责制 183b
招商引资工作 105a
侦查监督与协作配合办公室成立 115b
“珍惜生命、关爱健康”安全知识讲座 170a
阵地建设 94a
镇(街道)管理体制改革 46b
征兵工作 120a
政策兑现 185a
政策体系建设 154c
政策研究 44b
政法领域改革 109c
政法委与综治 109a
政府常务会议 65a
政府党组(扩大)会议 63a
政府管理服务数字化 144a
政府投资建设项目审计 130a
政务服务 76a
政务服务升级 76b
政务服务水平提高 110b
政务环境 181b
政务信息安全保障 77b
政协红谷滩区第一届委员会主席会议 81b
政协红谷滩区一届二次常委会 80b
政协红谷滩区一届二次会议 80b
政协红谷滩区一届六次常委会 81a
政协红谷滩区一届三次常委会 80c
政协红谷滩区一届四次常委会 80c
政协红谷滩区一届五次常委会 81a
政协重要会议 80a
政治建警 111b
政治建设 251c
知识产权执法检查专项行动 132c
职工服务综合体打造 101a
职工劳动技能提升工程 100c
职工生活品质提升工程 100c
职业病防治 213c
职业健康领域监督执法 218a
治理体系智能化 251a
智慧法院建设 117b
智慧市场监管平台构建 131c
智库活动 188b
中国国际进口博览会 183c
中国国民党革命委员会南昌市红谷滩区总支部 93a
中国民主促进会南昌市红谷滩区支部 96a
中国民主建国会南昌市红谷滩区支部 94c
中国民主同盟南昌市红谷滩区支部 93c
中国农工民主党红谷滩区支部 97b
中国智能家居产业博览会 155c
中介超市运行 77c
中小企业服务 135c

中小企业服务机构组建 135c
中小企业服务专窗 136c
中小企业应收账款清欠 136a
中心大局监督 59b
中医馆项目建设 220c
中医特色科室建设 220c
中医药管理 220b
种植业 139c
“仲裁 + 法援”工作机制 190b
“仲裁 + 工会 + 法院”调解模式 190b
重大会议公共卫生安全保障 213a
重大活动签约项目 183c
重大活动食品安全保障 134b
重大项目推进调度会 178b
重大政策措施落实情况审计 129b
重大重点项目 145a
重大重点项目复工调度会 176a
重大重点项目专题调度会 177a
重大主题宣传 39b
重点领域改革 123c
重点领域监督 59c
重点领域专项整治 137b
重点项目 123a
重要工作督办 32c
重要文稿起草 44c
猪肉市场保供稳价工作 141a
主流思想舆论 39c
主汛期河道采砂管理 142b
主业主课 51b
住房保障 193a
“专精特新”中小企业培育 136a
专项视察活动 60c
专业技术人员职称评定 73c
专业技术职务聘任(续聘 73c
转供电价格监管 135a
资金使用 127b
自然地理 18b
自然资源管理 125a
自然资源资产审计 129c
综合交通体系构建 158b
综合考核 39a
组织工作 37b
组织建设 98c
作家协会 106b